LES AFRICAINS

John Iliffe
Professeur d'histoire africaine
à l'université de Cambridge

LES AFRICAINS

Histoire d'un continent

Traduit de l'anglais par
Jean-Paul MOURLON

Ouvrage traduit avec le concours du Centre National du Livre

Champs histoire

Titre original de l'ouvrage :
Africans : the History of a Continent

© Cambridge University Press, Cambridge, 1995,
2007 pour la seconde édition.
© Flammarion, 1997, pour la traduction française.
Flammarion, 2009, édition revue et augmentée.
ISBN : 978-2-0812-2059-1

PRÉFACE À LA SECONDE ÉDITION

David Fieldhouse a eu l'idée de ce livre. En l'écrivant, j'ai été amené à m'aventurer très loin hors de ma compétence d'historien documentaire. La faute en revient en partie à John Sutton qui, le premier, a éveillé mon intérêt pour la préhistoire africaine avec ses conférences à Dar es-Salaam. Je remercie David Phillipson, qui a eu la bonté de lire et de commenter mon manuscrit, tout comme John Lonsdale, qui m'a tant appris. John Alexander et Timothy Insoll m'ont aidé pour la bibliographie. J'ai ajouté à la première édition, parue en 1995, un chapitre prolongeant l'histoire du continent jusqu'en 2006 ; j'ai revu les chapitres traitant de la préhistoire et de la traite négrière atlantique, tout en procédant par ailleurs à des révisions ponctuelles mineures prenant en compte les recherches récentes sur les autres périodes. J'assume la responsabilité de toutes les erreurs qui pourraient subsister dans cet ouvrage.

John ILIFFE

Les pionniers de l'humanité

Pour les peuples africains, la libération de leur continent a fait de la seconde moitié du XXᵉ siècle une période de triomphe, à laquelle a succédé, en cette fin de siècle, la désillusion devant les fruits de l'indépendance. Le temps est venu de comprendre, de réfléchir à la place que les problèmes contemporains occupent dans la longue histoire du continent. Tel est l'objectif de ce livre. C'est une histoire générale de l'Afrique, des origines de l'humanité jusqu'à nos jours, mais je l'ai écrite en ayant présente à l'esprit la situation actuelle. Cela explique le thème qui lui donne son unité.

Les Africains ont été, et sont toujours, ces pionniers qui ont colonisé une région particulièrement hostile au nom de toute la race humaine. En cela réside leur principale contribution à l'histoire. C'est pourquoi ils méritent qu'on les admire, qu'on les soutienne, et qu'on les étudie avec soin. Les thèmes centraux de l'histoire africaine sont le peuplement du continent, la réussite de la coexistence de l'homme avec la nature, la construction de sociétés durables, et la défense contre les agressions de régions plus favorisées. Comme le dit un proverbe du Malawi : « Ce sont les gens qui font le monde ; la brousse a des blessures et des cicatrices. » Au cœur du passé de l'Afrique se trouve par conséquent une histoire exceptionnelle des populations, qui lie en une histoire unique les tout premiers êtres humains à leurs descendants actuels. Tel est le sujet de ce livre.

Cet ouvrage s'ouvre sur l'évolution de l'espèce humaine dans l'Est et le Sud africains, puisque c'est de là qu'elle partit coloniser le continent et le monde entier ; pour s'adapter à des environnements nouveaux elle se spécialisa jusqu'à ce qu'apparaissent des groupes linguistiques et raciaux distincts. La maîtrise de la production alimentaire et du travail des métaux donna lieu à des concentrations de population, mais lentement, car, sauf en Égypte et dans d'autres régions favorisées, les très vieilles roches de l'Afrique, ses sols pauvres, ses pluies capricieuses, l'abondance des insectes et la fréquence exceptionnelle de la maladie constituaient un environnement hostile aux communautés agricoles. L'Afrique fut donc, jusqu'à la fin du XXᵉ siècle, un continent sous-peuplé. Les sociétés africaines avaient pour fonction première d'augmenter au maximum le nombre d'hommes et de coloniser la terre. Les systèmes agricoles étaient très souples, car les hommes cherchaient avant tout à s'adapter à l'environnement plutôt qu'à le transformer, et à échapper à la disparition en cas de mauvaises récoltes. Les idéologies mettaient l'accent sur la défense de la civilisation contre la nature, et sur la fécondité. L'organisation des sociétés visait également ces deux buts, en particulier par le biais de la polygamie, ce qui fit des conflits de génération un élément dynamique qui joua dans l'histoire un rôle plus important que les conflits de classe. Des populations réduites, sur de vastes territoires, exprimaient des différences sociales par le contrôle des individus, la possession de métaux précieux, et de bétail là où l'environnement le permettait, tout particulièrement dans l'Est et le Sud. Des populations éparses, des distances énormes, rendaient très difficiles les transports, limitaient les surplus que les puissants pouvaient extorquer, empêchaient l'apparition d'élites lettrées et d'institutions formelles, laissaient beaucoup de liberté au paysan et freinaient la formation d'États, en dépit des nombreux moyens inventés par les dirigeants pour s'attacher les hommes.

L'Afrique du Nord fut la première à échapper à de telles contraintes, mais le Sahara l'isola du reste du continent jusqu'à ce qu'à la fin du Ier millénaire après J.-C., son économie en expansion et la religion islamique, franchissent le désert ; alors, elle attira or et esclaves du système commercial propre à l'Afrique de l'Ouest, et établit des liens maritimes avec le centre et l'est du continent. Une catastrophe démographique, la Peste noire, devait toutefois mettre un terme à cette amorce d'évolution historique, et plonger l'Afrique du Nord dans un déclin qui dura près de cinq siècles.

En Afrique tropicale, pour l'essentiel, le commerce des esclaves fut l'occasion du premier contact approfondi avec le monde extérieur. Féroce ironie : un continent souspeuplé exportait des hommes en échange de marchandises qui permettaient aux élites d'accroître leur influence personnelle. L'esclavage ralentit sans doute la croissance de la population pendant deux siècles décisifs, mais il donna aux Africains une plus grande résistance aux maladies venues d'Europe, si bien que, lorsque à la fin du siècle dernier eut lieu la conquête coloniale, ses conséquences démographiques, bien que graves, furent moins catastrophiques que sur d'autres continents plus isolés. Les sociétés africaines résistèrent donc avec une vitalité inattendue, et rendirent la formation d'États aussi difficile pour leurs nouveaux maîtres que pour leurs prédécesseurs africains. Les Européens, pourtant, introduisirent des innovations cruciales – transports mécaniques, alphabétisation, et surtout progrès médicaux – qui, dans des sociétés soucieuses d'accroître au maximum leur population, amorcèrent une croissance démographique d'une ampleur et d'une rapidité sans équivalent dans l'histoire humaine. C'est elle qui sous-tend à la fois l'effondrement du système colonial, l'instabilité des régimes qui lui ont succédé, et la destruction de l'apartheid. Elle est aussi la raison principale de la crise actuelle.

Que la population constitue un thème historique de premier plan n'est pas propre à l'Afrique. Au cœur de chaque histoire rurale il y a l'histoire démographique. Les pionniers ont été des acteurs historiques décisifs dans l'Europe médiévale, en Russie, en Chine et aux Amériques. L'histoire moderne de tous les pays du tiers-monde doit être récrite en fonction de la croissance démographique. Pourtant, certaines caractéristiques furent propres à l'Afrique. L'environnement était extraordinairement hostile, car l'évolution des êtres humains du continent avait eu pour conséquence une évolution riche et exceptionnellement variée de leurs parasites. Tandis que les Russes, les Chinois et les Américains colonisaient les terres en avançant depuis des frontières linéaires, en diffusant des cultures apparues au sein de populations denses, la colonisation de l'Afrique fut avant tout un processus interne, avec d'innombrables frontières locales à l'intérieur desquelles la plupart de ses cultures se formèrent – expérience renforcée par l'échec de l'Égypte à exporter la sienne dans le reste du continent à la manière de la civilisation du Gange pour l'Inde tout entière. L'Afrique avait des traditions culturelles très riches concernant la terre, même là où elle était rare ; celles de l'Inde lui accordèrent peu de place, même là où elle ne manquait pas.

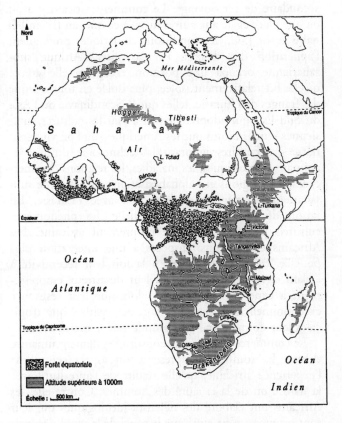

1. Principales caractéristiques physiques

Plus important encore, le peuplement de l'Afrique se déroula dans le cadre d'une relation unique avec le cœur eurasien de l'Ancien Monde. C'est le premier thème secondaire de cet ouvrage. Le continent africain y avait eu une place égale aux autres jusqu'à ce que, au IIIe millénaire avant J.-C., les conditions climatiques provoquent l'apparition des déserts. Par la suite, l'Afrique subsaharienne occupa une position exceptionnelle en ce qu'elle fut relativement isolée, plus isolée en tout cas que des franges de l'Eurasie, telles que la Scandinavie ou l'Asie du Sud-Est, qui adoptèrent peu à peu les cultures eurasiennes – mais moins que les Amériques, où l'on vit apparaître des cultures ignorant la technologie du fer, les animaux domestiques, les maladies, les relations commerciales, les religions et l'alphabétisation que l'Afrique subsaharienne partageait quelque peu avec l'Eurasie. En raison de cette intégration partielle, les phénomènes culturels prirent une forme proprement africaine. Les Africains étaient ainsi disposés à une intégration plus poussée, ce qui expliquerait à la fois leur réceptivité à l'islam et au christianisme, et leur désastreux empressement à exporter des esclaves, alors que leur résistance exceptionnelle aux maladies tant eurasiennes que tropicales leur donnait une plus grande valeur marchande.

Le commerce des esclaves constitue également un autre thème. La souffrance représente un aspect central de l'expérience africaine, qu'elle résulte de l'âpre lutte avec la nature ou de la cruauté des hommes. Contre elle, les Africains ont élaboré des défenses idéologiques qui leur sont propres – c'est ainsi que le souci de la santé occupait sans doute une plus grande place dans leurs systèmes de valeurs que dans ceux d'autres continents. Mais en règle générale, ils l'ont affrontée franchement, plaçant l'endurance et le courage au premier rang de toutes les vertus.

Pour les gens ordinaires, de tels traits relèvent de l'honneur, tandis que les élites ont conçu des codes plus élaborés. Les historiens ont négligé ces notions, qui ont fréquemment motivé les Africains dans le passé, et jouent encore un rôle essentiel dans la compréhension des comportements politiques actuels. Leur rendre la place qui leur revient dans l'histoire de l'Afrique est aussi l'un des objectifs de ce livre.

C'est dans les années 1950 qu'ont commencé des recherches sérieuses sur l'Afrique, et plusieurs histoires générales du continent ont paru depuis. La première insistait sur la fondation des États et la résistance à la domination étrangère. Une seconde génération d'historiens, revenue de ses illusions, mit l'accent sur les échanges commerciaux, l'intégration au sein de l'économie mondiale, et le sous-développement. Les travaux les plus récents se sont concentrés sur les questions de société et d'environnement. Toutes ces approches ont contribué au savoir, et surtout à la reconnaissance de la diversité africaine. Toutes ont été exploitées ici, mais au sein de l'histoire des populations africaines, exceptionnelle à plus d'un titre. La démographie n'a certes pas constitué le moteur principal du changement historique. Cette thèse ne vaut probablement que pour la seconde moitié du XXᵉ siècle. L'évolution des populations ne constitue pas une force autonome ; elle est le résultat d'autres processus historiques, qui dépassent absolument toute volonté sociale. Mais elle constitue justement en cela un indicateur très sensible d'une dynamique historique avec ses conséquences : l'action des élites, en politique ou à un niveau superficiel d'activité économique, dans les échanges commerciaux, mais aussi les conditions de vie et les préoccupations les plus fondamentales des gens ordinaires. Faire de la population un thème central ne constitue pas, par ailleurs, une concession aux préoccupations d'aujourd'hui, ni une propagande en faveur du contrôle des naissances. Les changements démographiques sont bien plutôt le fil qui noue l'histoire de l'Afrique, à tous ses différents niveaux et à ses différentes périodes.

Et pourtant, choisir un tel thème pousse à leurs limites, et peut-être au-delà, les sources de l'histoire africaine. C'est à peine si des données démographiques fiables existent sur la période antérieure à la Seconde Guerre mondiale, sauf dans certaines régions privilégiées. L'histoire générale du XXe siècle peut s'appuyer essentiellement sur des sources écrites, et les techniques courantes de l'historien. Ces sources remontent à 3 000 ans av. J.-C. en Égypte, et au VIIIe siècle après J.-C. pour les références arabes à l'Afrique occidentale. Mais certaines parties de l'Afrique équatoriale ne possèdent pas d'archives écrites antérieures à notre siècle. Du fait de ces carences, la connaissance du passé doit s'appuyer essentiellement sur l'archéologie, qui a fait des progrès gigantesques depuis les années 1950, surtout dans ses méthodes de datation, grâce au carbone 14 et à d'autres techniques sophistiquées. C'est toutefois une discipline si laborieuse et coûteuse qu'elle a à peine effleuré bien des zones du passé de l'Afrique. On peut y ajouter l'analyse des langues, du folklore, des traditions orales, des matériaux ethnographiques, de l'art, ainsi que les informations biologiques dont les corps humains portent la mémoire. Tout cela a contribué à notre compréhension du passé, mais tient souvent la place de recherches archéologiques qui n'ont pas encore été entreprises. L'un des aspects les plus passionnants de l'histoire africaine, c'est que pour une bonne part elle est encore enfouie sous terre.

CHAPITRE II

L'émergence de communautés productrices de nourriture

L'évolution humaine

L'Afrique est immensément vieille. Son cœur est un plateau rocheux surélevé, formé il y a entre 3 600 et 500 millions d'années, riche en minéraux, mais aux sols pauvres. Les roches du continent ont rarement été plissées en chaînes montagneuses qui auraient pu affecter le climat. Températures, pluies et végétation, formant des bandes latérales, s'étendent donc régulièrement vers le nord et le sud à partir de l'équateur : la forêt tropicale cède la place à la savane, elle-même suivie du désert, jusqu'à ce qu'on entre dans les zones de pluies hivernales, au climat méditerranéen, qui caractérisent les extrémités nord et sud de l'Afrique. La grande exception se situe à l'est, où l'activité tectonique et volcanique, il y a entre 23 et 5 millions d'années, a créé des fossés d'effondrement et des zones montagneuses qui perturbent ces ceintures climatiques. Ce contraste entre l'Afrique occidentale et orientale a façonné son histoire jusqu'à aujourd'hui. Au tout début, les fortes variations d'altitude de la seconde ont offert aux êtres vivants une diversité d'environnements qu'ils pouvaient exploiter afin de survivre aux fluctuations climatiques associées aux âges glaciaires des autres continents. L'activité volcanique, puis l'érosion des roches récentes de la région ont également favorisé la découverte et la datation des restes préhistoriques.

C'est peut-être pour ces raisons que l'Afrique de l'Est et de l'Ouest fournissent les informations les plus anciennes, et les plus continues, sur l'évolution humaine, aujourd'hui encore reconstituée à partir des ossements retrouvés par les archéologues, et de l'analyse de la composition génétique des populations actuelles. L'histoire commence quand les hominidés (les ancêtres des hommes) se séparèrent de leurs parents animaux les plus proches, eux-mêmes ancêtres des chimpanzés, à une période comprise entre 6 et 4 millions d'années ; alors, le refroidissement et l'assèchement du climat entraînèrent l'apparition de la savane, où savoir marcher était aussi utile que grimper. Les premiers hominidés connus furent les Australopithèques, dont on n'a découvert de restes qu'en Afrique ; les témoignages les plus anciens viennent de la vallée désertique de l'Awash, dans le nord de l'Éthiopie, et remontent à 4,4 millions d'années. Les Australopithèques avaient une alimentation essentiellement végétale, possédaient des crânes aux os massifs, mais un petit cerveau (pas plus du tiers de celui de l'homme actuel). Il est vraisemblable qu'ils devaient fréquemment grimper, mais pouvaient également marcher en position redressée, comme le démontrent leurs traces de pas, étonnamment préservées dans les lits de cendres volcaniques de Laetoli, en Tanzanie, et remontant à 3,5 millions d'années. Les Australopithèques eux-mêmes ont duré plus de 3 millions d'années. Les hommes sont leurs descendants, à moins que les uns et les autres ne soient issus d'un ancêtre commun.

Les plus anciens témoignages humains viennent de dépôts situés sur les bords d'anciens lacs : gorge d'Olduvai en Tanzanie, Koobi Fura (Turkana oriental) au Kenya, rivage occidental du lac Nyasa. Ils remontent à environ deux millions d'années. Les premiers humains sont généralement appelés *Homo habilis*, mais leurs squelettes laissent penser que ce terme recouvre une grande variété de créatures humanoïdes. Leur cerveau était près de deux fois plus gros que celui des Australopithèques, ils étaient bipèdes, se nourrissaient abondamment de viande, pour la première fois, et leurs mains avaient la capacité de préhension nécessaire à la fabrication des premiers outils, ces pierres délibérément taillées utilisées pour la découpe qu'on a découvertes près de leurs restes à Olduvai. On trouve des objets similaires sur des sites ultérieurs de la savane africaine.

Le matériel archéologique révèle qu'il y a environ 1,8 million d'années apparut une forme plus avancée d'hominidé, l'*Homo ergaster* (d'une racine grecque signifiant « travail »), qui devait survivre plus d'un million d'années sans connaître de grands changements. Une telle créature, au cerveau plus gros et plus complexe, à la bipédie plus aisée, apprit sans doute à se servir du feu, fut peut-être le pionnier du langage, et fabriqua des outils de pierre plus sophistiqués appelés hachereaux, qui devaient rester les principaux ustensiles de l'homme jusque vers 200 000 ans avant J.-C. Les plus anciens exemples d'*Homo ergaster* et de hachereaux ont été retrouvés sur des sites d'anciens rivages de lacs en Afrique orientale, mais on a découvert de tels outils de pierre dans le reste du continent, généralement non loin de lacs ou de cours d'eau, mais rarement dans les forêts tropicales, où la nourriture était peu abondante. De surcroît, à un stade primitif de son développement, l'*Homo ergaster* se propagea d'Afrique en Eurasie. Chaque continent de l'Ancien Monde devint ainsi une arène de l'évolution. En Europe, on vit ainsi apparaître l'homme de Néandertal, doté d'un cerveau de la taille du nôtre mais d'une forme différente. En Afrique, une transition similaire, qui débuta sans doute en Éthiopie il y a 600 000 ans, aboutit à la production d'hommes à l'anatomie moderne. Les premiers d'entre eux, qui possédaient encore de nombreuses caractéristiques archaïques, étaient installés dans la vallée de l'Awash, il y a environ 160 000 ans. D'autres exemples plus tardifs de ces populations ont été découverts sur d'autres sites, principalement dans l'est et le sud de l'Afrique. En tout état de cause, cette évolution physiologique fut accompagnée de changements techniques et culturels. À cette date en effet, les hachereaux avaient cédé la place à des outils de pierre plus petits et plus variés, plus tard conçus de manière à être fixés sur des manches de bois, et généralement découverts non loin de cours d'eau, dans des grottes ou des abris rocheux, ainsi qu'aux points de rencontre d'environnements variés. Contrairement aux hachereaux, de tels objets révèlent des variations régionales, manifestant une plus grande habileté dans l'adaptation à des environnements spécifiques.

L'étude de l'évolution humaine s'est, sur ce point, rapprochée des recherches menées sur la composition génétique des populations actuelles. L'ADN (acide désoxyribonucléique) mitochondrial est une des substances corporelles qui transmet les caractéristiques génétiques, et a ceci de particulier qu'il s'hérite exclusivement, ou presque, de la mère, si bien que la généalogie peut être retracée sans qu'on ait à prendre en compte les complications nées du mélange, à chaque génération, des gènes des deux parents. De surcroît, il passe pour connaître des changements mineurs relativement

2. L'émergence des communautés productrices de nourriture

fréquents, à un rythme à peu près régulier. Les scientifiques ont par conséquent tenté de comparer celui des populations actuelles, afin d'estimer à quel moment du passé tous les êtres humains auraient eu un seul ancêtre féminin. Les découvertes les plus décisives situent cet événement entre 250 000 et 150 000 ans, soit dans la période où, d'après les sources fossiles, apparaissent les premiers hommes dotés d'une anatomie moderne. Elles laissent également entendre que la plus grande diversité d'ADN mitochondrial se trouve chez les Africains, notamment chez les peuples San (les « Bushmen ») installés, pour une grande part, dans le sud de l'Afrique et chez les pygmées Biaka de l'actuelle République centrafricaine. Il y a environ 100 000, ans, certaines de ces populations à l'anatomie moderne issues de l'Afrique orientale firent une brève incusion au Moyen-Orient, sans pour autant s'y établir de façon permanente. En dehors de cette exception, il semble que ces populations modernes soient restées en Afrique durant environ 100 000 ans, et se soient répandues progressivement de l'est vers le reste du continent. Un développement ultérieur les amena en Asie il y a environ 40 000 ans, puis de là, en Europe, jusqu'à peu à peu absorber ou remplacer les autres populations humaines dans le monde [1].

Les preuves mitochondriales et fossiles de cette théorie selon laquelle l'Afrique est le berceau de l'humanité se trouvent aujourd'hui renforcées par de nouvelles recherches génétiques. Le chromosome Y, qui définit le genre masculin, se transmet seulement par les pères et peut également mener, si on en remonte la piste, à un ancêtre commun que l'on fixe en général entre 150 000 et 100 000 ans. Or, les souches les plus anciennes de ce chromosome se trouvent essentiellement chez des Africains, en particulier des San, des Éthiopiens, ou des membres d'autres groupes originaires d'Afrique de l'Est. Après une longue période de différenciation, les souches issues de ces groupes se diffusèrent sur tout le continent avant d'être exportées plus loin. Tous les hommes, sauf les Africains, portent ainsi des chromosomes ayant subi une mutation, que l'on estime avoir eu lieu chez un ancêtre africain il y a 90 000 à 30 000 ans [2].

Mais si ces populations à l'anatomie moderne sont effectivement apparues en Afrique pour ensuite peupler le monde, alors, il reste à expliquer et à comprendre les raisons de leur évolution, et les avantages dont elles ont bénéficié par rapport aux autres hommes primitifs. Certains spécialistes pensent qu'une avancée cruciale – peut-être dans le fonctionnement du cerveau – eut lieu durant cette période, il y a 60 000 à 40 000 ans. D'autres mettent plutôt en avant une accumulation moins spectaculaire mais continue de petits progrès sur plus de 300 000 ans. L'exemple le mieux connu de ces avancées est celui de la transformation des outils : les hommes d'une anatomie moderne affinèrent leurs outils de pierre, passant d'abord du façonnage de fragments à la fabrication de lames, puis transformèrent celles-ci en minuscules éclats aiguisés fixés à des manches de bois ou d'os, stade peut-être atteint en Afrique du Sud il y a au moins 45 000 ans. Cette industrie microlithique a été étudiée en détail dans le nord et l'est de la Zambie : elle connut son développement maximal il y a 19 000 ans, peut-être à cause de pluies plus abondantes et d'une végétation plus dense, qui rendait moins accessible le gros gibier. Des évolutions similaires se produisirent en Afrique du Nord. Il y a 35 000 ans, les hommes de la vallée du Nil se lancèrent dans l'extraction souterraine, assez complexe, de pierres destinées à leurs outils : c'est sans doute l'industrie minière la plus ancienne du monde [3]. Autre industrie

microlithique, datant du Xe millénaire avant J.-C., celle
d'Iwo Eleru, à l'ouest du Nigeria : elle montre que la
nouvelle technologie avait atteint les frontières de la forêt
d'Afrique occidentale, tandis que trois millénaires plus
tard elle était sans doute parvenue à celle de Shum Laka
(aujourd'hui au Cameroun). Plusieurs de ces industries
microlithiques semblent avoir évolué indépendamment à
partir de traditions locales, sans grand apport des migrations, ce qui laisse supposer que les populations étaient
plus stables, avaient une plus grande capacité de réaction
aux fortes fluctuations de l'environnement pendant cette
période, et que la population avait peut-être augmenté,
bien qu'elle eût encore été peu importante par rapport à
l'immensité du continent. Les campements humains
étaient encore généralement transitoires, au mieux saisonniers, et n'étaient sans doute occupés que par des groupes
de huit à vingt-cinq personnes. Ces groupes survivaient
avant tout en collectant des végétaux pour se nourrir, et
en chassant de petits mammifères, mais rien ne montre
qu'ils stockaient de la nourriture ou connaissaient une
forme quelconque de stratification sociale. Une grotte de
Taforalt, au Maroc, a livré les restes de près de 200 individus de cette époque : on y relève peu de signes de violence, mais la mortalité infantile ainsi que la
consanguinité étaient élevées ; on note également de fréquentes affections telles que l'arthrite, fléau des populations d'autrefois. En Afrique, la longue histoire de
l'évolution humaine, l'abondance de la vie sauvage, et
les innombrables insectes vecteurs de microbes ont rendu
exceptionnellement riches et variés les foyers de maladies,
bien plus que dans l'Amérique tropicale. La mouche tsé-
tsé, parasite du gibier sauvage, qui transmet la trypanosomiase au bétail et la maladie du sommeil aux humains,
existait sur le continent avant même les Australopi-

thèques. Mais les chasseurs-cueilleurs de l'âge de pierre se virent épargner de nombreux tourments qui ne firent leur apparition qu'avec l'agriculture et l'élevage.

Race et langage

L'adaptation par spécialisation à des environnements locaux peut avoir stimulé les différenciations raciales et linguistiques. Ce que nous appelons aujourd'hui « races » sont des distinctions physiques dues à la sélection naturelle des hommes les mieux adaptés à la survie et à la reproduction dans des environnements spécifiques. Certains spécialistes pensent qu'elles peuvent être repérées à partir d'une analyse génétique des populations modernes [4], ainsi que des corps humains inhumés, généralement de manière méthodique, à la période microlithique, qui témoignent des différences régionales. L'analyse génétique suggère que les ancêtres des peuples San d'Afrique du Sud furent très tôt relativement isolés des autres populations humaines. Les ossements retrouvés confortent également certains archéologues dans l'idée qu'ils furent longtemps les seuls humains au sud du Zambèze. Leurs parents les plus proches, selon les témoignages génétiques, étaient sans doute les Afro-Méditerranéens graciles qui vivaient au nord-est de l'Afrique et dans certaines régions du nord. Les peuples négroïdes qui occupent aujourd'hui l'Afrique occidentale leur sont plus lointainement apparentés ; on pense que ce sont leurs restes qu'on a découverts inhumés à Iwo Eleru (ouest du Nigeria) au Xe millénaire avant J.-C., et dans le Sahara entre 6000 et 3000 av. J.-C. Il se pourrait que les Pygmées, qui vivent aujourd'hui dans les forêts équatoriales,

soient un sous-groupe négroïde, adapté à un environnement extrême ; on constate une forte diversité génétique
d'un groupe isolé à l'autre. Mais en ce domaine les différences entre races sont, quoi qu'il en soit, moins importantes que les variantes individuelles au sein de chaque
race, si bien que les restes d'une population préhistorique
témoignent souvent d'une grande diversité. C'est tout
particulièrement vrai de l'Afrique orientale, où les restes
de la période microlithique semblent suggérer que Khoisan, Afro-Méditerranéens et négroïdes coexistaient.
Toutes ces conclusions reposent cependant sur les témoignages de restes humains si peu assurés que certains
archéologues mettent en doute leur fiabilité.

On ne peut établir l'existence du langage aux temps
préhistoriques que par l'analyse des langues modernes,
qui pour l'Afrique s'est révélée une technique historique
fructueuse. Les langues parlées aujourd'hui sur le continent se rattachent à quatre grandes familles tellement distinctes qu'il est impossible d'établir des relations entre
elles, ce qui implique un développement séparé remontant à de nombreux millénaires. Elles correspondent,
jusqu'à un certain point, aux groupes raciaux dont on
vient de parler. Les chasseurs-cueilleurs San, et les pasteurs Khoikhoi, d'Afrique du Sud, qui leur sont sans
doute apparentés, parlent des langues dites « à clics », formant une famille Khoi-San assez lâche ; on en a retrouvé
des traces dans le Kenya actuel, donc très au nord, ce qui
confirme les témoignages fournis par les ossements. Une
grande famille afro-asiatique regroupe aujourd'hui les
langues éthiopiennes, le berbère d'Afrique du Nord, la
langue haoussa du nord du Nigeria, et de petits groupes
situés aussi bien au sud qu'au nord de la Tanzanie, ainsi
que l'arabe, l'hébreu et, autrefois, la langue des Égyptiens

du temps des pharaons. Certains linguistes pensent que la langue afro-asiatique ancestrale était déjà parlée voilà au moins 15 000 ans au nord-est de l'Afrique, probablement par les ancêtres des peuples afro-méditerranéens. La plupart des langues des peuples négroïdes d'Afrique occidentale appartiennent à un groupe dit nigéro-congolais, dont certains linguistes estiment qu'il a commencé à se fragmenter il y a 8 000 ans au moins. D'autres peuples négroïdes parlent des langues appartenant à une famille, peut-être lointainement apparentée à la précédente, dite saharo-nilotique, dont les divisions internes sont sans doute plus anciennes. Ces quatre ensembles – khoisan, afro-asiatique, nigéro-congolais et saharo-nilotique – sont peut-être tout ce qui subsiste d'une diversité linguistique autrefois bien plus grande. Comme nous le verrons, trois d'entre eux furent associés à des centres anciens de collecte et de production de nourriture ; seul le groupe khoisan fait exception. Une alimentation plus abondante a peut-être permis aux locuteurs de ces trois familles de connaître une prépondérance démographique, et d'attirer dans leur orbite linguistique des groupes dispersés de chasseurs-cueilleurs ; un tel processus est bien attesté sur les autres continents.

Pastoralisme et agriculture dans la savane

Ajouter l'élevage et l'agriculture à la chasse et à la cueillette permit un fort accroissement des populations, mais il est difficile de discerner un tel changement dans les découvertes archéologiques, surtout en Afrique, où les espèces naturelles étaient si nombreuses : ce qu'on peut prendre pour des ossements de bétail peut avoir appartenu à des animaux vivant en liberté. Il est rare que

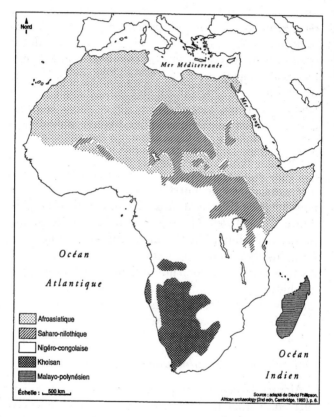

3. Familles linguistiques africaines, période récente

subsistent des restes de plantes cultivées telles que les ignames, tandis que les céréales étaient peut-être récoltées à l'état sauvage. La poterie ne constitue pas une preuve d'agriculture, pas plus que les meules, qui peuvent avoir servi à broyer des graines sauvages, ou des pigments tels que l'ocre. Les origines de la production alimentaire en Afrique sont par conséquent incertaines, et il y a souvent un vaste écart entre les témoignages linguistiques, qui suggèrent généralement une origine très ancienne du pastoralisme et de l'agriculture, et les recherches archéologiques, qui donnent ordinairement des dates plus tardives. On ne sait d'ailleurs pas trop pourquoi les gens auraient commencé à produire leur alimentation. Que le phénomène soit apparu au Proche-Orient avant de se diffuser dans toute l'Afrique, où il aurait été adopté avec enthousiasme par des chasseurs-cueilleurs mourant de faim, est une idée peu soutenable. L'étude des chasseurs-cueilleurs actuels montre que nombre d'entre eux peuvent se nourrir en fournissant moins d'efforts et en jouissant d'une plus grande liberté que la plupart des pasteurs et des agriculteurs. Les ossements retrouvés dans le Soudan nilotique laissent penser que la malnutrition fut l'une des conséquences de la production alimentaire. La maladie en fut sans doute une autre, puisque les humains contractaient sans doute de nombreuses infections, comme la tuberculose, auprès des animaux domestiques, et que le défrichage des terres agricoles favorisait la malaria ; les populations plus importantes de ces sociétés souffraient de maladies qui n'auraient pu se maintenir chez des chasseurs-cueilleurs isolés. Étant donné l'abondance de produits sauvages en Afrique, produire de la nourriture était une corvée que les peuples de la préhistoire n'ont pu tolérer que si, suite à un profond bouleversement de leur cadre d'existence, elle leur offrait des avantages marqués par rapport à leur ancien mode de vie.

La plupart des spécialistes croient que les changements cruciaux stimulant la production alimentaire en Afrique, comme en Amérique latine, ont été d'ordre climatique, surtout dans la moitié nord du continent. Il n'a pas de structure climatique unique ; mais en gros, la période allant de 30 000 à 14 000 avant J.-C. fut exceptionnellement froide et sèche presque partout, sauf dans le sud de l'Afrique, phénomène dû à l'inclinaison de l'axe de la Terre par rapport au Soleil. Le fond du lac Victoria était presque entièrement à sec il y a seulement 13 000 ans, quand le Sahara et ses environs étaient sans doute vides d'habitants. Cela peut avoir provoqué des concentrations de populations dans la vallée du Nil, plus favorisée. Des témoignages montrent que, il y a 20 000 ou 19 000 ans, on exploitait de manière intensive tubercules et poissons dans des campements au bord de l'eau en Égypte du Sud, près des premières chutes du Nil, puis qu'on récolta des céréales sauvages. Simplement saisonniers à l'origine, ces campements s'agrandirent au cours des millénaires suivants ; voilà 12 000 ans, ils étaient devenus permanents, et comportaient d'importants cimetières. Pourtant, une telle évolution ne mena pas à la production de nourriture. Bien au contraire, l'angle de l'axe de la Terre s'étant de nouveau modifié, la température grimpa dans toute l'Afrique, sauf dans le sud et, il y a près de 12 000 ans, le climat tropical passa d'une phase aride à des pluies exceptionnellement abondantes. Des inondations dévastatrices ravagèrent la vallée inférieure du Nil, poussant ses habitants à s'installer dans les plaines environnantes.

La moitié nord de l'Afrique, voilà 7 500 ans, était beaucoup plus humide qu'aujourd'hui. Le Sahara comptait des hautes terres relativement bien approvisionnées en eau ; à l'ouest du pays, le redoutable désert égyptien aujourd'hui totalement aride se prêtait encore à des pacages épars ; et le niveau des eaux du lac Turkana, dans la vallée du Rift, en Afrique orientale, était supérieur de 85 mètres à ce qu'il est actuellement. Des cultures assez semblables entre elles se développèrent sur toute la largeur du continent, du Niger au Nil. Les fouilles archéologiques montrent que leurs membres s'étaient installés dans des campements permanents, se servaient d'outils de pierre, de bois et d'os, vivaient de la pêche, de la chasse et de la cueillette, céréales sauvages comprises, le tout dans des proportions variant selon l'environnement. À partir du VIIIe millénaire avant J.-C., ils façonnèrent les plus anciennes poteries connues d'Afrique, dans un style dit « à lignes ondées pointillées » *(dotted wavy lines)*, qui se répandit du sud de la Libye et du Niger actuels jusqu'à Khartoum, le lac Turkana et peut-être même, plus au sud encore, jusqu'au lac Victoria. Ces peuples étaient principalement de race négroïde et c'est sans doute à eux qu'on doit la diffusion des langues saharo-nilotiques à travers toute la région, où elles sont toujours d'usage fréquent.

Certains spécialistes de ces langues croient que les représentants de cette culture des fortes pluies possédaient du bétail et cultivaient des céréales, mais en ce domaine les seuls témoignages archéologiques viennent du désert égyptien. C'est là, dans un bassin de déflation nommé Nabta Playa, proche de la frontière actuelle entre l'Égypte et le Soudan, que les archéologues ont découvert ce qu'ils croient être les restes d'un bétail domestiqué localement, et datant du VIIIe millénaire avant J.-C., soit bien avant partout ailleurs dans le monde. Certains archéologues mettent en doute cette théorie, et y voient les restes d'un bétail sauvage dont les hommes étaient les prédateurs systématiques. Les chercheurs ont également mis au jour des

os de mouton et/ou de chèvre datant de 5 000 ans
av. J.-C. Ces animaux ont dû venir du sud-ouest de
l'Asie : aucune espèce sauvage adaptée n'existait en
Afrique. Ils ont aussi retrouvé des grains d'orge et de blé
domestiqués datant du VIIᵉ millénaire avant J.-C., des
silos postérieurs d'un millénaire environ, et des grains de
sorgho et de millet – plus tard les deux grandes récoltes
de la savane africaine – qui, bien que sauvages, montraient des traces possibles de domestication. De telles
dates sont très antérieures aux premiers témoignages
d'agriculture dans la vallée inférieure du Nil, au nord-
ouest, dont on pensait jusque-là qu'elle avait reçu du
Proche-Orient l'orge, le blé, et le bétail domestique,
qu'elle aurait transmis ensuite à tout le nord de l'Afrique.
Ce n'est pas avant 5 000 ans avant J.-C. environ que des
groupements humains producteurs de nourriture s'installèrent dans la dépression du Fayoum, à l'ouest du Nil,
ainsi qu'à Merimde, important village composé de minuscules huttes de torchis à la limite sud-ouest du delta. Il
se peut que celui-ci ait vu s'en créer d'autres, plus anciens,
ensuite ensevelis sous le limon, mais il ne commença sans
doute à devenir une contrée agricole fertile qu'après 6500
avant J.-C., quand la montée des eaux de la Méditerranée
ralentit le flux du Nil [5]. Il est par conséquent possible
que cette région ait été colonisée par des peuples venus
de l'ouest et pratiquant déjà la production alimentaire,
peut-être à une époque de fortes sécheresses, attestées
dans le désert égyptien au cours du VIᵉ millénaire
avant J.-C., mais cela demeure encore incertain.

Dans le reste de la savane du nord de l'Afrique, les
témoignages archéologiques laissent penser que le bétail
domestique précéda l'agriculture, contrairement à ce qui
se passa partout ailleurs dans le monde. Deux stimuli
peuvent être à l'origine de ce phénomène. L'un fut l'arri-

vée, en provenance du Proche-Orient, de moutons et/ou de chèvres domestiqués, qui dès le VIe millénaire avant J.-C. étaient au cœur de l'économie de la Cyréna-ïque (au nord-est de la Libye) : cela a pu servir de modèle à la domestication locale. Le second fut un intervalle aride entre 5500 et 4500 ans avant J.-C., qui pourrait avoir contraint les chasseurs-cueilleurs à une exploitation plus intensive du bétail sauvage, et conduire au même résultat. Les pluies ayant repris, le bétail domestique se répandit à travers toute la région comprise entre le Nil et le nord du Mali. Même les langues nigéro-congolaises semblent avoir des mots courants très anciens pour le désigner. Dans les plateaux sahariens, la culture pastorale du IVe millénaire avant J.-C. nous a laissé de magnifiques peintures rupestres montrant trois groupes humains diffé-rents : un peuple négroïde, peut-être descendant des chas-seurs-collecteurs saharo-nilotiques ; des pasteurs noirs (mais non négroïdes), d'identité inconnue ; et des pas-teurs à peau plus claire, qui ont peut-être amené de l'est chèvres et moutons, qui façonnaient une poterie diffé-rente de celle de la période des fortes pluies, parlaient peut-être des langues afro-asiatiques, et pourraient bien avoir été les ancêtres des Berbères d'Afrique du Nord. Ces peintures n'évoquent jamais l'agriculture, tandis que des sites datant du Ve et du IVe millénaire, fouillés par les archéologues, n'ont livré que trois grains de pollen pou-vant indiquer une domestication.

Les raisons pour lesquelles les céréales domestiquées sont apparues si lentement dans la savane africaine appa-raîtront peut-être à la lumière de l'évolution de la région qui est aujourd'hui celle de Khartoum, au milieu de la vallée du Nil. À partir du VIIIe millénaire avant J.-C., elle fit partie de la culture de pêche et de cueillette de la période des fortes pluies. Au Ve millénaire, suite à l'assèchement du climat, les pasteurs du Sahara introduisirent le premier bétail domestique. Mais la domestication des céréales fut longtemps retardée. Le blé et l'orge égyptien étaient des récoltes d'hiver, peu adaptées aux pluies estivales tropicales de Khartoum et des régions plus au sud. Vers 6000 avant J.-C., les gens de la rivière Atbara, au nord-est de Khartoum, cueillaient et broyaient des graines d'herbes sauvages. À Kadero, à vingt kilomètres au nord, une importante colonie humaine du Ve millénaire avant J.-C. vivait principalement du bétail et de grandes quantités de sorgho, cultivé mais non encore domestiqué, si l'on en juge par les empreintes de grains sur la poterie et « les dizaines de milliers de fragments de meules très usées ». Leurs tombes, contrairement à celles des chasseurs-cueilleurs, contenaient des offrandes funéraires démontrant l'existence d'une élite, elle-même différenciée en fonction du sexe et de l'âge :

> Les tombes des hommes étaient les plus riches de ce groupe pour ce qui est des objets ; on y a retrouvé des armes (masse de porphyre en forme de disque), de beaux vases de poterie (au sommet noir, et peints d'ocre), des colliers de perles de cornaline et d'os, des ornements labiaux, des blocs d'ocre, des coquilles de bivalves d'eau douce. Celles des femmes adultes contenaient des vases de poterie de qualité moyenne, des ornements personnels tels que des colliers de perles de cornalines, ou faites à partir de coquillages marins (utilisées pour décorer un pagne ?), et de petits blocs d'amazonite et de malachite. Les tombes d'enfants contenaient des vases de poterie de qualité moyenne, des ornements personnels (colliers de perles de cornaline, anneaux de nez), et des blocs d'ocre [6].

Toutefois, en dépit d'un tel raffinement, rien ne démontre que le sorgho ait été domestiqué dans la région de Khartoum avant le début de l'ère chrétienne. Il l'avait presque certainement été avant, car il atteignit sans doute l'Inde, en provenance d'Afrique, vers le IIe millénaire avant J.-C., mais la domestication avait pris beaucoup de retard. La raison probable est que les céréales domestiques diffèrent surtout des variantes sauvages en ce que les premières gardent leurs grains dans l'épi jusqu'à ce qu'il soit battu, alors que les secondes les dispersent à profusion. La domestication du blé ou de l'orge se fit sans doute en coupant des épis, en les ramenant chez soi, en les battant, puis en semant une partie de la récolte, ainsi utilisée comme semence, pour sélectionner peu à peu les variétés qui gardaient le mieux les grains dans l'épi. Le sorgho et le millet ont cependant des tiges épaisses qui les auraient rendus plus faciles à récolter en les dépouillant de leurs grains dans le champ même. Cela n'aurait pas fait des espèces considérées une forme domestiquée. Il se peut que la culture sans domestication ait été très répandue dans la savane tropicale.

Cela a pu avoir des conséquences sur l'histoire de la production alimentaire en Éthiopie et en Afrique orientale. Des preuves linguistiques tirées des langues kouchitiques éthiopiennes (branche de la famille afro-asiatique) suggèrent une connaissance ancienne, mais pas forcément une domestication, du sorgho et du millet. On n'a encore découvert aucune confirmation archéologique du phénomène, pas plus que de l'existence de bétail, dont on n'a les premières preuves que vers 2000 avant J.-C., à l'époque où, peut-être, l'assèchement du climat a conduit les pasteurs sur le plateau éthiopien. Pourtant les Éthiopiens doivent avoir domestiqué plusieurs espèces locales : le *teff* (une céréale minuscule), le *noog* (une plante donnant de l'huile), et l'*ensete* (une plante du sud assez semblable à la banane). De surcroît, il se peut que des populations de langue kouchitique aient cultivé le blé et l'orge à la charrue avant que des immigrants venus d'Arabie du Sud, et parlant des langues sémitiques, parviennent en Éthiopie au début du Ier millénaire avant J.-C., car ces derniers reprirent des mots kouchitiques pour désigner ces aspects essentiels de leur culture. Pendant ce temps, la production alimentaire s'était également diffusée vers le sud, en Afrique orientale. Au Ve millénaire avant J.-C., la culture des fortes pluies (pêche, cueillette, fabrication de poterie) s'étendait dans toute la région du lac Turkana. Par la suite, les précipitations ayant diminué, des peuples parlant des langues saharonilotiques ont bien pu la diffuser (en même temps que l'exploitation des céréales) plus au sud, vers le lac Victoria, comme le suggèrent les analyses linguistiques, bien qu'aucun témoignage archéologique n'atteste ce fait. Des preuves plus claires de production alimentaire en Afrique orientale apparaissent avec l'introduction dans la région du lac Turkana, vers 2500 avant J.-C., du pastoralisme, qui se diffusa ensuite vers le sud en suivant la vallée du Rift. Ces pasteurs étaient peut-être des populations de langue kouchitique venues des plaines du Soudan suite au dessèchement du climat. L'analyse linguistique montre qu'elles connaissaient les céréales, mais aucun témoignage matériel n'indique qu'elles les cultivaient. Plus tard, au cours du Ier millénaire avant J.-C., d'autres pasteurs venus du Soudan avancèrent vers le sud et occupèrent les plateaux herbeux d'Afrique orientale, gérant leurs troupeaux de manière très semblable à celle des Masai d'aujourd'hui. Il se peut qu'ils aient parlé des langues de la branche sudiste de la famille saharo-nilotique, mais de telles considérations linguistiques restent forcément très hypothétiques.

L'assèchement du climat, qui avait provoqué ces migrations joua aussi un rôle essentiel dans la propagation des techniques de production alimentaire vers le sud, dans les savanes d'Afrique occidentale. La période pastorale saharienne, entamée au Ve millénaire avant J.-C., s'interrompit vers 2500 avant J.-C., suite à la diminution des pluies. Les pasteurs se déplacèrent vers le sud, en empruntant les vallées des rivières qui se déversent dans le lac Tchad et le Niger : ils étaient libres désormais d'exploiter ces régions où jusque-là la brousse était assez dense pour abriter la mouche tsé-tsé, responsable de la transmission de la fatale trypanosomiase au bétail. Dans la première moitié du Ier millénaire avant J.-C., celui-ci paissait près du sommet de la boucle du Niger. Moins de cinq cents ans plus tard, les pasteurs étaient présents sur le rivage sud-ouest du lac Tchad. C'est vers cette époque que la collecte ou la culture des céréales évolua vers la domestication, car il se peut que le millet domestiqué ait existé vers 1300 avant J.-C. dans la vallée du Tilemsi, au nord de Gao, et il était bel et bien présent dans les villages de pierre de Dhar Tichitt, en Mauritanie, vers 1000 avant J.-C. D'autres céréales locales, telles que le fonio et le riz africain, furent sans doute également domestiquées. L'économie plus complexe de la culture Kintampo découverte plus au sud au Ghana, en bordure de la forêt d'Afrique occidentale, est d'un intérêt tout particulier. Des chèvres et des moutons y furent certainement élevés entre 1750 et 1550 avant J.-C., et peut-être du bétail un peu plus tard. Les fouilles ont permis de découvrir une poterie qui manifeste des affinités sahariennes, mais aussi les restes de cosses d'huile de palme – récolte typique de la forêt – ainsi que des haches et des houes de pierre qui ont pu servir à défricher les terres pour les cultures. Ici, la culture de production alimentaire de la savane rencontrait le système agricole spécifique de la forêt d'Afrique occidentale.

L'agriculture en forêt

L'évolution de l'agriculture en forêt est encore plus difficile à retracer que dans la savane. Le bétail ne pouvait y vivre, on ne pouvait y récolter les céréales, mais seulement le plantain (une sorte de banane), et des ignames localement domestiqués : tout cela laisse peu de traces archéologiques. Les indications linguistiques selon lesquelles les langues du groupe nigéro-congolais ont commencé à se différencier voilà au moins 8 000 ans suggèrent également que la colonisation de la forêt prit beaucoup de temps, mais les preuves archéologiques les plus convaincantes sont des houes ou des haches, ainsi que des poteries, découvertes dans la moitié est de la forêt et ses environs. Elles remontent au IVe millénaire avant J.-C., pour se diffuser ensuite vers l'est comme vers l'ouest.

C'est depuis la forêt orientale et ses marges que des peuples parlant des langues bantoues avancèrent peu à peu à travers toute la moitié sud de l'Afrique. L'ensemble de ces idiomes ne constitue qu'une branche du groupe Bénoué-Congo de la famille nigéro-congolaise ; les autres langues de ce groupe (comprenant presque toutes celles du sud du Nigeria) rayonnent depuis la confluence Niger-Bénoué comme les rayons d'une roue, ce qui indique qu'elle a dû être le foyer d'origine des Bantous. Il est probable que les langues bantoues ont été diffusées par des colons qui auraient par ailleurs introduit l'agriculture dans des régions où elle était souvent encore inconnue. Leurs descendants sont, aujourd'hui encore, unis par une homogénéité linguistique et génétique remarquable [7]. Ce fut l'une des plus grandes migrations de toute l'histoire de l'humanité, bien qu'elle n'ait rien eu de dramatique.

La langue bantoue ancestrale possède des mots pour désigner l'igname et l'huile de palme, mais non les céréales. L'analyse linguistique montre que ses locuteurs ont commencé à se diviser il y a près de 5 000 ans. Certains groupes s'avancèrent lentement vers l'est en suivant la frontière nord de la forêt équatoriale, en direction des grands lacs d'Afrique orientale. D'autres s'installèrent dans les prairies du Cameroun actuel. Leur langue comportait des termes pour désigner la culture, la hache, la chèvre et le bétail, ainsi qu'un vocabulaire de la chasse et de la pêche. À partir de 1000 av. J.-C. environ, l'assèchement du climat ayant éclairci les bordures de la forêt, ces peuples plus occidentaux menèrent leur culture jusqu'au nord du Gabon actuel et, le long de la bordure ouest de la forêt, jusqu'aux sources du fleuve Congo : les archéologues en ont découvert des preuves datant de 400 av. J.-C. environ. Ces peuples devaient ensuite poursuivre leur chemin plus au sud, jusqu'au nord de la Namibie actuelle, où les franges arides du désert du Kalahari les dissuadèrent sans doute d'aller plus loin. En chemin, certains de ces pionniers se dirigèrent vers l'est, remontèrent les vallées des rivières pour traverser la forêt équatoriale, et introduisirent leur langue et leur culture d'outils de pierre très loin dans l'intérieur des terres, à savoir la frontière sud-ouest du Soudan moderne, le rivage ouest du lac Tanganyika, et le moyen Zambèze. Il se peut qu'ils aient appris en chemin à compter sur le plantain, qui devait devenir la principale production de la forêt équatoriale.

Ce ne fut pourtant que la première phase de l'expansion bantoue. La plupart des langues bantoues actuelles de l'est et du sud de l'Afrique ne sont pas dérivées des groupes de l'ouest, mais de ceux qui s'étaient dirigés vers les grands lacs, où ils parvinrent, selon les témoignages

archéologiques, vers 1000 avant J.-C. Une nouvelle avancée dans la savane de l'Afrique orientale et australe ne
devint possible que quand ces groupes ajoutèrent la
culture des céréales à leur ancienne agriculture sylvestre.
L'analyse linguistique des mots d'emprunt laisse penser
qu'ils apprirent à en faire pousser (il s'agissait essentiellement du sorgho) dans la région des grands lacs, auprès
de peuples venus de la vallée du Nil parlant des langues
saharo-nilotiques. Ce sont sans doute eux qui leur enseignèrent les techniques d'élevage du bétail, ou peut-être
s'agissait-il de locuteurs de langues kouchitiques, bien
qu'il n'existe aucune preuve archéologique de la présence
de tels peuples dans cette région [8]. C'est probablement là
aussi que les Bantous s'initièrent à une autre compétence :
le travail du fer. Pour comprendre à quel point ce fut
une innovation révolutionnaire, il nous faut en revenir à
l'histoire générale de l'Afrique.

CHAPITRE III

L'impact de la métallurgie

L'Égypte

Des peuples avaient, grâce au travail de la pierre, entamé la colonisation de l'Afrique. Leurs successeurs la poursuivirent grâce aux métaux : d'abord le cuivre (seul le nord du continent connut un âge du bronze), puis le fer, lequel permit aux agriculteurs de coloniser la plus grande part de l'Afrique orientale et méridionale.

Les témoignages les plus anciens de travail du métal nous viennent du sud de l'Égypte, vers la fin du Ve millénaire avant J.-C. Au début, on recourut sans doute au cuivre naturel à l'état pur pour fabriquer des aiguilles, des instruments de perce et autres petits objets. La fonte obtenue par la fusion du minerai de cuivre – d'invention locale ou empruntée au Proche-Orient – qui en ôte les impuretés commença sans doute dans la première moitié du IVe millénaire. D'ailleurs, cela ne provoqua aucune discontinuité dans l'histoire de l'Égypte, puisqu'on s'y servit d'outils de pierre jusqu'au Ier millénaire avant J.-C. ; mais la nouvelle technique connut une telle diffusion qu'un poids de cuivre fixe devint l'unité de valeur du pays. De plus, cette innovation coïncida étroitement avec la création, dans la vallée du Nil, de la première grande

civilisation agricole d'Afrique. Elle était bel et bien africaine, car les peuples d'Égypte, bien qu'hétérogènes,
comptaient un noyau de population de race afro-
méditerranéenne, et parlaient une langue afro-asiatique.
La civilisation égyptienne comportait de nombreux traits
culturels et politiques qui devaient plus tard réapparaître
en d'autres endroits du continent, bien que, par
contraste, l'Égypte permît aussi de comprendre l'histoire
africaine.

Ce contraste s'enracinait dans l'environnement. Des
pionniers avaient pratiqué l'agriculture dans la cuvette du
Fayoum, et la bordure sud-ouest du delta du Nil, depuis
5000 avant J.-C. environ. Au cours du millénaire qui
suivit, d'autres, poussés par la sécheresse, vinrent du
Sahara oriental s'installer sur des crêtes bordant la vallée
du Nil, où des inondations moins fortes offraient des
terres aux pasteurs et aux agriculteurs. Dépendant du
fleuve, ces colons se prêtaient mieux au contrôle politique
que les Africains, qui se caractérisaient depuis très longtemps par leur liberté de mouvement. Au cours du
IVᵉ millénaire avant J.-C., la Basse et la Haute-Égypte
(respectivement le delta du Nil, et l'étroite vallée fluviale
qui s'étend, vers le sud, jusqu'à Assouan) pratiquaient une
agriculture caractéristique en exploitant des inondations,
faisaient usage du silex et du cuivre, tissaient des vêtements de lin, commerçaient avec le Proche-Orient. Ces
régions édifiaient aussi des temples consacrés à des dieux
tels que Horus et Seth, d'une grande importance plus
tard dans le panthéon égyptien, et connaissaient une stratification sociale que trahissent les tombes – peintes pour
l'élite, beaucoup plus ordinaires pour les gens du commun –, et plusieurs petits royaumes aux capitales ceintes
de murs de briques crues. L'histoire de leur unification
demeure obscure, mais les premiers monarques qui

régnèrent sur l'ensemble du pays s'emparèrent du pouvoir avant 3100 avant J.-C. ; ils furent inhumés à Abydos, en Haute-Égypte.

L'État, qui dura jusqu'à la fin de l'Ancien Empire, vers 2160 avant J.-C., était plus centralisé et autoritaire que ceux, contemporains de la Mésopotamie. On attribue souvent sa puissance à la régulation du système d'irrigation, mais il n'en est rien : un tel système n'existait pas dans la vallée du Nil. Les inondations naturelles du fleuve le plus fiable du monde permettaient une seule récolte annuelle ; ce n'est sans doute qu'à la période post-dynastique qu'on put en faire plusieurs par an. Il fallait certes contrôler la puissance des inondations, faire disparaître les obstacles à leur expansion, et les diriger vers les terres, mais de tels travaux étaient purement locaux ; des officiels s'en chargeaient, ainsi le « creuseur de canal » provincial, qui fut l'un des plus anciens fonctionnaires d'Égypte. Les pharaons présidaient la cérémonie de leur mise en route, leurs vizirs s'en attribuaient le mérite ; mais les archives de l'Ancien Empire ne révèlent nullement l'existence d'une bureaucratie étatique chargée des problèmes d'irrigation : sa tendance naturelle était plutôt au renforcement d'une autonomie provinciale qui demeura puissante tout au long de l'histoire égyptienne et, à trois occasions – ce qu'on appelle les « périodes intermédiaires » – triompha temporairement de l'unité politique.

Les rapports entre agriculture irriguée et règne des pharaons tiennent davantage à la productivité du système – on a estimé que les paysans pouvaient produire jusqu'à trois fois leurs besoins domestiques –, à sa capacité d'entretenir une classe dirigeante, au besoin d'ordre des paysans (mais aussi à leur impuissance face à l'exploitation), à la capacité de l'État de transporter les surplus

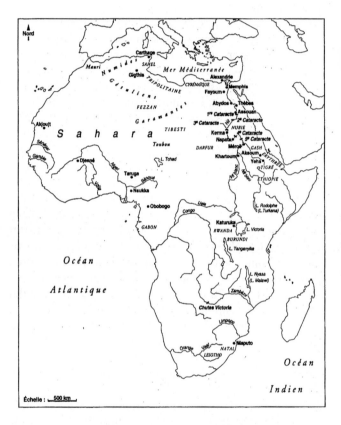

4. L'impact de la métallurgie

agricoles par voie d'eau, plus tard de les stocker, et surtout aux tentations qu'ils suscitaient chez les affamés de puissance et de richesse. Les pharaons exerçaient leur pouvoir par des moyens militaires, administratifs et idéologiques. Ils étaient présentés comme des conquérants – et leurs agents comme des scribes, tirant parti de leur monopole d'emploi de l'écriture, alors d'invention récente, pour réprimer toute tentation d'autonomie au sein de la société. « Sois scribe », conseille un vieux texte. « Tes membres seront lisses, tes mains douces. » Ces officiels se chargeaient, parfois avec une grande brutalité, de la collecte des impôts, dont le taux, au cours des siècles qui suivirent, semble avoir été de dix pour cent des récoltes. Ils propageaient également la culture royale ; la plus grande réussite des premières dynasties fut ainsi de remplacer peu à peu les traditions provinciales. Pendant la saison sèche, ils dirigeaient les groupes de paysans réquisitionnés pour mener à bien les gigantesques travaux publics de l'Ancien Empire – non pas les canaux d'irrigation, mais les pyramides qui servaient de tombeaux aux pharaons. La plus grande, qu'on doit à Khoufou (Chéops), date du milieu du IIIᵉ millénaire : elle mesurait alors 147 mètres de haut, et comportait 2 300 000 blocs de pierre dont chacun pesait près de 2 tonnes et demie. L'érection de ces pyramides s'accompagne, dans les cimetières, d'une disparition presque complète des tombes de paysans ; cela suggère un fort appauvrissement provoqué par le pouvoir central. Les pharaons étaient des monarques de nature semi-divine ; eux seuls pouvaient communiquer directement avec les dieux. Ils avaient la responsabilité du bon fonctionnement de l'ordre naturel et, depuis la création, une succession ininterrompue de divinités les avaient précédés sur le trône. Les recherches contemporaines montrent que l'Égypte dynastique était une société plus souple que les idéologies officielles ne le laissent entendre : la politique séculière y était vivante, et elle connaissait des bouleversements intellectuels et sociaux de grande ampleur. Toutefois, les mentalités égyptiennes étaient confinées dans les limites de cet environnement unique. On considéra longtemps qu'au-delà de la vallée du Nil, le monde se réduisait à un chaos ; le royaume des morts était représenté comme un immense champ de roseaux, et bien des innovations durent être présentées comme autant de retours à un ordre ancien, vénérable et sans défaut.

À cette époque, même plus densément peuplée que le reste de l'Afrique, l'Égypte de l'Ancien Empire était encore une terre vide, qui ne devait compter qu'un ou deux millions d'habitants, à en juger d'après les indications que nous donnent les terres cultivées. Il se peut que ce chiffre soit monté à 2 et 4,5 millions d'habitants à la fin du IIe millénaire, avec une pointe de 3,2 à 7,5 millions au cours du Ier siècle après J.-C [1]. De tels chiffres impliquent des taux de croissance extrêmement lents, bien inférieurs à 0,1 % par an. Il est possible qu'en soient responsables la pratique prouvée de l'allaitement prolongé, ainsi qu'une mortalité élevée suggérée par les données mortuaires, et confirmée par les recensements ultérieurs de l'époque romaine. Selon ces documents, la mortalité était extrêmement forte avant quinze ans, mais de surcroît, à chaque décennie, la moitié des survivants mourait. Les témoignages littéraires évoquent les fièvres (sans doute la malaria), tandis que les momies montrent que les Égyptiens souffraient de tuberculose, du cancer, de bilharziose, d'arthrite, et sans doute aussi de la variole – mais non de la lèpre ou de la syphilis, du moins d'après les éléments dont nous disposons. La population était la plus dense là où la vallée du Nil était la plus étroite, et donc plus facile à gérer ; la croissance fut cependant la plus forte dans le delta, région à l'environnement difficile – à l'époque de l'Ancien Empire, c'était avant tout un monde de pâtures et de marais, mis, cependant, systématiquement en valeur. Le coloniser, et y pratiquer des cultures permanentes, exigeait un tel travail qu'on vit apparaître à l'époque une propriété privée de la terre, et une classe de grands propriétaires, qui s'emparèrent peu à peu d'une bonne part des terrains, cultivés par de petits métayers. Vers 1153 avant J.-C., les temples, à eux seuls, occupaient près d'un tiers des terres cultivables d'Égypte. Le paysan d'alors cultivait en moyenne une superficie de 1,25 hectare ; au cours des trois millénaires qui suivirent, personne en Afrique ne se montra plus soucieux que lui de léguer à ses descendants l'intégrité de ses droits.

La règle de primogéniture gouvernant l'accession au trône, l'Égypte était à l'abri des querelles de succession qui firent par la suite tant de tort aux États africains. L'Ancien Empire connut donc une grande stabilité jusqu'à son effondrement vers 2160 avant J.-C. Son autoritarisme suffocant s'affaiblit sous le règne des pharaons qui suivirent : la bureaucratie s'imprégna de loyalismes provinciaux, dispersant des richesses jusque-là accaparées par la cour, empêchant le régime de bâtir à l'échelle monumentale d'autrefois, apaisant peut-être les famines les mauvaises années, et de façon plus générale dépouillant l'État du « Mandat du Ciel ». La Première période intermédiaire (c. 2160-1991 avant J.-C.) fut marquée par des guerres civiles, des règnes brefs, dix-neuf des vingt-deux famines qu'ait connues l'Égypte dynastique, et un afflux de peuples du désert fuyant la pire succession de sécheresses de l'histoire de la région, bien que les inhumations, exceptionnellement nombreuses, de cette époque soient loin d'indiquer une pauvreté croissante,

sans doute parce que l'État ne prenait plus qu'une part
réduite des surplus. L'ordre dynastique conservait pourtant une puissance dont témoigne son renouveau lors du
Moyen Empire (1991-1785 avant J.-C.), marqué par une
bureaucratie autoritaire. La Seconde période intermédiaire (1785-1540 avant J.-C.) correspond à un effondrement temporaire dont devait toutefois sortir le Nouvel
Empire (1540-1070 avant J.-C.), époque de maturité et
d'expansion maximales de la civilisation égyptienne.

Les grands pharaons du Nouvel Empire furent avant
tout des guerriers, qui tiraient profit des armes de bronze
et des chars tirés par des chevaux – dont l'arrivée, pendant la Seconde période intermédiaire, avait introduit la
roue dans la civilisation égyptienne. Leurs armées franchirent l'Euphrate, s'avancèrent, au sud, à travers le Soudan actuel, en direction de la cinquième cataracte du Nil
(et peut-être au-delà), faisant de l'Égypte la plus grande
puissance du monde connu. La conquête d'un empire
transforma la structure de l'État, comme souvent dans
l'histoire de l'Afrique. Pendant le Nouvel Empire, et pour
la première fois, l'Égypte fut dotée d'un *ethos* militaire, et
d'une vaste armée professionnelle, essentiellement composée de mercenaires étrangers ; son contrôle devint la clé
de l'accession au trône. Il existait également des forces
de police d'ampleur réduite. Les pharaons rétablirent un
pouvoir central fort, grâce aux ressources humaines et
matérielles que leur procurait l'empire. Pour autant,
c'était aussi une société très ancienne, prospère, urbaine
et pluraliste, pour qui les pyramides de l'Ancien Empire
étaient déjà devenues des attractions touristiques. Les
institutions n'étaient plus de simples émanations de la
volonté royale, mais possédaient une vie propre ; les
prêtres des temples étaient ainsi devenus des spécialistes
héréditaires, qui respectaient un code ascétique – et bien

que leur nomination dût encore être approuvée par le souverain. Une connaissance plus étendue du monde extérieur permit aux Égyptiens de voir les étrangers, ou du moins certains, comme des êtres humains au même titre qu'eux-mêmes. Ils se demandaient si l'avenir ne pourrait pas surpasser le présent ; certains d'entre eux doutaient même qu'il soit utile de se préparer à la mort avec autant de minutie. Leurs artistes gagnèrent en audace sans perdre l'équilibre et la dignité superbes du passé. Le profond mépris pour les pauvres qu'exprimaient certains écrits antérieurs de l'élite céda la place à une sorte de conscience sociale paternaliste que le vizir Rekhmirê exprima, au XVe siècle avant J.-C., sur les parois de sa tombe :

> J'ai jugé [l'insignifiant] comme l'influent ; j'ai protégé le faible du fort ; j'ai détourné la fureur de l'homme mauvais et soumis l'homme avide à son heure… J'ai secouru la veuve qui n'a plus de mari ; j'ai établi le fils et héritier sur le siège de son père. J'ai donné [du pain à l'affamé], de l'eau à l'assoiffé, de la viande, de l'huile et des vêtements à celui qui n'avait rien… Je n'ai pas été sourd à l'indigent. À dire vrai, je n'ai jamais accepté de cadeau de qui que ce soit [2].

Les spécialistes d'histoire sociale cherchant à retrouver la complexité de l'ancienne Égypte sous le fardeau de son idéologie officielle ont découvert deux sources particulièrement précieuses du Nouvel Empire. La première est un ensemble de documents sur papyrus, et de messages rédigés sur des fragments de poterie ou de pierre, dus à une communauté de peintres, de sculpteurs et de plâtriers, qui vécut, plusieurs siècles durant, dans un village nommé Deir el-Medineh ; ils travaillaient à l'édification des tombes de la Vallée des Rois, près de Thèbes. C'étaient des fonctionnaires qui transmettaient (souvent par des moyens malhonnêtes) leur savoir et leurs postes à leurs fils. Leur salaire, payé en nature, était suffisant pour nourrir leur famille, et leur assurer un surplus qu'ils pouvaient échanger contre d'autres produits de première nécessité – car l'Égypte n'avait pas de monnaie, et le commerce se réduisait au troc. Ces artisans qualifiés savaient défendre leurs intérêts avec la plus grande vigueur. Ils travaillaient la moitié de l'année, à raison de huit heures par jour ; ils bénéficiaient de fêtes religieuses fréquentes, et acceptaient souvent des commandes privées sans rapports avec leurs devoirs officiels. Vers la fin du Nouvel Empire, ils cessèrent le travail plusieurs fois, et à une occasion, comme l'administration ne leur avait pas versé leur salaire, ils organisèrent une manifestation auprès d'une tombe royale. Cette communauté comptait en moyenne entre quarante et soixante personnes ; elle recourait aux services de seize esclaves femmes, chargées des travaux ménagers les plus lourds, qu'elles assuraient, par rotation, dans chaque famille. Plusieurs foyers possédaient également des esclaves parfois enterrés dans la tombe familiale, car les Égyptiens cherchaient à acculturer les peuples conquis par l'empire : Ramsès III se flatta ainsi d'avoir donné 81 322 hommes au seul temple de Thèbes. Leur commerce était florissant, bien qu'ils aient eu moins d'importance en Égypte, fortement peuplée, que dans le reste du monde antique. Dans cette société stable, parvenue à maturité, l'organisation familiale différait à certains égards de ce qu'elle serait plus tard dans presque toute l'Afrique. Un foyer de cinq à six personnes était la norme à Deir el-Medineh comme ailleurs : les parents, deux à trois enfants célibataires, et peut-être la sœur de l'époux, ou sa mère veuve. De telles maisonnées maintenaient des contacts étroits avec leur parenté, et la tombe familiale était le symbole d'une identité collective ;

mais l'Égypte ne connaissait pas les lignées ou les clans puissants contrôlant collectivement la propriété, détenue essentiellement au sein de la famille. Le mariage était généralement monogame, la filiation directe, le statut de la femme exceptionnellement élevé : elle avait le droit de préserver la dot apportée lors de son mariage, d'hériter de biens ou de recevoir un tiers de ceux acquis en commun en cas de divorce, qui était aussi facile que répandu. L'amour conjugal était un thème artistique et littéraire très fréquent. Hommes et femmes se mariaient très tôt pour créer des foyers indépendants, bien que les enfants, tant qu'ils résidaient sous le toit familial, aient été soumis, comme les serviteurs, à une forte autorité patriarcale. « Toute la maisonnée est comme [mes enfants], et tout est à moi », disent les lettres, datées de 2002 avant J.-C., du riche paysan thébain Hekanakht à sa famille. « Soyez énergiques en cultivant la terre ! Prenez-en soin ! Mon grain doit être préservé ; tous mes biens doivent être préservés. Je vous en tiendrai responsables [3]. » S'il existe peu de témoignages dans l'Égypte pharaonique de ce qu'on pourrait appeler, au sens moderne, des « contre-cultures », le matérialisme et les rapports marchands, si vigoureux pendant le Nouvel Empire, menaçaient de submerger son immobilisme affiché.

La religion et l'écriture constituent un second moyen d'accès à la vie quotidienne de cette époque. L'unification de l'Égypte s'était accompagnée de la formation graduelle d'un panthéon commun. Souvent issus de divinités locales remontant à un lointain passé de chasse, les dieux étaient fréquemment représentés sous forme d'humains aux têtes d'animaux représentant leurs natures particulières. Le souci extrême, propre à l'Égypte, de la mort et du renouveau, peut-être lié à des inondations annuelles régénératrices, est également antérieur à cette unifica-

tion : il se fit plus méthodique avec le temps. L'adoption
de l'écriture à la fin de la période pré-dynastique, vers
3150 avant J.-C., favorisa aussi ce phénomène. Il se peut
qu'elle soit venue de Sumer (aujourd'hui en Irak) où elle
fit son apparition pour la première fois, mais les systèmes
de notation égyptiens sont des inventions locales, peut-
être à l'instigation des autorités, pour qui ils représentaient une source de pouvoir de première importance.
L'État recourut d'abord à l'écriture pour un simple éti-
quetage des biens ; pendant près de cinq cents ans, elle
fut confinée aux cercles administratifs et aux inscriptions
royales avant d'être disjointe de la communication verbale
pour transcrire des phrases entières. Deux systèmes furent
inventés presque simultanément. Les inscriptions et les
documents officiels recouraient aux hiéroglyphes, « pa-
roles des dieux », chargés de pouvoirs magiques ; c'étaient
des représentations simplifiées d'objets, permettant de
représenter à la fois ces objets et les mots qui se pronon-
çaient de la même manière (ou plus exactement leur
séquence de consonnes, procédé qui se prête tout particulièrement à la notation d'une langue afro-asiatique).
L'écriture cursive, utilisée dans le cadre de la vie quotidienne, en était une version très simplifiée, presque une
sténographie. Toutes deux symbolisaient les deux
niveaux, si nettement séparés, de la culture égyptienne :
le premier formel et abscons, le second profane et beaucoup plus souple. La connaissance de l'une comme de
l'autre exigeait toutefois une longue formation. Sans
doute le nombre de gens sachant écrire ne dépassait-il pas
un pour cent de la population ; l'écriture eut donc sur la
pensée, la religion et la société égyptiennes un impact
beaucoup moins fort que plus tard en Grèce, ou dans
les cultures africaines ultérieures. La pensée égyptienne
conservait bien des traits antérieurs à l'écriture : elle était

plus concrète qu'abstraite, une déité personnifiait chaque qualité morale, un authentique sens historique restait inconnu, le savoir se réduisait à un gigantesque catalogue de noms et d'attributs, la loi n'était pas codifiée. L'État était un ensemble d'institutions, de tâches et de personnalités individuelles ; il trouvait sa justification dans la création divine et sa propre ancienneté, et non, comme par la suite en Grèce, dans la raison. Il n'existait pas à proprement parler de livres sacrés ; la religion égyptienne était, en son fond, une vénération rituelle de dieux disparates, qu'aucun processus d'abstraction ne réduisit jamais à une théologie systématique. Elle demeurait d'ailleurs tolérante et éclectique, ajoutant sans cesse de nouvelles divinités à son panthéon, notamment pendant l'expansion impériale du Nouvel Empire. L'importance des rituels tenait à leur aspect magique.

L'écriture, la centralisation politique et l'expansion de l'empire poussèrent toutefois à une certaine systématisation, et même au monothéisme. C'est là un sujet qui prête à controverse, mais de nombreux spécialistes discernent des tendances en ce sens dès le début du Nouvel Empire, notamment dans la prééminence croissante d'Amon, « le caché », dieu-soleil adoré à Thèbes, à tel point que ses adorateurs en vinrent à voir les autres divinités comme de simples manifestations particulières de ce dieu. Le pharaon Akhénaton (1364-1347 avant J.-C.) alla plus loin encore en instituant un culte d'État du disque solaire (Aton), créateur de toutes les nations, et supplantant les autres divinités : ce fut l'occasion d'une persécution sans précédent dans l'histoire égyptienne. Le pouvoir royal était tel qu'on n'assista à aucune dissidence ouverte, mais les successeurs du pharaon restaurèrent vite l'ordre ancien : les institutions égyptiennes étaient trop solides, et leurs traditions trop établies, pour tolérer un dieu jaloux.

Bien que les gens du commun furent exclus des rituels des temples, sauf à l'occasion des plus grandes fêtes, le culte officiel pénétra profondément la vie quotidienne. Quelle que soit la période historique considérée, les parents donnaient à presque tous leurs enfants les noms des dieux les plus importants. Les symboles et les figures des divinités, à l'origine limités aux tombes des grands, apparurent peu à peu dans celles de leurs inférieurs. Pendant le Nouvel Empire, les offrandes votives aux temples se multiplièrent, comme la pratique de demander des oracles aux dieux transportés en procession. L'adoration des animaux devint toujours plus populaire. Les scribes rédigeaient des amulettes, des lettres demandant assistance aux morts et (vers la fin du Nouvel Empire) aux divinités elles-mêmes. Pour autant, la religion officielle n'offrait aux hommes, et surtout aux femmes du commun aucune communication directe avec le divin, et peu de réconfort en cas de malheur. Ils préféraient donc s'en remettre à eux-mêmes. À Deir el-Medineh, par exemple, les travailleurs érigèrent des monuments témoignant de leur humilité devant les dieux, et de leur repentir des péchés qui leur avaient valu l'infortune. Leurs maisons abritaient des autels consacrés à des divinités secondaires, plus populaires, à l'apparence souvent grotesque. Ils consultaient des femmes quand leurs enfants mouraient ou quand ils étaient accablés de « manifestations » divines. Les témoignages de telles pratiques se multiplient à mesure que les dynasties se succèdent.

Comme tant d'autres États africains après lui, le Nouvel Empire dut son déclin à un militarisme excessif, générateur d'un expansionnisme débridé, et de divisions intestines. Les incursions lancées par des nomades venus

de Libye semblent avoir commencé au XIIIe siècle
avant J.-C. L'empire asiatique fut perdu du temps de
Ramsès III (1184-1153 avant J.-C.), et la Nubie un siècle
plus tard. La succession sur le trône devint instable, les
règnes plus brefs, l'autorité politique déclina, et les offices
devinrent héréditaires. Le prix du grain monta en flèche
vers la fin du XIIe siècle, peut-être en raison de pluies
moins abondantes, mais aussi de l'affaiblissement de
l'administration agraire, comme le laissent entendre de
nombreux témoignages de malversations. Le pouvoir
revint de plus en plus aux chefs des mercenaires libyens et
nubiens, entre lesquels régnait une forte hostilité. Quand
Ramsès XI (1099-1069 avant J.-C.) fit venir du Soudan
actuel le vice-roi de Kouch et ses troupes nubiennes afin
de réaffirmer le contrôle royal sur la Haute-Égypte, Héri-
hor de Thèbes – à la fois vizir et chef suprême de l'armée
du souverain, mais aussi grand prêtre d'Amon – recourut
à des soldats libyens pour les repousser. La Troisième
période intermédiaire (1070-712 avant J.-C.) qui s'ensuivit fut marquée par une militarisation générale : la population rurale dut fréquemment chercher refuge derrière
des enceintes fortifiées, et l'Égypte fut divisée en unités
régionales – vers 730 avant J.-C., on en comptait onze,
dont plusieurs sous contrôle libyen –, jusqu'à ce que, vers
la fin du VIIIe siècle avant J.-C., les souverains kouchitiques de Nubie occupent militairement le pays. Ils furent
ensuite eux-mêmes chassés vers 660 avant J.-C. par les
troupes du régime assyrien, puissance dominante du
Proche-Orient.

Cette dernière tirait son pouvoir de la cavalerie (plus
que sur les chars) et du fer, fondu dans la région depuis
la fin du IIIe millénaire avant J.-C. L'Égypte n'avait ni
gisement de minerai, ni bois de combustible, et ses artisans, étroitement contrôlés, furent lents à maîtriser la

technique : le premier témoignage de fonte du fer a été retrouvé à Naucratis, ville située dans la partie occidentale du delta, et fondée par des colons grecs vers 620 avant J.-C. Ce sont d'ailleurs des mercenaires grecs qui permirent aux gouvernants libyens de Saïs, dans la partie centrale du delta, de réunifier l'Égypte : d'abord simples vassaux de l'Assyrie, ils gagnèrent leur indépendance en 664 et régnèrent jusqu'en 525 avant J.-C., lors de ce qui fut la dernière grande époque de la civilisation pharaonique. Les Saïtes recréèrent consciemment les splendeurs d'autrefois, décorant leurs nombreux temples dans le style de l'Ancien Empire. Mais les changements se poursuivaient sous ce vernis archaïque : colonisation du delta, acquisition de terres par les mercenaires étrangers, emploi d'argent titré comme quasi-monnaie, recul de la volonté royale devant le pouvoir administratif et les origines familiales, désormais principales sources d'autorité au niveau local. L'Égypte n'était plus qu'une proie pour les grandes puissances. Après 525 avant J.-C., elle tomba pour deux siècles aux mains des conquérants perses, exception faite d'un long intervalle d'indépendance. Alexandre le Grand la leur arracha en 332 avant J.-C. ; un de ses généraux y créa une dynastie grecque, les Ptolémées, qui régnèrent jusqu'à l'an 30 après J.-C., date à laquelle Rome finit par l'intégrer à son propre empire. Pour une bonne part, l'ordre ancien survécut à tous ces changements politiques. Les souverains grecs patronnèrent les prêtres des temples, qui préservaient la vieille culture de l'élite. Ils identifièrent les dieux d'Égypte aux leurs, et se voyaient représentés comme des pharaons sur les murs des temples, conformément aux règles d'une tradition artistique qui survécut jusque vers le milieu du IIIe siècle après J.-C. Des Grecs remplacèrent les hauts responsables de l'administration, dont le grec devint la langue officielle, mais les structures bureaucratiques régissant la vie des gens du commun furent maintenues. Les Romains eux-mêmes devaient suivre cet exemple, bien qu'en règle générale ils aient préféré une administration de type municipal. Les uns comme les autres encouragèrent la colonisation du delta qui, du temps des Ptolémées, abritait peut-être autant de gens que la Haute-Égypte, qu'elle avait supplantée en tant que cœur économique du pays : une nouvelle capitale fut fondée à Alexandrie. C'est à la même époque que, venue du Moyen-Orient, un système d'irrigation par roue mue par la traction animale, la *saqia*, atteignit l'Égypte. Elle permettait la culture en saison sèche, et c'est l'un des premiers témoignages de l'existence de récoltes multiples. Les exportations de grain égyptiennes – les « envois », comme on disait – étaient d'une importance vitale pour les finances des Ptolémées ; on estime qu'elles fournissaient à Rome le tiers de son blé. La production agricole, comme le nombre de la population, atteignirent sans doute leur sommet pendant cette période, marquée par un climat très favorable. Mais la société paysanne se voyait menacée par l'importance croissante des rapports marchands, en partie provoquée par l'introduction de la monnaie du temps des Ptolémée, par la domination des cités hellénophones, puis par la création, du temps des Romains, de grands domaines sur lesquels des métayers devaient s'acquitter chaque année d'un tribut représentant la moitié de leur récolte. Un nombre toujours plus important de travailleurs agricoles, de paysans et de citadins pauvres se rapprocha ainsi des esclaves, qui représentaient dix pour cent de la population. Outre des révoltes rurales, en 152 puis en 172-173 après J.-C., la protestation prit des formes millénaristes inspirées d'anciennes formules culturelles :

[La justice] reviendra, ramenée à l'Égypte, et la cité près
de la mer [Alexandrie] ne sera plus qu'un endroit où les
pêcheurs feront sécher leurs prises, car Knephis, la Divinité
tutélaire, sera partie pour Memphis, aussi les passants
diront-ils : « C'est là la cité protectrice dans laquelle vivent
toutes les races de l'humanité. » Alors l'Égypte croîtra,
quand… le dispensateur de bienfaits, venu du Soleil, sera
établi là par la plus grande des déesses [Isis] [4].

La Nubie et le nord de l'Éthiopie

« L'Antiquité égyptienne est à la culture africaine ce
que l'antiquité gréco-romaine est à la culture occidentale », a écrit l'érudit sénégalais Cheikh Anta Diop [5].
C'est là un point de vue qu'étayent peu de témoignages ;
car l'Égypte a été remarquablement incapable de transmettre sa culture au reste du continent – en partie parce
qu'elle était très liée à l'environnement de la vallée du
Nil, en partie parce que sa grandeur coïncida avec la
désertification du Sahara, qui la coupait de la plus grande
part du continent africain. Les peintures rupestres sahariennes ne témoignent que de faibles traces d'influence
égyptienne, avant tout l'adoption des chars. La vallée du
Nil elle-même fut donc le principal théâtre de diffusion
des techniques de travail du métal, mais aussi des principes de la royauté : d'abord dans la plaine inondable
immédiatement au sud, qu'on appelait la Basse-Nubie,
puis dans la Haute-Nubie qui, depuis la Seconde cataracte du fleuve, s'étend vers l'équateur en direction de la
Khartoum moderne. Du temps des pharaons, la population de cette région aride ne devait pas dépasser cinq cent
mille personnes ; les témoignages archéologiques nous
montrent que le taux de mortalité était très élevé chez les
jeunes adultes. Elle était donc toujours menacée d'une

extinction quasi totale quand les circonstances, surtout politiques, étaient difficiles : la Nubie prospérait quand l'Égypte était faible, mais souffrait quand elle était forte. Pourtant, la société nubienne survécut aussi longtemps que l'égyptienne, avec une population à la continuité physique marquée ; sa culture devait autant à des ressources locales qu'aux emprunts à ses voisins du nord.

Les tombes égyptiennes les plus anciennes, datant du IVe millénaire avant J.-C., contenaient des objets d'ivoire et d'ébène venus du sud ; pareillement, celles de Basse-Nubie ont livré des poteries, des outils de cuivre et des objets d'origine égyptienne. Ces tombes étaient celles d'un peuple qu'on appelle simplement « groupe A » : ils cultivaient le blé et l'orge et, physiquement, ressemblaient aux Égyptiens pré-dynastiques. Ils semblent avoir pris part à la croissance économique et politique qui culmina vers la fin du millénaire avec l'unification de l'Égypte, car leurs implantations s'étendirent, et certains de leurs chefs furent enterrés dans des tombes encore plus grandioses que celles des premiers pharaons. Mais une telle prospérité attirait des convoitises mortelles. Un bas-relief datant du début de la Première dynastie montre un captif nubien attaché à la proue d'un navire égyptien, ce qui indique peut-être la première invasion du sud. Quand survint la Troisième dynastie (vers 2695 avant J.-C.), le groupe A avait pratiquement disparu des archives archéologiques de la Basse-Nubie, et une ville égyptienne avait été fondée à Bouhen, près de la Seconde cataracte (elle devait bientôt devenir un centre local de production du cuivre), tandis que la présence en Égypte, sous la Quatrième dynastie, d'esclaves et de soldats nubiens suggère quel fut le destin probable de nombre de membres du groupe A. Toutefois, les Nubiens retrouvèrent une certaine liberté d'action avec l'affaiblissement de l'Ancien

Empire. Les avant-postes égyptiens disparurent, le commerce reprit et la Basse-Nubie fut repeuplée, peut-être par des descendants de ses anciens habitants ; on les appelle aujourd'hui « groupe C ». Il s'agissait d'une culture plus pastorale, ne témoignant guère d'une quelconque stratification sociale ; il se peut qu'ils aient été conduits vers la vallée du Nil, vers la fin du IIIe millénaire, par une sécheresse qui provoqua par ailleurs en Égypte famine et désordres politiques. Avec l'apparition du Moyen Empire en 1991 avant J.-C., ils furent victimes de nouvelles invasions : les Égyptiens bâtirent des forts puissants sur leur frontière sud, près de la Seconde cataracte, et commencèrent d'exploiter les mines d'or du désert oriental, qui devenait essentiel aux relations extérieures nubiennes. Par ailleurs, les archives égyptiennes mentionnent pour la première fois un royaume en Haute-Nubie, qu'ils appellent généralement « le vil Kouch ».

C'est le plus vieil État africain signalé en dehors de l'Égypte. Il s'agissait d'un royaume peuplé essentiellement de membres du groupe C, dont la capitale était Kerma, juste au sud de la Troisième cataracte : la région agricole la plus riche de Nubie, un endroit où, à travers le désert, une route menait du fleuve vers les terres du sud, le commerce avec elles étant l'une des sources de la richesse de la cité. Ses habitants étaient, physiquement, tout à fait semblables aux Nubiens d'aujourd'hui ; ils semblent s'être installés là vers 2500 avant J.-C. Les tombes les plus anciennes montrent une certaine différenciation sociale, qui suggère l'existence d'un État, lequel atteignit son apogée pendant la Seconde période intermédiaire (1758-1540 avant J.-C.), au cours de laquelle les troupes égyptiennes abandonnèrent de nouveau la Basse-Nubie. L'État de Kerma leur succéda, s'étendant au nord jusqu'à Assouan et nouant des alliances avec les dynasties

égyptiennes en guerre les unes contre les autres. À cette
époque, Kerma avait déjà absorbé une bonne part de la
culture égyptienne : le cuivre était abondamment utilisé
pour des récipients et des armes, la cité ceinte d'épaisses
murailles, et son centre rituel conçu de façon à ressembler
à un temple égyptien, bien que la religion locale mît
avant tout l'accent sur le sacrifice, caractéristique typiquement africaine. Les énormes tumulus-tombeaux royaux
de cette période, entourés de temples, contenaient « des
piles de belles céramiques, des bijoux, des armes, des
objets de toilette, des coffres et des lits de bois incrustés
d'ivoire [6] », ainsi d'ailleurs que les restes de dizaines, voire
de centaines de serviteurs enterrés vifs pour accompagner
leurs maîtres. La population de Kerma était très diverse :
elle absorba certains peuples négroïdes, venus soit du sud
– on ne sait jusqu'où s'étendait son pouvoir – soit du
désert oriental où ils étaient des pasteurs nomades.

Kerma succomba à la dernière phase – la plus puissante – de l'expansionnisme égyptien, qui ne cherchait
pas seulement l'or, mais aussi la gloire militaire et le pouvoir politique. La réunification dont sortit le Nouvel
Empire permit d'abord de réoccuper la Basse-Nubie, puis
Touthmosis Ier (1506-1494 avant J.-C.) put détruire
Kerma et s'avancer jusqu'à la Cinquième cataracte, sinon
au-delà. Au cours des quatre siècles qui suivirent, l'influence égyptienne prit une ampleur sans précédent. Des
temples et des aristocrates égyptiens acquirent des biens
en Basse-Nubie, où les membres du groupe C devinrent
pour l'essentiel métayers ou simples ouvriers agricoles, se
voyant par ailleurs si pleinement assimilés qu'il est impossible de les distinguer des Égyptiens dans les couches
archéologiques. Quand les troupes du pharaon se retirèrent en 1070 avant J.-C., elles laissèrent derrière elles
un peuple diminué et appauvri, en partie peut-être parce

que la baisse de niveau du Nil avait réduit la fertilité des plaines inondables. Le Nouvel Empire garda le contrôle de Kerma, mais apparemment de manière moins directe et moins sûre, car il fallut fortifier les grands temples qui y avaient été construits à titre d'avant-postes de la culture et du pouvoir égyptiens.

Vers 900 avant J.-C., un État fit sa réapparition en Haute-Nubie, à bien des égards semblables à Kerma (du moins si l'on en juge par les tombes royales) ; cette fois, pourtant, sans doute suite à une désertification croissante, il était installé plus haut au bord du Nil, à Napata, là où la route du désert venue de Kerma croise de nouveau le fleuve. C'est de là que, vers 728 avant J.-C., le roi Piânkhy intervint en Égypte, non sans se présenter, très ironiquement, comme le défenseur de la tradition pharaonique contre l'expansionnisme militaire libyen. La domination de Napata sur le pays, jusqu'en 656 avant J.-C., exposa ses rois à une culture élitiste de style égyptien – dont témoignent temples, tombes, art et artisanats –, comme à l'emploi de l'écriture. C'est à ce phénomène qu'on doit aussi le premier objet de fer découvert à Napata : une pointe de lance enveloppée de feuille d'or, retrouvée dans la tombe du roi Taharqa (690-664 avant J.-C.).

Les monarques saïtes, qui chassèrent ses successeurs d'Égypte, attaquèrent ensuite Napata en 593 avant J.-C. C'est sans doute à la suite de cet événement que la capitale fut transférée plus au sud, à Méroë, point de jonction entre la route du désert et le Nil, au-dessus de la Cinquième cataracte. L'État devait y survivre près d'un millénaire, mais sous une forme transformée. Méroë était située au sud du vrai désert, sur une frange de la zone des pluies tropicales, où le sorgho pouvait croître sans système d'irrigation, et les bêtes paître dans les plaines

pendant la saison humide. Nombre de symboles méroïtiques mettent l'accent sur cet aspect pastoral, le bétail
devant être la principale richesse du royaume. Son système religieux combinait des dieux égyptiens, dont
Amon, le dieu-soleil, était le plus important, avec des
divinités sans doute d'origine locale, en particulier Apede-
mak, « le Lion du sud ». Le tour du potier servait sans
doute aux hommes à fabriquer des céramiques évoluant
au gré des modes étrangères ; mais les femmes fabriquaient sans l'utiliser des poteries locales qui ne connurent pas de grands changements. À partir du IIe siècle
avant J.-C., vingt-trois signes empruntés à l'écriture égyptienne furent convertis en un alphabet destiné à noter la
langue méroïtique, qui nous reste encore inintelligible.
Les dirigeants de Méroë étaient des grands prêtres à la
manière pharaonique : ils se firent appeler rois de la
Haute et de la Basse-Égypte, et enterrer dans des pyramides, toujours plus petites, jusque vers le IVe siècle
après J.-C. Ils étaient cependant choisis, parmi ceux qui
possédaient du sang royal, par la reine mère et les puissants, d'une manière entièrement africaine. Méroë fournissait or, esclaves et produits tropicaux à la Méditerranée
et au Proche-Orient, où l'existence du royaume était
connue ; on le visitait parfois comme une sorte de frontière exotique. Ses années se heurtèrent à celles des Ptolémée, puis des Romains, pour le contrôle de la
Basse-Nubie, qui au début de l'ère chrétienne connut un
renouveau de prospérité avec l'arrivée de nouvelles céréales et d'un système d'irrigation fondé sur la *saqia*. Mais
le cœur de l'économie du royaume était constitué par le
coton, le sorgho et le bétail de Haute-Nubie, et ce jusqu'à
Khartoum et les terres pluvieuses qui l'entourent. Plutôt
que de transmettre la culture égyptienne vers le sud, en
direction de l'Afrique tropicale, Méroë l'absorba dans une

culture indigène, comme cela devait arriver si souvent dans l'histoire africaine. Le royaume lui-même disparut au IVe siècle après J.-C., peut-être affaibli par un déplacement des routes commerciales, passées du Nil à la mer Rouge pendant l'occupation romaine de l'Égypte. Les témoignages des squelettes montrent que la population survécut sans grand changement à cette évolution politique, mais la culture dominante fut, par la suite, celle de peuples de langue nubienne, liés aux pasteurs des collines et des déserts situés à l'ouest du Nil ; ces cavaliers émérites firent usage, pour la première fois en Afrique, des brides, des mors et des éperons. La Haute-Nubie connut un déclin économique et une dépopulation, mais les nouveaux dirigeants de la Basse-Nubie se procuraient au nord des articles de luxe, adoptaient certains insignes royaux méroïtiques, et se faisaient enterrer avec leurs chevaux de manière aussi spectaculaire que leurs prédécesseurs, près de 4 000 ans auparavant.

Il faut également signaler un autre legs nubien. Alors que Kerma dominait la Haute-Nubie, une chefferie apparut au sud-est, entre 2500 et 1500 avant J.-C., dans le delta du Gash, tout près de la frontière actuelle entre le Soudan et l'Éthiopie, sur une importante route commerciale menant vers la mer Rouge ; elle a laissé sur le rivage occidental de l'Arabie une poterie de style Kerma[7]. Les contacts commerciaux du delta du Gash survécurent à la destruction de Kerma, mais la région fut intégrée dans un système politique nouveau, dont le centre était situé plus au sud-est, sur la bordure nord du plateau éthiopien, dans ce qui constitue aujourd'hui l'Érythrée et le Tigré. C'est là que, vers le VIIIe siècle après J.-C., apparut un royaume que des inscriptions rédigées dans l'alphabet sud-arabique appellent D'mt. Sa population s'est peut-être déplacée vers le plateau pour échapper à la désertification. Sa poterie était en partie d'origine locale (Tigré), en partie dérivée de la tradition égyptienne et de Kerma via le delta du Gash. Sa haute culture, toutefois, était largement d'origine sud-arabique, soit par migration, soit par imitation ; les dieux d'Arabie du sud se virent à cette époque consacrer un temple à Yeha, dans le Tigré, qui était sans doute la capitale du D'mt. Ont survécu en même temps ce qui est peut-être un palais, d'autres temples plus petits, des inscriptions en sabéen (langue originaire d'Arabie du Sud, dont elle finit pourtant par s'éloigner avec le passage du temps), ainsi que des objets en bronze et en fer, notamment des faucilles. Comme les inscriptions, ils sont sans doute d'origine sud-arabique. Le commerce avec la vallée du Nil se poursuivit ; les reines de D'mt semblent avoir adopté des vêtements et des ornements originaires de Napata, mais l'influence méroïtique resta généralement superficielle. Entre le Vᵉ et le IIIᵉ siècle avant J.-C., le royaume se fragmenta, léguant à l'Éthiopie sa culture composite [8].

Berbères, Phéniciens et Romains

En Égypte, l'usage du cuivre précéda de plus de 2 000 ans les preuves de son emploi dans le reste de l'Afrique du Nord. Les Égyptiens traitaient avec les pasteurs « libyens » (ancêtres des Berbères) de Cyrénaïque et des oasis, qu'ils considéraient d'ailleurs comme des barbares ; ils s'offusquaient de les voir s'infiltrer dans la vallée du Nil, soit chassés par la famine, soit comme mercenaires – et pour finir (à partir de 945 avant J.-C. environ), comme maîtres des États du delta. Plus à l'ouest, le Maghreb était également dominé par les précurseurs des Berbères. Cette région, qui va de la Tripolitaine d'aujourd'hui à l'Atlan-

tique, présentait des environnements très fortement
contrastés : des plaines côtières très fertiles donnaient au
sud sur des pâturages arides et pour finir sur le désert,
tout en étant interrompues par des saillies montagneuses
cultivables. Les auteurs de l'Antiquité distinguaient trois
grands groupes de populations. Le plus important était
celui des Berbères des plaines du nord, et plus particulièrement des zones montagneuses les plus accessibles :
c'étaient des cultivateurs connaissant la charrue et l'irrigation, et des pasteurs, qu'on divisait traditionnellement en
Mauris installés à l'ouest (dans le Maroc d'aujourd'hui),
et en Numides, au centre et à l'est (Algérie et Tunisie
actuelles). Le deuxième groupe se composait de semi-
pasteurs berbères installés sur les pâturages arides et le
désert ; ils avaient emprunté aux Égyptiens, à la fin du
IIe millénaire avant J.-C., les chars, puis, au cours du
millénaire suivant, les chevaux de selle : on les appelait
Gétuliens (terme générique désignant les pasteurs) et
Garamantes (groupe oriental installé dans le Fezzan). Le
dernier ensemble comprenait des groupes non berbères
dispersés dans les oasis et les montagnes du désert : ils
avaient survécu à la désertification et à l'expansion berbère, et furent les ancêtres des Toubou aujourd'hui installés au Tibesti. Les auteurs romains soulignent les
différences ethniques et les conflits entre agriculteurs et
nomades, mais la recherche a montré qu'il existait entre
eux beaucoup d'échanges et une grande symbiose. Les
uns comme les autres pratiquaient une religion centrée
sur les forces de la nature et la fertilité, et semblent avoir
connu des systèmes politiques et sociaux segmentaires,
dans lesquels chaque individu appartenait à plusieurs
groupes de taille différente – famille, lignage, clan, tribu,
peut-être confédération – qui n'intervenaient efficacement que lorsqu'un de leurs membres entrait en conflit

avec quelqu'un appartenant à un autre groupe de taille équivalente. Ce système pouvait limiter la violence par la menace de représailles sans avoir pour autant besoin de dirigeants politiques ; les auteurs de l'Antiquité mettent tous l'accent sur l'égalitarisme berbère. Tite-Live écrivait ainsi : « On n'aime guère les rois possédant un grand pouvoir. » Ultérieurement, toutefois, il arriva souvent que cette idéologie égalitaire coexistât avec des « grands hommes » locaux, surtout en temps de crise, et sans doute était-ce déjà vrai dans l'Antiquité. Les Garamantes, en tout cas, semblent avoir élu des chefs au sein d'une confédération organisée.

C'est vers la fin du IIe millénaire avant J.-C. que des commerçants phéniciens venus du Liban actuel commencèrent à s'implanter sur la côte d'Afrique du Nord. Leur colonie la plus puissante n'était autre que Carthage (« Ville nouvelle »), établie dans le nord de la Tunisie d'aujourd'hui, peu après 814 avant J.-C. (date traditionnelle de sa fondation), et gouvernée par les citoyens les plus riches. Le principal objectif des Phéniciens était de s'emparer du commerce dans la Méditerranée occidentale, et leur importance historique, pour l'Afrique, tient à ce qu'ils intégrèrent le nord du continent à l'histoire méditerranéenne, au moment même où la désertification du Sahara provoquait l'interruption des communications avec l'Afrique tropicale. Inversement, les relations des Phéniciens avec l'intérieur des terres qu'ils contrôlaient se développèrent très lentement. Il ne subsiste pratiquement rien des archives carthaginoises, mais la tradition veut que les colons se soient confinés aux côtes jusque vers le VIe siècle avant J.-C., quand ils étendirent le territoire de leur cité sur près de 200 kilomètres à travers les plaines fertiles du nord et de l'est de la Tunisie, créant dans cette région une tradition durable d'occupation étrangère, tandis que le reste de l'Afrique du Nord était abandonné aux Berbères. Les Carthaginois nouèrent également des relations commerciales avec les Garamantes (qui leur fournissaient pierres précieuses et quelques esclaves noirs venus du sud), mais ne semblent pas avoir pénétré les réseaux commerciaux du désert. De riches Carthaginois créèrent, dans les plaines côtières du nord, de grandes fermes vouées à la production du blé, tandis que sur la côte est (le Sahel), c'est sans doute à eux qu'on doit l'apparition des olives pour lesquelles la région est célèbre depuis. Les sources de l'Antiquité parlent de ces fermes comme de « terres à esclaves » et mentionnent de fréquentes « révoltes serviles », mais certains spécialistes pensent que ceux qui y travaillaient étaient plutôt des Berbères réduits à la condition de métayers et d'ouvriers agricoles. L'agriculture tira profit des talents de métallurgistes des Phéniciens, surtout pour le bronze, mais aussi pour le fer, qu'ils introduisirent en Afrique du Nord.

En 241 avant J.-C., l'armée carthaginoise, composée de mercenaires, perdit la première de ses désastreuses guerres contre une puissance en pleine ascension : Rome. La défaite poussa la cité à exiger plus d'impôts, de tributs et de main-d'œuvre des Berbères qui l'entouraient, et à tenter de les contrôler plus étroitement. Pour la première fois, des gouverneurs provinciaux administrèrent directement l'intérieur des terres. Des « fossés puniques » furent mis en place pour défendre le territoire carthaginois, et surveiller les déplacements des pasteurs. Les Berbères les plus mécontents étaient des vassaux du chef numide Massinissa, sur la plaine côtière située à l'ouest de Carthage. Ils avaient pourtant noué avec les colons des rapports culturels étroits : la langue berbère en vint à être notée selon une écriture dérivée du phénicien, et Tanit, la déesse de la fertilité vénérée par les Carthaginois à mesure qu'ils s'engageaient de plus en plus dans l'agriculture, semble être d'origine berbère. Mais les partisans de Massinissa souffraient surtout de la perte de leurs terres. En 202 avant J.-C., il aida Rome à vaincre une nouvelle fois Carthage. En 150 avant J.-C. ses empiètements sur le territoire de la cité poussèrent les Carthaginois à l'attaquer, donnant ainsi à ses maîtres romains l'occasion de raser entièrement la ville, qui fut abandonnée pendant près de cent ans. D'autres cités phéniciennes survécurent sous la domination romaine, mais pour le siècle qui suivit, les principaux potentats locaux furent les rois berbères autrefois clients de Carthage. L'un d'eux, Jugurtha, descendant de Massinissa, mena une longue guerre contre les Romains avant d'être victime d'une trahison en 105 avant J.-C. Les vainqueurs déployèrent leurs troupes à l'ouest de Carthage, mais la colonisation romaine ne commença véritablement que soixante ans plus tard, quand une série de colonies furent fondées le long des côtes d'Afrique du Nord pour les vétérans des armées. Au début du Ier siècle avant J.-C., on comptait de 10 000 à 20 000 immigrants romains sur un territoire qui s'étendait de l'ouest de la Libye au centre du Maroc, et auquel ne devaient s'ajouter, plus tard, que de rares colonies dans des zones stratégiques isolées.

Le pouvoir romain était concentré dans des villes côtières entourées de « ceintures de villas », grands domaines gérant l'intérieur de terres berbères dont ils tiraient leur richesse. L'Afrique du Nord était alors moins aride qu'aujourd'hui [9]. Au tout début de l'ère chrétienne, les plaines de la côte étaient déjà devenues les principales sources de grain de Rome – grain prélevé sous forme d'impôt ou de loyer. Au cours des trois siècles qui suivirent, les hautes plaines de l'intérieur devinrent les principales pourvoyeuses d'huile d'olive de l'empire. L'Afrique

du Nord était célèbre pour ses grands domaines, en particulier les propriétés impériales qui, en 422 après J.-C.
représentaient, dans la Tunisie actuelle, près d'un sixième
du territoire romain. Elles étaient louées à des contrac-
tants qui en exploitaient une partie grâce aux corvées
imposées aux cultivateurs à bail *(coloni)* à qui ils laissaient
le reste, contre le versement du tiers de leur récolte. La
législation du IVe siècle leur interdit de quitter les terres,
tout comme elle empêchait les propriétaires de vendre
leurs biens sans ceux qui les cultivaient. Villas romaines
et villages berbères se mêlaient, les seconds l'emportant
peu à peu à mesure qu'on descendait vers le sud. Les
grandes familles berbères adoptèrent la culture, et le style
de vie seigneurial, des Romains. C'est ainsi que dans la
ville de Gigthis, dans le sud de la Tunisie, Memnius Paca-
tus était à la fois chef de la tribu des Chinithis, et d'une
famille qui, en 200 après J.-C., comptait des sénateurs
d'empire. La déesse Tanit, adorée à Carthage et sans
doute d'origine berbère, devint Juno Caelestis, reine des
cieux chez les Romains. Des mosaïstes, ou des écrivains
tels qu'Apulée, exprimèrent une culture nord-africaine
originale et vigoureuse, qui devait survivre à la domination de Rome, dont la culture influençait même ceux qui
lui résistaient. Les Garamantes du Fezzan, suite à une
expédition sur leur capitale vers 20 après J.-C., fournirent
ainsi au monde romain de rares produits tropicaux (dont
des esclaves) venus du sud du Sahara, important en retour
des marchandises, et adoptant des styles architecturaux
venus de la péninsule. Les Gétuliens, qui formèrent des
coalitions éphémères pour résister aux interférences de
Rome, lui fournissaient de la main-d'œuvre lors des
récoltes, et dépendaient d'elle pour le grain, et les pâtures
des zones agricoles situées au nord, où ils conduisaient
leurs troupeaux chaque été. Les Romains cherchèrent à

contrôler les échanges avec les pasteurs en construisant le *limes* – ensemble de fossés, de routes latérales et de places fortes – parallèle à la côte, et ce du Maroc à la Libye ; il avait aussi pour fonction de contenir les peuples montagnards, bien plus nombreux, et véritables défenseurs de l'autonomie berbère.

L'Empire romain continua à s'étendre en Afrique du Nord jusqu'au début du IIIᵉ siècle après J.-C. En 238, toutefois, il y fut affaibli par des désordres urbains d'origine fiscale, d'autant plus qu'ils se superposaient à des luttes de pouvoir à Rome même. Plus tard, sa frontière recula dans toute la région, face aux pasteurs désormais plus mobiles, suite à l'arrivée des chameaux. Bien que nombre de villes côtières aient gardé leur vitalité, souvent comme centres importants du christianisme, les grands domaines reculèrent quelque peu. Les cultivateurs berbères des hautes plaines retrouvèrent leur autonomie à mesure que le pouvoir romain se décomposait. L'Afrique du Nord fut toutefois incapable de résister quand, en 429, les forces vandales venues d'Espagne débarquèrent au Maroc, prenant Carthage dix ans plus tard et étendant leur pouvoir sur toute la région.

L'Afrique subsaharienne

Est-ce Carthage qui a transmis la métallurgie à l'Afrique subsaharienne ? C'est là un des grands mystères de l'histoire du continent. On y trouve du cuivre et du fer mais rarement à l'état pur ; on peut les travailler à condition de les marteler et surtout de les chauffer. Ce travail du métal apparut au Proche-Orient, dans ce qui est aujourd'hui la Turquie et l'Iran, vers 8000 avant J.-C. Mais le cuivre et le fer sont généralement mêlés à d'autres minéraux et constituent un minerai qu'il faut purifier en le faisant fondre à très haute température. Le cuivre est plus facile à faire fondre, la technique en a été inaugurée au Proche-Orient vers 4000 avant J.-C., et elle fut ensuite découverte indépendamment dans plusieurs régions du monde ; pour le fer, c'est plus compliqué, car il n'est utilisable que s'il a certaines propriétés physico-chimiques que la fusion doit lui donner (l'Amérique précolombienne savait faire fondre le cuivre, mais non le fer). Là encore, c'est au Moyen-Orient que le procédé fut mis au point, à la fin du IIIᵉ millénaire avant J.-C. ; certains pensent qu'il fut développé indépendamment en Extrême-Orient, où existaient des centres de production du cuivre qui auraient pu fournir les compétences métallurgiques requises. Mais c'est une technique d'une telle complexité que bien des endroits la reçurent par transmission. Il est très difficile d'établir si les Africains, en partie isolés de l'Eurasie, la découvrirent eux-mêmes ou non.

Les roches d'Afrique sont si anciennes que les minéraux constituent sa principale richesse naturelle. Le cuivre était un symbole d'opulence, utilisé à des fins d'ostentation, un peu comme l'or ailleurs, mais il était rare (sauf dans le centre du continent), et le fer, très répandu sous forme de minerai à faible teneur métallique, était d'un emploi très courant. Il eut un impact d'autant plus important sur l'histoire du continent que la plus grande partie de l'Afrique n'avait pas connu l'âge du bronze. En outre, dans une bonne part de l'Afrique orientale et australe, l'agriculture n'est apparue qu'avec le fer ; aussi pourrait-on dire que c'est l'utilisation du fer qui a permis aux Africains de créer une civilisation propre – ce qui se traduit par le statut spécial dont bénéficiaient les forgerons : ou on les associait aux origines du pouvoir politique, ou on évitait ces détenteurs d'un dangereux pouvoir mystique. Les origines de la métallurgie en Afrique demeurent cependant incertaines. La datation des sites les plus anciens repose généralement sur l'analyse au carbone radioactif du charbon utilisé dans les fourneaux, source peu fiable qui impose de corriger les dates obtenues. Nombre de ces sites, dans la moitié nord du continent, donnent lieu à des estimations concordantes pour le milieu du Ier millénaire avant J.-C., période pour laquelle les datations obtenues grâce au carbone radioactif sont particulièrement imprécises. Il nous est donc actuellement impossible de connaître l'histoire de la métallurgie africaine ; tout au plus peut-on décrire à grands traits les découvertes récentes afin de cerner le problème.

La plus ancienne métallurgie africaine connue est attestée en Égypte où on utilisait le cuivre naturel à la fin du Ve millénaire avant J.-C., avant de découvrir le procédé de fusion du minerai de cuivre dans la première moitié du millénaire suivant, et enfin l'usage du bronze (alliage plus dur), inventé au Moyen-Orient au IIIe millénaire avant J.-C., époque à laquelle les Nubiens apprirent des Égyptiens la manière de faire fondre le cuivre. Le procédé de fusion du fer fut introduit en Égypte au VIIe siècle avant J.-C. par les Assyriens et les Grecs. Les traces les plus anciennes de l'emploi de cette technique au sud, à Méroë, datent de la même époque ou sont légèrement postérieures, mais il est peu probable que de là elle se soit diffusée à travers le Sahara puisque l'industrie de Méroë n'a pris de l'ampleur qu'après le début de l'ère chrétienne ; de surcroît, les méthodes y étaient différentes de celles de l'Afrique subsaharienne. Les fouilles archéologiques n'ont pas révélé de voie de transmission de cette technique vers le sud ; or, au Niger, c'est-à-dire sur la bordure sud du Sahara, on fondait déjà le fer au VIIe siècle avant J.-C. Carthage est donc une source beaucoup plus

probable : les Phéniciens étaient les plus grands métallurgistes de la Méditerranée antique, pour le bronze comme
pour le fer. Il est possible qu'ils aient commencé à travailler le fer à Carthage dès le VIIIe siècle avant J.-C. ;
bien qu'on n'en ait pas de preuves décisives, leurs
méthodes nous demeurent aussi mal connues. Si c'est le
cas, leur technique aurait pu parvenir au Niger, et de là,
mille kilomètres au sud, à Taruga, une ville située sur le
plateau du Bauchi dans l'actuel Nigeria ; on y a en effet
découvert treize fourneaux datant probablement du Ve au
IIIe siècle avant J.-C. Taruga était l'un des sites de la vaste
culture Nok, dont les représentants se servaient de haches
de pierre polie, exploitaient l'huile de palme ; c'est à eux
qu'on doit les plus anciennes sculptures anthropo-
morphes de l'Afrique subsaharienne, ainsi que d'autres
objets en terre cuite. Pendant ce temps, le travail du fer
se répandait dans toute l'Afrique occidentale – à partir
du IVe siècle avant J.-C. selon les dates fournies par le site
de Nsukka, dans le sud du Nigeria, et d'autres situés au
Cameroun, au Gabon et au Congo – bien que certains
sites gabonais indiquent le VIe siècle avant J.-C., ce qui ne
corrobore pas l'hypothèse d'une diffusion rapide depuis
Carthage jusqu'aux peuples bantous d'Afrique occidentale équatoriale.

Les choses se compliquent encore avec les témoignages
d'un travail du fer très ancien en Afrique orientale, dans
la région des grands lacs. Le plus vieux fourneau qu'on y
ait découvert – au Rwanda – donne la date (après correc-
tion), de 810 avant J.-C., avec une marge d'incertitude
de 95 ans [10]. Katukura, dans le nord-ouest de la Tanzanie,
suggère à peu près la même date. Si ces datations sont
exactes, les peuples de cette région ont découvert par eux-
mêmes la technique de fusion du fer (sans connaître préa-
lablement celle du cuivre), ou bien l'ont appris de

l'Arabie par une voie inconnue. Toutefois, la plupart des dates relatives à la métallurgie du fer obtenues dans la région se situent entre 300 avant J.-C. et 200 après J.-C., ce qui pourrait impliquer une diffusion à partir de l'ouest ou du nord de l'Afrique. La question n'est pas encore résolue.

Ce qui fait moins de doute en revanche, c'est que les forgerons des grands lacs parlaient des langues bantoues. On a retrouvé sur les sites où ils travaillaient un style de poterie dit d'Urewe, dont des modèles dérivés se répandirent très largement par la suite à travers toute l'Afrique orientale et australe, où ces langues sont pratiquées aujourd'hui. Au Rwanda, on dispose de preuves indirectes semblant montrer que la métallurgie du fer et la poterie étaient également associées à la culture du sorgho et du millet, ainsi qu'à l'élevage de chèvres et (au moins à partir du IIIe siècle après J.-C.) du bétail, donc les Bantous avaient ajouté à leur agriculture sylvestre une gamme d'activités productrices de nourriture adaptée à la savane. Une telle combinaison aurait pu permettre une croissance de la population, et pourrait expliquer pourquoi les bantouophones l'emportèrent finalement sur les locuteurs de langues saharo-nilotiques, auprès desquels ils avaient probablement acquis ces compétences agricoles et pastorales. L'analyse des pollens suggère qu'il y a eu une déforestation intensive de la région du lac Victoria à partir de la fin du Ier millénaire avant J.-C., peut-être liée au développement de l'agriculture et de la métallurgie. Les études linguistiques conduisent à penser que cette région fut presque entièrement colonisée par les agriculteurs entre 500 avant J.-C. et 500 après J.-C.

Mais ce n'est là qu'une petite partie du mouvement d'expansion par lequel l'agriculture, la métallurgie, l'élevage et les langues bantoues se diffusèrent depuis les

grands lacs jusqu'à la quasi-totalité de l'Afrique de l'Est
et du Sud. Il se peut que la première migration se soit
dirigée vers le sud, en suivant la vallée supérieure du
Zambèze, où on a découvert des restes de bétail, et une
poterie inspirée du style Urewe, datant de 380 après J.-C.
environ. De là, au cours des premiers siècles de l'ère chrétienne, le mouvement se poursuivit vers l'ouest, dans les
savanes de l'Angola actuel, comme vers l'est, dans ce qui
est aujourd'hui le Malawi, la Zambie et le Zimbabwe.
Dans cette dernière région, ce fut l'occasion d'une rencontre avec des bantouophones. Ceux-ci, après avoir
quitté la région des grands lacs voilà près de 2 000 ans,
avaient migré vers l'est, selon un rythme de progression
de plus en plus rapide, signant leur arrivée par un style
de poterie lui aussi dérivé de celui d'Urewe, qui se diffusa,
à travers la Tanzanie actuelle, jusqu'aux côtes de l'océan
Indien. Ses créateurs pratiquaient une technologie du fer
un peu semblable à celle de la région des grands lacs ; ils
appréciaient tout particulièrement les sols fertiles situés
au pied des montagnes d'Afrique orientale et évitaient les
plaines occupées par des pasteurs utilisant encore des
outils de pierre. Toujours aussi rapidement, ces Bantous
prirent ensuite le chemin du sud, longèrent les côtes de
l'actuel   Mozambique,   exploitant   au   passage   les
coquillages et les ressources de la mer, avant d'atteindre,
au IIe siècle après J.-C., l'emplacement de l'actuel Maputo
et de s'avancer toujours plus au sud jusque dans la région
de Durban. Vers l'an mille, ils étaient parvenus aux rives
de la Great Kei [11], et n'allèrent pas plus loin, car le sorgho
était une plante estivale peu adaptée aux pluies d'hiver de
l'ouest et du sud du Cap. Ils laissèrent cette région à des
peuples khoisan, dont certains acquirent du bétail (sans
doute auprès de voisins bantous), et se donnèrent le nom
de Khoikhoi.

Ce bref résumé ne rend guère compte de la complexité du processus par lequel la nouvelle culture se diffusa dans toute la moitié sud de l'Afrique. Il ne se réduisit pas à une simple migration de masse de Bantous conquérants et supérieurs par leur culture ; souvent des traits particuliers de cette culture parvinrent dans une région donnée à des dates différentes. Nombre de chasseurs-cueilleurs khoisan semblent avoir considéré la poterie comme l'invention la plus utile : ils l'adoptèrent avant même que leur région connût les techniques de production alimentaire. D'autres, comme les Khoikhoi, adoptèrent précisément ces techniques-là. Par ailleurs, il ne s'agissait pas simplement de la transmission de langues et de pratiques culturelles nouvelles d'une population déjà établie à une autre. À en juger par la rapidité avec laquelle la diffusion eut lieu, des grands lacs à la côte orientale, et surtout le long des rivages jusqu'en Afrique du Sud, comme d'ailleurs par la prédominance des langues bantoues, et la grande homogénéité génétique de leurs locuteurs actuels, on peut supposer que de véritables mouvements de populations ont eu lieu, sans doute par petits groupes épars. À cette époque, les colons bantouophones n'étaient pas des fermiers qui étendaient lentement leurs cultures en mordant sur les franges de la brousse, mais des pionniers itinérants qui, probablement, dépendaient encore fortement de la chasse et de la cueillette, et ne choisissaient que les terres les mieux adaptées à leurs techniques agricoles, évitant les plaines arides au profit de sols mieux arrosés qu'ils abandonnaient sans remords après les avoir épuisés. On a étudié le processus en détail dans la région des chutes Victoria, dans l'actuelle Zambie : des potiers arrivèrent dans la région au IIIe siècle après J.-C., y apportant agriculture, bétail, fer et cuivre : peut-être n'étaient-ils pas plus d'un millier. Ils choisirent les micro-environnements où ils pouvaient tirer profit de leurs compétences, et construisirent des huttes à toits de chaume et aux murs de clayonnage revêtus d'argile, formant des villages compacts d'une cinquantaine de mètres de côté, selon la méthode généralement adoptée par les Bantous d'Afrique orientale et méridionale. Le bétail, quand ils en possédaient, était parqué au centre du village. Une fois les champs environnants épuisés, les pionniers se déplaçaient simplement jusqu'au micro-environnement suivant et rien ne permet de penser, à ce stade, qu'ils revenaient au village précédent après une période de jachère, encore moins qu'ils adaptaient leurs méthodes d'exploitation aux différents milieux. Ce n'est qu'à la fin du Ier millénaire après J.-C. qu'ils commencèrent à revenir sur des sites autrefois abandonnés, ce qui indique qu'après la colonisation agricole de l'Afrique de l'Est et du Sud se formèrent des communautés plus sédentaires.

CHAPITRE IV

Le christianisme et l'islam

Tandis que des peuples bantouophones colonisaient le sud du continent, le nord entrait dans l'une de ses plus glorieuses périodes de l'histoire. Exception faite, peut-être, de l'époque pharaonique, jamais il ne contribua davantage au progrès de l'humanité qu'aux IIIe et IVe siècles après J.-C., qu'en étant le fer de lance intellectuel du christianisme, et huit cents ans plus tard, le pivot de l'islam, et d'un réseau commercial qui englobait la plus grande partie de l'Ancien Monde. Toutefois, au XIVe siècle, avec la Peste noire, véritable catastrophe démographique dont la région mit cinq cents ans à se remettre, il perdit définitivement ce rôle prépondérant, déjà menacé. Au temps de leur grandeur, cependant, les Africains du nord adaptèrent le christianisme, puis l'islam, à leur propre culture, et transmirent ces deux religions à l'Afrique noire, où des siècles de développement interne avaient préparé les conditions sociales favorables à leur réception et à leurs transformations ultérieures.

Le christianisme dans le nord de l'Afrique

La légende veut que ce soit saint Marc en personne qui, en 60 après J.-C., ait introduit le christianisme à Alexandrie. En réalité, il est plus probable que l'Église de Jérusalem ait envoyé des missionnaires à cette importante communauté juive. Les premiers témoignages en ce domaine nous sont rapportés par une controverse, au début du IIe siècle, entre les Juifs qui avaient embrassé la nouvelle foi, et ceux qui la refusaient. Peu après, le christianisme se propagea au-delà de la communauté juive. Vers l'an 200 existait déjà une Église de langue grecque, dirigée par un évêque installé dans la cité, et aussi bien la Haute que la Basse-Égypte comptaient de nombreux chrétiens. Ils voyaient dans le Christ un grand pédagogue, à la manière grecque : Origène (c. 185-253/4), leur premier grand théologien, pensait que l'homme devait s'élever jusqu'à Dieu par la sagesse et l'ascétisme. Dès que des évêques furent nommés ailleurs qu'à Alexandrie, au début du IIIe siècle, le christianisme se développa chez les Égyptiens comme chez les Grecs. En 325, l'Égypte comptait 51 évêchés, et la Bible était disponible pour tous en copte (l'ancienne langue égyptienne transcrite en grec). Les principaux chefs du christianisme populaire furent des moines : d'abord des ermites tels que saint Antoine, qui vécut dans le désert de 285 à 305, puis des communautés monastiques réglées, dont Pacôme fut le pionnier, vers 321. Le monachisme s'est peut-être inspiré de l'ascétisme des prêtres de l'ancienne Égypte, de même que la pratique de la charité dans l'Église copte a hérité de la tradition ancienne de secours aux populations frappées par la famine. Ce sont là, en tout cas, deux exemples d'assimilation de la nouvelle foi par une Égypte dont la religion et la culture étaient en train de se désintégrer. En 312, Constantin fit du christianisme la religion officielle de l'Empire romain ; plus tard, les autorités allaient persécuter les prêtres des cultes traditionnels, et fermer leurs temples, ou les transformer en églises ou en monastères. Vers l'an 400, 90 % des Égyptiens étaient chrétiens.

Plus à l'ouest, le christianisme atteignit le Maghreb via les Grecs ou les Romains plutôt que par le réseau juif. Le premier témoignage de l'introduction du christianisme est l'exécution, en 180, à Carthage, de douze chrétiens qui avaient refusé d'offrir des sacrifices en l'honneur de l'empereur. Il semble que ces premiers fidèles furent des citadins, de rangs différents, d'âges variés, et des deux sexes. Le christianisme créait une communauté transcendant les différences sociales dans des villes de plus en plus stratifiées, en outre il promettait littéralement la résurrection des corps, et une protection spirituelle, dans un monde qui paraissait aussi dangereux que dépourvu de sens. Aux païens qui craignaient les multiples forces spirituelles (les *daemones*) et les sorciers, le christianisme proposait la représentation d'un conflit dualiste entre Dieu, qui protégeait ses fidèles, et le Diable, dont les pouvoirs récupéraient tous les aspects du paganisme. Cette religion ne menaçait pas l'ordre social, et son enseignement était généralement transmis des plus âgés aux plus jeunes, mais il nourrissait des conflits entre générations ou entre hommes et femmes, au sein de foyers d'un type patriarcal assez complexe, comme ce serait le cas plus tard en Afrique tropicale. Perpétue, âgée de vingt ans, issue d'une bonne famille, épouse et mère, fut l'une des premières martyres d'Afrique du Nord ; elle mourut dans les arènes de Carthage en 203 :

5. Christianisme et islam

Nous marchâmes jusqu'au banc des accusés. Tous les autres, quand on les interrogea, se reconnurent coupables. Quand vint mon tour, mon père apparut avec mon fils, m'arracha aux marches, et dit :

– Offre le sacrifice ! Aie pitié de ton fils !

Hilarianus, le gouverneur... me dit :

– Aie pitié des cheveux gris de ton père, aie pitié de ton fils nouveau-né. Offre le sacrifice pour le bonheur des empereurs.

– Je n'en ferai rien, répondis-je.

– Es-tu chrétienne ?, demanda-t-il.

– Oui, en effet, dis-je...

Puis Hilarianus prononça la sentence : nous serions tous condamnés aux bêtes, et nous retournâmes en prison d'excellente humeur [1].

Les persécutions demeurèrent sporadiques jusque vers 249-251, quand l'empereur Decius, un ancien soldat qui voyait dans le christianisme un facteur de corruption de l'État, lança une répression de grande ampleur. Les martyrs furent nombreux, particulièrement dans l'Afrique du Nord, alors prospère, parce que l'Église y croissait plus vite qu'ailleurs : on y comptait au moins 150 évêchés, souvent concentrés dans l'ancienne zone coloniale entourant Carthage, mais aussi dispersés plus au sud, en Byzacène, et à l'ouest. Au cours des cinquante ans qui suivirent, la nouvelle foi se propagea rapidement à l'intérieur des terres, surtout en Numidie, dans les plaines de l'Algérie actuelle, alors plantées d'olives. Dans cette région de grands domaines et de villages berbères, le christianisme prit l'aspect d'une protestation contre l'ordre social, imprégnée de traditions berbères – refus de l'État, sens de l'honneur – qui interdisaient à l'homme ou à la femme de trahir leurs convictions par peur de la souffrance ou de la mort. En 303, quand Dioclétien lança

des persécutions encore plus violentes, dans un effort désespéré pour restaurer le vieil ordre romain, les chefs de
l'Église se virent enjoindre de remettre aux autorités les
Écritures saintes, afin qu'elles soient détruites. Ceux qui
acceptèrent, les *traditores*, furent par la suite récusés par
les zélotes qui fondèrent une église schismatique sous la
direction de Donatus, leur candidat à l'évêché de Carthage. Si le christianisme recrutait ses fidèles parmi les
notables des villes, ainsi que dans la région agricole roma-
nisée bordant les côtes, les chefs donatistes, bien qu'étant
presque tous des intellectuels urbains latinisés, firent des
adeptes essentiellement parmi les classes inférieures non
romaines des villes, et plus encore parmi les cultivateurs
et travailleurs agricoles berbères de Numidie. Dans bien
des églises donatistes, un martyr local était enterré sous
l'autel. La juxtaposition de conflits religieux et agraires
entraîna l'apparition de zélotes violents, les Circoncel-
lions (« ceux qui se tiennent autour du tombeau »), souvent travailleurs saisonniers, qui terrorisaient les grands
propriétaires exploiteurs et le clergé. Tout au long du
IVe siècle, le donatisme fut largement majoritaire dans le
Maghreb. Saint Augustin, évêque d'Hippone (ville située
dans la partie est de l'Algérie actuelle) finit par en organiser la répression, tout en condamnant son étroitesse, son
provincialisme, son caractère schismatique et socialement
subversif. En 411, le donatisme devint officiellement un
délit, et l'Église catholique, de plus en plus intégrée à
l'État romain, intensifia sa répression. Celle-ci s'interrompit en 429 avec l'invasion de l'Afrique du Nord par les
Vandales, mais reprit en 533 quand la région passa sous
le contrôle de Byzance. Peu à peu le donatisme se trouva
confiné à ses places fortes berbères, où il survécut jusqu'à
l'arrivée, au VIIe siècle, des envahisseurs arabes.

L'Église copte d'Égypte, aujourd'hui encore, date les événements, non pas en fonction de la naissance du Christ, mais de « l'ère des martyrs », qui commença en 284 de l'ère chrétienne. Elle avait pourtant pardonné à ses *traditores*, et n'avait connu qu'un schisme de brève durée. La crise ne survint que plus tard, après le concile de Chalcédoine qui, en 451, avait tenté de venir en aide à l'Empire romain, alors en pleine décomposition, en proclamant la primauté des évêques de Rome et de Constantinople (nouvelle capitale impériale) au détriment d'Alexandrie, et en adoptant une définition théologique du Christ – possesseur des deux natures, humaine et divine, distinctes mais inséparablement liées – inacceptable pour le clergé alexandrite. Un autre schisme survint en 536, quand l'empereur byzantin Justinien tenta d'imposer aux Égyptiens qui professaient une foi monophysite (le Christ n'a qu'une seule nature, la divine) des chefs favorables aux décisions du concile de Chalcédoine. Leur persécution par Byzance empêcha une résistance unifiée des chrétiens à l'invasion arabe de 639 qui entraîna la disparition de la hiérarchie officielle, tandis que les chrétiens coptes devenaient des tributaires protégés, mais plus que jamais préoccupés de survivre.

Le christianisme en Éthiopie et au Soudan

L'Église copte était une Église missionnaire, et l'Éthiopie fut le premier théâtre de son expansion. Après l'effondrement de D'mt entre le Ve et le VIe siècle avant J.-C., plusieurs petits États avaient pris sa succession, et régnaient sur le plateau du nord de l'Éthiopie. Le développement du commerce sur la mer Rouge, au temps des Ptolémées, enrichit la région, et la lia à la Méditerranée

par l'intermédiaire de son principal port, Adoulis, connu
pour l'ivoire. Au cours du Ier siècle après J.-C., caractérisé
par des précipitations très abondantes, émergea à Aksoum
un royaume qui devait réunifier la région ; héritier d'une
bonne part de la culture sud-arabique, il para sa capitale
de palais, de tombes royales marquées par des stèles de
pierre, et s'entourant d'une ceinture de villas rurales.
Deux siècles plus tard, il devait commencer à battre monnaie, en imitant des modèles romains.

C'est Frumentius, un jeune commerçant chrétien capturé lors de son voyage de Tyr en Inde, qui, selon la
tradition, aurait introduit le christianisme à Aksoum. Il
y devint le précepteur du futur roi Ezana, qui adopta
officiellement la nouvelle religion vers 333, une fois Frumentius nommé le premier évêque d'Aksoum par Alexandrie. Cette vision simplifie sans doute un processus
autrement complexe, car le christianisme n'était que l'une
des religions (dont le judaïsme) présentes à la cour
d'Ezana : plus d'un siècle après la conversion supposée
du roi, les archives notent qu'un de ses successeurs fit
sacrifier cinquante captifs à Mahrem, le dieu de la guerre
local. Ezana avait sans doute cherché à patronner toutes
les religions, et que le christianisme soit abondamment
présent sur ses monnaies laisse penser qu'il visait essentiellement, mais pas exclusivement, les étrangers. La nouvelle
foi étant parvenue à Aksoum depuis Alexandrie, l'Église
éthiopienne se déclara monophysite, et fut dirigée,
jusqu'au milieu de notre siècle, par des moines coptes
venus de cette ville. De surcroît, le christianisme, ayant
d'abord influencé la cour, devint une religion d'État, que
prêtres et moines, avec le soutien du roi, diffusèrent peu
à peu dans les campagnes. Entre le Ve et le VIIe siècle, les
Écritures furent traduites en *geez* (la *lingua franca*
d'Aksoum, transcrite dans un alphabet dérivé du sud-

arabique) ; religion et pouvoir royal s'étendirent plus au sud du plateau éthiopien, et les temples païens d'Aksoum et d'Adoulis devinrent des églises. Mais la prospérité du royaume déclina dès la fin du VIe siècle, peut-être surtout parce que les affrontements entre Byzance et la Perse désorganisaient le commerce, puis à cause de l'expansion musulmane, qui détruisit Adoulis ; et enfin parce que cette prospérité reposait de plus en plus sur l'agriculture, alors même que les pluies diminuaient. Les dernières monnaies frappées à Aksoum datent du début du VIIe siècle. Un roi mort en 630 fut enterré non dans la capitale, mais plus au sud-ouest, où la fusion de la culture aksoumite et des cultures kouchitiques indigènes devait donner naissance à l'Église, et au royaume d'Éthiopie.

Les origines du christianisme sont différentes en Nubie, en partie parce que celle-ci était en contact direct avec l'Égypte chrétienne. Après l'effondrement de Méroë, au IVe siècle après J.-C., des souverains de langue nubienne fondèrent trois royaumes dans la vallée du Nil : au nord Nobatia, dont Faras était la capitale ; au centre, Makuria, dont le centre était Dongola-le-Vieux, et au sud Aloua, basé à Soba (non loin de l'actuelle Khartoum). Des commerçants égyptiens y firent connaître le christianisme à partir du Ve siècle au moins ; les archéologues ont en effet découvert des églises datant de cette époque, à Faras et Qasr Ibrim, en Nobatia, tandis que les chrétiens d'Aksoum, apparemment, se rendaient à Aloua. En Nobatia, seules les tombes des gens du commun contiennent des objets d'inspiration chrétienne, ce qui laisse penser que, contrairement à ce qui se passa à Aksoum, la nouvelle religion se diffusa du bas vers le haut : impression renforcée par la répression de l'Église à Faras, et le maintien, jusqu'en 535, de la coutume d'aller chercher à Philae, en Égypte, une statue d'Isis chargée de bénir les récoltes. Cette année-là, Justinien interdit cette cérémonie, et les deux Églises, orthodoxe (byzantine) et monophysite (copte) envoyèrent des missionnaires en Nubie. Les coptes se rendirent d'abord en Nobatia, en 543 : « et aussitôt ils [*les habitants*] cédèrent avec joie, note le chroniqueur Jean d'Ephèse, abjurant entièrement les erreurs de leurs pères, et confessant le Dieu des chrétiens [2] ». La construction d'églises dans les villages, et l'adoption rapide des modes d'inhumation chrétiens, confirment ce récit, même s'il est vrai que des temples païens ont survécu en Nobatia pendant près de deux siècles. Aloua était également désireuse de se lier à un monde plus vaste. Quand le missionnaire Longin y arriva en 580, « il annonça au roi et à tous ses nobles la parole de Dieu, ils ouvrirent leur esprit et écoutèrent avec joie ce qu'il disait ; et après quelques jours d'enseignement, le roi fut baptisé, et tous ses nobles ; et par la suite, avec le temps, son peuple aussi [3] ».

Ces royaumes demeurèrent chrétiens pendant près d'un millénaire. Nobatia et Aloua furent monophysites dès le départ ; Makuria aussi, ou le devint assez vite. Les évêques nubiens semblent avoir été nommés par Alexandrie, et l'Église datait les événements depuis « l'ère des martyrs », comme l'Église copte. Mais celle-ci tomba bientôt sous la domination de l'islam, et les princes chrétiens nubiens se tournèrent de plus en plus vers l'empereur chrétien de Byzance. Les superbes fresques de la cathédrale de Faras, exhumées des sables dans les années 1960, révèlent d'abord une influence copte, puis peu à peu byzantine, bien que leur style présente également des caractéristiques locales très nettes. Le grec était la langue liturgique ; ce n'est que lentement que certains éléments de la Bible et de la liturgie furent traduits en nubien, et notés selon la transcription copte de l'alphabet grec.

L'architecture ecclésiale laisse penser que le rôle liturgique des laïques décrut avec le temps. Les rois appartenaient à des ordres religieux, les évêques occupaient des fonctions officielles, à la manière byzantine. Certains historiens expliquent la disparition du christianisme nubien par son incapacité à s'adapter aussi pleinement à la culture locale que le christianisme éthiopien, moins soumis à des influences extérieures : les fresques nubiennes représentaient toujours le Christ et les saints avec des visages blancs, couleur qui contrastait avec celle des Nubiens, alors que l'art éthiopien ne faisait pas cette distinction. Mais à dire vrai, les destinées des deux Églises découlèrent davantage des rapports qu'elles entretenaient avec l'islam.

L'islam dans le nord de l'Afrique

L'expansion de la puissance arabe et de la religion islamique, suite à la mort de Mahomet en 632, fut l'événement majeur de l'histoire des quatre siècles suivants. C'est à cette époque que l'islam devint la religion dominante de toute la partie nord de l'Afrique, faisant des percées à l'est comme à l'ouest. Cela permit non seulement de lier en permanence le nord du continent à l'Ancien Monde, mais aussi d'entamer la réintégration, au sein de celui-ci, de l'Afrique subsaharienne, et ce pour la première fois depuis la désertification du Sahara.

En décembre 639, 4 000 musulmans commandés par Amr ben al-As envahirent l'Égypte ; moins de trois ans plus tard, ils avaient conquis la plus riche province de l'Empire byzantin, tirant parti du violent antagonisme entre celui-ci et ses sujets monophysites, dont la résistance se borna à défendre leurs villages. Mais la force principale des musulmans résidait dans la conviction et la discipline qui caractérisent les zélotes d'une foi nouvelle. Par la suite, un historien devait imaginer les Byzantins disant : « Nous avons vu un peuple qui préfère la mort à la vie, et l'humilité à l'orgueil ; ils s'assoient dans la poussière, et prennent leurs repas à cheval. Leur chef est l'un d'entre eux ; ils ignorent les distinctions de rang. À heures fixes, ils se consacrent à la prière, après s'être lavé les mains et les pieds, et ils prient avec révérence [4]. » En 643, Amr ben al-As et ses cavaliers parvinrent jusqu'en Libye ; quatre ans plus tard, ils défirent la plus importante armée byzantine près de Soufetoula (Sbeitla), aujourd'hui en Tunisie, accédant au cœur fertile des impérialismes qui s'étaient succédés en Afrique du Nord. La région était alors plus rurale qu'à l'époque romaine, et en 542 une grande épidémie de peste l'avait fortement dépeuplée ; mais elle était encore riche en blé et en olives. À ce moment, toutefois, la conquête s'interrompit, en raison des conflits de succession au Califat. Quand elle reprit en 665, le principal chef arabe, Okba ben Nafi, avança au-delà des cités côtières et, vers 670, fonda Kairouan, dans l'arrière-pays tunisien, pour en faire la capitale d'une nouvelle province musulmane, celle d'Ifriqiya (« Afrique »). Puis il traversa les plaines de l'intérieur en se dirigeant vers l'ouest, et ne s'arrêta qu'après être entré à cheval dans les eaux de l'Atlantique, déclarant qu'il avait combattu au nom de Dieu jusqu'au bout du monde. Au retour, cependant, son armée fut anéantie par une coalition berbère dirigée par Kousayla, un chef de la région de Tlemcen, qui entreprit ensuite de conquérir Kairouan. Ce fut le début d'une nouvelle période pour la conquête. Depuis près de quatre siècles, les peuples berbères des plaines et des montagnes de l'intérieur reprenaient des forces après les invasions romaines, vandales et byzantines. Ils opposèrent la résistance la plus vive aux Arabes, dont le pouvoir se cantonna au centre colonial d'Ifriqiya. Quand, au début du VIIIe siècle, une armée musulmane réussit finalement à conquérir l'ouest de l'Algérie et le Maroc, elle était largement composée de Berbères, tout comme l'expédition qui, en 711-712, s'empara de l'Espagne. La prédominance islamique en territoire berbère avait pour conséquence une prédominance berbère dans l'islam.

Dans le nord du continent africain, l'islamisation tira son impulsion initiale de la conquête, mais rarement les vainqueurs utilisèrent la force pour contraindre les vaincus à adopter leur foi. Leur souci principal était de créer un ordre social islamique, et ils ne doutaient pas que les habitants s'y conformeraient peu à peu. En Égypte, ils laissèrent ainsi aux chrétiens le choix entre le statut de clients, s'ils se convertissaient, et celui de tributaires protégés (*dhimmi*) s'ils payaient l'impôt sur la terre. La plupart des coptes choisirent le second, et ils reçurent des Arabes la responsabilité d'administrer la très complexe société égyptienne. Au VIIIe siècle, toutefois, l'immigration arabe se fit de plus en plus importante, et les chrétiens furent peu à peu exclus des fonctions officielles : c'était l'une des mesures sociales et politiques mises en place pour les contraindre à embrasser l'islam. En 717-720, tant de coptes se faisaient musulmans pour échapper aux lourdes taxes nécessaires à la conquête arabe, qu'il fut décidé que les nouveaux convertis continueraient à payer l'impôt foncier. C'est à la même époque que l'arabe devint la langue officielle de l'administration. Le copte survécut temporairement dans les campagnes, mais finit par ne plus être qu'une langue liturgique, tandis que l'Église copte vivait sur son passé, préoccupée de sa seule survie, périodiquement harcelée par les autorités, et incapable de rivaliser avec la force de conviction, l'autorité et le modernisme de l'islam. Vers le XIVe siècle, les chrétiens ne représentaient probablement plus que 10 % à peine de la population égyptienne.

Le califat omeyyade fut, dans les faits, un royaume arabe dirigé par l'aristocratie mecquoise ; l'Égypte en particulier était dominée par une garnison militaire. En 750, toutefois, quand les Abbassides parvinrent au pouvoir, ils s'appuyèrent sur des peuples non arabes, et installèrent leur capitale plus à l'est, à Bagdad, ce qui encouragea les tendances autonomistes du nord de l'Afrique. À la fin du IXe siècle, le pouvoir en Égypte était aux mains de gouverneurs militaires turcs et de leurs mercenaires, d'origines variées, qui avaient supplanté les cavaliers arabes de la période héroïque. Plus à l'ouest, au Maghreb, les tendances séparatistes étaient encore plus fortes. Les Berbères avaient conservé leur langue ; selon le grand historien Ibn Khaldoun, au cours des soixante-dix années qui suivirent leur islamisation, ils apostasièrent une bonne dizaine de fois. Mais ils maintenaient certainement l'égalitarisme, le puritanisme et le particularisme qui avaient déjà inspiré le schisme donatiste. Une communauté chrétienne au moins survécut près d'un millénaire. Dans les plaines atlantiques du Maroc un groupe affirmait posséder un Coran rédigé en langue berbère, et cette hétérodoxie dura jusqu'au XIe siècle. Le principal véhicule des aspirations berbères fut toutefois le kharidjisme, aile extrémiste de l'islam, apparu en 657 pendant la guerre civile qui mena au califat omeyyade. Il prêchait l'égalité absolue des croyants, le droit pour tout musulman digne de ce nom de devenir l'imam de sa communauté, et par conséquent l'obligation de rejeter comme illégal le califat en place. Fuyant la répression en Orient, des kharidjites s'installèrent au Maghreb vers 714 ; ils se firent des disciples surtout chez les Berbères, et plus spécialement, semble-t-il, chez les chrétiens convertis. En 740, ils lancèrent depuis Tanger une révolte menée par un ancien porteur d'eau, dont les troubles entraînèrent le renversement des Omeyyades. Comme leurs successeurs Abbassides se révélaient aussi répressifs qu'eux, les kharidjites formèrent plusieurs communautés de zélotes dans l'intérieur des terres d'Afrique du Nord, notamment à Tâhert (aujourd'hui Tiaret) dans l'ouest de l'Algérie, qui à partir de 761-762 devint le cœur d'un État kharidjite. En 789-790, un réfugié descendant du Prophète, Idris, fonda à Fès un royaume qui devint le principal vecteur d'islamisation de la région. Pendant toute cette période de désordres, l'Ifriqiya demeura le centre du pouvoir abbasside au Maghreb, et la seule région ou presque à connaître un peuplement arabe intensif, mais c'est là aussi qu'en 800 un gouverneur arabe fonda la dynastie héréditaire des Aghlabides. Par la suite, le Maghreb fut, dans les faits, indépendant.

Au cours des cinq siècles qui suivirent, l'Afrique du Nord vit naître quelques-unes des dynasties les plus novatrices de l'Islam. La première fut celle des Fatimides, une famille Shia qui affirmait descendre du Prophète par sa fille Fatima. Elle parvint au pouvoir à Kairouan en 910, suite à une révolte berbère, annexa le royaume aghlabide, domina temporairement en 958-959 une grande partie du Maroc, et en 969 s'empara de l'Égypte, qu'elle arracha à ses gouverneurs militaires turcs, achevant ainsi la reconquête berbère du nord du continent, et faisant du Caire une capitale digne d'un calife. En dépit de leurs origines hétérodoxes, les Fatimides n'entendaient nullement mettre en œuvre un programme radical. Ils avaient conquis le pouvoir en Ifriqiya à une époque de prospérité économique sans précédent. Al-Yakubi, grand voyageur mort en 891, s'émerveillait de la richesse de Kairouan,

cette ville à la florissante industrie textile, entourée de
jardins, où les fruits arrivaient de la côte, le grain des
plaines du nord, les olives du Sahel, les dattes des oasis
sahariens, et l'or d'Afrique occidentale. Les habitants de
la ville possédaient de grands domaines conquis par leurs
ancêtres victorieux, des esclaves pour lesquels la région
était renommée y travaillaient : au début, ce furent des
Berbères soumis lors de la conquête, plus tard des esclaves
blancs et des noirs importés d'Europe et d'Afrique tropicale. La culture du sorgho et du blé dur s'était étendue
vers le sud ; la famine demeura pratiquement inconnue
pendant tout le Xe siècle, et la population s'accrut très
certainement. Le commerce en Méditerranée était largement aux mains des musulmans grâce à la flotte des Fatimides, qui en 934-935 mit à sac le port de Gênes. Quand
cette richesse permit à l'armée fatimide, composée de
mercenaires slaves et d'auxiliaires berbères, de s'emparer
de l'Égypte, la nouvelle capitale devint le siège de cette
prospérité. Les documents découverts dans la *geniza* du
Caire – endroit où les Juifs déposaient les papiers devenus
inutiles, se refusant à les détruire de peur d'en anéantir
un qui porterait le nom de Dieu – montrent que les
Fatimides furent suivis par des marchands maghrébins
venus chercher fortune dans ce qui devint le centre du
monde islamique. Leur historien a écrit[5] que ce fut
« l'apogée de la bourgeoisie » : un monde commercial
dominé par des firmes familiales d'obédiences religieuses
diverses opérait par le biais de partenariats ou d'agences
ouvertes dans toute la Méditerranée, profitant d'une
liberté et d'une tolérance religieuse telles que les marchands juifs appelaient l'Égypte fatimide « le pays de la
vie ». Cette bourgeoisie dominait une société stratifiée,
mais mobile, qui comptait des artisans spécialisés d'un
niveau de compétence exceptionnel, de nombreuses

esclaves employées dans les familles, et un grand nombre de pauvres. Le Caire méprisait les campagnes, qu'il exploitait, mais où la domination arabe introduisit le coton, le sucre et le riz, encouragea les récoltes multiples, et (après une période creuse consécutive à la conquête) stimula sans doute la croissance de la population, qui au XIVe siècle avait retrouvé son niveau de l'époque ptoléméenne. Il se peut toutefois que l'exploitation des campagnes ait été responsable des cruelles famines de 1062-1073, premier symptôme du déclin des Fatimides. Vingt ans plus tard ils ne contrôlaient plus que l'Égypte et, en 1171, ils furent renversés par leur vizir kurde, le grand Saladin.

Le pouvoir et la prospérité étant passés à l'Égypte, les Zirides, lieutenants berbères des Fatimides, reprirent leur indépendance en 1048. La tradition veut que leurs anciens maîtres aient répliqué non pas par les armes, mais en encourageant les Beni Hilal, et autres tribus arabes nomades entrées en Égypte, à poursuivre leur route vers l'ouest jusqu'en Ifriqiya. Ibn Khaldoun écrit que les Hilal « prirent le pouvoir dans le pays et le ruinèrent ». En 1057, ils mirent Kairouan à sac. Les Zirides installèrent leur capitale près des côtes, perdant le contrôle de l'intérieur des terres. Les communications furent perturbées, et les caravanes qui transportaient l'or empruntèrent plusieurs itinéraires différents pour atteindre la côte, en particulier plus à l'ouest, au Maroc. Les pasteurs berbères firent retraite également dans cette direction, les cultivateurs se retirèrent dans les places fortes des montagnes : d'immenses étendues de plaines autrefois peuplées de Berbères furent ainsi définitivement arabisées. Il ne fait aucun doute qu'on a exagéré les conséquences de cette « invasion hilalienne », qui en fait s'apparentait davantage à une infiltration. Les pluies et les zones cultivées d'Afrique du Nord ne cessaient sans doute de diminuer depuis le Ve siècle, pour atteindre leur niveau minimal au XIV[e 6]. Au Xe siècle déjà, la perte du contrôle naval de la Méditerranée au profit de Byzance avait privé l'Ifriqiya des esclaves venus du nord, ce qui avait porté tort à l'économie rurale, et contribué par ricochet dès 1004 à des famines répétées. Tout cela, joint à la faiblesse politique des Zirides, provoqua le déclin commercial de Kairouan avant même que les Beni Hilal aient pillé la ville. Leurs déprédations furent en réalité autant le signe que la cause d'un effondrement dont l'Ifriqiya ne se releva jamais tout à fait : à la fin du siècle, l'ancien grenier de Rome dépendait de plus en plus des importations de blé sicilien.

Le principal bénéficiaire en fut, d'abord, le Maghreb occidental, jusque-là fragmenté, où les ambitions nomades, une forte diversification économique, et l'assimilation totale de l'islam par les Berbères convertis, furent à l'origine d'une période de grande splendeur. Elle commença avec le mouvement almoravide, né parmi les nomades berbères sanhaja du sud du Maroc et du Sahara occidental : ils perdaient peu à peu leur contrôle, très ancien, du commerce dans le désert, et depuis longtemps, leurs rivaux du nord, les Zanata, leur portaient ombrage. Les Sanhaja furent des musulmans de tradition essentiellement orale jusqu'au XIe siècle, date à laquelle leurs chefs cherchèrent à se former auprès de maîtres rigoureux, qui voulaient déraciner les traditions shiite et kharidjite si puissantes dans le Maghreb. Abdallah ibn Yacine commença ainsi à prêcher chez les Sanhaja vers 1039, rassemblant autour de lui zélotes et membres des tribus, qu'il incita à se révolter contre la suprématie Zanata ; en 1070 ils fondèrent une nouvelle capitale à Marrakech, et en 1083 avaient conquis la moitié du Maghreb situé à l'ouest d'Alger. Trois ans plus tard, ils pénétrèrent en Espagne pour organiser la résistance à l'expansion chrétienne. Cette suprématie militaire s'expliquait par le contrôle qu'ils exerçaient sur le commerce de l'or venu d'Afrique de l'Ouest, et la mise en valeur des plaines atlantiques du Maroc, transformées en terres à blé. Cette prospérité permit aux Almoravides d'introduire au Maroc l'élégante culture islamique du sud de l'Espagne, dont Marrakech garde encore bien des témoignages éblouissants. Cela leur valut les critiques des puritains, tandis que d'autres s'indignaient de voir le régime défendre férocement l'orthodoxie, et ne faire confiance qu'aux tribus qui avaient été les premières à soutenir Abdallah ibn Yacine.

Ces critiques alimentèrent le mouvement almohade (« unitarien ») qui devait supplanter les Almoravides. Il ne prit pas naissance chez les nomades, mais chez leurs vieux ennemis, les agriculteurs berbères des montagnes de l'Atlas. Son chef, Muhammad ibn Tûmart, bien qu'originaire de cette région, fut éduqué à Bagdad, où il apprit à critiquer la rigueur légaliste des Almoravides, et à admirer la spiritualité personnelle qui pénétrait alors l'islam grâce à ces mystiques qu'on appelle les *soufis*. De retour chez lui, il fut proclamé Mahdi par les membres de sa tribu, les Masmouda, puis en 1128 prit la tête d'un *djihad* contre les Sanhaja au pouvoir, et toutes les corruptions de la foi. Ils s'emparèrent de Marrakech en 1147, puis de l'Ifriqiya en 1160, coupant la route aux Beni Hilal et unifiant, pour la première fois, le Maghreb sous l'égide d'un unique régime berbère. Les Almohades défendaient un islamisme rigoureux ; ils éradiquèrent ce qui restait du christianisme, et firent preuve d'une intolérance exceptionnelle à l'égard des Juifs. Mais ils étaient moins légalistes que les Almoravides et, vers la fin du XIIe siècle, autorisèrent les fraternités *soufis* à s'établir dans toute la région, où elles allaient devenir le cœur de l'islam populaire. Le déclin de l'Empire almohade, trop vaste, commença en 1212 avec sa défaite en Espagne face aux forces chrétiennes ; il fut aggravé par son incapacité à contrôler les tribus nomades, en particulier les pasteurs arabes que le régime avait déportés d'Ifriqiya jusque dans les plaines atlantiques, provoquant ainsi une nouvelle arabisation de territoires jusque-là berbères. En 1269, une tribu Zanata qui dominait déjà le nord du Maroc, les Beni Merin, s'empara de Marrakech, puis transféra la capitale à Fès ; la dynastie mérinide devait régner sur le pays pendant deux siècles.

Cette période fut marquée par un déclin général du Maghreb. Les Hafsides, qui avaient succédé aux Almohades, furent les maîtres de l'Ifriqiya jusqu'à ce que les Ottomans s'en emparent au XVIe siècle, tandis que les Zianides, autre dynastie Zanata basée à Tlemcen, exerçaient sur l'ouest de l'Algérie le peu d'autorité qui leur restait. Ces régimes, qui s'appuyaient sur des troupes composées de mercenaires, et qui étaient implantés dans les cités du nord dépendant du commerce maritime contrôlé par les Européens, s'éloignèrent de campagnes de plus en plus dominées par les pasteurs arabes nomades et les fraternités soufies. Mais surtout, la croissance démographique qui avait soutenu les Fatimides et les Almoravides se ralentit au cours du XIIIe siècle, et connut une chute dramatique en 1348, quand la Peste noire, venue de Sicile, atteignit les côtes du Maghreb.

En Égypte également, elle mit fin à près de quatre siècles de prospérité et de puissance sans équivalent depuis le Nouvel Empire, dont les Fatimides avaient été les initiateurs. Saladin redonna vigueur à l'État après sa prise de pouvoir en 1171, et fit de l'Égypte le champion de l'islam face aux croisés et aux Mongols. En 1250, toutefois, la dynastie Ayyoubide, qu'il avait fondée, fut renversée par ses propres troupes, les mameluks. Elles se composaient d'anciens esclaves qui avaient été achetés, enfants, aux cavaliers de la steppe eurasienne, avant d'être islamisés et de suivre une rigoureuse éducation militaire visant à faire d'eux des archers à cheval ; ils avaient ensuite été affranchis et étaient devenus des soldats professionnels, fidèles à leurs camarades et à leurs anciens maîtres ; ils formaient une caste si exclusive que même leurs propres fils ne pouvaient en faire partie. Le système était conçu pour combiner les vertus nomades et l'organisation moderne. Des généraux mameluks dirigèrent l'Égypte jusqu'en 1517, divisant les terres en fiefs dont les officiers tiraient des bénéfices qui leur permettaient de couvrir leurs frais d'entretien et ceux de leurs hommes. Ils développèrent l'irrigation et la culture des terres, firent progresser les connaissances médicales, et furent les plus grands bâtisseurs d'Égypte depuis les Ptolémées. Les dépenses qu'ils engagèrent pour faire construire leurs grandes demeures firent du Caire, au XIVe siècle, « la métropole de l'univers, le jardin du monde, le cœur bourdonnant de l'espèce humaine [7] », comme Ibn Khaldoun l'écrivit plus tard.

Cette prospérité était pourtant déjà menacée. Dès le début de ce siècle, le grand commerce international, qui s'étendait des Flandres à la Chine, et dont Le Caire était le cœur, commençait à s'effondrer avec la désintégration de l'Empire mongol en Asie centrale, faisant de l'Égypte un simple point de passage par lequel les marchandises de l'Orient pénétraient dans l'économie européenne, de plus en plus dominante. Les chrétiens détenaient le contrôle naval de la Méditerranée depuis le Xe siècle. Dès 1130 environ, Gênes et Pise avaient signé des traités commerciaux avec les maîtres de l'Afrique du Nord, que des mercenaires portugais et aragonais (ou plus exactement

catalans) allaient servir à partir de 1220. Des frères domi-
nicains établirent une fraternité à Tunis en 1250. En
1284-1286, le royaume d'Aragon fit de deux îles situées
au large des côtes tunisiennes les premières colonies africaines de l'Europe depuis le temps des Vandales. À cette
époque, les commerçants européens fréquentaient régulièrement les cités du nord de l'Afrique ; ils s'emparaient
des produits du commerce de l'or, et leur concurrence
portait un tort grave à l'industrie textile du Caire.
L'Europe dépassait désormais le monde islamique dans les
domaines de la technologie, de l'organisation commerciale et de la production agricole sur des terres vierges
– lesquelles n'étaient plus disponibles dans le nord de
l'Afrique.

À ce déclin relatif succéda une véritable crise quand la
Peste noire atteignit l'Égypte en empruntant les routes
commerciales venues de la steppe asiatique. Le pays en
avait souffert sporadiquement depuis la dernière grande
épidémie, qui remontait au VIe siècle ; mais il s'agissait
alors de la peste bubonique, transmise aux humains par
les puces du rat, tandis que la Peste noire était la peste
pulmonaire plus infectieuse, donc beaucoup plus dangereuse : elle se transmettait d'un individu à l'autre, rendant
la mort beaucoup plus rapide, beaucoup plus horrible,
et infiniment plus certaine. Personne ne comprenait le
processus, et on ne sut prendre aucune contre-mesure
efficace ; les responsables religieux ne purent conseiller
que la prière, la charité et la résignation. On estime qu'en
dix-huit mois l'épidémie tua entre un quart et un tiers de
la population égyptienne [8]. Cela permit aux travailleurs
des villes de s'assurer des salaires plus élevés, mais dans
les campagnes, où le système d'irrigation s'était interrompu, les mameluks, face à la dépopulation rurale,
furent contraints d'extorquer les revenus d'autrefois à des

cultivateurs moins nombreux, sans succès d'ailleurs à long
terme, car peu après 1517 les maîtres de l'Égypte collec-
taient moins d'un cinquième de l'impôt foncier de 1315.
La relative souplesse de l'agriculture, et le contrôle du
commerce entre l'Asie et l'Europe, permirent toutefois à
l'Égypte de survivre à la Peste noire un peu mieux que le
reste de l'Afrique du Nord et du Moyen-Orient ; mais
le marasme économique était d'autant plus grave qu'il
coïncidait avec des conflits permanents entre groupes
mameluks, et plus généralement avec le déclin de la caste
militaire, que la diffusion des armes à feu rendit obsolète.
Phénomène plus dévastateur encore, la peste pulmonaire,
contrairement à ce qui se passa en Occident, demeura
récurrente bien après l'épidémie. Au cours des 160 ans
qui suivirent, l'Égypte fut à vingt-huit reprises frappée
par la maladie, dont les effets ainsi cumulés ont sans
doute été plus destructeurs que la Peste noire elle-même.
Cela se poursuivit jusqu'au début du XIXᵉ siècle, époque
à laquelle la population égyptienne représentait entre la
moitié et les trois quarts de ce qu'elle était en 1346. Le
Maghreb en fut également victime : rien qu'au
XVIIᵉ siècle, la Tunisie connut cinq épidémies de peste.
Cette catastrophe démographique mit un terme à la
période de grandeur de l'Afrique du Nord, et poussa Ibn
Khaldoun – dont les parents moururent lors de la Grande
peste – à vouloir préserver le souvenir d'un monde
disparu :

> Au milieu du VIIIᵉ [*pour nous, le XIVᵉ*] siècle, la civilisation,
> à l'est comme à l'ouest, fut visitée par une peste destructrice
> qui dévasta les nations et fit disparaître les populations… La
> civilisation déclina avec l'humanité. Les cités et les maisons
> furent abandonnées, les routes disparurent, les terres et les
> demeures restèrent vides, les dynasties et les tribus s'affai-
> blirent. Tout le monde habité changea… Par conséquent, il

est nécessaire qu'aujourd'hui quelqu'un entreprenne de faire un relevé systématique de la situation du monde dans toutes les régions et dans toutes les races, ainsi que les coutumes et les croyances sectaires qui ont changé pour ceux qui y adhèrent [9].

L'islam et le commerce en Afrique de l'Ouest

La conquête arabe de l'Afrique du Nord entraîna la diffusion de l'islam, à travers le Sahara, jusqu'aux savanes de l'Afrique occidentale. L'agriculture et l'usage du fer y étaient répandus dès avant l'ère chrétienne ; mais les premiers musulmans à mener leurs chameaux jusque dans les franges nord de la savane y découvrirent également des villes, et un système commercial régional, qui semblent avoir été des inventions essentiellement locales. À dire vrai, si le commerce transsaharien s'est développé si rapidement, au début de la période islamique, ce fut sans doute parce qu'il permettait de relier deux économies florissantes.

En ce domaine, les meilleurs témoignages viennent des fouilles archéologiques menées à Djenné, aujourd'hui au Mali, site installé sur la bordure sud du delta intérieur du Niger, où une agriculture sur plaine inondable croisait les routes commerciales menant aussi bien à la savane du nord qu'à la forêt du sud. Cette zone fut peuplée dès le IIIe siècle, et dès le siècle suivant y fut établie une ville importante, aux cimetières abondants. Quatre cents ans plus tard, elle occupait trente-trois hectares entourés d'un mur de deux kilomètres, et l'on comptait près de soixante-cinq autres implantations dans un rayon de quatre kilomètres. Ses habitants travaillaient le minerai de fer, venu d'un gisement situé à une cinquantaine de kilomètres, et possédaient des objets de cuivre qui n'ont pu être fabriqués, au mieux, que dans le sud du Sahara. Pour autant, il semble bien qu'ils n'aient pas connu le tissage – compétence sans doute introduite par des marchands musulmans – et qu'au milieu du Ier millénaire après J.-C. ils n'aient pratiquement rien possédé qui fût d'origine méditerranéenne, à l'exception de perles de verre. En d'autres termes, Djenné faisait partie à cette époque d'un système commercial propre à l'Afrique occidentale, très vaste mais essentiellement refermé sur lui-même.

Aucun site de cette région, datant des débuts du Ier millénaire, n'a été fouillé aussi exhaustivement. On ne sait pratiquement rien de l'agriculture, bien que de 300 à 1100 les pluies aient été relativement abondantes. On est un peu mieux renseigné sur le commerce, en particulier celui des métaux. On a découvert dans la région de l'Aïr, dans le Niger actuel, plus de 30 000 creusets utilisés pour le travail du cuivre, tandis que la fouille à Rao, au Sénégal, d'un tumulus datant de la fin du Ier millénaire, a permis la mise au jour de superbes ornements en or. Mais les témoignages les plus convaincants nous sont donnés par des villes bâties en torchis, comme à Djenné, technique dont la simplicité explique peut-être en partie l'urbanisation, précoce et très impressionnante, de l'Afrique de l'Ouest, semblable à celle du Proche-Orient dans l'Antiquité. On a découvert des villes comparables à Djenné, et entourées aussi de villages plus petits dans le Moyen-Niger, à Dia, Méma, et surtout à Tombouctou, où les conditions naturelles du Ier millénaire devaient être plus favorables à l'agriculture que celles d'aujourd'hui [10]. Les tombes de Djenné n'ont pas révélé une très grande différenciation sociale, ni attesté l'existence d'un souverain puissant ; on n'a pas découvert de bâtiments publics importants. Apparemment ces villes avaient une raison d'être purement économique. Dans le reste de l'Afrique

occidentale, d'anciennes villes de torchis étaient épar-
pillées le long des fleuves Chari et Logone au sud du lac
Tchad, tandis que le plus ancien peuplement d'Oyo est
daté du VIIIe siècle, ce qui suggère que l'urbanisation
extensive du pays yoruba remonte au Ier millénaire.

Ce commerce et cette urbanisation pré-islamiques
pourraient permettre d'éclaircir un des mystères de l'histoire africaine : la découverte à Igbo-Ukwu, au sud-est
du Nigeria, d'objets funéraires retrouvés dans la tombe
d'un chef politique ou ministre des cultes du IXe siècle.
Parmi ces objets, certains sont en bronze, fabriqués à partir de métaux locaux, de style africain, et témoignent
d'une habileté technique admirable, à la fois très particulière et peut-être sans égale à cette époque. Leur symbolisme, en particulier l'emploi des motifs animaliers,
manifeste une continuité remarquable avec celui des Igbo
de la région, un millénaire plus tard. Mais Igbo-Ukwu
prouve également qu'au IXe siècle l'Afrique de l'Ouest
n'était plus isolée du monde extérieur, car ces objets funéraires comptent plus de 100 000 perles de verre, dont
certaines sont sans doute d'origine égyptienne, voire
indienne.

Inversement, les deux perles de verre hellénistiques
trouvées dans des dépôts pré-chrétiens tardifs de Djenné
laissent penser que le commerce transsaharien n'existait
plus qu'à une échelle des plus réduites. Les Garamantes
du Fezzan (en Libye actuelle), à l'époque romaine, exportaient vers le nord de l'ivoire, et des esclaves noirs. Ce fut
une époque excessivement aride dans le Sahara et la
savane, mais vers 300 après J.-C., les pluies devinrent plus
abondantes, et les Berbères renoncèrent au cheval au profit du chameau, qui leur permit d'ouvrir le désert au commerce. En 296, la Carthage romaine frappait des pièces
dont l'or venait sans doute du Bambouk dans le haut

Sénégal – le plus ancien des champs aurifères que l'Afrique occidentale compte dans ses vallées fluviales. Elle légua aux producteurs africains un poids standard (le *solidus*, une pièce de monnaie) qu'ils utilisèrent jusqu'à la fin du XIXe siècle. Les déplacements d'Oukba ben Nafi, quand il mena ses hommes vers l'ouest, à travers le Maghreb, ont dû développer le commerce transsaharien. En 666-667, il alla vers le sud pour reconnaître la route du Fezzan, qui constituait probablement la principale source d'approvisionnement en esclaves noirs. Seize ans plus tard, il fit une incursion similaire dans le sud du Maroc, peut-être pour y chercher de l'or, car une expédition ultérieure, peu après 730, rapporta assez de métal précieux pour exciter la cupidité des Arabes. À cette époque, cela faisait près de quarante ans que l'on frappait des pièces d'or à Kairouan.

Vers 700 après J.-C., une nouvelle base commerciale fut fondée sur la route des esclaves, dans la partie est du Fezzan, à Zaouila, peuplée de Berbères kharidjites : elle devint la principale pourvoyeuse d'esclaves noirs pour l'Ifriqiya, l'Égypte et le Moyen-Orient. Une traversée du désert relativement facile permettait d'atteindre le nord du lac Tchad, où les Zaghawa avaient la haute main sur le commerce des esclaves. C'était un peuple de pasteurs, mentionné par un auteur arabe antérieur à 728, et qui contrôlait une confédération assez lâche appelée Kanem, dont la création remonte probablement à la fin du VIe siècle. La pénurie d'or poussa le Kanem, et son successeur le Bornou, à devenir, pendant près d'un millénaire, les plus grands fournisseurs d'esclaves au monde islamique, en échange des chevaux indispensables pour effectuer de nouvelles razzias. De nombreux esclaves furent sans doute vendus aux Aghlabides, qui régnaient sur l'Ifriqiya au IXe siècle, et dont les troupes étaient composées de soldats-esclaves noirs – comme ce fut le cas pour leurs successeurs fatimides et zirides. Al-Yakubi, en 872, cite le Kanem comme l'un des trois grands royaumes de la savane, avec le Ghana et Gao.

Le Ghana, situé à l'est de la Mauritanie actuelle, était le royaume des Noirs soninké, qui parlaient une langue nigéro-congolaise. Il est mentionné pour la première fois en 788-789, dans une source arabe de Tâhert. Cette ville de Berbères kharidjites fut l'une des premières à ranimer le commerce transsaharien avec la savane d'Afrique occidentale, tout comme Zaouila développa ses échanges avec le Kanem. Une route commerciale partait de Tâhert vers l'ouest jusqu'à Sijilmassa (fondée en 757-758), dans le sud du Maroc, puis, plus au sud encore, vers Aoudaghost et le Ghana ; cette traversée du désert, parallèle à la côte atlantique, était la voie la plus facile. En outre, sa position stratégique au nord-est du Bambouk donnait au Ghana de l'importance, même si son but était de contrôler le commerce de l'or, plutôt que sa production. La capitale du Ghana, qu'on n'a pas encore découverte, se situerait à dix kilomètres d'une ville de marchands qu'on croit être Koumbi-Saleh, où des fouilles ont révélé des traces d'occupation urbaine, et de commerce avec le nord, datant du IXe au XVe siècle : le site, toutefois, avait déjà été fréquenté vers le milieu du Ier millénaire. En 1067-1068, le géographe Al-Bakri, écrivant en Espagne, décrit ainsi, d'après des témoignages de voyageurs, la cour royale du Ghana à son apogée :

> Le roi a un palais, et un certain nombre d'habitations surmontées de dômes, toutes entourées d'un enclos sem-blable aux murailles d'une ville… Le roi s'orne de bijoux, comme une femme, autour du cou et sur les avant-bras, et sa tête est coiffée d'un bonnet décoré d'or et enveloppé dans un turban de coton fin. Il siège en audience, ou lorsqu'il

s'agit d'entendre les plaintes contre les fonctionnaires, dans
un pavillon à dômes, autour duquel se tiennent dix chevaux
harnachés de broderies en or. Derrière le roi se tiennent dix
pages tenant des boucliers et aux épées ornées d'or, et à sa
droite les fils des rois [vassaux] de son pays, vêtus de vêtements splendides, et la chevelure tressée d'or [11].

Le roi n'était pas musulman, contrairement à nombre
de ses ministres.

À l'époque où Al-Bakri écrivait, le Ghana était déjà
menacé, à l'ouest, par le royaume Takrour, qui détournait
l'or de Bambouk pour alimenter le récent Empire almoravide. Mais le vieux rival commercial du Ghana n'était
autre que Gao, à l'est. Cette ville date peut-être du
Ve siècle mais elle n'a été mentionnée pour la première
fois qu'au début du IXe siècle : elle est située sur le fleuve
Niger, à la frontière entre le Niger et le Mali actuels.
C'était la ville du peuple songhaï. Comme la capitale du
Ghana, elle enjambait le fleuve : une route à travers le
désert menait, au nord, via Tadmakka et Ouargla, à
Tâhert et aux côtes d'Afrique du Nord. Les caravanes
accomplissaient rarement d'une traite ce voyage de deux
mille kilomètres. Les marchands du nord préféraient lais-
ser leurs tissus et leurs cuivres au sud, dans une ville
comme Tâhert, située à la bordure nord du désert, et qui
tenait lieu d'entrepôt. Ensuite, ceux – des Berbères en
majorité – qui vivaient dans le désert transportaient les
marchandises en suivant un chapelet d'oasis, recueillant
en chemin ce qu'ils pouvaient produire de dattes, de
cuivre et surtout de sel – si prisé à Gao qu'il tenait lieu
de monnaie – jusqu'à atteindre, au sud du désert, une
autre ville « entrepôt », Tadmakka par exemple ; ou bien
ils poussaient encore plus au sud, jusqu'à une ville africaine comme Gao. À chaque étape du voyage, les marchands se mettaient en quête d'associés ou d'agents,

parfois membres de leur propre communauté – l'organisation des Kharidjites s'y prêtait parfaitement – , parfois même des parents. Au XIIIe siècle, deux frères de la famille Maqqari vivaient à Tlemcen (ville algérienne proche de la côte), un autre à Sijilmassa, et deux à Oualata (à la frontière sud du désert) ; tous prenaient part aux affaires de la famille et finançaient les forages de puits sur la route.

L'exportation de l'or en provenance de la savane africaine semble avoir connu une croissance rapide. Au VIIIe siècle, il n'y avait dans le nord du continent qu'à Kairouan et à Fustât (Égypte) que la monnaie était d'or. Mais c'était là prérogative de calife. Les Fatimides d'Ifriqiya, les Omeyyades d'Espagne, puis les Almoravides et les Almohades du Maroc, aspirant au même statut, se mirent eux aussi à battre de l'or. Au XIe siècle, les Almoravides émirent, à eux seuls, vingt et une monnaies différentes en Espagne et au Maghreb ; le commerce conduisait des marchands d'Europe du Sud à s'installer dans des villes côtières d'Afrique du Nord. Au début, ils exportaient ces pièces d'or dans le seul but de servir d'appoint aux monnaies d'argent européennes. Puis Gênes et Florence en 1252, Venise en 1284, et les États d'Europe du Nord au début du XIVe siècle, se mirent à frapper des monnaies d'or, provoquant une ruée sur ce métal. C'est également à cette époque que les esclaves noirs firent leur apparition sur les marchés d'Europe du Sud.

La croissance du commerce de l'or provoqua en Afrique de l'Ouest un transfert de pouvoir au détriment du Ghana, lequel, installé aux lisières du désert, endura sans doute une période de désertification à partir de 1100. À l'époque, de nouveaux terrains aurifères, à Bouré, près des sources du Niger, étaient en pleine prospérité ; ils étaient aux mains de peuples de langue malinké, gouvernés par plusieurs petites chefferies, dont certaines touchées par l'islam. Quand des groupes soninké non islamisés tentèrent de les dominer, un chasseur et guerrier nommé Sundiata Keita mena la résistance malinké, et créa au cours de la première moitié du XIIIᵉ siècle le royaume de Mali, dont la capitale jouxtait la bordure nord-est des champs aurifères du Bouré. Il finit par étendre sa souveraineté sur un territoire de 2 000 kilomètres qui allait de la côte atlantique au moyen Niger ; d'après quelqu'un qui y vécut longtemps, il fallait quatre mois pour le traverser. Mais ce n'était pas seulement par ses dimensions et son importance que le Mali l'emportait sur le Ghana : il avait pour centre, non les frontières du désert, mais les terres cultivées de la vallée du haut Niger, et sa fondation marqua une nouvelle étape dans la réintégration de l'Afrique occidentale au sein de l'Ancien Monde.

Au début du XIVᵉ siècle, le Mali était officiellement un État musulman, reconnu comme tel dans le monde islamique, et ses dirigeants se rendaient ostensiblement en pèlerinage à La Mecque. En 1352-1353, le grand voyageur arabe, Ibn Battuta, eut l'occasion d'admirer « la grande assiduité du peuple à accomplir la prière, son souci de le faire collectivement ; ils battent leurs enfants pour les faire prier eux aussi » ; mais il fut beaucoup moins impressionné par la persistance de coutumes non islamiques telles que les danses avec masques, la récitation publique de doctrines païennes, les prosternations devant le roi, la consommation de nourritures impures, et l'habillement plus que succinct des femmes [12]. L'islam n'est pas seulement une religion, mais un ordre social et les Africains ne l'adoptèrent donc que peu à peu. La conquête en avait créé les conditions en Afrique du Nord ;

en Afrique de l'Ouest, ce fut un effet du commerce, essentiellement par le biais des Berbères kharidjites. Ils eurent peu d'influence durable dans la région, sauf dans l'architecture des mosquées, mais dès le Xe siècle la majorité des peuples qui prenaient part au commerce transsaharien étaient musulmans. Les commerçants du sud furent sans doute parmi les premiers à accepter la nouvelle religion parce qu'ils avaient beaucoup de contacts avec les musulmans étrangers, qu'ils ne pouvaient que gagner à rejoindre une communauté internationale, et qu'ils étaient peu impliqués dans les rituels agricoles essentiels dans les religions autochtones. Les cultivateurs avaient un mode de vie exactement inverse ; ils résistèrent sans doute vivement à l'islam. Soucieux de préserver l'unité politique, les rois, en règle générale, patronnaient avec le plus grand éclectisme toutes les activités religieuses de leurs sujets. Ce fut précisément le cas au Mali, ainsi qu'à Gao, dont le roi avait été le premier souverain d'Afrique tropicale à embrasser l'islam, aux environs de l'an mille, suivi par le Takrour (avant 1040) et le Kanem (vers 1067), tandis que le Ghana paraît avoir adopté l'islam sunnite orthodoxe peu après 1070, sous la pression des Almoravides. Le XIe siècle fut ainsi marqué par une percée de l'islam, comme sur les côtes d'Afrique orientale, bien que l'étendue des conversions ait été très variable. Au Ghana et à Gao, l'islam semble s'être longtemps limité aux commerçants et à la cour, tandis qu'au Takrour et au Kanem il se diffusa plus rapidement parmi les gens du peuple, provoquant des conflits entre enseignants islamiques et magiciens (étroitement liés au travail du fer) qui avaient précédemment servi le trône.

Le commerce et l'islam en Afrique orientale

L'islam atteignit l'Afrique occidentale en traversant l'un des déserts les plus hostiles de la planète ; il parvint en Afrique orientale en suivant les routes commerciales de l'océan Indien, très facilement navigables. Un guide de marins montre qu'au Ier siècle après J.-C. des commerçants originaires d'Arabie du Sud et de la mer Rouge avaient exploré les côtes jusqu'à « Rhapta », situé quelque part dans la Tanzanie ou le Kenya actuels ; l'ivoire était le principal produit d'exportation. On a découvert de la poterie iranienne datant des Ve et VIIe siècles, non seulement sur des sites côtiers, de la corne de l'Afrique à Chibuene, dans le sud du Mozambique, mais aussi à Bagamoyo en Tanzanie, soit environ cinquante kilomètres à l'intérieur des terres. Cela permet de supposer que le commerce dans l'océan Indien était déjà relayé par un commerce régional, comparable à celui du moyen Niger, mais à plus petite échelle. C'est par ce biais sans aucun doute que l'islam fut introduit pour la première fois en Afrique orientale, à Shanga, implantation de l'archipel Lagu, au large de la côte nord du Kenya. Les fouilles qu'on y a menées ont révélé les fondations d'une mosquée de bois, capable d'accueillir à peu près neuf fidèles, orientée en gros vers La Mecque, et associée à une poterie du VIIIe siècle. Ce fut la première d'une série de neuf mosquées, d'une taille toujours croissante (les trois dernières étant en pierre), érigées sur ce site en trois siècles. On ne sait si leurs bâtisseurs étaient des indigènes ou des étrangers, mais la première était située au centre d'une communauté agricole, où la poterie était identique à celle qu'utilisèrent, au cours des siècles ultérieurs, des communautés africaines installées sur toute la côte. Shanga importait également, en petites quantités, de la poterie iranienne, et des vases de pierre chinois, sans doute venus par le golfe Persique. À partir du IXe siècle, elle fit usage de pièces d'argent, sans doute de production locale [13].

Les fouilles de Shanga montrent qu'un petit noyau de musulmans autochtones ou immigrés s'est établi dans une communauté africaine du VIIIe siècle, et qu'ils ont peu à peu converti leurs voisins. Inversement, dans l'île toute proche de Manda, la petite ville bâtie au IXe siècle semble avoir été l'œuvre de colons venus de l'extérieur, peut-être de Siraf, sur le golfe Persique : ils employaient les styles de construction du Moyen-Orient, utilisaient la pierre de corail locale mais aussi des briques cuites importées d'Arabie, et regorgeaient de poterie d'origine étrangère. Dès le début, la culture de l'Afrique orientale côtière se caractérisa donc par une tension durable entre éléments autochtones et étrangers. On a découvert à Gezira (au sud de Mogadiscio), à Unguga Ukou (sur l'île de Zanzibar) et à Chibuene des traces de peuplement datant des IXe et Xe siècles. C'est dans le sud qu'on a trouvé les témoignages les plus convaincants d'un commerce avec l'intérieur, ainsi un fragment de verre d'importation sur un site du VIIe siècle près des chutes Victoria et, dans le sud du Zimbabwe, le nord du Botswana, et l'est du Transvaal, des perles également importées. Comme Al-Masudi s'en rendit compte sur la côte en 916, la principale exportation n'était autre que l'ivoire, qui parvenait jusqu'en Inde et en Chine via le golfe Persique. On a découvert, dans la vallée du Limpopo, des indices de ce trafic. Les mangroves fournissaient aussi des troncs, très prisés dans le golfe Persique, dépourvu d'arbres. On ne sait trop si la côte exportait également des esclaves. Al-Masudi n'en fait pas mention, mais au IXe siècle, des révoltes serviles en Irak furent attribuées aux « Zanj », terme générique qui désigne les Noirs africains, et notamment les Kunbula, peut-être originaires de « l'île de Kanbalu », visitée par Al-Masudi ; il se peut qu'elle ait fait partie de l'archipel Lamu. « Les Zanj ont un langage élégant dans lequel des hommes prêchent », ajoutait-il [14], faisant sans doute allusion au swahili, l'une des langues bantoues parlées sur la côte kenyane ; c'était sans doute cette langue que parlaient les premiers Africains en prenant part au commerce transocéanique et qui se diffusa plus au sud, avec l'expansion du commerce, pour devenir la *lingua franca* de toute la côte.

À partir de l'an mille, le développement commercial de la côte et son islamisation allèrent en s'accélérant. Au XIe siècle et au début du XIIe, huit villes côtières au moins édifièrent des mosquées en pierre. Il se peut que cette expansion ait résulté avant tout de la prospérité croissante du monde islamique, et de sa soif d'or ; Al-Masudi fut le premier à mentionner en 916 que cet or venait de « Sofala », c'est-à-dire de la côte du Mozambique, qui servait de débouché à l'or produit par les ancêtres des peuples shona du Zimbabwe actuel (les témoignages archéologiques confirment que l'exploitation minière a commencé à cette période). À la fin du XVIe siècle, il existait sans doute plusieurs centaines de Shona musulmans, dont les descendants, qui s'appellent mutuellement « tisserand », ont gardé certaines pratiques musulmanes jusqu'au XXe siècle. Mais le système commercial s'étendait bien au-delà du monde musulman : les importations chinoises de produits africains décuplèrent de 1050 à 1150.

La meilleure preuve de l'expansion commerciale au XIe siècle n'est autre que la fondation d'une dynastie musulmane à Kilwa, sur la côte sud de la Tanzanie, qui n'était jusqu'alors qu'un simple village de pêcheurs. On a découvert des pièces portant l'inscription « Le majestueux sultan Ali bin al-Hasan », dont la mémoire collective locale se souvient comme du fondateur de l'endroit ; le contexte dans lequel elles ont été trouvées conduit à les dater de 1070. Ces monnaies sont dans la tradition de Shanga ; il se pourrait que la nouvelle dynastie soit venue de l'archipel Lamu. Deux siècles plus tard elle fut renversée par les Mahdali, qui venaient peut-être du Yémen et prétendaient descendre du Prophète. C'est sous leur domination que Kilwa, au XIV\ :sup{e} siècle, connut sa plus grande prospérité ; ses pièces de monnaie pénétrèrent jusqu'au Zambèze, le gouverneur de la côte de Sofala contrôlait le commerce de l'or. Les Mahdali doublèrent les dimensions de la grande mosquée de Kilwa, bâtirent un palais magnifique, un caravansérail, et un ensemble de baraquements d'esclaves appelé Husuni Kubwa ; ils acquirent la réputation de prodigalité ostentatoire au sein d'une culture où le matérialisme faisait bon ménage avec la piété déjà remarquée par Ibn Battuta en 1331. Mais ce dernier se souvenait de Kilwa comme d'une ville de bois et de chaume : autour d'un cœur de maisons de pierre se dressaient les huttes des « Zanj au teint très noir », qui formaient l'essentiel d'une population estimée entre 10 000 et 20 000 personnes. Certains étaient d'ailleurs des esclaves ; le voyageur note que le sultan de Kilwa « faisait fréquemment des raids en territoire zanj [15] ». Ce souverain était sans doute un métis qui, comme le sultan de Mogadiscio à la même époque, comprenait l'arabe mais parlait le swahili, langue encore dénuée d'emprunts arabes. Le sultan de Kilwa fit le pèlerinage de La Mecque en 1410-1411, et les visiteurs étrangers du royaume étaient sans doute, dans leur grande majorité, musulmans, car une flotte chinoise n'atteignit pour la première fois les côtes d'Afrique orientale qu'après 1417-1419, une décennie seulement avant que la dynastie Ming ne renonce aux expéditions outre-mer. Le commerce avec l'Inde, quant à lui, demeura secondaire jusqu'au XVe siècle, quand la prospérité croissante de Gujarat encouragea ses marchands à exporter tissus et cuivre dans les ports d'Afrique orientale. Kilwa était alors en plein déclin ; ses dirigeants avaient abandonné Husuni Kubwa à la fin du siècle précédent. On ignore pourquoi : ce fut peut-être à cause de la Peste noire, mais les traditions locales n'en font pas état, et d'autres villes côtières prospérèrent jusqu'à ce qu'en 1498 les marins portugais parviennent dans la région.

L'islam au Soudan

À peine les Arabes s'étaient-ils emparés de l'Égypte qu'ils pénétrèrent dans la Nubie chrétienne en 641, pour se heurter à la résistance farouche de ses archers. Dix ans plus tard, une nouvelle tentative d'invasion se révéla fort coûteuse et dissuada les nouveaux arrivants d'attaquer « ces gens dont le butin est maigre, et dont la rancune est grande ». Ils préférèrent conclure une trêve avec le royaume de Makurta, le *baqt* de 652 ; le Makurta fournirait chaque année 360 esclaves en échange de marchandises égyptiennes, chaque partie s'engageait à respecter les commerçants de l'autre. Au cours des cinq siècles qui suivirent, les esclaves – sans doute capturés lors d'incursions dans le Sud païen – demeurèrent la principale exportation nubienne. Les Arabes s'installèrent dans ce royaume chrétien au titre de commerçants, chercheurs d'or et de pierres précieuses puis, à partir du Xe siècle, pasteurs. Les Fatimides qui régnèrent sur l'Égypte de 969 à 1170 s'appuyaient sur des troupes composées d'esclaves noirs, et leur règne coïncida avec l'apogée de la Nubie. Ce fut une époque de fortes crues du Nil ; le royaume d'Aloua, au sud, pouvait se targuer de présenter « une chaîne ininterrompue de villages et de bandes de terres cultivées continues [16] », tandis qu'un christianisme vigoureux nous a laissé les vestiges d'églises, et d'un monastère, aussi loin que Darfur, très à l'ouest.

Cette prospérité s'effrita quand, en 1171, Saladin chassa les Fatimides, non sans massacrer leur armée d'esclaves noirs, et saper l'accord qui avait été si profitable et à l'Égypte et à la Nubie. En 1253, quand des tribus de pasteurs arabes se révoltèrent en Égypte, ses successeurs se souvinrent des Beni Hilal et les refoulèrent vers la Nubie. Les communautés musulmanes de ce pays chrétien croissaient lentement depuis quelques siècles ; l'afflux de nouveaux venus les fit augmenter considérablement, au moment même où les crues du Nil diminuaient, où les familles chrétiennes dominantes étaient divisées, et où la société nubienne, dans son ensemble, connaissait une militarisation croissante. La crise éclata en 1268 à Makuria, où un usurpateur réclama la protection des mameluks : il s'ensuivit des guerres dynastiques à répétition, et une intervention égyptienne. Vers 1317, un musulman accéda au trône de Makuria, et la cathédrale de Dongola-le-Vieux fut transformée en mosquée. Le dernier roi de Makuria dont on ait connaissance vécut quatre-vingts ans plus tard. Ibn Khaldoun écrivit : « Il n'est resté aucun vestige de l'autorité royale dans le pays, car le système du nomadisme arabe les a détournés de la leur à cause du désordre complet et à force de guerres incessantes [17]. » Pendant ce temps, les Arabes étaient parvenus à Aloua où les pluies étaient plus abondantes, et les pâturages meilleurs. Ils ne détruisirent le royaume à la fin du XVe siècle, que pour se retrouver sous la domination des Funj, Africains d'origine obscure qui conquirent la région en 1504 et ne tardèrent pas à embrasser l'islam. Les trois siècles qui suivirent furent marqués par la pauvreté et les désordres. L'autorité des Funj s'étendait jusqu'à la Troisième cataracte, tandis que plus au nord la vallée du Nil était dominée par les *meks*, chefs de bande qui contrôlaient des parties du fleuve depuis leurs châteaux en briques d'argile. Mais ce fut aussi une période d'arabisation et d'islamisation, pendant laquelle nomades et enseignants musulmans créèrent les structures de base du nord du Soudan actuel. C'est en 1742 qu'on signale pour la dernière fois la présence de chrétiens en Nubie, bien que les femmes des villages, de nos jours encore, invoquent la Vierge lorsqu'elles sont dans la détresse.

L'Éthiopie

Le christianisme éthiopien survécut à l'expansion musulmane avant tout parce qu'il était plus éloigné du pouvoir islamique. Entre le IXe et le XVIe siècle, l'Éthiopie subit la colonisation continue des hautes terres d'abord occupées par des peuples kouchitiques puis par des agriculteurs de langue sémitique. Au IXe siècle, le cœur du royaume n'est plus au Tigré, mais plus au sud, dans la Wollo actuelle, où des peuples kouchitiques indigènes parlaient des langues agaw. En 1137, un prince agaw s'empara du trône, et fonda la dynastie Zagoué, qui régnera jusqu'en 1270 ; elle chercha à se donner une légitimité en faisant édifier des bâtiments chrétiens tels que les églises monolithes de Lalibella, taillées dans le roc, conçues comme une nouvelle cité de Sion, dressée au bord d'une rivière, la Yordanos, sur une colline appelée « le Calvaire ». Les pluies plus abondantes, et l'attrait du commerce firent pénétrer ce royaume chrétien à travers les terres basses de l'est, jusque sur la côte, à Zeila, où esclaves, or et ivoire étaient échangés contre du sel et des produits de luxe importés du monde islamique. Les musulmans contrôlaient ce commerce, et les peuples installés le long de cette route adoptèrent peu à peu l'islam : d'abord les Somalis, de langue kouchitique, des basses terres ; puis ceux, de langue sémitique, des bordures sud-est des hauts plateaux, où de petites principautés musulmanes existaient, au XIIᵉ siècle, dans le Choa et l'Ifat.

Comme la colonisation des peuples de langue sémitique se poursuivait toujours vers le sud, au-delà d'Agaw vers l'Amhara et le Choa, des forces en majorité choannes renversèrent en 1270 la dynastie Zagoué, et firent monter Yikunno Amlak sur le trône : il se proclamait descendant de Salomon et de la reine de Saba. Son petit-fils, Amda Siyon (1314-1344), fut le plus grand roi guerrier de l'histoire éthiopienne. Il conquit l'Ifat, contraignant les musulmans qui le gouvernaient à créer un nouvel émirat plus à l'est, dans le Harrar. Il étendit également les frontières ouest et sud du royaume aux dépens de régions kouchitiques non chrétiennes et de peuples qui avaient préservé les vieilles traditions juives d'Aksoum ; unis par une longue résistance au pouvoir royal, ils formaient la communauté Beta Israël (Falacha). Le royaume salomonique, sous sa forme classique, fut avant tout l'œuvre d'Amda Siyon.

Grâce aux chroniques royales et aux documents ecclésiastiques, l'Éthiopie est la première société africaine noire qu'on puisse analyser en détail. Elle était organisée avant tout pour permettre le contrôle de la nature et la colonisation de la terre, auxquels le christianisme attachait une grande valeur. Les colonies se concentrèrent sur le plateau éthiopien, d'une altitude comprise entre 1 800 et 2 500 mètres, relativement chaud et humide, loin des basses terres arides, des pentes des montagnes et des vallées trop boisées. Le colon entourait sa maison d'anneaux concentriques de cultures de moins en moins intensives, et au-delà de ces limites, défendait ses champs contre les forces naturelles. L'hagiographie de saint Takla Haymanot (dates, selon la tradition : 1215-1313), abbé du Choa, décrit ses moines défrichant la brousse, tandis que tout près de là « la montagne demeurait vide et non cultivée ». Quand les animaux s'en prenaient aux récoltes, le saint recommandait la patience : « Laissez-les tranquilles, car c'est nous qui avons envahi leur habitat, et non eux le nôtre. » Mais lorsqu'un énorme singe vola une pauvre veuve, le saint homme usa d'autorité : « Par la Parole du Dieu que je sers, que tu sois retenu prisonnier, toi parmi toutes les bêtes du désert, car tu as dépassé les limites qui t'ont été fixées [18]. » Le maintien de telles limites était central dans la culture éthiopienne. Des hommes pieux tels que saint Takla Haymanot protégèrent souvent miraculeusement les paysans des animaux sauvages. Satan, quand il était expulsé du corps d'un malade ou d'un pécheur, prenait d'ordinaire une forme simiesque. Seuls les saints pouvaient franchir les frontières entre nature et culture, vivre en ermites parmi les bêtes et se nourrir de produits sauvages.

Le paysan avait d'autres ennemis. À en juger par les indications fournies par le niveau des lacs, les pluies étaient sans doute plus abondantes qu'aujourd'hui, et la famine moins répandue que par la suite, même si elle représentait une menace constante : à la fin du XIIIe siècle, la principauté musulmane de Choa en connut trois d'affilée. En 1520, un missionnaire portugais, Francisco Alvares, « voyagea cinq jours à travers une campagne entièrement dépeuplée, aux tiges de millet aussi grosses que ces étais dont on se sert pour soutenir les vignes ;

elles avaient toutes été dévorées, comme par des ânes, et tout cela était l'œuvre des criquets... Les gens quittaient cet endroit, et nous découvrîmes des routes pleines d'hommes, de femmes, d'enfants, certains à pied, d'autres dans les bras de leurs parents, tous avec leurs petits ballots sur la tête partaient vers un pays où ils pourraient trouver des vivres [19] ».

Nos sources mentionnent également des épidémies, mais en termes trop généraux pour que l'on puisse les identifier, bien que la variole ait sans doute été du nombre : elle fut attribuée, en 569-570, à une armée aksoumite. Parce qu'il est, en Éthiopie, d'une variété exceptionnelle, l'environnement abrite une grande diversité de maladies endémiques, allant de la lèpre (tout particulièrement dans les zones rurales isolées) et du paludisme (que les Éthiopiens associaient aux piqûres de moustique) à des parasites intestinaux dont les médecins européens devaient plus tard constater la présence dans le monde entier. À des remèdes populaires venaient s'ajouter le recours à des herbes, les techniques proches de la magie qu'utilisaient les *debtera* (diacres) de l'Église, et les guérisons miraculeuses sur les tombes. La poussière ramassée sur celle de saint Takla Haymanot « donnait des enfants aux femmes stériles, soulageait celles qui souffraient lors de l'accouchement, donnait de la semence aux eunuques, guérissait les malades, détruisait les animaux sauvages du désert, et ceux du ventre [20] ».

L'art du paysan consistait à minimiser sa vulnérabilité face au désastre potentiel. « Nous semons beaucoup, dirent des paysans à Alvares, dans l'espoir que même si ces deux fléaux [*les criquets et la grêle*] s'abattaient, certains grains soient détruits, et d'autres restent, et si tout est détruit, nous ne manquerons de rien tant l'année précédente a été abondante [21]. » Il était vital de pouvoir se

débrouiller seul : la situation géographique des hauts plateaux, l'absence de vallées fluviales, et même de ponts,
empêchait tout transport de nourriture autrement qu'à
l'échelle locale. Le blé, l'orge et le *teff* étaient cultivés sur
le plateau, l'*entete* (sorte de banane) dans le sud, mieux
arrosé. On pratiquait la rotation des cultures, et la culture
permanente à la charrue, ce qui est exceptionnel dans
l'Afrique subsaharienne, mais il s'agissait d'un simple
araire traîné par une ou deux bêtes, si bien qu'on ne vit
apparaître ni structure seigneuriale ni servage. Seuls les
hommes maniaient la charrue ; les femmes accomplissaient beaucoup d'autres tâches agricoles, mais avaient
moins d'indépendance économique que dans beaucoup
d'autres régions d'Afrique. Alvares remarqua combien le
Tigré, colonisé depuis longtemps, était fertile et peuplé.
Dans d'autres zones de hautes terres, il y avait des
concentrations de populations, mais les terrains se réduisaient souvent à des pâturages, voire à la brousse. Les
familles mentionnées dans les hagiographies salomoniques avaient généralement peu d'enfants, ce qui
explique pourquoi la poussière ramassée sur la tombe de
saint Takla Haymanot était si précieuse. Il était sans
doute déjà vrai, comme au XIXe siècle, que les femmes,
mais aussi les hommes, se mariaient jeunes, chose rare en
Afrique, sans doute liée à la condamnation par l'Église de
la polygamie – bien que les « Grands Hommes » l'aient
défiée –, et à un système de parenté bilatéral dans lequel
les jeunes hommes héritaient de leurs deux parents des
droits sur la terre, quittant la demeure familiale avec leur
épouse pour fonder un foyer indépendant. Il s'ensuit que
les conflits de génération avaient peu cours en Éthiopie,
où les chrétiens n'avaient ni lignées, ni même de noms
de famille. Il existait de petits hameaux dans certaines
régions, mais ailleurs des familles de type nucléaire for

maient des habitats dispersés, dont l'église paroissiale constituait le cœur institutionnel.

Au sein de cette société mobile, centrée sur la mise en valeur des terres, existaient des maisonnées nobles, qui avec le temps prirent de l'ancienneté. Elles tenaient leur richesse de domaines que leurs ancêtres avaient défriché, et du droit, accordé par le roi, de collecter auprès des paysans voisins un tribut en nature et en corvées. Ce droit était révocable en théorie, mais souvent héréditaire en pratique, de sorte que le pouvoir royal devait sans cesse étendre son territoire afin de récompenser ses fidèles. Les détenteurs de ces droits étaient par ailleurs chargés de maintenir l'ordre et de fournir des combattants – lesquels, à cette époque, n'étaient pas des paysans, mais leurs ennemis :

> Quel visage n'as-tu pas défiguré ?
> Quelle femme, quel enfant, n'as-tu pas capturés [22] ?

On estime que la classe dominante extorquait aux paysans 30 % de leurs récoltes ; pour ce faire, on se doute que les chevaux de guerre étaient d'une plus grande utilité que la charrue. Mais le paysan (*gabbar,* « payeur de tribut »), n'était pas un serf, car ses multiples droits sur la terre lui permettaient de quitter un seigneur dont il était mécontent. Le noble, quant à lui, était un Grand Homme *(tellek saw),* qui avait obtenu ce statut grâce à son talent et à la faveur qu'il avait remportée dans une société militaire dont la compétitivité assurait la fluidité ; les chefs, aux pouvoirs presque uniquement locaux, n'avaient d'ailleurs pas de culture propre, ni de véritable identité collective. Ils affichaient leur rang par l'abondance de leurs serviteurs, ou par des largesses ostentatoires faites en faveur des pauvres qui pullulaient sur les places publiques. Ce n'est qu'au XVIIe siècle qu'éclatèrent des insurrections populaires avec des revendications à fort contenu de classe, et menées par des chefs qui prétendaient être le messie, ou des rois légitimes.

Cette société mobile et dispersée avait bien sûr un État assez lâche et personnalisé. Yikunno Amlak et ses successeurs régnèrent en partie par le droit que leur conférait le sang de Salomon, mais surtout par la force des armes. En règle générale leurs fils leur succédaient, spécialement l'aîné, mais toujours après un conflit entre frères. Le roi régnait sur un conglomérat de principautés dont les chefs tenaient vivement à ce qu'il les reconnaisse, mais supportaient mal le contrôle qu'il exerçait par l'intermédiaire de ses gouverneurs régionaux en s'appuyant sur des troupes royales toujours extérieures à la province en question. Pour exercer leur autorité, les rois salomonides renoncèrent, jusque vers le milieu du XVe siècle, à fonder une capitale permanente, ils préféraient les immenses campements itinérants. Un Européen écrivait au XVIIe siècle : « Ils n'ont pas de lois écrites, la justice et le droit sont déterminés par la coutume, et l'exemple de leurs ancêtres ; la plupart des différends prennent fin de par la volonté du Juge [23]. » Les châtiments corporels étaient souvent brutaux, comme dans toute société où les coupables sont rarement pris. Résister à la souffrance sans fléchir était un véritable point d'honneur pour toutes les classes, tandis que les nobles obéissaient à un code d'héroïsme incarné par Amda Siyon :

> Certains d'entre eux dirent au roi : « Rentrons dans les défenses du camp, et combattons là-bas. » Mais le roi dit : « Non, je ne mourrai pas dans les bras de mon épouse, mais en homme, dans la bataille… » Ce disant, il bondit comme un léopard et sauta comme un lion, et monta sur son cheval, dont le nom était Harab Asfare… Ils l'entourèrent de leurs épées, et lui, le visage dur comme pierre et l'esprit indifférent

à la mort, brisa les rangs des rebelles et frappa si fort qu'il fendit deux hommes en deux d'un seul coup de son épée, grâce à la force que Dieu lui donnait. Là-dessus, les rebelles se dispersèrent et prirent la fuite, incapables de lui tenir tête [24].

Les conquêtes d'Amda Siyon ouvrirent à l'Église éthiopienne un vaste champ de missions ; ses évangélistes furent en fait les pendants spirituels des héros militaires : de saints hommes tels que saint Takla Haymanot, généralement nobles, qui fondaient des monastères dans des régions non chrétiennes, s'imposaient les mortifications les plus extrêmes, menaient des luttes épiques contre les religions locales, et gagnaient le peuple au christianisme par leur pouvoir, leur sainteté, leurs miracles, mais aussi les services qu'ils pouvaient rendre au sein du nouvel ordre chrétien. Selon la tradition, le monachisme existait dans le Tigré depuis le Vᵉ siècle. Vers 1248, Isiya Mo'a le diffusa vers le sud, en direction de l'Amhara. Son élève, saint Takla Haymanot, fonda vers 1286 dans le Choa le grand monastère de Debra Libanos. Au cours des deux siècles qui suivirent, les moines créèrent des dizaines de communautés dans tout le sud, tandis qu'Ewostatewos (c. 1273-1352) revitalisait le monachisme du Tigré ; ces deux mouvements exprimaient l'hostilité de ces régions à la centralisation royale. La religion kouchitique autochtone était centrée sur les esprits de la nature, qui pouvaient posséder prêtres ou gens ordinaires, et parler à travers eux. Les saints hommes croyaient à leur réalité, mais n'y voyaient que des démons ou des manifestations de Satan, et leur faisaient la guerre. C'est ainsi que lors d'un voyage missionnaire, saint Takla Haymanot fit abattre par la population locale l'arbre abritant l'esprit qu'elle vénérait, « et cet arbre, à lui seul, suffit à fournir tout le bois dont l'église avait besoin[25] ». En guise de représailles, les prêtres locaux le firent fouetter et torturer, tandis que le roi païen le jetait à deux reprises dans un précipice, dont il fut sauvé par saint Michel. D'autres chefs locaux, toutefois, firent bon accueil aux nouveaux venus et furent les premiers à se convertir au christianisme, peut-être pour s'émanciper du contrôle que les prêtres de la religion locale exerçaient sur eux. Cela pouvait se traduire par une violente persécution de l'ancien culte, mais les peuples ainsi convertis semblent avoir, généralement, fait preuve d'éclectisme, et ajouté certains aspects du christianisme à des pratiques indigènes : ils priaient dans l'église construite avec le bois de l'arbre sacré, célébrant la fête de la Croix Maskal et non plus celle qui marquait la fin des pluies, et se croyaient peut-être même possédés par saint Michel ou saint Gabriel. Esprits indigènes, musulmans et chrétiens, finirent par se fondre dans un culte de la possession (le *zar*) offrant aux malheureux et aux marginaux une sorte de réconfort psychologique.

Les adaptations des missionnaires renforcèrent la particularité de l'Église éthiopienne. Le retrait du royaume vers le sud, dans les hautes terres, s'était accompagné d'une extension de l'islam, et avait accru l'isolement partiel de l'Éthiopie par rapport au reste de la chrétienté. La Bible – l'Ancien comme le Nouveau Testament – en vint donc à dominer l'imagination chrétienne. L'Éthiopie était Sion, une nation définie par la religion, un second Israël défendant sa foi au milieu de ses ennemis. Cette foi mettait plus l'accent sur la majesté et la divinité de Jéhovah que sur l'humanité du Christ. Elle reprenait des pratiques judaïques – restrictions alimentaires, danses rituelles, recours à la *tabot* ou arche d'alliance –, s'efforçait, non sans difficultés, d'éradiquer la polygamie, et accordait moins d'importance à l'eschatologie et au mysticisme que le christianisme européen. Mais les pratiques inspirées du Nouveau Testament modelaient également les pratiques sociales : souci de charité, miracles, guérison spirituelle. Un seul évêque venait d'Alexandrie à des intervalles très irréguliers, essentiellement pour ordonner des prêtres en grand nombre, souvent très jeunes et presque illettrés, de peur de ne pouvoir revenir avant longtemps. Ce clergé séculier formait une caste presque héréditaire, dont les membres se mariaient et cultivaient la terre. En règle générale, les moines étaient plus instruits, mais rares étaient les nobles qui savaient lire. Il en résultait un christianisme de village, coloré, symbolique, largement oral, faiblement hiérarchisé, mais où la distinction était nette entre les laïcs et une élite spirituelle – structure remarquablement semblable à celle de la société. Le christianisme éthiopien exprimait une culture héroïque : combats spectaculaires des saints, mortification par le jeûne, rôle symbolique de saint Georges et des archanges. Le tout sous la direction d'un roi-prêtre d'origine sud-arabique, célèbre pour sa violence guerrière comme pour sa polygamie, et qui affirmait, à la manière byzantine, présider aux déclarations doctrinales.

Zara Taqob (1434-1468) fut celui qui remplit le mieux ce rôle. Au cours de la période d'évangélisation monastique, il donna ses ordres à l'Église, codifia ses pratiques, consolida le système paroissial, et s'efforça de renforcer l'orthodoxie et d'anéantir l'éclectisme. S'agissant des affaires profanes, il tenta pareillement de consolider les conquêtes de ses prédécesseurs, et de bâtir un royaume stable : il créa notamment une capitale fixe à Deba Berban, et ressuscita la vieille coutume qui voulait que les rois soient couronnés à Aksoum. Mais il ne réussit que partiellement et fit preuve d'une autorité si brutale que sa mort suscita partout des réactions particularistes. La nouvelle capitale fut abandonnée, la centralisation se relâcha, alors même que, de 1478 à 1527, la moyenne d'âge des rois montant sur le trône n'était que de onze ans.

Le grand bénéficiaire en fut le sultanat du Harar, où des musulmans pieux fuyant Amda Siyon avaient trouvé refuge. Renforcées par l'islamisation de la Somalie voisine, ainsi que par des aventuriers arabes et turcs, les forces du Harar envahirent les hautes terres en 1529 sous le commandement de l'imam Ahmad ibn Ibrahim. Celui-ci connut des succès retentissants, non seulement parce que les forces chrétiennes étaient divisées et mal commandées, mais aussi parce que les sujets kouchitiques du roi, récemment soumis, se joignirent aux envahisseurs dans l'espoir de retrouver leur indépendance. Les forces musulmanes dévastèrent la région quatorze ans durant, et détruisirent Debra Libanos : les églises de Lalibela en portent encore les traces. Ahmad ibn Ibrahim nomma même des gouverneurs provinciaux, mais il fut tué en 1543 lors d'une bataille qui l'opposait à une armée chrétienne comprenant des mousquetaires portugais. Ses troupes se désagrégèrent et regagnèrent le Harar, permettant à l'Église éthiopienne, seule de toute l'Afrique, de rester vivante jusqu'à l'époque moderne.

CHAPITRE V

Des sociétés colonisatrices :
l'Afrique occidentale

Armés de l'agriculture et du fer, les peuples d'Afrique occidentale cherchèrent à accroître leur population, à humaniser la terre, à la fertiliser de leurs morts, à consolider leurs sociétés, et à envoyer dans la brousse davantage de colons pour donner plus d'ampleur à la lutte contre la nature. Ces tâches étaient si difficiles qu'elles ont marqué jusqu'à aujourd'hui l'organisation sociale et la culture. Ce chapitre décrit l'évolution des sociétés qui ont colonisé la savane et la forêt d'Afrique occidentale et équatoriale, du XIe au XVIIe siècle, avant que le commerce des esclaves à travers l'Atlantique ne fasse sentir le plus lourdement ses effets. Mais nous n'éliminerons pas les informations fournies par les siècles ultérieurs, dès lors qu'elles permettent d'éclairer des structures sociales de longue durée.

Colonisation et agriculture

En Afrique occidentale, la plupart des peuples de la forêt et de la savane voisine, du Sénégal à l'Angola, parlaient des langues nigéro-congolaises. Au nord, également dans la savane, vivaient des groupes qui avaient sans doute migré vers le sud à la suite de la désertification du Sahara, et parlaient des langues soit saharo-nilotiques (en particulier les Songhaï du Niger), soit afro-asiatiques (ainsi les Haoussa du Nigeria actuel) comme certains peuples du désert (Berbères, Maures, Touaregs). Une désertification continue au nord, et le laborieux défrichage de la forêt au sud, alimentaient un très lent mouvement de population vers le sud.

Ce ne fut d'ailleurs pas l'aspect le plus important de la colonisation. La savane d'Afrique occidentale n'a pas eu, comme en Amérique du Nord ou en Sibérie, de frontière unique qui se serait peu à peu déplacée. Des groupes d'agriculteurs étaient plutôt dispersés dans toute la région, à des endroits privilégiés faciles à défendre – tel fut le cas des premières implantations le long du Moyen-Niger ou au sud du lac Tchad, où les plaines inondables étaient surmontées de collines. Dès le début du Xe siècle, ces régions de production agricole intensive et de riche culture, s'étaient multipliées, souvent dans des vallées fluviales ou des hautes terres où la houe et le bâton à fouir étaient les seuls outils efficaces. C'est ainsi qu'au XIe siècle un peuple que ses successeurs appelèrent les Tellem s'installa en bordure des falaises Bandiagara du Mali actuel, pour cultiver les marges du plateau ; ces agriculteurs stockaient leurs grains et enterraient leurs morts dans des cavernes inaccessibles creusées dans les falaises. Ce sont eux qui ont fabriqué les plus anciens tissus, et les plus vieux objets de bois – houes, statuettes, instruments de musique, appuie-nuque pour les défunts – qui aient été découverts au sud du Sahara. À partir du XVe siècle, ils furent rejoints, puis supplantés, par des immigrants d'origines diverses appelés les Dogon, qui pratiquaient une agriculture exceptionnellement intensive, utilisant la moindre goutte d'eau, et à qui on doit par ailleurs certaines des plus belles sculptures sur bois, et les parades de masques les plus colorées, de toute l'Afrique. Dans cette région de savane sèche, on cultivait principalement le millet et le fonio (une céréale minuscule). Plus au sud, là où les pluies dépassaient 700 mm par an, le sorgho dominait ; le riz n'était cultivé que dans des régions favorisées telles que le delta intérieur du Niger. Les archéologues ont découvert des grains datant de cette période ; ils sont souvent bien plus petits qu'aujourd'hui, ce qui laisse penser que pour tirer une subsistance assurée d'une saison très courte, il fallait déjà tout le talent et l'énergie que les cultivateurs déployèrent plus tard, avec tant d'enthousiasme, lors de compétitions publiques de binage.

Les plaines de la savane d'Afrique occidentale abritaient aussi des groupes éparpillés, rassemblés par le besoin de se défendre, l'avantage qu'offraient des coûts de transports intérieurs très faibles, ainsi que la vie sociale ou l'exercice du pouvoir politique. Chaque noyau de population était généralement entouré par des zones de peuplement qui tenaient lieu de frontières, et séparé du plus proche par une bande de terrains en friche. Au sein de chaque noyau, chaque village, ou chaque groupement de foyers, était pareillement entouré d'anneaux concentriques – dans l'ordre : terres cultivées en permanence puis champs temporaires, bois extérieurs – (*karkara, saura* et *daji* en haoussa) – en deçà du territoire du village voisin. Au sein de cette structure de population exceptionnellement inégale, chaque groupe avait sa propre frontière, qui s'étendait quand les conditions étaient bonnes, ou se réduisait dans le cas contraire. Mais si les hommes devenaient trop nombreux, si la sécheresse, les sorciers ou les ennemis attaquaient le noyau, si les dissensions, l'ambition, la soif d'aventure devenaient incontrôlables,

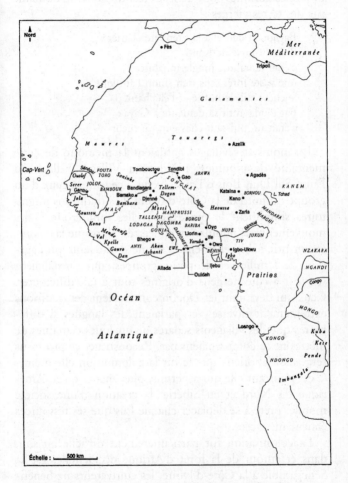

6. Des sociétés colonisatrices : l'Afrique occidentale

de jeunes hommes pouvaient se créer un nouveau domaine
sur des terres vierges :

> Bagaouda défricha la première clairière
> de la brousse de Kano,
> c'était alors une jungle inhabitée,
> une vaste forêt sans rien sinon l'antilope,
> le chevreuil, le buffle et l'éléphant.
> Bagaouda avait sa demeure à Gaya ;
> c'était un puissant chasseur, un tueur [1].

Les noms des villages gardaient la mémoire de cette
mentalité de pionniers : Nouveau Village, Village du
Faire, Sol Dur, Bois d'Eau, Hyène – ce sont là ceux d'un
groupe du nord de la Côte-d'Ivoire. Les traditions migra-
toires simplifient le processus : elles font croire à des
mouvements de population concertés, alors que la colonisation prit habituellement la forme d'une lente propagation de familles et de petits groupes, qui s'installaient
souvent à côté de gens d'origines tout à fait différentes.
Ceux qui devinrent les Dogon conservaient des traditions
extrêmement diverses, et parlaient des langues si différentes que des villageois séparés de quelques centaines de
mètres ne se comprenaient pas. Reconstituer ce processus
sera aussi laborieux que le fut la colonisation elle-même.
C'est pourtant elle qui a permis, plus encore qu'en Amérique du Nord et en Sibérie, la création d'une société
mobile, prête à se déplacer chaque fois que ses ressources
étaient menacées.

La colonisation fut particulièrement difficile au sud,
dans et autour de la forêt d'Afrique occidentale. De la
Sénégambie à la Côte-d'Ivoire, les cultivateurs ne bénéficiaient que d'une saison des pluies par an, et se spécialisaient dans la culture du riz, soit extensivement dans les
hautes terres de l'intérieur, soit intensivement sur la côte,

dans des polders dont le degré de sophistication impressionna fort les visiteurs européens du XVe siècle. En revanche, à l'est de la Côte-d'Ivoire, il y avait deux saisons des pluies par an, et le yam était la principale céréale : sa forte productivité sur sol vierge récompensait même de leur peine les défricheurs de la forêt tropicale, qui peut compter jusqu'à 1 250 tonnes de végétation par hectare. Ceux qui le cultivaient étaient donc des colons tenaces, mais très lents. Pendant trois millénaires, peut-être plus, ils avaient défriché presque toute la forêt depuis les prairies du Cameroun actuel. C'est sans doute à la même période que les ancêtres des Yoruba et des Igbo du Nigeria actuel colonisèrent les bordures sud de la forêt, qu'ils exploitaient en même temps que la savane. Avant l'ère chrétienne, des peuples apparentés, de langue edo, avaient pénétré la forêt à l'ouest du Niger ; vers la fin du Ier millénaire, de nouveaux pionniers s'avancèrent vers le sud de cette région, édifiant près de 10 000 kilomètres de murs de terre pour enclore les villages et les territoires arrachés à la brousse. Il se pourrait bien qu'à cette époque la limite nord de la forêt se soit trouvée à 150 kilomètres plus au nord qu'aujourd'hui ; cinq siècles plus tard, en tout cas, le corridor nord-sud menant à la mer, et qu'on appelle la trouée du Dahomey, n'abritait plus que des restes de la forêt, et sur la côte vivaient des communautés importantes, là où l'environnement, et les réserves de poisson, le permettaient ; la plupart des régions boisées étaient habitées, bien que seuls de rares chasseurs aient encore pénétré les jungles plus épaisses de ce qui constitue aujourd'hui le Ghana, la Côte-d'Ivoire et le Liberia.

La laborieuse colonisation de la forêt d'Afrique occidentale engendra des structures encore plus fortes que dans la savane, où des clairières étaient colonisées, entourées de cercles d'une végétation de plus en plus sauvage.

C'est ainsi que par la suite les villageois igbo, par exemple, centrèrent leurs communautés autour de places publiques où se tenaient réunions et marchés, entourées d'anneaux d'habitations, puis de ceintures de palmiers à huile (toujours proches des lieux habités), de terres cultivées, et pour finir d'une « mauvaise brousse » où esprits mauvais, chasseurs héroïques et guérisseurs étaient les seuls à s'aventurer. Les murs de terre des peuples de langue edo révèlent un centre complexe aux enceintes de petites dimensions, entourées par d'autres, plus vastes, et par des terres en friche, ce qui indique une poussée graduelle de la colonisation vers l'extérieur. Dès la fin du Iᵉʳ millénaire après J.-C., les groupes de villages de ces territoires commençaient déjà à se réunir en micro-États, qui furent les éléments de base de l'évolution politique.

Nous en savons davantage sur la colonisation de la partie ouest de l'Afrique équatoriale, grâce aux talents de Jan Vansina, qui a réussi à tirer des langues qu'on y parle de précieux renseignements historiques[2]. Des bantouophones venus de l'ouest y étaient entrés dans un environnement d'une extrême complexité. La forêt équatoriale, où il y a peu à manger ou à chasser, était difficile à pénétrer, plus encore à défricher ; les cultivateurs bantous en abandonnèrent la plus grande partie aux groupes pygmées avec qui ils nouèrent des liens d'échange et de clientélisme. Elle intégrait toutefois des microenvironnements plus favorables : ses frontières avec la savane, des marais, des rivières riches en poissons et bordées de minces bandes de terre qu'on pouvait aménager pour les cultiver. Les pionniers pouvaient avancer plus rapidement que leurs ancêtres en suivant les cours d'eau. Les premiers colons bantous cultivaient le yam, le palmier à huile, et peut-être le plantain, avec des haches de pierre et des bâtons à fouir. Leurs descendants se procurèrent des outils de fer ; leur nombre crût peu à peu, et vers l'an mille ils avaient pénétré presque toute la région. Fini le nomadisme contraint de petits groupes obligés, chaque année, de partir à la recherche de nouvelles terres : des populations stables se rassemblaient autour de cultures de plantain semi-permanentes, quitte à envoyer des colons à l'aventure quand la densité de population se faisait trop forte ; elles conservaient toutefois une attitude, très pragmatique, dénuée de toute émotion, envers l'exploitation de la nature. À mesure que les groupes s'adaptaient à des environnements spécifiques, la culture et la langue des Bantous de l'ouest se différencièrent peu à peu et formèrent différents groupes ethniques, de même que les colons très divers des falaises de Bandiagara avaient progressivement constitué une culture dogon bien spécifique. Sur la bordure nord-est de la forêt équatoriale, des cultivateurs sylvestres bantouophones se mêlèrent ainsi à des cultivateurs de céréales, parlant des langues saharo-nilotiques, pour créer une culture composite très riche. Sur la bordure orientale, dans ce qui est aujourd'hui le Maniema et le Shaba, les mêmes entrèrent en contact avec d'autres cultivateurs de céréales qui parlaient des langues bantoues orientales. Au sud-ouest, au-delà de la forêt, dans les savanes de l'Angola actuel, des agriculteurs bantou avaient dès 1400 créé des concentrations de populations le long des vallées fluviales, à partir desquelles ils s'avancèrent dans des régions plus élevées, plus arides. Pourtant, bien que les Bantous occidentaux se soient très largement répandus, ils laissaient derrière eux beaucoup de terres inoccupées. Au siècle dernier, une bonne part des hautes terres situées à l'est de la province du Kivu étaient encore vides. Dans les zones équatoriales, l'agriculture exigeait, plus encore que dans le reste de l'Afrique occidentale, un travail collectif : il fallait au moins vingt hommes pour défricher et domestiquer un terrain. Les Bantou de l'ouest vivaient donc dans des villages séparés par de vastes étendues inhabitées. La plupart d'entre eux étaient situés à la frontière de la savane et de la forêt, où le défrichage était plus facile, et où l'on pouvait tirer parti d'environnements multiples. C'est là que les premières structures politiques importantes allaient prendre forme après l'an mille.

Tout en colonisant la terre et en accroissant leur nombre, les Africains de l'Ouest s'efforçaient de parvenir à un équilibre avec un environnement exceptionnellement hostile. Les maladies étaient vraisemblablement très répandues, comme le suggèrent les douleurs et les difformités dont les Yoruba de Nok et d'Ifé ont affligé leurs figurines en terre cuite. Il se peut cependant que beaucoup d'entre elles aient été plus chroniques que fatales, précisément parce que les parasites avaient, en Afrique, disposé de beaucoup de temps pour s'adapter à des hôtes humains. La malaria était sans doute la plus mortelle, surtout chez les nouveau-nés, sauf dans les régions les moins torrides et les plus sèches ; et c'est notamment parce qu'elle ne sévissait pas dans les hautes terres herbeuses du Cameroun que cette région a connu une colonisation intensive. Mais les Africains de l'Ouest témoignaient d'une capacité de résistance relativement élevée à la malaria ainsi qu'à l'anémie falciforme, et les deux principales maladies infantiles – le pian dans les régions équatoriales, la syphilis endémique dans la savane – étaient moins aiguës que la syphilis vénérienne qui pénétra dans la région à partir du XVIe siècle[3]. Au siècle dernier, quand les Européens s'avancèrent au-delà des côtes, la lèpre était commune, surtout dans les régions équatoriales et chez les Igbo, mais, là encore, elle avait une forme plus bénigne que sur les autres continents, et seuls les cas les plus sévères étaient ostracisés. La mouche tsé-tsé porteuse de la trypanosomiase infestait nombre de régions boisées, surtout le long des cours d'eau, et provoquait la maladie du sommeil, dont le roi Diata II du Mali fut victime au XIVe siècle ; mais elle ne prenait généralement qu'une forme chronique. De même, les recherches modernes ont pareillement montré que l'Afrique occidentale et orientale connaissaient une variante spécifique, relativement bénigne, de variole [4]. Une longue familiarité avec la maladie favorisait également le progrès de compétences médicales. La langue primitive des Bantou possède un radical pour « remède », *ti*, qui signifie également « arbre », ce qui révèle que la pratique médicale africaine reposait sur l'utilisation des plantes. Les langues bantoues de l'ouest désignent du même mot l'instrument avec lequel on saignait les patients. Cette pratique fut attestée au XVIe siècle, dans le royaume Kongo de l'Angola actuel, par des missionnaires qui signalèrent aussi l'emploi d'herbes médicinales, de pommades, de purgatifs et de remèdes magiques. Il y avait chez les Haoussa des guérisseurs, des rebouteux, des sages-femmes, des barbiers-chirurgiens, ainsi que des exorcistes. La recherche anthropologique a généralement souligné le caractère rationnel, expérimental, des systèmes médicaux d'Afrique de l'Ouest, et les connaissances très vastes de la médecine populaire. La maladie était toutefois répandue et pernicieuse, surtout quand elle était aggravée par un manque de vitamines et de protéines animales – les esclaves emmenés en Amérique seront beaucoup plus grands que leurs ancêtres africains –, ou par les « migraines, fluxions sanguines, fièvres…, coliques, douleurs d'estomac » relevées au XVIIe siècle en Côte-de-l'Or. Ces maladies étaient dues essentiellement à la consommation d'eau polluée, comme l'étaient les cruelles souffrances infligées par le

« ver de Guinée » (un nématode qui s'installe sous la peau), « la douleur » comme on l'appelait au Bornou, et qui accablait beaucoup de gens dans toute l'Afrique occidentale, surtout parmi les pauvres. Le Sahara protégeait pourtant la région des épidémies de l'Ancien Monde ; la Grande peste semble l'avoir épargnée. Au XVIᵉ siècle, plusieurs épidémies non spécifiées affectèrent des villes de la savane, mais ce n'est que vers 1740 qu'une « peste » y fut signalée en même temps qu'en Afrique du Nord.

La famine constituait dans toutes les régions, sauf les mieux arrosées, le second obstacle à l'accroissement des populations. Les traditions orales, comme les chroniques islamiques des villes de la savane, soulignent ses effets dévastateurs. Des archives portugaises du XVIᵉ siècle montrent que l'Angola connaissait une grande famine en moyenne tous les soixante-dix ans, avec son cortège d'épidémies qui pouvaient tuer jusqu'à un tiers ou la moitié de la population, anéantissant la croissance démographique sur toute une génération, et contraignant les colons à regagner les vallées fluviales. On ne sait trop si ces effets étaient aussi dramatiques avant que les Européens n'introduisent une forme plus grave de variole, mais en tout cas ils étaient destructeurs. Ces famines pouvaient être dues aux criquets (mentionnés au Mali en 1352 par Ibn Battuta), à des fortes pluies, à des abus de pouvoir, ou à des guerres, mais la sécheresse en était la raison principale. De 300 à 1100, l'Afrique de l'Ouest bénéficia des pluies relativement abondantes, comme le suggère la prospérité de la vallée du Niger, ou le niveau élevé du lac Tchad. Les quatre siècles suivants furent marqués par un retour de la sécheresse. En 1154, Al-Idrisi fut l'un des premiers à signaler la progression du Sahara, et les maîtres de Kanem abandonnèrent leur « terre de famine et d'austérité » pour s'installer plus au sud du Bornou.

Entre 1500 et 1630, les pluies redevinrent plus abondantes : le lac Tchad atteignit un niveau jamais égalé depuis. La famine était alors peu répandue, mais en 1639-1643, les mauvaises récoltes de la vallée du Niger, qui provoquèrent la mise à sac par les habitants de Djenné des entrepôts de leur souverain, annoncèrent deux siècles d'une aridité exceptionnelle. Les crises les plus graves se produisirent dans les années 1680, quand la famine s'étendit de la côte sénégambienne au cours supérieur du Nil : « Beaucoup se vendirent comme esclaves, dans le seul but de survivre. » Ce fut aussi le cas en 1738-1756, quand l'Afrique occidentale connut sa plus dramatique crise de subsistance, provoquée par la sécheresse et les criquets : on dit qu'elle tua la moitié de la population de Tombouctou. « Les gens les plus distingués ne mangeaient que... des graines et des herbes... ou toute autre céréale qui en temps normal n'était mangée que par les plus pauvres et les plus communs », nota un chroniqueur [5], ajoutant que ces derniers en étaient réduits au cannibalisme – métaphore, très répandue en Afrique, de l'effondrement de la civilisation. Des hécatombes d'une telle ampleur étaient parfaitement possibles : au Cap-Vert, trois famines sur lesquelles on dispose de documents, survenues entre 1773 et 1866, tuèrent chacune près de 40 % de la population. Mais elles demeuraient rares ; en règle générale, la mortalité n'était qu'un obstacle parmi d'autres à la croissance démographique.

Contraints d'y faire face, les Africains de l'Ouest attachaient donc la plus haute importance à leur descendance. Un proverbe yoruba dit : « Sans enfants, on est nu. » La virilité était essentielle à l'honneur de l'homme ; les villages kuba, sur la bordure sud de la forêt équatoriale, comprenaient parfois un quartier de célibataires appelé « la rue des petits enfants ». La situation était encore plus cruelle pour les femmes. Un des premiers visiteurs du Bénin nota : « La femme fertile est très considérée, la stérile est méprisée. » Avoir des descendants était essentiel au statut social des parents, à leur bien-être une fois qu'ils seraient vieux, à leur survie en tant qu'ancêtres, et à l'existence même du groupe dans des sociétés très compétitives, souvent violentes, où, comme le montrent d'autres témoignages antérieurs à la colonisation, les groupes de parenté tombant en dessous d'un seuil minimal étaient tout simplement absorbés par d'autres plus fertiles, à l'issue d'un processus de sélection naturelle. Comme le dit un proverbe congolais : « Une race est aussi fragile qu'un nouveau-né. » La capture de prisonniers était un des objectifs principaux de la guerre, la fécondité des femmes un des sujets essentiels de l'art, la protection des futures mères et des nouveau-nés une préoccupation fondamentale de la médecine et des rituels. Cette obsession typiquement africaine de la reproduction devait plus tard surprendre les anthropologues, habitués à des régions où la nature est plus clémente.

Nous ne disposons pas de données suffisamment fiables pour évaluer les taux de natalité et de mortalité de cette époque, bien qu'ils aient sans doute été élevés. L'espérance de vie ne devait pas dépasser vingt-cinq ans (comme dans l'Empire romain au IIe siècle après J.-C.), peut-être vingt. Selon certaines conjectures, la croissance démographique peut avoir atteint, sur le long terme, 0,2 ou 0,3 % par an, ce qui toutefois demeure très rapide en comparaison de l'Égypte ancienne et d'autres sociétés traditionnelles[6]. À en juger par des parallèles avec l'époque moderne, il se pourrait qu'un tiers des nouveau-nés soient morts au cours de la première année, et une vaste proportion au cours des quatre années suivantes, car ils étaient menacés par la malaria, l'absence de lait animal (due à la trypanosomiase) et des pratiques médicales souvent nocives. Chez les Anyi de Côte-d'Ivoire, dont la société prit forme au XVIIIe siècle, pour qu'un enfant mort ait droit à des funérailles, il fallait qu'il soit au moins le quatrième à mourir de la même mère. Cette vulnérabilité explique sans doute que le taux de natalité n'ait pas été encore plus élevé, car de maigres témoignages laissent penser que la plupart des femmes se mariaient dès qu'elles étaient en âge d'enfanter. C'est ainsi qu'au début du siècle dernier, les femmes yoruba libérées lors de l'arraisonnement de navires négriers avaient en moyenne leur premier enfant dès l'âge de vingt ans, sans doute peu après être devenues fécondes. Pourtant, les témoignages les plus anciens de la période coloniale, comme les estimations plus tardives des démographes, suggèrent qu'en moyenne les femmes donnaient le jour à six enfants, ce qui est inférieur au nombre d'enfants qu'une femme peut avoir au long de sa période de fécondité. Il est peu probable que la contraception en soit responsable ; en Afrique de l'Ouest, les herbes médicinales ne servaient pas à cela (ou sinon, de manière sans doute inefficace). Le principal obstacle à la fécondité était vraisemblablement l'espacement des naissances, comme c'est encore le cas au XXe siècle. Ce phénomène était lui-même dû à l'allaitement prolongé d'autant plus nécessaire que seul le lait de femme était disponible, mais empêchait toute conception. En 1785, un visiteur de la Côte-de-l'Or nota que la femme allaitait quatre ans (deux, selon un médecin de passage au Bornou en 1870). Ses effets étaient encore renforcés par des tabous relatifs à l'acte sexuel tant que la femme devait s'occuper d'un nouveau-né dépendant totalement d'elle. Dans les années 1730, un commerçant européen signalait la règle en vigueur le long du fleuve Gambia, tout en faisant part de son scepticisme :

Aucune femme mariée, après qu'elle a été conduite au lit, ne couche avec son mari avant que trois ans ne se soient écoulés, si l'enfant vit jusque-là, époque à laquelle elle sèvre son enfant, et rejoint au lit son mari. On dit que si une femme couche avec son époux pendant le temps où un enfant la tète, cela gâche le lait de l'enfant, et l'expose à de nombreuses maladies. Je crois néanmoins qu'aucune femme de vingt ans n'attend de sevrer son enfant avant de coucher avec un homme : et j'ai souvent vu des femmes vivement accusées, et qu'on disait infidèles au lit de leur époux, sur le seul témoignage de maladie de leur enfant au sein [7].

Il ne fait aucun doute que les pratiques variaient, mais au début de la période coloniale, on mentionnait fréquemment des intervalles de trois ou quatre ans entre deux naissances. Il s'agissait vraisemblablement non de limiter celles-ci, mais de maximiser le nombre d'enfants en veillant à ce qu'eux et leurs mères survivent ; des données récentes montrent en effet que la mortalité est plus élevée chez les enfants nés avant, ou après, un bref intervalle. Cela avait pour conséquence, non seulement de limiter les grossesses, mais aussi d'empêcher une récupération rapide après qu'une population donnée avait été décimée par une catastrophe. En Afrique occidentale, la croissance démographique avait un prix : elle ne pouvait être que lente.

L'évolution politique dans la savane

La sous-population fut le principal obstacle à la formation d'États. Des populations clairsemées ne pouvaient assurer le surplus nécessaire à l'entretien de classes dirigeantes ; plus nombreuses, elles n'en étaient d'ailleurs guère tentées et l'abondance de terres inoccupées leur permettait de se soustraire à l'autorité politique. De nombreuses et importantes concentrations d'hommes demeurèrent sans État, défendant jalousement leur liberté de colons, se soumettant à des coutumes acceptées de tous pour régler les affaires courantes, comme à des menaces de représailles, ou joignant leurs efforts pour résister à des États voisins prédateurs. Ce fut tout particulièrement vrai dans les régions de langue voltaïque (et notamment dans le nord du Ghana d'aujourd'hui), ainsi que chez les cultivateurs des hautes terres. Ce qui pouvait exister d'autorité dans ces régions était souvent aux mains de descendants des pionniers, auprès de qui les nouveaux venus « mendiaient la brousse ». C'est ainsi que parmi les Serer du Sénégal moderne, par exemple, des « maîtres du feu » furent, jusqu'au XIVe siècle, les seuls responsables politiques. Chez les peuples de langue mandé, le plus vaste groupe de la savane occidentale, ce rôle était tenu par le *fama*, qui était à la fois maître de la terre et chef politique d'un *kafu*, groupe de villages formant un État miniature. Un voyageur écrivait au siècle dernier : « Au milieu de la forêt se trouvent d'immenses clairières de plusieurs kilomètres de diamètre. Au centre sont regroupés sept, huit, neuf, dix, et parfois quinze villages, tous fortifiés. Cette sorte de confédération s'est choisie un chef qui prend le titre de Fama. Le chef du village donne son nom au groupe [8]. » Le *kafu* fut la communauté politique la plus durable de la savane, l'élément de base à partir duquel s'édifièrent des structures politiques plus vastes, mais aussi plus éphémères. En cela, il avait des équivalents dans tout le continent, comme dans les micro-États de l'Égypte pré-dynastique, le *nadu* d'Inde du Sud, ou encore les communautés régionales de l'Amérique précolombienne. Il incarnait l'attachement local, persistant dans l'histoire africaine. Les rois et les conquérants qui voulaient le vaincre pouvaient s'appuyer sur la richesse,

les concentrations de populations – les plus importantes
de la savane se trouvaient dans la vallée du Niger –, le
travail servile, le commerce de longue distance ou tout
simplement la force militaire : invariablement, leur autorité déclinait avec l'éloignement de la capitale, et se perdait dans une pénombre sans État où, comme l'écrivit
plus tard un voyageur, « les habitants savent à peine de
qui ils sont les sujets ». La sous-population exerçait par
ailleurs des pressions sur toute tentative de consolidation
politique. Les structures polygames de ces sociétés colonisatrices donnaient aux souverains des nombreux fils qui
exigeaient de hautes fonctions, se disputaient pour la succession, et préféraient fragmenter l'État à défaut de le
diriger, surtout dans les régions dépourvues, à la différence de l'Europe et de l'Asie, d'institutions religieuses
prêtes à les accueillir, faisant ainsi office de soupapes de
sécurité. Les puissants groupes de parenté nécessaires au
défrichage et à la défense de terres nouvelles donnaient à
la société une force que l'État était rarement en mesure
de dompter. De mélanges de colons très mobiles nais-
saient des populations aux coutumes et aux loyautés hété-
roclites. Un proverbe akan, au Ghana, dit : « Le pouvoir,
c'est comme d'avoir un œuf en main ; serré trop fort il
se brise, tenu trop mollement, il tombe. » Alors comme
aujourd'hui, créer un État dans la savane exigeait de trouver les moyens de contrebalancer l'attachement local et la
segmentation.

Une telle dynamique est particulièrement visible dans
l'histoire du Mali, qui du XIIIe au XVe siècle fut l'État
dominant de la région. Ce n'était au départ qu'un *kafu*,
puis un ensemble de *kafu* dans la partie supérieure du
Niger, comme le rappelait un griot au fondateur de cet
État, Sundiata Keita, avant la bataille qui, vers 1235,
allait faire de lui le roi : « Chefs de village, les Keita sont

devenus chefs tribaux, puis monarques. Coupe les arbres, transforme la forêt en champs, car alors seulement tu deviendras un vrai roi [9]. » Le cœur du royaume était un ensemble très dense de villages où se rassemblaient artisans et autres spécialistes. Au-delà s'étendait la fertile agriculture de la vallée du Niger, et plus loin encore des territoires allant de la côte atlantique au désert et à la forêt, où des provinces conquises, dirigées par des gouverneurs assistés de garnisons militaires, en côtoyaient d'autres dominées par des vassaux semi-indépendants. Cela résultait, en partie, de l'expansion mandé, bien antérieure à Sundiata et fut en partie dû à son triomphe. Les premiers peuples de langue mandé furent sans doute des chasseurs migrants. Ils furent suivis par la lente diffusion de colons tels que ce groupe païen appelé Soussou, qui parvint jusqu'aux côtes de la Guinée actuelle. D'autres s'avancèrent, plus rapidement, en conquérants, fondant des chefferies malinké le long du fleuve Gambie et parmi les Serer, au XIVe siècle, puis deux siècles plus tard, devenus les Mane, ils conquirent l'intérieur de l'actuelle Sierra Leone et créèrent le peuple mandé. D'autres encore étaient commerçants ; ils s'avancèrent vers le sud-est jusqu'aux terrains aurifères Akan du Ghana moderne, ainsi qu'au sud-ouest, en quête de noix de kola, dans les forêts, où les Vai et les Kpelle de Guinée, groupes de langue mandé, sont sans doute en partie des descendants de commerçants malinké. Le prestige du Mali était tel que même les souverains du Gonja, aujourd'hui au Ghana, affirmaient descendre de cavaliers malinké qui auraient été envoyés pour contrôler le commerce de l'or.

Le Mali souffrit pourtant des faiblesses politiques propres à la savane. La famille royale, du fait de la polygamie, était divisée entre les descendants de Sundiata et ceux de son frère cadet. Dans les années 1380, saisissant l'opportunité d'une querelle de succession, les fertiles provinces orientales, séparées de la capitale par les infranchissables rapides de Bamako, reprirent leur autonomie sous la direction de la vieille cité de Gao. Des peuples guerriers voisins eurent tôt fait de franchir une frontière désormais mal défendue : c'est ainsi que les Touareg s'emparèrent de Tombouctou en 1433-1434, tandis que Djenné reprenait son indépendance à peu près à la même époque. Pendant ce temps, la moitié ouest de l'empire était infiltrée par des pasteurs foulbé, qui parlaient une langue nigéro-congolaise, apparus dans le haut Sénégal avant de s'avancer vers l'est dès le début du XIᵉ siècle. Ils reconnurent d'abord l'autorité des Malinké mais quand elle faiblit, alors qu'eux-mêmes devenaient plus nombreux, ils créèrent un état païen à Fouta-Toro (l'ancien Tékrour) vers la fin du XVᵉ siècle. Le Mali était alors en pleine désintégration. En 1545-1546, sa capitale fut mise à sac par le Songhaï, qui lui avait succédé sur le moyen Niger ; en 1599, une désastreuse tentative pour reprendre cette région fit perdre au Mali les terrains aurifères du Bambouk. Les autres provinces firent sécession puis, dans les années 1630, des paysans bambara, de langue mandé et largement païens, détruisirent la capitale. Les griots et les courtisans battirent en retraite à Kaba, dont les chefs avaient autrefois prêté allégeance à Sundiata. Une fois de plus le haut Niger fut dominé par le système du *kafu*.

Plus à l'ouest, des peuples Serer et Ouolof, partis de la vallée du Sénégal, s'avancèrent vers le sud au début du XIᵉ siècle et colonisèrent la Sénégambie, à la suite peut-être de la désertification et du pouvoir croissant de l'islam. C'est là qu'apparut au XIIᵉ siècle le premier État dont on ait relevé l'existence, à Waalo, sur le Sénégal ; les cultivateurs pouvaient tirer profit d'inondations saisonnières. Au cours des deux siècles qui suivirent, le pouvoir pénétra à l'intérieur des terres, dans la région de savane sèche du Jolof, peut-être en réaction à la prospérité commerciale du Mali – envers qui, dès la fin du XIVe siècle, le Jolof renonça à toute allégeance, même lointaine ; mais sa propre autorité sur les Ouolofs du sud et de l'ouest était faible et fluctuante car, comme au Mali, les unités politiques de base étaient des chefferies locales dirigées par les descendants de lointains pionniers, nobles militaires régnant sur des roturiers et des esclaves. Les commerçants européens ont pu aider ceux du royaume côtier de Kajoor à vaincre le Jolof au milieu du XVIe siècle, mais si celui-ci se désintégra en quatre royaumes, ce fut sans doute surtout suite à l'apparition d'un État foulbé à Fouta-Toro qui bloquait l'accès à l'intérieur.

À l'est, le successeur du Mali fut le Songhaï, créé par des peuples de langue saharo-nilotique : il s'étendait sur près de 2 000 kilomètres le long de la vallée du Niger. Gao fut sa capitale à partir du XIIe siècle. Vers la fin du XIVe siècle, une dynastie de guerriers rompit toute allégeance envers le Mali, et fonda un État qui connut son apogée entre 1464 et 1492 sous le règne de Sonni Ali Ber. Ses colonies d'esclaves cultivateurs rendirent sans doute la vallée du Niger plus productive qu'elle le fut par la suite. L'État exploitait également le travail des paysans libres, et le commerce de Djenné et Tombouctou. Soutenu par une petite armée permanente, composée pour l'essentiel d'esclaves, le régime administrait directement la vallée, confiée à des membres de la famille royale tandis que les provinces extérieures étaient gouvernées par des chefs autochtones payant tribut. Cette structure était à la fois la création de Sonni Ali et celle de Askiya Muhammad Ture, ancien gouverneur provincial qui, après la mort de son maître, usurpa le pouvoir en 1493 avec le soutien des musulmans. Comme au Mali, cependant, les Askiya ne parvinrent jamais à établir des règles de succession stables. Des conflits répétés entre l'aristocratie militaire et une famille royale pléthorique empêchèrent l'état de réagir efficacement quand la lutte pour le contrôle du commerce de l'or poussa le sultan marocain Ahmad al-Mansour à lancer dans une audacieuse attaque contre le Songhaï 2 500 hommes armés de mousquets, et 1 500 cavaliers, à travers le désert. Le 12 mars 1591, à Tondibi, ils mirent en déroute une armée dont on dit qu'elle comptait entre 10 000 et 20 000 cavaliers ; mais la résistance des vaincus, et la maladie, les empêchèrent de venir à bout d'un État songhaï qui avait succédé au précédent sur les marches sud-est de l'empire. Ils préférèrent donc se replier sur Tombouctou où, sans plus obéir à Marrakech, ils établirent une féroce tyrannie locale : entre 1651 et 1750, la ville ne connut pas moins de 128 chefs. Au cours de cette période, l'islam s'étendit en profondeur, de nouveaux États apparurent : mais dans l'ensemble ce fut une époque de régression économique et politique. La population déclina dans la vallée avec la dispersion des zones agricoles, famine et épidémies devinrent de plus en plus fréquentes. Des pasteurs foulbé s'infiltraient depuis l'ouest, les Touareg depuis le nord : vers 1680, ils s'emparèrent de Gao, et en 1720 pénétraient le sud du Niger. Des paysans bambara pillèrent Djenné et établirent des microétats de type *kafu* sur les ruines de l'empire, tandis que le commerce transsaharien se déplaçait encore plus à l'est, vers la savane du centre de l'Afrique.

Depuis le VIe siècle, le pouvoir dominant y était l'État, essentiellement pastoral, du Kanem, au nord du lac Tchad, où l'on parlait une langue saharo-nilotique : il était spécialisé dans le commerce des esclaves, et gouverné depuis 1075 environ par la dynastie Saifawa. Au XIVe siècle, des querelles intestines, et peut-être des pluies moins abondantes, poussèrent les Saifawa à s'installer au Bomou, dans les plaines situées au sud-ouest du lac Tchad. Cette région avait un plus grand potentiel agricole ; si l'État perdit de son caractère pastoral, il eut encore plus de facilités pour arracher des esclaves aux peuples d'agriculteurs du sud ; les esclaves demeurèrent donc la principale exportation de l'État. Plus encore que le Songhaï, le Bomou était dirigé par une aristocratie de cavaliers à qui des communautés agricoles versaient tribut : ils se distinguaient des gens du commun par leur habillement et même leur prononciation, et se glorifiaient de faire la guerre. Du fait de cette mentalité, et comme tout fils du roi pouvait monter sur le trône, les conflits de succession demeurèrent endémiques tout au long du XVᵉ siècle, bien que par la suite l'État ait connu une certaine stabilisation. Au cours du siècle suivant, il établit sa domination sur de nombreux peuples d'agriculteurs voisins, poussant les Mandara et plusieurs autres peuples à créer des États pour se défendre. Mais Idris Aloma (1571-1603), le plus célèbre roi guerrier du Bornou, poursuivit ces conflits sans répit. L'État prospéra au début du XVIIᵉ siècle, marqué par des pluies abondantes : le territoire était administré par l'intermédiaire d'esclaves royaux, et les provinces voisines par le biais de vassaux militaires. Le royaume dura plus de mille ans, comme l'Éthiopie, et sa survie doit beaucoup au sentiment de supériorité culturelle qu'il tirait de la conscience d'être le gardien de la foi parmi des peuples sans État et des religions indigènes.

Les maîtres du Bornou, ayant quitté le Kanem pour progresser vers le sud-ouest, s'approchèrent des plaines aujourd'hui occupées par les Haoussa du Nigeria. Leurs origines sont mystérieuses : ils parlent une langue afro-asiatique relativement homogène, qui a d'étroites affinités

avec celles de l'est du lac Tchad, mais de nombreux spécialistes pensent qu'ils ont dû s'éloigner, sur une longue
durée, d'un Sahara gagné par la désertification. Dalla
Hill, qui se trouve dans la ville moderne de Kano, fut
certainement un site de travail du fer au VIIe siècle, mais
on ignore s'il était peuplé de Haoussa ou de peuples
nigéro-congolais absorbés par la suite. Les traditions
recueillies par *La Chronique de Kano*, qui date du
XVIIe siècle, et les recherches modernes, laissent penser
qu'au début du XIe siècle le pays des Haoussa était divisé
en de nombreux micro-États, souvent regroupés autour
d'un site de travail du fer, ou d'affleurements granitiques
sacrés pour les esprits de la nature. Il se peut que l'islam,
venu du Kanem, ait atteint la région assez tôt, mais *La
Chronique de Kano* insiste sur l'arrivée, vers le milieu du
XIVe siècle, de commerçants peut-être partis du Songhaï,
et sans aucun doute les États haoussa en sont venus au
négoce avec la savane et le désert, car au cours du siècle
suivant de nouvelles structures commerciales prirent
forme, non seulement sur place, mais aussi à Agadès au
nord, et chez les Yoruba au sud. À la fin du XVIe siècle,
des marchands européens originaires de Raguse
(aujourd'hui Dubrovnik) qui avaient vécu à Kano y
voyaient l'une des trois plus grandes villes d'Afrique avec
Fès et Le Caire : « De nombreux Blancs y séjournent,
venus du Caire, il y a bien des années. Ils vivent sur un
tel pied que nombre d'entre eux possèdent des chevaux,
et sont servis comme des rois par de nombreux
esclaves [10]. »

Cette dernière allusion suggère que la transformation
connue par les États haoussa aux XVe et XVIe siècles ne
fut pas seulement commerciale, mais aussi politique. Le
système *sarauta* (c'est son titre officiel) célébré dans *La
Chronique de Kano* impliquait l'unification de micro-États

au sein d'un royaume, la construction de capitales entourées de murailles telles que Kano et Katsina, la nomination d'administrateurs (souvent sur des modèles inspirés du Bornou), l'importation de chevaux pour la guerre, des razzias systématiques pour se procurer des esclaves parmi les populations de langues nigéro-congolaises du sud, des guerres récurrentes entre royaumes, l'adoption de l'islam par la classe dominante parallèlement à la poursuite de pratiques religieuses autochtones, et la domination de la ville sur les campagnes. Mohammed Korau (c. 1444-1494), fondateur et bâtisseur de Katsina, incarna l'ordre nouveau – derrière lequel, toutefois, on discerne de profonds changements démographiques et sociaux : afflux de gens d'origines diverses, mélanges culturels, progrès d'un sentiment d'appartenance régionale qui prend le pas sur les liens de parenté, spécialisation et différenciation économiques visibles dans l'urbanisation et la multiplicité des activités, et sans doute agriculture intensive dans des zones fumées entourant les grandes villes fortifiées. Plus que celui, tourné vers l'extérieur, du Songhaï ou du Bornou, le commerce du pays haoussa s'enracinait dans l'agriculture, la production artisanale et les échanges locaux au sein d'une population assez dense pour échapper à certaines tendances centrifuges des sociétés colonisatrices. Tout cela, cependant, restait encore à venir : au XVIe siècle, la région était encore ravagée par les guerres, ses nouveaux royaumes luttant pour s'assurer la suprématie.

Ces changements politiques étaient sous-tendus par des innovations militaires. Les champs de bataille d'Afrique occidentale furent, jusqu'au XIIIe siècle environ, dominés par l'infanterie. Les archers, hommes libres, constituaient le cœur de l'armée malienne, tandis que la guerre entre peuples sans État ressemblait souvent à un tournoi ; les pertes restaient faibles. Venus du nord au cours du Ier millénaire, ou même avant, les chevaux étaient bien parvenus jusque dans la savane, mais, apparemment, ils avaient diminué de taille dans cet environnement moins favorable, ou alors il s'agissait de petits poneys qui donnaient à leurs cavaliers l'avantage de la mobilité, mais restaient peu adaptés au combat, d'autant plus qu'ils étaient montés à cru, sans selle, étriers ou mors. C'est sans doute au cours du XVIIIe siècle qu'apparurent en Afrique occidentale des chevaux de plus grande taille, ainsi que le harnais. Il se peut que la cavalerie mameluk ait servi de modèle, car on attribue leur première mise en œuvre à Mai Dunama Dibalemi (c. 1210-1248) du Kanem, État qui entretenait des contacts étroits avec l'Égypte. Le Mali les accueillit dans les années 1330, tandis que *La Chronique de Kano* en attribue l'adoption à Sarki Yaji (c. 1349-1385). Les États ouolof possédaient quelques chevaux dès le milieu du XVe siècle, et le Songhaï disposait d'une importante cavalerie du temps de Sonni Ali (1464-1492), dont le pouvoir reposait peut-être sur elle. Cette nouveauté se diffusa ensuite vers le sud : l'État yoruba d'Oyo, par exemple, adopta sans doute la cavalerie au cours du XVIe siècle. Mais, à mesure qu'on descendait vers le sud, les bêtes se montraient de plus en plus vulnérables aux maladies tropicales, et devenaient de simples symboles de prestige : on les enterrait souvent avec leurs maîtres. Elles conféraient toutefois un statut élevé à qui en possédait, car leur prix – de neuf à quatorze esclaves sur la côte de Sénégambie, vers 1450 – faisait de leurs possesseurs une caste nouvelle, relativement fermée, en Afrique de l'Ouest, qui montait ses bêtes de manière souvent fougueuse et brutale. L'usage de l'épée et de la lance entretenait le mépris du cavalier pour les armes de jet et ceux qui s'en servaient :

Notre armée les poursuivit, tuant et blessant avec les épées, les lances et les fouets, jusqu'à en être lassée. La cavalerie de l'ennemi éperonna ses chevaux, laissant derrière elle l'infanterie comme une sandale usée, jetée et abandonnée, et il n'y avait pas de moyen d'être en sûreté pour ceux qui étaient à pied, à moins que chacun ait pour soi la providence divine, ou que sa blessure guérisse après s'être blotti dans l'obscurité [11].

Les cavaliers obéissaient à un code d'honneur exigeant, égocentrique, qui s'exprimait par l'autoglorification – « les hommes supérieurs ignorent l'humilité », explique la légende de Sundiata –, des démonstrations extravagantes, et surtout le combat, que ce soit sur le champ de bataille ou dans l'affrontement d'homme à homme, ainsi lors d'un événement resté célèbre survenu au XVIe siècle : deux princes mossi combattirent devant leurs troupes pour le trône. L'homme du commun, de son côté, avait son propre code, prônant le courage, la résistance à la souffrance – qu'inculquaient tout spécialement les rites d'initiation – et la capacité d'assumer son rôle d'adulte et de chef de famille. Mais celui des cavaliers amplifiait les divisions sociales. Il explique aussi, sans doute, l'incapacité des États de la savane à adopter les armes à feu à cette époque. Les guerriers du Songhaï jetèrent dans le Niger les mousquets pris aux Marocains. Seul le Bornou y recourut, du temps d'Idris Aloma et peut-être de ses prédécesseurs, mais ils les confièrent à des esclaves ou à des mercenaires ottomans, avant d'y renoncer au XVIIe siècle. Peut-être les chevaliers du Bornou y voyaient-ils, comme leurs homologues médiévaux français, le coup de grâce porté à l'honneur.

La cavalerie de guerre accrut sans doute la dépendance envers l'esclavage, à la fois parce que les chevaux étaient payés en esclaves, et que des cavaliers pouvaient en capturer

plus aisément. On estime que les routes commerciales du
Sahara (dont celle de Darfour, à l'est de la savane)
voyaient alors passer entre 4 000 et 7 000 esclaves par an
en direction du nord. Selon les commerçants d'Afrique
du Nord, un grand nombre d'entre eux mouraient de
faim et de soif au cours de la pénible traversée du désert
– deux mille kilomètres ; les survivants valaient à Tripoli
cinq à huit fois plus cher qu'au Bornou. Ils devinrent
aussi plus nombreux au sein des sociétés de la savane, où
leurs fonctions changèrent. Jusque-là, comme dans
d'autres territoires musulmans, il s'agissait en majorité de
femmes occupées à des tâches domestiques, ou tenant lieu
de concubines. Celles-ci avaient ainsi donné le jour à tous
les maîtres du Songhaï, à une seule exception près ; et le
Mali, au XIVᵉ siècle, importait non seulement des esclaves
noirs du sud, mais aussi des femmes venues de la Méditerranée orientale. Les esclaves mâles étaient serviteurs,
porteurs, laboureurs, artisans, mineurs (en particulier
dans les mines de sel du Sahara) et soldats – certains
appartenaient à la cavalerie et montaient les chevaux de
leurs maîtres. Au Bornou, ils s'affrontaient dans des
matchs de lutte, un peu à la manière des gladiateurs. Les
États de la savane en faisaient aussi des administrateurs :
un tel statut était censé canaliser leur ambition et garantir
leur fidélité, bien que l'un d'entre eux eût peut-être
usurpé le trône au Mali en 1357. Le système *sarauta* des
Haoussa s'appuyait sur des esclaves fonctionnaires ; *La
Chronique de Kano* note que ce fut Sarki Muhammad
Rumfa (c. 1436-1499) qui « fonda la coutume de donner
aux eunuques des fonctions d'État » ; dans les années
1770, les esclaves occupaient 9 des 42 postes les plus
importants du Kano. La principale innovation fut toutefois de les affecter de plus en plus à des tâches agricoles,
chose rare dans le monde islamique, mais très caractéris-

tique de la savane d'Afrique occidentale, et qui est un symptôme de son sous-peuplement : le travailleur libre était rare, et difficile à exploiter. Il se peut que le Kanem ait eu recours à eux dès le XIe siècle pour coloniser de nouvelles terres. Le Mali exigeait d'eux qu'ils réservent une parcelle dont ils remettaient le produit aux autorités. Les premiers témoignages d'existence de domaines royaux mis en valeur de cette façon viennent du pays ouolof, et datent du milieu du XVe siècle. Les monarques et les officiels haoussa ont bien pu commencer à agir de façon similaire à la même époque, mais c'est au Songhaï que cette pratique fut la plus répandue : on dit que Askiya Dawud (1549-1583) possédait dans la vallée du Niger une vingtaine de plantations de riz, comptant chacune de vingt à cent surveillants et esclaves. Ces derniers, dans leur grande majorité, appartenaient à des peuples du sud, sans État et non islamisés, contre lesquels les cavaliers lançaient des razzias à chaque saison sèche. Un chant dont on dit qu'il honore un monarque du Kanem du XIe siècle célèbre sa brutalité :

> Tu as pris (et ramené) les meilleurs, les premiers fruits
>   de la bataille ;
> tu as arraché à leurs mères les enfants pleurant sur leur
>   sein ;
> tu as pris leurs femmes aux esclaves, et les as installées
>   sur des terres éloignées les unes des autres [12].

On raconte qu'au XVIe siècle, un de ses successeurs se mettait en route chaque année pour acquérir des esclaves, afin de payer les créanciers étrangers, et ceux-là attendaient son retour tout en vivant à ses dépens. Une chronique loue Idris Aloma d'avoir massacré « tous les captifs mâles adultes parmi les païens », ajoutant : « Pour ce qui est des femmes et des enfants, ils devinrent simple

butin [13]. » Qu'au XVIIe siècle le Kano ait nommé un haut
fonctionnaire chargé de surveiller la main-d'œuvre servile
indique à quel point l'extension de l'esclavage exigeait, et
nourrissait, un pouvoir d'État toujours plus fort.

L'évolution politique dans la forêt de l'ouest

Dans la forêt d'Afrique occidentale, comme dans les
pâturages qui l'entourent, la formation d'États se fit plus
lentement que dans la savane ; lorsque des Européens
décrivirent pour la première fois ces sociétés, peu d'entre
elles étaient pourvues d'un État. Ces sociétés étaient elles-
mêmes très diverses. Les lignages segmentaires, où l'ordre
reposait uniquement sur la menace de représailles, existaient principalement parmi les peuples de pasteurs ; ils
étaient donc rares dans la région, le principal exemple
étant les Tiv de la vallée de la Bénoué, dont l'histoire est
mal connue. Les villages autonomes de pionniers étaient
plus répandus : ils étaient dirigés soit par un « Grand
Homme » dont les qualités personnelles s'imposaient aux
parents et aux clients, comme ce fut souvent le cas dans
les forêts camerounaises, ou bien par le descendant direct
d'un pionnier, comme dans bien des régions situées plus
à l'ouest. Des peuples côtiers tels que les Jola, du Sénégal
actuel, restèrent sans État, s'en remettant à des experts
rituels héréditaires qui faisaient office de médiateurs.
D'autres s'assuraient des moyens minimaux d'arbitrage en
s'adressant aux maîtres d'États voisins, dont par ailleurs
ils rejetaient l'autorité, comme ce fut le cas chez les
peuples situés à la frontière avec le Bénin. Les sociétés
secrètes, institutions chargées de maintenir la cohésion
sociale au sein de peuples sans État, étaient sans doute
très répandues, ainsi les sociétés initiatiques poro et

sandé, qui s'adressaient aussi bien aux hommes qu'aux femmes, et dont les premiers visiteurs portugais ont souligné l'importance dans les forêts de Guinée et de Sierra Leone. Ces diverses institutions ne s'excluaient pas l'une l'autre. Les peuples sans État les plus peuplés appartenaient au groupe linguistique igbo, au sud-est de l'actuel Nigeria. En dépit d'une population relativement dense, et d'un commerce de grande ampleur, les Igbo s'abstinrent résolument de fonder un État, tout en recourant à tous les mécanismes décrits plus haut. Le notable enterré au IXᵉ siècle à Igbo-Ukwu était sans doute l'un de leurs chefs rituels. Les Igbo de l'Ouest vivaient à l'ombre du Bénin, tandis que ceux du Nord s'en remettaient à un système fondé sur l'âge et les titres, au sein duquel les hommes progressaient avec les années, la richesse et l'influence. Toutefois, les Igbo observaient également la loi des représailles, et le souci de l'honneur personnel qu'elle impliquait.

Entre un chef rituel, un Grand Homme de village et le maître d'un territoire, la distance politique était étroite, et il est facile d'imaginer comment les peuples de la forêt et leurs voisins créèrent les micro-États qui émergèrent probablement à la fin du Iᵉʳ millénaire après J.-C. chez les peuples yoruba, edo, nupe et jukun, installés de part et d'autre de la frontière entre savane et forêt au sud du pays haoussa. Ifé, juste en bordure de la forêt, est le site le plus ancien qu'aient identifié les archéologues. Son origine est très mal connue, mais dès le IXᵉ ou le Xᵉ siècle, il existait de petites zones peuplées dans la région ; des traces d'urbanisation, des maisons aux sols pavés de tessons de poterie, et des sculptures de terre cuite, remontent quant à eux aux XIᵉ et XIIᵉ siècles. La ville se trouvait sur un petit terrain aurifère, assez bien située pour se livrer au commerce et entretenir des relations avec

la savane comme avec la côte. Pourtant, ce qu'il en reste
ne plaide guère pour l'existence de tels contacts, et suggère plutôt une économie agricole qui prenait part au
système commercial régional en fabriquant des perles de
verre. Sa renommée repose sur ses admirables sculptures
de terre cuite et de bronze, dont la plupart représentent
des gens et non, comme à Igbo-Ukwu, des objets naturels. Celles de terre cuite sont les plus anciennes : nombre
d'entre elles étaient sans doute des offrandes à des autels,
et représentent, de manière très réaliste, tout l'éventail de
la condition humaine, des rois et des courtisans aux
malades et aux condamnés à mort. Aux XIVe et XVe siècles,
le bronze hérita de cette tradition – on a retrouvé moins
de trente sculptures de ce type. Réalisées à la cire perdue,
dans un style au naturalisme idéalisé, elles représentent
presque toutes des rois au sommet de leur pouvoir, et leur
majestueuse sérénité est sans égale dans toute l'histoire de
l'art. Pour des raisons que nous ignorons, les bronziers
d'Ifé firent un éloge de la valeur humaine qui devait se
perpétuer, sous une forme plus populaire, dans la sculpture sur bois des Yoruba, longtemps après que la montée
d'autres structures politiques eut isolé Ifé de ses sources
de cuivre et de pouvoir, le réduisant à une primauté purement spirituelle.

Le premier successeur connu d'Ifé fut le royaume edo
du Bénin, seul autre État de la forêt qui, à cette époque,
ait eu une certaine importance. Il est évident, à voir les
10 000 kilomètres de murs de terres édifiés par ses fondateurs peu après l'an mille, qu'il s'est développé à partir de
villages et de micro-États plus anciens. La ville de Bénin,
sur sa bordure ouest, peut avoir été, à l'origine, un centre
religieux mais, aux XVe et XVIe siècles, elle fut transformée par
des rois guerriers qui se prétendaient d'origine ifé et introduisirent des innovations d'origine yoruba. Le premier

et le plus grand d'entre eux fut Ewuare, dont on dit qu'il conquit 201 villes et villages, soumettant les micro-États environnants, déplaçant leurs populations, et faisant de la cité la capitale d'un État d'environ 120 kilomètres de côté. On lui attribue l'édification du palais et des défenses de la ville. Il convertit l'appareil d'État en une bureaucratie patrimoniale, nommant des hommes libres chefs administratifs et militaires à la place des chefs des groupes de lignages. C'est à lui, ou à ses successeurs, qu'on doit la forte implication de l'État dans le commerce avec l'étranger, comme les Portugais s'en rendirent compte en arrivant sur place en 1486. Le régime patronnait les bronziers qui fondirent les célèbres têtes de rois du Bénin et autres magnifiques sculptures, combinant l'emploi du métal d'origine européenne avec des techniques à la cire perdue qu'on a dit originaires d'Ifé, bien que les spécialistes modernes ne soient pas d'accord à ce sujet. C'était un art de cour, pratiqué par des lignées héréditaires d'artisans qui vivaient dans le palais, et très éloigné de la culture populaire. Le Bénin était l'État le plus important de la forêt d'Afrique occidentale quand survinrent les Européens, qui furent extrêmement impressionnés par sa richesse et son raffinement. Au XVIIe siècle, cependant, les chefs administratifs et militaires en vinrent à supplanter le roi, qu'ils réduisirent à une simple figure rituelle contraint à une vie de reclus : ils s'affrontèrent entre eux, ce qui provoqua la dépopulation de la cité.

Au XVe siècle, plusieurs autres royaumes yoruba coexistaient avec Ifé : chacun avait une capitale ceinte de murailles, un roi cloîtré se targuant d'origines ifé, des chefs de cités placés à la tête de puissants groupes de résidents unis par des liens de parenté, et des villages environnants. Le commerce jouait sans doute un rôle important dans plusieurs de ces agrégats politiques, et peut-être surtout celui avec des marchands itinérants venus du Songhaï, à qui la langue yoruba emprunta nombre de mots relatifs à l'islam, au commerce et aux chevaux. Parmi ces royaumes, Ijebu Ode, qui vit sans doute le jour vers l'an 1400 et qui, un siècle plus tard, était décrit comme « une très grande ville », tandis qu'au XVe siècle Owo était un centre artistique rivalisant avec Ifé et le Bénin. L'arrivée des chevaux venus du nord constitua un tournant politique. Jusque-là, les peuples de la forêt avaient toujours eu l'initiative dans la région. La sculpture sur cuivre, telle qu'elle était pratiquée à Ifé au XIVe siècle, était passée au nord, au royaume de Nupe, dans la savane, tandis que Tsoede, dont la tradition fait le fondateur d'une nouvelle dynastie au début du XVIe siècle, avait une mère de langue edo. Peu de temps après, toutefois, des armées nupe et bariba envahirent le pays yoruba, sans doute avec de la cavalerie, visant tout particulièrement l'Oyo, le royaume situé le plus au nord dans la savane. Il répliqua en adoptant également la cavalerie, et devint au XVIIe siècle le plus puissant de tous les États yoruba. Des processus similaires ont pu être à l'origine de l'Allada et du Ouidah, les premiers royaumes des peuples parlant l'aja (les Ewe et les Fon), qui occupaient la trouée du Dahomey. Tous deux existaient sans doute déjà au XVe siècle, bien que la grande majorité des peuples de langue aja eût encore vécu dans de petites chefferies.

Plus au nord-ouest, dans les régions de savane du Ghana et du Burkina-Faso d'aujourd'hui, de petits groupes de cavaliers, grâce à leurs montures de guerre, furent en mesure de créer un ensemble d'États parmi les peuples de langue voltaïque, à commencer par les royaumes de Mamprussi et de Dagomba à la fin du XIVe ou au début du XVe siècle. Ils furent suivis par les royaumes mossi de Ouagadougou (fin du XVe siècle) et de Yatenga (milieu du XVIe siècle). Les origines des souverains sont incertaines, mais c'étaient sans doute des étrangers, car ils se bornaient à revendiquer le pouvoir politique et laissaient le contrôle de la terre aux indigènes, se contentant de percevoir un tribut. Les bouleversements politiques qui se déroulaient dans la forêt, chez les peuples de la langue akan du Ghana moderne, étaient bien différents. Des groupes humains s'y étaient implantés dès le début de l'ère chrétienne, mais restèrent clairsemés jusqu'au XVIe siècle : une poterie de type nouveau succéda alors à l'ancienne, les zones peuplées s'étendirent rapidement, et l'on vit apparaître dans la région les États les plus impressionnants d'Afrique occidentale. L'or fut la clé de ces transformations. On ne sait trop quand son exploitation commença. Begho, lieu d'échanges liant les Akan à Djenné et au Mali, fut occupé à partir du XIe siècle, et Bono Manso, capitale du premier État akan, deux cents ans plus tard, mais tous deux ne prirent de l'importance qu'aux XVe et XVIe siècles. L'or fournissait les ressources nécessaires à l'achat d'esclaves qui défricheraient la forêt, dont la conquête modela profondément la culture akan. Les pionniers étaient de parfaits exemples de Grands Hommes, les *abirempon* ; leur clientèle politique, composée de membres de clans matrilinéaires auxquels s'intégraient les esclaves, forma le noyau de ces États de la forêt, leur donnant une capacité d'initiative durable, et un inégalitarisme qui frappa les Européens, lorsque, vers la fin du XVe siècle, ils se mirent à commercer avec eux sur la côte.

L'évolution politique dans la forêt équatoriale

Le Grand Homme pionnier du défrichage de forêt fut aussi le principal acteur de l'évolution politique dans les

régions occidentales de l'équateur. Dans un environnement aussi fragile et médiocrement peuplé, le contrôle
des hommes était la clé du changement, et plusieurs voies
de développement institutionnel étaient envisageables.
Jusqu'à la conquête européenne, de nombreux groupes
demeurèrent dépourvus d'État. Cette situation avait des
avantages évidents pour des chasseurs et des pêcheurs très
mobiles, mais pouvait aussi perdurer même quand la
population était concentrée – à condition que soient
créées des institutions chargées de soustraire les pressions
sociales à la consolidation politique. C'est ainsi que,
comme les Igbo, les Lega, à l'est de la forêt équatoriale,
institutionnalisaient l'ambition par des sociétés à titres,
qui étaient également le foyer de leur art de la miniature,
particulièrement délicat. Pour autant, le Grand Homme
pouvait, ailleurs, établir sa domination sur ses voisins,
grâce à la croissance démographique, au commerce ou à
des alliances matrimoniales, jusqu'à ce que lui, ou l'un de
ses successeurs, devienne chef territorial. Ce fut le cas des
peuples installés en bordure nord de la forêt équatoriale
qui, vers 1600, créèrent les chefferies nzakara et ngbandi
dans ce qui est aujourd'hui la République centrafricaine.
La religion pouvait également faciliter la consolidation
politique : dans les vallées fluviales et les prairies de
l'actuel Angola, les gardiens des sanctuaires consacrés à la
pluie acquirent un pouvoir politique chez les Pende, tandis que la chefferie ndongo créée au XVIe siècle tirait son
autorité du contrôle de symboles de fer appelés *ngola*.

Dans la région équatoriale, cependant, des États
durables ne virent le jour que là où une exceptionnelle
richesse de ressources – en particulier lorsque étaient réu-
nis forêt, savane et cours d'eau – permettait d'entretenir
une population inhabituellement dense et stable. Deux
exemples se détachent de l'ensemble. Près de la bordure

sud de la forêt, le royaume kuba fut le résultat d'une colonisation graduelle, par un peuple de langue mongo, du territoire situé plus au sud et habité par un autre groupe bantouophone, les Keté. Leur mélange permit l'apparition de plusieurs petites chefferies qu'un grand souverain nommé Shyaam (peut-être un immigrant venu de l'ouest), et ses successeurs, unifièrent par la force au cours du XVIIe siècle. Tirant profit d'une diversité culturelle et naturelle très riche, l'aristocratie de ce royaume gouvernait des provinces extérieures et leurs peuples par l'intermédiaire d'institutions étonnamment complexes (en particulier un système judiciaire autonome) ; les objets qu'elle utilisait dans la vie quotidienne étaient le fruit de l'art remarquable de tailleurs de bois et de tisserands. Loin des influences extérieures, dépourvu d'armée, le royaume kuba devait préserver ses institutions jusqu'à la conquête coloniale. Cependant, les princes se disputaient à chaque succession et, à la fin du XIXe siècle, la population ne dépassait pas 150 000 personnes sur un territoire représentant les deux tiers de la Belgique.

Le royaume kongo, situé sur la côte ouest, au sud de l'estuaire du Congo, connut un destin très différent, mais ses origines sont assez semblables. Lui aussi était situé en bordure sud de la forêt, à un carrefour commercial entre les collines de l'intérieur et la côte avec ses produits spécifiques. Le contrôle de la redistribution des marchandises venues de zones écologiques très diverses fut l'une des bases du pouvoir des Mwissikongo, clan royal d'origine étrangère qui, aux XIVe et XVe siècles, unifia plusieurs petites chefferies au sein d'un État conquérant centré sur Mbansa Kongo. Les captifs faits prisonniers pendant la conquête furent réduits en esclavage et concentrés autour de la capitale, chargés en partie de travailler la terre. Cela provoqua la création d'un système servile plus semblable

à celui de la vallée du Niger qu'à celui du reste de
l'Afrique occidentale et équatoriale, où les esclaves étaient
généralement des gens séparés de leur parenté et intégrés
dans le groupe de leur maître, où ils acquéraient le statut
d'êtres inférieurs, mais pouvant s'élever avec le temps.
Des gouverneurs provinciaux recrutés dans la famille
royale administraient la maigre population rurale. Ce système, ainsi qu'une armée centralisée, un système de tribut
et une monnaie de coquillage contrôlée par l'État, firent
du Kongo un royaume très autoritaire pour l'Afrique ;
mais l'absence de règles claires de succession favorisait les
guerres. Les forces centrifuges du sous-peuplement
demeurèrent fortes dans le royaume, en dépit des
méthodes pour y remédier.

Le commerce et l'industrie

Les économies non agricoles de l'Afrique occidentale
étaient, elles aussi, victimes du sous-peuplement : il
empêchait le transport, limitait les échanges, et encourageait l'autarcie. L'étroitesse des marchés, à son tour, limitait l'innovation technologique, comme d'ailleurs un
isolement relatif par rapport au monde extérieur, si bien
que la production exigeait souvent de grands efforts, alors
même que le travail était rare. Les surplus disponibles
étant réduits, les puissants se les disputaient fréquemment
au point de mettre en danger leur production même. Ce
n'est que très lentement, et avec une grande volonté, que
les Africains purent sortir de cette impasse, grâce à leur
esprit d'entreprise et à la croissance démographique.

Comme la plupart des peuples prémodernes, ils préféraient d'ailleurs les animaux de bât aux véhicules à roues.
Les Garamantes avaient autrefois renoncé aux chars au

profit des chevaux, puis des chameaux, qui rendirent possible le transport des marchandises à travers le Sahara. Au sud du désert, seule une bande de terre relativement étroite permettait l'emploi de véhicules à traction animale avant qu'on ne parvienne dans les régions infestées de mouches tsé-tsé ; mais même là les animaux de bât étaient plus efficaces, car ils n'avaient nul besoin de routes, que la faiblesse du peuplement, et les pluies tropicales rendaient inutiles à l'économie. La roue n'était pas rentable, tout simplement, comme le découvrirent tous les Européens qui, du XVIIᵉ au XIXᵉ siècle, tentèrent d'en répandre l'usage en Afrique tropicale. Les chameaux étaient les plus efficaces en termes de rendement. Ils transportaient jusqu'au nord du Niger le plus gros des chargements, ensuite placés sur des ânes, dont l'entretien coûtait deux fois plus cher, et auxquels on ne pouvait recourir que pendant la saison sèche. Chacun d'eux, en parvenant, dans le sud, dans les régions à mouches tsé-tsé, voyait sa charge confiée à deux porteurs humains. Mais là, comme dans toute l'Afrique occidentale, le transport par voie d'eau était le moins coûteux : cela allait des petites embarcations du haut Niger, où les eaux sont peu profondes, aux pirogues de vingt mètres du delta du Niger et d'autres grands fleuves et lagons côtiers.

Le transport imposait au commerce des contraintes sévères. Pour l'essentiel, il s'agissait d'échanges purement locaux de produits spécifiques, soit simplement sur le bord d'une rivière, où des poissons étaient échangés contre des légumes, soit sur des marchés plus structurés : « du coton, mais pas en grandes quantités, en fil et en tissu, légumes, huile, millet, bols de bois, matelas de feuilles de palmier et tous les autres articles dont ils font usage dans la vie quotidienne », nota en 1455 un marchand européen dans la région du Kajoor, dans le Sénégal actuel [14]. L'Afrique de l'Ouest avait des systèmes de marchés très élaborés, que ce soit à l'intérieur des villes et des villages, comme chez les Igbo, ou sur un terrain « neutre » entre les villes, comme dans le royaume du Kongo. Les marchés se transportaient souvent d'un village à l'autre à mesure que les jours passaient, d'où des « semaines de marché » très complexes. Dans les années 1930, un anthropologue nota à Nupe que le marché formait ainsi un cercle de huit à seize kilomètres qui était aussi la zone normale des mariages et des intérêts locaux communs. C'étaient des femmes qui, le plus souvent, venaient y vendre, bien qu'il y ait eu des commerçants itinérants qui se rendaient de l'un à l'autre. Souvent, les autorités politiques prélevaient des taxes sur les commerçants et faisaient surveiller les marchés ; le système *sarauta* des Haoussa avait de ces fonctionnaires. D'autres États organisaient la redistribution. Dans le royaume kuba, par exemple, les demandes de l'État en produits spécialisés contribuèrent principalement à la production de surplus.

Là où le commerce reposait sur les porteurs, comme c'était largement le cas dans les régions équatoriales et forestières, les produits agricoles ne pouvaient voyager que sur de courtes distances – la concentration des villes autour de Mbansa Kongo en indique vraisemblablement l'étendue – et le commerce était presque entièrement local. Il était souvent facilité par la circulation d'une monnaie régionale, comme les petits coquillages importés qui étaient en usage dans le royaume du Congo, et le tissu de fabrication locale répandu à l'Est. Le transport animal permettait des échanges de plus grande ampleur – la légende attribue la prospérité du Kano au transport des grains à dos d'âne –, mais le commerce de longue distance concernait principalement les marchandises précieuses produites dans des régions isolées. L'exemple extrême en est le commerce de l'or, qui au Mali atteignit son apogée au XIVe siècle avant de se déplacer vers les terrains aurifères akan, puis déclina quand le métal précieux d'Amérique latine inonda l'Europe. Le cuivre garda sa valeur, mais le principal gisement saharien, celui d'Azelik, fut abandonné au XVe siècle. Deux cents ans plus tard, le sel était devenu le principal produit minéral d'Afrique occidentale ; il avait une valeur sans doute supérieure à tout le commerce transsaharien, et occupait la même place que les épices en Europe. La langue haoussa disposait de plus d'une cinquantaine de mots pour en désigner les différentes variétés. Les réserves les plus abondantes se trouvaient au Sahara où d'anciens lacs avaient laissé des dépôts ; elles étaient exploitées par des esclaves dans des conditions abominables. Les Touareg et autres nomades transportaient ensuite les blocs de sel rocheux vers le sud avec des caravanes qui comptaient parfois de 20 000 à 30 000 chameaux, et s'étendaient sur près de 25 kilomètres. Le sel était alors échangé contre l'or ou le grain de la savane : c'était là l'essentiel du commerce nord-sud entre zones climatiques différentes. Les coûts de transport étaient élevés : on dit que le natron coûtait soixante fois plus cher à Gonja qu'au Bornou, séparés par près de 2 000 kilomètres, si bien que les Africains les plus pauvres devaient se contenter de médiocres ersatz locaux. Mais les routes commerciales à travers le désert, sans se limiter au grain, à l'or, aux esclaves et au bétail de la savane, pénétraient jusque dans la forêt pour y recueillir des noix de kola, fort appréciées des musulmans pour qui c'était à la fois un stimulant, un aphrodisiaque, un symbole d'hospitalité, et même un astringent chargé d'adoucir l'eau locale. Les noix de kola atteignirent l'Afrique du Nord au XIIIe siècle. Des commerçants de langue mandé les transportaient à dos d'âne : c'était une denrée périssable dont le prix, au siècle dernier, pouvait être multiplié par quarante entre Gonja et le Bornou.

À mesure que, dans la savane, la richesse et le pouvoir se déplaçaient vers l'est, du Ghana et du Mali au Songhaï puis au pays haoussa, les marchands, d'abord venus d'Algérie et du Maroc, cédèrent la place à des visiteurs partis de Tripoli et du Caire. L'essentiel du commerce transsaharien était pourtant dominé par des peuples du désert : les Maures à l'extrême ouest, les Touareg ailleurs. En dépit de grandes diversités locales, les uns et les autres étaient des nomades dont les aristocraties guerrières affichaient une identité « blanche » : berbère pour les Touareg, arabe pour les Maures – qui, à partir du XIVe siècle, s'étaient soumis les Berbères. Ces deux noblesses dominaient des communautés de clercs, des pasteurs vassalisés, des cultivateurs et des esclaves noirs, hommes de peine dans les campements nomades, et méprisaient les artisans. Toutes deux employaient ce personnel à la manière dont une entreprise commerciale utilise des chameaux, le sel du désert, des produits agricoles et pastoraux, et des agents installés en ville. Entre le XVe et le XVIIe siècle, quand les États sur le Sénégal et le moyen Niger se décomposèrent, Maures et Touareg étendirent leur domination dans le Sahel.

De tels réseaux, dont le champ d'action n'était pas limité par les frontières naturelles, constituaient la principale forme d'organisation commerciale en Afrique occidentale. Le plus ancien d'entre eux était celui des commerçants soninké du Ghana, plus tard réputés comme marchands itinérants à la tête de caravanes d'ânes. Quand le Mali supplanta le Ghana, nombre d'entre eux formèrent le noyau d'une caste commerçante plus vaste, multi-ethnique, musulmane et de langue mandé, communément appelée Dioula ; l'or, le tissu et la noix de kola étaient ses principaux produits. Si beaucoup de Dioula étaient des commerçants itinérants, d'autres s'installaient en territoire étranger, nouaient des relations sur place et formaient une diaspora grâce à laquelle le commerce pouvait franchir les frontières ethniques et politiques, de la forêt au désert et de l'Atlantique aux États haoussa. Plus à l'est, des marchands itinérants du Bornou se spécialisaient dans le sel et les chevaux, tandis que le royaume lui-même gérait à travers le Sahara un système commercial étatique, cas unique dans une région où régnait par ailleurs l'économie de la « libre entreprise ». Toutefois, les commerçants haoussa, peut-être dès le XVᵉ siècle, leur firent concurrence, et créèrent, eux aussi, une diaspora inspirée du modèle dioula, qui allait devenir la plus vaste du continent. Ils faisaient notamment usage d'une monnaie de cauris, importée de l'océan Indien via l'Afrique du Nord : cette monnaie, unique en son genre, résistante, peu répandue, et fort utile dans les menues transactions, leur donnait un gros avantage sur les monnaies locales utilisées dans la forêt. Lorsqu'en 1352, Ibn Battuta constata qu'elle était d'un usage courant au Mali, il se peut qu'alors elle ait été connue dans la région depuis près de quatre siècles. Elle pénétra en tout cas dans la plupart des zones de commerce des Haoussa et des Dioula, exception faite de la Sénégambie et du pays akan. Elle permit une sorte de lubrification de l'expansion commerciale, mais comme il s'agissait d'un produit d'importation, que les commerçants du désert refusaient d'accepter en paiement, elle imposait une certaine dépendance au commerce extérieur de l'Afrique occidentale.

En restreignant le commerce, les difficultés de transport limitaient également la spécialisation de la production. La plupart des artisans ne fournissaient que les marchés locaux, même quand les techniques de production étaient extrêmement diversifiées : un anthropologue du XXᵉ siècle a noté que les Jola, sur la côte sénégalaise, fabriquaient plus d'une centaine de genres de paniers, et aujourd'hui encore les cultivateurs ont au moins une aptitude particulière, en plus de l'agriculture. Certains artisanats exigeaient toutefois une compétence spéciale. Le travail du fer réclamait ainsi beaucoup d'expérience et la maîtrise d'un savoir ésotérique proche de la magie ; il fournissait des produits indispensables au paysan, au chasseur et au guerrier. Ceux qui s'y adonnaient constituaient, dans presque toute l'Afrique occidentale, une catégorie à part. Ils étaient parfois riches, crédités de l'introduction de la civilisation, ou étroitement associés au pouvoir, surtout parmi les peuples d'agriculteurs sédentarisés de longue date. C'est ainsi que les Mangui, au sud du lac Tchad, enterraient souvent leurs chefs sur des tabourets de fer entourés de charbon. Dans les régions influencées par l'islam, cependant, les forgerons devinrent de plus en plus un groupe ostracisé, avec qui les autres refusaient de passer des alliances ou même de manger – c'était aussi le cas des travailleurs du cuir ou du bois et des griots. Leurs femmes étaient souvent potières ou sages-femmes. Des groupes de ce genre représentaient souvent près de cinq pour cent de la population : ils n'étaient pas soumis aux règles du code de l'honneur, et en général ne pouvaient ni porter les armes ni être réduits en esclavage. Bien que la grande majorité de leurs membres eussent également cultivé la terre, ils étaient rétribués en grains.

Les origines de leur stigmatisation sont incertaines, mais les témoignages linguistiques montrent qu'en Afrique occidentale seuls les Malinké, les Ouolof et peut-être les Soninké ont pu en être les initiateurs, chacun de leur côté [15]. Le plus ancien témoignage de leur mise à l'écart date du XIVᵉ siècle et nous vient du Mali, où les forgerons eurent peut-être à payer pour leur résistance à la formation d'un État musulman. Le phénomène aurait pu ensuite se diffuser en même temps que l'islam. Il ne s'étendit pas jusqu'à Djenné, ville libre hostile aux empires musulmans, ni au-delà de la savane occidentale et de ses environs. De tels métiers étaient néanmoins souvent héréditaires, en partie parce que l'habileté requise était considérée comme réservée à un lignage – ce principe s'appliquait également à la chasse et à la musique instrumentale. C'était souvent, mais pas toujours, le cas chez les Yoruba ; chaque ville ou village avait un chef pour chacun de ces arts, ce qui rendait inutile la création de guildes institutionnalisées. En Afrique occidentale, c'est chez les Nupe, et les artisans spécialisés du Bénin, qu'on retrouve une situation similaire : placés sous la direction d'un chef désigné, ceux-ci formaient des groupes étroitement soudés, mais de telles organisations dépendaient étroitement des dirigeants politiques, comme dans le monde islamique. Nupe était célèbre pour sa production de verre – l'une des nombreuses spécialités à évoluer avec l'expansion commerciale des marchés. Chez les Yoruba, Ijebu Oyo devint célèbre pour le travail des métaux précieux, Ilorin pour sa poterie, et Oyo pour le travail du cuir – lié à la cavalerie, comme à Katsina, plus au nord. C'est dans l'industrie textile que cette spécialisation était la plus marquée. En Afrique équatoriale, les gens tissaient souvent du raphia ou des fibres végétales, confectionnant des vêtements d'une grande beauté. C'est le cas de l'étoffe la plus ancienne d'Afrique occidentale, retrouvée dans une tombe d'Igbo-Ukwu du IXᵉ siècle. Le coton et la manière dont il est tissé semblent avoir été introduits par des commerçants musulmans, car les fouilles menées à Djenné n'ont permis de découvrir

des fuseaux que dans des strates postérieures à 900
après J.-C., tandis que les plus anciens exemples retrouvés
jusqu'ici – qui sont déjà de haute qualité – ont été découverts au Mali, dans des sites d'inhumation Tellem datant
au plus tôt du XIe siècle [16]. Le tissage n'était pas limité
aux musulmans, mais il était fréquent, comme dans les
régions de langue voltaïque, qu'ils l'accaparent, et le prestige de l'islam peut expliquer pourquoi les Ouolof et les
Foulbé furent les seuls à ostraciser les tisserands. Les
femmes qui tissaient le coton n'utilisaient qu'un fuseau,
et non un rouet, ce qui limitait la production ; c'était là
une conséquence technologique importante du semi-
isolement de l'Afrique occidentale par rapport à l'Ancien
Monde. Elles faisaient également usage d'un métier à tisser assez peu efficace, et les hommes d'un modèle plus
étroit, moins primitif mais encore relativement peu pro-
ductif. À peu de choses près, c'étaient les seules machines
que connut la région. On a estimé leur productivité respectivement à un sixième et cinq neuvièmes de celle des
métiers à tisser anglais. Les métiers étroits permettaient
souvent d'obtenir des tissus de haute qualité, surtout chez
les Ouolof, les Malinké, les Nupe et les Yoruba, où certains tisserands étaient des professionnels à plein-temps.
De telles spécialités régionales s'échangeaient dans toute
l'Afrique occidentale, naturellement protégée par le désert
saharien, mais elles ne représentèrent jamais une grosse
part du marché d'exportation dans l'économie atlantique
créée après 1450, sans doute en raison de leur coût ; elles
dépendaient en effet de techniques exigeant beaucoup de
travail humain, dans une économie où il était rare.

La vieille tradition urbaine d'Afrique occidentale
s'enrichit de cette production artisanale spécialisée. Le
commerce transsaharien, et des pluies moins abondantes,
furent fatals aux regroupements urbains sans structures

politiques visibles qui avaient caractérisé la vallée du Niger avant l'islam : au XVe siècle, Djenné-le-Vieux et les trois quarts des villages qui l'environnaient avaient été abandonnés, tandis que Tombouctou ne survivait que comme entrepôt commercial sur la route du désert, et centre important d'éducation islamique. Les villes d'Afrique occidentale, en règle générale, possédaient toutefois des fonctions multiples. Les grandes cités entourées de murs des Haoussa étaient à la fois des capitales, des marchés, des centres d'artisanat, des refuges pour les paysans des alentours. Ifé n'était pas seulement un centre religieux et une capitale politique, mais abritait aussi une industrie du verre renommée, et accueillait sans doute les agriculteurs qui constituaient la majorité des citadins yoruba – préférence culturelle qui n'a pas d'explication fonctionnelle apparente, surtout quand on la compare aux implantations plus dispersées qu'on trouve même dans les régions igbo les plus peuplées. De nombreuses villes se fondaient imperceptiblement dans la campagne ; Mbansa Kongo était en fait un gros agrégat de villages, et un voyageur décrivant, au XVIIIe siècle, la capitale de Loango, sur la côte du Gabon actuel, affirmait qu'« un missionnaire un peu myope aurait pu traverser toute la ville sans voir une seule maison ». Elle comptait près de quinze mille habitants, mais était, dit-on, aussi vaste qu'Amsterdam ; la ville de Bénin, elle, avait six kilomètres de diamètre, et les murailles de Kano entouraient un espace de sept kilomètres carrés. La plupart des grandes villes de la savane étaient des capitales, leurs habitants avaient peu d'autonomie politique, encore que de ce point de vue Djenné et Tombouctou, à l'histoire turbulente, firent partiellement exception. Les grandes villes yoruba, elles aussi capitales, semblent avoir eu des traditions politiques plus fortes, peut-être parce que leurs habitants formaient des unités militaires, et qu'il existait un grand fossé entre le palais et les quartiers populaires, où les gens du commun vivaient dans des maisons centrées autour d'une cour intérieure, parfois pourvue de réservoirs d'eau souterrains. Si les temples yoruba n'avaient rien d'imposant, les villes de la savane avaient pour centre des palais et des mosquées de torchis au style pittoresque, qu'on attribue à Abu Ishaq al-Saheli, architecte nord-africain qui travailla au début du XIVe siècle pour un roi du Mali, même si la technique était essentiellement locale. Ces édifices étaient entourés de quartiers résidentiels construits en dur, les maisons des riches comportaient souvent des étages. Au-delà s'étendaient les huttes des pauvres regroupées sous les hautes murailles qui les protégeaient du monde extérieur.

Religion et culture

En reconstituant les structures sociales et culturelles des peuples, généralement sans écriture, du XVe siècle, on prend le risque d'accorder trop de créance aux témoignages ethnographiques postérieurs ; on peut cependant tirer certaines conclusions. L'une d'entre elles est que la pensée et la culture des Africains de l'Ouest furent fortement modelées par la colonisation des terres : leur cadre de référence reposait sur une distinction entre le sauvage et le cultivé, la sauvagerie et la civilisation, comme dans l'Europe médiévale ou l'Inde traditionnelle. Ces distinctions ne se réduisaient pas à une opposition entre bien et mal, car les Africains adoptaient des attitudes très diverses envers la nature. En règle générale, plus une culture donnée cherchait à la dominer, plus elle paraissait hostile. Pour les Akan – à en juger par l'exemple des Ashanti, qui au XVIIIe siècle en vinrent à dominer ce groupe – défricher une forêt très dense donnait à la civilisation l'allure d'un artefact fragile, toujours menacé de disparition. La barrière basse, symbolique, qui séparait les villages ashanti de la forêt environnante manifestait le souci de maintenir des limites entre ces deux mondes. Le Bénin adoptait une attitude assez similaire. Inversement, les anthropologues ont découvert par la suite que les Pygmées considéraient la forêt comme bonne par nature, tandis que de nombreux peuples avaient avec elle des relations symbiotiques, mais en même temps ambivalentes.

Pour les cultivateurs, défricher et cultiver la brousse, c'était créer à la fois la civilisation – souvent associée symboliquement à la fécondation de la femme qui permet d'accroître la communauté – et la propriété, qui donnaient aux descendants des premiers colons un droit sur la terre. Les rituels d'initiation, qui se déroulaient généralement dans la brousse, faisaient passer les jeunes du monde animal au monde humain, tout comme, chez les Yoruba, les scarifications tracées sur le visage – pour lesquelles ils employaient le terme même qui désignait la civilisation. Les activités humaines essentielles étaient confinées aux aires cultivées, qu'il s'agisse de l'acte sexuel (souvent interdit dans la brousse) ou des inhumations, auxquelles on se livrait dans les habitations ou les champs, seules les victimes de la variole, de la lèpre et de la noyade, ou les suicidés et les condamnés à mort étant jetés dans la « mauvaise brousse ». Inversement, la forêt était associée à la magie et à la sorcellerie, ceux qui la pratiquaient pouvant se transformer en animaux sauvages. Que quelque chose venu de la brousse pénètre le monde civilisé était considéré comme un mauvais présage, et les Mossi voyaient dans les cauchemars « la brousse qui s'approche furtivement ».

L'art exprimait souvent cette dichotomie. C'est ainsi que chez les Sénoufo de Côte-d'Ivoire, la société d'initiation poro avait deux grandes traditions de sculpture sur bois qui opposaient le couple ancestral, personnifiant la civilisation, à de magnifiques masques-heaumes représentant des hyènes, dans lesquels « le caractère menaçant des mâchoires ouvertes et des dents irrégulières, la force explosive des paquets de plumes, des piquants de porc-épic, des couches de peaux et des autres matériaux sont des icônes arrachées au monde de la brousse comme autant de symboles de pouvoir [17] ». Le danger était aussi la puissance, force que le courage et l'habileté pouvaient s'approprier pour le bien. Les chasseurs étaient des spécialistes qui, dans des régions humanisées comme celles des Yoruba, des Mandé et des Haoussa, formaient des groupes dotés d'associations, d'un folklore, de sphères de pouvoir, de fonctions militaires, et d'une réputation de violence et de recours à la magie. Les guérisseurs aussi devaient bien connaître et maîtriser la nature ; des recherches récentes ont montré que nombre de remèdes kongo combinent une plante de la forêt et une plante cultivée. Inversement, quitter la sécurité procurée par la civilisation c'était, pour des gens sans compétences particulières et non protégés, courir de grands risques, qu'affrontaient en particulier les pauvres, qui survivaient souvent en exploitant la brousse, ainsi que les hommes qui étaient contraints en temps de famines d'aller chercher des produits sauvages. Mais, si dangereuse qu'elle fût, la forêt constituait une ressource vitale. L'un des mythes les plus élaborés de l'Afrique (mais qu'hélas on ne peut dater), nous vient de la société initiatique bagré, chez les Lodagaa du Ghana actuel : il évoque des êtres semblables à des nains, qui élevaient des animaux sauvages, cultivaient des plantes sauvages, et enseignèrent aux premiers hommes la chasse, l'agriculture, la fusion des métaux, la cuisson des aliments et la mort. Les systèmes religieux étaient imprégnés de motifs sylvestres, en particulier le symbolisme très répandu de la hache – parfois un fer en pierre polie, vestige des débuts de la colonisation. La royauté, elle aussi, partageait les menaces de la brousse. Le Bénin identifiait ses rois au léopard, seigneur de la forêt, dont la peau, dans toute l'Afrique occidentale, symbolisait le pouvoir. Les animaux sauvages constituaient des éléments essentiels dans le jeu de l'imagination grâce auquel les hommes conceptualisaient le monde, et eux-mêmes.

Il est tout particulièrement difficile de reconstituer les idées et les pratiques religieuses. Elles aussi étaient modelées par les exigences de ces peuples de colonisateurs, qui imposèrent à la fois une exigence essentielle de fertilité, des femmes comme des récoltes, et la rareté d'institutions religieuses élaborées, contrairement aux sociétés plus stables de l'Asie ou de l'Amérique précolombienne. Comme les Africains non islamisés ne connaissaient pas l'écriture, ils ne possédaient pas de textes sacrés permettant de définir orthodoxie et hérésies. On jugeait la religion – ses pratiques comme ses fidèles – à l'aune de son efficacité, surtout lorsqu'il s'agissait de soulager les malheurs des hommes, et d'assurer la fertilité, la prospérité, la santé et l'harmonie sociale : en 1563, face à une sécheresse persistante, le roi du Ndongo, dans l'actuel Angola, fit exécuter onze faiseurs de pluie. Cette exigence constante de résultats rendait nombre d'Africains très sceptiques face aux affirmations religieuses. Le mythe de la société bagré disait que bien que ses pratiques ne fussent pas celles de Dieu, elles apportaient au moins une prospérité terrestre :

Dans le pays de Dieu,
Qu'y a-t-il
Pour surpasser cela [18] ?

Un tel pragmatisme religieux donnait un éventail de
religions locales très éclectiques : des idées et des pratiques
venues d'ailleurs étaient parfaitement acceptables dès lors
qu'elles étaient efficaces ; les Africains n'attachaient pas
d'importance à la cohérence interne, non qu'ils aient fait
preuve de naïveté ou n'aient pas réfléchi à la question
– leurs mythes et leur symbolisme prouvent le
contraire –, mais parce qu'ils n'avaient aucune raison de
se montrer systématiques, sauf quand ils avaient affaire à
une croyance importée qui l'était. Les religions étaient
donc sujettes à des mutations ; elles constituaient sans
doute l'aspect le plus rapidement changeant de la culture
africaine. C'est pourquoi les observateurs musulmans et
chrétiens furent si frappés par leur caractère divers, fragmenté, incohérent, renforcé par l'absence de textes écrits.

Celles de la région équatoriale sont les plus accessibles
de l'Afrique occidentale, parce que les peuples bantou
maintinrent une certaine homogénéité religieuse dont
témoignent leurs langues. Elles montrent qu'ils partageaient certaines idées : existence d'un esprit créateur, des
esprits des ancêtres et de la nature, charmes, experts en
rituels, sorciers. Chaque société, partant de cette base
commune, était toutefois parvenue à des idées et des pratiques spécifiques. C'est ainsi qu'au XVe siècle le peuple
kongo semble avoir eu l'idée vague d'un « pouvoir ultime
ou au-dessus de tout », *nzambi mpungu*, mais les esprits
de la nature et des ancêtres étaient les forces spirituelles
les plus actives. Chaque lignage matrilinéaire communi-
quait avec ses ancêtres par des rituels effectués autour de
leurs tombes. La fertilité agricole était le domaine des

esprits de la nature, servis par des « chefs de la terre », et qui eux aussi communiquaient par l'intermédiaire d'hommes et de femmes qu'ils possédaient. Les uns comme les autres pouvaient d'ailleurs s'incarner dans des objets appelés *nkisi*. C'est pourtant beaucoup simplifier les choses que de les présenter de cette façon. À titre d'exemple de la complexité et de la capacité de mutation de ces religions, on citera le royaume de Kuba qui, au XVIIIᵉ siècle, vénérait sans doute trois esprits créateurs différents : Mboom (chez les immigrants mongo venus du nord), Ngaan (chez les Keté, peuple autochtone), et Ncyeem Apoong (Nzambi Mpungu, peut-être introduit dans la région par le roi fondateur Shyaam).

Un éventail assez similaire de pouvoirs spirituels soustendait généralement les idées et les pratiques religieuses, encore plus complexes, d'Afrique occidentale. Le mythe bagré définit les fondements de l'action religieuse :

> Autel de la terre,
> ancêtres,
> gardiens,
> déités,
> disent que nous devrions agir.
> Manque d'enfants,
> suicide,
> morsure du scorpion,
> mauvaises récoltes,
> ont amené l'aîné
> à mal dormir ;
> alors il a pris dix cauris
> et s'est hâté
> d'aller voir un devin [19].

Le malheur pouvait être collectif, les Africains pensant souvent que les désastres naturels étaient l'effet d'un désordre social et moral. Al-Bakri mentionne que dans le

Mali du XIe siècle on sacrifiait du bétail pour appeler la pluie, un des rares motifs pour lesquels les Africains de l'Ouest approchaient directement le Créateur. Ou bien il pouvait être individuel : au Bénin, la divinité la plus vénérée n'était autre qu'Olokun, qui assurait enfants et richesses, il était le bienfaiteur particulier des femmes. Un devin déterminait quel pouvoir spirituel il convenait d'invoquer ou d'apaiser, et pouvait diriger le suppliant vers un lieu de prière, surtout dans les régions de langue voltaïque, dont le mythe bagré est originaire. Servis par des descendants des premiers colons, ces sanctuaires exerçaient leur pouvoir sur tous ceux qui vivaient sur leur territoire. Les ancêtres, au contraire, – sujets des plus anciennes figures sculptées d'Afrique subsaharienne, celles des Tellem du Mali – ne se préoccupaient que de leurs descendants, les bénissant ou les punissant selon qu'ils observaient ou non les coutumes. Les croyances voulaient qu'ils vivent désormais dans un monde d'ombres reproduisant les conditions terrestres, comme le Champ de Roseaux égyptien ; aussi les rois du Ghana étaient-ils enterrés avec leurs ornements, de la nourriture, et leurs serviteurs, d'une manière semblable à celle découverte à Igbo-Ukwu. Les cultes des ancêtres prospéraient quand un système patrilinéaire dominait les structures sociales. Là où l'organisation des villages était forte, la religion pouvait être centrée sur une société secrète, comme la société poro, qui tirait parti du pouvoir des ancêtres ou des esprits pour guérir les maladies, assurer la fertilité et combattre la sorcellerie. Des sociétés plus vastes pouvaient créer des institutions plus complexes, voire des panthéons. Les Yoruba, par exemple, et d'autres peuples apparentés, vénéraient d'innombrables divinités, les *orisa* : certaines n'étaient connues que dans une ville ou une région, d'autres dans toute l'aire culturelle considérée, à l'instar de l'ancienne Égypte. En règle générale, chaque Yoruba servait une *orisa*, soit par héritage, soit parce que la divinité elle-même, par la voix du devin, l'avait choisi. Les adorateurs d'une *orisa* pouvaient former un groupe local pourvu d'un temple, d'images, de prêtres, de rituels collectifs, et d'une fonction spécifique dans le cycle coloré des fêtes propres à telle ou telle ville. Les Yoruba recouraient aussi à la divination, l'*ifa*, système dans lequel un professionnel identifiait, au sein d'un ensemble de plusieurs centaines de vers qu'il avait mémorisés, ceux qui s'appliquaient aux personnes venues les consulter. Ce culte existait dès le XVIIe siècle – un plateau de divination datant de cette époque a survécu –, et Ifé en était le quartier général, signe de sa primauté spirituelle. Oyo, sa rivale, répliquait en diffusant dans toutes les régions qu'elle dominait le culte de Sango, censé être un des premiers rois d'Oyo, qu'on identifiait à un dieu du tonnerre encore plus ancien. Il se révélait en possédant ses fidèles, moyen d'accès à la divinité qui sans doute se répandit de plus en plus dans toute l'Afrique occidentale. C'est ainsi que lors de la création chez les Haoussa du royaume Katsina, centré autour des villes, et avec l'adoption de l'islam par ses souverains, la possession par les esprits *(bori)* devint un culte d'affliction populaire pour ceux que l'ordre nouveau avait marginalisés. Son panthéon s'étendait au-delà des vieux esprits de la nature pour englober des personnifications de forces nouvelles qui provoquaient le malheur. Il dut probablement survenir des phénomènes analogues au sein de la religion autochtone du Songhaï.

Comme le suggèrent ces cultes de possession, les Africains de l'Ouest, disposant d'un pouvoir limité sur leur environnement, cherchaient généralement hors d'euxmêmes des explications et des moyens de soulagement.

Beaucoup accusaient les sorcières surtout quand le malheur frappait la fertilité des femmes, la survie des enfants
et l'accroissement de la communauté. Certains peuples
distinguaient la magie, pouvoir psychique inné, peut-être
héréditaire, de faire le mal, de la sorcellerie, manipulation
de substances matérielles à des fins mauvaises, mais cette
distinction n'était pas universellement répandue. Au
XVIe siècle, le Kongo, par exemple, recourait au même
mot pour désigner ceux et celles qui s'y livraient, divisés
en trois catégories : ceux qui étaient nés tels, ceux possédés par des esprits mauvais, et ceux qui utilisaient des
pouvoirs spirituels à des fins mauvaises. Aucune description complète des croyances en ce domaine, et datant de
cette époque, ne semble avoir survécu, mais les croyances
observées à notre époque associent communément les
sorcières à la brousse et à l'inversion de la normalité :

> ceux qui tuent sans guerre,
> ceux qui sont bénis à minuit,
> ceux qui rongent la chair du ventre,
> ceux qui mangent foie et cœur [20].

Ces croyances florissaient dans des concentrations de
populations où les tensions interpersonnelles étaient puissantes, et où les institutions capables de les résoudre
demeuraient faibles. Ceux qu'on soupçonnait de sorcellerie étaient en général des parents ou des voisins qui pouvaient tirer un profit quelconque du malheur, en
particulier les femmes que l'âge, l'absence d'enfants, les
difformités, la misère ou la nature mauvaise pouvaient
rendre jalouses. Les suspects pouvaient être soumis à une
ordalie impliquant le poison, pour laquelle la langue bantoue d'origine comptait trois termes, ou par d'autres procédés. Il existait chez plusieurs peuples des associations
de jeunes gens, souvent masqués, chargés d'identifier et

d'exécuter les sorcières, souvent avec une grande cruauté. Il était aussi possible de les expulser : au XIXe siècle, les missionnaires découvrirent, en bordure des villes igbo, de petites communautés de femmes sorcières. Leur persécution fut une caractéristique cruelle de l'Afrique précoloniale, comme d'ailleurs de bien d'autres cultures.

La nature des religions autochtones permet de comprendre plus facilement la réaction à l'islam. Au XIVe siècle, les Touareg et les Maures s'étaient convertis à la nouvelle foi ; chez les seconds existait un groupe de clercs, le Kounta, qui s'affilia à l'ordre Qadiriyya, la plus importante des fraternités consacrées à la diffusion et à la pénétration de l'islam. En Sénégambie, un des premiers centres de l'islam subsaharien, les marchands portugais découvrirent, au XVe siècle, des cours musulmanes, dont les sujets ne l'étaient pas. Le Bornou, autre centre important, s'engagea plus profondément : entre 1574 et 1728, douze au moins de ses souverains firent le pèlerinage de La Mecque en passant par Le Caire, et on a certaines indications d'une islamisation plus extensive dans les campagnes, bien que les pratiques religieuses autochtones eussent survécu même à la cour. Dans la vallée du Niger, Mansa Musa proclama l'engagement islamique du Mali par un extravagant pèlerinage à La Mecque en 1324-1325 ; au cours des deux siècles suivants, seize caravanes de pèlerins au moins devaient atteindre l'Égypte. La dynastie sonni, créatrice de l'empire songhaï, maintint en revanche des liens assez forts avec la religion locale ; son renversement en 1493 par une coalition d'officiers et de clercs musulmans dirigés par Askiya Muhammad fut le premier coup d'État islamique d'Afrique occidentale, bien que le nouveau régime ait continué à patronner les pratiques religieuses autochtones de ses sujets. Chez les Haoussa, à la fin du XVe siècle, les souverains du Kano, du Katsina et du Zaria étaient tous censés être musulmans, mais au cours du siècle suivant il y eut beaucoup de tensions entre la cour et l'islam, de sorte qu'au XVIIᵉ siècle le Katsina, centre d'éducation réputé, conservait des rites de couronnement païens ; le palais était l'un des bastions du vieux culte des esprits. L'expansion islamique au sud fut encore plus incertaine. On dit qu'un souverain nupe fut déposé au XVIIIᵉ siècle pour avoir tenté de faire de l'islam la foi officielle. Des musulmans venus du Songhaï parvinrent sans doute chez les Yoruba au XVᵉ siècle, et y exercèrent une profonde influence intellectuelle, comme en témoigne l'existence, dans la langue yoruba, de nombreux mots abstraits d'origine songhaï [21]. À la fin du XVIIIᵉ siècle, pourtant, les clercs des États haoussa considéraient les Yoruba comme des gens qu'on était en droit de réduire en esclavage puisqu'ils étaient païens. Les peuples voisins résistèrent ouvertement, en particulier le royaume jukun, dans la vallée de la Bénoué, et les Bariba du Borgu : au XXᵉ siècle, ils battaient encore du tambour lors de la première lune du ramadan afin de clamer leur opposition. La situation dans les États mossi était plus commune : les commerçants de langue mandé étaient tolérés en tant que communauté quiétiste, ce qui leur valut certaines sympathies chez les chefs mais, apparemment, ne leur permit pas de faire des convertis dans la population rurale, fidèle au culte des ancêtres.

Les religieux musulmans, comme leurs homologues chrétiens en Éthiopie, considéraient les religions africaines comme autant d'œuvres du Diable. Au Kano, par exemple, eux aussi abattirent des arbres sacrés, d'où sortirent « d'étranges démons que nul ne pourrait décrire », et construisirent une mosquée sur le site [22]. Cependant, tout comme en Éthiopie, la réaction des Africains fut inspirée par les traditions éclectiques et pragmatiques des religions du continent. Soucieux d'utiliser tout pouvoir efficace, ils considéraient souvent, au premier abord, les musulmans comme de puissants magiciens. La chronique du Gonja relate que le roi se convertit après avoir constaté en ce domaine la supériorité de l'islam à la guerre. La société poro fit d'un religieux musulman un de ses responsables, afin qu'il la protège magiquement contre ses ennemis. Les amulettes d'origine islamique étaient tout spécialement prisées, tandis qu'un document du Kanem exempte d'obligations civiques les descendants d'un imam du XIIe ou XIIIe siècle, en échange d'une obligation spéciale de prier. La médecine musulmane avait aussi beaucoup de prestige, comme l'histoire sacrée de l'islam, à laquelle on rattachait volontiers sa généalogie – réaction typique de peuples partiellement intégrés à l'Ancien Monde. Les rois du Mali firent ainsi de Bilal, le muezzin noir du Prophète, l'ancêtre de leur lignée ; du Kanem aux pays yoruba, les souverains affirmaient avoir des origines moyen-orientales, et même les chefs bariba, pourtant résolument anti-musulmans, se dénichèrent un ancêtre venu de La Mecque, d'où il avait été chassé pour avoir refusé de suivre l'enseignement de Mahomet. L'islam offrait aux Africains de l'Ouest une idée plus précise du Créateur et de la façon de l'approcher, de puissantes visions du paradis et de l'enfer, un sentiment du but à atteindre et du destin, et une cosmologie se plaçant sous l'autorité de la révélation divine. Au Songhaï, tout cela fut adopté même par ceux qui restaient fidèles aux cultes autochtones. Un tel éclectisme était typique de la région : Allah entra dans les panthéons locaux, ou se fondit avec l'Esprit créateur, on emprunta à la nouvelle foi l'idée d'anges et de démons, on adopta une figure prophétique qui révélait le savoir divin aux hommes. Il en résultait une gamme de croyances très diversifiées que les souverains

encourageaient dans un souci d'harmonie : Ibn Battuta
vit ainsi le roi du Mali célébrer, le matin, la fin du ramadan et, l'après-midi, s'en aller écouter des griots porteurs
de masques à tête d'oiseau qui chantaient les louanges
de la dynastie régnante. On raconte pareillement qu'un
souverain de Djenné fit construire une mosquée divisée
en deux parties : l'une pour les musulmans, l'autre pour
les païens. Jusqu'à la fin du XVIIIe siècle, à la cour de
Katsina du bétail fut sacrifié au Coran.

Les musulmans réagissaient diversement à un tel éclectisme. Au XVIe siècle, à Tombouctou, des clercs rigoureux,
à l'exemple du maître algérien Al-Maghili, dénoncèrent
une telle incroyance, tandis que d'autres, plus accommo-
dants, s'inspirant de l'érudit égyptien Al-Suyuti, y
voyaient l'effet d'une ignorance, que la piété permettrait
peu à peu d'éradiquer par l'exemple. Dans la pratique, les
musulmans s'opposèrent courageusement à certains rites
autochtones, en particulier le sacrifice des serviteurs lors
des funérailles des Grands Hommes ; de telles pratiques
avaient, au XIXe siècle, virtuellement disparu dans les
régions sous influence islamique. Apparemment, les
musulmans abolirent à Tombouctou la coutume, d'origine songhaï, de l'excision des femmes ; en règle générale,
ils considéraient comme mauvais la magie et les esprits
non islamiques, même quand certains non-musulmans les
jugeaient bénéfiques. Et pourtant, à certains égards,
nombre de musulmans étaient des éclectiques, notamment à la frontière sud de l'islam, où de nombreux récits
nous décrivent les descendants de pèlerins dioula offrant
des sacrifices devant des exemplaires du Coran achetés à
La Mecque.

La vénération du Livre saint souligne le fait que
l'alphabétisation constitua une différence cruciale entre
l'islam et les religions autochtones. La langue songhaï a

emprunté divers mots à l'arabe, parmi lesquels celui pour « encre », mais aussi « religion », « paradis », « amulette » et « profit ». Des sociétés insuffisamment peuplées, qu'il était difficile de taxer et de contrôler, ne pouvaient entretenir les bureaucraties qui, à Sumer et dans l'Égypte ancienne, avaient inventé l'écriture. Cela avait pour conséquence que la culture orale était en Afrique d'une exceptionnelle richesse. À la cour kuba, l'art oratoire, le débat, la poésie, la conversation, étaient des arts très raffinés. L'imagination, n'étant pas asservie à des textes écrits, pouvait se donner libre cours. La mémoire était un art cultivé par des devins, qui interprétaient les vers *ifa*, des spécialistes porteurs de messages ou chargés de préserver les traditions des royaumes, des commerçants – dont un collègue européen dit que les pouvoirs en ce domaine « dépassaient de beaucoup l'imagination ». De rares groupes d'Afrique occidentale inventèrent des systèmes de signes écrits, en particulier l'écriture nsibidi utilisée par la société secrète ekpé, au sud-est du Nigeria actuel, mais leur ancienneté est sujette à caution, et surtout ils étaient dépourvus de la souplesse propre à la véritable écriture. Les appels de tambours, ou des groupements d'objets, pouvaient transmettre des messages stéréotypés ; les tisserands haoussa « signaient » leurs tissus en y insérant un motif minuscule ; à Djenné, les mères identifiaient leurs enfants par des cicatrices spécifiques. De tels procédés laissent penser que de nombreux Africains de l'Ouest pouvaient tirer parti de l'alphabétisation islamique. Et pourtant, comme dans l'Égypte ancienne, l'impact de l'écriture dépendait des intérêts de ceux qui la transmettaient, et du contexte social propre à ceux qui la recevaient. On dit qu'au milieu du XVIᵉ siècle, Tombouctou comptait entre 150 et 180 écoles coraniques, mais la plupart se contentaient de faire apprendre par cœur les textes arabes. Les Africains furent relativement peu nombreux à apprendre à écrire : aucun de ceux-ci ne renonça à l'oralité. Au Mali, il existait des secrétaires chargés de la correspondance avec l'étranger ; mais l'administration intérieure ne connaissait que la parole. L'écriture servait par ailleurs à des buts tels que la rédaction d'amulettes. C'est seulement dans une infime minorité des régions de la savane qu'elle devint plus qu'un simple adjuvant à la communication orale, surtout quand l'arabe servit à noter les langues africaines – en premier lieu, peut-être, le haoussa, au XVe ou XVIe siècle. À long terme, l'orthodoxie littérale l'emporterait sur l'éclectisme oral. Mais la victoire était encore loin.

L'islam s'adapta également aux relations sociales autochtones. Dans leur lutte très âpre contre la nature, les Africains se préoccupaient avant tout de la prospérité et de l'harmonie au sein du monde terrestre, idéal qu'incarnait le Grand Homme local, riche en entrepôts à grain, en bétail, en or, et par-dessus tout en hommes pour assurer travail, pouvoir et sécurité. Les vers *ifa* définissaient une existence idéale, marquée par la richesse, les épouses, les enfants, les titres, et une longue vie. La quête de la prospérité entretenait un esprit de concurrence et d'initiative, mais on ne pouvait prouver l'avoir atteinte qu'en l'exhibant ouvertement. Au XVIIe siècle, les nobles de la Côte-de-l'Or donnaient, plusieurs fois par an, des fêtes au cours desquelles ils offraient boisson, nourriture et cadeaux à tous ceux qui se présentaient, ce qui avait pour effet, comme le nota un visiteur européen, d'empêcher toute accumulation. L'*arziki* – la fortune, aux deux sens du terme, en langue haoussa – était facilement perdue là où la nature était hostile et la mort toujours présente. La mobilité sociale n'allait donc pas sans une franche acceptation de l'inégalité – même, et peut-être

surtout, chez les peuples sans État, ostensiblement égalitaristes, mais pour qui tout statut social était le résultat
de la concurrence. Dans ce monde où la terre ne manquait pas, les pauvres étaient ceux qui ne pouvaient la
travailler – parce qu'ils étaient vieux, malades, handicapés, trop jeunes, ou chargés d'enfants, ou qu'ils ne pouvaient compter sur le travail des autres (en particulier leur
parenté) pour les nourrir. Hors du cadre familial, la charité restait généralement informelle, bien que les autorités
politiques de la Côte-de-l'Or eussent fourni aux aveugles
et aux handicapés des moyens de subsistance par le biais
d'emplois protégés, tandis que les gouvernants du Bénin
faisaient preuve d'un panache bien caractéristique :

> Le roi étant très charitable, comme tous ses sujets, il a
> autour de lui des officiers dont la fonction principale est,
> certains jours, de porter une grande quantité de provisions,
> toutes prêtes, que le roi envoie en ville à l'intention des
> pauvres. Ces hommes forment une sorte de procession, mar-
> chant deux par deux, en bon ordre, avec ces provisions, pré-
> cédés par l'officier en chef, qui a un long bâton blanc en
> main [23].

Les musulmans acceptèrent ces usages, négligeant le
don institutionnel *(waqf)* qui était ailleurs la base coutumière de la charité islamique, préférant plutôt les
aumônes personnelles, surtout envers les mendiants qui,
à en juger par les premiers témoignages dont nous disposons, et qui remontent au XIXe siècle, étaient très nombreux dans les États de la savane. Les idéaux ascétiques de
l'islam différaient de ceux des religions africaines ; mais
dans les chroniques de Tombouctou, le clerc qui savait se
montrer à la fois ascétique et généreux, donnant aux
pauvres ce qu'il avait reçu en aumônes, était l'incarnation

de toutes les vertus. C'était là une fusion réussie des valeurs islamiques et indigènes.

La famille

Le souci d'accroître les populations et de coloniser la terre dota l'Afrique occidentale de structures familiales spécifiques et durables. La terre étant un bien quasiment gratuit, il était inutile de la conserver au sein de la famille par des unions monogames ou endogames. Il s'agissait plutôt d'avoir des femmes et des enfants qui la cultiveraient, et qui de surcroît procureraient le soutien social sur lequel reposait le statut de l'homme. Il en résultait une intense compétition marquée par de grandes inégalités, une véritable obsession de virilité chez les hommes et de fécondité chez les femmes, et des tensions extrêmement fortes entre générations d'hommes. Le mariage prit donc plusieurs formes allant de l'enlèvement par un jeune audacieux au paiement d'une dot, la famille de l'époux dédommageant ainsi celle de l'épouse de la perte subie en termes de fertilité et de travail. Si ce dernier système empêchait les puissants d'accaparer entièrement les femmes, il leur permettait sans doute de pratiquer une polygamie très forte ; on estime qu'au XIXᵉ siècle, chez les Yoruba, deux tiers des femmes de la campagne s'étaient prêtées à des unions de ce type. Cela permettait à leurs maris de respecter le tabou d'abstinence consécutif à un accouchement, mais exigeait aussi que la majorité des femmes se marient très jeunes, à la puberté ou juste avant – et que les hommes, à l'exception des plus riches, ne prennent femme que très tard, sans doute à la trentaine, bien qu'il y ait eu des exceptions dans les régions équatoriales. Dans le royaume kuba, où, pour des raisons inconnues, la polygamie disparut (sauf pour les chefs) entre le XVIIᵉ et le XIXᵉ siècle, le montant de la dot baissa très fortement, et les hommes se mariaient parfois à moins de vingt ans. Ailleurs, toutefois, la proportion de célibataires pouvait atteindre la moitié des hommes adultes, tandis que la proportion de ceux qui ne disposaient pas d'une femme sexuellement disponible devait être encore supérieure. En dépit de féroces châtiments auxquels étaient soumis les adultères, cette situation a dû susciter de nombreuses relations extra-conjugales, encourageant à la fois un machisme flagrant, et ces attitudes détendues et hédonistes qui horrifièrent Ibn Battuta : en Afrique occidentale, la femme devait sans doute redouter davantage d'être accusée de stérilité que d'infidélité [24].

La part que les femmes prenaient aux travaux agricoles variait énormément, sans qu'on sache pourquoi : prépondérante chez les Tio du Zaïre actuel, minime chez les Yoruba. En règle générale, cependant, les lourds travaux de défrichage incombaient aux hommes, le plantage et le désherbage, très fastidieux, aux femmes, tous participaient aux récoltes. Les ménages avaient rarement des biens communs, si bien que les femmes disposaient d'une autonomie économique très supérieure à ce qu'elle était d'ordinaire dans les sociétés agricoles, surtout dans la forêt et la partie sud de la savane, où elles dominaient le petit commerce. Bien entendu, elles ne constituaient nullement une catégorie homogène. Au Bornou, par exemple, le statut très élevé des épouses du roi, qui prenaient part aux activités politiques et contrôlaient d'importants territoires, contrastait avec la soumission attendue des paysannes, généralement beaucoup plus jeunes que leurs maris, et les travaux pénibles imposés aux femmes qui formaient la majorité des esclaves d'Afrique occidentale. Dans le royaume mossi de Yatenga, le palais royal avait deux portes : l'une réservée aux hommes libres, l'autre aux esclaves et aux femmes. Celles-ci étaient toutefois en partie protégées par la vigoureuse compétition entre les épouses, et la relative facilité du divorce dans de nombreuses sociétés.

Dans la plupart des régions, l'organisation sociale avait pour idéal une grande maisonnée dirigée par un Grand Homme entouré de ses épouses, de ses fils mariés ou non, de ses frères cadets, de parents pauvres, de ses dépendants, et d'une nuée d'enfants. Des unités familiales de ce genre, regroupant entre dix et quarante personnes, constituèrent les groupes de colonisation essentiels de l'Afrique équatoriale ; c'est autour d'elles que se formaient les villages, et pour finir les chefferies, comme ce fut également le cas chez les Malinka et les Haoussa en Afrique occidentale. Au XVIIᵉ siècle, la maisonnée d'un notable urbain de la Côte-de-l'Or pouvait compter plus de 150 personnes, celle d'un noble du Kongo plusieurs centaines. Là où l'agriculture extensive était la norme, une structure de ce genre était sans doute plus efficace à créer et garantissait une sécurité économique, tout en assurant la protection de ses membres dans un monde souvent violent. Quand, au début du XXᵉ siècle, ces maisonnées furent dénombrées pour la première fois au Ghana, leur taille moyenne était importante : de 10 à 15 personnes dans 5 villages haoussa en 1909, 10,4 personnes dans 61 maisonnées tallensi dans le nord du pays, en 1934. Pourtant, si chez les Haoussa certaines comptaient jusqu'à cinquante membres, la plupart étaient sans doute des plus réduites, ce qui recoupe des témoignages en provenance d'autres continents et montre que la grande maisonnée était plus un idéal qu'une norme réelle. Les données relatives au royaume du Kongo, au XVIIᵉ et au début du XVIIIᵉ siècle, laissent penser que celle d'un agriculteur était en moyenne de cinq à six personnes, soit à peu près la même chose qu'en Égypte ancienne [25]. Bien entendu, de telles maisonnées étaient liées à d'autres par la parenté – c'est probablement le sens précis que recouvrait le terme de « parenté élargie ». Le contraste entre celle du Grand Homme et celle du cultivateur était sans doute essentiel à l'organisation sociale, dans ce monde dominé par la famille.

Dans les sociétés polygames, la compétition pour les épouses fit des conflits entre générations d'hommes une des forces les plus dynamiques et les plus durables de l'histoire africaine, alors que la très grande disponibilité de la terre minimisait les autres conflits sociaux – situation exactement inverse de celle de l'Inde, où les jeunes gens des deux sexes se mariaient jeunes, mais où la terre était rare, et les affrontements centrés sur la stratification sociale plutôt que sur l'âge. Sous sa forme la plus simple, dans l'Afrique subsaharienne, cela pouvait opposer père et fils à propos du bien avec lequel payer la dot pour la même femme, mais il est probable que le conflit se diffusait plus communément dans la société prise dans son ensemble. Il était implicite dans le mythe et le folklore, qui insistent sur le respect dû aux anciens – dans la pensée dogon, désobéir à un ancêtre apportait la mort dans le monde –, et l'usage très répandu des rites d'initiation à l'âge adulte, moyens douloureux, et psychologiquement traumatiques, d'imposer l'autorité de l'âge. Un mythe kuba dit que le premier homme les créa pour punir ses fils de s'être moqués de sa nudité. Des analyses linguistiques suggèrent par ailleurs que la circoncision et leur organisation en groupes d'âge étaient déjà, dans les régions équatoriales, des éléments culturels fondamentaux au cours du Ier millénaire après J.-C. Pour autant, les sociétés d'Afrique occidentale n'étaient pas des gérontocraties immobiles. Des peuples en lutte contre la nature ne pouvaient se permettre une déférence excessive au grand âge – que, de toute façon, peu de gens atteignaient. Au XVIIᵉ siècle, un Européen décrivant la Côte-de-l'Or notait : « Ils n'aiment pas devenir vieux, car alors ils ne sont ni estimés ni honorés ; ils sont mis de côté, et nulle part respectés [26]. » La tradition raconte que Ewuare, du Bénin, aimait les bronziers, parce qu'il paraissait plus jeune sur leurs sculptures que sur celles en bois. Ceux d'Ifé ont, en général, représenté leurs rois au début de la maturité, avant le déclin. Quand l'art ou les masques africains représentaient les gens âgés, c'était souvent sous la forme de caricatures. Il s'ensuit que les aînés qui exerçaient l'autorité n'étaient pas nécessairement des vieillards édentés, pas plus que les jeunes n'étaient forcément immatures, le terme désignant généralement tous les célibataires. Au Bénin, par exemple, le groupe d'âge des plus jeunes regroupait les adolescents entre douze et vingt ans. Les occasions de conflit étaient nombreuses, non seulement à propos des femmes mais aussi du travail qu'ils fournissaient, ressource essentielle pour leurs parents, mais qu'eux-mêmes pouvaient transformer en moyen d'indépendance là où la terre était aisément disponible. Au début du XVIIᵉ siècle, la Côte-de-l'Or avait déjà ses « garçons communs » qui attendaient sur la plage qu'on les chargeât, contre rétribution, de tâches rebutantes. De surcroît, si les aînés avaient le pouvoir de contrôler les épouses et les biens, les jeunes pouvaient recourir à la violence, dans un monde où chaque homme devait être prêt à se défendre, lui et sa famille. C'est pourquoi le rapt et l'enlèvement coexistaient avec le mariage accompagné du versement d'une dot. La violence des jeunes était permise et encouragée, comme dans les batailles ritualisées que les groupes de jeunes Haoussa se livraient entre villages ou quartiers d'une ville, selon des structures communes à toute l'Afrique occidentale. Ils pouvaient aussi cultiver une sous-culture qui leur était propre : elle mettait l'accent sur la beauté, l'habillement, les ornements, la virilité, l'insolence et l'agressivité, à en juger à la fois par les récits des premiers observateurs européens, et des objets aussi anciens que les figurines de Nok, qui montrent un souci très vif de l'apparence personnelle. Dans des situations extrêmes, ces tensions amenaient les jeunes gens à provoquer des bouleversements politiques : ce fut le cas au XVIe siècle en Angola, dans la société des guerriers imbangala, reposant sur les rites d'initiation et l'inversion des valeurs sociales, ou, à la même époque, au Niger, dans la prolifération de réfugiés des chefferies arawa, après qu'un jeune souverain eut mobilisé ses contemporains contre leurs aînés. Inversement, les tensions entre générations pouvaient être dramatisées lors de fêtes, comme dans les parades de masques do, auxquelles Ibn Battuta semble avoir assisté à la cour du Mali. Nous savons pourtant peu de choses de l'histoire de la danse, qui est la forme culturelle la plus importante d'Afrique, et celle qui a, le plus vraisemblablement, incarné les valeurs de la jeunesse.

La seule activité de loisir dont l'histoire remonte bien avant le contact avec les Européens est un jeu de plateau qu'en Afrique occidentale on appelle souvent *mankala*. Peut-être originaire d'Égypte, où l'on a retrouvé un damier datant de 1500 avant J.-C. environ, le jeu semble s'être d'abord diffusé auprès des locuteurs de langue afro-asiatiques, et de là avoir gagné tout le continent, à l'exception de sa pointe sud, tout en évoluant de façon assez complexe. La légende veut que Sundiata y ait joué sa vie contre celui qui lui disputait le pouvoir sur le Mali. La statuette rituelle de Shyaam le montre avec le plateau du *mankala*, qu'il est censé avoir introduit lors de la fondation du royaume kuba. Ce jeu, africain, était joué en public, à l'africaine, très vite, à grand bruit. L'islam ne l'aimait guère, et s'efforça de le remplacer par le *dara* (variante du jeu de dames), plus posé, tandis que la noblesse éthiopienne jouait à une variante particulièrement compliquée du jeu, ou préférait les échecs. Ceux-ci étaient typiques d'une société stratifiée : les pièces y ont des valeurs inégales, et l'objectif est de détruire l'adversaire. Dans le *mankala*, elles avaient toutes la même valeur, et le but était de capturer celles de l'ennemi et de les ajouter aux siennes. C'était le jeu d'une société désireuse d'accroître le nombre de ses membres[27].

CHAPITRE VI

Des sociétés colonisatrices :
l'Afrique orientale et australe

Ce chapitre traite des régions situées à l'est et au sud de la forêt équatoriale au cours du millénaire allant de la fin de l'âge du fer au XVIIIe siècle, qui vit pour la première fois le monde extérieur pénétrer profondément la région. Les thèmes centraux en sont les mêmes qu'en Afrique occidentale : colonisation de la terre, contrôle de la nature, expansion des populations, consolidation des sociétés. Mais les circonstances sont différentes. Musulmans et Européens n'étant généralement pas allés plus loin que les côtes, il existe, à la différence de l'Afrique de l'Ouest, peu de témoignages écrits, et les traditions orales remontent rarement au-delà des trois derniers siècles. Il reste donc beaucoup d'incertitudes, bien que les fouilles archéologiques indiquent quelle richesse de savoir attend d'être mise au jour. De surcroît, alors que les ceintures climatiques de l'Afrique occidentale tendaient à séparer pasteurs et cultivateurs, ceux-ci se mêlaient dans l'est et le sud du continent, où l'activité sismique et volcanique avait engendré de très grandes variations locales d'altitude, de pluviosité et d'environnements. Les prairies où les premiers hommes avaient évolué nourrissaient désormais le bétail, forme principale de la richesse. Les zones de peuplement étaient dispersées, souvent très mobiles, et il existait peu de centres urbains capables de rivaliser avec Djenné ou Ifé. Les interactions entre pasteurs et cultivateurs donnèrent naissance à nombre des premiers États de la région, bien que d'autres soient apparus dans les rares endroits qui connaissaient un commerce de grande ampleur. Les valeurs pastorales modelèrent les cultures, les idéologies, les organisations sociales : les hommes, mais aussi leurs troupeaux, s'engagèrent dans une lente et douloureuse colonisation de la terre.

L'Afrique australe

Vers 400 après J.-C., des cultivateurs de l'âge du fer, de langues bantou, occupaient une bonne part de l'Afrique de l'Est et du Sud, bien que faiblement et de manière très inégale. Les témoignages archéologiques montrent qu'ils préféraient d'ordinaire les régions bien arrosées – marges de la forêt, vallées, bordures de rivières ou de lacs, plaines côtières – et suggèrent que leur existence reposait principalement sur le yam, le sorgho, la pêche, la chasse et le petit bétail, plutôt que sur le millet et le gros bétail. En Afrique orientale, on a découvert les restes d'hommes autour du lac Victoria (où le défrichage de la forêt était déjà bien avancé), au pied de hautes montagnes telles que le mont Kenya, et près de la côte, mais non dans les pâturages du nord et de l'ouest de l'Ouganda, dans la vallée du Rift ni dans l'ouest de la Tanzanie, qui restaient vides, ou qu'occupaient des populations plus anciennes. Plus au sud, dans le centre du continent, les bantouophones étaient extrêmement dispersés au milieu de chasseurs-cueilleurs khoisan ; ils connaissaient déjà des styles de poterie régionaux, mais là aussi préféraient s'installer dans des endroits tels que la vallée du Zambèze, au-dessus des chutes de Victoria, où existaient « des regroupements de petites huttes de pailles aux murs à clayonnages revêtus d'argile au milieu de clairières taillées dans les bordures boisées d'un *dambo* [1] » (dépression humide). Les cours d'eau et les rivages attirèrent aussi les premiers colons bantouophones dans ce qui est aujourd'hui l'Afrique du Sud : en règle générale ils avaient peu de bétail et occupaient la partie basse et boisée du veld proche des côtes, évitant les pâtures sans arbres du veld de l'intérieur, d'altitude supérieure (*highveld*).

L'Afrique australe fournit les meilleurs témoignages de l'évolution ultérieure vers des structures politiques de grande ampleur par le biais d'une croissance du pastoralisme et de son rôle, comme de celui du commerce. Vers 500 après J.-C., des groupes bantouophones venus de la côte s'installaient dans des vallées remontant dans le *highveld*, et ils faisaient peut-être brouter leurs troupeaux dans les hautes terres. À cette date, dans les montagnes du Soutspansberg, au Transvaal, des peuples édifiaient des fermes composées de huttes circulaires entourant des enclos à bétail dans lesquels ils creusaient des puits de stockage et des tombes – structure qui devint aussi caractéristique d'une bonne part de l'Afrique australe, que les rues bien droites, et les huttes rectangulaires, des villages d'Afrique équatoriale. Plus à l'ouest, sur la bordure orientale du Kalahari, dans l'actuel Botswana, les pluies étaient, vers le milieu du Ier millénaire, bien plus abondantes qu'aujourd'hui : elles favorisèrent une culture fortement pastorale, appelée tradition toutswe, pour avoir repris ce modèle architectural et qui, vers 900 après J.-C., se différencia en une hiérarchie d'implantations de tailles

très diverses, ce qui implique l'existence d'autorités politiques, et démontre l'importance du bétail comme source
de richesse et instrument de stratification sociale.

La tradition toutswe survécut au moins jusqu'au
XIIIe siècle, quand la sécheresse, et la surexploitation des
sols, trop broutés par les animaux, provoquèrent peut-être
la dépopulation de la région. Inversement, dans le Natal
actuel, la poterie du premier âge du fer fut radicalement
supplantée, entre le Ve et le XIe siècle, par un style nouveau, tandis qu'apparaissaient des sites de peuplement
plus réduits, généralement associés aux troupeaux dans
cet environnement plus humide. On ne sait trop si cette
discontinuité est due à un mouvement d'immigration, ou
à une expansion locale du pastoralisme, mais ces nouvelles structures existaient encore chez les peuples de
langue nguni de la région quand les Européens les décrivirent pour la première fois. À l'ouest, dans les montagnes
du Drakensberg, les peuples Sotho-Tswana, étroitement
apparentés, apparurent ensemble d'après les témoignages
archéologiques ; ils pratiquaient un pastoralisme plus
extensif. Leur origine prête à controverses, mais au cours
du XIIe siècle, la poterie moloko, qui leur sera associée par
la suite, remplaça les styles antérieurs sur des sites du nord
et de l'est du Transvaal. À partir de là, ils colonisèrent le
highveld de la partie sud de cette province puis, à partir
du XVe siècle, l'État libre d'Orange, dont les prairies sans
arbres, souvent touchées par la sécheresse, avaient dis-
suadé les cultivateurs autant qu'attiré les pasteurs. Ici la
pierre était forcément le principal matériau de construction : d'après les vestiges, les villes comptant jusqu'à
1 500 personnes, étaient composées de cercles entremêlés
de huttes rassemblées autour de parcs à bétail, et reliées
par des murs de pierre sèche. Leur multiplication aux XVIe
et XVIIe siècles suggère un accroissement des populations

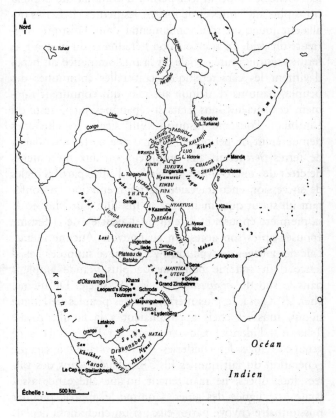

7. Des sociétés colonisatrices : l'Afrique orientale et australe

dans des zones favorisées, à partir desquelles des groupes
sotho et tswana se dispersèrent dans toutes les directions,
leur richesse en bétail leur permit d'assimiler des populations plus anciennes et de former les petites chefferies qui
allaient jouer un rôle fondamental dans l'histoire ultérieure du veld. La transmission héréditaire du pouvoir, la
ferme comme unité sociale, et la prédominance du bétail
devinrent les caractéristiques culturelles communes des
peuples bantous d'Afrique australe, qui connurent rarement ces sociétés sans États si répandues sur le reste du
continent. Pourtant, jusqu'au XVIIIe siècle, ces chefferies
demeurèrent de petite taille, car d'une part, l'abondance
de terres permettait aux ambitieux ou aux mécontents
de créer des micro-unités nouvelles, d'autre part les règles
de succession encourageaient la fragmentation en confé-
rant un statut quasiment égal au fils aîné d'un chef et de
sa première épouse, et à celui qu'il avait eu de la femme
épousée après son accession au pouvoir. Aucune hiérarchie des villages de type toutswe, ne laisse supposer l'existence d'un système politique de plus grande ampleur
dans le sud du *highveld* avant le XIXe siècle. De même,
chez les Xhosa, le plus méridional des peuples de langue
nguni, tous les chefs appartenaient à la famille royale
Tshawe – l'identité xhosa reposait sur l'allégeance à ce
groupe – mais les chefferies se multipliaient à chaque
génération du fait que les fils s'installaient dans des vallées inoccupées, ne maintenant qu'une allégeance assez
lâche à la lignée des aînés. Comme le nota le premier
missionnaire envoyé parmi eux : si un chef xhosa déplai-
sait à ses sujets, ils émigraient peu à peu jusqu'à ce qu'il
s'amende.

   Au nord du Limpopo, de nombreuses traditions (mais
pas toutes) de poteries de l'âge de fer furent supplantées
vers l'an mille par des styles nouveaux. Parmi ceux-ci,

certains, en particulier le style luangwa, prédominant en Zambie (nord, est, centre) et dans le Malawi (nord et centre) actuels, ont vraisemblablement été introduits par des immigrés venus du Shaba (aujourd'hui au Zaïre) et du *Copperbelt* zambien. D'autres, comme le style kalomo et diverses traditions plus tardives du plateau batoka dans le sud de la Zambie, pourraient faire penser que des pasteurs locaux ont étendu leur ère de pâturage, bien que la question soit discutée. Les changements les plus complexes eurent lieu dans le Zimbabwe actuel, plateau situé entre les vallées du Limpopo et ceux du Zambèze, où l'organisation politique atteignit un degré de développement supérieur. Des cultivateurs s'étaient implantés dans la région au moins depuis le IIe siècle avant J.-C. Certains parlaient sans doute des langues qui donnèrent naissance à celles des peuples shona, aujourd'hui majoritaires. Des sites datés de la fin du VIIe siècle ont livré des perles importées des côtes de l'océan Indien. Postérieur de deux siècles, Schroda, dans le bassin Shashi-Limpopo, au sud du plateau, renfermait des perles en grande quantité, les plus anciennes de toute l'Afrique centrale, en même temps que des fragments d'ivoire dont il tirait peut-être sa prospérité. Pourtant, la principale richesse non agricole de la région était une veine aurifère allant du sud-ouest au nord-est, dans la crête la plus élevée du plateau. Quatre sites d'exploitation de l'or montrent des signes d'activité vers la fin du Ier millénaire après J.-C. La plus ancienne référence à l'arrivée de ce métal sur les côtes se trouve chez Al-Masudi, elle date de 916. Moins d'un siècle plus tard, sur un site appelé Leopard's Kopje (Nthabazingwe), dans les prairies proches de l'actuelle Bulawayo, qui attirèrent un grand nombre de pasteurs, on a trouvé des preuves de l'accroissement du nombre des troupeaux, ainsi qu'un style de poterie nouveau. Le

peuple qui y vivait alors parlait sans doute une variante
méridionale de la langue shona. Entre le Xe et le
XIIe siècle, ils la diffusèrent, comme leur poterie et leurs
activités pastorales, à travers tout le plateau du Zimbabwe, jusqu'à ses marges nord et est[2]. Les anciennes
cultures locales restèrent, pour l'essentiel, intactes ; houes
et silos à grain changèrent à peine. Mais de nouvelles
structures politiques émergèrent car les pasteurs pouvaient accumuler richesse et clientèle non seulement grâce
à leurs troupeaux, mais aussi avec le commerce de l'or.

Les effets s'en firent d'abord sentir sur la rive sud du
Limpopo, à Mapungubwe. C'est là, à la fin du Xe siècle,
qu'un peuple appartenant à la culture de Leopard's Kopje
installa une colonie autour d'un parc à bétail. Dans cet
important centre commercial, de nombreux objets
d'ivoire s'échangeaient aussi contre des perles de verre
importées ; à mesure que ce trafic se développa, les troupeaux furent déplacés, sans doute parce qu'ils étaient
devenus trop importants pour être maintenus sur place.
Puis, vers 1075, la cour quitta la plaine pour le sommet
d'une colline gréseuse, où fut mise en place une culture
élitiste. D'imposants murs de pierre y délimitaient les
zones importantes. Des fuseaux révèlent la production du
premier tissu fabriqué en Afrique centrale ; à en juger par
les offrandes funéraires plaquées d'or retrouvées dans les
tombes des notables et par la hiérarchie des habitations
environnantes, cet État était parvenu à surmonter la segmentation qui avait limité les dimensions de tous les
royaumes précédents.

Au début du XIIIe siècle, quand Mapungubwe fut abandonné, le pouvoir régional se déplaça vers le nord du
Limpopo, à Grand Zimbabwe, où se dressent encore
aujourd'hui les vestiges les plus majestueux de l'âge du
fer africain. Ses bâtiments de pierre – un palais édifié au

sommet d'une colline, une grande enceinte aux hautes murailles en dessous, et un réseau d'habitation aux murs moins élevés – ne constituaient que le cœur d'une petite ville aux structures moins durables ; c'est le plus impressionnant des cent cinquante sites encore visibles sur le plateau, disposés pour la plupart le long de sa crête sud-est, afin de permettre l'accès à des environnements variés, et de faire brouter les troupeaux toute l'année dans le veld. Grand Zimbabwe se trouvait dans une région exceptionnellement bien arrosée, admirablement située pour le pastoralisme. Au XIIe siècle, ce fut sans doute la capitale d'une dynastie locale, un micro-État parmi les centaines d'autres du plateau qui formaient les éléments de base des « empires », assez semblables en cela aux *kafu* du Mali[3]. L'édification de ses murailles de granit commença vers la fin du XIIIe siècle, ce qui coïncide avec les premiers témoignages d'extraction de l'or. Les mineurs étaient souvent des femmes et des enfants qui descendaient, non sans courir de grands risques, dans des puits d'une trentaine de mètres de profondeur. Cela permettait, à l'apogée de l'exploitation, d'exporter près d'une tonne d'or par an, soit à peu près ce que les Européens recueilleraient plus tard dans les terrains aurifères akan d'Afrique occidentale – mais seulement les années fastes. Grand Zimbabwe était situé assez loin des filons, mais contrôlait apparemment le commerce du métal de la vallée de la Sava jusqu'à Sofala, ce qui permit à ses souverains d'évincer leurs rivaux et de devenir le centre d'une culture très étendue. Celle-ci connut sans doute son apogée au début du XIVe siècle, époque à laquelle Kilwa dominait la côte Sofala. On a trouvé à Grand Zimbabwe une pièce de monnaie de Kilwa, datant de 1320-1333, ainsi que de nombreux objets importés (Chine, Perse, monde islamique) datant de cette période. Le commerce était sans doute aux mains des Africains, car rien ne témoigne de l'existence d'une communauté marchande étrangère. Comme la plupart des capitales du continent, Grand Zimbabwe avait certainement des fonctions religieuses : on a successivement évoqué un culte des esprits, une initiation des femmes, une adoration du grand dieu des Shona, Mwari (peut-être symbolisé par les oiseaux de stéatite découverts sur le site). L'agriculture, le pastoralisme et le commerce étaient toutefois au cœur de l'économie de la cité : aussi la surexploitation de l'environnement local (encore dénudé aujourd'hui), mais surtout le déplacement du commerce de l'or vers le nord, dans la vallée du Zambèze située en dessous de la bordure nord du plateau, furent vraisemblablement à l'origine de son déclin au cours du XVe siècle. On devine la prospérité de cette dernière région à la richesse des tombes (fin du XIVe – début du XVe siècle) d'Ingombe Ilede, tout près du confluent du Zambèze et de la Kafue : l'abondance d'or, de lingots de cuivre de fabrication locale, la présence de fuseaux, de coquillages et de perles importées suggèrent l'existence d'un important commerce avec la côte – sur laquelle, au XVe siècle, des marchands dissidents de Kilwa créèrent un port concurrent à Angoche, pour dominer le commerce de la vallée du Zambèze.

L'héritage de Grand Zimbabwe fut divisé. Au sud, le pouvoir passa, plus à l'ouest, aux souverains Torwa de Butua, dont Khami, la capitale, fut bâtie dans le plus beau style Grand Zimbabwe. Au nord, l'extension du commerce du Zambèze entraîna la création du royaume de Monomotapa, fondé au XVe siècle en bordure du plateau, en apparence par une armée venue de Grand Zimbawe, mais plus probablement par des chasseurs, des pasteurs et des aventuriers. Ceux-ci étaient partie prenante du grand déplacement des populations vers le nord, et leurs alliances avec les chefferies locales et les négociants musulmans permirent l'apparition d'un État dont l'influence s'étendait jusqu'à la côte. Il eut des relations avec les Portugais qui, contournant le cap de Bonne-Espérance en 1498, avaient atteint les rivages d'Afrique orientale : en 1505, ils pillèrent Kilwa et Mombasa, enrichissant de la sorte leur forteresse de Sofala, édifiée en vue de prendre le contrôle du commerce de l'or. Un des leurs arriva vers 1511 à la cour du Monomotapa ; vingt ans plus tard, les Portugais créaient une base intérieure à Sena, sur le Zambèze. Les relations se tendirent en 1561, quand le missionnaire Gonçalo da Silveira, qui avait converti un jeune prince du Monomotapa, fut assassiné par des traditionalistes et des commerçants musulmans. Ces derniers furent massacrés par une expédition portugaise chargée de s'emparer des mines d'or ; mais elle ne put s'assurer la maîtrise du plateau, et se contenta de créer des concentrations d'esclaves armés sur la rive sud du Zambèze. Des aventuriers recoururent à ces *chikunda* pour exploiter le commerce et extorquer un tribut aux chefferies de la vallée et de ses bordures, se réservant ainsi des domaines privés que la couronne portugaise, à partir de 1629, reconnut sous le nom de *prazos*. À la fois paternalistes et exploiteurs, ils prirent peu à peu un caractère de plus en plus africain, et dominèrent la vallée jusqu'à la fin du siècle dernier. Dans les années 1620, leurs armées privées déstabilisèrent le royaume du Monomotapa, permettant ainsi aux Portugais d'imposer une dynastie fantoche qui resta sous leur contrôle pendant une bonne soixantaine d'années. Leur position en Afrique orientale ne cessa pourtant de se dégrader au cours du XVIIᵉ siècle. Entre 1693 et 1695, ils furent même tenus à l'écart du plateau par le Changamire, vassal du Monomotapa, dont le pouvoir reposait, semble-t-il, sur une armée composée de jeunes gens enrôlés de force, sur le modèle des *chikunda*. Le Changamire conquit également l'État torwa, et en fonda un appelé *Rozvi* (« les destructeurs »), qui jusqu'au XIXe siècle exerça un pouvoir assez lâche sur le sud-ouest. Il installa aussi une dynastie qui lui était soumise chez les Venda, au sud du Limpopo, et affirma sa domination sur Manyika et son travail de l'or. Gravement affaibli, le royaume du Monomotapa déplaça sa capitale dans la vallée du Zambèze, où il survécut jusqu'au XXe siècle.

L'Afrique centrale

Au nord du Zambèze, dans les terres boisées d'Afrique centrale, l'évolution sociale et politique emprunta une voie différente car la mouche tsé-tsé empêchait le pastoralisme de jouer un rôle aussi actif que la croissance démographique, les interactions culturelles et le commerce. Le meilleur témoignage d'un développement continu nous vient du vaste cimetière de Sanga, dans la dépression d'Upemba, au sud-est du Zaïre : c'était l'un des nombreux bassins inondables qui furent au cœur de l'évolution culturelle du centre de l'Afrique. Au VIe siècle après J.-C., une population de pêcheurs, relativement clairsemée, y occupait les rivages du lac : ils travaillaient le fer, exploitaient le palmier à huile, et parlaient probablement une langue bantoue ancêtre de celles des Luba d'aujourd'hui, mais ils n'avaient de relations commerciales qu'avec leurs voisins immédiats. L'évolution ultérieure de cette communauté reposa sans doute sur le poisson séché, échangé dans des zones de plus en plus vastes de la savane environnante toujours en manque de protéines. Certaines tombes sanga creusées entre le VIIIe

et le Xe siècle ont livré des haches de cuivre cérémonielles, dont le modèle allait devenir, dans la région, le symbole de l'autorité politique pour le millénaire à venir. Une hiérarchie se formait peu à peu ; la population avait beaucoup augmenté, bien que l'économie locale reposât davantage sur la pêche et la chasse que sur l'agriculture ; il n'y avait pas de bétail. Ce n'est qu'à partir du Xe siècle que des tombes ont renfermé des cauris, ce qui implique des contacts commerciaux (sans doute indirects) avec les côtes d'Afrique orientale. Au cours des quatre siècles qui suivirent, les offrandes funéraires se firent toujours plus riches ; on peut en déduire l'existence d'artisans professionnels. Celles des tombes de l'élite sont particulièrement raffinées, en particulier pour les femmes – sans doute la société était-elle de type matrilinéaire. L'une d'elles, datant peut-être du XIVe siècle, contenait une grande croix de cuivre d'un modèle alors très répandu à cette époque en Afrique centrale : il se peut que cet objet précieux ait fait partie de la dot. Au cours des deux siècles suivants, d'autres croix, plus petites, aux tailles standardisées, devinrent communes ; il s'agissait presque certainement de monnaie.

Au XVIIIe siècle, Sanga fut sans doute incorporée dans un empire luba installé dans les plaines du nord. Un royaume luba avait très certainement émergé vers 1600, peut-être même quelques siècles auparavant. Comme c'est souvent le cas, la légende attribuait sa fondation à un chasseur nommé Kalala Ilunga, qui avait imposé son autorité aux chefferies locales, et créé les institutions d'un État plus vaste. En fait, le processus se déroula sans doute sur plusieurs générations, car il impliquait le contrôle du commerce régional, la collecte et la redistribution de tributs, de nombreux mariages entre souverains et familles provinciales, un réseau de sociétés d'initiation, comme la diffusion d'emblèmes royaux et d'une idéologie faisant de la naissance le critère d'accès au pouvoir. Au XVIIIᵉ siècle, ce royaume devint un empire qui s'étendit de Lubilashi, à l'ouest du lac Tanganyika, jusqu'à l'est. Son influence et son prestige étaient encore plus vastes : des chefs qui se disaient d'origine luba s'établirent à Ufipa, à l'est du lac, tandis que d'autres, au XVIIᵉ siècle, s'étaient installés plus au sud pour créer une confédération chez les Bemba, dans les terres boisées médiocrement peuplées du nord-est de la Zambie. La culture luba avait par ailleurs donné le jour à deux grands systèmes politiques.

L'un était le groupe d'États Maravi, à l'ouest et au sud du lac Nyasa. Des immigrants venus de la région du Shaba y avaient sans doute rejoint les populations locales après le XIᵉ siècle, peut-être attirés par les chutes de pluie très régulières des rivages du lac. Ils furent suivis, autour de 1400, par des clans Phiri se disant d'origine luba – affirmation que valident la nature des rituels et leur terme pour désigner le chef *(mulopwe)*. Les Phiri s'unirent par mariage aux dirigeants autochtones, leur accordèrent le contrôle de la terre et leur confièrent d'importantes fonctions politiques, tout en affirmant victorieusement leur propre suzeraineté. Leur histoire politique est difficile à reconstituer à partir des traditions et des documents portugais dont nous disposons, mais elle est centrée sur trois États aux pouvoirs héréditaires. Kalonga, installé au sud-ouest du lac Nyasa, prétendait être le plus ancien, mais ne parvenait à dominer que sporadiquement. Lundu, dans la vallée du Shire, au sud du lac, tirait profit du commerce de l'ivoire, et tenta d'asseoir sa suprématie à la fin du XVIᵉ siècle, quand ses guerriers zimba, deux fois vainqueurs des Portugais conquirent une bonne part du pays makua, dans le Mozambique actuel. L'Undi, à l'ouest du lac, devint le plus puissant au XVIIIᵉ siècle, là encore grâce au commerce de l'ivoire avec les Portugais sur le Zambèze.

Le royaume Lunda, de l'autre côté du Lubilashi, à l'ouest, était l'autre État de la région. Ses souverains affirmaient descendre du Chibinda (le Chasseur) Ilunga, neveu du légendaire fondateur de l'empire luba. En fait, la création de cet État parmi les peuples de la savane du sud de la forêt congolaise, vers 1600, fut sans doute le résultat d'évolutions locales qui n'excluent pas certains emprunts aux Luba [4]. Les lignages des gens du commun étaient de type matrilinéaire, mais ceux des chefs étaient patrilinéaires, comme chez les Luba. On les appelait *mulopwe*, bien que vers la fin du XVIIe siècle, le roi portât le titre plus précis de *mwuant yav*. Plus important encore, dans cette région faiblement peuplée où le risque de fragmentation politique était encore plus grand qu'au Maravi, l'État lunda adopta deux dispositifs remarquables : succession selon l'ordre de position et parenté perpétuelle – tout nouveau titulaire d'une fonction héritait de l'ensemble de la personnalité sociale de son prédécesseur, y compris ses relations de parenté, si bien que lorsqu'un fils de roi créait une chefferie, il demeurait toujours, par la suite, en relation filiale avec la royauté, si lointaines que puissent être les relations du sang entre les titulaires actuels des deux fonctions. En séparant ainsi système politique et système social, tout en maintenant les relations familiales comme modèles du comportement politique, le Lunda parvint à exercer une suzeraineté assez lâche, mais qui lui permettait d'imposer un tribut à des peuples de culture assez semblable, et ce sur une immense partie de l'Afrique centrale : « une chaîne d'îles politiques au sein d'une mer de forêts ». Au XVIIIe siècle, l'expansion vers l'ouest de l'influence lunda se fit sentir sur les systèmes politiques Pende et Yaka. Au siècle précédent, une

émigration vers l'est avait sans doute provoqué la création
du royaume Bulozi, à partir de petites chefferies des
plaines inondables du Zambèze : système politique
sophistiqué, dans un environnement d'implantations
installées sur des collines artificielles, dotées de canaux
d'écoulement, caractérisé par une agriculture irriguée par
inondation, et la redistribution de produits régionaux
spécialisés. Plus au nord, pendant les années 1740, un
général lunda, le Kazembe, vainquit les peuples de langue
bemba de la fertile vallée de la Luapula. Il s'installa parmi
eux, tout en maintenant une allégeance formelle au lointain *mwani yav*, et en gardant la conviction, propre aux
aristocrates lunda, que son rôle était de gouverner, et celui
de ses sujets de cultiver ou de pêcher. Même là, pourtant,
où l'idée très stricte que les Luba-Lunda se faisaient du
pouvoir était appliquée sans concessions, la mobilité des
populations exerçait des pressions sur les dirigeants car
les terres étaient très largement vides. Comme David
Livingstone l'écrivit en 1867, pour évoquer la situation
de l'actuel Kazembe :

> Il y a cinq ans, quand il a usurpé le pouvoir, son pays
> était densément peuplé ; mais il s'est montré si sévère – cou-
> pant les oreilles, les mains, et autres mutilations, ou vendant
> les enfants pour de très légères infractions –, que ses sujets
> se sont graduellement dispersés dans les pays voisins, hors
> d'atteinte de son pouvoir. C'est là la méthode commune de
> lutter contre la tyrannie dans des régions comme celle-ci, où
> les fugitifs ne reviennent jamais. Le Kazembe actuel est très
> pauvre [5].

L'Afrique orientale

L'évolution de la savane d'Afrique de l'Est, des premières cultures de l'âge du fer à des sociétés plus

complexes, témoigne d'une forte continuité. Ce fut en partie l'œuvre de cultivateurs de langue bantoue qui, en se multipliant et en acquérant les compétences nécessaires, parvinrent à coloniser des environnements nouveaux et à en absorber les populations dispersées. C'est ainsi que peu après le Xe siècle, les ancêtres des Sukuma et des Nyamwezi actuels, spécialisés dans l'agriculture de céréales sur terrain sec, s'installèrent dans le centre et l'ouest de la Tanzanie, tandis qu'au même moment l'arrivée de la banane (venue d'Asie) permettait à d'autres cultivateurs de coloniser les forêts de sommets montagneux tels que le Kilimandjaro. Mais cette continuité fut aussi l'effet du déplacement graduel vers le sud, en direction de l'Afrique orientale, des peuples de langue nilotique partis du Soudan méridional. Des pasteurs de même origine (ancêtres des Kalenji du Kenya moderne) étaient sans doute déjà arrivés peu après l'an mille. D'autres s'étendirent lentement derrière eux, poussant peut-être jusqu'au Kilimandjaro. Le groupe le plus puissant d'entre eux, les Masai, ne devait pourtant dominer la vallée du Rift qu'aux XVIIe et XVIIIe siècles. Inversement, les Nilotes occidentaux étaient des cultivateurs tout autant que des pasteurs, quand commença leur expansion depuis le Soudan : un groupe s'avança vers le nord pour fonder le royaume Shilluk, au sud de Khartoum, tandis que la majorité prenait le chemin inverse et se dirigeait vers la région des Grands lacs, où leurs descendants les plus nombreux, les Luo, occupèrent le rivage oriental du lac Victoria.

De nombreux peuples de la savane demeurèrent sans État. Parmi les populations kouchitiques du sud qui, les premières, avaient introduit la production alimentaire dans la vallée du Rift et ses environs, le groupe le plus important, les Irawq du nord et du centre de la Tanzanie,

ignorait toute autorité politique en dépit de siècles
d'agressions nilotiques. Le mot d'origine bantoue qui
désignait un chef disparut de nombreuses langues bantoues orientales. Des peuples d'agriculteurs isolés, surtout
dans les hautes terres, résolvaient leurs querelles en se
référant à des coutumes communes, ainsi ceux qui
s'étaient installés là où croissait le figuier *(mukuyu)*, et qui
devinrent les Kikuyu de l'actuel Kenya. En règle générale,
les pasteurs n'avaient pas, eux non plus, de dirigeants
politiques, et ne reconnaissaient que l'autorité des chefs
de guerre, des experts en rituel aux fonctions héréditaires,
ou d'hommes d'âge vénérable faisant office de porte-
parole. Dans la savane de l'Afrique orientale, l'autorité
politique empruntait généralement deux voies. Dans les
zones boisées, médiocrement peuplées, de la Tanzanie
moderne, de nombreux petits chefs étaient les descendants des premiers colons ; leur titre, *ntemi*, venait d'un
mot signifiant « défricher en coupant ». Comme les chefferies xhosa, leurs petites unités ne cessaient de se diviser
chaque fois qu'un prince évincé partait coloniser de nouvelles terres dans la brousse. Sinon, la tradition pouvait
dépeindre le chef comme le descendant d'un étranger,
généralement un chasseur ou un pasteur : pour gouverner, il devait rester neutre dans les querelles locales, et
posséder suffisamment de biens pour s'attirer une clientèle. De nombreuses traditions de ce type incarnent les
interactions entre peuples de cultures différentes, sans
coutumes communes et qui devaient donc s'en remettre
à une autorité politique pour régler les conflits. Dans le
Shambaa, ce bloc montagneux qui émerge des plaines du
nord-est de la Tanzanie, des cultivateurs de langue bantoue, établis là depuis longtemps, furent menacés, au
XVIIIe siècle, par des pasteurs migrants – peut-être des
réfugiés kouchitiques fuyant l'expansion masai, et dont

l'organisation sociale était bien plus importante que celle des petites chefferies de la région. Selon la tradition, un royaume incarnant les valeurs de la culture locale, et chargé de la défendre contre cette invasion, fut fondé par Mbegha, chasseur immigré dont les prouesses, et les alliances politiques avec les chefs locaux, convainquirent les Shambaa de faire de lui leur roi. L'histoire des Nilotes occidentaux reprend les mêmes structures, car si ceux qui, sous le nom de Padhola, s'installèrent dans une région inoccupée d'Ouganda, n'avaient pas d'autorités politiques. Les Luo du Kenya, qui devaient affronter des populations bantoues et nilotiques plus anciennes, créèrent plusieurs petites chefferies. Dans une telle situation, la possession de bétail était particulièrement avantageuse, car il n'existait aucune autre forme de richesse suffisamment rare, stockable et reproductible qui permît de se gagner une clientèle politique ou d'acquérir des épouses en dehors des relations de parenté. Le bétail donnait à ses possesseurs un avantage démographique crucial.

Cette dynamique permet de comprendre l'histoire de l'autre grande région d'Afrique orientale, celle des Grands lacs, où les pluies sont abondantes. Au cours des VIIᵉ et VIIIᵉ siècles au Rwanda, et un peu plus tard ailleurs, la poterie du premier âge du fer associée aux zones habitées par les Bantous céda brusquement la place à un style « rouletté » assez grossier, orné de motifs tracés dans l'argile encore molle avec des fibres végétales tordues. Des Nilotes du Soudan méridional, comme de l'est du lac Victoria, fabriquaient déjà une poterie de ce genre, et les découvertes archéologiques laissent penser qu'ils l'apportèrent au Rwanda, d'où elle se diffusa dans toute la région des Grands lacs. Au même moment, comme dans le *high-veld* d'Afrique australe, le pastoralisme prospéra dans les prairies, jusque-là inoccupées, qui s'étendent de l'ouest de l'Ouganda à l'est du Rwanda et du Burundi, coexistant peut-être avec de petites chefferies agricoles bantoues sur les collines bien arrosées et les rives des lacs. Toutefois, les analyses linguistiques ne trahissent aucune intrusion nilotique, tandis que les pasteurs de la région, bien qu'ils fussent différents génétiquement[6], ne parlent aujourd'hui que des langues bantoues. Le processus historique qui a amené ces changements de styles de poterie reste donc obscur. Les indications qui attestent du développement dans les prairies de Bwera, à près de 100 kilomètres au nord-ouest du lac Victoria, d'une société de plus grande ampleur sont peu fiables. C'est là qu'à Ntusi, une concentration de centaines ou de milliers de gens pratiqua à la fois l'agriculture et l'élevage, du XIe au XIVe ou XVe siècle, soit à peu près à l'époque pendant laquelle les dépôts salins de Kibiro, 100 kilomètres plus loin, sur le lac Albert, furent, pour la première fois, l'objet d'une exploitation systématique. Les deux sites ont livré de la poterie « roulettée », et Ntusi des perles de verre et de coquillage qui sont peut-être – mais la question est discutée – les plus anciens témoignages de contacts entre la région des Grands lacs et la côte de l'océan Indien[7]. À quelques kilomètres de là, les énormes terrassements de Bigo, « la plaine défendue », entouraient, entre le XIIIe et le XVIe siècle, plus de 300 hectares de pâturages.

Ntusi, Kibiro et Bigo suggèrent que l'apparition d'un pastoralisme extensif a rendu l'économie plus complexe. Ces trois villes prospérèrent au moment où des pasteurs et des cultivateurs nilotiques, apparentés aux Luo du Kenya et venus du nord, pénétrèrent dans la région des Grands lacs. Et les trois sites furent abandonnés à une période, autour du XVIe siècle, où un clan de Nilotiques occidentaux, les Bito, prit la tête d'un royaume appelé le Bunyoro, dans les pâturages de l'ouest de l'Ouganda, qui cherchait à maintenir l'équilibre entre pasteurs et cultiva-teurs. On ne sait trop si ce fut vraiment l'immense royaume que décrit la tradition, mais des guerres de suc-cession éclataient à chaque génération, et le pouvoir cen-tral demeura sans doute faible jusqu'au XVIIIe siècle, quand une classe dominante, composée des Bito, de pas-teurs et de cultivateurs éminents, se mit à prélever un tribut sur le reste de la population. Voilà peut-être ce qui provoqua une fragmentation politique : à la fin de ce siècle en effet, plusieurs provinces firent sécession.

De tous les voisins du Bunyoro, le plus remuant était le Buganda, situé sur le rivage nord-est du lac Victoria : des pluies abondantes permettaient de cultiver la banane, et donc de faire vivre une population relativement dense, mais des maladies affectant le bétail empêchaient le déve-loppement du pastoralisme. Selon les traditions du Bunyoro le frère cadet de son premier roi avait fondé le Buganda ; toutefois, les coutumes propres de ce pays, et les témoignages linguistiques, font penser que l'essentiel fut l'œuvre des Bantous. C'est au cours des XVe et XVIe siècles qu'il apparaît confusément pour la première fois, sous la forme d'une simple confédération de clans à filiation patrilinéaire, établie sur les bords du lac, à moins de 50 kilomètres de l'actuelle Kampala ; un roi *(kabaka)* la dirigeait qui, en l'absence de clan royal, s'appuyait sur la parenté de sa mère, et sur la suzeraineté assez lâche qu'il exerçait sur tous les autres clans. L'histoire ultérieure du Buganda fut dominée par son expansion territoriale, aux dépens surtout du Bunyoro. Aux XVIIe et XVIIIe siècles, cette expansion se traduisit par la création d'un royaume à la culture très homogène, qui s'étendait sur près de 250 kilomètres autour du lac, et jusqu'à 100 kilomètres à l'intérieur des terres. Les *kabakas* préle-vaient butin et tribut sur les provinces conquises, et char-

geaient leurs représentants de les gouverner ; ces
fonctionnaires officiellement nommés rivalisaient ainsi
avec les chefs de clans héréditaires. Au même moment,
des hommes du clan ganda, installés sur des terres
conquises, rompirent la solidarité territoriale clanique et
fondèrent une société de plus en plus individualiste. Les
anciennes fonctions politiques furent peu à peu sous-
traites au contrôle des clans, et la maisonnée royale devint
une administration. Pour finir, la plupart des chefs de
village furent des étrangers nommés par le pouvoir, bien
que les provinces centrales, les plus anciennes, aient
conservé une véritable jungle de juridictions privées sur
lesquelles le *kabaka* n'avait qu'un pouvoir limité. L'organisation sociale était, en son principe, de type militaire :
le chef était un guerrier, et tout homme libre pouvait
choisir celui qu'il servirait, en échange de sa protection et
de terres à cultiver, d'où la formation de chaînes de fidélité rivales, assez semblables à celles qui existaient en
Éthiopie. Le système politique, lui aussi, était ouvert,
compétitif, et s'organisait autour du trône, qui à la fin du
XVIIIe siècle cessa d'être transmis de frère à frère, généralement à l'issue d'une guerre de succession, pour devenir
l'héritage d'un jeune prince désigné par son père et par
les principaux chefs, tandis que ses rivaux étaient exécu-
tés. La cour redistribuait par ailleurs les produits reçus en
tribut des provinces. Les conquêtes territoriales transformèrent ainsi une société clanique en état militarisé, aux
fonctions patrimoniales.

C'est également au XVIIIe siècle que prit forme l'autre
grand royaume de la région des Grands lacs, le Rwanda.
Des collines cultivées y côtoyaient des vallées peuplées de
pasteurs : les interactions entre les deux modes de vie
furent donc particulièrement intenses. Les traditions
locales affirment que les chefs des cultivateurs hutu, de

langue bantoue, furent d'abord les maîtres des collines dans lesquelles les pasteurs tutsi s'infiltrèrent. À la fin du XIVe siècle, existait peut-être également une petite chefferie pastorale dans les pâturages entourant le lac Mohazi. Au début du XVIIe, le Rwanda fut conquis par un de ses voisins, le Karagwe, sans doute dominé par des membres du clan hinda, qui créèrent de nombreuses dynasties dans la région située au sud du Bunyoro. Les souverains du Rwanda n'étaient donc pas tutsi. À dire vrai, à mesure qu'ils consolidaient leur mainmise sur les pâtures et les chefferies hutu avoisinantes, au XVIIe siècle, ils leur empruntèrent nombre de rituels, en particulier celui d'inhumer les rois en plaçant deux enclumes sous la tête du défunt. Une fusion plus étroite de la monarchie et des pasteurs provoqua la création d'une classe dominante, qui s'accompagna au XVIIIe siècle d'une militarisation et d'une expansion croissantes de l'État. Les traditions de cette période laissent penser que la société était violente, dominée par des armées tutsi, et agressive envers ses voisins ; mais c'était encore un petit royaume, la plus grosse part de son futur territoire étant occupée par des chefferies hutu et tutsi indépendantes, ou par des peuples sans État.

Le royaume voisin du Burundi apparut lui aussi aux XVIIe et XVIIIe siècles. Là encore, des pasteurs tutsi avaient infiltré les vallées, et créé de petites chefferies autour du domaine des souverains hutu, qui vers 1700 étaient parvenus à un certain degré de consolidation dans les hautes terres, cœur de la région. C'est à ce moment qu'ils furent soumis par des immigrants venus de l'est. Prétendant avoir des ancêtres hutu, ces derniers absorbèrent les nombreuses petites chefferies au sein d'un royaume qui incorporait les deux cultures, tout en assurant la prédominance aux Tutsi, seuls possesseurs de bétail. À la fin du

XVIIIe siècle, toutefois, le Burundi ne contrôlait encore que la moitié de son futur territoire.

Les origines des Hinda qui conquirent le Rwanda demeurent obscures ; comme l'affirment les traditions du Bunyoro, il se peut qu'ils aient fait partie d'un clan de pasteurs ayant abandonné les pâturages du Bunyoro quand les Bito en prirent le contrôle. Battant en retraite vers le sud, ils créèrent un royaume à Kargwe, dans les prairies du nord-ouest de la Tanzanie, puis établirent d'autres dynasties, à Buhaya, sur le rivage ouest du lac Victoria, et à Nikore, au nord. Leurs traditions simplifient les processus à l'issue desquels les souverains hinda établirent leur suprématie sur les pasteurs comme sur les agriculteurs, encouragèrent une réciprocité entre eux, leur imposèrent un tribut, nommèrent des responsables administratifs, remplacèrent les vendettas par une justice royale, et étouffèrent la résistance des prêtres et des médiums de la religion autochtone, liée au vieux pouvoir bantou et au travail du fer – on le fondait déjà, deux millénaires plus tôt, à Katuruka, où au XVIIe siècle un roi hinda fit bâtir son palais. La royauté, dans la région des Grands lacs, connut son expansion maximale au XVIIIe siècle, quand une dynastie tutsi supplanta les souverains luba arrivés récemment d'Ufipa, à l'est du lac Tanganyika. Les deux grands courants de l'innovation politique d'Afrique orientale s'étaient enfin rencontrés.

Famille et production alimentaire

La colonisation de la terre fut un thème historique encore plus important à l'est et au sud de l'Afrique qu'à l'ouest. Elle avait commencé plus tard, essentiellement grâce à l'expansion bantoue, et se déroula dans un environnement marqué par de fortes différences d'altitude, d'où la juxtaposition très contrastée de terrains arides et bien arrosés. Il en résulta une distribution de population exceptionnellement inégale, des îlots de culture intensive étaient isolés au sein d'immenses pâturages, ou de terres boisées faiblement peuplées.

La plus grande concentration de population se trouvait dans la région des Grands lacs, où les systèmes agricoles reposant sur le yam et le sorgho, antérieurs à l'ère chrétienne, se virent en partie supplantés par l'arrivée de la banane, peut-être à la fin du Ier millénaire après J.-C. Une bananeraie pouvait durer une cinquantaine d'années, et permettre à une femme de produire de quoi nourrir trois ou quatre hommes. Mais il fallait d'abord la créer : à Buhaya, un cinquième des terres était consacré à la culture de bananes, et on en accroissait délibérément la fertilité en y déposant de l'herbe et du fumier venus des terres consacrées à l'élevage. Les traditions rapportent également que des chefs faisaient transporter de la terre pour recouvrir le manteau de latérite stérile sur lequel ils bâtissaient leurs palais. Plus à l'est, la banane donna aussi son nom à des affleurements montagneux dominant les plaines, et densément peuplés : Shambaa (« là où la banane prospère »), ou Mndeny (« dans les bananeraies » ; c'est ainsi que le peuple des Moshi, sur le Kilimandjaro, appelait sa terre natale). Plus au sud, les cultivateurs se regroupaient autour des lacs, dans les vallées fluviales, ou sur les côtes bien arrosées du sud-est de l'Afrique, cherchant des endroits où, comme à Grand Zimbabwe, ils pourraient exploiter plusieurs environnements différents sur une superficie réduite. L'outillage demeurait grossier – les Xhosa cultivaient la terre avec des instruments de bois, les houes de fer étaient souvent aussi petites que précieuses –, aussi la survie dépendait-elle de l'habileté

manuelle. On a écrit à propos du Shambaa : « En occupant une zone écologique unique, en en comprenant la
complexité de façon exhaustive, à la différence du paysan
occidental, en usant d'un langage riche et subtil abondant
en termes relatifs à l'écologie locale, en cultivant de nombreux produits auxquels l'environnement était tout particulièrement adapté, le cultivateur cherchait à vaincre la
famine, à tromper la mort [8]. » Les premiers Européens à
explorer le Rwanda notèrent le prestige conféré aux compétences agricoles – une mère donnait à son bébé, quand
il pleurait, une houe miniature avec laquelle jouer –, ainsi
que l'existence de techniques souvent supérieures à celles
des paysans d'Europe centrale, en particulier le recours
au fumier, aux cultures en terrasses et à l'irrigation artifi-
cielle. C'est ainsi qu'au Kilimandjaro et dans le Shambaa,
les ruisseaux de montagne étaient détournés par des
canaux empruntant des aqueducs de bois pour arroser les
bananeraies. Les ruisseaux qui coulaient dans les escarpe-
ments en bordure de la vallée du Rift étaient dirigés vers
les champs en contrebas, en particulier à Engaruka où,
du XVe au XIXe siècle, un réseau de canaux très élaboré
permit d'irriguer plus de vingt kilomètres carrés. Ne pouvant contrôler les puissantes inondations du Zambèze, les
Lozi préférèrent s'y adapter : ils installèrent leurs villages
sur des collines artificielles situées au-dessus du niveau
inférieur des eaux, se repliant en bordure de la vallée
quand celles-ci atteignaient leur niveau maximal, avant
de revenir cultiver les terres couvertes de limon qu'elles
laissaient derrière elles. Au XVIIIe siècle, leurs voisins du
sud, les Bayei et les Hambushuku, guidés par un pêcheur
et chasseur d'hippopotames légendaire nommé Haukuzi,
créèrent un système semblable dans l'environnement
exceptionnel de la rivière Okavango, qui drainait leurs
marais. Le sorgho et le millet étaient les principales

récoltes de l'agriculture des basses terres ; à la fin de cette période vinrent s'y ajouter le maïs, le manioc, les haricots et les patates douces, d'origine américaine, importés par l'intermédiaire des Portugais. Le maïs arriva au cours du XVIIe siècle, chez les peuples de langue nguni du sud-est de l'Afrique, et fut abondamment cultivé dans le royaume du Kazembe au XVIIIe, en même temps que le manioc apporté de chez eux par ses sujets lunda. Ces nouvelles récoltes transformèrent nombre de systèmes agricoles et cela, à l'instar de la banane, favorisa sans doute autant la croissance démographique que les bouleversements sociaux. C'est ainsi qu'au Burundi, à partir du XVIIIe siècle, le haricot nain, le maïs et la patate douce, cultivés sur les exploitations familiales, généralement par les femmes, reléguèrent peu à peu le sorgho et le millet à de simples activités communautaires rituelles ou à la fabrication de bière.

Ceux qui pratiquaient l'agriculture intensive ne colonisaient la terre que graduellement, la défrichant vers les hauteurs dans les forêts, ou vers le bas en direction des plaines. Inversement, dans les prairies et les terres sèches boisées, cultivateurs et pasteurs, sans doute moins nombreux, étaient extrêmement mobiles. Ils défrichaient souvent la brousse en l'incendiant – les marins portugais surnommèrent le Natal actuel « le pays des feux » –, et plantaient du millet au milieu des cendres, ou faisaient paître leurs troupeaux dans l'herbe qui y repoussait ensuite. Ce sont eux qui réduisirent l'épaisse forêt de l'Afrique du centre et de l'Est d'abord à de simples terres boisées, puis, dans certaines régions, à une « steppe cultivée » dépourvue d'arbres, admirablement adaptée à l'élevage du bétail. Des zones très vastes demeuraient presque vides, souvent faute d'approvisionnement en eau. En 1616, un voyageur portugais parcourut à pied, en onze jours, la distance séparant Kilwa, sur la côte tanzanienne, de Tête, sur le Zambèze : au cours de son trajet, il ne traversa qu'un seul village. Des espaces vides comparables séparaient le Maravi du royaume de Kazembe, et isolaient généralement chaque regroupement de population de ses voisins. Henry Morton Stanley écrivait en 1871 : « Si l'on devait voyager en ballon... on verrait une grande forêt unique, interrompue de-ci de-là par les petites clairières entourant les villages. » La brousse était le domaine des animaux sauvages, de la mouche tsé-tsé et du trypanosome fatal au bétail, des révoltés, des fugitifs et des bandits. À 45 kilomètres à l'est du centre du Buganda, la forêt de Mabira en abrita pendant des siècles, tandis que la région des Grands lacs était parsemée de marais fréquentés par le gibier et les esprits.

La mobilité humaine était essentielle dans ce monde vide, « le mode prédominant de communication sociale et culturelle, le moyen par lequel le savoir passait d'un côté à l'autre du continent, les idées d'une communauté à l'autre [9] ». Ce pouvait être le bref déplacement calculé du cultivateur en quête d'une terre pour la prochaine récolte : de telles décisions, répétées des milliers de fois, formaient au fil du temps un mouvement de population que les traditions, plus tard, interpréteraient comme une migration. Ce pouvait être la transhumance saisonnière du pasteur, pénétrant peu à peu sur des terres nouvelles. Ce pouvait être les hommes, nouvellement initiés, d'une chefferie xhosa, accompagnant un prince de leur génération pour défricher un territoire, obéissant à la loi qui voulait qu'aucun homme ne demeure sur le foyer de son père défunt. Mais les motifs pouvaient être plus pressants : échapper à une famine, ou à une accusation de sorcellerie. Et il y avait toujours la séduction exercée par la terre vide et riche en gibier :

Dans tous leurs examens ils ne virent pas de traces de pas – même pas celles d'un seul homme. De surcroît, ils ne découvrirent aucun autre signe – ne serait-ce qu'un seul arbre coupé par un homme. Ils comprirent donc que la région était inhabitée, et qu'elle n'appartenait qu'à Dieu. Oh, comme ils furent heureux : « Maintenant, dirent-ils, nous nous sommes trouvés un pays, et nous le gouvernerons nous-mêmes [10]. »

Les traditions font rarement état d'une colonisation planifiée par un souverain, bien qu'elle ait peut-être été implicite quand les paysans ganda suivaient un chef victorieux sur des terres conquises, et que les traditions familiales des régions qui bordent le Rwanda évoquent des ancêtres envoyés comme colons par les rois. Certains pionniers se déplaçaient et s'installaient dans un cadre clanique, comme les Luo qui colonisèrent les rivages orientaux du lac Victoria, mais même là, « toute l'opération fut diversifiée, irrégulière et non organisée... Nous voyons des héros locaux... qui se comportent en chefs ou en rois [11] ».

La tradition présente généralement le pionnier comme un individualiste, souvent un chasseur – car lui seul osait pénétrer sur une terre nouvelle –, doté de l'aura de violence, de sauvagerie et de sorcellerie qui entoure Chibinda Ilunga, Mbegha et Haukuzi, les vrais héros des légendes africaines. Chiti Muluba, le fondateur supposé des Bemba, vint du pays luba en portant dans ses cheveux des graines de millet et de sorgho. Il entreprit ensuite de maîtriser la nature :

Les nouveaux venus [*à Busopa, sur le rivage nord du lac Victoria*] devaient tailler des clairières dans la forêt afin de pouvoir commencer à planter. La brousse devait être coupée et brûlée afin de détruire l'habitat des mouches et des petits animaux. C'était une tâche difficile. Les premiers fruits de la culture ne procureraient pas la sécurité recherchée. Pas plus que les seconds ou les troisièmes. Les premières années de laborieuse pénurie ne permettaient pas de se trouver d'épouse, pour soi ou pour ses fils, ni d'attirer des partisans, d'engager des domestiques, car au début il y aurait peu de surplus réalisables… Bien que difficiles, ces années d'existence pouvaient donner réalité à l'idéal traditionnel : utiliser sa propre force de travail pour défricher des terres, et par là établir en quelques générations des droits, à la fois sur la terre et au statut élevé que sa possession accordait [12].

On pense que pour défricher l'hectare permettant de faire vivre une famille dans les hautes forêts qui devinrent le pays des Kikuyu, il fallait jusqu'à 150 journées de travail. Dans cette région, les pionniers étaient généralement des hommes jeunes, formant un *mbari*, groupe de colonisation, qui occupait une crête, défrichait la forêt, puis se partageait la terre, devenue propriété héréditaire légitimée par l'effort accompli. D'autres zones frontières étaient peuplées de pionniers d'origines diverses, aux institutions sociales fluides, unis seulement par leur tâche commune, l'amitié, le mariage, le pouvoir des Grands Hommes, et un sentiment de propriété collective qui excluait les migrants ultérieurs : chez les Kikuyu, les nouveaux venus demeuraient des *ahoi*, soumis aux décisions du conseil du *mbari*, tout en ne pouvant pas en être membres.

Comme en Afrique occidentale, les travaux du cultivateur et du pasteur visaient à écarter le risque de famine. La faim prenait bien des formes. Il y avait la disette saisonnière – les Kimbu des zones boisées de l'ouest de la Tanzanie nommaient les trois mois précédant les récoltes « celui qui cherche de la farine », « celui qui racle » et « celui qui est accablé de lourdeur ». Il y avait les mauvaises récoltes, qui pouvaient se produire tous les cinq ou dix ans, provoquant des dégâts proportionnels à l'isolement de la région. Il y avait la grande « famine qui tue », en fonction de laquelle les peuples des régions arides pourraient dater leur histoire. Et il y avait la catastrophe s'étendant sur plusieurs années, qui selon les traditions du nord de l'Ouganda, ou de l'Angola, se produisait en gros une fois dans une vie d'homme. Le désastre pouvait être provoqué par des nuages de criquets, qui entraînèrent une famine en 1589 sur la côte mozambicaine, ou celle que les colons hollandais affrontèrent, à peine débarqués à Table Bay, en 1652. Mais la sécheresse en était la cause principale. Le climat de l'Afrique orientale se montra beaucoup moins humide après l'an mille, avec de longues périodes d'aridité qu'indiquent la faiblesse des crues du Nil. La zone qui, en Afrique du Sud et aux environs, est marquée par des pluies d'été, pourrait bien avoir été plus sèche pendant les quelques siècles qui ont suivi l'an 900 après J.-C., mais les études dendrochronologiques montrent que son climat est dominé, depuis le XIVe siècle au moins, par des cycles de sécheresse et d'humidité durant en gros dix-huit ans, et qu'on peut corréler, pour le XVIIIe siècle, à ce que rapportent les traditions orales sur la famine. La peur de la disette était naturellement plus forte dans la savane : les Tswana se saluaient en disant « Que manges-tu ? ». Mais elle touchait même ceux qui vivaient dans des régions à fortes pluies. Le Buganda avait une déesse de la sécheresse, Nagawonyi, et le Rwanda, comme le Burundi, connaissaient bien des famines. On veillait à prendre certaines précautions pour en minimiser le risque : exploitation d'environnements multiples, récoltes diversifiées et résistant à la sécheresse, hybridation, entrepôts à grains, bétail servant de réserve en cas de disette, entretien de relations sociales qu'on mobilisait à l'occasion d'une crise. Si néanmoins les récoltes étaient mauvaises, les gens allaient cueillir des produits sauvages – les San, experts en ce domaine, souffraient rarement de la famine – et recouraient aux échanges, à l'aide mutuelle, vendaient leurs biens, migraient, ou se tournaient vers les chefs. La « famine qui tue » se produisait quand ceux-ci repoussaient leur clientèle – les *prazeros* n'affranchissaient leurs esclaves qu'en cas de famine – ; les liens familiaux se dissolvaient, et les humains devenaient des animaux. Pourtant, les talents de survie étaient très développés, et les produits sauvages suffisamment répandus pour des populations réduites. La mortalité devait donc être à son plus haut niveau quand la violence venait s'ajouter à la faim. Comme le dit un proverbe somali : « Guerre et sécheresse, paix et lait ».

Les colons devaient aussi braver la sécheresse. La malaria était endémique partout, sauf dans les régions les moins humides ou les plus élevées. Les premiers médecins du temps de la colonisation calculèrent qu'elle tuait un enfant sur cinq sur les rives nord du lac Nyasa. Les peuples des hautes terres comme le Shambaa connaissaient le lien entre paludisme et moustiques, et rechignaient à passer ne serait-ce qu'une nuit dans les plaines. Ulcères, pian, syphilis endémique (mais non vénérienne), et parasites intestinaux étaient très répandus, comme par ailleurs la lèpre (surtout dans les régions humides telles que le Haut-Nil, les rivages du lac Nyasa et les plaines inondables du Zambèze). La peste constituait une menace plus localisée : les rongeurs avaient transmis le type de virus qui, au VIe siècle, avait provoqué la peste dite de Justinien, tandis que le rat noir souvent associé à ce fléau s'était installé dans les vallées du Zambèze et du Limpopo dès le IIe millénaire avant J.-C. La peste était l'une de ces maladies graves que les Ganda appelaient *kawumpuli*, et qu'ils attribuaient à l'esprit du même nom : le prêtre qui le servait distribuait des amulettes protectrices, soignait les malades, et réclamait leurs biens en cas de décès. La variole devait être, elle aussi, une maladie très ancienne. Au Bunyoro, son traitement était du ressort d'un sanctuaire consacré à un ancien souverain divinisé qui était censé avoir précédé la dynastie Bito (XVe siècle) et avoir vu son armée souffrir de cette maladie. En ce domaine, les témoignages écrits les plus anciens viennent du Mozambique : en 1589, Joao dos Santos signala sur la côte du Makua, au nord de l'estuaire du Zambèze, une épidémie accompagnant une famine. C'était en effet une combinaison fréquente : la faim poussait au regroupement des populations par ailleurs affaiblies. Il ajoutait : « Parfois cette maladie est plus bénigne, et moins dangereuse, aussi ne provoque-t-elle pas la mort [13]. » Cela implique, comme le suggèrent les recherches médicales modernes, l'existence d'une forme indigène, relativement bénigne, de la variole, à laquelle les Européens (et peut-être les Asiatiques) vinrent ajouter leurs propres variétés, plus virulentes. Selon un observateur installé à Kilwa en 1776 [14], « même dans l'intérieur des terres, on connaît l'inoculation » ; l'étude des méthodes utilisées laisse penser qu'elles furent apprises des Arabes en Afrique orientale et des Portugais dans le sud du continent, bien qu'elles aient pu être d'origine indigène. Les langues des Bantous orientaux, comme celles de leurs cousins de l'ouest, possèdent le même mot pour désigner la saignée. La cueillette des simples était la technique médicale la plus courante : la longue familiarité des San avec la brousse leur valait en ce domaine une renommée toute particulière. Mais ils guérissaient également par la transe, et des comptes rendus ultérieurs laissent deviner une grande variété de spécialistes et de traitements, à la fois physiques et magico-religieux, mais rarement les instruments chirurgicaux. La variole était si répandue qu'on la pensait « envoyée par Dieu », plutôt que provoquée par la méchanceté humaine ou la violation des coutumes ; on la traitait par des remèdes purement matériels, des soins minutieux, parfois par l'isolement. Ces mesures de santé publique étaient efficaces surtout là où les souverains les imposaient. Au Monomotapa, par exemple, l'herboriste du royaume faisait partie des conseillers de l'État.

L'installation des Hollandais au Cap introduisit des maladies nouvelles : le typhus, arrivé vers 1666, tua beaucoup d'Européens et de Khoikhoi. En 1713, une épidémie de variole asiatique tua un quart de la population du Cap, et dut probablement provoquer nombre de décès chez les Khoikhoi, qui jusque-là ignoraient sans doute cette maladie, d'autant plus que leurs populations étaient dispersées. Au nord, elle se propagea jusque chez les Tswana et au fleuve Orange ; des épisodes ultérieurs, en 1755 et en 1767, furent tout aussi dévastateurs. Il se peut que les Européens aient, à cette époque, introduit les maladies vénériennes, et peut-être la tuberculose, signalée pour la première fois sans équivoque au début du XIXe siècle dans la population métisse du Cap, bien que les rituels thonga, dans le sud du Mozambique, les témoignages linguistiques, et quelques preuves assez fragiles, laissent penser qu'elle était peut-être plus ancienne.

En dépit de ces morts périodiques, comme des décès d'enfants consécutifs à des conditions endémiques, les témoignages archéologiques démontrent une croissance démographique, plus clairement peut-être qu'en Afrique occidentale, car l'est du continent était, au début de l'âge du fer, beaucoup moins peuplé. Mais on sait peu de choses de sa dynamique. Quand, aux XIXe et XXe siècles, les Européens mentionnèrent pour la première fois

l'intervalle de trois ou quatre ans qui séparait deux naissances – sans doute pour maximiser les populations –, le
phénomène était, en Afrique orientale, aussi normal qu'à
l'ouest ; au Burundi, les noms donnés aux enfants célè-
brent le septième-né, considéré comme idéal, ce qui
implique que d'autres seraient superflus, et cela correspond en gros, sur un cycle de reproduction théorique, au
chiffre maximal compte tenu de ces intervalles [15]. Si telle
était la norme, la croissance démographique était fonction de la survie des nouveau-nés et de la minimisation
des crises. Le roi du Bunyoro devait demander à son premier visiteur européen : « Existe-t-il une médecine pour
les enfants ou les femmes qui empêcherait les bébés de
mourir peu après la naissance [16] ? » Il ne fait aucun doute
que les nouveau-nés étaient très protégés. La croissance
démographique était possible même dans un environnement aussi insalubre que la dépression d'Upemba, mais
la survie des enfants a dû sans doute bénéficier de
l'expansion des troupeaux, donc des réserves de lait, surtout quand cela permettait de coloniser des hautes terres
exemptes de la malaria. Il est tentant d'imaginer une telle
évolution démographique dans l'est du Botswana à la fin
du Ier millénaire après J.-C., sur le plateau du Zambèze
au cours des cinq siècles suivants, et par la suite dans le
sud, dans le *highveld*. L'alimentation, et la survie, ont dû
également bénéficier de la diversification des récoltes, en
particulier de l'introduction de la banane dans les régions
à fortes pluies. Le maïs, quant à lui, explique sans doute
les implantations plus denses, aux XVIIe et XVIIIe siècles,
des peuples de langue nguni, dont l'apparence physique
impressionna les premiers observateurs. Ce ne sont là,
pourtant, que des spéculations. La nécessité d'avoir de
nombreux enfants, surtout dans les sociétés de pasteurs,
patrilinéaires et très compétitives, est en revanche

indubitable. Les premiers colons hollandais notèrent, lors des guerres khoisan : « Les femmes semblent être le principal butin, chacun se flatte du nombre de celles qu'il a capturées chez ses adversaires. La raison semble en être leur désir d'accroître leur nombre en ayant des enfants [17]. » Un spécialiste du folklore d'Afrique du Sud écrit par ailleurs : « C'est à peine si l'on remarque parfois, à la fin d'un récit, que le héros a peuplé des villages entiers, ou que toute l'histoire est celle d'une pauvre femme stérile, tournée en dérision par les autres épouses, et qui finit par avoir des enfants extraordinaires, parfois par miracle [18]. » Peupler un village entier n'était pas, pour un polygame, un rêve de tout repos : parmi les 1 500 personnes d'une communauté busoga étudiée en 1971, 445 étaient les descendants d'un unique Grand Homme du siècle dernier, et 6 seulement ceux de son principal rival à l'époque [19]. La concurrence entre lignages pour la survie par la procréation était au cœur de la vie sociale et politique :

> Eee, un enfant ne suffit pas,
> Un enfant ce n'est pas assez,
> Eee, quand le tambour de guerre résonne « tindi ! tindi ! »
> Qui viendra à ton secours – un seul enfant [20] !

Dans le Kivu, à l'est du Zaïre, le mot désignant une femme stérile s'appliquait à celles qui avaient moins de trois enfants. Au XVIIIe siècle, Muyuka, poète swahili de Mombasa, se moquait de celles qui se disaient belles sans avoir enfanté.

La prédominance masculine était, en Afrique australe, un phénomène très ancien : sur les peintures rupestres san, on trouve cinq fois plus d'hommes que de femmes, et les scènes de chasse excluent presque entièrement la représentation de celles occupées à la cueillette, bien que d'après les recherches anthropologiques, une plus grande égalité se soit instaurée plus tard. L'importance culturelle accordée au bétail renforça, comme partout en Afrique, la prédominance de larges maisonnées polygames et l'usage du travail agricole féminin, comme le reflète la disposition en cercle parfait des huttes autour de l'enclos à bétail d'un patriarche. Ici les femmes avaient un statut inférieur à ce qu'il était en Afrique occidentale. Dès l'enfance, une petite fille pouvait se voir formée à servir tous les adultes et les femmes les plus âgées de la maisonnée où elle entrerait comme épouse. Elle n'avait aucun accès à la terre, sauf par l'intermédiaire des hommes, ni même à la réserve de grain enterrée sous le parc à bétail. En cas de divorce, elle perdait souvent tous ses droits sur ses enfants – méthode utilisée pour imposer une chasteté féminine plus rigoureuse que dans tout le reste de l'Afrique subsaharienne. Les missionnaires du début du XIXe siècle affirmaient que les mères célibataires tswana devaient tuer leurs bébés : c'était moins une réalité qu'une règle sociale, mais il ne fait aucun doute qu'on accordait beaucoup d'importance au fait que la femme soit vierge au jour de son mariage. Cela était sans doute dû, dans des sociétés polygames, à l'importance du bétail donné à la famille de l'épouse. Le tout premier missionnaire à s'être rendu chez les Xhosa écrivit : « Le Cafre commun peut se contenter d'une ou deux femmes ; les capitaines [les chefs] en ont quatre ou cinq[21]. » Des témoignages oraux venus du rivage nord du lac Malawi suggèrent que la compétition en ce domaine empêchait la plupart des Nyakusa de convoler avant l'âge de trente ans, alors que les femmes se mariaient avant d'en avoir vingt ; dans cette région, le péché le plus grave était « celui d'un fils qui séduisait une des jeunes épouses de son père[22] ». Au XVIe siècle, les Portugais décrivirent le contenu de la dot chez les Shona : bétail, tissu et autres marchandises. Par la suite, dans la même région, un pauvre pouvait s'assurer une épouse en travaillant pour son beau-père, mais il ne pouvait l'emmener dans son village, et n'avait aucun droit sur ses enfants. Il ne fait aucun doute que les couples s'enfuyaient souvent ensemble ; de nombreux peuples connaissaient une forme de mariage par capture qui permettait de canaliser et de régulariser l'audace et la violence des jeunes.

Le pastoralisme avait souvent pour conséquence d'imposer davantage de travaux agricoles aux femmes. Le chef d'une maisonnée tswana était enterré sous son enclos à bétail, son épouse sous l'aire de battage. Il était fréquent que les hommes ne se chargent que du défrichage. Certains peuples pourtant, ainsi les Shona et les Nyakusa se flattaient de leurs activités agricoles, et les Kouchites méridionaux en assumaient l'essentiel. Le travail féminin était par ailleurs aussi important dans des régions presque dépourvues de bétail telles que le Buganda, où l'homme devait demander à son épouse la permission d'entrer dans la bananeraie, que dans les sociétés matrilinéaires du centre de l'Afrique. À d'autres égards, cependant, ces dernières – au Maravi, au Bemba, dans la Zambie, le Malawi et le Mozambique actuels – connaissaient des relations hommes-femmes différentes. La dot y demeurait peu élevée, voire absente, mais elle était souvent remplacée par des travaux en nature : l'homme se mariait relativement jeune, mais il lui fallait travailler pour son beau-père, dans le cadre d'une communauté centrée sur un groupe étroitement soudé de femmes apparentées, et parfois il ne pouvait emmener son épouse dans son propre village qu'au bout de longues années. Les relations entre les sexes étaient parfois tendues, et le divorce fréquent, mais le statut des femmes était généralement élevé, comme le montrent les tombes de femmes de Sanga, riches en objets funéraires, ou les sculptures sur bois des Hemba de l'est du Zaïre, en particulier les silhouettes féminines, sereines et sans âge, qui personnifient la continuité sociale. Ce respect de la féminité survécut également dans la culture des Luba et des Lunda, deux sociétés qui sont sans doute d'origine matrilinéaire.

Les sociétés pastorales, très patriarcales, connaissaient des tensions très fortes entre générations. Les rites d'initiation y étaient particulièrement importants : les aînés y dominaient les jeunes et les préparaient aux souffrances de l'âge adulte en exigeant d'eux une endurance sans faille face à la douleur. Cette coutume – d'origine kouchitique, selon les témoignages linguistiques – y avait cours : on réunissait les jeunes initiés par groupes d'âge pour leur faire gravir une échelle de grades, allant du jeune guerrier à l'aîné chargé d'ans – c'est du moins ainsi que le système fonctionnait au XXe siècle. Les jeunes vivaient dans des avant-postes militaires ; il leur était interdit de se marier avant la trentaine. Cela permettait non seulement d'assurer la défense de la société, mais aussi de déplacer les tensions entre générations, et d'assurer aux aînés le monopole des épouses et du pouvoir. Quand l'agriculture et les structures lignagières dominaient, l'organisation par groupes d'âge connaissait parfois une certaine atrophie, mais des agriculteurs comme les Chagga du Kilimandjaro, en contact avec des pasteurs nilotes, organisaient de cette façon leurs adolescents, qui adoptaient l'*ethos* militaire des pasteurs, et parfois leur culture. Selon une légende des Chewa, qui soumettaient les jeunes hommes de façon aussi bien idéologique que sociale, des jeunes gens avaient éliminé une génération entière d'aînés, car « c'étaient les jeunes qui faisaient tout le travail, tandis que les vieux se contentaient de manger et de dormir ».

Le mécontentement des jeunes, qui se voyaient refuser l'accession à l'âge adulte par le mariage et la procréation, pouvait parfois être canalisé dans une véritable violence, comme dans le *varryai* du Monomotapa et le *rozvi* du Changamire. Bien que, comme en Afrique occidentale, l'âge mûr ait pu signifier une vigoureuse maturité, et non une vieillesse édentée, le contrôle du bétail ne permettait aux hommes d'imposer le respect qu'assez tard, contrairement à des régions agricoles telles que le Buganda. Les proverbes, les masques de danse et les contes populaires laissent penser que les vieillards inspiraient moins la considération que la lassitude, mais les preuves en ce domaine sont assez minces.

Le commerce de longue distance était moins développé que dans l'ouest du continent, et c'est peut-être pourquoi il n'y eut, dans l'Afrique orientale et australe, qu'une minorité de sociétés à pratiquer l'esclavage. Il était généralement de type lignagier : des individus séparés, à la suite d'une crise quelconque, de leur groupe de parenté, se voyaient incorporés dans un autre dont ils devenaient des membres avec un statut de subordonné. Cela se produisit généralement à l'issue de famines au cours desquelles les gens se vendaient eux-mêmes, ou d'une rafle lors d'une guerre. C'est ainsi qu'en 1589, pendant une invasion de criquets sur la côte mozambicaine, « il y eut un tel manque de provisions que les Cafres venaient se vendre comme esclaves simplement pour obtenir de la nourriture, et échangeaient leurs enfants contre un *alqueire* de millet[23] ». Toutefois, quand les États faisaient la guerre, les captifs pouvaient constituer une catégorie spécifique, comme dans le royaume luba, où des villages d'esclaves entouraient la capitale, tout comme ils entouraient Mbansa Kongo. Dans ces cas-là, l'esclavage ressemblait davantage à ce qu'il était dans les *prazos* du

Zambèze : les esclaves étaient considérés comme des biens qu'on pouvait vendre de père en fils, bien qu'une institution de ce type ait aussi comporté une large part de paternalisme. L'Afrique orientale en exportait depuis le IXᵉ siècle au moins, pour l'essentiel vers le golfe Persique et l'Inde, à raison peut-être d'un millier par an. Les femmes devenaient concubines, les hommes serviteurs ou soldats ; au XVᵉ siècle, l'un d'eux réussit à monter sur le trône du Bengale. L'occupation du Mozambique par les Portugais entraîna sans doute un accroissement de ce commerce, avant tout pour approvisionner leur quartier général de Goa. Mais ce n'est qu'après 1720 qu'on assista à une forte augmentation des exportations d'esclaves.

L'art de la guerre connut des changements analogues. Les peuples de pasteurs, avec des systèmes d'âge, étaient militarisés, mais les agriculteurs, bien que toujours prêts à se défendre en cas de nécessité, glorifiaient rarement la guerre dans leurs traditions et leurs proverbes : leurs héros étaient des chasseurs et non des guerriers. Les premiers Iraqw du centre de la Tanzanie, peuple kouchitique installé depuis longtemps dans le sud, ne semblent pas avoir eu d'organisation ni même d'*ethos* militaire, en dépit de longs siècles d'échanges avec les pasteurs nilotiques. Entre eux, les Iraqw ne se combattaient qu'avec un bâton, moyen très répandu de limiter la violence interne. Même dans des combats entre groupes non apparentés, l'honneur et les razzias sur le bétail prenaient souvent le pas sur la destruction de l'ennemi. Au début du XIXᵉ siècle, des observateurs notèrent que les Xhosa témoignaient d'une « incroyable intrépidité », et que pour eux l'embuscade ou l'attaque surprise étaient « parfaitement dégradantes » ; une bataille opposait deux lignes de guerriers qui se jetaient des sagaies, et en finissaient parfois par un combat d'homme à homme avec la dernière lance qui leur restait. Les pertes au combat demeuraient réduites, mais la croissance des populations, comme celle des troupeaux, provoquèrent sans doute une augmentation de la violence, tout comme la création d'unités politiques de plus grandes dimensions. Au début du siècle dernier, des missionnaires virent des chefs tswana emmener un millier d'hommes effectuer des razzias sur le bétail, et conduire tous leurs sujets valides à la bataille. Des armées ganda, comptant sans doute des milliers de guerriers, soumirent les provinces voisines, imposant un code de cruauté prédatrice, de bravoure téméraire et d'honneur personnel sourcilleux. Les armées du Rwanda furent pareillement réorganisées au XVIIIᵉ siècle. Il s'agissait de forces civiques, contrairement aux jeunes guerriers que les Shona et peut-être les Maravi enrôlaient de force, peut-être sur le modèle du *chikunda* portugais. Le Shona fit même l'expérience des armes à feu, mais sans grands résultats.

Le commerce

Comparés à l'Afrique occidentale, l'est et le sud du continent étaient presque exclusivement ruraux. Il existait sur la côte, et dans les places fortes portugaises de la vallée du Zambèze, des villes consacrées au commerce. Ntusi était au moins une zone de peuplement extrêmement concentrée. Pour le reste, toutes les villes semblent avoir été des capitales politiques. Elles pouvaient être d'une conception très élaborée, ce qui est manifeste à Grand Zimbabwe et autres palais de pierre shona, mais aussi dans celles construites en matériaux périssables, visant à exalter la culture locale, comme ce fut le cas chez les Shambaa et les Lunda. Une description de la capitale du

Kazembe, datant de 1832, précise qu'elle faisait trois kilomètres de diamètre. Il est probable qu'aucune ne dépassait la dizaine de milliers d'habitants qui, pense-t-on, vivaient à Grand Zimbabwe du temps de son apogée – et ce, même chez les Tswana, exceptionnellement urbanisés au début du XVIIIe siècle, même si la plupart des « citadins » étaient des agriculteurs. À cette époque, Molokweni, la capitale kwena du Transvaal, était une cité aux murs de pierre, aussi vaste que la capitale du Kazembe. Latakoo, autre capitale tswana, avait à peu près les mêmes dimensions, et on la jugeait « aussi grande que Le Cap » : ses huttes éparses abritaient 5 000 à 15 000 personnes. Les capitales tswana qui se déplaçaient fréquemment, avaient peu de justifications économiques ou locales, et se désintégraient souvent en périodes de faiblesse politique, ce qui laisse penser qu'elles étaient avant tout la création du pouvoir royal et le résultat de préférences culturelles.

Une urbanisation limitée s'accompagnait d'un commerce, d'un transport et d'une industrie restreints. Contrairement à la savane d'Afrique de l'Ouest, l'Afrique orientale manquait de transport animal, sans doute parce que la population était plus clairsemée, et la mouche tsétsé plus répandue. Plusieurs peuples du sud chevauchaient des bœufs et s'en servaient comme animaux de bât ; les Masai et d'autres populations de la vallée du Rift recouraient à des ânes pour porter des charges, mais dans aucune région le bétail ne servait au commerce de longue distance. La région des Grands lacs connaissait un trafic très actif par pirogue ; aucun cours d'eau de l'Afrique de l'Est ou du Sud n'était toutefois aussi navigable que le Congo ou le Niger. Le transport dépendait principalement de porteurs humains : ils empruntaient des sentiers étroits qui, selon les calculs effectués par un fonctionnaire

aux débuts de la colonisation, représentaient jusqu'à quatre fois la distance la plus courte entre deux points.

Le commerce était donc limité à des articles que les
hommes pouvaient transporter ; il n'existait rien de comparable au commerce du grain du pays haoussa. Il y avait
des marchés locaux permanents sur les limites des zones
écologiques ou politiques, ainsi au pied du Kilimandjaro
et du mont Kenya, ou aux frontières entre royaumes de
la région des Grands lacs. On en trouvait aussi dans les
zones de culture de la banane, comme le Buganda et le
Shambaa, peut-être en raison de la densité des populations, et du fait qu'il s'agissait de produits périssables.
Pourtant, ni Grand Zimbabwe ni les capitales tswana ne
semblent en avoir tenus. Il ne fait aucun doute que
nombre de cours royales avaient des systèmes de redistribution qui encourageaient une certaine spécialisation :
au Buganda, la poterie était l'affaire de spécialistes qui
fabriquaient de simples récipients de couleur rouge pour
les paysans, et d'autres, superbes, noirs et vernissés, pour
les souverains ; ils portaient sur la tête de petits blocs
d'argile, comme les musiciens leur instrument et les forgerons leur marteau, qui les mettait à l'abri d'arrestations
arbitraires. La plupart des spécialisations étaient régionales, ce qui faisait naître des réseaux commerciaux complexes, dont les pêcheries de Sanga et le sel de Kibiro
furent parmi les premiers exemples. Le travail du fer, très
répandu dans les anciennes implantations bantoues,
devint par la suite plus spécialisé, en partie parce que les
pasteurs occupaient des régions dépourvues d'arbres, où
la fusion du métal était donc impossible : en Afrique
australe, les centres de production étaient par conséquent
concentrés dans des basses terres mieux arrosées. Mais
l'autre raison tenait à ce que l'extension du commerce
avait pour effet de donner aux détenteurs de matières

premières, comme les Nyoro d'Ouganda, et des compétences nécessaires pour les exploiter et le monopole des marchés régionaux. Le travail du fer était généralement très respecté, souvent associé au pouvoir, comme au Rwanda, mais chez les pasteurs nilotiques les forgerons étaient endogames, selon des coutumes sans doute empruntées aux Kouchites et transmises à certains peuples bantous. Le cuivre était un autre produit très ancien sur lequel se modelaient les réseaux commerciaux : on le fondait au Shaba dès le IVe siècle après J.-C. Un des premiers voyageurs européens à atteindre Bwana Mkubwa, proche de l'actuel *Copperbelt*, décrivit l'ancien site d'exploitation comme « une entaille longue de neuf cents mètres, avec des murs de dix à douze mètres de haut d'un vert tacheté [*de malachite*], assez larges pour que deux wagons y entrent de front [24] ». Au XVIIIe siècle, ces deux endroits alimentaient des réseaux courant vers le nord en longeant la bordure orientale de la forêt équatoriale, et vers l'est en direction de la vallée du Zambèze et au-delà. Les croix de cuivre utilisées dès le début du XIe siècle furent la plus ancienne monnaie connue de la région. Au XVIe siècle, la chefferie shona d'Uteve, au Mozambique, utilisait aux mêmes fins le tissu de coton, mais pour l'essentiel la région ne disposait pas d'une monnaie tous usages semblable aux cauris d'Afrique occidentale. On tissait le coton à Manda, sur la côte kenyane, dès le XIe siècle, et à Mapungubwe dès le XIIe : quatre siècles plus tard, les tissus des régions entourant les vallées du Zambèze et du Shire étaient célèbres. Cette industrie s'étendit jusqu'aux villages de l'ouest et du sud-est de la Tanzanie, mais n'atteignit jamais les Grands lacs, où l'on se vêtait d'écorces et de peaux d'animaux.

Les cultures de l'Afrique de l'Est et du Sud étaient aussi profanes que celles de l'Ouest. Dans les contes populaires,

persévérance, intelligence et courage sont récompensés
par le mariage, le statut social, la richesse, la nourriture,
la parenté, la réussite et la sécurité. Le premier Européen
à visiter le Bungada nota que « les femmes, le bétail, le
pouvoir sur les hommes » étaient « les plus grands éléments de la richesse [25] ». Chez les Masai, le mot signifiant
« riche » liait l'abondance de biens au nombre d'enfants.
Mais la richesse matérielle pouvait assurer le contrôle sur
les autres, et ce pour un roi de Nkore – *omugabe* a un
radical qui signifie « distribuer la richesse » – comme
pour un patriarche de village. Un souverain faisait étalage
de son pouvoir par le nombre de ses serviteurs et le raffinement de sa cour, où l'on cultivait l'urbanité, l'élo-
quence et la vivacité d'esprit. Au Buganda, les rituels du
couronnement comprenaient une victoire royale au *man-*
kala ; à Mapungubwe, on a retrouvé des plateaux de
pierre, destinés à un jeu semblable, datant du XIe ou
XIIe siècle. La richesse d'un patriarche de village se mesurait au nombre de gens qui dépendaient de lui et à son
bétail :

> Regarde mon enclos, débordant de bétail.
> Chèvres et moutons se trouvent sur toute ma terre.
> Volailles et porcs y sont aussi en abondance.
> C'est la demeure de celui qu'on appelle
>   « Que-Manque-t-il ? »
> Donne-nous de la bière et buvons ensemble [26].

Le bétail, en tant que moyen d'accumulation, de stockage et de reproduction de la richesse, remplaça souvent
les esclaves et les produits commerciaux d'Afrique occidentale. En dépit de leurs idéologies égalitaristes, les
peuples de pasteurs connaissaient, comme les premiers
colons hollandais le constatèrent chez les Khoikhoi, de
fortes disparités de richesses. En outre, les prêts de bétail,

en échange de travail et de soutien politique, créaient des liens de clientélisme. Ils permettaient toutefois à l'homme riche d'accroître son influence sans entamer son opulence. Contrairement à la croyance très répandue qui veut qu'en Afrique riches et pauvres aient mangé la même chose, les fouilles menées dans les capitales shona ont montré que ceux qui habitaient les enclos de pierre se nourrissaient de viande de bœuf de premier choix, tandis que ceux logés dans les huttes d'argile situées à l'extérieur se contentaient de viande de mouton et de gibier, ou de celle des vieux animaux.

Religion et culture

La distinction entre champs cultivés et forêts, civilisation et vie sauvage, était aussi fondamentale dans la pensée, le folklore et la culture, qu'en Afrique occidentale. La société de danse nyau, dans les chefferies du Maravi, en fut l'une des manifestations les plus spectaculaires. Certains pensent qu'elle trouve son origine dans les vieux rituels de chasse des San, d'autres qu'elle vint sans doute du Shaba après l'an mille. En tout cas, elle devint un foyer de résistance à la domination des Phiri. On dit aussi qu'elle apparut lors d'une famine. C'était une danse de personnages masqués, représentant des animaux et les esprits des ancêtres, qui surgissaient de la forêt pour prendre possession d'un village lors de rituels marquant les grandes crises de l'existence. Appelée « grande prière » et dirigée par un « ancien de la forêt », elle faisait revivre le drame de la création. La société était entièrement masculine et créait des liens de solidarité entre hommes vivant dans les villages de leurs épouses au sein d'une société matrilinéaire. Elle contrôlait également les jeunes et défendait les intérêts des villageois contre les dirigeants politiques. De telles relations avec la nature étaient également fondamentales dans l'art. Il n'est pas resté de sculptures sur bois antérieures au XVIIIe siècle, mais l'art rupestre de la région illustre parfaitement cet aspect. La plupart des peintures ne peuvent être datées : certaines remontent à 24 000 ans avant J.-C., d'autres à la fin du Ier millénaire après J.-C. ou au siècle dernier. Cette tradition recourait à un langage symbolique encore employé aujourd'hui par les San. De nombreuses peintures transcrivent en particulier l'expérience de spécialistes rituels qui acquéraient le pouvoir de guérir, de pratiquer la magie, et de faire tomber la pluie, en entrant en transe, généralement par des danses que les San enseignent toujours. L'une des expériences du monde terrifiant de la transe – qui n'est pas sans rapport avec celui des drogues hallucinogènes – consistait à franchir la frontière entre l'homme et l'animal, et nombre de peintures – dont l'une des plus anciennes – montrent des silhouettes qui sont à la fois l'un et l'autre. Dans cet état, un maître des rituels pouvait posséder un animal et le pousser vers un piège tendu par les hommes. Inversement, les animaux – en particulier cette antilope de grande taille qu'on appelle éland, et qui est superbement représentée sur de nombreuses parois rocheuses – étaient des sources de puissance auxquelles la transe permettait d'accéder. « Les sites peints étaient ainsi les entrepôts du pouvoir rendant possible un contact avec le monde spirituel, qui garantissait l'existence de l'humanité en facilitant la guérison, la pluie et le contrôle des animaux [27]. »

La religion des San semble avoir été centrée sur un dieu créateur, et la dualité de forces bonnes et mauvaises que les maîtres des rituels cherchaient à influencer par le biais de la transe. De la même façon, les Khoikhoi adoraient une déité anthropomorphe qui commandait à la pluie, tout en apaisant un être mauvais qui était son rival. Les peuples kouchitiques du sud partageaient cette idée d'un dieu suprême, qu'ils identifiaient au ciel ou au soleil, et entraient en contact avec lui par l'intermédiaire de maîtres des rituels, forme de religiosité dont héritèrent, apparemment, les peuples nilotiques de l'est et du sud quand ils s'installèrent dans cette région. Les peuples kouchitiques eux-mêmes maintinrent ces traditions une fois devenus agriculteurs, mais en règle générale c'étaient là les croyances de pasteurs ou de chasseurs itinérants. Les témoignages linguistiques laissent penser que les bantouophones voyaient les choses différemment et accordaient moins d'importance au Créateur, qui intervenait rarement dans les affaires humaines, se souciant avant tout des esprits des ancêtres et de la nature, ainsi que de la méchanceté humaine qu'exprimait la sorcellerie : autant de préoccupations typiques d'agriculteurs regroupés dans des villages. Les bantouophones s'étant par ailleurs mêlés à des populations plus anciennes, l'éclectisme et le pragmatisme encouragèrent des échanges complexes d'idées et de pratiques religieuses. Les Xhosa, par exemple, empruntèrent à leurs voisins Khoisan l'idée d'un dieu créateur. Cette interaction fut la caractéristique principale de l'histoire religieuse tout au long de la période considérée.

Les peuples patriarcaux d'Afrique australe étaient tout spécialement persuadés que l'accès au pouvoir spirituel ne pouvait s'effectuer que grâce aux ancêtres, avec lesquels on entrait en contact par des sacrifices de bétail. Un des premiers missionnaires anthropologues décrivit la religion des Thonga, dans le sud du Mozambique, comme une « ancestrolâtrie » ; les Tswana enterraient les chefs de lignages une arme à la main, pour le voyage dans l'autre

monde. Que cette croyance en une autre vie soit
ancienne, c'est ce que montrent les offrandes funéraires
de Sanga. La croyance aux sorcières était presque aussi
vieille, ainsi qu'en témoigne le terme les désignant dans
la langue ancestrale des Bantous. Comme à l'accoutumée,
les accusations touchaient plus particulièrement les
femmes stériles ou sans amis, qui pouvaient être soumises
à une ordalie (souvent en buvant un liquide appelé *mwavi*
en Afrique centrale), ou subir les violences de la populace ; elles étaient considérées comme les ennemies de la
fertilité que nombre de pratiques religieuses cherchaient
à assurer. Les bantouophones invoquaient Dieu directement quand ils voulaient la pluie, souvent devant des
autels (fréquemment associés à des grottes et à l'eau), où
des médiums et des prêtres s'occupaient de la fertilité
(dans tous les domaines) d'une région entière. De tels
cultes territoriaux existaient du sud de la Tanzanie au
nord du Transvaal. Ces sites très anciens étaient souvent
des enjeux de conflits et des objets d'innovations quand
des souverains venus de l'extérieur cherchaient à asseoir
leur autorité. C'est ainsi que les traditions affirment que
lorsqu'un chef du Maravi appelé Lundu prit, à la fin du
XVIe siècle, le contrôle de la vallée du Shire, il tua Mbona,
prêtre de la pluie d'un ancien sanctuaire, et chercha à le
remplacer par un centre de culte officiel – dont Mbona
le martyr devint la figure principale, exerçant son autorité
religieuse sur toute la région. L'autel à la pluie Dzivaguru,
situé sur la bordure nord-est du plateau du Zimbabwe,
fut incorporé au royaume du Monomotapa au cours du
XVe siècle, mais le souci du nouveau souverain de « faire
la paix avec la terre » permit au faiseur de pluie de devenir
le grand prêtre du royaume, tandis qu'un fonctionnaire
du culte se voyait chargé de l'installation de chaque
nouveau roi. Dzivagaru (sans doute personnification du

Zambèze) mêlait les ancêtres royaux à un culte officiel médiumnique des esprits, décrit par un missionnaire portugais du XVIIᵉ siècle :

> [*Le médium*] commence par tousser et par parler comme le feu roi qu'il représente, d'une manière telle qu'il semble l'être, de voix comme de mouvements... Puis tous se retirent, laissant le roi seul avec le démoniaque, avec qui il converse aimablement comme s'il était avec feu son père, lui demandant s'il y aura la guerre, s'il triomphera de ses ennemis, s'il y aura une famine ou des malheurs dans son royaume, et tout ce qu'il désire savoir [28].

L'évocation des esprits était également au fondement du système religieux dominant la région des Grands lacs, ce culte appelé *chwezi, lubaale* ou *kubandwa*, est sans doute originaire des premières chefferies bantoues, qui l'associaient au travail du fer ; et il était centré sur des sites rituels où les médiums étaient possédés par des formes déifiées de phénomènes naturels – ainsi Mukasa, le dieu du lac Victoria. Quand le contrôle de la région tomba aux mains des pasteurs, une réaction en chaîne aussi complexe qu'obscure se produisit ; les anciens souverains, et les héros de la résistance, furent incorporés dans le panthéon des esprits possesseurs, lui-même transformé en une dynastie sans doute mythique d'anciens rois, celle des Bachwezi. Ce culte proposait des remèdes à l'affliction, surtout pour les femmes, soit par consultation d'un médium comme au Buganda, soit par initiation et participation aux rituels, comme ce fut presque toujours le cas au Burundi. Bien que médiums et prêtres puissent soutenir la résistance à des souverains d'origine étrangère, les deux pouvoirs apprenaient généralement à coexister. Au Rwanda, par exemple, les rois patronnaient le culte, en nommaient les chefs, et canalisaient les mécontentements par un millénarisme inoffensif, tout comme ils s'appropriaient les autres forces spirituelles, le tout au sein d'un État très autoritaire. Ailleurs, les chefs politiques cherchaient également à contrôler la religion. Ainsi, en Afrique centrale, les royaumes luba, lunda, kazembe, lozi et bemba connaissaient des cultes d'État autour des tombes royales. Il était pourtant difficile de monopoliser la religion. Quand le culte d'État proposait des remèdes inadéquats, les gens du commun, chez les Bemba, se tournaient vers un culte de possession par les esprits de la nature et des ancêtres. Les Bantous orientaux semblent de surcroît avoir partagé une tradition ancestrale appelée *ngoma*, où ceux qui souffraient étaient intégrés rituellement au sein d'un groupe qui les soutenait, et au sein duquel l'esprit causant l'affliction pouvait communiquer par la danse et la musique. Ces faits illustrent la place centrale qu'occupe la santé dans la culture africaine.

La colonie du Cap du temps des Hollandais

Les premiers colons hollandais débarquèrent au cap de Bonne-Espérance en 1652. Les cultivateurs africains avaient abandonné cette terre, à cause de ses fortes pluies hivernales, aux pasteurs khoikhoi (une cinquantaine de milliers) du sud-ouest et aux chasseurs-cueilleurs san des montagnes et des déserts bordant la région au nord et à l'est. Les noms de lieux suggèrent par ailleurs qu'au Ier millénaire après J.-C. les Khoikhoi ont pu s'étendre jusqu'au sud-est de la côte, dans ce qui est aujourd'hui le Transkei, tandis que les San chassaient dans toute l'Afrique australe ; mais l'expansion des cultivateurs et des pasteurs bantous les avaient ensuite confinés dans des zones plus réduites. Les Khoikhoi se déplaçaient avec leurs troupeaux en une transhumance continue, tirant ainsi parti des pluies d'été et d'hiver. Ils appartenaient à des groupes de parenté enclins à la vendetta et aux razzias sur le bétail. Certains reconnaissaient des chefs, dont l'autorité, assez frêle, reposait sur la richesse et l'hérédité du pouvoir. De fortes inégalités dans la possession des bêtes étaient en partie compensées par le clientélisme, qui à certaines saisons s'étendait également aux groupes San. Les fouilles archéologiques montrent que les deux peuples étaient distincts, bien que des individus aient sans doute pu passer de l'un à l'autre. À dire vrai, les Khoikhoi appelaient « San » leurs propres indigents. Symbiose et clientélisme n'empêchaient pas, au demeurant, de nombreux conflits entre les uns et les autres, en particulier à propos du bétail.

À l'est, les relations entre les Khoisan et leurs voisins bantous étaient tout aussi complexes. Les deux peuples étaient profondément mélangés : plus de la moitié des gènes des Tswana actuels sont d'origine khoisan, et un sixième du vocabulaire des Xhosa comporte les fameux « clics » des Khoisan [29]. Le pastoralisme khoikhoi était plus vulnérable aux catastrophes naturelles que l'économie mixte des Bantous, si bien que les Khoikhoi furent peu à peu absorbés par des groupes bantous (en particulier xhosa) ou en devinrent dépendants. Mais la relation entre deux peuples partageant la même insatiable passion du bétail était violente. « Xhosa » est sans doute un mot d'origine khoikhoi signifiant « les hommes en colère ». Les relations entre San et Bantous étaient encore plus tendues, comme le laissent penser les nombreux combats représentés par leurs peintures rupestres. Il y avait aussi des échanges plus pacifiques (marchandises, compétences médicales, art de faire tomber la pluie), mais dès le XVIIe siècle l'absorption ou l'expulsion des San était bien

avancée dans le sud-est de la région, davantage il est vrai
que dans le sud-ouest.

Les Khoikhoi eurent des relations avec les Européens :
après un stade initial d'hostilité, ils commerçaient régulièrement, dès la fin du XVIIe, avec les navires occidentaux,
échangeant des moutons et du bétail contre du fer, du
cuivre et du bronze qui leur permettaient de se procurer
d'autres bêtes auprès des peuples de l'intérieur. Sans
doute pensaient-ils que les Hollandais débarqués au Cap
en 1652 seraient, comme leurs prédécesseurs, de simples
visiteurs. De fait, les objectifs de la Compagnie des Indes
occidentales demeuraient modestes : empêcher les autres
pays européens d'occuper la région, point stratégique
important, et bâtir un fort où les navires hollandais pourraient se procurer de la viande, de l'eau, des légumes et
des remèdes. L'agriculture intensive à la hollandaise était
toutefois impraticable au Cap : en 1657, la Compagnie
permit donc à certains de ses employés de devenir des
colons libres. Deux ans plus tard, les Khoikhoi les chassèrent de leurs fermes « pour l'unique raison qu'ils
voyaient que nous essayions d'occuper les meilleures
terres où leurs troupeaux étaient accoutumés à paître, de
nous établir partout, avec des maisons et des fermes,
comme si nous ne devions plus bouger, et songions à
nous emparer, pour les occuper en permanence, de plus
en plus de terres de ce pays [30] ». Les chevaux et les canons
l'emportèrent, les Khoikhoi des environs immédiats
furent grandement affaiblis, et les Hollandais se mirent à
commercer directement avec le principal groupe khoikhoi
de l'intérieur, les Cochoqua. Là encore, cela provoqua des
frictions, et les nouveaux venus détruisirent délibérément
le pouvoir cochoqua en 1673-1677. Les groupes ainsi
dépossédés cherchèrent à dominer d'autres populations
khoikhoi, aussi les guerres s'étendirent-elles à l'intérieur

des terres. Dans les années 1720, les seuls groupes khoi-khoi indépendants qui aient survécu se trouvaient aux bordures est et nord de la colonie ou plus à l'intérieur encore, là où les Korana, Namaqua et Griqua allaient se réfugier. L'appropriation par les Hollandais des terres, du bétail et de l'eau avait détruit la fragile économie des Khoikhoi, les réduisant à un statut de dépendance. Il se peut que dès 1713 la majorité de ceux de la région du Cap aient été employés chez les Blancs. Cette année-là se produisit une épidémie de variole qui porta le coup de grâce, mais il est vrai que la société khoikhoi était déjà en pleine désintégration.

Comprenant qu'une maigre population de pasteurs ne pouvait fournir la main-d'œuvre nécessaire, les Hollandais importèrent les premiers esclaves dès 1658. En 1711, on en comptait 1 771, appartenant à des propriétaires privés ; en 1793, 14 747. Dans les deux cas, ce chiffre était en gros égal à celui des hommes libres (Khoisan non compris), mais 60 à 70 % des esclaves étant des hommes adultes, ceux-ci étaient en fait près de deux fois plus nombreux. Nombre d'entre eux vinrent d'abord d'Inde et d'Indonésie. Madagascar en fournit également tout au long de la période coloniale, bien que le Mozambique en soit devenu le principal fournisseur à la fin du XVIIIe siècle. Comme l'économie de la colonie était encore simple, la plupart d'entre eux étaient serviteurs à Cape Town, ou travailleurs agricoles : la frontière pastorale, colonisée au XVIIIe siècle, en employait peu. Le blé était la principale production locale : après 1780, il fut supplanté par le vin. Bien qu'une petite minorité de gros fermiers, « la gentry du Cap », dominât la société des colons, un seul d'entre eux reconnut jamais posséder plus de 100 esclaves, chiffre d'ailleurs faible selon les normes africaines ou américaines, tandis qu'en 1750, 50 % des

Blancs en possédaient au moins un : c'est là une proportion exceptionnellement élevée, qui créait dans la classe
des maîtres une très forte solidarité.

La colonie du Cap fut l'une des sociétés serviles les
plus rigides et les plus oppressives de l'histoire. Les
esclaves venant de loin, ils coûtaient cher : au milieu du
XVIIIe siècle, leur prix moyen était de 40 livres, soit près
de dix fois le prix normal à Zanzibar, un siècle plus tard.
Ils étaient donc traités comme une simple force de travail,
plutôt que comme une clientèle politique, et on les faisait
travailler aussi durement, et profitablement, qu'en Amérique. Pour cette raison – et aussi parce qu'eux et leurs
maîtres n'avaient aucune culture commune – il était rare
qu'ils retrouvent leur liberté : ceux qui furent affranchis
entre 1715 et 1791 ne représentaient que 0,165 % de
l'ensemble des esclaves, soit un sixième du taux d'affranchissement pratiqué au Brésil colonial. De surcroît, parmi
ceux qu'on a pu identifier, 57 % étaient nés sur place, et
41 % en Asie : les propriétaires privés affranchissaient
surtout des femmes, ce qui suggère soit que leur maître
avait une relation sexuelle avec elles soit qu'elles avaient
le statut de domestique. Contrairement à ce que prévoit
la loi islamique, les enfants d'hommes libres et de femmes
esclaves devenaient, eux aussi, esclaves. Il s'ensuit donc
que la communauté de Noirs libres de la colonie, concentrée à Cape Town, ne représentait en 1770 que 4 % de
l'ensemble des esclaves, des affranchis et de leurs descendants. Comme dans toutes les sociétés serviles, les chefs
affectaient une attitude paternaliste et cherchaient à limiter la cruauté des maîtres, comme d'ailleurs la Compagnie
par le biais de son système judiciaire. Mais les stimula-
tions qui permettaient aux maîtres d'Amérique d'exercer
un fort contrôle étaient moins efficaces dans la région du
Cap, parce qu'il y avait peu d'activités qualifiées, et que

le déséquilibre des sexes chez les esclaves – les hommes étaient quatre à six fois plus nombreux que les femmes – empêchait généralement tout mariage et toute vie familiale ; les rares familles de ce genre se réduisaient généralement à la mère et à ses enfants. La culture des esclaves s'en trouvait appauvrie. Leur *lingua franca* était un portugais créolisé, ou un hollandais simplifié qui contribua sans doute grandement à la constitution de l'afrikaans. Les maîtres cherchaient rarement à les convertir et à les éduquer, et la principale force culturelle parmi eux était sans doute l'islam, propagé au Cap par des esclaves originaires d'Asie. Là où le paternalisme demeurait faible, et l'affranchissement rare, le contrôle de la main-d'œuvre servile reposait fortement sur la coercition, d'autant plus forte que les maîtres étaient peu nombreux, et très dispersés géographiquement. La loi hollandaise du XVIIᵉ siècle était très sévère pour les Hollandais, et d'une cruauté indicible envers les esclaves. La résistance individuelle n'était pas rare, par le biais de l'obstruction, de la violence, du crime et même du suicide. Mais il n'y eut pas de révolte notable avant le XIXᵉ siècle, en partie parce que les esclaves formaient une population hétéroclite et dispersée, en partie parce qu'il était relativement facile de s'enfuir – mais plus difficile de réussir : les Khoikhoi tuaient ou ramenaient souvent ceux qui s'étaient échappés, peut-être par crainte d'être eux-mêmes réduits en esclavage.

À l'origine, la colonie fondée au Cap ne connaissait pas de ségrégation raciale de type géographique, pas plus qu'elle n'interdisait les relations sexuelles entre races différentes. Les esclaves dormaient d'ordinaire dans la maison de leurs maîtres, en 1685 la moitié des enfants esclaves avaient des pères européens ; le gouverneur de la colonie de 1679 à 1699 était en partie d'ascendance indoné-

sienne. Une étude minutieuse estime qu'en 1807 près de
7 % du pool génétique des Afrikaners, alors en voie
d'apparition, était d'origine non blanche[31]. Pourtant les
Hollandais témoignaient d'un vif sentiment de hiérarchie
raciale. Les Blancs se mêlaient au Cap avec des femmes
asiatiques ou métisses, et avec des Khoikhoi sur la frontière. Dans les deux cas, il était d'ailleurs impossible aux
épouses non blanches d'entrer en Hollande. Le Stellen-
boch, principale région de domaines esclavagistes, n'a pas
enregistré un seul mariage interracial au cours des XVIIe
et XVIIIe siècles. Le racisme était donc le plus prononcé
ainsi que le montre, entre autres, ce fait, là où l'esclavage
était le plus répandu. Au sein des esclaves eux-mêmes il
y avait plusieurs strates, selon la couleur. Parmi ceux de
la Compagnie, au Cap, les contremaîtres et les artisans
étaient généralement des métis, tandis qu'Indonésiens et
Africains se chargeaient des tâches non qualifiées, les
besognes les plus pénibles allant aux Mozambicains. Les
divisions raciales se renforcèrent au cours du XVIIIe siècle,
sans pour autant donner lieu à une catégorisation des
races pleinement articulée. Une certaine souplesse subsis-
tait aux marges du système, là où la richesse, la culture,
le métier et une naissance légitime pouvaient modifier le
statut social, surtout au Cap et sur la frontière. Échapper
au travail manuel constituait un important critère. Les
autorités de la colonie notaient en 1717 : « Si pauvre que
quelqu'un [*de libre*] puisse être, il ne se permettra pas de
se livrer aux travaux des esclaves. » Les Hollandais
léguèrent durablement à l'Afrique du Sud une main-
d'œuvre noire, dépourvue de droits.

Comme des générations d'Africains, les « pauvres
blancs » échappaient à cette situation de dépendance en
quittant le Cap pour devenir des pionniers, des pasteurs
qui, au XVIIIe siècle, firent progresser la frontière de

800 kilomètres vers le nord. Ils se déplaçaient dans des chariots tirés par des bœufs, capables d'avancer là où les routes n'existaient pas, surmontant ainsi le principal obstacle à l'emploi de véhicules à roues. Ces *Trekboers* s'avancèrent d'abord vers le nord, se voyant offrir par la Compagnie des fermes de 2 000 à 4 000 hectares, louées à des tarifs purement symboliques. S'y livrer à l'élevage réclamait peu de capital, surtout quand le bétail était acheté ou volé aux Khoikhoi par des groupes d'hommes armés se déplaçant à cheval, les *commandos*, qui firent leur apparition en 1715. Dans les années 1770, les colons atteignirent des terres plus arides, et durent faire face à l'opposition des San (parmi lesquels de nombreux Khoikhoi dépossédés), ennemis redoutables et d'autant plus désespérés que les armes à feu détruisaient le gibier. De 1770 à 1800, ils empêchèrent toute nouvelle extension vers le nord, tandis que les commandos se livraient contre eux à des incursions toujours plus brutales : entre 1785 et 1795, ils tuèrent 2 504 San et en capturèrent 609 – du moins selon les chiffres officiels, sans doute sous-estimés. Pendant ce temps, les colons s'avancèrent vers l'est, contournant le Karoo aride et pénétrant sur les terres mieux arrosées situées à l'ouest de la Great Fish River, qui devinrent le principal axe de croissance de la colonie. À la fin du siècle, une famille de pionniers établie sur la frontière employait entre dix et quatorze travailleurs dépendants, pour la plupart des pasteurs khoikhoi qui étaient souvent aussi de petits propriétaires de bétail. Établir avec eux des liens de clientélisme à l'africaine, souvent par des prêts d'animaux, fut le principal moyen de domination des Trekboers, ainsi que la possession de chevaux et d'armes à feu, associée à un fort sentiment de supériorité nourri par un christianisme populaire très éloigné du calvinisme orthodoxe. À la fin du XVIIIe siècle,

à mesure que la frontière se peuplait, et que les ressources se faisaient plus rares, se développa un sentiment d'identité raciale. Les Boers se considérèrent de plus en plus comme des Afrikaners, terme assez vague distinguant ceux qui étaient nés sur place, par opposition aux officiels, d'origine européenne, de la colonie, dont l'autorité déclinante, et le refus de soutenir les ambitions des Trekboers, provoquèrent sur la frontière, en 1795, 1799 et 1801, des révoltes de faible ampleur.

Le mécontentement des pionniers était pour l'essentiel consécutif à leur entrée, au cours des années 1770, dans le Zuurveld, à l'ouest de la Great Fish River : c'est là que pour la première fois ils furent en concurrence pour les pâturages, le bétail et l'eau, avec les Xhosa bantouophones, qui eux-mêmes se dirigeaient vers l'ouest. C'était le domaine d'une de leurs composantes, les Rharhabe, qui luttaient pour s'assurer la direction de leur nation. Entre 1779 et 1799, il y eut trois guerres entre les Xhosa et les nouveaux venus, et ils s'affrontaient encore quand, en 1806, les Britanniques évincèrent les Hollandais au Cap. Lors de l'ultime conflit, en 1799-1803, les Xhosa furent rejoints par des Khoikhoi rebelles venus des fermes blanches, et résolus à reprendre « le pays dont nos pères ont été dépouillés ». Leur échec scella le destin de l'Afrique australe au XIXe siècle.

CHAPITRE VII

La traite négrière atlantique

Une histoire de l'Afrique doit accorder une place centrale à la traite négrière atlantique, à la fois pour sa signification morale et émotionnelle, et pour l'importance qu'elle a pu avoir sur le développement du continent. Nous pensons que ses effets furent importants et complexes, et qu'on ne peut les comprendre qu'à la lumière du caractère propre des sociétés africaines, forgé bien avant par leur longue lutte avec la nature. Le premier effet est démographique : la traite a interrompu la croissance de la population en Afrique occidentale pendant deux siècles. Elle a ensuite stimulé des formes nouvelles d'organisation politique et sociale, le recours à la main-d'œuvre servile dans tout le continent et des attitudes plus brutales envers la souffrance. L'Afrique subsaharienne était déjà en retard, technologiquement parlant, mais le trafic d'esclaves ne fit qu'accentuer le phénomène. Et pourtant, par-delà toute cette douleur, il est essentiel de se souvenir que les Africains lui *survécurent* en maintenant largement intactes leur indépendance politique et leurs institutions sociales. Paradoxalement, cette période honteuse montra également la résistance humaine sous ses aspects les plus courageux. La splendeur de l'Afrique était aussi dans sa souffrance.

Origines et développement

La traite négrière atlantique commença en 1441, quand un jeune capitaine portugais nommé Antam Gonçalvez enleva un homme et une femme sur la côte occidentale du Sahara pour complaire à son souverain, le prince Henri le Navigateur – et il y réussit : il fut fait chevalier. Quatre ans plus tard, les Portugais édifièrent sur l'île d'Arguin, au large de la côte mauritanienne, un fort à partir duquel ils pourraient se procurer des esclaves, et plus encore de l'or, singulièrement rare à l'époque. Après avoir échoué, en 1415, à s'emparer du commerce du précieux métal en occupant Ceuta, sur la côte marocaine, et toujours en quête de ses sources, ils descendirent les rivages d'Afrique occidentale, un peu au hasard. Arguin était conçu pour détourner les caravanes d'or montant vers le Maroc. Pourtant, les esclaves africains n'étaient pas un simple sous-produit ; depuis le milieu du XIVe siècle existait en Europe du Sud un marché très actif. La main-d'œuvre était rare après la Grande peste, et l'esclavage avait survécu, depuis l'Empire romain, dans les activités domestiques et dans des poches d'agriculture intensive, en particulier dans la production du sucre, dont les Européens avaient appris la technique des Arabes à l'occasion des Croisades. Les plantations de canne à sucre s'étendirent vers l'ouest à travers toute la Méditerranée, jusqu'à des îles comme Madère, pour finir dans les Amériques, tout en dépendant de plus en plus du travail servile. Le commerce des esclaves fut en grande partie la réponse à cette exigence.

Il dépendait toutefois des Africains d'accepter d'en vendre. Ce qu'ils firent car le sous-peuplement, qui rendait difficile la maîtrise de la main-d'œuvre par des moyens purement économiques, avait déjà stimulé l'esclavage parmi de nombreux peuples africains (mais pas tous). Les Portugais d'Arguin traitaient avec les Maures, vieux fournisseurs d'esclaves au commerce transsaharien. Ils découvrirent un peuple qui y participait déjà quand, en 1444, ils descendirent plus au sud, jusqu'au fleuve Sénégal. « Le Roi, écrivit un chroniqueur, vit de razzias, qui lui fournissent de nombreux esclaves originaires des pays voisins ou du sien propre. Il les emploie… à cultiver la terre… mais il en vend aussi beaucoup aux [Maures]… contre des chevaux et autres marchandises [1]. » Les cavaliers ouolof achetaient des chevaux aux Portugais, en leur donnant entre neuf et quatorze esclaves par bête. Tous les peuples de Sénégambie n'étaient pas pour autant engagés dans ce commerce. Les Jola de la Casamance, au sud du Sénégal actuel, n'avaient pas de chefs, et ne cherchaient nullement à acquérir des marchandises, à l'exception du bétail ; ils refusèrent donc de traiter avec les Européens jusqu'à la fin du XVIIᵉ siècle, et ne connurent pas de main-d'œuvre servile avant le siècle dernier. Les Baga, encore plus au sud (dans la Guinée d'aujourd'hui) refusèrent quant à eux de prendre la moindre part à la traite, et ce tout au long de leur histoire. Comme d'ailleurs les Kru du Liberia, et d'autres peuples voisins, qui résistèrent avec un courage indomptable : une fois capturés, ils étaient si décidés à tuer leurs nouveaux maîtres, ou à se suicider, que les Européens cessèrent de les asservir. Aux Amériques, un nombre très important d'esclaves qui s'enfuirent pour fonder des communautés « marrons » étaient originaires de sociétés sans État.

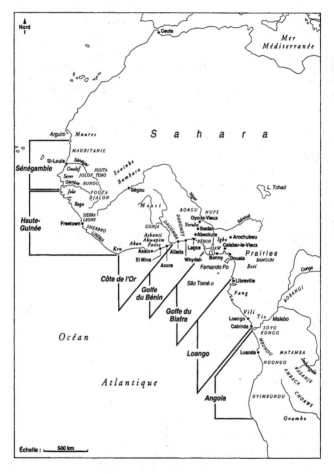

8. La traite négrière atlantique

En Afrique occidentale, l'esclavage n'était pas limité aux peuples islamisés de la savane. Il en existait également une forme lignagière : les captifs devenaient membres de groupes de parenté dans lesquels ils avaient le statut d'inférieurs. C'est ce que les Portugais découvrirent quand, sans doute en 1470, ils entrèrent en contact avec les Akan de la Côte-de-l'Or. Cela leur permit enfin de contourner le commerce transsaharien et d'accéder aux principales sources de métal précieux d'Afrique occidentale. C'est là, à El Mina (« La mine »), qu'ils édifièrent en 1482 la première forteresse européenne d'Afrique tropicale. En 1506, l'or assurait près d'un quart des revenus de la Couronne. Cette part ne tarda pas à décliner, mais ce n'est que vers 1700 que les esclaves devinrent le produit d'exportation le plus profitable de la côte africaine. Les Portugais, sur la Côte-de-l'Or, étaient confrontés à un gros problème : contre quoi échanger le métal ? Les chevaux ne pouvaient survivre longtemps dans cette région. Au départ, ils proposèrent donc des armes à feu, acceptées avec enthousiasme, mais le pape l'interdit, de peur qu'elles ne finissent par parvenir aux musulmans. Les Portugais durent donc se rabattre sur le tissu (généralement originaire d'autres parties d'Afrique), les métaux (venus d'Europe) – et les esclaves. Les Akan en achetaient déjà au nord avec leur or. Entre 1500 et 1535, ils en acquirent entre 10 000 et 12 000 par l'intermédiaire des Portugais : ils s'en servaient pour transporter des marchandises à l'intérieur des terres, et surtout pour défricher la forêt, ce qui était leur ambition principale. Au départ, les Portugais s'approvisionnèrent au Bénin, qui s'étendait militairement et avait des captifs à vendre, mais le royaume cessa d'en exporter en 1516, craignant de perdre de la main-d'œuvre. Par la suite, la grande majorité des esclaves vendus aux Akan vinrent, apparemment, du delta du Niger et, plus à l'est, du pays igbo. Comme en Asie, les Portugais devinrent des intermédiaires maritimes au sein d'un réseau d'échanges indigènes.

Ils découvrirent également un partenaire commercial tout particulièrement précieux. En 1482, le roi du Kongo apprit qu'on avait aperçu, au large de l'estuaire du fleuve Congo, des créatures marines inconnues. Les marins portugais ne tardèrent pas à établir des relations mutuellement profitables avec les maîtres étrangers du royaume, dont l'autorité, assez incertaine, dépendait fortement des esclaves concentrés autour de leur capitale. Là, comme chez les Ouolof, leur commerce devint une entreprise dans laquelle souverains et sujets avaient des intérêts profondément divergents. Avide de ressources nouvelles et de soutiens étrangers, le roi du Kongo accepta d'être baptisé, tandis que son fils, Afonso Mbemba Nzinga, qui usurpa le trône en 1506, se convertit pleinement au christianisme, adoptant l'habillement, les titres, l'étiquette, la technologie et l'écriture des Portugais. Cette stratégie prospéra pendant une décennie avant que survienne la crise. À partir de 1500, les Portugais créèrent des plantations de canne à sucre sur l'île de Sao Tomé, au large de la côte gabonaise, et se ravitaillèrent en main-d'œuvre au Kongo. En 1526, le royaume exportait chaque année de 2 000 à 3 000 esclaves ; Afonso se plaignit à son homologue lusitanien :

> Nombre de nos sujets désirent ardemment les marchandises portugaises, que vos gens apportent dans notre royaume. Pour satisfaire cet appétit désordonné, ceux-ci s'emparent de nombre de nos sujets noirs, libres ou affranchis, et même de nobles, de fils de nobles, voire de membres de notre propre famille. Ils les vendent aux Blancs... Cette corruption et cette dépravation sont si répandues que notre terre s'en trouve entièrement dépeuplée... C'est en fait notre

désir que cet endroit ne serve ni au commerce ni au transit des esclaves [2].

Le roi du Portugal répliqua que le Kongo n'avait rien d'autre à vendre. Sans mettre un terme au trafic, Afonso le limita et le réglementa. Son royaume s'étendit, et dura jusqu'au milieu du XVIIᵉ siècle. Les Portugais s'en allèrent chercher ailleurs, créant en 1576 un nouveau dépôt à Luanda, qui devint pour les Européens une base de conquête et de razzia directes d'esclaves.

La fondation de Luanda correspondit à une phase nouvelle de la traite. Ses victimes originaires d'Afrique occidentale partirent d'abord, pour l'essentiel, vers le Portugal, puis vers Madère, puis vers Sao Tomé. Les voyages directs vers les Amériques commencèrent en 1532. Quand les maladies européennes et africaines détruisirent les peuples amérindiens, les Africains les remplacèrent : ils étaient les seuls à être en nombre suffisant, coûtaient moins cher que les travailleurs blancs, et jouissaient d'une certaine immunité face à ces maladies, parce qu'ils vivaient à la périphérie tropicale de l'Ancien Monde. À la fin du XVIᵉ siècle, près de 80 % d'entre eux partaient vers les Amériques, en particulier vers le Brésil, où les Européens implantèrent la canne à sucre à partir des années 1540.

Toutefois, les esclaves étaient encore en nombre relativement restreint : de 3 000 à 4 000 par an en moyenne durant les 80 dernières années du XVIᵉ siècle. Ces chiffres proviennent d'une étude exhaustive réalisée dans les années 1990, sur la base d'un recensement de 27 233 voyages d'exportation d'esclaves réalisés entre 1519 et 1867, soit environ 70 % des voyages de ce type, les 30 % manquants ayant été ajoutés par estimation.

Tableau I. *Exportations d'esclaves d'Afrique vers l'Atlantique par siècle,*
1519-1867

1519-1600	266 000
1601-1700	1 252 800
1701-1800	6 096 200
1801-1867	3 446 800
Total	11 061 800

Source : D. Eltis, "The volume and structure of the transatlantic slave
trade : a reassessment", *William and Mary Quarterly,* 3rd series, 58
(2001), 44.

Le tableau I montre qu'il resta très réduit pendant le
XVIe siècle, s'accéléra au XVIIe, connut son apogée au
XVIIIe – le chiffre le plus élevé d'esclaves quittant l'Afrique
en un quart de siècle fut de 1 921 100 entre 1776 et
1800 –, puis déclina lentement au cours du XIXe siècle.
Le changement le plus important se produisit au milieu
du XVIIe siècle. Jusque-là, on n'avait guère exporté plus
de 10 000 esclaves par an, généralement vers le Brésil.
Mais en 1630, les Hollandais s'emparèrent du nord de ce
pays, puis prirent El Mina en 1637, et en 1641 ils
occupèrent brièvement Luanda, détruisant la position du
Portugal en Afrique occidentale. À partir de cette date,
ils fournirent de nombreux esclaves, à des prix très bas, aux
plantations de canne à sucre récemment créées dans les
Barbades britanniques, la Martinique et la Guadeloupe
françaises. Cela attira des négociants anglais et français,
qui finirent peu à peu par supplanter les Hollandais,
d'abord par l'intermédiaire de compagnies dotées d'un
privilège – tel fut le cas de la Royal African Company en
1672 – puis, au XVIIIe siècle, en tant que marchands
privés, généralement installés à Liverpool et à Nantes. Les

îles Caraïbes d'origine furent peu à peu supplantées par la Jamaïque, la plus grande colonie d'esclaves britanniques, et la colonie française de Saint-Domingue (Haïti), qui au XVIIIe siècle importa près d'un million de Noirs ; elle fut en 1791 le théâtre de la seule grande révolte servile victorieuse de toute l'Histoire. En gros 49 % des esclaves étaient dirigés vers les Caraïbes, 41 % vers le Brésil, et moins de 4 % vers l'Amérique du Nord, avant tout parce que le trajet était plus long. Le prix de vente des esclaves dans les Caraïbes augmenta de 150 % au cours du XVIIIe siècle et le profit des marchands occidentaux augmenta de 25 à 50 %. Exprimés en termes de produits manufacturés d'importation, dont les progrès de l'industrie européenne permettaient de réduire les coûts de production, les profits des marchands d'esclaves s'accrurent de manière spectaculaire. Un esclave valant deux coupons de toile en 1674 au Dahomey en valait soixante-dix en 1750 [3].

Les sources d'approvisionnement se déplacèrent peu à peu vers le sud. Les premiers esclaves venaient pour la plupart de Sénégambie, de la côte guinéenne (de la Guinée-Bissau au Liberia actuels), du Kongo et d'Angola (important fournisseur sur toute la durée de la traite). Vers le milieu du XVIIe siècle, ce fut le tour de la Côte-de-l'Or, du golfe du Bénin (en particulier le delta du Niger) et du Mozambique. En 1807, le golfe du Biafra, l'Angola et le Mozambique fournissaient plus de 80 % des exportations d'esclaves anglaises et françaises, et la quasi-totalité du commerce portugais.

Les plantations avaient besoin d'hommes jeunes. La Royal African Company précisait à ses agents : « En approvisionnant nos navires en esclaves, veillez toujours à ce que les Noirs soient de bonne apparence et en bonne

santé, de l'âge de 15 ans au moins sans dépasser 40 ;
et qu'au moins 2/3 soient des hommes. » Ces dernières
instructions furent suivies à la lettre : de tous les esclaves
exportés vers les Amériques, deux tiers, presque exactement, étaient de sexe masculin. En règle générale, ils coûtaient sur la côte de 20 à 30 % plus cher que les femmes.
Comme les sociétés africaines et le trafic transsaharien
préféraient celles-ci, il y avait une complémentarité entre
les diverses branches de la traite. Mais les marchands
européens prenaient sans doute plus d'enfants (de moins
de 14 ans) qu'ils ne l'auraient voulu. Dans un échantillon
particulier, 12 % des esclaves étaient enregistrés comme
enfants, à la fin du XVIIe siècle, et 23 % au XVIIIe [4]. Cet
accroissement était sans doute dû en partie aux lois européennes, qui permettaient d'entasser plus d'enfants que
d'adultes sur un navire.

Fonctionnement et pratique

Le meilleur moyen de comprendre le trafic des esclaves
est de suivre une victime jusqu'à son arrivée en Amérique,
depuis l'endroit où elle a été réduite en esclavage en
Afrique occidentale. Nous savons peu de choses là-
dessus ; toutefois, au milieu du siècle dernier, un missionnaire de Sierra Leone nommé Sigismund Koelle demanda
à 177 anciens esclaves (dont 2 femmes seulement : on ne
pourra donc en tenir compte ici) de raconter comment
ils avaient été asservis [5]. 34 % déclarèrent avoir été « capturés à la guerre », suite à des affrontements entre unités
politiques ou à des razzias de grande ampleur – souvent
les grands raids annuels que les cavaliers de la savane lançaient contre les peuples d'agriculteurs. Koelle ne mentionne pas le cas de personnes victimes de razzias

organisées par leur propre souverain, chose courante dans le Kongo du XVIIᵉ siècle ainsi que dans d'autres régions, mais 30 % de ses informateurs avaient été kidnappés, notamment chez les Igbo et autres peuples sans État de la forêt. Au XVIIIᵉ siècle, les Igbo se rendaient aux champs armés, après avoir placé les enfants du village dans un enclos fermé à clé et gardé. Onze pour cent affirmaient par ailleurs avoir été réduits en esclavage à l'issue d'une condamnation en justice, généralement sur des accusations d'adultère, ce qui laisse penser que les aînés se servaient de la loi pour se débarrasser de concurrents plus jeunes. Dans les années 1730, le sagace négrier Francis Moore écrivait à propos de la Gambie : « Depuis que le commerce d'esclaves existe, tous les châtiments ont été changés en esclavage ; il y a un avantage à de telles condamnations, elles frappent lourdement le crime, afin de garantir le bénéfice de la vente du condamné⁶. » Deux hommes dirent à Koelle qu'ils avaient été réduits en esclavage parce que des membres de leur parenté avaient été condamnés pour sorcellerie. Les faibles étaient tout particulièrement vulnérables. Près de 30 % des informateurs de Koelle avaient déjà été esclaves d'Africains ; les trafiquants européens les préféraient, parce qu'ils étaient censés être plus résistants et moins portés à s'enfuir. Orphelins, veuves, parents pauvres, oisifs, incapables et faibles d'esprit avaient tous des chances de finir esclaves, comme ceux qui défiaient les puissants. Un homme « fut vendu par un chef de guerre, parce qu'il refusait de lui céder sa femme ». Sept pour cent avaient été vendus pour payer des dettes, généralement celles de la famille (non les leurs). Aucun informateur de Koelle ne déclara s'être délibérément vendu pendant une famine, mais la chose était répandue, car ces périodes correspondent aux pics d'exportations d'esclaves : un navire repartit avec un plein chargement, simplement parce qu'il avait été promis de la nourriture.

L'esclave était donc capturé, kidnappé, condamné, privé de liberté. Un principe fondamental du trafic entrait alors en ligne de compte : il constituait un bien périssable. On ne pouvait faire de bénéfices qu'en le vendant avant qu'il meure ou, dans le cas de gens capturés depuis peu et encore proches de chez eux, avant qu'ils s'échappent. Ceux qui les transportaient jusqu'aux grands centres commerciaux étaient parfois de petits intermédiaires qui se contentaient d'ajouter des êtres humains aux tissus ou au bétail dont ils faisaient commerce d'ordinaire : une jeune fille igbo, après avoir été kidnappée, fut ainsi vendue à six reprises sur moins de 200 kilomètres. En règle générale, toutefois, comme l'observa un marchand français bien informé, les esclaves, marchandise incertaine, mais de valeur, étaient « l'affaire des rois, des riches et des gros marchands, à l'exception des Noirs inférieurs ». Parmi ces gros négociants figuraient les Soninké, qui transportaient ceux capturés lors des raids de cavaliers jusqu'à la côte sénégambienne ou guinéenne : « Devant, cinq ou six hommes qui chantaient, tous appartenaient au coffle ; ils étaient suivis des autres gens libres ; puis venaient les esclaves, attachés comme il est de coutume par une corde autour du cou, à raison de quatre par corde, un homme armé d'une lance placé entre eux ; ensuite venaient les esclaves domestiques, et à l'arrière les femmes libres [7]. » Plus au sud, trois groupes commerçants s'acquirent une réputation. Les Aro commerçaient entre le pays igbo et le delta du Niger, exploitant tout particulièrement un oracle d'Arochukwu, près de la Cross River, censé « manger » ceux qu'il convainquait de sorcellerie ou autres délits ; en réalité ils étaient vendus en aval. Les Bobangi couvraient les 1 700 kilomètres du fleuve

Congo, amenant les esclaves jusqu'aux négociants vili de Loango, dans l'actuel Gabon. En Angola, des pionniers portugais menaient des caravanes très loin à l'intérieur des terres, alors qu'ailleurs ce trafic était un monopole africain, sauf le long des fleuves Gambie et Sénégal. Des souverains s'engageaient aussi directement dans la traite, mais à titre d'exportateurs privilégiés plus qu'à celui de monopolistes. Même le royaume ashanti et le Dahomey, les plus autoritaires des États commerçants du XVIIIᵉ siècle, géraient des systèmes d'économie mixte au sein desquels chefs et marchands exportaient aux côtés de fonctionnaires négociants. La vente des esclaves aux Européens était assurée, pour l'essentiel, par des intermédiaires côtiers qui s'efforçaient simultanément d'empêcher les Blancs de pénétrer à l'intérieur des terres, et les Noirs d'atteindre la mer – peut-être en affirmant aux uns comme aux autres que ceux d'en face étaient cannibales. En Sénégambie et en Haute-Guinée, ces intermédiaires étaient souvent afro-portugais. Ailleurs, il s'agissait ordinairement d'Africains, le groupe le plus connu étant les Ijaw du delta du Niger, qui tirait parti d'une institution, la « maison de pirogues », à la fois groupe de parenté, compagnie commerciale et faction politique ; la famille proprement dite se gonflait d'esclaves et de subordonnés qui pagayaient sur d'énormes embarcations pour remonter le Niger en vue d'y rassembler des esclaves :

> Les commerçants noirs de Bonny et de Calabar, qui sont très experts à comprendre et à parler les diverses langues de leur propre pays, comme celles des Européens, descendent tous les quinze jours environ avec des esclaves : le jeudi ou le vendredi est généralement leur jour de commerce. Vingt ou trente pirogues, parfois plus, parfois moins, arrivent en même temps. Dans chacune il peut y avoir de vingt à trente esclaves. Les bras de certains d'entre eux sont liés derrière

leurs dos avec des branchages, des cannes, des cordes d'herbe ou autres ligaments du pays ; et s'ils se trouvent être plus forts que de coutume, ils sont également garrottés au-dessus du genou. Dans cet état, ils sont jetés au fond de la pirogue, où ils gisent dans de grandes souffrances, et souvent presque entièrement recouverts d'eau. En débarquant, ils sont menés vers les maisons des négociants, où ils sont frottés d'huile, nourris et préparés pour la vente [8].

Les négriers européens pratiquaient deux systèmes d'échange. Le premier, dit « de l'usine », était dans les faits une sorte de diaspora commerciale inspirée du modèle africain, là où les autorités politiques permettaient aux Blancs d'établir des implantations côtières permanentes afin d'y rassembler des esclaves et de les faire embarquer. Ces « usines » étaient coûteuses ; elles ne furent fondées que par des compagnies à privilège, au XVIIᵉ siècle, ou là où les esclaves étaient particulièrement nombreux, comme au Dahomey. Mais les trafiquants privés recouraient généralement à un autre système : leurs navires croisaient le long de la côte, achetant quelques esclaves à la fois, jusqu'à ce qu'ils disposent d'une cargaison complète. Dans un cas comme dans l'autre, le système était, en dernier ressort, sous contrôle africain ; il donnait lieu à de longs marchandages, facilités par l'hospitalité, la corruption, les alliances politiques, une bonne quantité d'alcool et des relations personnelles entre deux groupes commerciaux ayant de nombreux intérêts communs.

Les Européens ont souvent affirmé que les Africains se vendaient entre eux « pour de simples colifichets ou des armes de guerre ». Parfois effectivement, les colifichets faisaient partie de l'échange, surtout au début ; dans les années 1680, les perles et les pierres semi-précieuses représentaient encore près de 40 % des importations sénégambiennes. En règle générale, toutefois, les Européens vendaient aux Africains les mêmes marchandises qu'aux colons américains. Aux XVIIe et XVIIIe siècles, la moitié au moins des importations de l'Afrique occidentale se composait de tissus, venus en majorité d'Inde ou d'autres parties d'Afrique, puis plus tard d'Europe. Le fer et le cuivre bruts avaient aussi de l'importance, comme les cauris (servant de monnaie) dans le golfe du Bénin. Au XVIIIe siècle, et mis à part les tissus, quatre articles représentaient chacun 10 % des importations : l'alcool, le tabac, divers produits manufacturés (en majorité de métal), les armes à feu et la poudre. C'est vers la fin du XVIIe siècle que les Européens se mirent à vendre des armes, quand des mousquets bon marché, fiables, poussèrent certains États, en Côte-de-l'Or et dans le golfe du Bénin, à réarmer leurs forces. Un siècle plus tard, l'Afrique subsaharienne en importait près de 200 000 par an.

L'éclectisme et l'esprit de compétition des sociétés africaines donnaient aux marchandises européennes un attrait fatal. Aucune n'était essentielle, exception faite, en un sens, des armes à feu, mais la plupart étaient des biens de consommation suffisamment prisés pour pousser les souverains, et nombre de gens ordinaires, à vendre d'autres Africains – envers lesquels ils ne se sentaient aucune obligation, tout comme au Moyen Âge les Génois et les Vénitiens avaient vendu d'autres Européens aux musulmans. D'autres s'y opposaient, non forcément pour des raisons morales. Ce fut le cas de plusieurs peuples sans État. Le Bénin ferma son marché aux esclaves, le roi Afonso du Kongo déplora les effets du trafic, et nous possédons des témoignages montrant que des gens ordinaires aidaient les esclaves à s'évader. Étant donné le souci, typiquement africain, d'accroître la population,

vendre des hommes était choquant, et d'une tragique ironie. La logique du trafic résidait dans le divorce entre
intérêts collectifs et intérêts individuels, les hommes puissants se livrant à la traite pour se procurer des biens qui
leur permettraient de s'attirer des clients encore plus
nombreux ; ils vendaient des gens pour en acquérir
d'autres.

Le marchandage prenait fin, l'esclave était confié à son
nouveau maître européen. La première tâche consistait à
le marquer à chaque changement de propriétaire. La
seconde, à le faire embarquer avant qu'il ne meure sur
un bateau en partance pour l'Amérique. On ne dispose
d'aucune statistique fiable sur la mortalité des esclaves
avant l'embarcation. Selon les estimations de Joseph Miller, sur 100 personnes réduites en esclavage en Angola
dans les dernières décennies du XVIIIe siècle, 10 mouraient
lors de leur capture, 22 sur le chemin de la côte, 10
dans des villes côtières, 6 en mer, et 3 à peine arrivées en
Amérique, moins de la moitié était donc condamnée au
travail servile[9]. On pourrait citer des chiffres plus élevés
pour chaque étape : à la fin du XVIIe siècle, les esclaves
de Gambie coûtaient au moins cinq fois plus sur la côte
qu'à l'intérieur des terres, là où ils avaient été capturés. Il
n'est pas possible d'être plus précis, mais tout temps passé
dans les enclos à esclaves de la côte, ou à bord d'un navire
attendant de prendre la mer, comportait de nombreux
risques de maladie, de suicide ou de tentative d'évasion :

> Quand nos esclaves sont à bord nous mettons aux fers les
> hommes deux par deux, tandis que nous sommes au port,
> et en vue de leur pays, car c'est à ce moment-là qu'ils sont
> le plus enclins à s'enfuir et à se mutiner... ils sont nourris
> deux fois par jour... ce qui est l'heure où ils sont les plus
> portés à la mutinerie, étant tous sur le pont ; par consé-
> quent, pendant tout ce temps, ceux de nos hommes qui ne

sont pas employés à leur distribuer leur nourriture, et à les apaiser, restent près de leurs armes ; et certains se tiennent, allumette enflammée, près des grands canons qui se dressent au-dessus d'eux, chargés de grenaille, jusqu'à ce qu'ils en aient terminé et soient redescendus dans leur logis entre les ponts [10].

Le moment du départ était traumatisant. Comme le note le journal d'un marin : « Les esclaves ont été toute la nuit très agités. Ils sentaient les mouvements du navire. Jamais je n'ai entendu pire hurlements, semblables à celui des pauvres hères de Bedlam. Les hommes secouaient leurs fers, ce qui était assourdissant [11]. » L'angoisse venait en partie de ce que de nombreux Africains croyaient que les Européens étaient des créatures marines, des cannibales venus du pays des morts, dont les chaussures de cuir noir étaient faites de peaux d'Africains, dont le vin rouge était le sang des Africains, la poudre à canon des os d'Africains broyés et brûlés. Des craintes similaires existaient au Mozambique et parmi les peuples exposés au trafic d'esclaves transsaharien. Pourtant, les esclaves de maîtres africains étaient eux aussi capables d'une violence désespérée – suicide ou meurtre – inspirée par un honneur blessé et l'amour de la liberté. Les révoltes étaient fréquentes sur les navires négriers. Selon un échantillon hollandais bien documenté, 20 % des trajets connaissaient des mutineries, tandis qu'au XVIIIe siècle, si 5 % seulement des voyages accomplis par les négriers français voyaient se produire des révoltes, dans la moitié des cas, celles-ci étaient victorieuses. Plusieurs d'entre elles ne furent possibles que grâce à la participation de femmes esclaves, qui jouissaient d'une plus grande liberté de mouvement. Non qu'il y ait eu beaucoup de place dans une *tumba*, un cercueil, comme disaient les Portugais en parlant de leurs vieux navires négriers. Au XVIIIe siècle, un

bateau français de ce genre faisait en moyenne vingt
mètres de long, six de large, et emportait près de 300
esclaves. Entre 1839 et 1852, 104 navires de ce genre
furent mesurés : un esclave disposait en moyenne, sur le
pont, d'un espace de 0,4 m². Le taux de mortalité grimpait à proportion du chargement, l'entassement favorisant la diffusion des maladies gastro-intestinales. Une fois
que le bateau était plein, le surentassement ne changeait
plus rien au nombre de décès, qui dépendait avant tout
de la longueur du voyage – de deux à trois mois au
XVIIIᵉ siècle, mais parfois beaucoup plus – et du déclen-
chement d'une épidémie, généralement la dysenterie, la
variole ou le scorbut. Entre 1630 et 1803, un tel voyage
tuait en moyenne 14,8 % des esclaves embarqués sur un
navire hollandais, et au moins la même proportion de
membres d'équipage. Les femmes et les enfants survivaient mieux que les hommes. Les requins suivaient parfois les navires pendant un mois.

Les récits faits par les esclaves ayant survécu à la traversée de l'Atlantique mettent généralement l'accent sur trois
souvenirs marquants : l'atmosphère fétide des quartiers
d'esclaves, où parfois une chandelle ne pouvait brûler ; la
constante brutalité de l'équipage ; et la soif, car l'eau était
aussi précieuse que rare, la ration normale étant de près
d'un litre par jour. Olaudah Equiano, kidnappé en pays
igbo à l'âge de onze ans et vendu en 1756 à des trafiquants anglais, nous a laissé une description très évoca-
trice :

> L'étroitesse de l'endroit, et la chaleur du climat, ajoutées
> au nombre d'hommes sur le navire, qui était si chargé que
> chacun avait à peine assez de place pour se tourner, nous
> suffoquaient presque. Cela provoquait d'abondantes transpi-
> rations, si bien que l'air devint bientôt presque impossible à
> respirer, à cause des odeurs répugnantes, et provoqua chez

les esclaves une maladie dont beaucoup moururent... Cette situation déplorable fut encore aggravée par les écorchures provoquées par les chaînes, devenues insupportables ; et par la puanteur des baquets de nécessité, dans lesquels les enfants tombaient souvent, et où ils manquaient suffoquer. Les cris perçants des femmes, les râles des mourants, faisaient de tout cela une scène d'horreur presque inconcevable [12].

Conséquences démographiques

La lutte pour accroître le nombre d'hommes avait été jusque-là le principal trait de l'histoire africaine ; aussi l'aspect le plus important de la traite réside-t-il dans son impact démographique. Malheureusement, c'est aussi celui sur lequel les recherches sont difficiles. Non seulement le nombre d'esclaves ainsi exportés demeure incertain, mais il n'y a pas de moyen fiable d'estimer les pertes humaines avant l'embarquement, pas plus que nous ne savons quelle était la population d'Afrique occidentale quand le trafic commença, si elle augmentait, à quel rythme, et de combien elle aurait pu s'accroître s'il n'avait pas existé. Les historiens peuvent toujours construire des modèles des processus démographiques, comme Patrick Manning l'a fait, mais de nombreux chiffres qu'on y intègre sont de simples conjectures. Lui-même est parti des données d'un recensement de 1931, prenant pour hypothèse une progression démographique naturelle (ou intrinsèque) de 0,5 % pendant la plus grande partie des siècles précédents, compte tenu des exportations d'esclaves suggérées par les chiffres, mis à jour, de Curtin, et en a conclu qu'en 1700 la région d'Afrique occidentale alimentant le commerce des esclaves devait compter 25 millions de personnes. Partant des données relatives à

leur âge et à leur sexe, ainsi que des estimations des pertes
aux premiers stades du trafic, il a calculé que vers 1850
cette population devait être tombée à 20 millions de
personnes, les pertes les plus graves se situant en Angola
et dans le golfe du Bénin. Il a toutefois fait valoir également que le véritable coût démographique devait en fait
être calculé par rapport à la croissance démographique
probable, en l'absence de traite. Partant de ces hypo-
thèses, il a calculé que sans elle, la population de toute
l'Afrique subsaharienne aurait pu être de près de 100 millions de personnes, mais qu'en réalité elle n'était que de
la moitié. Ces pertes démographiques potentielles survinrent alors qu'on assistait ailleurs à de rapides progressions
– la population chinoise doubla au XVIIIᵉ siècle –, si bien
que Manning estime qu'entre 1600 et 1900 la part de
l'Afrique dans la population d'Europe, d'Afrique, du
Moyen-Orient et du Nouveau Monde chuta de 30 à un
peu plus de 10 % [13].

La plupart des historiens conviendront que l'Angola
souffrit tout particulièrement, car il était médiocrement
peuplé, et ses exportations d'esclaves demeurèrent très
élevées trois siècles durant ; on possède de nombreux
témoignages de sa dépopulation. Mais tout le monde ne
sera pas d'accord pour dire que le golfe du Bénin souffrit
aussi gravement, car Manning est parti de l'hypothèse
que la majorité des esclaves venaient de régions proches
de la côte, ce qui est discutable. Aucun consensus n'existe
sur la question de savoir si la population d'Afrique occidentale a décliné en termes absolus, ni de combien, bien
que la plupart des spécialistes estiment que le déclin a dû
être faible. Quelques-uns pensent que la région avait peu
de perspectives de croissance démographique avant même
que la famine et les épidémies ne l'interrompent, mais
d'autres font remarquer qu'il y existait de grands espaces

médiocrement peuplés, et s'accordent avec Manning pour dire que la question cruciale est de savoir quelle aurait été la croissance démographique de l'Afrique occidentale sans la traite. Malheureusement, deux éléments font qu'il est pratiquement impossible d'y répondre. D'une part l'hypothèse fondamentale de Manning – un taux de croissance « naturel » de 0,5 % – ne s'appuie pas sur des preuves solides, et ce chiffre est d'ordinaire bien moins élevé dans les sociétés traditionnelles (entre 1550 et 1820 la population anglaise crût de 0,5 % par an, celle de l'Europe occidentale de 0,24 %). D'autre part à cette époque deux autres conséquences, impossibles à quantifier, de l'expansion européenne influencèrent la démographie de l'Afrique occidentale.

L'une fut l'introduction de plantes américaines, en particulier le maïs et le manioc. Dans les régions de savane humide, le maïs donne près de deux fois plus de calories par hectare que le millet, et 50 % de plus que le sorgho. Le manioc, quant à lui, contient 150 % de calories de plus que le maïs, et il est moins sensible à la sécheresse. L'un et l'autre se diffusèrent de manière assez erratique. Le maïs atteignit la région du Kongo entre 1548 et 1583, mais ne parvint dans les prairies camerounaises qu'au siècle dernier. Il fut adopté surtout dans les zones limitrophes entre forêt et savane, dans les bassins fluviaux, et là où il fournissait aux voyageurs parcourant de longues distances une nourriture facilement transportable. Le manioc parvint au Kongo peu après 1600, puis se diffusa très vite à travers la région équatoriale et ses marges du sud, où il devint la culture principale des royaumes lunda, luba et kazembé au cours du XVIIIe siècle. Il prit aussi de l'importance dans certaines parties des côtes d'Afrique occidentale, mais ne se répandit que lentement à l'intérieur des terres. Ces nouveaux produits ont certainement permis de produire davantage de nourriture dans une région à l'alimentation relativement médiocre, bien que le manioc – souvent considéré comme le plat du pauvre – ne soit vraiment nourrissant qu'accompagné de produits riches en protéines, comme le poisson. Tous deux constituent en tout cas une bonne raison de penser que le potentiel de croissance démographique était élevé à cette époque.

Inversement, il faut noter que la traite exposa également l'Afrique occidentale à de nouvelles maladies, dont les effets ne furent pas aussi dévastateurs qu'en Amérique, plus isolée. Il se peut qu'on ait compté parmi elles la tuberculose et la pneumonie bacillaire, contre lesquelles les Africains de l'Ouest ont peu de résistance. Il faut sans doute y ajouter la peste, dont la région avait été jusque-là protégée par le Sahara ; des épidémies semblent avoir frappé le Kongo et certaines parties de l'Angola en 1655-1660, et les côtes du Sénégal et de la Guinée vers 1744. La syphilis vénérienne, d'origine latino-américaine, vint sans doute s'ajouter à la syphilis endémique et au pian, depuis longtemps présents, bien que ces maladies soient si étroitement apparentées qu'il est difficile d'interpréter les premières évocations qui en furent données. Le problème essentiel concerne la variole : si l'Afrique occidentale devait en connaître une variante relativement bénigne, les Européens semblent y avoir introduit une forme beaucoup plus virulente, qui dévasta le continent entre les XVIe et XVIIIe siècles. La coexistence de souches différentes pourrait expliquer la diversité des réactions face à la maladie signalées par les observateurs européens : de l'indifférence à une chasse aux sorcières provoquée par la panique. Les régions équatoriales semblent avoir été les moins résistantes. La variole fut signalée en 1560 dans la région du Kongo, où eut lieu une épidémie de grande ampleur en 1625-1628, en même temps qu'en Angola. Elle fut suivie par d'autres, récurrentes jusqu'au début du XXᵉ siècle, souvent liées à des famines. Mais des régions situées plus au nord en souffrirent également : le golfe du Bénin, par exemple, en connut plusieurs à partir du XVIIᵉ siècle. C'est là qu'au début du XVIIIᵉ siècle le culte de Sakpata, le dieu de la variole, fut, dit-on, introduit, en provenance du nord, par le roi Agaja du Dahomey. Il ne fait aucun doute que les Africains pratiquaient l'inoculation contre la variole, technique qu'ils enseignèrent à leurs maîtres américains. Sur d'autres continents, les taux de mortalité chez les victimes de souches virulentes s'élevaient à 25 %, parfois plus. Les comptes rendus des épidémies africaines suggèrent une mortalité analogue. Si c'est le cas, la maladie a dû fortement entamer la croissance démographique rendue possible par les nouvelles plantes américaines.

En résumé, nous ignorons dans quelle mesure la traite négrière a affecté l'histoire démographique d'Afrique occidentale. Nos meilleures chances de le savoir viendront d'études détaillées de la colonisation des terres, ou de leur abandon. Pour le moment, la réponse la plus vraisemblable est que ce trafic a provoqué un déclin de la population en Angola, et gravement retardé la croissance démographique ailleurs, bien que le potentiel de cette croissance ait été bien moindre que ne le suggère le modèle de Manning. Le phénomène se produisit à une époque d'expansion démographique rapide sur les autres continents. Étant donné l'importance fondamentale du sous-peuplement dans l'histoire africaine, la traite fut un désastre démographique, mais pas une catastrophe : les Africains survécurent.

Conséquences politiques

Les conséquences politiques sont mieux connues et peut-être plus faciles à résumer. Le trafic des esclaves, comme le capital marchand ailleurs, pouvait coexister avec n'importe quel système de gouvernement. Les Igbo, par exemple en fournirent beaucoup, mais connurent peu de changements politiques, et demeurèrent majoritairement sans État. Pourtant, la plus grosse part du trafic fut assurée par les citoyens des plus grands royaumes, souvent aux dépens des peuples sans État. La conséquence politique essentielle fut de leur donner un caractère mercantiliste ; en d'autres termes, pouvoir politique et pouvoir commercial fusionnèrent, soit que les souverains contrôlaient la traite, soit que les trafiquants gagnaient de l'influence politique. Auparavant, une telle fusion n'était pas de règle dans la région. Qu'elle se soit produite alors est sans doute davantage une conséquence du commerce international que du trafic des esclaves, car des changements similaires se produisirent sur les côtes asiatiques à mesure que le commerce maritime européen y concentrait richesse et pouvoir, aux dépens des empires terrestres dirigés par les Moghols, les Ottomans ou les Safavis. De surcroît, en Afrique occidentale, ce fut l'importation et l'emploi d'armes à feu, davantage que la capture et l'exportation d'esclaves, qui permirent à de petites minorités bien armées de dominer des populations importantes. Et le commerce extérieur ne fut que l'une des nombreuses forces – pas toujours la plus déterminante – qui modelèrent l'histoire politique de l'Afrique occidentale de cette époque.

Trois grands États de la région se désintégrèrent pendant la traite – mais pas nécessairement à cause d'elle. On peut voir les forces à l'œuvre dans le premier royaume important avec lequel les Portugais aient noué des contacts, le Grand Jolof du Sénégal. C'était un empire terrestre, centré sur la savane, dominé par des cavaliers profondément impliqués dans le commerce transsaharien, qui n'exerçaient qu'une souveraineté assez lâche sur quatre unités ouolof – le Jolof proprement dit, le Waalo, le Kajoor et le Bawol – et sur des sujets serer. En achetant des esclaves aux États ouolof de la côte contre des chevaux, les Portugais encouragèrent des forces centrifuges, mais le commerce avec le nord demeura de loin le plus important, et le Grand Jolof fut sans doute plus gravement affaibli par la création, dans la dernière décennie, d'un État païen dans le Fouta-Toro : celui-ci interrompit en effet toute relation commerciale avec l'intérieur. Quarante ans plus tard, les autres États ouolof cessèrent de payer tribut, et le Jolof se désagrégea. Le commerce avec l'Atlantique devint alors une force importante dans la création des États qui lui succédèrent, surtout au XVIIᵉ siècle avec l'arrivée des armes à feu. Les nouveaux États ouolof étaient dominés par une cavalerie d'esclaves *(ceddo)*, païens, gros buveurs obéissant à un code d'honneur militaire, des plus actifs dans le trafic d'esclaves, et très brutaux avec les paysans. Contre eux se dressa toutefois l'islam, en expansion continue vers le sud, processus historique qui eut une importance plus durable que la traite. Au cours des trois siècles qui suivirent, les conflits politiques opposèrent les forces du mercantilisme – rois, *ceddo*, commerçants européens – et celles de l'islam, représenté par des marabouts installés dans les campagnes en vue de convertir les paysans et d'établir des théocraties musulmanes, ce qui défiait une vieille tradition d'Afrique occidentale : les prêtres prient, les guerriers combattent. Chez les Ouolof, le mercantilisme l'emporta. La principale révolte survenue chez eux, en 1673, vint d'un conflit, en Mauritanie, entre des tribus berbères et leurs conquérants arabes ; leur chef, Nasir al-Din, se tourna vers le sud et prit le contrôle du Waalo, du Kajoor et du Fouta-Toro, mais après sa mort en 1674, les mercantilistes retrouvèrent le pouvoir et massacrèrent les marabouts. Ils se montrèrent toutefois moins efficaces à l'intérieur des terres. Vers 1698, un marabout nommé Malik Sy créa une théocratie islamique au Bundu, région anciennement sous domination soninké, mais récemment peuplée par des Foulbé sédentaires. En 1725, des religieux foulbé du Fouta-Djalon se rebellèrent contre leurs dirigeants, de langue mandé, et créèrent une autre théocratie qui, pour la première fois en Afrique occidentale, fit traduire le Coran en langue vernaculaire. Un demi-siècle plus tard, le parti clérical s'empara du pouvoir dans l'État foulbé du Fouta-Toro. Son premier chef interdit la vente d'esclaves musulmans, mais ces régimes n'échappèrent pas pour autant à la tentation de la traite. Le Fouta-Djalon devint notamment un grand exportateur ; son économie était étroitement contrôlée par l'État, et dépendait très fortement des esclaves agricoles, qui formaient peut-être la majorité de la population. Plus à l'intérieur des terres, parmi les Bambara de langue mandé qui dominaient désormais le centre de l'ancien Mali, ce fut le mercantilisme qui prévalut. Un jeune chasseur d'humble naissance nommé Biton Kulibali transforma d'abord son groupe d'âge en une force militaire, avec laquelle il créa vers 1712 le royaume du Ségou, à l'issue de la plus dramatique révolte générationnelle qu'ait connue l'Afrique précoloniale. Puis des généraux esclaves renversèrent son successeur musulman, et fondèrent un régime *ceddo* dépendant de la traite et du recours à la main-d'œuvre servile pour l'agriculture et l'artisanat.

Le royaume du Kongo se désintégra lui aussi pendant la traite. L'impact de l'Europe y fut plus important, en raison de la proximité de l'Angola, colonie portugaise. Pourtant cet effondrement fut longtemps retardé. Après la crise de 1526, quand le trafic avait failli échapper au contrôle royal, Afonso Ier reprit son autorité et limita les exportations d'esclaves aux étrangers et aux condamnés. Son long règne (1506-1543) assura à sa proche parenté le monopole des postes de gouverneurs provinciaux. Le christianisme, devenu religion d'État, leur fournissait des subordonnés alphabétisés qui rempliraient l'administration, et des ressources rituelles contre la religion autochtone. Au XVIIe siècle, l'État disposait également d'une armée de près de 5 000 hommes, dont 500 mercenaires armés de mousquets, à qui le roi s'efforça de réserver les armes à feu. Les aristocrates se distinguaient des gens du commun en reprenant des éléments de la culture européenne. Ils se regroupaient dans la capitale, rebaptisée Sao Salvador, qui dominait les campagnes, où esclaves et paysans se fondirent peu à peu en un peuple de sujets unifié. Ce royaume survécut encore près d'un siècle et demi, mais les affrontements au sein de l'énorme famille royale l'affaiblissaient. En 1568, au cours d'une de ces crises, Sao Salvador fut détruite par les « Jaga », coalition d'envahisseurs étrangers et de paysans révoltés, semble-t-il. Le roi dut réclamer de l'aide aux Portugais pour sauver son trône. Par ailleurs les circuits commerciaux se déplaçaient à son désavantage. Après 1576, le commerce portugais depuis Luanda donna aux dirigeants provinciaux du sud le moyen d'accéder aux armes à feu et aux produits importés, tandis que les Hollandais, installés à Soyo en 1600, jouaient le même rôle au nord. Un roi très habile, Garcia II, lutta pour préserver le royaume vers le milieu du XVIIe siècle, mais son successeur fut tué en

1665 lors de la bataille de Mbwila, provoquée par les
Portugais avides de contrôler les gisements de cuivre du
Kongo. Les habitants de Soyo mirent Sao Salvador à sac,
et le royaume se décomposa en provinces et en villages.
Au début du XVIIIe siècle, une jeune aristocrate nommée
Beatrix Kimpa Vita tenta une spectaculaire réunification
de l'État : opérant une synthèse complexe de croyances
chrétiennes et locales, elle se déclara possédée par saint
Antoine et, portée au pouvoir par ses partisans paysans,
entra dans un Sao Salvador reconstruit, avant d'être brûlée sur le bûcher en 1706.

L'Oyo fut le troisième grand État africain à s'effondrer
pendant le trafic des esclaves. Installé au sud-ouest de
l'actuel Nigeria, c'était le plus important des royaumes
yoruba. Là encore, des processus indigènes et le commerce avec l'étranger jouèrent de façon complexe. L'Oyo
était dans la savane, à l'intérieur des terres ; il disposait
d'une cavalerie d'élite, ainsi que d'un système politique
distribuant le pouvoir à des groupes et des institutions
structurellement opposés, d'une manière caractéristique
des anciennes villes yoruba. Dans la capitale, ce pouvoir
était partagé entre l'Alafin, souverain qui menait une vie
de reclus, à l'autorité surtout rituelle, et l'Oyo Mesi,
conseil de huit chefs des groupes de parenté les plus
importants. Au début du XVIIe siècle, l'Oyo était un
important fournisseur d'esclaves. C'est pour cela qu'il
conquit dans la savane un corridor menant à la mer à
travers la trouée du Dahomey – le Dahomey lui-même
devint son tributaire en 1726-1727. L'Oyo soumit également de nombreuses villes yoruba et exerça une certaine
prédominance sur les Borgu et les Nupe du nord. Mais
le contrôle d'un tel empire (et pas seulement du trafic
d'esclaves) le déstabilisa, de la même manière que le
Nouvel Empire égyptien autrefois. L'Alafin y gagna de

nouvelles fonctions administratives, exercées par l'inter-médiaire des esclaves royaux ; les chefs accrurent nette-ment leur pouvoir militaire. Le plus important d'entre eux, le Basorun Gaba, dans sa lutte pour le pouvoir, mit l'Alafin à l'écart, et domina l'État de 1754 environ à 1774 ; à cette date, son impopularité permit au roi Abio-dun de recourir aux forces militaires commandées par le Kakanfo pour renverser son adversaire, et de conserver le pouvoir jusqu'en 1789. Par la suite, le royaume fut déchiré par des conflits, les peuples soumis se libérèrent, et en 1817 un Kakanfo dissident sema parmi les nom-breux musulmans de l'Oyo une révolte qui s'acheva par l'invasion de la capitale. Vers 1835, cette ville était déserte : les tensions structurelles internes, l'expansion impériale et l'islam militant avaient détruit l'État.

Tandis que les anciens empires s'effondraient, de nou-veaux États mercantilistes apparaissaient, qu'il s'agisse de marchands conquérant le pouvoir, ou de souverains contrôlant le commerce. Parmi les premiers, les plus heu-reux furent ceux du delta du Niger : ces chefs des « mai-sons de pirogues » les plus puissantes devinrent, au XVIIIe siècle, les « rois » de plusieurs petites villes commer-ciales. En Afrique équatoriale, parmi les Vili, commer-çants de Loango, sur la côte gabonaise, un royaume existait avant que le commerce extérieur prenne de l'importance, mais quand son souverain chercha à le diri-ger, les traditionalistes insistèrent pour qu'il restât à l'abri de la corruption en évitant tout contact avec les Blancs ; la richesse et le pouvoir passèrent donc aux mains des marchands. Ceux-ci chassèrent les chefs territoriaux du conseil royal, et finirent par éclipser la monarchie, qui à dater de 1787 n'eut pas de titulaire pendant un siècle. Loin de la côte, parmi les commerçants tio de Malebo (Stanley Pool) sur le fleuve Congo, la royauté devint purement formelle et le pouvoir fut assumé par des chefs-commerçants provinciaux. Le pouvoir des Grands Hommes avait depuis longtemps prédominé dans cette région, et s'accordait fort bien avec le commerce transatlantique. C'est ainsi que parmi les marchands bobangi du moyen Congo, les « maisons de pirogues » dominaient aussi fortement que dans le delta du Niger, à ceci près qu'elles avaient moins d'ancienneté dans cette région nouvellement ouverte au commerce.

Les peuples akan de la Côte-de-l'Or surent le mieux tirer profit du commerce transatlantique. Au XVIIe, leur richesse en or avait permis l'apparition d'une société côtière nombreuse, commerçante et stratifiée, dominée par de Grands Hommes qu'un négociant européen décrivit comme « merveilleusement fiers et hautains ». Les chefs militaires de l'intérieur des terres avaient toutefois plus de pouvoir : les nouveaux mousquets à pierre leur permirent, à la fin du XVIIe siècle, de créer des armées de sujets, d'agrandir leurs États, et de contrôler des ports sur la côte afin d'assurer leur approvisionnement en armes. En 1680, le premier de ces nouveaux États, l'Akwamu, s'empara d'Accra. Dix-huit ans plus tard, son rival, le Denkyira, conquit Assin. Mais le vainqueur fut en définitive l'Ashanti, vassal du Denkyira dont il rejeta la suzeraineté en 1701 sous la direction d'Osei Tutu, avant de conquérir ses autres vassaux et de devenir le plus puissant des États akan.

La richesse du royaume ashanti venait de son agriculture. Comme sa capitale était installée à Kumasi, à près de cinquante kilomètres au sud des bordures de la forêt, il pouvait donc compter sur les produits de celle-ci comme sur ceux de la savane. La terre était sous le contrôle des lignages, mais demeurait largement disponible, et elle était cultivée avant tout par des foyers paysans, dont les villages de petites huttes à toit de chaume, dans les clairières de la forêt, formaient un vif contraste avec une capitale dominatrice, dangereuse, concurrentielle, qui au début du XIXe siècle pouvait accueillir entre 12 000 à 15 000 personnes : elle était entourée, sur une vingtaine de kilomètres, de zones agricoles très denses, et d'artisanats spécialisés. Le royaume ashanti était aussi un des grands États commerçants ; quatre grandes routes partaient de Kumasi vers le nord, et quatre autres vers le sud jusqu'à la côte. Dans le nord, le commerce, surtout celui des noix de kola, était ouvert aussi bien aux marchands privés qu'aux agents de l'État, mais dans le sud, celui de l'or, de l'ivoire et des esclaves était surveillé de plus près. Ces grandes voies de communication facilitèrent également les conquêtes militaires, d'abord dans le sud entre 1701 et 1720, puis dans le nord entre 1730 et 1752. À son apogée, vers 1820, l'empire ainsi créé couvrait plus de 250 000 kilomètres carrés, et se divisait en trois grandes régions : les six chefferies métropolitaines qui avaient composé la confédération militaire d'Osei Tutu ; un cercle intérieur de peuples conquis, dans leur majorité akan, qui payaient chaque année un tribut à des fonctionnaires d'État ; et à l'extérieur, les tributaires non akan de Gonja et de Dagomba, dont on exigeait mille esclaves par an, tout en réprimant leurs fréquentes rébellions. Le royaume ashanti demeura toujours, en son fond, une société militaire dotée d'une armée de sujets, d'une idéologie férocement militariste, et caractérisée par une grande brutalité envers les faibles.

Le gouvernement d'un tel empire l'exposa à ces mêmes problèmes qui avaient déstabilisé l'Oyo. Mais sa réussite donne la mesure, et la raison, de son raffinement politique. Comme les Alafin d'Oyo, les Ashantihene – en particulier Osei Kwadwo (1764-1777) – chargèrent des fonctionnaires d'administrer les pays conquis, mais, contrairement à eux ils les choisirent dans des lignages matrilinéaires, leur confiant des pouvoirs alimentés par des dons de terre et de peuple, et leur permettant de créer des circonscriptions administratives aux compétences spécialisées. Le Trésor comme la chancellerie recouraient aux services de musulmans sachant lire et écrire – phénomène d'autant plus rare que les musulmans étaient généralement tenus à distance. Cette bureaucratie, comme celle du Buganda, était patrimoniale : elle se développa à partir de la maisonnée royale, dépendait de la faveur du roi, et ne touchait pas de salaire régulier. Elle finit par devenir en partie héréditaire. Toutefois, bien que créée pour administrer l'empire, elle devint aussi, pour les souverains, un moyen d'affirmer leur suprématie sur les chefs militaires au sein des provinces métropolitaines. Les rois, exploitant également les rivalités entre celles-ci, créèrent une force de sécurité intérieure (l'*ankobea*), firent plaider les procès devant les tribunaux royaux et conçurent un culte d'État du Tabouret d'or, fête odwira annuelle qui mettait en scène le pouvoir royal. Ils élaborèrent ainsi une culture composite très riche qui empruntait aux peuples conquis leurs danses, leurs instruments de musique, mais aussi leurs talents médicaux et leurs compétences diverses. Pourtant, la force principale du royaume résidait dans ses institutions politiques, qui ne plaçaient pas face à face roi et chefs dans une opposition structurelle, comme dans l'Oyo, mais les intégraient au sein d'un conseil national annuel, l'Ashantimanhyiamu. Les rois étaient choisis par la reine mère et les chefs les plus importants, parmi plusieurs candidats matrilinéaires, de sorte que ce système épargna en grande partie au royaume les conflits de succession si destructeurs dans les autres États africains.

Le royaume ashanti était seul en Afrique à réunir richesses agricoles et minérales. Son or lui permit d'acquérir des armes à feu et, au début, des esclaves, mais leur prix très élevé au XVIIIe siècle l'amena à en échanger contre des munitions et à réserver le métal précieux à l'économie domestique : même quelques bananes avaient leur prix en poussière d'or, et aucun homme de qualité ne se déplaçait sans sa balance et ses poids de laiton, souvent très bien travaillés. C'est l'or qui donna aux Ashanti leur spectaculaire opulence. Un émissaire venu de la côte nota, ébloui : « Il y avait de l'or partout » ; le bain matinal de l'Ashantihene s'accompagnait du cliquetis des clés du trésor. Le roi s'attachait des clients par des prêts de métal précieux. Converti en main-d'œuvre servile, l'or protégeait les Ashanti de la forêt qui les encerclait ; en mousquets, il défendait le royaume contre ses ennemis. Celui accumulé par un chef ne revenait pas à ses descendants, mais à sa chefferie ou à l'État, qui (au XIXe siècle tout du moins) imposait de lourds droits de succession aux riches. La réussite personnelle était donc une vertu publique. L'or donna aux Ashanti le moyen, inaccessible à la plupart des Africains, de mettre l'esprit de compétition individuel au service de l'État, mais seulement dans des limites fixées par le rang et le pouvoir royal.

Le Dahomey fut le second grand État côtier apparu en réaction au commerce atlantique, mais il ne possédait pas d'or, aussi emprunta-t-il des voies différentes. À la fin du XVe siècle, les principales structures politiques des peuples aja-ewe du golfe du Bénin étaient l'Allada et le Ouidah. Le Dahomey fut au départ un État de l'intérieur des terres, apparemment créé au XVIIe siècle comme un simple appendice de l'Allada. Quand celui-ci tenta de contrôler l'intense commerce d'esclaves et d'armes à feu qui commença à cette époque, le Dahomey le conquit en 1724, et devint le pouvoir local dominant, bien que vassal de l'Oyo. Son roi voyait son pouvoir restreint par les chefs, et les obstacles pratiques qu'imposent à l'absolutisme toute société pédestre, mais le Dahomey n'en fut pas moins un État autoritaire plus efficace que ses prédécesseurs. Les règles de succession au trône – essentiellement le droit de primogéniture – firent que dix rois seulement régnèrent entre 1650 et 1889. Lançant des raids sur ses voisins, mais sans jamais créer d'empire, le Dahomey demeura un petit royaume administré de près par des chefs et des cours royales. La religion était étroitement contrôlée par la royauté. L'armée se composait essentiellement de mousquetaires connus pour leur brutalité et leur adresse au tir. Son fameux corps d'amazones, qui fut sans doute à l'origine une garde personnelle de palais, donna aux femmes un rôle public important, peut-être parce qu'un État aussi agressif, mais aussi petit, avait besoin de mobiliser toutes ses ressources humaines. Le rang et l'étiquette demeuraient stricts, le militarisme voyant, tous les esclaves capturés appartenaient au roi, et ils étaient traités avec une extrême cruauté.

Des États mercantilistes émergèrent également en Angola. Le premier, vers le début du XVIᵉ siècle, fut le Ndongo, créé par un chef rituel parmi les Mbundu de l'hinterland de Luanda. Quand, en 1576, les Portugais occupèrent cette ville et voulurent pénétrer à l'intérieur des terres, le Ndongo repoussa victorieusement leurs attaques, jusqu'à ce que les Mbundu soient pris à revers par les armées imbangala, composées de jeunes gens plus ou moins enrôlés de force, ou poussés par la famine et les désordres, et attirés vers les côtes par le commerce. Le Ndongo finit par s'effondrer en 1671 ; dès les années 1620, pourtant, sa reine, Nzinga, avait repris le milita-

risme imbangala, et s'était repliée à Matamba, à l'intérieur
des terres, où elle avait fondé un nouvel État qui devint
le centre de la traite négrière. Le Kasanje, le plus puissant
chef imbangala, créa, au cours de la décennie suivante,
un royaume assez similaire parmi ses sujets mbundu. Le
Matamba et le Kasenje furent les États mercantilistes les
plus importants d'Angola, et connurent une certaine stabilité une fois qu'ils eurent créé des institutions permettant de contenir la violence du trafic d'esclaves, ceux-ci
étant fournis non plus par les guerres, mais par l'enlèvement et le dévoiement des procédures judiciaires. Mais la
frontière de la violence se déplaça vers l'intérieur des
terres. Au XVIIIᵉ siècle, les Lunda furent les principaux
fournisseurs d'esclaves de l'Angola, tandis que le nouveau
point de croissance se situait plus au sud, là où les Owin-
bundu, qui avaient sans doute réorganisé leur système
politique au XVIIᵉ siècle en s'inspirant des Mbundu et
Imbangala, franchirent, dans les années 1790, la faille
continentale pour voir quelles possibilités le cours supérieur du Zambèze offrait à la traite.

Conséquences économiques et sociales

L'impact économique de la traite négrière fut aussi
complexe que ses autres effets. L'esclavage n'était qu'un
des secteurs de ces économies majoritairement agricoles.
Les spécialistes estiment que vers 1785, soit à l'apogée du
trafic, la valeur moyenne *per capita*, en Afrique occidentale, du commerce outre-mer n'était que de 0,10 livre par
an, contre 2,30 livres en Grande-Bretagne, et 5,70 livres
dans les Antilles britanniques [14]. Le tissu importé ne
représentait alors qu'un demi-mètre par personne et par
an. La traite croissait bien plus rapidement que le com-

merce international pris dans son ensemble, lequel était, bien entendu, très inégalement présent en Afrique occidentale. Mais ce qu'il faut retenir avant tout, s'agissant de son impact économique, c'est qu'il ne stimula guère le changement. L'Afrique occidentale commerça avec le monde atlantique pendant plus de trois siècles sans connaître aucune évolution économique d'importance.

L'impact des produits manufacturés sur les industries domestiques de la région illustre ce phénomène. Ce n'est que sur la côte angolaise, et le long du fleuve Sénégal – où la traite fit sentir le plus lourdement ses effets – que les tissus d'importation causèrent, au XVIIIe siècle, de graves dommages à la production textile autochtone. Ailleurs, un marché local en extension absorba également produits locaux et importés. On pense que la production textile crût à cette époque chez les Igbo, celle des Yoruba trouva un débouché au Brésil, et les Ashanti en créèrent une en tirant parti de compétences venues du nord. Cela est également valable pour les autres secteurs d'activités. Sur la côte et le long du fleuve Sénégal, le fer fondu sur place – la moins compétitive des industries africaines – céda souvent la place au fer brut importé, mais les coûts de transport et les préférences des consommateurs penchaient souvent ailleurs en faveur de l'industrie locale, tandis que les forgerons étaient au contraire encouragés. De la même manière, le bronze d'importation fit atteindre à l'artisanat du Bénin un niveau exceptionnel, et les royaumes nouveaux tels que celui des Ashanti ou le Dahomey développèrent des industries de cour. Les bateliers et les porteurs se spécialisèrent. Mais rien, dans le commerce atlantique, ne provoqua de changement structurel des industries locales, ni n'améliora le système de transports, qui était le principal goulot d'étranglement. De surcroît, c'est à peine si l'Afrique occidentale exportait ses produits agricoles, contrairement à ce qui se passait dans les plantations des Caraïbes. Ces exportations se réduisaient, pour l'essentiel, à la nourriture destinée aux navires négriers, souvent produite par des villages d'esclaves ; en 1663, on calcula dans l'Allada que celle nécessaire à huit esclaves en mer coûtait le prix d'achat d'un esclave. En 1726, cependant, le roi Agaja ne reçut aucune réponse quand il suggéra qu'au lieu de se contenter d'exporter des Africains, les Européens pourraient créer dans son royaume des plantations pour lesquelles il fournirait une main-d'œuvre servile. L'un des effets les plus destructeurs de la traite fut de retarder la production de marchandises de base en Afrique.

Un autre de ces effets, aux conséquences plus ambiguës, fut d'encourager l'esclavage en Afrique occidentale, surtout celui des femmes. En 1777-1778, un recensement mené dans les territoires portugais d'Angola montra que les femmes asservies étaient deux fois plus nombreuses que les hommes, parce que de nombreux jeunes hommes avaient été « exportés ». Leur valeur venait, comme toujours, de leur travail mais aussi de leur fécondité. Des villages d'esclaves producteurs de nourriture entouraient la capitale lunda, et bordaient ses routes commerciales. Vers le milieu du XVIIIᵉ siècle, un négociant aurait possédé 140 plantations de ce genre dans le Fouta-Djalon. Dans certaines sociétés côtières fortement commerçantes, la possession d'esclaves devint une condition requise pour être citoyen à part entière, et la plus grosse part des lourds travaux physiques devint « travail servile ». Dans les années 1770, un marchand établi en Côte-de-l'Or estimait, certes en exagérant, que tout homme libre fanté possédait au moins un ou deux esclaves. Quand ces derniers étaient nombreux, quelques-uns pouvaient accéder à un statut privilégié, comme chez les administrateurs de

l'Alafin, ou les esclaves royaux des États ouolof, qui dirigeaient des groupes de travailleurs composés de paysans
libres. Il était toutefois plus fréquent que leur abondance
réduise leur position à celle de simples travailleurs. Ils
avaient probablement rarement la possibilité de fonder
une famille. Les visiteurs du Dahomey et du royaume
ashanti notèrent que les esclaves avaient du mal à se procurer des femmes alors que leurs maîtres polygames les
multipliaient, et les recherches au XIXᵉ siècle montrent
que les épouses d'esclaves avaient peu d'enfants, peut-être
volontairement. L'esclavage de masse tendait également à
menacer le statut des paysans libres, comme au Kongo,
ce qui devait affecter surtout les femmes, si nombreuses
à être réduites en esclavage.

Les tensions endémiques aux sociétés esclavagistes pouvaient trouver à s'exprimer lors de périodes où le désordre
était réglementé, ainsi lors de fêtes telles que l'Odwira
des Ashanti, « les portefaix et esclaves les plus communs
déclamant furieusement sur les palabres d'État ».

Mais il y eut aussi des épisodes plus violents. Environ
92 attaques perpétrées contre des navires négriers depuis
la terre ferme ont été répertoriées, en majorité le long des
fleuves Sénégal et Gambie. On sait par exemple qu'une
révolte d'esclaves contre des marchands européens eut
lieu en Gambie en 1681-1682 et au Sénégal en 1698.
Les révoltes contre des propriétaires d'esclaves africains
furent également très courantes à Futa Jalon, où les
esclaves représentaient une proportion importante de la
population. En 1756, l'une de ces révoltes aboutit à la
création d'un camp d'esclaves indépendants à Kondeah.
À l'issue d'une autre insurrection, en 1785, de nombreux
maîtres furent décapités, des champs de riz brûlés, et une
communité autonome d'esclaves créée, qui resta en place

pendant onze ans. Peu après, environ cinquante esclaves périrent au cours d'une troisième conspiration.

Cela dit, de façon générale, les révoltes furent relativement rares jusqu'à ce que la fin des exportations d'esclaves laisse sur les côtes de larges concentrations d'hommes non-libres. La rareté des révoltes s'explique sans doute aussi par la facilité des évasions, à l'issue desquelles les esclaves rejoignaient leur foyer ou l'une des communautés d'évadés installées en bordure des régions esclavagistes. Dans l'Angola du XVIIᵉ siècle, par exemple, les Portugais souffrirent moins des rébellions d'esclaves que des évasions massives de Luanda et ses environs pour la proche forêt de Nsaka de Casanze, pour la région encore non conquise de Kisama – probablement le point de ralliement des esclaves rebelles le plus important d'Afrique –, ou encore pour Matamba, où le mouvement de résistance de la reine Njinga promettait aux esclaves terre et liberté.

La mentalité de ces sociétés esclavagistes était brutalement inégalitaire et thésaurisatrice. L'art du Bénin se caractérise par une ornementation de plus en plus raffinée, où l'on relève de nombreux symboles d'Olokun, le dieu de la richesse. Une légende du golfe du Bénin raconte sur un mode symbolique, mais non sans vérité, que les cauris importés, qui servaient de monnaie, croissaient sur les cadavres d'esclaves jetés à la mer. La richesse acquise par l'esclavage demeurait peu sûre ; le jeu était un passe-temps très apprécié, et il encouragea chez les Bobangi l'idée qu'on ne pouvait s'enrichir qu'aux dépens des autres, notamment par la sorcellerie, et plus spécialement en sacrifiant la vie d'un de ses parents. On dit ainsi qu'Asimini, le second roi de Bonny, sur le delta du Niger, offrit sa fille aux dieux de la mer, à qui il demanda de creuser l'estuaire pour qu'il y ait une profondeur telle que les navires portugais puissent y pénétrer. La réaction la plus significative à cette pathologie sociale prit une forme médicale, tendance bien caractéristique de la pensée africaine. Ce fut le culte lemba, apparu sur le moyen et le bas Congo au XVIIᵉ siècle. Le lemba (« calmer ») était une sorte de maladie, dont les symptômes étaient des douleurs abdominales, une respiration difficile, et la stérilité : il affectait l'élite mercantiliste des chefs, des marchands et des quelques esclaves qui avaient réussi. Peut-être ces catégories sociales somatisaient-elles de la sorte leur angoisse devant l'envie et les malédictions qu'elles suscitaient. Le remède consistait à verser de très fortes sommes pour entrer dans la société lemba où les puissants pouvaient se protéger mutuellement et veiller, comme le dit leur discours, à ce que leur lignage ne meure pas. Les guérisseurs lemba utilisaient des tambours et des bracelets de cauris. Ils contrôlaient les marchés, réglaient les querelles, et régulaient un système commercial qui ignorait les frontières politiques et couvrait près de la moitié de l'Afrique équatoriale. Le culte disparut au début du XXᵉ siècle, avec la traite, mais survécut aux Caraïbes, comme les conséquences du trafic d'esclaves.

Le lemba illustre la capacité des élites africaines à créer ou à adapter des institutions en vue de survivre à la traite. Nous en avons d'ailleurs des preuves à plus grande échelle : les systèmes politiques les plus novateurs sortirent de modèles anciens, ainsi les « maisons des pirogues » issues des lignages, ou encore le Dahomey, qui s'inspira des institutions de l'Allada. Mais nous savons moins de choses à plus petite échelle, et chez les pauvres. Étant donné l'importance fondamentale de la famille dans les sociétés africaines, la voir détruite fut souvent la plus amère expérience des esclaves. Les mémoires d'Olaudah Equiano montrent ainsi qu'il a, toute sa vie, cherché à recréer un réseau de parenté de substitution. Pour ceux qui restaient en Afrique, toutefois, la famille fut sans doute la principale défense contre les effets de l'esclavage, et cela pourrait bien avoir renforcé les systèmes de parenté. En ce sens, leur expérience historique avait fourni aux Africains de quoi mieux résister à l'esclavage que d'autres peuples, tout comme leur code d'honneur, leur habitude de la souffrance, leur capacité à résister à la cruauté. L'histoire de l'Afrique renfermait les conditions de possibilité de la traite, mais aussi les moyens d'y survivre.

L'impact du mouvement abolitionniste

En 1807, le Parlement britannique résolut d'abolir le commerce des esclaves. Les abolitionnistes étaient persuadés qu'une nouvelle ère allait s'ouvrir dans l'histoire de l'Afrique occidentale. Certains historiens ont vu eux aussi dans le mouvement abolitionniste une rupture de première importance, donnant à l'ouest du continent la place qu'il occupe aujourd'hui dans l'économie mondiale, celle de fournisseur de produits agricoles, avec les conséquences sociales et politiques qui en découlent. Il y a là un fond de vérité, mais la continuité entre le XVIIIe et le XIXe siècle est tout aussi frappante, car les décisions du Parlement eurent peu d'impact en Afrique. L'Angleterre pouvait imposer l'abolition de la traite à ses citoyens, mais sa seule arme contre les négociants étrangers consistait à placer des navires au large des côtes africaines afin d'intercepter les convois négriers. Un esclave ainsi libéré se souvenait : « Ils ont ôté les fers de nos pieds, et les ont jetés à l'eau ; ils nous ont donné des vêtements pour cacher notre nudité, ils ont ouvert les barriques d'eau, que nous puissions boire tout notre saoul, et nous avons aussi

mangé jusqu'à ce que nous soyons rassasiés [15]. » La
marine britannique arraisonna en tout 1 635 navires, et
libéra un peu plus de 160 000 esclaves, dont beaucoup
furent débarqués dans la colonie créée à Freetown en
1787. Et pourtant, selon les chiffres mis à jour par Curtin, pas moins de 3,3 millions d'esclaves quittèrent
l'Afrique occidentale au cours du XIXe siècle pour traverser l'Atlantique, soit deux fois plus qu'au XVIIIe siècle.
Entre 1820 et 1840, on en exporta même une quantité
record par rapport aux décennies antérieures, exception
faite des années 1780.

La campagne menée par les Britanniques ne changea
guère la structure de la traite. La majorité des esclaves
étaient désormais emmenés au Brésil, ou dans les plantations de canne à sucre créées à Cuba par les Espagnols.
Les négociants étaient majoritairement brésiliens ou
cubains (c'est-à-dire espagnols) ; ils créèrent sur les côtes
des « usines » permettant d'embarquer les esclaves dès
l'arrivée d'un navire négrier, afin d'échapper aux
patrouilles de la marine anglaise. C'est ainsi qu'un bateau
brésilien à peine arrivé à Cabinda chargea 450 esclaves et
repartit aussitôt, le tout en moins d'une heure et demie.
Des négociants étrangers installés à demeure acquirent
une certaine influence politique ; ce fut par exemple le
cas, dans le golfe du Bénin, de Felix de Souza, dans les
années 1840, et Domingo José Martina, dans la dernière
décennie du XIXe siècle, qui devinrent des princes-
marchands. La traite illégale était risquée, mais profitable.
Entre 1856 et 1865, les navires cubains firent sans doute,
en moyenne, plus de 90 % de bénéfices par rapport aux
fonds engagés, contre 10 % au XVIIIe siècle. Une des raisons en était que le prix des esclaves, sur les côtes, tomba
de près de 60 % entre 1780 et 1860, suite à des difficultés
d'exportation, tandis que les prix américains montaient

pour les mêmes raisons. Il devint plus profitable d'exporter des enfants, qui représentaient désormais la moitié des esclaves en provenance d'Angola. L'origine de ceux-ci changea aussi : à partir de 1817, des guerres civiles chez les Yoruba firent du golfe du Bénin un important creuset, et ce jusqu'à la fin, mais par ailleurs la traite se déplaça vers le sud pour échapper aux patrouilles britanniques, et se concentra sur les côtes de Loango, de l'Angola et du Mozambique, d'où furent exportés, à partir de 1855, plus de 80 % des esclaves.

Le commerce extérieur de l'Afrique occidentale, pris dans son ensemble, connut une expansion brutale pendant la première moitié du XIXe siècle. Celui avec l'Angleterre et la France fut multiplié par six ou sept entre 1820 et 1850, et les importations de coton européen par cinquante. Cette progression était due essentiellement à la baisse des prix des objets manufacturés d'origine européenne, puis, après 1850, à l'utilisation de navires à vapeur. Mais les effets de cette augmentation restèrent limités. Pendant les années 1860, la valeur moyenne *per capita* du commerce d'outre-mer en Afrique occidentale ne représentait que le huitième de celle du Brésil, et le quarantième de celle de l'Angleterre. De surcroît, alors que la part de l'Afrique dans le commerce mondial s'était accrue au XVIIIe siècle, elle diminua par la suite. La production et la consommation domestiques demeuraient l'essentiel de l'économie africaine, bien que sa croissance ait été stimulée par le commerce extérieur.

Les conséquences ne furent pas toutes positives. L'inflation d'abord : à partir de 1850, les navires européens importèrent de grosses quantités de cauris qui déprécièrent cette monnaie. À Lagos, ils perdirent 87 % de leur valeur entre 1850 et 1895. Les tissus européens bon marché éclipsèrent en grande partie les produits locaux du marché de masse dans des régions aussi commerçantes que le sud du pays yoruba et le royaume ashanti, bien que la préférence des consommateurs les plus aisés allât aux étoffes africaines. En 1862, chez les Yoruba, un voyageur qui se rendait d'Osiele à Abeokuta croisa 1 305 personnes, dont 1 100 n'étaient vêtues que de tissus européens. Pour la première fois, les industries domestiques des Igbo furent menacées par la concurrence extérieure, et la fonte du fer connut, au niveau local, un net déclin.

Et pourtant, le point important, s'agissant du commerce au XIXᵉ siècle, fut que l'Afrique occidentale se mit à exporter des produits agricoles et forestiers, selon un système qui fonctionnait encore dans les années 1960. Elle l'avait déjà fait, en petites quantités, dès le XVIIIᵉ siècle. Au cours des années 1770, Calabar exportait de l'huile de palme, la gomme (utilisée dans l'industrie textile) supplanta les esclaves comme premier poste d'exportations sénégambiennes entre 1780 et 1820 ; en règle générale les régions qui vendaient les esclaves furent les premières à se lancer dans le négoce « légitime », souvent en réutilisant ces structures commerciales. Au début du XIXᵉ siècle, l'Europe chercha à acquérir davantage d'huiles végétales, qu'elle ne produisait pas, parce que des progrès techniques permettaient de les traiter désormais avec profit. Entre les années 1820 et 1850, les importations anglaises d'huile de palme furent ainsi multipliées par plus de six, et leur prix par deux. Dès les années 1830, ces exportations d'Afrique occidentale dépassaient en valeur celle des esclaves. L'huile qui arrivait en Grande-Bretagne provenait essentiellement du delta du Niger, lui-même principalement fourni par les Igbo et autres peuples apparentés, chez qui les palmiers à huile poussaient pratiquement à l'état sauvage. Parmi les autres fournisseurs, il faut citer le pays yoruba et le Dahomey, où marchands et chefs créèrent des plantations exploitées par une main-d'œuvre servile. L'huile végétale venait également de l'arachide, culture de la savane, exportée pour la première fois en 1834 depuis la Gambie, et en 1839 du Sénégal, où des paysans locaux la faisaient pousser, « fermiers étrangers » venus de l'intérieur des terres et esclaves. Entre 1868 et 1877, le Sénégal exporta une moyenne de 27 000 tonnes d'arachides par an, produites par 70 000 producteurs (selon les estimations). À cette époque, le café (exporté pour la première fois en 1844) et les produits de la forêt (ivoire, cire, caoutchouc) rapportaient plus à l'Angola que la traite auparavant.

De nombreux dirigeants africains s'opposèrent à l'abolition de l'esclavage. Les souverains du royaume ashanti, du Dahomey et du Lunda firent ainsi savoir qu'ils exécuteraient les captifs et les criminels à défaut de les vendre. Certains historiens ont suggéré que le passage aux exportations agricoles avaient provoqué une « crise de l'aristocratie » : alors que la traite était le privilège « des rois, des riches et des gros négociants », l'exportation des produits agricoles aurait profité aux petits producteurs et marchands. Les aristocrates auraient donc intensifié leur exploitation des gens du commun, mais comme ceux-ci étaient désormais en meilleure position pour résister, cette situation aurait aggravé les conflits. C'est là une thèse stimulante, mais qu'il faut avancer avec beaucoup de réserves. Non seulement il y eut une forte continuité politique même dans les régions les plus actives de la traite, mais de plus ce ne fut pas le commerce extérieur qui exerça l'influence la plus importante sur les systèmes politiques d'Afrique occidentale.

Le royaume ashanti, par exemple, n'avait jamais reposé entièrement sur le commerce des esclaves et, pendant une

bonne part du XIXe siècle, continua à en vendre aux
peuples côtiers en échange de produits européens achetés
avec de l'huile de palme. Le royaume accrut également
ses exportations d'or vers la côte, et celles de noix de kola
vers le monde islamique au nord. Les militaires qui le
dominaient perdirent le contrôle des rivages en 1826 au
profit des Anglais, mais aussi le pouvoir intérieur au profit des partisans d'un commerce « pacifique ». Kwaku
Dua Ier (1853-1867) régna pendant une longue période
de paix, de prospérité commerciale – et d'autoritarisme.
La bureaucratie devint une caste héréditaire qui défendait
jalousement ses prérogatives. Le pouvoir du conseil national passa au cercle entourant le souverain. L'État resserra
son contrôle sur les provinces comme sur les individus,
en particulier sur les riches commerçants que leur opulence, et leur connaissance du monde extérieur, rendaient
hostiles aux contraintes mercantilistes. Au milieu du
XIXe siècle, le royaume ashanti n'était pas seulement prospère et raffiné : c'était un régime brutal, de plus en plus
hostile aux changements susceptibles de menacer l'ordre
établi ; il refusa l'offre de certains missionnaires de venir
apprendre à lire et à écrire, de peur que leur enseignement
ne sapât les valeurs militaires et la soumission des esclaves.
Il n'y eut pourtant rupture que lorsque le successeur de
Kwaku Dua entama une politique expansionniste ; elle
conduisit, en 1873-1874, à une guerre au cours de
laquelle une expédition britannique détruisit Kumasi ;
toutes les chefferies du royaume, sauf celles du centre,
firent sécession, et les forces du changement, longtemps
contenues, furent libérées, ce qui provoqua un demi-
siècle de turbulences. L'évolution fut pratiquement semblable au Dahomey, qui survécut à l'abolition de la traite
sans grandes difficultés, et connut son apogée sous le
règne de Gezo (1818-1858). Non seulement le royaume

continua d'exporter des esclaves jusque vers 1850, mais
de surcroît il renforça, et finalement remplaça, ce commerce, par des exportations d'huile de palme produites
par le travail servile. Si les marchands locaux gagnèrent en
influence, l'aristocratie militaire resta dominante jusqu'à
l'invasion française de 1892.

Les deux grands royaumes côtiers de la région connurent ainsi une très grande continuité entre l'époque de la
traite et celle du commerce « légitime ». Ce fut aussi le
cas de la Sénégambie, bien que la continuité y eût pris la
forme de l'instabilité. On a fait valoir que les arachides
avaient permis aux paysans d'acquérir des armes à feu
grâce auxquelles, sous la direction de marabouts islamiques, ils auraient résisté aux souverains « païens » (souvent éclectiques) et à leurs hommes de main *ceddo*,
eux-mêmes appauvris par l'abolition de la traite. Il en
aurait résulté des « révolutions maraboutiques », la plus
importante étant celle de Maba Jaaxu, en 1860-1867, sur
la rive nord du cours inférieur de la Gambie. Un tel
conflit ravageait pourtant la région depuis le XVIIᵉ siècle,
et n'eut pas de conséquences quand les dirigeants durent
taxer les exportations d'arachides, ou affecter à leur production des esclaves non vendus, surtout quand leur
commerce vers le nord, plus important, continuait
comme avant. À la différence de certaines des premières
révolutions maraboutiques qui avaient réussi, celles du
XIXᵉ siècle échouèrent, en partie parce que les Français
étaient de plus en plus portés à intervenir contre elles.
Les marabouts ne prédominèrent en Sénégambie qu'après
la conquête européenne. Localement, la principale conséquence de l'abolition de la traite fut plutôt l'encourage-
ment donné au Fouta-Djalon, principal État esclavagiste
de la région, à étendre son pouvoir sur la côte de Guinée,
en partie pour prendre part au commerce « légitime », en

partie pour se procurer des terres destinées à sa population – aussi bien libre que servile –, alors en pleine
expansion.

La continuité marqua également le delta du Niger. Le
passage du commerce d'esclaves à celui de l'huile de
palme s'y fit graduellement : les ports du delta se contentaient de vendre, et le système commercial des « maisons
de pirogue » était également adapté aux deux types de
commerce. Elles permettaient depuis longtemps à des
hommes de talent, fussent-ils de basse extraction ou
même esclaves, de faire la preuve de leur valeur, et se
livraient entre elles à une vive concurrence, tout en se
divisant quand elles devenaient trop importantes. Ces
processus se poursuivirent au XIXe siècle : à Bonny, par
exemple, la monarchie s'effondra ; il s'ensuivit des luttes
entre « maisons de pirogues », à l'issue desquelles, en
1869, le perdant, un esclave nommé Jaja, s'éloigna pour
fonder à Opobo une ville nouvelle, et chercher une légitimité ancrée dans la tradition. Seule exception à ce
modèle, Calabar (sur la Cross River), où elles n'existaient
pas pour assurer la mobilité sociale. L'élite commerciale
utilisait les bons offices d'une société secrète, l'Ekpe, pour
réprimer, avec une grande brutalité, des esclaves de plus
en plus nombreux ; ceux-ci réagirent en s'unissant, pour
se défendre, en « frères de sang » (après avoir prononcé
un serment), bien que par ailleurs ils ne se fussent pas
opposés à l'esclavage en tant que tel, et eussent continué
à soutenir leurs maîtres dans le cadre des rivalités politiques.

La continuité au sein du changement fut particulièrement évidente chez les Yoruba du XIXe siècle. Quand
l'Oyo s'effondra après la révolte musulmane de 1817,
près de 500 000 personnes battirent en retraite vers les
forêts du sud, où elles défrichèrent d'immenses étendues

de terres cultivées, adoptèrent le manioc et le maïs, créèrent de grandes villes à Ibadan, Ijaye, Abeokuta et New Oyo, et se lancèrent pour près d'un siècle dans des guerres où elles utilisaient des armes à feu achetées avec des esclaves et de l'huile de palme. La société yoruba fut profondément militarisée, les chefs de guerre concentraient le pouvoir entre leurs mains et disposaient d'énormes troupes de jeunes guerriers ; même des enfants trop jeunes pour combattre suivaient les armées, au sein d'unités appelées « Père a dit que je ne dois pas m'enfuir ». Ibadan finit par être la ville la plus importante, mais ne réussit pas à créer un ordre nouveau, avant tout parce que, confédération de chefs militaires, elle contrevenait aux traditions politiques yoruba. Les villes rivales dotées de vieilles monarchies, telles que l'Alafin de New Oyo, méprisaient Ibadan, peuplée de « gens sans roi et même sans constitution ». Ce n'est qu'en 1893 qu'un ordre nouveau s'imposa aux Yoruba : celui des Anglais.

L'abolition de la traite eut plus d'impact sur les systèmes politiques d'Afrique équatoriale, là où l'esclavage avait été le plus destructeur. Son déclin, dans les années 1850, provoqua une crise chez les souverains imbangala. Le Lunda, principal fournisseur d'esclaves, mais encore largement dépourvu d'armes à feu, souffrit tout particulièrement de la croissance du commerce des produits de la forêt. En effet, celle-ci provoqua l'entrée dans le royaume de groupes mobiles et bien armés de chasseurs chokwe, qui dans les années 1870 et 1880 se mêlèrent des querelles de succession, tuèrent le roi, mirent à sac la capitale, et finirent par détruire l'empire. Les bouleversements furent encore plus marqués au Gabon et au Cameroun, où au milieu du XIXe siècle l'attrait des produits d'importation amena les Fang et les Béti à se frayer un chemin à travers la forêt équatoriale en direction de la côte, provoquant « un paroxysme de violence ». Pourtant, le nouvel État le plus important de la région, le royaume Bamoum, dans les prairies camerounaises, dut une bonne part de son expansion, au début du XIXe siècle, à l'arrivée des armes à feu, grâce auxquelles il conquit, réduisit en esclavage et déplaça des milliers de captifs, un peu comme l'avait fait, un siècle plus tôt, le royaume ashanti lors de sa création.

Le Bamoum démontre en tout cas qu'une des raisons de la continuité entre le XVIIIe et le XIXe siècle réside dans le fait que l'interdiction de la traite provoqua une extension de l'esclavage en Afrique même : le nombre d'esclaves y fut plus élevé que sur aucun autre continent. La « frontière » s'enfonça plus profondément encore à l'intérieur des terres. Vers 1850, les négriers ovimbunda, venus du sud de l'Angola, parvinrent chez les Luba du Shaba et les Ovambo de la Namibie moderne. En Afrique occidentale, la région la plus importante en ce domaine fut le pays mossi (en mordant sans doute sur une large zone voltaïque) ; entre 1837 et 1842 il fournit 59 % des 605 esclaves achetés par un seul marchand de Kumasi. Quarante ans plus tard, la traite dans cette région culmina avec les conquêtes de Samori, fondateur de l'empire dioula, qui vendit sur la côte des milliers d'esclaves en échange d'armes à feu. La plupart d'entre eux partirent sans doute vers des fermes sénégambiennes où l'on cultivait l'arachide, car, comme au Dahomey, chez les Yoruba de Calabar et dans bien d'autres régions, le commerce « légitime » reposait en partie sur une intensification de l'esclavage. Même les Jola, peuple sans État du sud de la côte sénégalaise, qui s'étaient si vivement opposés à la traite au début, s'achetèrent et se vendirent mutuellement au cours du XIXe siècle afin d'étendre leurs cultures de riz, qui réclamaient beaucoup de travail et nourrissaient les producteurs d'arachides voisins.

Les maîtres avaient toujours redouté les pratiques de sorcellerie de leurs esclaves. Désormais ils craignaient aussi leurs révoltes, car les esclaves étaient de plus en plus nombreux et la proportion d'hommes de plus en plus élevée. Au début du XIXe siècle, suite à des désordres, le royaume ashanti dispersa dans les campagnes ceux concentrés autour de la capitale. En 1845, une révolte de grande ampleur se produisit au Fouta-Djalon : les esclaves se regroupèrent derrière un marabout dissident nommé Alfa Mamadou Dyube. Ces *hubbu* (du mot *hubb*, « amour », mot-clé de leurs chants nettement arabes), s'emparèrent même de la capitale, mais se replièrent ensuite pour former une communauté marron, avant d'être exterminés en 1884 par Samori. Des esclaves rebelles devinrent les maîtres d'Itsekiri, dans le delta du Niger, de 1848 à 1851. Peu de temps après, d'autres détruisirent Ode Ondo, à l'est du pays yoruba, et reprirent leur liberté. Entre 1858 et 1877, les esclaves firent régner une telle insécurité à Douala que leurs maîtres cherchèrent la protection des Européens.

La nécessité de les terroriser, vu leur nombre, fut sans doute à l'origine de ces « sacrifices humains » qu'ont décrits les Occidentaux au siècle dernier. Le meurtre rituel de serviteurs chargés d'accompagner les Grands Hommes dans l'au-delà avait été pratiqué dans l'ancienne Égypte, au Kerma, au Ghana, chez les Igbo-Ukwu, à Ifé et dans bien d'autres cultures. Les chrétiens comme les musulmans s'étaient courageusement opposés à ces pratiques, qui au XIXe siècle ne survivaient plus que là où ils avaient peu d'influence. Certaines de ces exécutions étaient des rituels quotidiens, d'autres avaient lieu lors de fêtes annuelles, ou à l'occasion de funérailles grandioses, qui devinrent plus courantes à mesure que la richesse de l'aristocratie croissait. La plupart avaient des buts religieux, mais cela permettait aussi de punir des criminels, d'effrayer ses adversaires en exécutant des captifs, et de terroriser les esclaves. Un proverbe ashanti disait : « Quand un esclave devient trop familier, on l'emmène assister à des funérailles. » Kwaku Dua déclara à un missionnaire : « Si je devais abolir les sacrifices humains, je me priverais de l'un des moyens les plus efficaces de maintenir le peuple dans la sujétion [16]. » Ce genre de pratiques, très anciennes dans le royaume ashanti, le Dahomey et le Bénin, se répandit de plus en plus, au siècle dernier, dans les régions où la population servile ne cessait de croître, en particulier chez les Bobangi, à Douala et à Calabar. Que l'abolition de l'esclavage ait stimulé une telle cruauté est d'une amère ironie.

Le christianisme

Si brutal qu'ait été l'impact de l'Europe, ses institutions et ses schémas de pensée, des Africains réussirent largement à le contenir jusqu'à la fin du siècle dernier. L'action des missionnaires chrétiens en est la meilleure illustration. C'est en 1458 que le Portugal commença à en envoyer en Afrique ; il en garda le contrôle jusqu'en 1622, quand la papauté créa l'Agence pour la propagation de la foi, et se mit à envoyer au loin des religieux non espagnols. L'action évangélisatrice déclina au XVIIIe siècle, pour reprendre vigueur après 1800 – comprenant alors des missionnaires protestants aussi bien que catholiques.

Le Kongo fut, aux XVIIe et XVIIIe siècles, le principal terrain d'action. Ses souverains, récemment montés sur le trône, manquaient de légitimité rituelle. En conflit avec les institutions religieuses autochtones, ils cherchèrent à faire du christianisme un culte d'État tout spécialement centré sur les esprits des rois morts – la principale église de Sao Salvador était édifiée dans le cimetière royal. Afonso Ier voyait dans la religion chrétienne une alliée contre « la grande maison des idoles », qui fut sa cible peu après son accession au trône. Il envoya s'instruire au Portugal des dizaines de jeunes nobles ; son fils Henrique devint évêque, et dirigea le clergé local de 1521 à 1530 environ. Au XVIIe siècle plusieurs prêtres du pays furent ordonnés, des catéchistes et des interprètes alphabétisés furent recrutés dans l'aristocratie, tandis que des « esclaves de l'Église » héréditaires devenaient les experts en rites chrétiens, bien que les missionnaires n'eussent, par ailleurs, jamais créé de clergé local autonome. Si le christianisme fut, au début, un culte essentiellement aristocratique, les gens du commun adoptèrent des pratiques chrétiennes selon leurs besoins, avec un éclectisme et un pragmatisme typiques des religions africaines. Le baptême était ainsi très prisé parce qu'on y voyait un antidote contre la sorcellerie. Il en allait de même d'une nouvelle catégorie d'esprits célestes, sans doute d'inspiration chrétienne, qui protégeaient les individus, leur garantissant réussite personnelle et guérison. Par ailleurs, dans la tradition des ancêtres, la Toussaint et le jeudi saint devinrent des fêtes très populaires. Les missionnaires du XVIe siècle réagirent comme les premiers évêques d'Afrique du Nord ou, en Éthiopie, saint Takla Haymanot : ils acceptèrent ces adaptations locales du christianisme, qui avaient d'ailleurs de nombreux précédents dans l'Europe rurale, mais traitèrent toutes les pratiques religieuses autochtones comme autant d'œuvres du Démon, sans distinguer entre religion et sorcellerie. Leur attitude se durcit encore au XVIIe siècle : des ascètes capucins envoyés en 1645 par le

Vatican firent preuve d'un tel zèle dans la destruction des objets rituels qu'ils s'aliénèrent la noblesse du Kongo, bien que dans la province de Soyo, qui cherchait à reprendre son indépendance, leur impact ait été suffisamment profond pour influencer jusqu'aux stratégies matrimoniales des aristocrates. Le reste du pays rejetait cependant la monogamie et le mariage religieux, tandis que les missionnaires voyaient dans la polygamie non seulement un obstacle au baptême, mais aussi un péché.

Le royaume du Kongo se désintégra après 1665, et la tentative de réintégration animée par le mouvement syncrétiste antoninien fut réprimée en 1706 ; mais un christianisme africanisé survécut dans le pays – qui laissa perplexes les missionnaires du XIXe siècle. Au XVIIIe siècle, les Jésuites avaient connu de grands succès en Angola, dans la région d'Ambaca. L'action missionnaire eut toutefois peu d'impact durable dans le reste de l'Afrique tropicale avant 1800. Les souverains du Bénin se montraient hostiles ; leurs rivaux itsekiri adoptèrent le christianisme de 1570 environ à 1733, mais seule la cour était concernée. Ceux du golfe du Bénin voyaient dans cette religion un allié potentiel pour la création de cultes d'État, ou une puissante source magique ; ils changèrent d'avis lorsqu'ils s'aperçurent que le christianisme impliquait l'abandon, et non le renforcement, des pratiques rituelles existantes. En Afrique centrale, l'action des Portugais se solda par le meurtre de Gonçalo de Silveira, et les trois siècles d'évangélisation furent largement stériles sur le Zambèze. Celle de l'Éthiopie prit fin après l'expulsion des missionnaires en 1632.

Après 1800, elle reprit activement en Afrique occidentale. Les catholiques se mirent à l'œuvre au Sénégal et au Gabon, s'implantant par la suite avant tout chez les Yoruba et les Igbo. Les protestants s'installèrent en Sierra

Leone en 1804, puis s'étendirent sur la côte, en particulier au Liberia, dans la Côte-de-l'Or, et au sud du Nigeria actuel. Leurs missionnaires venaient de sociétés en voie de modernisation rapide : ils se montrèrent donc moins tolérants que leurs prédécesseurs face à des institutions africaines telles que la polygamie, l'esclavage, l'aristocratie et la royauté. Les classes dominantes locales s'opposèrent à eux, même si, comme le précisait la constitution des Pères de l'Esprit-Saint, ils étaient décidés « à se soucier des âmes les plus abandonnées ». Ces missionnaires étaient convaincus de leur supériorité morale et technologique, et avaient à offrir des compétences plus authentiquement modernes que les Capucins aux pieds nus d'autrefois. Les esclaves libérés constituaient par ailleurs pour eux des propagandistes tout désignés. Les missions protestantes, en particulier, s'appuyèrent sur les Saro (de Sierra Leone) qui rentraient chez eux une fois devenus pasteurs, ou parfois simples profanes ; le plus célèbre d'entre eux, Samuel Ajayi Crowther, devint évêque du Niger en 1864. Toutefois, même avec l'aide des Saro, aucune mission ne parvint, ne serait-ce que de loin, à convertir l'ensemble d'une société africaine. Le christianisme fut plutôt absorbé par des institutions autochtones qui fonctionnaient toujours même si elles se transformaient.

En règle générale, la nature de la société laïque déterminait les réactions des Africains à l'activité missionnaire. Se voyant présenter un exemplaire du Nouveau Testament, le conseil du royaume ashanti déclara : « C'est la parole de Dieu, et mieux vaut qu'elle reste fermée » — de peur que son contenu ne menaçât l'ordre établi [17]. Inversement, l'Akwapim, qui s'était allié avec les Anglais dans les années 1820 pour se défaire de la tutelle ashanti, fit bon accueil aux missionnaires à leur arrivée en 1835, et devint un grand centre chrétien. Il n'en est pas moins vrai que les premiers convertis furent, dans leur grande majorité, des esclaves, des enfants, des marginaux, des princes qui n'avaient pu accéder au trône : cela devint la règle. Selon Elizabeth Isichei, chez les Igbo, « la masse des premiers chrétiens venait des pauvres, des nécessiteux et des rejetés ; mères de jumeaux, femmes accusées de sorcellerie, ou ceux qui souffraient de maladies telles que la lèpre, considérée comme abominable [18] ». Parmi les hommes libres, la polygamie dissuada de nombreux chefs de maisonnées de se convertir : contrairement à leurs prédécesseurs portugais au Kongo, les missionnaires du XIXe siècle étaient presque tous convaincus que la religion interdisait de les baptiser. Inversement, ces patriarches interdisaient souvent à ceux qui dépendaient d'eux de suivre l'enseignement chrétien, parfois sans succès. Bien que nombre des premières congrégations aient été centrées sur une ou deux grandes maisonnées chrétiennes, la plupart des convertis, à l'origine, furent des femmes – qui en 1878 formaient 80 % des fidèles anglicans d'Abeokuta – ou des jeunes, alors même qu'au XIXe siècle les conflits entre générations, si répandus plus tard chez les premiers chrétiens africains, étaient encore peu marqués, principalement parce que, une fois sorti des colonies côtières, l'éducation et l'alphabétisation exerçaient étonnamment peu d'attrait.

Les Africains attendaient du christianisme, comme des religions autochtones qu'il satisfasse leurs besoins terrestres. De nombreux convertis yoruba, par exemple, considéraient leur Église comme une *orisa* capable de les guérir : « Comme Dieu lui a accordé la guérison suite à ses prières, elle a décidé de Le servir [19]. » Le Dieu des chrétiens fut d'ailleurs intégré au panthéon yoruba, comme Allah avant lui. Le culte ifa, quant à lui, absorba beaucoup d'idées chrétiennes et musulmanes. La grande majorité des peuples d'Afrique occidentale se montrèrent remarquablement tolérants quand les missionnaires commencèrent leurs activités, mais c'était la tolérance de l'éclectisme. La persécution, sauf pour des motivations politiques, ne résultait pas d'une adoption des pratiques chrétiennes par les nouveaux convertis, mais de leur abandon des religions autochtones, comme ce fut le cas pour le premier martyr du Nigeria, l'esclave Josua Hart, de Bonny. Les missionnaires, quant à eux, prêchaient un Dieu jaloux, qui ne supportait pas l'éclectisme, et leurs fidèles africains les suivaient souvent, considérant les religions locales comme l'œuvre du Démon et des sorciers. Comme un évangéliste le dit à un enquêteur : « Pas plus que vous ne mangez avec les chiens sur un tas de fumier, Dieu ne mange avec les idoles [20]. » De surcroît, il y avait dans le christianisme des éléments qui ne pouvaient être intégrés par la pensée africaine, en particulier la notion de paradis, d'enfer et de résurrection, que les villageois du Kongo avaient déjà jugé impossible à croire, et qui au XIXe siècle provoquèrent souvent la même stupéfaction ; ces idées pouvaient en revanche agir puissamment sur les esprits portés à la réflexion.

Les colonies côtières

Une élite africaine éduquée à l'européenne se forma peu à peu dans les colonies de la côte, en partie grâce aux activités missionnaires. La plus ancienne, Luanda, déclina après 1850, suite à la fin de la traite, mais le pouvoir portugais pénétra plus avant dans les terres, en vue de prendre sa part de l'extension du commerce « légitime ». Créée en 1787, la Sierra Leone servit successivement de terre d'accueil aux pauvres de race noire de Londres, aux esclaves fugitifs d'Amérique du Nord, et à ceux libérés par la marine anglaise après arraisonnement de navires négriers : 74 000 d'entre eux débarquèrent dans la colonie, qu'ils dominèrent vite. Sur la côte gabonaise, Libreville fut pareillement peuplée en 1849 d'esclaves libérés ; le Liberia accueillait, depuis 1822, des affranchis noirs venus des États-Unis, si bien que sa culture était déjà occidentalisée quand, en 1847, le pays acquit son indépendance. Au milieu du XIXe siècle, on comptait deux autres colonies côtières : la Côte-de-l'Or, qui s'était lentement créée à partir des forts qui servaient de comptoirs commerciaux, et Lagos, dont les Britanniques s'étaient emparés en 1861, peuplée de Yoruba, de captifs saro venus de Sierra Leone, d'affranchis amaro originaires du Brésil.

Comme la loi, ou leurs principes, interdisait aux habitants de ces colonies de recourir à la main-d'œuvre servile nécessaire à des travaux agricoles de grande ampleur, la plupart d'entre eux cherchèrent à s'enrichir par le commerce, souvent avec des marchandises acquises à crédit auprès des marchands européens, bien que les plus prospères aient importé directement d'Europe. Riches, souvent chrétiens, ces négociants croyaient profondément à l'instruction. En 1868, un sixième environ de la population de Sierra Leone était scolarisée – chiffre supérieur à celui de la Grande-Bretagne. Les élèves les plus brillants se rendaient au collège de Bourah Bay, affilié à l'université de Durham, et parfois même en Europe, où l'évêque Crowther fit éduquer ses six enfants. En 1880, des Africains avaient déjà été trésoriers, chefs de la police ou secrétaires coloniaux dans l'administration de Lagos, tandis que James Bannerman, marchand prospère issu d'un mariage mixte et qui épousa une fille de l'Ashantiene, avait occupé la plus haute fonction de la Côte-de-l'Or, celle de Lieutenant-Gouverneur. John Macaulay Wilson, qui exerça en Sierra Leone à partir de 1827, fut sans doute le premier médecin d'Afrique occidentale à avoir fait ses études en Europe. C'est là aussi qu'exerça Sir Samuel Lewis, l'une des plus belles réussites des professions libérales d'une colonie britannique : inscrit au barreau en 1871, il fut fait chevalier en 1896. James Russwurm, diplômé d'une université américaine, lança le *Liberia Herald* en 1830.

Marchands, fonctionnaires et professions libérales composaient l'élite des colonies côtières : « les aristos », comme on les surnommait à Lagos. Jusque vers les années 1880, ils se considérèrent comme les agents du modernisme éclairé de l'Europe qui pourrait faire progresser le continent. L'abbé Boilat, du Sénégal, écrivait : « Grâce à l'éducation... on verra la chute de toutes ces pratiques grossières, pour ne pas dire déshonorantes, malheureusement connues sous le nom de *coutumes du pays*[21]. » C'était là, toutefois, une position extrême. Parmi ses semblables, la majorité avait admis, avec le docteur James Africanus Horton, de la Côte-de-l'Or, qu'il fallait fondre les meilleurs éléments des deux cultures. En fait, ils étaient aussi éclectiques que leurs ancêtres. Le langage inventé à Freetown, le krio, combinait une syntaxe yoruba et un vocabulaire tiré de nombreuses langues africaines et européennes. À la fin du XIXe siècle, et au début du XXe, 99 membres de l'élite Saro de Lagos, sur 113, se marièrent chrétiennement avec une coreligionnaire, mais 54 contactèrent également des « unions extérieures » quasi polygames, pratique répandue également au Liberia. Même les pasteurs les plus respectables priaient sur les tombes de leurs ancêtres, et témoignaient d'un sens de la famille proche du népotisme. Les hommes acculturés aux frontières de la société coloniale possédaient des esclaves, se mariaient dans des familles locales, et avaient des liaisons, comme les *prazeros* du Mozambique. Beaucoup s'engageaient dans la politique locale : certains donnèrent leur soutien, dans les années 1850, aux chefs de la Côte-de-l'Or qui résistaient à la taxation directe, et s'allièrent avec eux en 1868 pour former la confédération Fanté par crainte d'une agression ashanti ; d'autres créèrent en 1865 l'Egba United Board of Management, afin d'être le fer de lance de la modernisation d'Abeokuta. Inversement, les colons libérians, n'ayant pas de liens ancestraux avec les peuples environnants, disposaient de l'indépendance politique nécessaire pour entreprendre une expansion vers l'intérieur des terres ; en 1874, le territoire de la république s'étendait sur 800 kilomètres le long de la côte, et sur près de 200 kilomètres vers l'hinterland – sur le papier du moins.

Vers les années 1880, l'éclectisme de l'élite, comme son acceptation de la domination européenne furent soumis à rude épreuve, avec le déclin du commerce. Au Sénégal d'abord, l'abolition de l'esclavage, en 1848, appauvrit les commerçants africains et mulâtres ; les exportations d'arachides, commencées quelques années auparavant, le transport par bateaux à vapeur, au cours de la décennie suivante, attirèrent des négociants français, au moment où l'expansion militaire ouvrait le fleuve Sénégal à la pénétration européenne : de nombreux hommes d'affaires locaux, autrefois indépendants, furent ainsi réduits au statut d'agents de firmes occidentales. Les marchands de Lagos durent faire face à une concurrence semblable après 1861, mais la crise vint essentiellement avec la dépression internationale de 1880-1892. En 1890, seul le plus riche des marchands saro, le millionnaire R. B. Blaize, exportait encore. En 1880, les marchands représentaient 57 % de l'élite de Lagos – et 38 % seulement en 1902. Même au

Liberia, dont la législation protégeait les autochtones, le commerce, au cours des vingt dernières années du XIXᵉ siècle, passa largement aux mains des Européens. La rivalité politique entre Noirs et mulâtres s'intensifia également, et conduit en 1878 à la victoire des Noirs du True Whig Party. Il y eut aussi de nombreux conflits au sein des Églises protestantes des colonies britanniques. En Sierra Leone, des sécessionnistes Wesleyens décidèrent de fonder dès 1821 la première Église indépendante d'Afrique. À Lagos, des schismes ultérieurs se produisirent au sujet de la discipline et de la doctrine. C'est ainsi qu'en 1901, quand l'Organisation de l'Église africaine rompit avec l'église anglicane, elle admit les polygames, témoignant par là, face à la conception victorienne du mariage, d'un mécontentement que partageaient les femmes, souffrant de la dépendance économique à laquelle elles étaient réduites. Une minorité des membres de l'élite s'intéressa à l'histoire et à la culture locales, adopta des noms et un habillement africains, et chercha à dépasser l'éclectisme pour parvenir à une sorte de synthèse culturelle. D'autres étaient mécontents des restrictions imposées à leur progression dans l'échelle des fonctionnaires. Ce problème qui se posa en Sierra Leone dès 1829, ne devint que plus aigu après 1880 dans les colonies britanniques car les gouvernements qui prenaient le pouvoir à l'intérieur des terres veillaient à ce qu'il reste dans des mains blanches. En 1883, les Africains occupaient 9 des 43 plus hauts postes de l'administration de la Côte-de-l'Or ; en 1908, on n'en comptait plus que 5, sur 274.

L'élite du Liberia fut la seule à s'opposer massivement à la pénétration européenne à l'intérieur des terres. Inversement, Horton, par exemple, servit dans l'expédition britannique qui détruisit Kumasi. Cette pénétration fut d'ailleurs hésitante et graduelle, sauf au Sénégal où, en 1855, Faidherbe, alors gouverneur, se lança délibérément dans la conquête des royaumes ouolof. La volonté d'interrompre la traite conduisit les Britanniques à abandonner la déférence dont ils avaient si longtemps fait preuve envers les souverains de la côte : ils imposèrent, à partir des années 1830, des traités anti-esclavagistes, nommèrent un consul en 1849, créèrent, à partir de 1850 dans les villes côtières des tribunaux communs européens-africains, et multiplièrent leurs interventions dans la politique africaine, surtout dans le delta du Niger et en pays yoruba. Cette stratégie culmina en 1861 avec la prise de Lagos, alors même que commençait à Freetown une lente expansion à travers la région de Sherbro. Des conflits avec le royaume ashanti menèrent en 1874 à une extension de la colonie de la Côte-de-l'Or, mais le retrait britannique après la destruction de Kumasi montrait un souci de ne pas s'impliquer à l'intérieur des terres. En 1876, alors qu'une partition rapide guettait l'Afrique occidentale, rien, dans la situation locale, n'imposait une rupture aussi dramatique avec le passé.

La démographie au XIXe siècle

Certains historiens ont fait valoir que l'abolition de la traite avait stimulé la croissance démographique en Afrique occidentale, et ce à partir du milieu du XIXe siècle. Dans ce domaine, les meilleurs témoignages nous viennent du pays igbo où, à partir de 1840 environ, plusieurs observateurs notèrent une colonisation agricole, la culture du manioc sur sols pauvres et, au niveau local, une pénurie croissante de terres. Un missionnaire écrivit : « La population est si grande, il leur est si difficile de vivre de leurs fermes, que s'ils entendent dire que nous voulons des porteurs, ils arrivent en grand nombre en nous suppliant de solliciter leurs services [22]. » Pour autant, les obstacles à la croissance démographique demeuraient nombreux. Il y eut plusieurs épidémies de variole – en 1864, 1867, 1873 – chez les Igbo, comme en de nombreux endroits d'Afrique occidentale. On dit notamment que la première tua un quart de la population de Luanda. L'Angola, de son côté, connut de très mauvaises récoltes en 1857, de 1863 à 1869, et de 1876 à 1884, tandis que de nombreux travailleurs « libres » partaient pour Sao Tomé, et que les guerres intérieures, et les razzias d'esclaves, se poursuivaient sans discontinuer : son déclin démographique dut donc se poursuivre jusqu'à la fin du siècle. De la même manière, la Sénégambie subit en 1868-1869 la seule grande épidémie de choléra de la région, qui vint s'ajouter à des violences et des disettes répétées. Nous ne pouvons dire si la population d'Afrique occidentale, dans son ensemble, connut vers la fin du siècle une sorte de convalescence : mais nous savons que les évolutions furent très variables, allant d'une forte progression chez les Igbo à un probable déclin en Angola. Comme dans le reste du continent, des facteurs locaux dominaient l'histoire démographique.

CHAPITRE VIII

La diversité régionale au XIXe siècle

Le sous-peuplement avait retardé le développement de l'Afrique et entravé les tentatives de création d'États durables susceptibles de surmonter la fragmentation politique, même là où la traite négrière n'avait pas aggravé les difficultés. Entre le XVe et le XIXe siècle, tout le continent ou presque fut attiré au sein d'une économie mondiale dominée par l'Europe. Pour les peuples africains, c'était une menace, mais cela leur offrit également de nouvelles techniques, de nouvelles occasions de surmonter la segmentation – des techniques qui vinrent s'ajouter à de vieilles stratégies et à de nouvelles méthodes d'invention locale. En définitive, la plupart des tentatives visant à donner un cadre plus vaste à l'organisation économique et aux alliances politiques dans l'Afrique du siècle dernier se soldèrent par des échecs, en partie parce qu'elles furent victimes de l'agression européenne, mais aussi parce qu'elles ne s'attaquaient pas au problème sous-jacent du sous-peuplement, qu'elles eurent plutôt tendance à aggraver en imposant des exigences aux populations locales. Des changements plus profonds, toutefois, se produisirent. Pour la première fois, certaines régions échappèrent aux vieilles contraintes, et furent le théâtre d'une rapide croissance démographique. Inversement, d'autres connurent en ce domaine une stagnation ou un déclin semblable à celui de l'Angola. Cette diversité régionale – qui trahit l'absence d'un courant global sur l'ensemble du continent – fut une caractéristique très importante de l'Afrique du XIXᵉ siècle, et rend nécessaire de traiter successivement chacune de ses régions : d'abord le nord, puis l'ouest islamisé, puis le sud et enfin l'est.

Le nord de l'Afrique

L'incorporation du nord de l'Afrique (Maroc excepté) à l'Empire ottoman commença en 1517, quand des mousquetaires turcs défirent les cavaliers mameluks égyptiens, techniquement et militairement dépassés. Plus à l'ouest, des corsaires turcs disputèrent les côtes du Maghreb aux souverains locaux et à des envahisseurs ibériques jusqu'à ce qu'en 1574 des forces ottomanes prennent Tunis et en fassent une capitale provinciale, en même temps que Tripoli et la ville nouvelle d'Alger. Au cours des deux siècles qui suivirent, le pouvoir d'Istanbul s'affaiblit au profit des forces régionales. En Égypte, l'armée terrifiait à ce point les gouverneurs qu'ils se tournèrent vers ce qui restait des mameluks, dont les chefs (appelés *beys*) retrouvèrent leur influence au XVIIIᵉ siècle. À Tunis et à Tripoli, où les garnisons ottomanes étaient recrutées parmi les fils des soldats et des femmes du lieu, les commandants militaires fondèrent des dynasties semi-indépendantes (à Tunis en 1705, à Tripoli en 1711). Inversement, à Alger, la ville nouvelle n'absorba pas les militaires : ceux-ci élisaient un de leurs officiers comme *dey*, et gouvernaient l'intérieur des terres en favorisant certaines tribus, qui les aidaient à prélever l'impôt sur les autres.

Ces sociétés sous férule ottomane étaient segmentaires, en ce sens que les nomades ou les Berbères de l'intérieur appartenaient à des tribus autonomes elles-mêmes divisées en clans et en lignages, mais aussi, plus largement, parce qu'elles se divisaient en groupes spécialisés, corporatistes et se régulant eux-mêmes, tels les 240 guildes et les 100 circonscriptions du Caire à la fin du XVIIIe siècle. Au sommet, des aristocrates militaires et des marchands dominaient les capitales ; la plupart des citadins étaient de petits commerçants ou artisans – un atelier cairote ne comptait, en moyenne, que trois ou quatre personnes – tandis que les travaux les plus pénibles étaient abandonnés à des journaliers et aux esclaves noirs qui représentaient 4 à 5 % des populations urbaines. La grande majorité des campagnards se composait de paysans qui cultivaient leur propre terre, selon des techniques qui n'avaient guère changé depuis les premiers siècles de l'Islam ; ces paysans assuraient, par le biais de l'impôt, l'existence de la classe dominante. Certains d'entre eux étaient riches ; ils produisaient du sucre et du riz en Égypte, de l'huile d'olive dans le Sahel prospère de l'est de la Tunisie. Des métayers pauvres – les *khamanisa*, qui ne pouvaient conserver qu'un cinquième de leurs récoltes – cultivaient les domaines des plaines côtières. Dans l'intérieur des terres, les pasteurs nomades ne se résignaient à payer l'impôt que s'ils y étaient forcés par des expéditions militaires.

C'est au XVIIe siècle que les États ottomans connurent leur plus grande prospérité. Elle se poursuivit en Tunisie pendant le siècle suivant, et en 1800 les Égyptiens étaient sans doute, en moyenne, aussi riches que les Français, mais l'ensemble de la région commençait alors à tomber

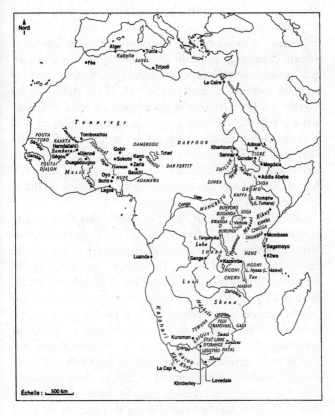

9. La diversité régionale au XIXe siècle

sous la domination économique de l'Europe. L'existence
des guildes restreignait l'industrialisation en empêchant la
concentration de la production au sein de grandes unités
nécessaires à la mécanisation. À la fin du XVIIIe siècle,
l'Égypte exportait presque autant de tissu qu'elle en
importait, mais alors que ses exportations se limitaient
essentiellement au nord du continent africain, ses importations venaient d'Europe, où le pays se procurait presque
tous ses métaux, la plus grosse part de sa monnaie, les
navires qui permettaient le commerce en Méditerranée ;
certains marchands européens dominèrent de plus en plus
le commerce extérieur égyptien. Comme l'a écrit André
Raymond : « Dans une certaine mesure, c'était déjà un
commerce de type "colonial" [1]. » La Tunisie, de son côté,
dépendait toujours davantage de ses exportations d'huile,
avec des conséquences similaires.

Ce déclin relatif était l'effet de la stagnation démographique du nord de l'Afrique. En 1800, l'Égypte comptait
peut-être entre 3 et 4 millions d'habitants, soit sans doute
moins que du temps des Ptolémées, ou même qu'au
début du XVIIe siècle. La Tunisie ne devait abriter qu'un
million de personnes, au maximum un million et demi.
La plupart des estimations faites à propos de l'Algérie
donnent le chiffre de 3 millions d'habitants en 1830, au
maximum 5 [2]. La principale raison de cette stagnation
était la peste, restée endémique depuis la grande épidémie
du XIVe siècle (essentiellement d'ailleurs dans les villes,
suite à des contacts réguliers avec le centre de l'Empire
ottoman), alors qu'elle avait disparu de l'Europe du nord
au XVIIIe siècle ; à cette époque, l'Algérie connut cinq
épidémies, l'Égypte et la Tunisie trois. On ne peut se
fier aux chiffres avancés alors, mais on dit qu'en Tunisie
l'épidémie de 1784-1785 tua une personne sur trois ou
sur six. Cela venait s'ajouter aux maladies endémiques,

aux ravages de la variole chez les nouveau-nés, et à la famine, bien que celle-ci n'ait sévi au XVIIIᵉ siècle que dans les vingt-cinq dernières années, particulièrement désastreuses.

Déclin économique relatif, et instabilité politique, tous deux enracinés dans une crise démographique récurrente : voilà un tableau d'ensemble également représentatif du Maroc, qui échappa à la sujétion des Ottomans en adoptant leurs innovations militaires. Ahmed al-Mansour (1578-1603) recourut d'abord à des mercenaires armés de mousquets pour écarter du pays les menaces chrétiennes et turques. Puis Moulay Ismail (1672-1727) créa une armée d'esclaves noirs qui réunifia pour un temps la plus grosse part du royaume. Après sa mort, toutefois, cette armée ne fit qu'aviver les forces centrifuges du Maroc. Des villes et un commerce extérieur déclinants menaçaient les fondements de la monarchie. Plus de la moitié de la population se composait de Berbères installés à l'intérieur des terres, méprisant l'administration royale – généralement non rétribuée – et ne respectant que la force militaire, ou l'autorité spirituelle du roi. Le statut religieux de la monarchie la privait par ailleurs de la liberté d'action dont jouissaient des souverains ottomans plus séculiers, car il l'exposait aux dénonciations des *oulémas* dès qu'elle s'aventurait à réclamer des impôts non conformes au Coran. Cette frêle autorité ne s'exerçait que sur une population dépourvue de vitalité démographique. Entre 1500 et 1800, le Maroc connut au moins dix épidémies de peste, particulièrement destructrices dans les villes et les plaines environnantes, où le pouvoir royal était concentré. Les famines furent particulièrement graves au XVIIᵉ siècle ; celle que connut Fès en 1661-1662 relève de ce type rare de famines au cours desquelles, comme l'écrivit un chroniqueur, « Ceux qui moururent

parmi les riches et les grands – et ils furent nombreux –
moururent de faim comme les pauvres[3] ». En 1800, la
population marocaine devait être de 3 à 4 millions de
personnes, soit à peine plus qu'en 1500[4].

La crise démographique du nord de l'Afrique atteignit
son apogée pendant le premier tiers du XIXᵉ siècle. En
1818-1820, le Maghreb subit sa dernière grande épidémie de peste ; en 1835, il y en eut une autre en Égypte,
qui tua probablement près de 200 000 personnes. Puis la
maladie disparut tout à fait ou presque, aussi mystérieuse-
ment qu'en Europe autrefois. De nouveaux désastres lui
succédèrent. Entre le milieu du XVIIIᵉ siècle et les années
1820, la Tunisie avait subi une grave crise agraire, en
grande partie due à la sécheresse, qui avait provoqué une
réduction de moitié des cultures sur les domaines d'État.
En 1831 l'Égypte connut sa première épidémie de choléra, venu d'Orient et transmis par des pèlerins ayant
emprunté les transports plus rapides désormais accessibles
depuis La Mecque : elle aurait tué près de 150 000 personnes. Quatre ans plus tard, elle atteignit le Maghreb :
ce fut la première des cinq épidémies qui, au XIXᵉ siècle,
s'abattirent sur le nord du continent. Bien qu'il ait tué la
moitié des gens contaminés, le choléra causa toutefois
moins de décès que la peste, sauf pendant les années
1830, ou lorsqu'il s'ajoutait à la famine. Plutôt que de
provoquer un déclin démographique absolu, il ralentit
sans doute la reprise. Mais surtout il survint aussitôt après
la peste, sans répit, comme en Europe et en Chine, pour
la croissance.

Ce fut, paradoxalement, pendant cette période de
désastre que l'Égypte fit les premiers pas vers la croissance
démographique rapide qui a dominé l'histoire moderne
de l'Afrique. Une société nouvelle y émergea par fragments à la fin du XVIIIᵉ siècle. Les *beys* mameluks prirent

l'avantage sur les forces ottomanes, en particulier sous Ali
Bey (1760-1772), qui devint le chef à peu près indépendant d'un État de plus en plus égyptianisé. Le développement des liens commerciaux avec l'Europe fut un des
facteurs de la crise économique, mais encouragea également la commercialisation de l'agriculture, tout en affai-
blissant le pouvoir des guildes, et en provoquant la
création d'une coalition d'artisans et de clercs radicaux,
qui devint au Caire une importante force politique.
L'invasion française de 1798, qui avait pour but d'assurer
l'approvisionnement de la France en grains, et de menacer la position des Anglais en Inde, stimula le patriotisme
égyptien, détruisit le système gouvernemental et militaire
dominé par les mameluks, et proposa à tous les Africains
du Nord de nouveaux modèles d'organisation administrative et militaire. Le premier bénéficiaire en fut Méhémet
Ali (1805-1848), officier de l'armée ottomane qui reprit
le contrôle du pays en 1801. Au cours des luttes qui
s'ensuivirent, il supplanta le gouverneur ottoman en
s'assurant d'un appui populaire au Caire – pour exclure
ses partisans du pouvoir une fois qu'il l'eut conquis.
C'était un autocrate ottoman qui cherchait à créer une
dynastie aussi indépendante que possible du régime
d'Istanbul, et peut-être à le supplanter. Illettré jusqu'à
l'âge de 47 ans, méfiant, superstitieux, mais d'un esprit
pénétrant et très réceptif aux innovations militaires, il
était convaincu qu'une armée moderne ne consistait pas
seulement en canons, mais nécessitait une infrastructure
industrielle et technique capable de la soutenir. Il recruta
ses troupes d'abord parmi les esclaves noirs puis, après
1823, chez les paysans égyptiens, enrôlés à vie. Elles
comptèrent 200 000 hommes à leur apogée, et représentaient 60 % des dépenses de l'État. Pour la financer, il
abolit tous les droits sur la terre, préleva directement les

impôts sur les villages paysans, et pendant son règne les multiplia par douze. À partir de 1821, il contraignit les paysans à cultiver le coton, afin de le taxer. Entre 1805 et 1863, des travaux d'irrigation permirent d'augmenter de 37 % la superficie des terres cultivées. L'État achetait et revendait le coton, les produits artisanaux, et d'autres encore. Méhémet Ali fonda des entreprises industrielles – en particulier dans le textile, la construction navale et les armements – qui recouraient à la technologie européenne, tout en reposant généralement sur l'énergie animale. La production *per capita* de filés devint la cinquième du monde [5]. La nécessité d'importer le fer, le charbon, les techniques et les compétences constituaient toutefois un obstacle à l'industrialisation, dont les principaux atouts étaient un coton et une main-d'œuvre bon marché, d'excellents moyens de transport et une richesse moyenne d'un niveau relativement élevé. Pour mettre en œuvre son programme, Méhémet Ali créa une bureaucratie patrimoniale composée de Turcs au sommet et d'Égyptiens à la base, tous dotés d'un grade militaire. Il fonda également des écoles primaires et techniques qui accueillirent jusqu'à 10 000 étudiants ; il envoya 500 Égyptiens se former en Europe ; mais l'instruction publique fut réduite aux besoins de l'État. Il n'aurait peut-être pas pu réaliser son ambition de créer le premier État industriel non européen dans un pays qui ne comptait que 4 millions de personnes, contre 16 millions en Grande-Bretagne en 1801, et peut-être 30 millions dans le Japon qui, en 1868, était en voie de se moderniser. Mais le problème ne se posa jamais vraiment : les Anglais craignaient tellement que Méhémet Ali ne menaçât leur pouvoir en Asie qu'en 1838-1841 ils le contraignirent à ramener son armée à 18 000 hommes, et à abolir les monopoles commerciaux qui excluaient les Européens des marchés égyptiens. Privées de protection, les industries locales s'effondrèrent ; en 1849, deux usines seulement survivaient. Le pays devint plus exclusivement agricole et plus dépendant qu'il ne l'avait été au XVIIIe siècle.

La croissance démographique, qui se poursuit aujourd'hui encore, fut cependant une des réussites durables du règne de Méhémet Ali. En 1800, l'Égypte comptait sans doute moins de quatre millions d'habitants ; le premier recensement sérieux, celui de 1846, dénombrait 4 476 439 personnes – chiffre porté à 9 734 405 en 1897[6]. La disparition de la peste après 1835 y fut sans doute pour quelque chose. Le choléra, quant à lui, était moins mortel. La principale contribution de l'État égyptien fut sans doute de promouvoir la vaccination contre la variole – en 1850, l'Égypte comptait 2 500 barbiers-chirurgiens, qui immunisaient chaque année 80 000 enfants – et de créer, à partir de 1836, un système de santé provincial. Parmi les autres facteurs encourageant la croissance démographique, on citera la fin des conflits armés, l'extension de l'irrigation permanente, et peut-être, au XVIIIe siècle, l'introduction du maïs. Cette croissance démographique semble due à la baisse du taux de mortalité, car le taux de fécondité paraît avoir été stable. Il vaut la peine de noter, en tout cas, que la croissance démographique de l'Afrique commença dans le premier pays qui ait eu un État moderne.

Sous le règne des descendants de Méhémet Ali, l'Égypte s'ouvrit toute grande à la pénétration économique européenne. En 1876, 100 000 Européens y étaient installés. Ils tiraient profit du coton, dont la production fut en gros multipliée par dix entre la mort de Méhémet Ali et le début des années 1880 : cette culture occupait tant de terres que l'Égypte dut importer du grain à partir de 1864. Pour le transporter, près de

1750 kilomètres de voies ferrées furent construits entre 1852 et 1879. Le canal de Suez fut ouvert en 1869. Une stratégie économique de type libéral fit passer la propriété des terres dans des mains privées. En 1884, la famille royale, les notables, les fonctionnaires et les Européens possédaient environ 48 % des surfaces cultivées, mais les grands domaines étaient généralement exploités par petites parcelles mises en valeur par des cultivateurs à bail. Une élite rurale de sheiks et de notables de village fit son apparition, ainsi d'ailleurs qu'une population dépourvue de terre qui, pouvant faire office de main-d'œuvre urbaine, mit un terme à l'esclavage. La population du Caire doubla entre 1850 et 1900. Les plans visant à transformer la ville selon le modèle parisien ne connurent pas grand succès, mais les nouveaux palais, qui cachaient la pauvreté urbaine, symbolisèrent la modernisation élitiste, volontiers extravagante, du khédive Ismail (1863-1879). Ce souverain turc gouvernait, comme son grand-père, en autocrate, et son Conseil des députés, créé en 1866, visait avant tout à impressionner les Européens. Plus profondément, toutefois, une classe politique composée de propriétaires terriens arabophones, de religieux et de fonctionnaires éduqués à l'européenne, acquit de l'influence et fit du Caire le centre d'une sorte de mouvement des Lumières égyptien, aussi féroce envers les paysans que son modèle européen, et qui exerça une influence comparable dans le monde islamique. Son principal représentant fut le Salafiyya ou Mouvement moderniste, centré sur la mosquée et l'université Al-Azhar, laquelle comptait 10 000 étudiants et dont le corps enseignant avait pour chef Muhammad Abduh (1849-1905), le plus important intellectuel de l'Afrique moderne. Selon lui, le moyen de revitaliser le monde islamique face à l'agression occidentale était de restaurer l'islam immaculé, suprêmement rationnel, des débuts du Califat, pour le fondre harmonieusement avec la science et la technologie. Bien que trop élitiste pour enthousiasmer les foules, cette doctrine eut néanmoins une grande influence sur les jeunes intellectuels du nord du continent. L'un d'eux, écoutant Muhammad Abduh, écrivit : « Nous sentions au fond de nous-mêmes que n'importe lequel d'entre nous était capable de réformer une province ou un royaume [7]. »

Contrairement à son grand-père, Ismaïl finança en partie la modernisation par le biais d'emprunts à l'étranger. En 1876, la dette officielle se montait à 91 millions de livres, et une commission internationale prit le contrôle des finances de l'Égypte. En 1879, comme Ismaïl mobilisait son corps de fonctionnaires et son Conseil des députés contre les ingérences étrangères, il fut déposé à la requête des Européens par le sultan ottoman. Vouloir moderniser une société segmentaire avait failli mener à l'invasion coloniale. Mais l'exemple égyptien avait eu le temps d'influencer tout le nord de l'Afrique.

Le Soudan souffrit, comme toujours aux périodes glorieuses de l'Égypte. En 1820, Méhémet Ali l'envahit, pour y puiser les esclaves nécessaires à son armée. Jusquelà, ceux d'Égypte venaient généralement du sud-ouest, là où la cavalerie du royaume de Darfour lançait des razzias sur les agriculteurs de la savane, dans ce qu'on appelait le Dar Fertit (le pays des esclaves), mais Ali jugeait cette source insuffisante. « Le but de tous nos efforts et de toutes nos défenses est de nous procurer des Noirs », dit-il au commandant de ses troupes au Soudan [8]. Elles triomphèrent des seigneurs de la guerre qui dominaient la Basse-Nubie, soumirent les États arabes qui avaient succédé aux anciens royaumes chrétiens, et prirent la capitale du sultanat de Funj, sur le Nil bleu. Près de 30 000

esclaves soudanais furent enrôlés de force, mais ils moururent comme des mouches une fois arrivés en Égypte, et
Méhémet Ali contraignit les Soudanais à cultiver le
coton. Les commerçants soudanais, à leur tour, s'avancèrent dans le sud, traversant le royaume de Shilluk pour
parvenir jusque chez les Dinka du Haut-Nil, cherchant
d'abord de l'ivoire puis, à partir des années 1860, des
esclaves pour les fermes égyptiennes productrices de
coton. Cet État du sud du Soudan n'avait que peu d'intérêt pour le commerce – mais pas non plus de chefs à
séduire, ni d'armes à feu pour résister. Les marchands
édifièrent donc des forteresses, lancèrent des razzias pour
se procurer des esclaves, et provoquèrent une anarchie et
un dépeuplement dont les Dinka se souviennent comme
du temps « où la terre était gâtée ». Vers le milieu des
années 1860, les commerçants de Karthoum étaient parvenus très au sud, jusqu'au Bunyoro, ainsi que dans le
prospère royaume mangbetu, au nord du Zaïre actuel,
royaume qui se désintégra après la mort de son roi en
1873 lors d'une bataille contre des adversaires soutenus
par Khartoum. Trois ans plus tard, des troupes égyptiennes atteignaient le lac Victoria. Mais en 1877, le mauvais état des finances força Ismail à obéir aux Européens
en nommant un Anglais, le général Gordon, gouverneur
du Soudan, chargé de lutter contre la traite des esclaves.
L'intervention européenne se faisait plus profonde,
comme en Égypte.

Les transformations introduites par Méhémet Ali affectèrent également l'Éthiopie. Après que l'invasion musulmane eut été repoussée en 1543, ce royaume chrétien ne
fut pas totalement restauré, car la guerre avait permis aux
Oromo, peuple de langue kouchitique sans État, d'infiltrer depuis le sud les hautes terres christianisées. En
réponse, l'Amhara s'installa dans le nord et dans l'est,

comme le montre le choix en 1636 de faire de Gondar la capitale permanente. En Éthiopie, la fragmentation prit la forme du régionalisme, surtout entre 1769 et 1855, pendant « l'ère des juges », au cours de laquelle des seigneurs de la guerre provinciaux, luttant pour contrôler des empereurs sans pouvoir, réduisirent le royaume à « une fleur sans valeur que les enfants cueillent pendant les pluies d'automne ». À cette époque, les provinces frontalières tirèrent tout particulièrement profit de la traite des esclaves et du trafic d'armes. Au nord, le Tigré se dota du plus gros arsenal. Au sud, le Choa reprit des territoires aux Oromo, et créa la première bureaucratie éthiopienne. Mais le pouvoir central reprit force grâce à Tewodros, gouverneur de district dans les basses-terres de l'ouest. Après sa défaite, en 1848 contre la nouvelle armée de Méhémet Ali, il chercha à en imiter la discipline et la puissance de feu, et en 1855 monta sur le trône après bien des combats. Mais sa volonté de consolider son pouvoir en créant une industrie d'armements, et en remplaçant les seigneurs de la guerre par des gouverneurs qu'il nommait lui-même, le contraignit à de lourdes dépenses ; pour les couvrir, il fut amené, en 1860, à confisquer les terres de l'Église. Le clergé réagit alors en soutenant le régionalisme. En 1868, alors que son autorité ne s'étendait guère au-delà de sa forteresse de Magdala, Tewodros se suicida tandis qu'approchait une expédition anglaise : les Britanniques lui reprochaient d'avoir maltraité leur consul. Le pouvoir central passa au souverain du Tigré, Johannes IV (1872-1889) qui, après avoir aidé les troupes anglaises, entreprit à son tour de réunifier l'Éthiopie, à la fois par des moyens militaires et par des méthodes diplomatiques traditionnelles telles que la conclusion d'une alliance matrimoniale au sein de la famille de Ménélik, du Choa. Il mourut en combattant des forces musulmanes soudanaises ; Ménélik (1889-1913) réussit pacifiquement là où son prédécesseur avait échoué, et lança un programme de prudente modernisation. Il créa au Choa une bureaucratie et un système fiscal, fit installer des lignes de téléphone et de télégraphe reliant les villes de province. Il fut aussi l'initiateur d'écoles d'État ainsi que de la première ligne de chemin de fer, fondant une nouvelle capitale à Addis-Abeba, et renforça tout particulièrement l'armée. Dès le milieu des années 1890, sa garde personnelle, qui comptait près de 3 000 hommes, disposait de mitrailleuses ; elle pouvait par ailleurs être appuyée par une force d'irréguliers comptant jusqu'à 100 000 hommes armés de fusils. Les soldats réguliers étaient récompensés par des dons de terres conquises sur les Oromo et autres peuples sudistes au cours d'une décennie de guerres qui culminèrent en 1897 quand le roi de Kafla fut fait prisonnier et conduit chargé de chaînes d'or à Addis-Abeba. Un an plus tôt, l'Éthiopie avait repoussé une invasion italienne lors de la bataille d'Adoua. Son territoire avait presque les frontières actuelles, et son pouvoir était plus grand que jamais depuis le temps d'Amda Siyon.

Plus à l'ouest, au Maghreb, l'influence de Méhémet Ali demeurait forte, mais l'impact de l'invasion française en Algérie (1830) aussi. À l'origine, elle avait été conçue comme un simple moyen de s'assurer la gloire militaire à peu de frais. La garnison turque opposa peu de résistance, et fut renvoyée à Istanbul, mais les tribus arabes de l'ouest se soulevèrent, et choisirent comme chef Abd el-Kader, leader de la fraternité qadiriyya, dont l'une des fonctions était d'unifier ces peuples fragmentés contre les menaces extérieures. Il mit sur pied une armée de 5 000 hommes, étoffée de ceux qu'il enrôla dans les tribus, puis créa dans l'ouest un squelette d'État administré par des sheiks qadiri et des dirigeants tribaux. Ses fusils étaient meilleurs que ceux de ses adversaires, et il fallut 108 000 hommes – soit le tiers de toute l'armée française – engagés dans une campagne brutale pour le contraindre à la reddition en 1847. Dix ans plus tard, les Français s'emparèrent de la Kabylie, place forte berbère où en 1871 ils réprimèrent une rébellion de grande ampleur, mettant ainsi un terme à une conquête exceptionnellement destructrice. À partir de cette date, le pouvoir passa effectivement aux colons, par l'intermédiaire de leurs représentants élus, à Alger et à Paris – le pays avait été divisé en trois départements. On en comptait 279 691 en 1872 ; vingt ans plus tard, leur nombre avait doublé, des fermiers prospères supplantant les paysans méditerranéens que l'armée avait à l'origine installés sur des terres expropriées. Les notables tribaux musulmans, sans être entièrement anéantis, subirent comme les autres un appauvrissement général qui provoqua la mort de centaines de milliers de personnes, vers la fin des années 1860, suite à la famine, au choléra, au typhus et à la variole. À la fin du siècle, cependant, la conquête par la violence avait pris fin, le choléra avait perdu de sa virulence, la résistance à la vaccination contre la variole disparaissait, la population musulmane croissait d'environ 1 % par an, et l'Algérie avait rejoint l'Égypte dans le rôle de pionnière de la croissance démographique de l'Afrique moderne.

Il se peut qu'en Tunisie le même phénomène ait aussi commencé après une épidémie de choléra ; les décennies précédant l'occupation française de 1881 comptèrent toutefois parmi les pires de l'histoire du pays. L'invasion de l'Algérie voisine, la réoccupation, en 1835, de Tripoli par les Ottomans, et l'exemple égyptien de Méhémet Ali contraignirent les souverains tunisiens à tenter de se ren-

forcer. Ahmed Bey (1837-1855), ardent modernisateur,
édifia une armée nouvelle de 16 000 conscrits, créa une
académie militaire et des industries d'approvisionnement,
et renforça l'élément local dans la bureaucratie. Mais
l'ancien régime tunisien n'avait pas été déstabilisé par une
invasion napoléonienne ; c'est dire que l'innovation par
le haut fut plus superficielle qu'en Égypte. De surcroît,
son prix était prohibitif pour un pays qui comptait au
plus 1,5 million d'habitants. Ahmed Bey réussit à doubler
ses revenus, en partie en taxant les exportations, mais son
armée consommait les deux tiers des rentrées de l'État,
de sorte que la croissance de la dette extérieure, ajoutée
aux mauvaises récoltes de 1852, le contraignit à la congédier. La crise ne fit que s'approfondir par la suite. En
1864, une tentative de restaurer les finances de l'État en
doublant les impôts provoqua une révolte de grande
ampleur, qui bouleversa encore plus l'agriculture, l'industrie, le commerce et le Trésor public. En 1869, les puissances européennes imposèrent au pays un contrôle
financier : l'intérêt de la dette publique excédait déjà les
revenus de l'État. En 1873, un fonctionnaire mameluk de
grand talent, Khayr el-Din, tenta une dernière réforme. Il
cherchait à concilier la modernisation de l'armée, de la
bureaucratie, de l'éducation et des finances avec les principes ottomans, inspirés par un autoritarisme bienveillant
envers l'économie et la politique, en particulier au moyen
d'une restauration du contrôle des guildes sur l'industrie,
et la réduction à un quasi-servage des métayers. Quand,
en 1877, il fut chassé suite aux efforts conjugués de la
cour et des consuls européens, la Tunisie était à la veille
de l'invasion coloniale.

Le Maroc fut, lui aussi, déstabilisé par une tentative de
modernisation. Le soutien à Abd el-Kader avait conduit
en 1844 à une défaite face à la France qui stimula les

réformes militaires. Une autre défaite essuyée contre l'Espagne, en 1859-1860, imposa au pays une indemnité de guerre, qui grossit la dette extérieure et favorisa une certaine prise de contrôle financière de la part des Européens. Un souverain fort capable, Moulay al-Hassan (1873-1894), dut lutter contre l'opposition aux changements attisée par les puissants chefs religieux du pays, car la modernisation impliquait de lever des taxes non conformes au Coran, et de défier le monopole islamique de l'éducation. De surcroît, un État puissant, une armée moderne, menaçaient l'autonomie des tribus, qui à la fin du XIXᵉ siècle se mirent à acquérir des armes à feu auprès de trafiquants venus de divers pays d'Europe – dont les gouvernements ne refrénaient leur désir de contrôler politiquement le pays que parce qu'ils craignaient la réaction de leurs rivaux. Le Maroc, comme la Chine, dut subir les tourments d'un semi-colonialisme, mais le royaume parvint à préserver son indépendance jusqu'en 1912, date à laquelle les puissances européennes finirent par le partager entre la France et l'Espagne. La modernisation n'avait pu l'emporter sur la segmentation, comme dans tout le nord de l'Afrique – à l'exception, peut-être, de l'Éthiopie – parce qu'elle était trop coûteuse pour des sociétés sous-peuplées, et portait atteinte à certains intérêts, en particulier ceux des Européens. Mais, dans le nord du continent, elle mit fin à cinq siècles de déclin et restaura le dynamisme d'une population en pleine croissance.

La savane d'Afrique occidentale

La menace européenne demeura plus lointaine dans la savane d'Afrique occidentale, protégée par le désert jusqu'à la fin du XIXᵉ siècle. Dans cette région, la volonté de surmonter la fragmentation politique vint de l'intérieur et recourut à des techniques autochtones, comme d'ailleurs la dynamique des changements démographiques.

Toutes ces évolutions furent très inégales selon les régions. La savane sortit divisée et appauvrie de la destruction du Songhaï par le Maroc, en 1591. Les soldats de la garnison marocaine installée à Tombouctou ne maintinrent plus qu'une allégeance lointaine au Maroc, et ne cessèrent de se combattre entre eux. En 1737, ils furent vaincus par des nomades touareg, qui avançaient vers le sud suite à la sécheresse. Les mêmes conditions encouragèrent également l'expansion vers l'ouest et le sud des pasteurs foulbé. Au XVIIIe siècle, les successeurs les plus puissants du Songhaï furent les royaumes bambara de Segou et de Kaarta, et les États mossi, qui fournissaient de plus en plus d'esclaves à la traite. Pourtant, cette période de fragmentation politique fut aussi marquée par une montée de l'islam, à la fois dans les nouveaux royaumes – Dulugu (circa 1769-1825) fut le premier souverain mossi de Ouagadougou à l'adopter – et tout particulièrement dans les campagnes, où des familles de religieux, abandonnant les cours et les villes, vinrent s'installer pour créer des communautés de zélotes et faire du prosélytisme auprès des cultivateurs et des pasteurs. Nombre de ces clercs appartenaient à la fraternité qadiriyya, et reconnaissaient l'autorité des Kounta, famille de religieux berbères installée à Tombouctou.

L'islam se diffusa avec une rapidité toute particulière dans le pays haoussa et les régions avoisinantes, si bien qu'au début du XIXe siècle les esclaves haoussa d'Oyo, ou du Brésil, étaient majoritairement musulmans, tandis que même les réformateurs islamiques qui condamnaient l'éclectisme des souverains haoussa reconnaissaient que leur foi avait gagné la partie, en particulier dans les villes et au nord dans les campagnes. L'une des raisons en était que l'économie des pays haoussa avait, aux XVIIe et XVIIIe siècles, supplanté celle de la savane. Toute la région faisait usage d'une monnaie de cauris. La culture de céréales des Haoussa, et le pastoralisme des Foulbé, se développaient en symbiose. Au nord, les routes commerciales menant vers Tripoli prospérèrent, tandis qu'au sud des commerçants haoussa atteignirent, au XVIIIe siècle, plusieurs villes côtières. Tout cela cependant, en pleine instabilité politique car les cavaliers des nombreux royaumes de la région luttaient pour s'assurer la suprématie : structures socio-économiques et politiques divergeaient.

C'est dans ce contexte que se produisit l'événement le plus important de l'Afrique occidentale du XIXe siècle : le *djihad* de 1804, qui permit l'unification du pays haoussa au sein du Califat de Sokoto. Ses origines sont presque exclusivement internes. Les religieux de la région étaient certes informés de l'agitation et du renouveau que connaissait le monde islamique, mais ni les écrits du chef du *djihad*, un érudit foulbé de la fraternité qadiriyya nommé Ousmane dan Fodio (1754-1817), ni ceux de ses compagnons, ne trahissent un grand intérêt pour les questions internationales, pas plus d'ailleurs que pour les *djihads* du Fouta-Djalon et du Fouta-Toro au siècle précédent. Les attentes millénaristes se renforçaient à mesure qu'approchait le treizième siècle de l'islam, et Ousmane en vint à se considérer comme le *Mujaddid* (le Rénovateur) qui précéderait le Mahdi, mais le *djihad* fut essentiellement l'effet des contradictions provoquées par la rapide croissance de l'islam au sein des États haoussa, en particulier le plus puissant d'entre eux, le Gobir, où vivait Ousmane. En 1788, un souverain favorable aux musulmans les exempta d'impôts, leur permit de se vêtir conformément à leurs coutumes, et d'admettre dans leurs rangs qui ils voudraient. Mais il mourut deux ans plus tard, et ses successeurs abolirent ces privilèges. Ousmane se retira dans une communauté rurale, s'entoura de zélotes, prêcha dans leur langue auprès des paysans haoussa et foulbé, puis arma ses disciples et refusa de quitter le royaume, comme l'ordre lui en avait été donné. Les forces du Gobir l'attaquèrent en 1804, les musulmans les repoussèrent : la guerre avait commencé.

Ousmane affirmait que les souverains haoussa adoraient « de nombreux lieux d'idoles, d'arbres et de rochers, et leur faisaient des sacrifices », tuant et dépouillant leurs sujets « sans que la *charia* ne leur en donne le droit [9] ». Ces critiques lui valurent des disciples très hétérogènes, dont le cœur était sa communauté de jeunes étudiants zélotes, à près de 80 % foulbé. La guerre elle-même attira de nombreux pasteurs eux aussi foulbé, hostiles aux villes, aux États et aux impôts. C'étaient là aussi les ennemis des paysans, dont certains rejoignirent le mouvement. Tous opposèrent leurs arcs, une vingtaine de chevaux, et un moral solide, à la cavalerie de leurs souverains. Les combats au Gobir catalysèrent les tensions dans tout le pays haoussa. Au nord, où les pasteurs foulbé étaient nombreux, les souverains virent dans le *djihad* une révolte qu'ils s'efforcèrent de réprimer, ce qui leur valut souvent d'être contraints à l'exil, tandis que des régimes à forte composante foulbé les remplaçaient. Plus à l'est, au Bornou, la répression d'une révolte foulbé provoqua l'intervention des forces du *djihad*, mais le Bornou les repoussa sous la direction d'un religieux de talent nommé Muhammad al-Kanemi, dont les descendants devaient, en 1846, s'emparer du trône. Au sud, les clercs locaux foulbé, apprenant qu'on se battait au Gobir, se placèrent sous les ordres d'Ousmane, et renversèrent les souverains haoussa, comme au Zaria, en créant des émirats chez les peuples non haoussa qu'ils avaient conquis, comme à Bauchi et Adamawa, ou en intervenant pour supplanter les musulmans non haoussa dans les conflits locaux, ainsi au Nupe et dans l'Oyo. En 1809, quand fut fondée la ville nouvelle de Sokoto, capitale d'un califat, les principaux États haoussa avaient été conquis. Trois ans plus tard, Ousmane se retira du monde. Quand il mourut, en 1817, son fils, le grand Muhammad Bello, réprima une révolte de grande ampleur et consolida le califat, qui devait rester une unité politique durable.

Il s'étendait sur plus de 400 000 kilomètres carrés, et sa nécessaire décentralisation fut accentuée tout au long du XIXe siècle par les *djihads* locaux qui avaient provoqué la création d'émirats, et par la poursuite de la guerre aux frontières. Il survécut, cependant, avant tout parce que le modèle du Califat, inscrit dans la loi et l'histoire de l'islam, fournissait à ses dirigeants une sorte de constitution écrite. Muhammad Bello pouvait énumérer les devoirs des trente émirs dirigeant les unités politiques qui le composaient, référant chaque obligation aux pratiques dûment enregistrées du premier Califat. Une telle autorité n'existait pas dans les plus sophistiqués des États non alphabétisés d'Afrique. Le Sokoto, pour la première fois sur le continent, fut un gouvernement des lois et non des hommes, en particulier parce que, comme au Maroc, la *charia* était mise en pratique par des religieux magistrats. Le calife était élu parmi les proches descendants d'Ousmane par un conseil dont les membres étaient extérieurs à la famille régnante. Aucun des califes ne fut jamais déposé. Tous observèrent l'austérité du fondateur. Les émirs étaient les descendants des religieux qui avaient mené chaque *djihad* local. Le calife les nommait selon les résultats des votes de conseils électoraux locaux. Il avait donc plus de liberté de choix quand plusieurs familles avaient dirigé les révoltes, ainsi à Zaria, où entre 1860 et 1890 les califes déposèrent quatre émirs, tandis qu'en 1893 une tentative visant à en imposer un, très impopulaire, à Kano se solda par une guerre civile, qui échoua. Dans ce cas précis, le calife, qui ne commandait directement que les forces de Sokoto, ne put décider les émirs à mettre leurs troupes à sa disposition. En règle générale, toutefois, il pouvait commander à ceux qui lui étaient fidèles, et les convoquer chaque année à Sokoto, non sans leur imposer un lourd tribut.

Si le *djihad*, à l'origine, n'avait pas été un mouvement ethnique, son déroulement lui imprima un net caractère foulbé, au point que tous les émirs étaient issus de cette ethnie, à l'exception de Yakubu, de Bauchi (un des élèves d'Ousmane), comme d'ailleurs leurs principaux fonctionnaires. Nombre d'entre eux conservèrent l'austérité des premiers zélotes – Yakubu creusa lui-même sa tombe –, mais en conquérant les villes haoussa, les Foulbé, comme d'autres pasteurs avant eux, furent absorbés par la culture, fortement assimilationniste, de leurs sujets : c'est elle en grande partie qui conféra au califat sa stabilité et son raffinement. Ils adoptèrent donc une vie urbaine et sédentaire. Beaucoup parlaient haoussa, qui à la fin du XIXe siècle était la langue de la cour de Sokoto, bien que l'arabe fût celle de l'érudition et de la diplomatie. Contrairement aux vœux d'Ousmane, ils adoptèrent le système *sarauta* de titres et d'offices. Ils renoncèrent aux arcs pour adopter l'*ethos* aristocratique des cavaliers. Ces nobles foulbé citadins s'assuraient des revenus grâce à la possession de terres, d'esclaves, et du droit de collecter les impôts :

Ne confisque pas comme le font les courtisans,
galopant, galopant sur leurs chevaux,
ils prennent de force aux paysans, ne leur laissant
que la sueur de leurs fronts [10].

Le régime, sauf quand il extorquait des impôts très
lourds, semble avoir exercé peu de fonctions, et peu de
pouvoir, sinon militaire, au-delà de ses capitales entourées
de murailles. Il devint sans doute plus répressif vers la fin
du XIXᵉ siècle, quand les émirats les plus riches créèrent
des armées composées d'esclaves pourvus d'armes à feu.

En 1900, la grande majorité des hommes libres du
califat étaient sans doute musulmans. La Qadiriyya était
pratiquement sa fraternité officielle. Le pays haoussa était
devenu un centre d'enseignement important, qui avait
largement supplanté Tombouctou. Son système scolaire
accueillait de nombreux garçons, mais peu de filles : si
l'instruction des femmes avait un ardent défenseur dans
la personne d'Usuma, seules les femmes aristocratiques
semblent en avoir profité tandis que les autres commencèrent à vivre en recluses. La prédominance de la culture
islamique se reflétait dans la médecine : les pratiques
autochtones et la guérison par les simples survécurent, les
pratiques invoquant des pouvoirs magiques et spirituels
cédèrent la place, au moins chez les hommes, à d'autres,
d'inspiration musulmane, bien que l'Islam ait aussi eu
une médecine plus scientifique, qui demeurait pratiquement inconnue. La guérison par les esprits ne survécut
que dans les zones rurales arriérées et chez les citadines,
qui prenaient part à un culte de possession *(bori)*, où la
danse permettait de guérir les maladies féminines dans
un environnement musulman. Les détenteurs du pouvoir
toléraient ces pratiques, tout en les tenant à l'écart, ce qui
marginalisa cette culture autrefois commune.

En donnant aux pays haoussa une structure politique adaptée à leur économie, le *djihad* en fit la région la plus prospère d'Afrique tropicale. Cette économie reposait sur une seule récolte annuelle de millet ou de sorgho, tandis qu'autour des grandes villes on fumait les terres pour y développer d'autres cultures plus spécialisées. Au XIXe siècle, ces zones furent étendues : elles attirèrent des immigrants et des villages d'esclaves y furent fondés car, bien que les paysans libres fussent sans doute restés majoritaires chez les cultivateurs, le califat de Sokoto fut la dernière grande société à reposer sur la main-d'œuvre servile. Les esclaves étaient bon marché – un dixième, peut-être, du prix qu'ils coûtaient en Afrique du Sud au XVIIIe siècle –, parce que la plupart étaient capturés chez les peuples non islamisés des alentours, à l'occasion des brutales razzias que les cavaliers du califat lançaient à chaque saison sèche. Dans leur grande majorité, ils étaient probablement regroupés dans des villages appartenant à des nobles foulbé ou des commerçants haoussa. Ils y vivaient en famille et cultivaient leurs propres parcelles, mais travaillaient également, sous la surveillance d'un contremaître, dans un champ collectif dont la récolte allait à leur maître citadin. On en trouvait aussi aux autres niveaux de cette société complexe : les hommes étaient porteurs, artisans, commerçants, domestiques, soldats, les femmes concubines. Certains vendaient leur force de travail et versaient à leur propriétaire une part de leurs revenus. D'autres facteurs accentuent encore le contraste entre l'esclavage domanial d'Afrique du Sud et celui du Sokoto : la proximité culturelle, dans cette région, entre maître et esclave, la plus grande facilité à s'évader, une loi islamique qui protégeait les droits des esclaves et considérait comme libres les enfants nés de père libre et de mère esclave, ainsi que la mentalité seigneuriale qui faisait des esclaves des partisans et non pas seulement des travailleurs. L'esclavage demeurait, certes, une institution cruelle qui pouvait infliger des châtiments féroces ; certains faisaient profession de capturer les fugitifs, et il existait plusieurs communautés « marrons ». Mais Sokoto fut une société plus complexe et mobile que Le Cap au XVIIIe siècle.

Chameaux, ânes et porteurs assuraient le transport du grain, des noix de kola, du sel et des tissus qui, avec le bétail et les esclaves, formaient les éléments d'un commerce de longue distance, lubrifié par des monnaies d'argent ou de cauris, et dirigé principalement par des diasporas de négociants résidents appartenant à la même ethnie : Haoussa à Tripoli et à Lagos, Nord-Africains à Kano et Borin. Le commerce transsaharien n'était que la partie la plus spectaculaire du système : il attirait le négoce intérieur de la savane, enrichissait notablement ses intermédiaires sahariens. Il survécut sans grands changements jusqu'aux débuts du XXe siècle. Il se mêlait au commerce intérieur dans les cités, en particulier à Kano, dont les vingt kilomètres de murailles d'argile rouge, d'une vingtaine de mètres de haut, protégeaient près de 50 000 habitants, sans compter les marchands de passage. Son gros avantage, expliquait l'un d'eux, était que « le commerce et la manufacture y vont main dans la main », car Kano et sa région étaient célèbres pour leurs tissus, notamment le *Yan-Kura*, luisant, bleu sombre, et teint à l'indigo. La position centrale qu'occupait la cité dans le « marché commun de Sokoto » fit de son industrie de finition textile la plus capitaliste d'Afrique ; des marchands achetaient du tissu pour le faire teindre dans leurs propres puits par des travailleurs salariés. Ces économies d'échelle permirent aux étoffes haoussa de ruiner l'industrie textile du Bornou, de monopoliser le marché de

Tombouctou, de supplanter celles fabriquées localement à plus de mille kilomètres de distance, et de se vendre aussi loin que l'Égypte et le Brésil. Les marchands de Zaria se servaient de jolies filles comme de mannequins itinérants. D'autres marchands haoussa remettaient les matières premières à des artisans et vendaient le produit fini. Certains porteurs, des citadins sans qualifications, des travailleurs agricoles itinérants travaillaient contre salaire, mais la plus grosse part du travail incombait aux esclaves, car il y avait encore suffisamment de terres pour les hommes libres. Le capitalisme fut donc retardé par le sous-peuplement, bien que le califat eût connu une importante croissance démographique au XIXe siècle. La seule famine sérieuse se produisit en 1855. Le lac Tchad atteignit en 1874 son niveau le plus élevé de l'époque moderne. La variole, au début des années 1820, et le choléra, à la fin des années 1860, sont les seules épidémies notables dont il soit fait état ; il n'est plus question de la peste. À dire vrai, la littérature médicale haoussa ne mentionne même plus la variole, bien qu'elle fût endémique dans le royaume voisin du Bornou. La guerre fut sans doute un obstacle à la croissance démographique, mais c'est probablement l'importation forcée en pays haoussa des gens des régions voisines réduits en esclavage qui fut le principal effet de la violence. Cette action renforça encore l'ancienne distribution, très inégale, des populations dans la savane. Le témoignage le plus frappant de cette croissance réside dans l'extension des cultures vers le nord, dans le Damergou, région sahélienne aujourd'hui au Niger, et située sur la route commerciale qui, partant de Kano, se dirigeait vers le nord jusqu'à Tripoli, qui, comme un voyageur l'écrivit en 1851, « semble être une terre commune, et où quiconque le désire, s'il est assez solide, vient s'établir [11] ».

L'ouest de la savane connut, lui aussi, deux *djihads* au XIXᵉ siècle, mais ils n'engendrèrent pas la même stabilité. Le premier, en 1818, se déroula dans le delta intérieur du Niger, jusque-là contrôlé par des chefs de clan païens foulbé, vassaux des souverains bambara de Ségou. Un religieux foulbé nommé Shehou Amadou Lobbo y créa une communauté de zélotes musulmans puis, après des affrontements avec les autorités, excita le ressentiment foulbé contre la domination des Bambara, et créa un califat installé dans une nouvelle capitale, Hamdallahi (« Gloire à Dieu »). Il s'agissait d'une théocratie gouvernée par un conseil de quarante religieux qui levait des impôts conformes au Coran, créa un système de charité et d'éducation gratuite, contraignit les pasteurs à se sédentariser, purgea Djenné et Tombouctou de leurs vices urbains, interdit la danse, le tabac et ne permit que les tenues les plus simples, tout en cherchant à imposer l'islam aux peuples voisins. Une telle rigueur devait quelque chose au zèle de Shehou Amadou, mais s'explique surtout par la pauvreté et l'ignorance d'une région pastorale, comme par l'austérité de la culture foulbé. En 1845, quand Shehou Amadou mourut, ses descendants se disputèrent le trône, et l'État était trop pauvre et trop isolé pour acquérir des armes à feu : il ne put donc résister, en 1862, à la conquête lancée par le chef d'un second *djihad*, Al-Hadj Umar Tal.

Celui-ci avait commencé dix ans plus tôt chez les Toucouleur, des Foulbé sédentarisés du Fouta-Toro, dans la vallée du Sénégal. Umar Tal était un érudit distingué qui avait passé plusieurs années en pèlerinage, avant de devenir le premier chef africain d'une fraternité nouvelle, la Tijaniyya, laquelle professait des révélations particulières venant s'ajouter à l'islam orthodoxe. Il prit pour cibles les royaumes militaires bambara qui, bien qu'éclectiques,

étaient considérés par les zélotes musulmans comme les
derniers grands États païens de la savane. L'armée toucouleur d'Umar conquit Kaarta en 1855, le Ségou en 1861,
et Hamdallahi (accusée d'être complice du précédent)
l'année suivante. « Il leur ordonna d'apporter leurs idoles,
et les brisa de sa propre main avec une masse de fer [12] »,
se souvenait-on à Kaarta, où les Toucouleur créèrent un
État islamique ; mais ils ne purent imposer leur pouvoir
à leurs autres conquêtes, en partie parce que la région
était instable depuis l'invasion marocaine, en partie parce
que le *djihad* n'y était pas une insurrection interne, mais
une invasion extérieure à laquelle les Bambara continuèrent à s'opposer. En 1864, après la mort d'Umar pendant une révolte, ses fils se partagèrent son royaume, et
la guerre se poursuivit jusqu'à ce que les Français
prennent le contrôle de la région dans les dix dernières
années du siècle. L'islam militant n'avait pas réussi à surmonter les forces centrifuges de la savane, alors que chez
les Haoussa il s'était fondu avec une société plus stable
pour créer l'État le plus impressionnant d'Afrique tropicale.

L'Afrique australe

Au début du XIXe siècle, les peuples africains d'Afrique
australe recoururent à deux stratégies pour essayer de surmonter la fragmentation et de créer des unités politiques
de plus grande ampleur. La plus dramatique fut utilisée,
au nord, par les peuples de langue nguni, dans la région
bien arrosée située entre le Drakensberg et la mer, qui
devint le Zoulouland. Les témoignages archéologiques
montrent, aux XVIIe et XVIIIe siècles, une prolifération
d'implantations qui supposent une croissance démogra-

phique, surtout dans les zones occidentales, plus pastorales et d'altitude plus élevée. Les généalogies royales suggèrent une prolifération analogue de petites chefferies reposant sur les liens de parenté. L'adoption du maïs a peut-être été un des facteurs de cette croissance, un autre étant l'abondance des précipitations révélée par les études dendrochronologiques. Sans doute assista-t-on à une concurrence croissante dans l'accès aux ressources, tandis que la rareté des terres vides empêchait les groupes dissidents de faire sécession. On ne saurait nier que, comme chez les Haoussa, la fragmentation politique de la région n'était pas compatible avec ses besoins économiques. Depuis le XVIᵉ siècle, les Nguni commerçaient à Delagoa Bay (aujourd'hui Maputo) avec les Européens, échangeant d'abord de l'ivoire, puis du bétail, contre, semble-t-il, du fer et du cuivre. Les lignages des chefs y virent peut-être des raisons supplémentaires d'étendre leurs territoires et d'imposer leur autorité à des voisins plus faibles, bien que les marchandises importées semblent avoir eu peu d'importance chez les Nguni. Dans les basses terres proches de la côte, plusieurs chefferies renforcèrent leurs capacités défensives en remplaçant l'initiation des jeunes, effectuée au niveau local, par des groupes d'âge constitués sur tout leur territoire, apparemment au XVIIIᵉ siècle, quand les Ndwandwe, les Ngwane, et les Mthethwa devinrent les groupes les plus puissants. Les rivalités s'aiguisèrent à mesure que la sécheresse frappait, en 1800-1803, 1812 et 1816-1818. Les traditions affirment que les conflits sur les terres des vallées provoquèrent une guerre de grande ampleur en 1817. Le vainqueur en fut Shaka, fils d'un chef mthethwa, qui intégra toute la région au sein de son royaume zoulou avant d'être assassiné en 1828.

Shaka était un homme de grande taille, jovial et brutal, dont la violence était déjà légendaire de son vivant. Comme Biton Kulibali au Ségou, il semble avoir exploité le ressentiment des célibataires, qui composèrent ses troupes et furent presque continuellement mobilisés pendant son règne de brève durée. Le combat d'homme à homme avec la lance était une tactique prisée depuis longtemps dans la région, mais Shaka en fit la forme prédominante du combat, et renforça à cet effet l'entraînement, la discipline et la mentalité militariste. Le royaume zoulou ne se réduisait pas, pour autant, à son armée. Des femmes jeunes continuèrent, comme avant, à épouser des hommes plus âgés, et les régiments furent divisés en compagnies basées chacune sur une chefferie, tandis que les Zoulous d'origine, et leurs plus proches alliés, formaient une aristocratie concentrant entre ses mains l'autorité militaire, politique et rituelle. Par la suite, des tensions entre l'autorité royale et les groupes sociaux qui lui étaient soumis devaient périodiquement refaire surface dans l'histoire zoulou, mais le royaume survécut, à la fois comme entité politique, et dans l'esprit de ses citoyens. Il fit la preuve que le militarisme pouvait vaincre la segmentation pour peu qu'on y mît le prix.

Après 1817, l'agitation qui régnait chez les Nguni poussa plusieurs groupes à chercher refuge au nord et à l'est. Les Ngwane, qui formaient déjà une importante chefferie, se déplacèrent ainsi vers le nord, absorbant d'autres groupes nguni et sotho, et créèrent le royaume Swazi, qui se militarisa vers le milieu du XIXᵉ siècle pour répondre aux agressions zoulou et afrikaner, mais ses institutions consultatives, d'origine sotho, lui assurèrent une remarquable stabilité. Un groupe ndwandwe dirigé par Soshangane s'installa dans le Mozambique actuel, et fonda le royaume Gaza en soumettant les Thonga et autres peuples voisins, dont il intégrait les jeunes hommes à ses régiments, tout en maintenant par ailleurs une séparation nette entre les souverains et leurs sujets. Un second groupe ndwandwe, appelé Ngoni, emprunta la même direction, mais se fragmenta pour créer plusieurs petits royaumes dans le centre et l'est de l'Afrique. Ils méprisaient les agriculteurs, établis là depuis longtemps et non militarisés, tandis que ceux-ci virent dans leurs conquérants des envahisseurs barbares. Des interactions complexes s'exercèrent pourtant entre eux, ainsi à l'ouest du lac Nyasa, les Ngoni, au cours des années 1860, créèrent quatre chefferies parmi les Chewa. Parmi ceux-ci, les jeunes admiraient la compétence militaire des nouveaux venus, ainsi que leurs danses, mais la société nyau, qui défendait les villageois chewa contre leurs souverains, résista au contrôle des Ngoni. Ceux-ci s'en prirent aux anciens autels que les Chewa consacraient à la pluie ; le seul résultat qu'ils obtinrent fut la fin de l'intercession médiumnique au profit de l'extension de la possession par les esprits puisque les souverains y devinrent aussi sensibles que leurs sujets. Comme les conquérants foulbé dans le pays haoussa, les Ngoni furent absorbés par une culture plus raffinée. « Nous les avons vaincus avec nos femmes », disaient les Chewa. Il en alla de même avec les Ndebele qui, fuyant Shaka, s'installèrent vers 1840 dans les riches pâturages du sud-ouest du Zimbabwe, où ils fondèrent un royaume qui absorba nombre d'autochtones shona. Immigrants, les Ndebele n'avaient pas de tombes royales sur lesquelles faire des sacrifices ; aussi, ils se rallièrent au culte de Mwari, le dieu des Shona, et se mirent à consulter leurs spécialistes des rites ou de la médecine. Ils conservèrent cependant leur langue et leur système militaire jusqu'à la conquête européenne.

À l'ouest du Drakensberg, les peuples Sotho-Tswana du *highveld* adoptèrent une autre stratégie pour surmonter la fragmentation. Au lieu d'essayer de restructurer les sociétés selon un modèle militaire, leurs chefs recoururent aux vieilles méthodes du pouvoir africain : médiation, compromis, mariages, redistribution, clientélisme. Ce qui s'expliquait essentiellement par le fait que le *highveld* bordait la colonie du Cap, qui en cas de guerre ne leur opposerait pas des guerriers armés de lances, mais des commandos mobiles de cavaliers armés. Les points d'eau étant par ailleurs plus rares que chez les Nguni, les implantations humaines étaient depuis longtemps plus concentrées, aussi les chefs disposaient-ils de plus de pouvoir. L'habituel processus de fragmentation se poursuivit cependant jusqu'au XVIIIe siècle, date à laquelle on vit apparaître des unités politiques de plus grandes dimensions, suite peut-être à une augmentation de la population. C'est en tout cas vers la fin de ce siècle que les Pedi de l'est du *highveld* édifièrent une chefferie qui survécut jusqu'en 1879 aux agressions blanches, grâce aux armes à feu que leur avaient procurées des travailleurs itinérants. Au XIXe siècle, plusieurs chefs tswana suivirent la même stratégie qu'ils financèrent par la vente des produits naturels du Kalahari, réduisant pour cela les chasseurs san à une dépendance servile. Le royaume le plus important de la région fut toutefois le Lesotho, créé par Moshoeshoe, petit chef sotho de la Caledon Valley. Dans les années 1820, la zone était dévastée par la sécheresse, les réfugiés nguni, et les incursions de cavaliers griqua armés : métis de Khoikhoi et d'Afrikaners, ils y lançaient des incursions pour se procurer des esclaves, de l'ivoire et du bétail. En 1824, Moshoeshoe réagit en édifiant à Thaba Bosiu une forteresse qui attira les réfugiés. Les missionnaires estimaient qu'en 1835 il régnait sur près de 25 000 per-

sonnes, et 80 000 en 1848. En 1904, la population du
Lesotho comptait 347 731 âmes [13]. Beaucoup s'établirent
sous l'autorité de leurs anciens chefs, qui étaient liés au
roi soit par des mariages, des prêts de bétail, des réunions
et des conseils, soit par des relations personnelles. Moshoeshoe, homme sagace, d'esprit ouvert, qui rejetait « le
mensonge de la sorcellerie », fit bon accueil en 1833 aux
missionnaires, afin de s'entourer de lettrés compétents et
de passer des alliances diplomatiques ; en 1852 il avait
sous ses ordres 6 000 « cavaliers bien armés ». Il ne put
pourtant trouver de solution durable au problème de la
segmentation. Il avait pensé créer une bureaucratie dirigée par ses fils, éduqués dans les missions, mais ils préférèrent devenir chefs provinciaux. Dans les années 1850,
il commença à craindre qu'à sa mort ils ne se livrent des
combats qui feraient éclater l'unité du royaume, bien
qu'en fait un protectorat britannique imposé en 1868 l'ait
préservée.

Les Sotho, eux non plus, ne parvinrent pas à sauver
leurs structures politiques quand un de leurs groupes, les
Kololo, partit vers le nord conquérir le royaume lozi, dans
la plaine inondable du Zambèze, en 1840. Contrairement
à des conquérants nguni tels que les Ndebele, ils cherchèrent à se concilier et à intégrer les chefs lozi par des
mariages et un clientélisme reposant sur le bétail. Mais,
comme ils étaient originaires du *highveld*, ils succom-
bèrent à la malaria qui sévissait dans la vallée. En 1864,
un prétendant lozi lança une insurrection au cours de
laquelle les Kololo survivants furent massacrés, puis il restaura l'ancien régime.

Ces événements découlaient aussi de l'occupation de
la colonie du Cap par les Britanniques en 1806. Soucieux
avant tout de protéger leurs routes maritimes, ils tolé-
rèrent d'abord sa société esclavagiste, mais s'efforcèrent

d'en stabiliser la frontière orientale, d'abord en y ramenant les Xhosa, qui retraversèrent la Fish River en 1812
puis en installant, en 1820, près de 5 000 colons britanniques dans la région, destinés à faire tampon. Cela ne
fit toutefois qu'accroître la demande de main-d'œuvre
africaine, déjà forte depuis l'abolition en 1807 des importations d'esclaves. Les Britanniques y firent face en intensifiant l'exploitation des Khoisan, qui perdirent encore
plus de terres et devinrent des serviteurs attachés à leurs
maîtres blancs, conformément au code Caledon de 1809.
Cette situation provoqua, chez les missionnaires anglais,
des protestations qui vinrent s'ajouter à leur campagne
contre l'esclavage, lequel fut définitivement aboli en
1838. La grande majorité des esclaves ainsi libérés (ils
étaient 39 021 en 1834) s'installa dans les villes ou autour
des missions, mais ils avaient peu de compétences en
dehors de l'agriculture, et les autorités s'abstinrent délibérément de leur distribuer des terres, si bien qu'en moins
de quatre ans la main-d'œuvre des domaines fut largement reconstituée, désormais liée par la pauvreté, les
dettes, l'alcoolisme, l'absence d'alternative, et la très
rigoureuse ordonnance de 1840 réglant les rapports entre
maîtres et serviteurs. L'esclavage fut remplacé par une
économie capitaliste en son fond : événement d'une
importance fondamentale, de même que la perpétuation
d'une main-d'œuvre noire semi-libre et peu qualifiée.
L'émancipation eut sans doute aussi pour effet d'aiguiser
les divisions raciales, qui se muèrent en des catégories
sociales. Les mariages interraciaux se firent plus rares. La
ségrégation urbaine, dont les Britanniques avaient été les
initiateurs dès 1828 dans la partie orientale de la colonie,
apparut également au Cap, où l'élite abandonna le centre
de la ville, tandis que la classe ouvrière se rassemblait en
sous-groupes sociaux et raciaux.

L'émancipation eut aussi d'importantes conséquences sur la frontière. Les pionniers afrikaners y employaient des travailleurs bantouophones depuis les années 1770. Ils devinrent plus nombreux encore après 1834-1835, quand une nouvelle guerre permit aux colons de capturer des milliers de « Mfengu » (essentiellement xhosa). Toutefois, les Britanniques interdirent alors de s'approprier désormais des terres appartenant aux xhosa ; la libération des Khoisan et des esclaves, les tentatives visant à renforcer l'égalité devant la loi, et l'insuffisance de leur propre protection armée, convainquirent les Afrikaners que les Noirs « se voyaient placés sur un pied d'égalité avec les chrétiens, contrairement aux lois de Dieu et à la distinction naturelle entre la race et la religion [14] ». Entre 1834 et 1840, plusieurs milliers de Blancs partirent donc vers le nord. Il s'agissait essentiellement de Trekboers pauvres en quête de terres, fréquemment dirigés par des notables spéculateurs (et souvent en faillite) qui s'étaient créés une réputation d'hommes à poigne. Certains s'y infiltrèrent en traversant la Cross River, mais la grande majorité du *Great Trek* longea le Lesotho à l'ouest avant de prendre la direction de l'est et de franchir le Drakensberg pour arriver au Natal où, en 1838, leurs fusils l'emportèrent sur les lances des Zoulous. Les vainqueurs proclamèrent la République de Natalia, mais les Britanniques leur imposèrent un protectorat en 1843, et la grande majorité des Trekkers s'en revint au Transvaal.

Le *Great Trek* mit les Afrikaners à l'abri d'une anglicisation rampante ; ils se rendirent compte cependant, comme Moshoeshoe avant eux, qu'édifier un État dans le *highveld* n'allait pas sans difficultés. En 1870, leurs deux républiques ne comptaient que 45 000 Blancs environ. Toutes deux furent d'abord des confédérations de groupes de parenté. L'État libre d'Orange fut le premier à se consolider ; il se libéra en 1854 de l'intervention britannique, annexa la moitié du Lesotho au cours des quatorze années suivantes, marquées par des guerres sporadiques, et se stabilisa à partir de 1864, sous la présidence de J. H. Brand, grâce aux exportations de laine. Au début du XXe siècle, seuls 17 000 Africains y possédaient des terres, regroupées sur trois petites réserves. 200 000 autres vivaient dans des fermes blanches, où ils travaillaient comme métayers ou ouvriers agricoles. Le Transvaal, plus éloigné, connut davantage de turbulences. Entre 1845 et 1864, il fut le théâtre de dix confrontations armées entre groupes de colons. Une constitution rédigée en 1858 définit un ordre social marqué par une ségrégation plus rigide que celle qui avait existé sur la frontière, mais il n'y eut guère de gestion d'État effective avant qu'une occupation britannique temporaire, en 1877-1881, n'ait provoqué une résistance relativement unie. Cette intervention transforma également les rapports du Transvaal avec les Africains. Au départ, des groupes dispersés d'Afrikaners lançaient des razzias sur les groupes les plus faibles en quête d'« apprentis », mais ils n'étaient pas assez forts pour vaincre des peuples importants tels que les Pedi. Les Britanniques s'en chargèrent pour eux en 1879, ce qui permit aux Afrikaners d'achever l'occupation du *highveld*, de repousser les Noirs dans le *lowveld*, et de substituer aux « apprentis » des travailleurs « libres ». En 1904, sur 921 000 Africains vivant au Transvaal, 130 000 possédaient des terres, 303 000 occupaient des terres d'État, et 488 000 travaillaient sur des terres blanches.

Les deux colonies britanniques d'Afrique du Sud prirent également forme vers le milieu du XIXe siècle. Le Natal, annexé en 1845, comptait en 1871 près de 17 886 colons blancs, entre 300 000 et 350 000 Africains, et 5 070 Indiens. Comme les Africains avaient encore suffisamment d'indépendance pour refuser d'être employés, sous contrat, surtout dans les plantations de canne à sucre, des Indiens furent amenés à partir de 1860 pour y travailler (ils étaient 152 184 en 1911). Si les Africains pouvaient théoriquement se voir reconnaître le droit de voter au même titre que les Blancs à l'élection du Conseil législatif créé en 1856, ils ne furent que trois à s'y risquer. Inversement, dans la colonie du Cap, fut créé en 1853 un gouvernement représentatif où les conditions d'acquisition du droit de vote étaient assez larges pour permettre aux Africains, en 1886, de représenter 43 % des électeurs dans six circonscriptions de l'est. C'était le premier aspect du « libéralisme du Cap » mis en œuvre par les autorités britanniques jusqu'à ce qu'en 1872 la colonie ne se voit dotée d'un gouvernement autonome. Le deuxième était l'égalité devant la loi, le troisième une économie où régnait la liberté des marchés – qui à partir des années 1840 reposa sur les moutons paissant sur les pâtures sèches de l'est du Cap et dans le Karoo – le quatrième le commerce avec les Africains sur la frontière de l'est ; en 1875, on estimait qu'il atteignait 750 000 livres par an, ce qui faisait des négociants locaux les principaux défenseurs de ce libéralisme.

La stratégie d'assimilation menée au Cap donna un rôle central aux missionnaires chrétiens. Des Moraves avaient prêché chez les Khoisan depuis 1737 ; en 1823 des Wesleyens s'installèrent chez les Xhosa. À cette époque, des membres de la Société missionnaire de Londres avaient pénétré très loin dans l'intérieur : en 1816, ils étaient installés à Kuruman, chez les Tswana du sud, puis en 1859 ils avaient franchi le Limpopo pour entrer en territoire ndebele. En 1833, Moshoeshoe fit bon accueil à des missionnaires protestants français, qui plus tard parvinrent aussi dans le royaume lozi. C'est en

1852 que commença la pénétration catholique, tandis que des presbytériens écossais atteignaient le lac Nyasa en 1875. Tous ces missionnaires, œuvrant dans une société de colons victorienne, et souvent anciens artisans ou intellectuels plus ou moins autodidactes, étaient persuadés que les Africains adopteraient mieux le christianisme s'il leur était présenté comme élément d'un ensemble culturel plus large, rassemblant l'écriture, la technologie, l'habillement et les pratiques sociales de l'Europe, et abandonneraient du même coup leurs croyances et leurs structures familiales africaines. Comme l'écrivit l'un d'entre eux : « La civilisation est à la religion chrétienne ce que le corps est à l'âme [15]. » Les Africains étaient d'accord sur ce point : ils attendaient de la religion qu'elle procure des bénéfices matériels, et saisissaient généralement avec empressement les opportunités de commercer, d'acquérir des compétences, des armes à feu, des chevaux et de passer des alliances politiques sans tenir compte de la frontière qui les séparait des Blancs. Certains de leurs souverains prirent l'initiative : Moshoeshoe envoya un émissaire, et cent têtes de bétail, en vue de se procurer un missionnaire, qu'il chargea aussitôt d'éduquer les princes. Chez les Ngwato, sous-branche des Tswana, le jeune Khana recourut à ses amis chrétiens pour s'emparer en 1875 du trône de son père, et régna au cours des vingt-huit années suivantes en modèle de modernisateur chrétien, encourageant le commerce et l'éducation, s'opposant aux cérémonies indigènes, interdisant l'importation d'alcool et la vente de terres ; il se servit des missionnaires à la fois comme spécialistes des rituels et comme intermédiaires auprès des Britanniques, afin de se protéger des agressions afrikaners. Les rois zoulous, en revanche, interdirent le christianisme à leur cour et dans leurs armées, et l'incapacité des missionnaires à convertir, en vingt-deux ans, un seul Ndebele dut beaucoup à la « vigueur aborigène » de cette société. Toutefois, comme en Afrique occidentale, les souverains préféraient généralement « écouter les missionnaires d'une oreille et la tradition de l'autre ». La plupart des premiers convertis venaient de groupes menacés en quête de protection, comme parmi les sujets des royaumes ngoni du Malawi, ou bien il s'agissait d'individus marginalisés, en particulier les femmes dans les sociétés patriarcales d'Afrique australe, et de victimes de l'esclavage en Afrique centrale. Ce fait, ajouté à l'hostilité des missionnaires aux coutumes locales, et aux rapports évidents du christianisme avec l'expansion des Blancs, nourrit de profonds antagonismes entre ceux qui rejetaient et ceux qui acceptaient la nouvelle religion – entre « Rouge » et « École » comme on disait en Afrique du Sud (« Rouge » renvoyant à l'usage de l'ocre rouge à des fins cosmétiques). Les deux communautés vivaient souvent séparément. En 1841 s'ouvrit à Lovedale, dans la partie est de la colonie du Cap, la première grande école missionnaire. Au cours du demi-siècle qui suivit, elle devait offrir une éducation secondaire à plus de 2 000 Africains, dont de nombreux pasteurs – le premier, Tiyo Soga, fut ordonné en 1856.

En Afrique australe, de nombreux Africains accueillirent le christianisme avec leur éclectisme coutumier, cherchant à en adopter les aspects qui pourraient préserver et renforcer leur propre culture. Les Xhosa tentèrent ainsi d'assimiler des idées chrétiennes dans leur cosmologie, tout comme ils y avaient autrefois mêlé des idées khoisan. D'autres, cependant, comme en Afrique occidentale, intégrèrent à la fois l'ancien et le nouveau en identifiant les pratiques religieuses autochtones au mal, tel que le définissait le christianisme. L'enseignement des missionnaires encourageait cette attitude, comme le fait que certaines idées chrétiennes avaient des implications radicales, en particulier celles qui touchaient à l'eschatologie. On le vit bien en 1857, époque d'expansion blanche et de maladie du bétail : des prophètes persuadèrent nombre de Xhosa de tuer leurs bêtes et de renoncer à l'agriculture, arguant que leurs ancêtres renaîtraient avec du meilleur bétail, et repousseraient les Européens jusqu'à la mer. On estime qu'un tiers des Xhosa mourut ; le gouvernement du Cap saisit l'occasion de détruire leur société, s'empara de plus de la moitié de leurs terres, et admit au moins 22 150 d'entre eux, pour qu'ils viennent travailler dans la colonie.

Cette crise survint après une période de médiocre croissance démographique en Afrique australe. Cette croissance faible, sinon nulle, s'expliquait par la conjonction de guerres très fréquentes et du cycle habituel de sécheresse et d'humidité. Une crise encore plus grave se produisit en 1860-1863 : toute la région subit la pire sécheresse de son histoire, qui coïncida avec la plus grave épidémie de variole et de rougeole du siècle. La mortalité fut particulièrement redoutable dans le Malawi, suite aux nombreuses razzias d'esclaves. Pour la première fois, les Blancs se rendirent compte de la dégradation de leurs pâturages, mais ils l'attribuèrent, à tort, à la sécheresse, et non à leur propre action. L'érosion était particulièrement critique au Lesotho où la perte de terres et l'affluence de population ne furent que partiellement compensées par la colonisation de zones montagneuses, et l'extermination des San qui y vivaient. Toutefois, après cette catastrophe, la population africaine d'Afrique australe (mais pas centrale) dut sans doute croître de manière importante, à en juger par la grande proportion d'enfants dans les recensements de la fin du XIXᵉ siècle. Il se peut que cette croissance ait été stimulée par la vaccination contre la variole, la raréfaction des famines, l'amélioration du système de transport, l'apparition d'emplois salariés et, plus générale-ment, par l'expansion économique que connut cette période.

L'accès à de nouveaux marchés, et aux techniques agri-coles des Blancs, fut une des sources de la prospérité afri-caine – en particulier la charrue tirée par des bœufs, introduite par les missionnaires. De rares Khoikhoi en bénéficièrent dès les années 1820, les « Mfengu » dans les années 1830, les Sotho à partir de 1850, et les Xhosa après les abattages de bétail de 1857. Dans les années 1880, on comptait dans la colonie du Cap entre 1 000 et 2 000 fermiers noirs, dont certains possédaient plus de 1 200 hectares de terre et 200 têtes de bétail, utilisaient la charrue et des chariots, et discutaient du « problème des serviteurs » avec autant de prolixité que leurs voisins blancs. Pendant la seconde moitié du siècle, dans toute l'Afrique australe, des fermiers africains ouverts aux idées modernes adoptèrent les techniques nouvelles et culti-vèrent des étendues de terres de plus en plus vastes, ce qui se traduisit par une charge de travail plus lourde pour les femmes.

L'agriculture commerciale fut très fortement stimulée par la création d'un marché urbain suite à la découverte de diamants en 1867 à Kimberley, sur la frontière nord. Les revenus ainsi dégagés permirent au Cap d'assumer en 1872 le coût d'un gouvernement autonome. Au cours des treize années qui suivirent, il emprunta plus de 20 mil-lions de livres, avant tout pour construire 2 500 kilo-mètres de voies ferrées à l'intérieur des terres. N'étant plus soumis au libéralisme à la britannique, il imposa la ségrégation plus stricte que réclamaient ses électeurs blancs, et l'étendit aux hôpitaux, aux prisons, aux terrains de sport, et à de nombreuses églises et écoles. En 1901,

pendant une épidémie, les Africains du Cap furent
conduits, baïonnette dans le dos, en dehors de la ville,
jusqu'à un endroit où régnait la ségrégation. Les lois électorales du Cap furent amendées pour exclure les Noirs
des territoires conquis à la frontière orientale. Les Afrikaners commencèrent à s'agiter. En 1879-1880 ils créèrent
l'Afrikaner Bond, qui devint le parti dominant de la colonie et se gagna des partisans dans les républiques qu'ils
dominaient, où l'on était scandalisé, en 1877, de
l'annexion du Transvaal par les Britanniques, qui songeaient à créer une Confédération sud-africaine sous la
direction du Cap. La solidarité politique des Afrikaners
se dissipa après l'abandon de ce projet en 1881, mais une
identité culturelle commença à prendre forme autour de
l'afrikaans, jusque-là simple rassemblement de dialectes
locaux parlés par les Afrikaners pauvres et les métis, mais
dont, après 1875, des intellectuels nationalistes firent une
langue écrite. Les troupes de l'Empire britannique, pour
soutenir ce projet avorté de confédération, conquirent
quant à elles, en 1878-1879, les Pedi, les Zoulous et ce
qui restait des Xhosa, imposant enfin un pouvoir blanc
absolu à toute l'Afrique du Sud.

L'exploitation des diamants, comme l'émancipation
des esclaves, durcit l'ordre social du pays plus qu'il ne le
transforma. Les premières découvertes faites en surface à
Kimberley attirèrent de nombreux petits prospecteurs
(dont certains Noirs) et des travailleurs (dont certains
Blancs). Toutefois, à mesure que les fouilles se faisaient
plus profondes, les concessions minières furent regroupées, et des prospecteurs blancs évincèrent leurs concurrents noirs indépendants : le dernier d'entre eux, le
révérend Gwayl Tyamzashe, quitta les lieux en 1883.
Cinq ans plus tard, presque tous les terrains diamantifères
de Kimberley étaient contrôlés par la De Beers, société

créée en commun par des financiers européens (dont les Rotschild), Cecil Rhodes et Alfred Beit, le plus important acheteur de diamants du monde. En 1885, elle entreprit l'exploitation à grande profondeur, recourant à des contremaîtres blancs pour superviser des travailleurs noirs migrants logés dans des quartiers fermés – littéralement, d'immenses cages de fer – afin d'empêcher les vols et d'intensifier le contrôle de la main-d'œuvre. Les travailleurs blancs refusèrent victorieusement de subir le même traitement. Au Cap, les Blancs gagnaient depuis longtemps plus que les Noirs à travail égal – deux fois plus dans la construction de chemins de fer, par exemple. À Kimberley, dans les années 1880, ce rapport n'était plus du simple au double mais de un à cinq, les Blancs monopolisant les emplois de maîtrise ou qualifiés. Les travailleurs noirs étaient, quant à eux, des migrants à court terme, méthode adoptée dans les fermes de la colonie dès le début du XIXᵉ siècle. À Kimberley, les premiers d'entre eux furent pour moitié des Pedi, venus du Transvaal – souvent de très jeunes hommes envoyés en groupe par les chefs pour gagner de quoi se procurer des armes. Dès 1877, il en arrivait d'autres d'endroits aussi éloignés que le Zimbabwe. Ce système fut appliqué au Witwatersrand quand l'exploitation de l'or y commença en 1886.

L'Afrique orientale

En Afrique orientale, l'intérieur des terres fut l'une des régions les plus isolées du continent jusqu'au XVIIIᵉ siècle, quand elle fut attirée dans l'économie mondiale par le biais du commerce de longue distance. Il offrait des occasions nouvelles de surmonter la fragmentation politique, mais menaçait également les structures existantes, et la maîtrise de la nature à laquelle elles étaient parvenues. Des changements qui, en Afrique occidentale, avaient pris des siècles s'étalèrent ici sur quelques décennies ; mais, venus de l'extérieur ils ne représentèrent qu'un aspect des choses pendant cette période. Les changements intérieurs en furent un second, et la continuité un troisième.

Le sud de la région exportait de l'ivoire et de l'or depuis près d'un millénaire ; au XVIIIᵉ siècle, le Mozambique devint également une importante source d'esclaves, d'abord pour les plantations des îles françaises de l'océan Indien, puis pour les Amériques, et enfin, dans les années 1820, pour le royaume Imerina de Madagascar. De nombreux esclaves venaient des *prazos* de la vallée du Zambèze, ou des raids organisés par ceux-ci parmi les peuples voisins, ce qui bouleversa tout particulièrement les chefferies du Maravi. Plus au nord, les commerçants yao contrôlaient, depuis le XVIIᵉ siècle, une route conduisant de Kilwa jusqu'au lac Nyasa et au royaume du Kazembe, sur le Luapula, d'abord pour l'exportation de l'ivoire puis, de plus en plus, pour la traite. Plus au nord encore, l'arrivée au XVIIIᵉ siècle de commerçants nyamwezi, venus de l'ouest de la Tanzanie, dans la région du lac Nyasa, coïncida sans doute avec l'ouverture d'une route commerciale menant vers la côte, juste en face de l'île de Zanzibar. Celle-ci prospéra dans les années 1770 [16], et prit encore plus d'importance pendant la décennie suivante quand des négociants italiens, fuyant l'oppression portugaise au Mozambique, vinrent s'y réfugier.

C'est probablement cette prospérité qui amena les souverains d'Oman, dans le golfe Persique, à exercer réellement la suzeraineté nominale qu'ils affirmaient posséder sur la côte depuis qu'ils y avaient mené en 1698 l'opposition aux Portugais. Ils prirent le contrôle de Kilwa en

1785, créèrent une administration plus efficace à Zanzibar en 1800, où, quarante ans plus tard, ils installèrent leur capitale – le tout en dépit de la résistance des notables de la côte, de langue swahili. La domination des Omanis fut assez légère ; ils se préoccupaient essentiellement de diriger le commerce vers Zanzibar : à l'intérieur des terres, ils n'exercèrent longtemps qu'une influence lointaine. Les villes côtières se peuplèrent d'esclaves, d'immigrants. La culture swahili connut une arabisation considérable. Les commerçants, financés par des créditeurs indiens, menaient vers l'intérieur des caravanes de porteurs (la mouche tsé-tsé interdisait tout recours au transport animal). À la fin du XIXᵉ siècle, près de 120 000 hommes empruntaient chaque année l'itinéraire menant de Bagamoyo (en face de Zanzibar) au pays des Nyamwezi. L'ivoire était le principal produit d'exportation : son prix sans cesse croissant poussa les négociants toujours plus à l'intérieur des terres. Vers le milieu du siècle, elle fut concurrencée par les esclaves : ils étaient 50 000 (Mozambique compris) à quitter chaque année le continent, soit beaucoup moins que ceux d'Afrique occidentale à l'apogée de la traite et sur une période bien plus courte, mais ils étaient ponctionnés sur une population de départ plus réduite [17]. Les tissus constituaient le principal produit d'importation : leurs prix baissaient sans arrêt, grâce aux techniques industrielles, ce qui alimentait tout le système commercial. Les armes à feu vinrent s'y ajouter vers le milieu du XIXᵉ siècle, portant les importations, dans les années 1880, à près de 100 000 fusils par an. L'île de Zanzibar, capitale et centre commercial, devint également une colonie semée de plantations, où des esclaves – qui représentaient peut-être la moitié de ses 200 000 habitants vers 1850 – cultivaient le clou de girofle à l'intention du marché mondial.

Le système commercial changea à mesure que ses routes pénétraient plus profondément à l'intérieur des terres. La route du nord, partie de Mombasa, ouverte au XVIIIᵉ siècle et longtemps contrôlée par un peuple local, les Kamba, fut accaparée au milieu du XIXᵉ siècle par des commerçants de la côte, qui disposaient de plus de ressources et d'armes. Ils défièrent également le contrôle que les Nyamwezi exerçaient sur la route centrale venue de Bagamoyo : ils atteignirent le Buganda dans les années 1850, traversèrent le lac Tanganyika au cours de la décennie suivante, pour pénétrer la forêt congolaise où, disait Livingstone, « l'ivoire est aussi abondante que l'herbe », ainsi que les royaumes luba et nyoro, où ils se heurtèrent à des rivaux venus de Luanda et de Khartoum. La concurrence devint toujours plus vive et violente : d'une part, esclaves et armes à feu étaient toujours plus concentrés, d'autre part, tuer les éléphants ne laissait aux Africains que peu de choses à vendre, et les condamnait donc à rançonner les marchands de passage. Ceux-ci répliquèrent en recourant à de véritables troupes d'esclaves armés de fusils en vue d'exercer un pouvoir territorial, notamment autour des lacs Tanganyika et Nyasa. Vers la fin du siècle dernier, l'Afrique orientale entra donc dans une spirale de violence : c'était vraiment, comme le disait Livingstone, une plaie ouverte au cœur du monde.

Le commerce avait souvent offert aux Africains un moyen de surmonter la fragmentation et de créer des unités politiques de plus grande ampleur. Cela se produisit à l'est du continent pendant le XIXᵉ siècle, en particulier chez des marchands tels que les Nyamwezi et les Yao, qui édifièrent des chefferies mercantilistes semblables à celles de l'Afrique occidentale au siècle précédent. Au cours des années 1860, un commerçant nyamwezi nommé Msiri, soutenu par une troupe d'hommes armés, en créa une dans le Shaba, là où avait autrefois prospéré la culture sanga. Chez les Nyamwezi proprement dits, son contemporain le plus puissant fut Mirambo (« Cadavres »), d'abord petit chef local, puis commerçant très actif, dont l'État, assez vaste mais éphémère, reposait sur les *ruga-ruga*, jeunes mercenaires armés assez semblables aux jeunes guerriers du pays yoruba. À la même époque, les plus importants négociants yao se créaient une clientèle en ayant de nombreux enfants d'épouses esclaves – seul moyen disponible dans une société matrilinéaire – qui serviraient de noyaux de chefferies territoriales. Pourtant le commerce pouvait également ébranler des unités politiques reposant sur des principes plus anciens, comme le Kono, l'Oyo et le Maravi s'en étaient rendu compte. En ce domaine, deux exemples d'Afrique orientale sont particulièrement révélateurs. L'un est le royaume luba, dans la région du Shaba, qui se désintégra dans les années 1870, quand des commerçants venus de la côte firent intervenir leurs fusils pour régler un conflit de succession. L'autre est le royaume shambaa qui était situé au nord-est de la Tanzanie moderne. Son souverain, qui vivait au fond des montagnes et dont le pouvoir reposait essentiellement sur le rituel, n'avait que peu de contacts avec les marchands, qui fournissaient armes à feu et marchandises aux chefs installés sur la frontière, qui étaient les fils du roi. Quand il mourut en 1862, ils se disputèrent le trône et fragmentèrent l'État.

Que le commerce ait encouragé la consolidation ou la fragmentation, il faisait de la richesse et de la force militaire des sources de pouvoir rivalisant avec les vieux principes de pouvoir héréditaire et rituel. Il permit également au mérite de défier la naissance en tant que critère d'accès à certaines fonctions. Des processus similaires se déroulaient partout ailleurs, du Maroc au pays zoulou. Les nouveaux principes ne remplaçaient pas les anciens ; le conflit, comme dans le royaume shambaa, se soldait plutôt par une désintégration, aucun des deux camps ne pouvant l'emporter parce que aucun ne contrôlait à la fois la pluie et les armes à feu ; ou bien un souverain s'assurait la possession de l'un et l'autre et il s'ensuivait une consolidation, comme pour Mirambo, à la fois chef héréditaire et commandant de *rugaruga*. Le nouveau ne supplantait pas l'ancien : il y avait des interactions, des conflits, et parfois des synthèses menant à un ordre politique neuf.

La région des Grands lacs est la meilleure illustration de ces dynamiques. Au XVIIIe siècle, et au début du XIXe, l'ancien royaume du Bunyoro s'était fragmenté, ses provinces extérieures tombant sous la coupe du Buganda, ou gagnant leur indépendance, tandis que le cœur du royaume restait dominé par des chefs héréditaires et des membres du clan royal. Toutefois, quand des commerçants venus de Khartoum atteignirent le Bunyoro dans les années 1806, suivis en 1877 par ceux de Zanzibar, le souverain réagit en créant une armée de mercenaires dotés de fusils, réaffirma son autorité sur les chefs, reconquérit les provinces qui avaient fait sécession, repoussa une tentative d'annexion égyptienne et, en 1886, défit les lanciers du Buganda. En termes de consolidation politique, le Bunyoro fut donc, en Afrique orientale, le principal bénéficiaire du commerce.

Inversement, cette ouverture au monde extérieur valut au Buganda de se désintégrer après deux siècles de prospérité. Vers le milieu du XIXe siècle, ses rois avaient utilisé les ressources tirées de leur expansion territoriale en faveur d'une exceptionnelle concentration de pouvoir ; il régnait à la cour une intense concurrence. Quand, vers 1852, survinrent des commerçants venus de la côte, elle fit bon accueil non seulement aux tissus et aux armes à feu mais aussi à l'islam, contrairement à ce qui s'était passé en Afrique occidentale où il ne s'était infiltré que lentement. Homme de grand talent, Kabaka Mutesa (1856-1884) y vit une religion d'État potentielle, qui lui permettrait de supplanter les invocateurs d'esprits liés aux clans ; il lui fallut pourtant, dès 1876, faire exécuter de jeunes courtisans, pour avoir défié son autorité en se réclamant de l'islam. Un an plus tard arrivèrent des missionnaires anglicans, suivis en 1879 de Pères blancs catholiques. En Afrique de l'Est, leurs confrères avaient recruté des convertis avant tout dans des populations marginalisées ; au Buganda, leur enseignement resta confiné à la cour. Mutesa refusa de devenir chrétien, car il cherchait à patronner toutes les religions, mais chez les courtisans de jeunes ambitieux accueillirent avec empressement l'alphabétisation, l'éducation et le soutien moral que proposaient les missionnaires. En 1884, quand Mutesa mourut, ces forces novatrices se mêlèrent aux conflits de factions et de générations coutumiers à chaque succession. Le jeune Kabaka Mwanga découvrit que ses pages étaient plus fidèles au christianisme qu'à lui-même. Il en fit exécuter quarante-deux – les « Martyrs de l'Ouganda », ultérieurement canonisés – puis arma les survivants, ainsi que des musulmans et certains traditionalistes, pour former des régiments armés sur le modèle nyoro, comptant grâce à eux asseoir son autorité sur les chefs de son père. Mais ceux-ci les dressèrent contre lui, le déposèrent en 1888, puis s'affrontèrent entre eux. En 1890, quand des troupes britanniques parvinrent au Buganda, quatre armées – catholique, protestante, musulmane et traditionaliste – contrôlaient chacune une partie du royaume. L'interaction de l'ancien et du nouveau avait menacé le pays de désintégration. Toutefois, elle fit également émerger de jeunes dirigeants courageux et novateurs, qui devaient mener le royaume à la réussite pendant la période coloniale.

Cette façon de rendre compte des réactions aux pressions extérieures est pourtant trompeuse, pour deux raisons. En premier lieu, elle néglige les changements purement endogènes. Il était possible de rejeter le commerce de longue distance et de lui fermer ses frontières. C'est ce que fit le Rwanda, le royaume le plus peuplé et le plus puissant de la région, jusqu'à la fin du XIXe siècle. En 1878, un seul « Arabe » pouvait se flatter d'y être entré. Le commerce s'accrut quelque peu par la suite, mais il se produisait déjà des changements purement intérieurs, car la domination tutsi, qui avait commencé à prendre forme au XVIIIe siècle, se cristallisa sous le règne de Kigeri Rwabugiri. Croissance démographique et colonisation agricole provoquèrent une concurrence pour les terres qui brisa la solidarité des clans de cultivateurs hutu. Dans le même temps, et malgré la résistance locale, les armées tutsi étendirent le royaume dans toutes les directions, contraignant les Hutu à payer tribut, en nature et en corvées, en échange de terres. Le Burundi, par ailleurs hostile aux commerçants venus de la côte, accrut donc largement sa population et son territoire, comme le tribut extorqué aux cultivateurs. Mais le royaume était moins rapace que le Rwanda, et moins stable, car la guerre civile y fut endémique pendant la fin du XIXe siècle, et sur ses frontières les chefs étaient presque autonomes.

Une seconde raison de ne pas surévaluer l'impact du commerce de longue distance est que d'autres intrus provoquèrent, eux aussi, des changements. Dans le sud, pendant les années 1840, des réfugiés ngoni militarisés, venus du Zoulouland, s'installèrent au nord-est du lac Nyasa, obligeant les peuples voisins à s'organiser pour résister, en particulier les Hebe des hautes terres du sud de la Tanzanie moderne, dont la puissante chefferie et l'armée de sujets munis de lances émergèrent dans les années 1860. Dans le nord, les pasteurs masai jouèrent le même rôle que les Ngoni. Après avoir pris le contrôle de la vallée du Rift, ils passèrent une bonne partie du XIXᵉ siècle à se combattre entre eux. Les perdants lancèrent des razzias sur les agriculteurs qui les entouraient. Ceux-ci réagirent en adoptant souvent la culture militaire masai, et son organisation en groupes d'âge, puis vers la fin du siècle les armes à feu.

Les échanges et la mobilité nourrirent des changements culturels. Les Yao, qui avaient une longue expérience du commerce, furent les plus réceptifs à la culture de la côte ; à la fin du XIXᵉ siècle, leurs chefs adoptèrent l'islam et édifièrent des capitales dans le style côtier, tandis que leurs enfants jouaient au jeu des commerçants et des esclaves, dans lequel le perdant « mourait en route », tous comme les petits garçons, partout ou presque, fabriquaient des fusils de bois. L'islam se répandit aussi dans l'hinterland de la côte, où de jeunes hommes en pleine ascension sociale s'y convertirent pour se libérer des contraintes sociales. À l'intérieur des terres, il gagna de nombreux adeptes au Buganda, mais il n'y eut ailleurs que des conversions isolées, bien que la magie et la médecine islamiques aient été très demandées. Le swahili devint la langue de communication avec les marchands venus de la côte, même si dans certaines régions isolées « swahili » avait des sous-entendus de corruption et de maladie. Il y eut beaucoup d'échanges musicaux : les Chagga empruntèrent les danses des Masai, et les Ganda les instruments des Soga. Il en alla de même pour les pratiques religieuses. Il se pourrait que l'insécurité ait provoqué une multiplication des accusations de sorcellerie, surtout là où les sorcières pouvaient être vendues ; en tout cas, le recours à l'ordalie par le poison *mwavi* se diffusa largement comme méthode d'identification. Des meilleures communications permirent aux faiseurs de pluie et aux spécialistes rituels d'accroître leur réputation. Les cultes de possession des esprits furent particulièrement sensibles aux changements. Les sujets de Msiri introduisirent au Shaba le vieux culte chwezi, un *nouveau* culte de Nyabingi mena la résistance contre l'expansion rwandaise, et les peuples de la côte introduisirent dans leur panthéon des esprits arabes, européens, ou venus d'autres régions d'Afrique. De nombreux cultes des esprits s'adressaient tout particulièrement aux femmes ; leur fardeau s'accrut sans doute à mesure que les hommes prenaient les armes, tandis que leurs témoignages montrent qu'elles gagnèrent peu de choses au commerce de longue distance, mais furent victimes de violences, cela renforça un souci de sécurité et de protection, ainsi qu'un sens élémentaire de la famille qui pourrait le leur assurer.

L'impact économique du système commercial différait selon l'époque et le lieu. Les razzias d'esclaves furent les plus destructrices dans les régions densément peuplées mais sans État autour du lac Nyasa, ou à l'ouest du lac Tanganyika, où même Livingstone, qui avait vu beaucoup de choses, eut « l'impression d'être en enfer[18] ». Les armées ganda provoquèrent des désordres semblables au Busoga. Le commerce de longue distance eut toutefois des effets bénéfiques. Il stimula la spécialisation, provoquant l'apparition de négociants, de chasseurs, de soldats, de porteurs de caravanes, et de citadins. Il élargit le marché du fer de production locale, bien que la concurrence des tissus importés ait détruit la plus grosse part de la production textile d'Afrique orientale. Les caravanes stimulèrent les marchés, les systèmes de commerce régionaux et la vente de produits alimentaires, à la fois sur la côte, pour approvisionner Zanzibar et l'Arabie, et le long des itinéraires commerciaux, pour nourrir les caravanes, si bien qu'en 1890 un officier britannique put acheter, en quelques jours, dix tonnes de nourriture dans le sud du pays des Kikuyu. Les esclaves assuraient une partie de la production : les sociétés de l'intérieur qui avaient, jusque-là, incorporé les captifs et les pauvres dans ce but, se mirent à acheter de la main-d'œuvre servile pour travailler dans les champs, surtout à partir de 1873, où l'interdiction d'exporter des esclaves fit sensiblement baisser leur prix local. Parmi les plantes cultivées, le maïs, qui s'adaptait particulièrement bien aux conditions climatiques d'Afrique orientale, se répandit à l'intérieur des terres en suivant les routes commerciales ; il atteignit le Buganda en 1862 et fut suivi du manioc et du riz. Du bétail parti du lac Victoria était vendu sur la côte, à mille kilomètres de là. Les économies de la région furent ainsi restructurées autour de Zanzibar et de son commerce, comme celles d'Afrique australe autour de l'industrie minière. Toutefois, le trafic de l'ivoire et des esclaves ne survécut pas au XXe siècle : l'Afrique orientale connut une brutale rupture économique. La croissance enregistrée au siècle précédent se révéla être une forme vicieuse de sous-développement, « un progrès vers une impasse inévitable [19] ».

Les conséquences en sont visibles dans l'histoire démographique, partout où de maigres témoignages permettent de les révéler. Au cours du XIXe siècle, la population d'Afrique orientale connut une évolution presque exactement inverse de celle de l'Afrique du Sud : après 1850 une croissance initiale fut suivie d'un déclin. Après des sécheresses et des famines très répandues dans les années 1830, les pluies semblent avoir été relativement

abondantes jusque dans les années 1880 ; le lac Victoria
atteignit son niveau maximum au cours de la décennie
précédente. La maladie constituait une contrainte démographique plus grave : elle profita d'une mobilité plus
grande, des guerres et des regroupements dans de grandes
zones défensives. Les caravanes transmettaient souvent la
variole, les armées ganda semblaient incapables d'avancer
sans elle, et la gravité de certaines épidémies (notamment
dans la région des Grands lacs à la fin des années 1870)
laisse penser qu'on avait affaire à des variantes européennes ou asiatiques très virulentes. Les routes commerciales permirent aussi la propagation de quatre épidémies
de choléra – nouveau venu dans la région – et peut-être
de maladies vénériennes. Il faut toutefois mettre en
balance les preuves de la colonisation agricole de nombreuses régions, surtout au Rwanda et au Burundi où
l'environnement offrait des conditions favorables, l'arrivée des plantes d'origine américaine, et une certaine stabilité politique, du moins dans les régions centrales qui
stimulèrent à la fois l'expansion et l'intensification de
l'agriculture : tous ces éléments s'appuient sur l'hypothèse
d'une croissance démographique substantielle au moins
jusqu'aux années 1880 [20]. Ailleurs, les conditions se dété-
riorèrent plus tôt. Le modèle informatique de Patrick
Manning indique, vers le milieu du siècle [21], un déclin
important mais relativement bref de la population totale,
sans doute limité aux régions touchées par les intenses
razzias d'esclaves. Au cours des années 1880, la violence,
la sécheresse et la maladie se répandirent partout. Des
famines répétées, pendant cette décennie, le long des itinéraires des caravanes, laissent penser que les effets de
la sécheresse furent exacerbés par les ventes de grain et
l'effondrement des mécanismes de protection. À mesure
que les populations se regroupaient, la brousse, le gibier

et les mouches tsé-tsé réoccupèrent de vastes zones de la vallée du Zambèze, du sud et du centre du Malawi, de l'ouest de la Tanzanie, et peut-être d'autres régions.

Comme dans le reste de l'Afrique du XIXe siècle, une intégration plus profonde au sein de l'économie mondiale donna aux Africains de l'est du continent de nouvelles raisons, et de nouveaux moyens, d'élargir leurs organisations politiques et économiques, mais déstabilisa aussi les structures anciennes. Le sous-peuplement, raison fondamentale de la fragmentation politique et de l'arriération économique, s'atténua à certains endroits et à certaines périodes, sous l'effet de la croissance démographique, mais, ailleurs, s'accentua à cause du déclin. Le Rwanda et le Burundi connurent la même expansion que le pays igbo, l'Égypte, le Califat de Sokoto et (à la fin du siècle) la colonie du Cap et l'Algérie. Le sud du Malawi, et l'est du Zaïre, partagèrent les mêmes souffrances que l'Angola et le sud du Soudan. En ce siècle de rapide croissance démographique sur le reste de la planète, la part de l'Afrique dans la population mondiale connut sans doute une chute dramatique[22]. Tel fut le contexte de la conquête coloniale.

CHAPITRE IX

L'invasion coloniale

Les puissances coloniales se partagèrent l'Afrique, rapidement et sans douleur, au cours des vingt dernières années du XIXe siècle – du moins sur le papier. Il en alla cependant tout autrement sur le terrain. La possession très répandue d'armes, les codes d'honneur militaires et une longue tradition d'hostilité à tout contrôle rendirent la résistance populaire à la conquête beaucoup plus redoutable qu'en Inde, par exemple. Les administrateurs coloniaux, qui s'efforcèrent de créer des États dans un continent sous-peuplé mais turbulent, durent affronter les mêmes problèmes que leurs prédécesseurs africains, et s'y attelèrent souvent de la même manière. Ils disposaient toutefois d'avantages technologiques : puissance de feu, transports mécaniques, compétences médicales, écriture. En règle générale, les États qu'ils fondèrent avant la Première Guerre mondiale n'étaient que des squelettes à qui les forces politiques africaines donnaient chair et vie. La conquête européenne eut cependant deux effets décisifs. Comme chaque colonie dut développer une production spécialisée à l'intention du marché mondial, elles acquirent une structure économique qui survécut souvent tout au long du XXe siècle ; d'emblée une nette distinction

sépara la production paysanne locale d'Afrique occidentale, de celle, européenne et capitaliste, d'Afrique orientale, perpétuant un très ancien contraste entre les deux
régions. En outre, l'intrusion européenne eut des effets
profonds sur la démographie.

Le partage

La lente pénétration européenne en Afrique, tout au
long du XIXe siècle, connut une brutale accélération à la
fin des années 1870, pour plusieurs raisons. L'une fut
l'avancée française au Sénégal, lancée en 1876 par un
nouveau gouverneur, Brière de l'Isle. Vingt ans plus tôt,
Faidherbe y avait déjà mené une politique expansionniste,
mais son départ en 1865, et la défaite française devant la
Prusse en 1870, l'avaient interrompue. Brière de l'Isle
était toutefois de ceux qui voulaient revitaliser la France
par la richesse coloniale, surtout celle de la savane
d'Afrique occidentale. Cette idée était partagée par de
nombreux militaires coloniaux, impatients de se distinguer et accoutumés, depuis l'Algérie, à une liberté
d'action presque totale, ainsi que par certains hommes
politiques qui en 1879 firent voter l'octroi de fonds destinés à la construction d'une voie ferrée allant du Sénégal
au Niger. Les militaires les utilisèrent en 1883 pour financer leur avancée sur le fleuve jusqu'à Bamako. Cette politique s'étendit à deux autres régions. Des agents français
cherchèrent d'abord à conclure des traités avec les
notables locaux du bas Niger, menaçant ainsi les intérêts
commerciaux, très anciens, des Anglais. Puis, en 1882,
les députés français ratifièrent un traité aux termes duquel
le souverain du lac Malebo, sur le fleuve Congo, cédait
ses droits héréditaires à l'explorateur Savorgnan de Brazza.

Ce traité, qui fut à la base de l'Empire français d'Afrique équatoriale, menaçait les projets du roi Léopold II de Belgique, qui depuis 1876 avait utilisé sa fortune privée pour installer des comptoirs commerciaux sur le bas Congo ; il se sentit contraint d'émettre des revendications territoriales. Redoutant la mise en place d'un pouvoir protectionniste français, mais peu désireux d'en prendre eux-mêmes la responsabilité, les Britanniques reconnurent les vieilles prétentions du Portugal sur la région, en échange de la liberté d'y commercer. Cela exaspéra d'autres hommes d'État européens, en particulier le chancelier allemand.

Bismarck ne souhaitait nullement créer des colonies allemandes, mais la protection des intérêts commerciaux de son pays en Afrique faisait partie de ses responsabilités, et pouvait également lui permettre de se gagner des soutiens politiques. En 1884, il autorisa donc la création de protectorats allemands dans l'Afrique du Sud-Ouest, au Togo et au Cameroun, profitant d'une querelle entre ses deux principaux rivaux européens, la France et l'Angleterre. Cette querelle était consécutive à des événements survenus dans le nord de l'Afrique. En 1881, la France avait établi un protectorat sur la Tunisie, lourdement endettée, essentiellement dans le but de prévenir une hégémonie italienne. L'Égypte, elle aussi, avait de fortes dettes, et se trouvait sous contrôle financier commun des Français et des Anglais. En 1879, quand les Européens obtinrent la déposition du khédive Ismaïl, le vide politique égyptien fut comblé par des propriétaires terriens et des officiers menés par le colonel Arabi, hostiles au contrôle de l'étranger. La France et l'Angleterre dressèrent des plans d'invasion, mais le nouveau gouvernement français renonça à les appliquer. Les responsables anglais du Caire déclarèrent à Londres que l'ordre s'effondrait en

Égypte, fournissant à une faction impérialiste du cabinet l'occasion d'ordonner une invasion de l'Égypte en août 1882. Les Britanniques avaient prévu de mettre en place un régime plus conciliant, de stabiliser ses finances et de se retirer, mais ils se rendirent compte que c'était impossible. Il en résulta un antagonisme franco-anglais qui renforça d'autant l'autorité de Bismarck.

Il en fit usage pour convoquer, en 1884-1885, la conférence de Berlin, qui reconnut les droits de Léopold II sur l'État indépendant du Congo (plus tard Congo belge, puis Zaïre), ceux de la France en Afrique équatoriale, et exigea la liberté du commerce dans toute la région. Les délégués reconnurent la primauté britannique sur le bas Niger, et celle de la France sur sa partie supérieure. Plus important encore, la conférence édicta que les prétentions des États européens sur les territoires africains devraient être, à l'avenir, plus substantielles que la prédominance informelle exercée jusque-là par l'Angleterre grâce à son pouvoir économique et maritime. Le partage qui en résulta fut modelé par les efforts de la Grande-Bretagne à défendre ses intérêts les plus précieux, qu'il s'agisse de positions stratégiques permettant de protéger les routes maritimes menant vers l'Inde, ou de régions au commerce particulièrement important, comme le Nigeria.

Le lendemain même de la fin de la conférence, Bismarck déclara placer sous protectorat le territoire faisant face à l'île de Zanzibar, où des aventuriers allemands avaient signé des traités. Jusque-là satisfaite d'exercer un contrôle indirect sur la région par le biais du souverain de Zanzibar, l'Angleterre préféra la partager par un traité signé en 1886, qui lui attribuait le Kenya actuel, et le Tanganyika à l'Allemagne. En 1890, un second traité lui laissa les mains libres en Ouganda, où se trouvaient les

10. L'invasion coloniale

sources du Nil considérées comme vitales pour la sécurité de l'Égypte.

La conférence de Berlin précipita par ailleurs une expansion européenne rapide en Afrique occidentale. Les Britanniques placèrent sous protectorat le delta du Niger, à partir duquel ils s'étendirent ensuite au Bénin et chez les Igbo. Ils assirent également leur prédominance chez les Yoruba, en marchandant en 1886 un traité de paix qui mit fin à près d'un siècle de guerres, et en convainquant les États yoruba, las des conflits, d'accepter des représentants diplomatiques. L'Angleterre gagna ainsi le contrôle du sud du Nigeria, partie la plus riche de la forêt d'Afrique occidentale. Dans cette région, les conquêtes françaises les plus importantes furent le Dahomey, pris en 1892 après un mois de résistance farouche, et la Côte-d'Ivoire, considérée au départ comme une simple route menant de la côte vers les positions françaises au Niger.

En Afrique occidentale, c'est le haut Niger qui intéressait avant tout la France. En 1888, son armée reprit depuis Bamako son avancée à l'intérieur des terres, capturant en 1891 Nioro, la capitale des Toucouleur, prenant Djenné et Tombouctou en 1893-1894, puis marchant vers le sud pour conquérir le Fouta-Djalon et la capitale mossi en 1896. Son principal adversaire fut Samori Touré, qui dans les années 1870 avait créé entre le Haut-Niger et les bordures de la forêt un État de langue mandé administré grâce à des groupes de jeunes armés, qu'il finançait par de massives razzias d'esclaves. Sa longue résistance prit fin avec sa capture en 1898. Les Français purent alors avancer vers le lac Tchad, où des colonnes parties du Niger, du Congo et d'Algérie firent leur jonction en 1900. Cette avancée vers l'est avait conduit les colonies côtières à s'étendre vers le nord, pour assurer la sécurité des terres de l'intérieur et de leur commerce. Si la Sierra Leone et le Liberia restèrent confinés aux rivages, les Britanniques eurent le temps d'occuper sans résistance le royaume ashanti en 1896, et d'établir en 1900 un protectorat sur le califat de Sokoto.

Par ailleurs ils n'étaient pas mécontents de voir la France occuper d'immenses étendues de « sols pauvres », pour reprendre une expression du Premier ministre anglais. Dans le nord-est du continent, le souci de la sécurité de l'Égypte les rendait plus pointilleux, mais il leur fut inutile d'intervenir avant 1896, quand le milieu de la vallée du Nil passa sous le contrôle non d'un rival européen, mais de l'État mahdiste. Le Mahdi soudanais, Muhammad ibn Abdallah, s'était déclaré en 1881 chef des peuples sans État du Soudan contre la domination égyptienne, alors affaiblie par l'agitation politique qui régnait au Caire. Trois ans plus tard ses forces prirent Khartoum, et il créa un régime théocratique que les Anglais se contentèrent d'abord de contenir. Inquiets des ambitions françaises en Éthiopie, ils y soutinrent les visées italiennes, ce qui mena en 1889 à l'occupation de l'Érythrée par l'Italie, puis à une avancée vers le sud à travers le royaume chrétien, avancée à laquelle l'empereur Ménélik mit un terme en 1896 à la bataille d'Adoua, la plus grande victoire africaine contre un envahisseur étranger. Elle sapait la politique britannique, tout comme les projets français de se diriger vers le Nil depuis l'Afrique équatoriale. En 1898, les Anglais détruisirent les forces mahdistes à Omdurman, et reprirent le contrôle du Soudan. Six ans plus tard, la France renonça à son opposition à la politique britannique en Égypte en échange d'une plus grande liberté d'action au Maroc, qu'elle envahit en 1911. Les Italiens, quant à eux, obtinrent en guise de dédommagement la liberté d'envahir la province ottomane de Tripoli (la Libye actuelle).

Ces liens réciproques entre des événements survenus dans des régions différentes, facteur d'accélération d'une expansion jusque-là progressive, caractérisent également l'Afrique australe. La principale initiative y fut en 1877 l'annexion manquée, par les Anglais, de la République sud-africaine (le Transvaal), en vue de créer une Confédération dominée par le Cap, qui assurerait la sécurité des communications de l'Empire britannique. Sept ans plus tard, Bismarck défia cette hégémonie en créant l'Afrique du Sud-Ouest allemande (la Namibie). Pour empêcher que cet État et la République sud-africaine, très hostile, ne se joignent et bloquent ainsi toute expansion vers le nord, la Grande-Bretagne établit en 1885 un protectorat sur le Bechuanaland. Un an plus tard, les données du problème furent modifiées par la découverte d'or en République sud-africaine : cet État allait désormais pouvoir, peut-être avec l'aide des alliés européens, dominer l'Afrique du Sud. La première réaction des Anglais fut d'encourager en 1890 Cecil Rhodes, le magnat du diamant, à lancer vers le nord une colonne de pionniers dans ce qui devint la Rhodésie du Sud (le Zimbabwe), dans l'espoir qu'on pourrait également y trouver de l'or, ce qui ferait contrepoids à la République sud-africaine. L'Angleterre occupa également la Rhodésie du Nord (la Zambie) et le Nyasaland (le Malawi), malgré les prétentions territoriales du Portugal dans ces régions, et accorda à l'Angola et au Mozambique des frontières reconnues. Les prospections menées en Rhodésie du Sud s'étant toutefois révélées décevantes, Rhodes, avec le soutien discret des Britanniques, tenta en vain, en 1895, d'envahir la République sud-africaine, dans l'espoir de provoquer une insurrection des colons d'origine anglaise. L'échec de son entreprise ne laissait d'autre moyen que la menace de guerre. Le haut commissaire britannique au Cap, Sir Alfred Milner,

parvint en 1899 à manœuvrer le Président Kruger :
celui-ci lança un ultimatum qui poussa le cabinet anglais,
plutôt réticent, à la guerre anglo-boer, qui visait non pas
à prendre le contrôle des mines d'or, mais à défendre la
position britannique en Afrique du Sud contre la menace
qu'elles représentaient. La victoire coûta à Londres trois
ans d'une guerre qui mobilisa près de 500 000 hommes
(22 000 moururent), et coûta 222 millions de livres.

Quand survint la Première Guerre mondiale, les puissances européennes s'étaient, sur le papier du moins, partagé tout le continent africain, exception faite du Liberia
et de l'Éthiopie, qui tous deux étendaient leur territoire
par les armes. Sur le terrain, toutefois, de nombreuses et
vastes régions isolées demeuraient hors du contrôle des
Européens. C'est pendant le premier conflit mondial que
furent conquis le Darfour, au Soudan, et le pays des
Ovambo au nord de la Namibie, puis, en 1920, l'intérieur du Somaliland britannique. Dans les montagnes du
Rif, au nord du Maroc, les troupes berbères d'Abd el-
Krim résistèrent jusqu'en 1926 à 250 000 soldats espagnols et français, tandis que le Haut-Atlas échappa à
l'administration coloniale jusqu'en 1933. Les Bédouins
de Libye avaient été soumis deux ans plus tôt. En 1940,
l'intérieur de la partie ouest du Sahara échappait encore
aux États d'Europe. Ce ne sont là, pourtant, que des résistances de grande ampleur. Dans tout le continent, des
groupes plus réduits, généralement dépourvus d'États,
défièrent les nouveaux venus, comme ils avaient défié
tous ceux qui les avaient précédés. En 1925, un fonctionnaire de district de 27 ans écrivait depuis le centre du
Nigeria : « Je continuerai, bien entendu, à les rosser
jusqu'à ce qu'ils se rendent. Voir un village réduit en
pièces est un spectacle plutôt pitoyable, et j'aimerais qu'il
existe un autre moyen, mais malheureusement ce n'est pas

le cas [1]. » Vingt-deux ans plus tard, il devenait le premier gouverneur général du Ghana indépendant. À dire vrai, en Afrique la domination coloniale fut souvent très brève.

Le partage du continent n'obéissait pas à une motivation unique. L'Afrique n'était nullement essentielle aux économies européennes : dans les années 1870, elle représentait à peine 5 % du commerce britannique, qui se limitait essentiellement à l'Égypte et à l'Afrique du Sud. En Afrique tropicale, les intérêts commerciaux rendaient vitales les annexions à l'ouest, mais ailleurs les marchands – ainsi les Allemands de Zanzibar – s'opposèrent souvent à la conquête, de peur qu'elle ne perturbe leurs activités. Les hommes d'affaires abandonnaient les investissements coloniaux, toujours risqués, à des concurrents moins prospères, ou à des enthousiastes qui n'étaient pas poussés par des motivations économiques. La British South Africa Company de Cecil Rhodes ne versa jamais de dividendes au cours des trente-trois ans pendant lesquels elle administra la Rhodésie. Ce n'est qu'une fois que d'autres eurent supporté le coût des opérations pionnières que les grandes banques allemandes, ou la Société générale belge, placèrent de l'argent en Afrique. Les plus importants motifs économiques du partage étaient les intérêts impériaux de la Grande-Bretagne, les espoirs – et les craintes – à long terme que nourrissait Léopold II sur la richesse du Congo, les rêves d'Eldorado français à Tombouctou, la crainte des Anglais d'être exclus de colonies françaises trop protégées. De tels motifs pouvaient émouvoir les hommes d'État, mais à un degré moindre, sans doute, que leurs ambitions stratégiques de contrôler les rivages sud de la Méditerranée, ou le chemin de l'Inde.

Pour autant, ils ne dirigeaient pas toujours l'expansion impériale : certes Bismarck contrôla celle de son pays, et, en règle générale, le cabinet britannique également, même si sur le terrain ce furent leurs agents qui prirent l'initiative en Égypte en 1882, et jusqu'à un certain point en Afrique du Sud, et si l'agitation missionnaire l'emporta sur tout autre considération au Nyasaland. De tels intérêts particuliers furent spécialement puissants en France, où régnait un système politique multipartite, et où l'expansion coloniale fut conduite par des colonels ambitieux sur les frontières, et par le parti colonial à Paris. Ce groupe de pression rassemblait les députés des colonies, divers intérêts géographiques et commerciaux, des fonctionnaires, des officiers en retraite, des publicistes et des patriotes professionnels. Il définit la politique qui mena les troupes françaises jusqu'au lac Tchad, menaça l'Angleterre sur le Nil, et conquit le Maroc.

De surcroît, l'Afrique fut partagée non seulement parce que les hommes politiques, ou les militaires, le voulaient, mais aussi parce que, pour la première fois, ils avaient les moyens techniques de le faire. Jusque-là, deux grands obstacles avaient confiné l'Europe aux zones côtières, à l'exception du nord et du sud du continent. L'un était la maladie, en particulier la malaria qui, au début du XIXe siècle, tua en moins d'un an près de la moitié des Européens qui débarquaient en Afrique occidentale. Au cours des années 1850, l'introduction de la quinine réduisit ce chiffre de quatre cinquièmes et rendit possibles les opérations militaires. L'autre était l'absence d'une supériorité militaire écrasante, les fusils du début du XIXe siècle réclamant au moins une bonne minute de chargement, ne portant que jusqu'à 80 mètres, et ne fonctionnant pas trois fois sur dix. Ce n'est qu'en 1866 que furent utilisés pour la première fois les fusils à chargement par la culasse. Vingt ans plus tard, ils cédèrent la place aux modèles à répétition, que les forces françaises d'Afrique occidentale adoptèrent en 1885, un an après

que la mitrailleuse Maxim eut été brevetée – elle tirait
onze coups par seconde. L'artillerie de campagne dévasta
les places fortes d'Afrique de l'Est et les défenses de torchis de la savane, et les Français n'eurent aucune perte à
déplorer quand ils chassèrent les Toucouleur du Ségou,
alors que les partisans d'Abd el-Kader les avaient combat-
tus avec des armes d'aussi bonne qualité que les leurs.
En 1898, les Britanniques tuèrent à Omdurman 10 800
Soudanais au moins, sans perdre plus de 49 hommes.

Ces deux campagnes furent d'ailleurs exceptionnelles
par l'importance des forces européennes engagées. Les
armées coloniales se composaient en majorité de mercenaires africains qu'il aurait été difficile de distinguer de
ceux de Mirambo ou de Samori. Les tirailleurs sénégalais
qui conquirent la savane d'Afrique occidentale pour le
compte de la France étaient pour l'essentiel des esclaves,
tandis que nombre de troupes indigènes étaient délibérément recrutées dans les « tribus martiales » des régions
isolées. Pourtant, même ces forces avaient des armes très
supérieures à celles se chargeant par le canon, et d'une
portée inférieure à quinze mètres, dont faisaient usage les
guerriers du Buganda, qui tiraient l'arme à la hanche, ou
à bout de bras – tout en portant, de surcroît, des vêtements blancs pour mieux mettre en valeur leur courage.
Plusieurs dirigeants africains se procurèrent des fusils
modernes ; Samori, par exemple, en eut jusqu'à 6 000 à son
apogée. Mais en Afrique tropicale, seuls le Dahomey, les
Toucouleur et les Mhadistes et Menelik possédèrent
quelques pièces d'artillerie, et les deux derniers des
mitrailleuses. Dans les années 1920, Abd el-Krim, il est vrai,
en employa plus de 200, et acheta même trois aéroplanes,
dont il ne se servit jamais. À cette époque, les Européens
commençaient à perdre ce quasi-monopole des armes

modernes qui avait pour un temps rendu leurs conquêtes suffisamment peu coûteuses en hommes et en argent.

Résistance et négociation

Limités par une infériorité technologique, les Africains durent décider s'il fallait combattre ou négocier avec ces envahisseurs qui cherchaient à convertir leur partage sur le papier en pouvoir sur le terrain. Il s'agissait d'une question tactique, les objectifs africains étant les mêmes dans les deux cas : préserver le plus possible d'indépendance et de pouvoir, étant donné les circonstances. Ce faisant, il leur fallait prendre en compte leur situation globale. Ceux qui avaient déjà fait l'expérience de la puissance de feu des Européens pouvaient penser que la résistance était futile, comme le fit le royaume ashanti en 1896 ; en 1874, on y avait eu affaire à des « fusils qui tuaient cinq Ashanti en même temps ». D'autres n'avaient parfois pas d'autre choix que de combattre. Des officiers français ambitieux, formés dans la tradition algérienne selon laquelle l'islam était un ennemi irréconciliable, repoussèrent les efforts des chefs toucouleur pour obtenir un *modus vivendi* ; de même, en Ouganda, les Britanniques considérèrent le Bunyoro comme une ennemi parce qu'il était entré en conflit avec des Européens, et avec le royaume buganda dont ils avaient fait leur base. Même quand il était possible de négocier, certains peuples ne pouvaient espérer conserver leur mode de vie une fois passés sous contrôle européen – en particulier les chefferies esclavagistes yao du Nyasaland, qui résistèrent farouchement. Inversement, pour d'autres, accepter une prédominance européenne un peu lointaine pouvait présenter des avantages apparemment supérieurs aux

inconvénients : ce fut le cas des royaumes yoruba, lassés
des guerres, qui signèrent des traités avec les Anglais après
que ceux-ci eurent vaincu le royaume d'Ijebu qui leur
avait résisté. Les Africains apprenaient vite de leurs voisins. Le roi Lewanika de Bulozi demanda à son allié
Khama, du Bechuanaland si, vu son expérience de la
« protection » britannique, il pouvait la recommander. La
réponse fut positive – et coïncida avec un avis semblable,
donné par un missionnaire local, autre élément important
de la situation. Cette région d'Afrique centrale illustre
la complexité des circonstances historiques en fonction
desquelles les Africains durent faire leur choix. Elle subis-
sait encore les conséquences de l'invasion des Ndebele,
des Kololo et autres groupes venus d'Afrique du Sud au
cours de la première moitié du XIXe siècle. Le royaume
militarisé des Ndebele tenta de coexister avec les pionniers de Cecil Rhodes, mais fut contraint à la guerre en
1893 par les agressions blanches, comme par le militantisme de ses jeunes guerriers. Les Blancs trouvèrent des
alliés parmi certains des peuples shona qui voyaient en
eux des protecteurs potentiels face aux Ndebele. Lewanika craignait également ces derniers, ce qui fut une des
raisons pour lesquelles il négocia avec les Anglais ; mais
une autre, plus importante, était l'instabilité du pouvoir
lozi – il n'avait repris son trône qu'en 1864 aux envahisseurs kololo, et se voyait menacé par des prétendants, des
sujets mécontents et de nombreux esclaves. Il déclara
donc en 1888 vouloir chercher la protection des Britanniques « pour me protéger contre eux [*les Lozi*]. Vous ne
les connaissez pas ; ils complotent contre ma vie[2] ».

La seule caractéristique commune de ces calculs complexes fut la division des structures politiques africaines.
Chacune, comme les puissances européennes, avait ses
partisans de la paix et de la guerre, ses colombes et ses

faucons. Parfois, comme dans le royaume ashanti ou au Dahomey, les avocats des deux partis s'étaient longuement affrontés pour le pouvoir. Parfois ils étaient virtuellement en guerre, comme au Buganda, où les protestants, plus faibles, firent des troupes anglaises, arrivées en 1890, des alliés leur permettant d'assurer leur prédominance sur les partis catholique, musulman et traditionaliste. Plus fréquemment, l'avance des Européens polarisait l'opinion. En 1879, suite à la victoire britannique sur les Zoulous, le souverain pedi, Sekhukhuni, proposa lors d'une réunion publique d'accepter la domination européenne, ce qui lui valut d'être traité de lâche, et contraint à la résistance. Douze ans plus tard, il y eut chez les Mpondo, sur la frontière nord-est de la colonie du Cap, une véritable guerre civile pour savoir s'il fallait ou non combattre les Anglais. De telles querelles se reproduisirent dans le califat de Sokoto quand les Britanniques l'envahirent en 1900. Chaque émir décida seul de se battre ou de se soumettre. Le Kontagora, une chefferie de frontière militarisée profondément engagée dans le trafic des esclaves, résista par les armes. Zaria, en mauvais termes avec le Califat, ouvrit ses portes. Kano renforça ses murailles mais ne résista guère une fois que les canons les eurent abattues. Au Sokoto même, on hésita entre la résistance, la négociation ou l'exil. Une minorité se battit jusqu'à la mort en dehors de la ville ; mais d'autres s'en furent vers l'est en direction de La Mecque et, rattrapés, moururent le 27 juillet 1903 avec le calife Attahiru lors de la bataille de Burmi – certains s'étaient attachés de concert avec des cordes, de façon à ne pas pouvoir reculer.

Les objectifs étant semblables, et les décisions très complexes, il serait facile de croire que les « sociétés de guerriers » combattirent, tandis que les peuples plus pacifiques auraient négocié. Les Sotho affrontèrent l'État libre d'Orange dans les années 1850 et 1860, négocièrent un protectorat britannique en 1868, se battirent en 1880 pour empêcher le gouvernement du Cap de les désarmer, et en 1884 négocièrent de nouveau la restauration de la protection britannique. Le plus important est de savoir si les circonstances donnaient la prédominance, du côté africain comme du côté européen, aux colombes ou aux faucons. Ceux-ci étaient toutefois spécialement nombreux dans deux types de sociétés. Le premier regroupait les unités politiques militarisées, qui dominaient à l'échelle locale. Elles ne combattaient pas toujours – l'Ibadan, l'État yoruba dominant, choisit de négocier – mais les raisons de ne pas résister devaient être contraignantes. Ni Sekhukhuni des Pedi, ni Lobengula, des Ndebele, ne purent convaincre leurs jeunes guerriers de discuter. L'honneur militaire était là un principe essentiel, tout comme chez ceux qui, comme les Mahdistes, menaient un combat sacré. Le second type de société où les faucons étaient particulièrement forts regroupait les peuples sans État, qui connaissaient des querelles incessantes entre villages, chérissaient l'idée qu'ils se faisaient de l'honneur, et n'avaient jamais connu de domination étrangère. Il fut exceptionnellement difficile de les soumettre, d'autant plus qu'ils vivaient souvent dans des régions éloignées. C'est ainsi que les Baoulé de Côte-d'Ivoire résistèrent contre les Français jusqu'en 1911, village par village. Les Igbo du Nigeria ne furent définitivement vaincus qu'en 1919, les Jola du Sénégal dans les années 1920, les Dinka au sud du Soudan en 1927. Des pasteurs comme les Somali, ou les Bédouins de Libye, furent encore plus intraitables, leur farouche volonté d'indépendance se voyant renforcée par leur mobilité et leur ferveur islamique. Ces deux types de société résistèrent avec obstination, et lancèrent les plus importantes rébellions contre la domination coloniale à ses débuts.

Se rebeller contre un État colonial fut plus difficile que de résister à la conquête, car il fallait s'organiser à la fois secrètement et à grande échelle si l'on voulait réussir. Les dirigeants des grandes révoltes armées furent donc des autorités politiques et militaires reconnues, surtout là où la résistance à la conquête avait été vaincue, où les exigences coloniales en matière de terres, d'impôts et de main-d'œuvre étaient lourdes, et où se présentait une occasion favorable. Les Ndebele de Rhodésie du Sud se révoltèrent ainsi en 1896, trois ans après avoir été battus par les pionniers blancs de Cecil Rhodes, lors d'une guerre où une partie seulement des forces ndebele s'était engagée. Mécontents d'avoir été spoliés de leurs terres et de leur bétail, enhardis par l'absence de nombreux policiers blancs à cause du fameux Raid Jameson, les Ndebele se soulevèrent donc sous la direction de leurs chefs militaires, mobilisèrent les peuples dont ils étaient les suzerains, ainsi que leurs clients shona, qui n'avaient pas pris part aux précédents affrontements ; la révolte s'étendit ainsi aux chefferies shona, jusque-là hostiles, mais qui avaient désormais des raisons de se soulever. Après avoir assiégé Bulawayo, les chefs ndebele obtinrent d'importantes concessions avant d'accepter de faire la paix. Au Buganda, Kabaka Mwanga se souleva en 1897, mobilisant de nombreux exclus de l'ordre colonial et chrétien, mais fut vaincu par les Britanniques et les chefs convertis au christianisme. Trois ans plus tard, le royaume ashanti, qui n'avait pas réussi à résister lors de l'occupation britannique en 1896, se souleva sous la direction de la reine mère et des chefs militaires – le roi était en exil. Les Britanniques furent assiégés à Kumasi quatre mois durant, mais des renforts de troupes permirent d'écraser la révolte. La dernière grande rébellion s'appuyant sur des institutions politiques et militaires établies eut lieu en 1917 au Mozambique : un groupe shona, les Barwe, restaura la royauté et s'assura un vaste appui populaire à une époque où les Portugais étaient affaiblis, tout cela aggravé par le mécontentement né de la Grande Guerre.

Les griefs contre les débuts de la domination coloniale étant très répandus, les peuples sans État, et les petites chefferies, se lancèrent souvent dans des révoltes locales ; mais ils manquaient généralement de l'organisation nécessaire pour menacer le contrôle européen comme le firent les Ndebele ou les Ashanti, même quand ils recouraient à des institutions dépassant les divisions politiques, comme le culte nyabingi, qui mena jusqu'en 1928 l'opposition au contrôle allemand, puis anglais, sur la frontière entre le Rwanda et l'Ouganda, ou la société secrète qui, entre 1898 et 1910, organisa la résistance des Ekumeku aux Britanniques, à l'ouest du pays igbo. De ce point de vue, la révolte maji maji de 1905-1907 constitue une exception : elle se répandit dans toute l'Afrique orientale allemande (la Tanzanie actuelle) sous l'autorité d'un prophète nommé Kinjikitile, qui agissait dans le cadre d'un culte religieux territorial ; il jouissait de l'aura propre aux personnes possédées par les dieux, et distribuait un remède (le *maji*) censé rendre invulnérable aux balles. Ailleurs, d'autres rébellions de grande ampleur des peuples sans État ne furent déclenchées que sous influence islamique. La révolte menée par le Mahdi soudanais contre la domination égyptienne avait eu recours, comme celle de Kinjikitile, à la fois à l'autorité divine et aux diverses ethnies. C'est au Niger, en 1916-1917, que se déroula la plus importante rébellion musulmane contre la domination coloniale : des tribus touareg assiégèrent Agadès à une époque où la France était en situation de

faiblesse, et où déclinait l'économie du désert. Le christianisme n'en inspira qu'une, celle, en 1915, des travailleurs
des plantations du Nyasaland, sous la direction de John
Chilembwe, pasteur africain formé en Amérique. Ses disciples, animés d'espoirs millénaristes, lancèrent contre
leurs employeurs un assaut bref et sanglant, mais ne trouvèrent guère de soutien, car les chrétiens étaient encore
rares, et occupés à renforcer leur position au sein de
l'ordre colonial – tâche vers laquelle se tournèrent presque
tous les Africains une fois les révoltes armées vaincues.

La domination coloniale

La plupart des colonies africaines ayant été conquises
dans l'espoir d'en tirer des avantages à long terme, leur
administration se borna d'abord à la direction des opérations militaires. Les Africains furent impressionnés par
leur force, comme le montrent les mémoires de Ganda
alphabétisés, alors que les Européens qui dirigeaient le
Buganda étaient conscients de leur faiblesse face à « près
d'un million de Noirs raisonnablement intelligents, faiblement civilisés, aux tendances guerrières, et possédant
près de 12 000 fusils [3] ». Maintenir un ordre précaire, au
besoin par un usage prompt de la violence, était donc la
première préoccupation d'un administrateur. La seconde
était d'y parvenir au moindre coût. « Apprendre à
connaître son district, et sa population. Garder l'œil sur
eux, collecter l'impôt si possible, mais pour l'amour du
ciel, ne jamais inquiéter ses supérieurs » : c'est ainsi qu'un
ancien commissaire aux affaires indigènes de Rhodésie se
souvenait de ses devoirs [4]. Son poste avait précisément été
créé pour collecter l'impôt au profit de son gouvernement
qui avait besoin d'argent. En 1903, le gouverneur général

d'Afrique équatoriale française mettait en garde ses subordonnés : « Pour vous juger, je me fonderai par-dessus tout
sur les impôts que vous aurez perçus sur les indigènes [5]. »
Le Nyasaland, colonie pauvre, introduisit l'impôt direct
dès sa création en 1891, exigeant de chaque homme
adulte le règlement d'une somme correspondant à un ou
deux mois de revenus – chose fréquente en Afrique orientale, où l'impôt était considéré non seulement comme
une source de revenus et « un sacrement de la soumission », mais aussi comme une « mesure éducative »
contraignant les Africains à fournir marchandises ou
main-d'œuvre à l'économie coloniale. Au début, la collecte des impôts s'accompagna de beaucoup de brutalités
et provoqua de fortes résistances, notamment en 1898 en
Sierra Leone (la « guerre de l'impôt sur les huttes »), et
en 1906 lors de la révolte bambatha au Zoulouland. Des
témoignages rapportent qu'en Ouganda certains, ne pouvant trouver l'argent nécessaire, se suicidèrent.
    Pour la plupart des individus, cependant, l'impôt fut
sans doute moins pesant que les exigences de main-
d'œuvre des premiers colons. Celle-ci avait longtemps été
rare en Afrique, et le fut encore plus quand les dirigeants
européens réclamèrent des porteurs et des travailleurs du
bâtiment avant d'introduire des transports mécaniques.
Aussi l'abus le plus répandu aux débuts de la colonisation
fut-il le travail forcé. Les Français exigeaient de chaque
homme un travail non payé, allant jusqu'à douze jours
par an. Ils enrôlaient également les Africains pour des
périodes plus longues, cette fois rétribuées, et pour le service militaire : pendant la Première Guerre mondiale, près
de cinq cent mille hommes furent ainsi appelés sous les
drapeaux, bien que nombre d'entre eux s'y soient sous-
traits et que les Européens aient rencontré des résistances
armées. Dans l'État libre du Congo, la corvée, codifiée

en 1903, était de quarante heures par mois, bien qu'en réalité elle fût appliquée de manière arbitraire. Le travail forcé demeura très commun au moins jusqu'à la Seconde Guerre mondiale, comme au Liberia et dans les colonies portugaises, où il ne fut aboli, officiellement qu'en 1961-1962. Dans les colonies britanniques, il prit généralement fin au début des années 1920. Jusqu'à cette date, un paysan ganda pouvait devoir en tout jusqu'à cinq mois de travail : un mois à son propriétaire africain (tenant lieu de loyer), un à la communauté locale, deux (tenant lieu d'impôt) à l'État, et un mois de travail, payé mais obligatoire *(kasanvu)* au service de l'État ou, plus rarement, d'un employeur privé. La tâche de recruter de la main-d'œuvre pour ces derniers fut souvent l'une des tâches les plus déplaisantes des premiers fonctionnaires coloniaux.

Les administrateurs étaient plus fiers de leur tâche essentielle : rendre la justice et faire appliquer la loi. Les premiers d'entre eux furent aussi soucieux que les empereurs éthiopiens, ou les Ashantiene, d'attirer les procès dans leurs tribunaux, et pour les mêmes raisons, c'est-à-dire accroître leur pouvoir politique, soumettre la population à leur autorité et imposer l'idée qu'ils se faisaient de la justice. Les historiens n'ont pas accordé d'attention au processus au terme duquel les administrations coloniales détruisirent les juridictions africaines concurrentes, réprimèrent les vendettas et affirmèrent leur droit d'être les seules habilitées à condamner à mort. Mais les Africains, eux, s'en souviennent fort bien. Les fonctionnaires y voyaient une réussite de première importance puisque de nombreuses sociétés africaines avaient été violentes et cruelles, alors que la justice coloniale à ses débuts fut pourtant souvent répressive. Nombre de fonctionnaires de la première heure étaient des gens brutaux, recrutés faute de mieux. On leur confiait des armes à feu très puissantes, ils étaient, à cause de la distance, à l'abri de leurs supérieurs et de l'opinion publique. Les exigences du recrutement s'élevèrent considérablement après la Première Guerre mondiale, mais même les plus justes d'entre eux ne représentaient que des régimes étrangers et impersonnels : lors d'une parade de masques igbo, le « gouvernement » était représenté par une forme sans visage tenant un morceau de papier. Leurs tribunaux se contentaient en général de faire appliquer principalement des ordres et des interdictions qu'ils définissaient eux-mêmes. Et quand ces « étudiants magistrats », comme les appelaient les Africains, tentaient d'appliquer la loi indigène, son caractère non écrit les mettait à la merci des vieillards qu'ils consultaient, et qui souvent remodelaient les coutumes à leur avantage, avant tout aux dépens des femmes et des jeunes. Un Igbo se souvint par la suite : « Les Blancs... ont apporté la paix entre les communautés, mais pas au sein des communautés [6]. »

Les fonctionnaires ne pouvaient se passer d'agents africains. Dans les grands centres ils dépendaient des employés et des interprètes ; en 1909, au Dahomey, l'un de ceux-ci fut accusé d'avoir « créé un tribunal dans lequel il règle toutes les questions avant de les soumettre à l'administrateur ; ce n'est pas pour rien, il faut payer en poulets, en moutons, en argent... [Il] a dit que le Blanc croira tout ce qu'il raconte [7] ». Pour communiquer avec les campagnes, les administrateurs devaient s'en remettre à des messagers – personnages essentiels de l'administration rurale en Rhodésie du Nord – ou à des soldats, « purs barbares... [*dont la*] brutalité envers les paysans [8] » fut l'un des griefs qui provoqua la rébellion de John Chilembwe. Il arrivait que ces agents ruraux disposent d'une autorité indigène, mais ils pouvaient être aussi de simples « chefs d'impôts », comme on les appelait en

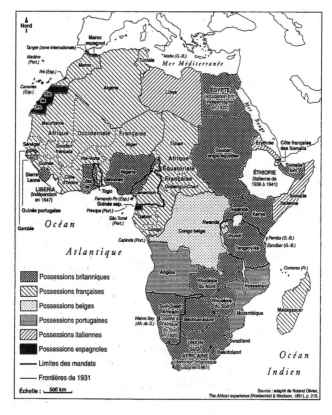

11. Frontières coloniales

Côte-d'Ivoire, ou des « chiens du gouvernement », comme disaient les Nouba du Soudan. Nombre d'entre eux n'avaient d'autre qualification que leur volonté de collaborer. Certains étaient des étrangers, ainsi les hommes de la côte, de langue swahili, dont les Allemands se servirent en Afrique orientale, ou bien les Foulbé qu'eux et les Britanniques imposèrent aux peuples sans État des hautes terres du Cameroun et du Nigeria. Mais les Africains les plus puissants furent ces modernisateurs prévoyants qui comprirent vite que la résistance armée était condamnée, et qu'il était plus avisé de manipuler l'ordre colonial au profit de leur peuple et d'eux-mêmes. Le plus grand d'entre eux fut Sir Apolo Kaggwa, Premier ministre du Buganda de 1889 à 1926, infatigable modernisateur qui poussa le parti protestant, qu'il dirigeait, à nouer une alliance profitable avec les Anglais, et négocia en 1900 un accord qui assurait une grande autonomie au pays, préservait la monarchie et donnait à ses dirigeants chrétiens le pouvoir de partager entre eux les terres du royaume à titre perpétuel. En Afrique occidentale, son plus proche homologue fut sans doute Obaseki, du Bénin ; de nombreux hommes de moindre stature, mais animés de préoccupations analogues, veillèrent à ce que le colonialisme en Afrique ne soit pas seulement une épreuve, mais une opportunité à saisir.

La manière dont une administration coloniale recrutait, formait et contrôlait ses agents africains déterminait en grande partie son caractère. Or, cela était plus fonction des circonstances que des principes. Les petites colonies côtières d'Afrique occidentale, au milieu du XIXᵉ siècle, étaient gouvernées selon des méthodes globalement européennes. Les résidents permanents des ports du Sénégal avaient la nationalité française. Les possessions britanniques étaient des colonies de la Couronne, pourvues d'institutions formelles, où était en vigueur la loi anglaise. Mais les colonisateurs ne pouvaient appliquer de telles méthodes dans les immenses territoires conquis après le partage. Là où l'occupation était relativement pacifique et le commerce étranger important, comme dans le sud du Nigeria, leur administration pouvait être financée par des droits de douane, de sorte que les impôts directs étaient inutiles et que le corps de fonctionnaires pouvait se réduire à une poignée de Blancs cherchant à guider peu à peu les dirigeants africains vers l'idée que les Européens se faisaient d'un bon gouvernement ; ce fut longtemps la méthode de l'administration du Cap en Afrique du Sud.

Il était toutefois plus courant que les premiers fonctionnaires coloniaux soient des militaires aux yeux de qui les Africains menaçaient l'ordre et la sécurité publics. Ce fut tout particulièrement le cas des officiers français formés en Algérie. Quand, en 1890, le colonel Archinaud prit le Ségou, il déporta 20 000 Toucouleur au Sénégal, nomma un chef issu d'une dynastie bambara amie puis, suspectant sa fidélité, le fit exécuter sommairement, nomma un de ses rivaux bambara, pour abolir finalement le pouvoir indigène et rétablir une administration directe – le tout en moins de trois ans. De ce point de vue sécuritaire, tout Africain puissant était dangereux. Le mentor d'Archinaud lui expliqua : « Il nous faut surveiller tous ces chefs comme autant de gens à détruire. » Les officiers britanniques adoptèrent la même attitude au Soudan, où leur hostilité à ce qui pouvait subsister du mahdisme confinait à la paranoïa, et les colons firent de même partout. Au début du siècle, cette méthode était assez rodée pour devenir une routine civile, appelée « administration directe », et pratiquée surtout par les Français, les Belges et les Portugais. Ceux-ci croyaient à

la centralisation et ne voyaient dans les souverains héréditaires « rien d'autre, en règle générale, que des parasites »,
pour reprendre la formule de William Ponty, gouverneur
général de l'Afrique occidentale française. Les fonctionnaires belges et français étaient plus nombreux que leurs
homologues britanniques : en 1926, on en comptait un
pour 18 000 personnes en Côte-d'Ivoire, contre un pour
70 000 dans le sud du Nigeria. Des Français dirigeaient
les grandes subdivisions selon lesquelles l'AOF et l'AEF
étaient partagées. En dessous, des chefs africains administraient des cantons (souvent les anciens *kafu*) et des villages. L'administration directe obligea les systèmes
politiques africains à entrer dans ce cadre contraignant.
Les monarques cédèrent la place à de simples chefs de
canton au Dahomey et au Fouta-Djalon, tandis que le
Mogho Naba (« Seigneur du Monde ») des Mossi était
délibérément privé de pouvoir. Les peuples sans État
furent subordonnés à des chefs de canton, choisis de préférence dans la population locale, mais surtout pour leur
fidélité et leur efficacité – notamment parmi les anciens
soldats. Eux-mêmes s'appuyaient sur des chefs de village,
généralement du lieu. L'administration belge, au début,
nivela ainsi les chefs par le haut et par le bas, afin de
former la base d'une pyramide bureaucratique. C'est ainsi
que « l'administration directe » fut mise en pratique par
l'intermédiaire d'Africains, la question étant de savoir à
quel niveau de la société indigène se ferait le lien avec la
bureaucratie coloniale, ce qui aiguisait donc les contradictions de la domination européenne.

Ce fut l'originalité de « l'administration indirecte » que
les Britanniques conçurent dans le califat de Sokoto (au
nord du Nigeria) avant la Première Guerre mondiale, puis
étendirent à d'autres colonies. Frederick Lugard, le militaire qui avait à la fois conquis le Califat et créé le sys-

tème, avait gardé la vieille haine de l'armée des Indes pour
« l'Indien politisé », qui se mua chez lui en un mépris des
« Africains européanisés » du sud du pays. Il voulait que
l'administration se montrât plus autoritaire, et comprit
que les émirs foulbé et leurs institutions relativement
sophistiquées pourraient servir un tel but, « car ce sont
des dirigeants nés, et aux capacités incomparablement
supérieures à celles des tribus négroïdes ». Ses troupes,
d'une importance numérique exceptionnelle, lui permirent de vaincre et de remplacer les émirs sans détruire
leurs administrations. Comme il proclama après avoir
pris Sokoto : « Chaque sultan et chaque émir... régnera
sur le peuple comme autrefois... mais il obéira aux lois
du gouverneur et agira conformément aux conseils du
résident [9]. » Le Califat fut aboli en tant qu'unité politique, et chaque émir placé à la tête d'une administration
autochtone distincte, dotée du pouvoir législatif, judiciaire, et de celui de lever les impôts, dont une partie
allait aux autorités britanniques. Contrairement au
Kabaka du Buganda, tel que l'agrément de 1900 définissait ses fonctions, les émirs n'avaient pas de position assurée, mais ils ne régnaient que grâce au bon vouloir des
Anglais. Beaucoup furent remplacés, mais la classe dominante foulbé conserva le pouvoir, au prix d'une forte
oppression – les Haoussa appelaient les débuts de la
période coloniale « le déchirage en deux » – et pour finir
d'une grande stagnation.

Lugard avait conçu le système d'administration indirecte en fonction des circonstances tout à fait exceptionnelles du nord du Nigeria, mais il se convainquit, et
convainquit les autres, que ses principes pouvaient
conduire à une administration plus ordonnée que les
arrangements *ad hoc* de la conquête. Pourtant, peu de
sociétés africaines avaient connu des institutions adminis-

tratives telles que celles de Sokoto, tandis que celles qui pouvaient exister avaient souvent été détruites par la conquête. En dehors du Nigeria, pour mettre en place une administration indirecte adaptée à la structure de l'administration, de la justice et des finances locales, il fallait donc d'abord redécouvrir ou réinventer ces institutions antérieures. Tel fut le nouvel enjeu pour la concurrence politique africaine. En 1912, quand Lugard prit le contrôle du sud du Nigeria pour l'amalgamer avec le nord, ses adjoints inventèrent un XVIIIe siècle imaginaire où l'Ibadan aurait été soumis à un « Empire oyo » restauré, dans lequel un Alafin ambitieux domina un Oyo Mesi purement formel, tout en exerçant un pouvoir nouveau, celui de lever directement les impôts. Dans le sud-ouest du pays, où vivaient de nombreuses sociétés sans État, le désordre qui en résulta fut encore plus grand : cela se termina en 1929 par la « guerre des femmes » au cours de laquelle des femmes igbo, croyant qu'elles allaient être taxées, attaquèrent des chefs, des tribunaux, ainsi que des comptoirs commerciaux européens : la répression fit 53 victimes. Le Tanganyika, ancienne Afrique orientale allemande, adopta en 1925 l'administration indirecte, et l'appliqua à des peuples dépourvus d'État en créant des conseils de chefs, mais il fut très difficile de découvrir quelles institutions avaient pu exister avant la conquête allemande. Comme partout ailleurs, les unités placées sous le contrôle d'administrations indigènes en vinrent à être considérées, et à se considérer elles-mêmes, comme des « tribus ». Au cours des années 1930, l'administration indirecte s'étendit au Nyasaland et à la Rhodésie du Nord, où elle remplaça l'administration directe qui reposait sur le statut d'intermédiaires des chefs, et au Basutoland, au Bechuanaland et au Swaziland où les Britanniques y eurent recours pour limiter le pou-

voir de ces chefs. Cette politique était fortement conser-
vatrice, ce qui fut particulièrement clair au Soudan, où
les élites égyptiennes et soudanaises sollicitées en raison
de leurs sympathies anti-madhistes furent abandonnées
après 1924, quand une mutinerie au sein de l'armée permit d'entrevoir les premières lueurs du nationalisme soudanais. Les Anglais recoururent donc à l'administration
indirecte et réhabilitèrent les « chefs tribaux » dans le
cadre d'une politique qui, selon son gouverneur, « visait
à rendre le Soudan plus sûr pour l'autocratie ». Une des
mesures de cette politique fut d'exclure toute influence
islamique – venue du nord – dans le sud, qui n'était pas
musulman. De même, dans la Côte-de-l'Or, la Confédération ashanti fut restaurée en 1935, mais privée de la
bureaucratie qui avait équilibré le pouvoir héréditaire.
Elle s'efforça avant tout de faire disparaître « les associations de jeunes » en raison de leur « militantisme injus-
tifié ».

L'administration indirecte ne fut pas adoptée dans
toutes les colonies britanniques. Les colons blancs
jugeaient qu'elle limitait la main-d'œuvre, et donnait trop
de pouvoir aux chefs, dont la Rhodésie du Sud ne se
servait que comme agents du gouvernement, refusant de
restaurer le royaume ndebele. Le Kenya leur confiait des
fonctions d'administrateurs ; en 1924, pourtant, y furent
créés des Conseils indigènes locaux dont la composition
– certains de leurs membres étaient élus – stimula la politique rurale la plus vivante d'Afrique tropicale. En règle
générale, toutefois, l'administration indirecte devint non
seulement la caractéristique essentielle de la colonisation
britannique, mais de surcroît un modèle pour les autres
États coloniaux, malgré leur propension à croire qu'il
s'agissait là d'un exemple frappant d'indolence anglo-
saxonne. Après la Première Guerre mondiale, quand les

Belges récupérèrent le Rwanda et le Burundi, précédemment allemands, ils les gouvernèrent par l'intermédiaire de monarchies tutsi, tout en les rationalisant pour les intégrer dans des pyramides administratives. Le Mogho Naba, longtemps ignoré, devint un allié essentiel des Français après avoir fait la preuve de son utilité lors du recrutement de troupes africaines pendant la Première Guerre mondiale, tout en exhortant son peuple à produire du coton. En 1917, le gouverneur général d'AOF poussa à recruter des chefs qui jouiraient d'une véritable autorité sur les populations, tout en ajoutant qu'ils devaient « demeurer notre instrument [10] ». Cela resta la politique de la France même au Maroc et en Tunisie : en théorie, les fonctionnaires protégeaient des souverains indigènes, mais en pratique ils exploitaient leur prestige de manière flagrante. Le premier gouverneur français du Maroc avait écrit : « Il y a dans chaque société une classe dominante née pour régner… Faisons-la passer de notre côté [11]. » Ses compatriotes furent lents à le suivre, mais dans les années 1930 tous les fonctionnaires d'Afrique partageaient son point de vue.

Les économies coloniales à leurs débuts

La question cruciale pour chaque colonie fut de savoir si son économie devait reposer principalement sur une production agricole assurée par la paysannerie, sur des fermes ou des plantations à l'européenne, sur l'exploitation minière, ou sur tous ces éléments. Bien qu'il y ait eu ultérieurement quelques changements d'orientation, la plupart des colonies adoptèrent tout au long de leur histoire la trajectoire économique suivie avant la Première Guerre mondiale. Ces choix furent rarement définis et planifiés car la majorité des États européens laissaient le développement économique à l'entreprise privée, se contentant de créer des infrastructures et un système juridique, et d'engloutir les revenus des impôts qui firent entrer leurs sujets dans l'économie monétaire. Il en résulta que chaque colonie prit dans l'économie mondiale une place déterminée par les marchandises dont elle était la spécialiste et pour lesquelles elle disposait de certains avantages naturels, à une période généralement prospère pour les producteurs. Les conséquences s'en faisaient sentir sur tout le reste de l'économie. La restructuration que cela impliquait, et son coût humain, varièrent d'un endroit à l'autre.

Ce processus fut moins brutal dans les colonies déjà intégrées dans le commerce international. Ce fut le cas de l'Égypte où, en 1879, trois ans avant l'invasion anglaise, le coton, principale exportation, occupait 12 % des terres cultivées. Il en occupait 22 % en 1913 : la domination britannique ne fit que renforcer l'orientation économique suivie par le pays, ce qui se traduisit par une prospérité marquée – le revenu *per capita* augmenta de près de 50 % [12] – mais aussi par de fortes disparités sociales ; en 1917, 53 % des familles rurales ne possédaient pas de terres en Haute-Égypte, et 36 % dans le delta. En Afrique tropicale, les côtes de l'ouest du continent étaient déjà pleinement intégrées dans l'économie mondiale, ce qui les avantagea tout au long de la période coloniale, surtout les régions exportatrices de produits tropicaux, qui connurent parfois une expansion spectaculaire. Entre les années 1880 et la Première Guerre mondiale, les exportations d'arachides du Sénégal furent ainsi multipliées par dix. La production, jusque-là limitée à la côte, s'étendit à l'intérieur des terres en même temps qu'une voie de chemin de fer qui se dirigeait vers le Niger, et réduisit les frais de transport de près de 95 %. Les nouveaux producteurs étaient en majorité ouolof ; renonçant à la guerre, ils consacrèrent leur énergie à la colonisation des plaines sèches de l'intérieur. Cette exploitation systématique d'une brousse encore vierge fut souvent organisée par les marabouts d'une branche locale de la Qadiryya – la fraternité mouride, créée dans les années 1880 par Amadou Bamba – qui intégra l'*ethos* militariste des *ceddo* et le matérialisme de la paysannerie au sein de communautés pionnières disciplinées. Comme le remarqua le gouverneur-général Ponty : « Les Noirs… font de parfaits colons. » La partie est de la forêt d'Afrique occidentale, où l'on cultivait jusqu'alors le yam, fut le théâtre d'une colonisation encore plus spectaculaire, celle du cacao, plante nouvellement introduite qui ne donnait de fruits qu'au bout de cinq ans. Les pionniers en furent les Akwapim, du sud de la Côte-de-l'Or, à qui une mission bâloise et ses agents caraïbes en avaient révélé l'existence. À partir des années 1880, ils allèrent s'installer dans la forêt densu voisine pour y acheter de la terre et la défricher en vue d'y installer des plantations, entassant parfois leur production dans des fûts qu'ils roulaient le long des chemins jusqu'à la côte. Nombre d'entre eux étaient commerçants, enseignants ou pasteurs, et employaient des ouvriers salariés. En 1903, la voie ferrée venue de la côte atteignit Kumasi : le cacao se répandit dans tout le royaume ashanti, où les premiers producteurs furent des chefs qui accaparaient les plants et contrôlaient le travail des esclaves ou des dépendants. En 1911, on comptait près de 2 500 kilomètres carrés de plantations en Côte-de-l'Or ; elle était le premier exportateur mondial de cacao. Le pays yoruba fut une autre région pionnière ; des commerçants africains de Lagos y créèrent des plantations qui s'étendirent peu à peu à l'intérieur des terres.

Le succès d'une production entièrement africaine garantissait, comme le déclara en 1901 le gouverneur de Lagos, que « le développement futur de ce pays [*serait*] assuré par son peuple et pour son peuple [13] ». Six ans plus tard, le gouvernement du sud du Nigeria rejeta une demande des Lever Brothers de créer des plantations de palmiers à huile. La société finit par obtenir des terres au Congo belge.

L'Afrique équatoriale n'avait pas exporté de produits agricoles avant la colonisation. Sa population était clairsemée, et l'environnement physique et climatique rendit très difficile la création de voies ferrées. Le roi de Belgique Léopold II manquait des ressources financières nécessaires, tandis qu'au Congo les Français étaient à court d'hommes et d'argent. C'est pour ces raisons que l'exploitation fut particulièrement brutale dans cette région aux débuts de la période coloniale. Vu ses problèmes financiers, le souverain belge décida de consacrer l'État libre du Congo au commerce, avec toute la violence que permettaient ses forces militaires. Cette décision se trouva coïncider, par hasard, avec une demande accrue de caoutchouc – ce fut l'époque des bicyclettes, puis des voitures. Entre 1890 et 1910, son prix tripla, et des milliers d'Africains parcoururent les forêts en quête de latex. Cette « époque de l'argent chaud », comme disaient les Yoruba, profita à beaucoup de gens, mais pas au Congo, comme on l'expliqua en 1899 à un consul britannique :

> Sa méthode consistait à arriver en pirogues dans un village, dont invariablement les habitants s'enfuyaient aussitôt ; les soldats débarquaient et commençaient à piller, s'emparant des poulets, du grain, qu'ils sortaient des maisons ; après cela ils s'en prenaient aux indigènes de façon à pouvoir s'emparer de leurs femmes ; celles-ci étaient gardées en otage

jusqu'à ce que le chef du district apporte le nombre prescrit de kilogrammes de caoutchouc [14].

En 1908, suite aux protestations internationales, la Belgique prit le contrôle du territoire, où elle établit un régime moins brutal, mais encore très autoritaire. L'autre méthode de financement du roi Léopold – louer de vastes régions à des compagnies privées – fut reprise dans les années 1890 par les Français en AEF, où quarante sociétés pillèrent la région pendant une génération. Des concessions de ce genre couvraient aussi une bonne part du Cameroun et du Mozambique.

D'autres situations contrastaient avec cette *Raubwirtschaft* ; le développement d'une production marchande sur les côtes, là où les chemins de fer furent la plus grande réussite de la période, à la fois la clé du développement économique et un moyen vital d'échapper au cercle vicieux de l'Afrique (sous-population et moyens de transport inadéquats). Dans les années 1880, l'Égypte, l'Algérie et la colonie du Cap possédaient déjà des réseaux de voies ferrées. De nouvelles lignes atteignirent Bulawayo (depuis l'Afrique du Sud) en 1897, le lac Victoria (depuis Mombasa) en 1901, le Niger (depuis le Sénégal) en 1905, Kano (depuis Lagos) en 1912, et le Tanganyika (depuis Dar es-Salaam) en 1914. Elles avaient été créées avant tout pour des raisons stratégiques, mais leur impact économique fut plus profond encore, car elles permettaient souvent de réduire les frais de transport de 90 à 95 %, restructuraient les systèmes commerciaux, libéraient la main-d'œuvre, et assuraient des débouchés à la production marchande de l'intérieur des terres, créant ainsi des économies coloniales spécifiques.

Beaucoup d'anciens systèmes commerciaux s'effondrèrent face à cette concurrence : le commerce transsaharien, qui allait du pays haoussa à Tripoli, avait prospéré tout au long du XIX⁰ siècle ; il déclina à mesure que les voies ferrées parties du sud approchaient de Kano, ce qui en 1916 poussa les négociants touareg à une révolte désespérée. Entre 1900 et 1912, le nombre de porteurs des caravanes partant de Bugamoyo pour la région du lac Tanganyika tomba de 43 880 à 193 ; le chemin de fer était passé par là. Dar es-Salaam, Mombasa, Dakar et Conakry prospérèrent tandis que les ports négligés par les voies ferrées tombaient en désuétude. Des villes ferroviaires telles que Bouaké et Bamako supplantèrent Kong et Tombouctou qui étaient, certes plus romanesques, mais des cités anciennes telles que Kano et Kumasi reprirent une vie nouvelle grâce aux locomotives à vapeur. Celles-ci permirent également aux firmes commerciales européennes et à leurs agents africains ou libanais, de pénétrer profondément à l'intérieur du continent et d'y mettre en place une économie de traite – échange de produits importés contre des marchandises locales – qui devint la structure économique dominante. En Afrique orientale, les nouveaux venus étaient originaires d'Asie ; le plus prospère d'entre eux, Alidina Visram, possédait à sa mort, en 1916, près de 240 magasins. Pour autant, les commerçants africains ne furent pas nécessairement appauvris. En Afrique occidentale, ils se virent peu à peu exclus de l'import-export mais saisirent de nouvelles occasions de commercer localement, en particulier après l'abolition coloniale des droits d'octroi intérieurs et autres contraintes. Les nouveaux riches *(akonkofo)* du royaume ashanti racontaient plus tard : « Nous étions guerriers, nous sommes devenus marchands, négociants, chrétiens, et propriétaires, nous avons laissé l'argent à la banque sous protection britannique, et nous avons commencé à bâtir d'énormes maisons [15]. » Inversement, en Afrique

équatoriale et orientale, le système commercial du
XIXᵉ siècle ne survécut pas à la colonisation, sauf les lignes
de communication.

Le chemin de fer rendit également possible l'exploitation à grande échelle de la principale richesse économique
de l'Afrique : ses gisements de minerais. C'est ce qui se
passa, au début du siècle, pour l'or en Rhodésie du Sud
et dans le royaume ashanti, bien qu'aucun des deux ne
soit devenu un nouveau Witwaterstrand. La découverte
de terrains diamantifères donna une vitalité nouvelle à
l'Afrique du Sud-Ouest allemande à partir de 1908, et à
l'Angola après 1912. De façon moins spectaculaire, la
Tunisie devint le principal fournisseur de l'Europe en
phosphates, avant que le Maroc ne lui fasse concurrence.
Le centre du Nigeria devint un important producteur
d'étain pendant la Première Guerre mondiale, toujours
grâce au chemin de fer, qui permit aussi les débuts de la
production de cuivre au Shaba en 1911 où les voies ferrées étaient parvenues l'année précédente. Pour se faire
une idée de la prédominance de l'exploitation minière il
suffit de lire ces chiffres : sur 1 222 millions de livres
(estimation) investis en Afrique subsaharienne en 1938,
555 le furent en Afrique du Sud, 143 au Congo belge,
102 dans les deux Rhodésies, et 422 seulement dans le
reste du continent, en grande partie d'ailleurs dans des
investissements ferroviaires.

Le chemin de fer joua également un rôle vital dans la
création d'une agriculture blanche sur les hautes terres de
l'est et du sud de l'Afrique, accueillantes aux Européens
comme au bétail. Dans les années 1890, les pionniers de
la colonne menée par Cecil Rhodes conquirent la Rhodésie et s'emparèrent d'un sixième de ses terres, en grande
partie situées au centre du pays, dans le *highveld*, et qui
recouvraient la quasi-totalité du royaume ndebele ; ils

confisquèrent également la plus grosse part du bétail. Après 1908, les espoirs de trouver de l'or s'amenuisant, les colons se mirent à l'agriculture et lancèrent la culture du tabac. Ils finirent par contrôler la moitié des terres du pays. En Rhodésie du Nord, il n'y eut d'importante colonisation blanche qu'après la création d'une voie ferrée menant au Shaba, les terres longeant la ligne étant réservées aux Européens. C'est à cette époque que le Swaziland, le Nyasaland et l'Afrique du Sud-Ouest devinrent réellement des colonies de peuplement. La colonisation blanche des hautes terres du Kenya, entreprise pour rentabiliser la voie de chemin de fer stratégique menant au lac Victoria, eut pour conséquence l'accaparement de près de 18 % des meilleures terres agricoles de la colonie. En Afrique de l'Est allemande, des plantations de sisal et des colons privés étaient regroupés le long de la ligne menant vers le nord-est. L'Afrique du Nord fut une autre région de colonisation de peuplement. En Algérie, les domaines européens doublèrent entre 1881 et 1921, ne laissant aux autochtones que des terres médiocres. En 1914, les Européens possédaient 200 000 hectares en Tunisie, dont près de la moitié dans les vieilles régions céréalières du nord. Le Maroc était lui aussi considéré comme un grenier à blé potentiel ; on encouragea l'agriculture coloniale dans les plaines atlantiques. Ces chiffres sont toutefois un peu trompeurs car, avant la Première Guerre mondiale, les fermiers africains et arabes prospérèrent eux aussi grâce aux marchés créés par l'arrivée des Blancs et l'amélioration des transports. Les dix premières années du XXe siècle furent pour les Shona de Rhodésie du Sud, et les Kikuyu du Kenya, une décennie de prospérité et d'expansion. Les domaines des Européens étaient souvent exploités par des tenanciers autochtones car, comme à l'époque romaine, de nombreux fermiers blancs accumulaient du capital en exploitant les métayers ou les travailleurs agricoles du cru, qu'ils s'agisse des *khamanisa* du nord de l'Afrique ou des « squatters » de l'est.

L'agriculture paysanne connut des réussites même en dehors de l'Afrique occidentale, car les cultivateurs luba supplantèrent les colons blancs du Shaba dans la compétition pour le marché de l'alimentation des villes productrices de cuivre, et en Ouganda et au Nyasaland les planteurs de coton européens durent s'incliner face aux petits producteurs locaux. Comme le Nigeria ou la Côte-de-l'Or, l'Ouganda demeura un pays de Noirs, parce que ses paysans devinrent les fournisseurs des négociants européens – ce qui, par le biais des impôts, consolidait l'État colonial ; ils firent pousser du coton dès 1903, deux ans après l'arrivée de la voie ferrée jusqu'au lac Victoria. Quand elle parvint à Kano en 1912, elle stimula la production et la commercialisation de l'arachide chez les paysans haoussa. Là, les entrepreneurs étaient pour l'essentiel d'anciens acheteurs de noix de kola. Ailleurs, c'étaient souvent des chrétiens éduqués – ainsi les premiers producteurs de café en Afrique orientale allemande – ou des dirigeants politiques, comme les chefs ganda, qui contraignirent leurs paysans à cultiver le coton pour pouvoir payer l'impôt.

Ce contrôle de la main-d'œuvre fut essentiel dans l'Afrique des débuts de la colonisation, surtout parce que les Africains, depuis longtemps, comptaient presque exclusivement sur l'esclavage, que tous les régimes coloniaux entendaient abolir, même si en pratique ils se montraient prudents. Ils savaient que l'émancipation rapide des esclaves telle qu'elle avait eu lieu dans la colonie du Cap et au Sénégal, avait coûté cher en indemnisations, et provoqué des crises économiques temporaires, au terme desquelles apparaissaient de nouvelles formes de dépendance. En Inde, les Britanniques avaient aboli l'esclavage petit à petit, sans verser d'indemnités ni provoquer de désorganisation, mais sans abolir non plus la dépendance : ils avaient commencé par interdire la traite, puis déclaré que l'esclavage n'avait aucun statut légal, laissant les esclaves réclamer leur liberté si et quand ils le voulaient. Cette politique fut adoptée en Côte-de-l'Or dès 1874, et par la suite dans toute l'Afrique, avec toutefois d'importantes variations locales. À Zanzibar, par exemple, toute l'économie reposait sur l'esclavage, et la domination britannique sur l'alliance passée avec les Arabes propriétaires d'esclaves ; ainsi, lorsqu'en 1897 l'esclavage fut déclaré illégal, une loi contre le vagabondage permit de contraindre la plupart de ceux qui avaient été libérés à rester sur les plantations, où ils devinrent fermiers. Dans le nord du Nigeria, importante société esclavagiste, le souci de Lugard de préserver la hiérarchie indigène l'amena à limiter l'illégalité de l'esclavage par des clauses selon lesquelles les esclaves mâles devaient acheter leur liberté, n'avaient pas le droit d'acquérir de terres, et devaient être reconduits chez leurs maîtres en cas de fuite ; l'esclavage ne disparut donc que peu à peu – il fallut attendre 1936 pour qu'il soit déclaré illégal. Au Soudan, les autorités britanniques firent preuve de la même prudence. En AOF, un régime militarisé recourut largement à la main-d'œuvre servile dans les premiers temps, mais la France abolit le statut légal en 1903 et les esclaves eurent tôt fait de reprendre leur liberté, peut-être parce que beaucoup d'entre eux n'avaient été capturés que peu de temps auparavant : c'étaient souvent des victimes de Samori. Des dizaines – et peut-être des centaines – de milliers d'entre eux quittèrent leurs maîtres, en dépit des efforts des Français pour les en empêcher. Certains régimes coloniaux commencèrent par libérer ceux de

leurs ennemis, ainsi à Ijebu et au Dahomey. Dans d'autres
régions, l'esclavage, ou des formes apparentées, persis-
tèrent pendant la période coloniale et même au-delà, en
particulier en Mauritanie et au Botswana, où les classes
dominantes gardèrent le pouvoir. Ailleurs, l'émancipation
provoqua des crises chez certaines aristocraties africaines :
les planteurs arabes de la côte kenyane furent ruinés, on
dit qu'au Liberia certains propriétaires se suicidèrent, et
les gens instruits se plaignirent qu'« une populace de serfs
et de domestiques [*se vante d'être*] supérieure à ses
maîtres ». Pourtant, en règle générale, l'émancipation se
passa en douceur. En premier lieu, parce qu'elle fut
menée à bien par des régimes étrangers, qui pour la plupart n'avaient pas d'intérêts directs dans cette affaire. En
second lieu, de nombreux esclaves demeurèrent avec leurs
maîtres ; leur statut progressa peu à peu, même s'ils restèrent toujours dépendants, accélérant ainsi un processus
propre à l'esclavage de type lignagier. Cela s'appliquait en
particulier à la majorité des femmes esclaves, qui souvent
n'avaient pas d'autre moyen de vivre, et les administrateurs coloniaux, tous de sexe masculin, ne voyaient en
elles que des concubines : « C'est davantage une question
de divorce que d'esclavage », écrivit Lugard. L'esclavage
céda souvent la place à une vieille forme de dépendance
financière, dans laquelle le débiteur travaillait pour son
créancier au lieu de lui verser des intérêts, et ce jusqu'à
ce qu'il ait remboursé sa dette ; en 1909, on disait qu'à
elle seule Ibadan comptait 10 000 prêteurs sur gages ;
cette institution eut la vie dure pendant la période coloniale. Parmi les raisons qui permettent de comprendre
que l'émancipation se soit généralement déroulée de
façon paisible, il faut ajouter le fait qu'à l'exception du
nord du Nigeria, les terres disponibles étaient assez vastes
pour que les anciens esclaves deviennent paysans ; les

Mourides, par exemple, les acceptaient en véritables égaux dans leurs communautés. Enfin, beaucoup d'entre eux trouvèrent des emplois salariés car la demande de main-d'œuvre était toujours élevée.

L'aliénation des terres dégagea de la main-d'œuvre, l'émancipation aussi, et enfin la coercition. La quatrième source de main-d'œuvre, qui connut l'accroissement le plus rapide, fut la migration ; les habitants des régions où n'existaient pas de voies ferrées permettant l'exportation de marchandises y étaient souvent contraints pour payer leurs impôts. Ce phénomène n'avait rien de nouveau. En Afrique occidentale, aux débuts de la colonisation, une grande part des travaux non qualifiés fut assurée par les Kru de la côte libérienne, que les Européens depuis le XVIIIe siècle employaient comme marins et dockers, tandis qu'en Afrique de l'Est la majorité des travailleurs des plantations allemandes venaient de régions où se recrutaient, au XIXe siècle, les porteurs de caravanes. Toutefois, de nombreux peuples entrèrent sur le marché pour la première fois. La première migration des Mossi vers « l'Angleterre » (nom qu'ils donnaient à la Côte-de-l'Or) fut concomitante de la taxation en 1896, même si pour ces migrants comme pour d'autres, le travail salarié fut aussi un moyen d'acheter des marchandises importées et d'investir dans l'économie nationale. Les Lozi de la plaine inondable du Zambèze, qui étaient souvent des anciens esclaves, les imitèrent peu de temps après, et pour les mêmes raisons. Au XIXe siècle, les deux régions avaient été célèbres pour leur prospérité agricole, avant de sombrer et de devenir les mares stagnantes de l'agriculture, notamment au Bulozi dont le système d'irrigation périclita faute d'esclaves pour l'entretenir. Tout cela montre à quel point l'impact initial de la colonisation fut variable. L'Afrique orientale du XIXe siècle avait été restructurée autour de

Zanzibar ; l'Afrique coloniale (à la possible exception de l'Égypte) le fut autour de certains points de croissance : villes, mines, domaines européens, fermes marchandes africaines. Tous étaient entourés de zones de production alimentaire, elles-mêmes entourées de régions plus éloignées exportant des travailleurs migrants ou du bétail. La plupart de ces points de croissance se situaient dans des zones forestières, ou sur les hautes terres, et les réservoirs de main-d'œuvre, pour l'essentiel, dans la savane, ce qui inversait les traditionnels courants de l'histoire africaine. Pour ces pôles de croissance, la colonisation vorace de la terre allait s'avérer coûteuse à long terme, mais féconde pendant les débuts de la colonisation. Inversement, les régions qui les alimentaient en hommes subirent un déclin paralysant.

Environnement et démographie

L'Afrique des débuts de la colonisation ne subit pas de catastrophe démographique globale d'une ampleur comparable à celles provoquées en Amérique latine et dans le Pacifique par la conquête et l'arrivée de maladies nouvelles. Les Africains s'étaient déjà adaptés à leur environnement, un des plus hostiles de la planète ; de surcroît, comme ils appartenaient aux populations de l'Ancien Monde, ils avaient déjà, à l'instar des Asiatiques, développé une certaine résistance aux maladies d'origine européenne. La variole, par exemple, fut sans doute plus destructrice en Afrique occidentale pendant la traite. Pourtant, certaines régions avaient eu des contacts moindres, tandis que d'autres étaient particulièrement vulnérables en raison de la nature de leur environnement ou de l'invasion coloniale. Une telle diversité régionale

entraîna aux premiers temps de la colonisation une crise
démographique, mais comme en sourdine : les peuples
africains survécurent une fois de plus.

« Guerres, sécheresse, famine, épidémies, criquets,
peste bovine ! Pourquoi tant de calamités successives ?
Pourquoi [16] ? » Le missionnaire François Coillard exprimait ainsi au Bulozi, en 1896, une angoisse très répandue. En elle-même, la conquête militaire ne fut sans
doute pas la plus mortelle, mais elle eut, dans certaines
régions, des effets dévastateurs. Les vingt et un ans de
guerres intermittentes à l'issue desquelles les Italiens
conquirent la Libye y tuèrent près d'un tiers de la population [17]. En 1904, les Allemands réprimèrent une révolte
des Herrero, dans l'Afrique du Sud-Ouest, en les chassant
dans le désert d'Omaheke ; un recensement de
1911 montre que seulement 15 130 d'entre eux (sur
80 000) avaient survécu [18]. La répression, et la famine,
qui vinrent à bout de la rébellion maji maji tuèrent non
seulement près d'un tiers de la population dans la région,
mais « réduisirent de plus de 25 % la fécondité des
femmes qui avaient survécu », selon une étude entreprise
trente ans plus tard [19]. En Afrique orientale, les combats
entre Britanniques, Belges, Allemands et Portugais pendant la Première Guerre mondiale, eurent des effets tout
aussi catastrophiques : le taux de mortalité fut effrayant
chez les hommes de troupes africains – plus de
100 000 –, et le million de porteurs et de travailleurs,
victimes de la maladie et de l'épuisement. Ce furent des
hécatombes exceptionnelles, mais elles montrent que la
violence coloniale pouvait avoir des effets importants sur
la démographie, bien que par ailleurs la conquête ait également mis un terme à de nombreuses violences locales.
En 1891, au Nyasaland, quand les Anglais prirent le
contrôle de la vallée du Shire, les hommes chantèrent :

Enfant du babouin
Redescends des collines
Le pays est de nouveau sur pied [20].

À l'échelon du continent, la violence fut moins destructrice que la famine. Dans toute la savane tropicale,
les pluies abondantes du milieu du XIXe siècle diminuèrent durant les années 1880 : il s'ensuivit quarante
ans de relative aridité avant qu'elles ne reprennent dans
les années 1920 (le phénomène est attesté par le niveau
des lacs, mais il y eut de fortes variations locales). La
sécheresse, se conjuguant souvent à d'autres aspects de la
crise provoquée par la colonisation, entraîna dans toute
la savane une série de famines. Elles commencèrent dans
les années 1880 en Afrique orientale, où elles atteignirent
leur paroxysme en Éthiopie en 1888-1892, « le Jour Horrible », quand la peste bovine tua les bœufs qui tiraient
les charrues, et désorganisa le système agricole. Exacerbée
par les criquets, la violence et la maladie, cette crise, dit-
on, tua un tiers de la population éthiopienne, bien que
ce soit là un chiffre conventionnel. De nombreuses
régions du Soudan souffrirent également. En 1896, le
Transvaal connut la dernière grande famine d'Afrique du
Sud. En Afrique orientale, celle de 1898-1900 fut exacerbée par les achats alimentaires coloniaux ; on découvrit
par la suite qu'elle avait tué les deux tiers de la population
d'un *mbari* kikuyu. La savane d'Afrique occidentale fut
frappée à son tour en 1913-1914, quand une sécheresse
exceptionnelle vint coïncider avec l'instauration d'un
nouveau système fiscal, les exportations marchandes, le
déclin du commerce transsaharien, et les migrations de
main-d'œuvre. En Afrique orientale, les combats de la
Première Guerre mondiale provoquèrent des famines très
répandues, dont, au Rwanda, la cruelle famine rumanura

de 1916-1918. Enfin, l'AEF connut la pire famine de son histoire de 1918 à 1926, déclenchée par les exigences excessives en produits alimentaires et en main-d'œuvre du système colonial. Comme d'habitude, la mort frappait avant tout par le biais de la maladie, surtout la variole, chez ceux qui se regroupaient pour trouver de la nourriture et de l'eau. L'Afrique orientale subit à la fin du XIXe siècle une terrible épidémie ; il se pourrait qu'elle fût l'effet de l'arrivée dans la région d'une souche beaucoup plus virulente, d'origine asiatique. Comme les autres maladies, la variole frappait ceux qui, de plus en plus nombreux, s'aventuraient dans un environnement nouveau, et surtout les travailleurs ; elle restait une tueuse d'enfants. En 1913, un médecin du Nyasaland nota que 93 % des adultes, et 68 % des enfants qu'il avait examinés en avaient souffert.

La maladie du sommeil était la plus redoutable de toutes ; cette épidémie avait déjà bien des caractéristiques qui, un siècle plus tard, seront celles du sida. Provoquée par des trypanosomes, micro-organismes qui attaquent le système nerveux central, elle entraîne la fièvre, l'épuisement, puis le coma et la mort. En Afrique occidentale, elle était très ancienne, chronique, et transmise par la mouche tsé-tsé, *Glossina palpalis*, qui vit près des marais et des cours d'eau. On ne sait trop si, avant les années 1890, elle était déjà présente en Afrique orientale ; aucun observateur n'en fait mention à l'époque, mais des Africains interrogés après 1900 signalèrent une épidémie ancienne sur la rive sud-est du lac Victoria, et des cas isolés ailleurs [21] – la première peut-être transmise par une variante de la mouche tsé-tsé, *Glossina morsitans*, qui infectait à coup sûr le gibier et le bétail. La première épidémie de la période coloniale semble avoir été provoquée par deux processus dont les rapports demeurent obscurs. Le premier fut la rapide diffusion de la maladie du sommeil en Afrique occidentale, peut-être parce qu'une mobilité accrue y exposait davantage de gens. Il y eut dans les années 1860 des épidémies locales sur la côte, entre le Sénégal et l'Angola. Celle du bas Congo remonta le fleuve et atteignit le lac Tanganyika en 1901. Au cours des trente ans qui suivirent, elle devait tuer jusqu'à 90 % des populations dans les localités les plus affectées de l'Afrique équatoriale[22]. Certains pensent également qu'elle franchit le bassin Congo-Nil pour parvenir jusqu'au lac Victoria, où elle fit son apparition vers 1895. D'autres croient qu'elle était d'origine locale. En 1905, elle avait en tout cas tué plus de 200 000 personnes au nord du lac. Elle se diffusa également en Afrique centrale en passant par le lac Tanganyika, atteignant en 1907 la Rhodésie du Nord. À ce moment intervint un second processus. La peste bovine qui avait provoqué la famine de 1888 en Éthiopie se répandit dans toute l'Afrique subsaharienne, tuant parfois jusqu'à 90 % du bétail, appauvrissant leurs propriétaires, et exterminant le gibier sur lequel la *Glossina morsitans* prospérait. Ce qui permit à la brousse, abritant la mouche tsé-tsé, de reconquérir les pâturages et de menacer les terres cultivées, surtout là où la violence, la famine, la confiscation des terres ou les migrations de main-d'œuvre réduisaient les populations humaines. C'est pourquoi quand, avant la Première Guerre mondiale, le gibier réapparut, il put occuper de plus grands espaces de brousse ; les mouches tsé-tsé transmirent encore davantage la maladie du sommeil aux humains, soit parce qu'ils avaient entre-temps perdu de leur immunité antérieure, soit parce que la *Glossina morsitans* avait été infestée par des trypanosomes plus virulents lors de l'épidémie autour du lac. Il en résulta de nombreuses épidémies locales dans la savane, tandis que de

vastes zones jusque-là occupées par les hommes et leur
bétail leur furent désormais interdites – et avant la Première Guerre mondiale, les seuls remèdes existants étaient
presque aussi mortels que la maladie elle-même.

Les médecins coloniaux s'inquiétèrent également d'une
apparente progression des maladies vénériennes, notamment de la syphilis, qui en 1908 infectait, disait-on, 80 %
des Ganda. Mais si la syphilis vénérienne se répandait
bel et bien, les examens devaient sans doute signaler la
prévalence du pian et de la syphilis endémique, maladies
apparentées présentes depuis longtemps en Afrique tropicale. Ces inquiétudes dissimulèrent en tout cas la diffusion en Afrique équatoriale, probablement depuis les
années 1860, d'une autre maladie vénérienne, la gonorrhée, dont les symptômes étaient moins graves, mais qui
provoquait la stérilité, surtout chez les femmes, et qui
serait la principale responsable des taux de natalité exceptionnellement bas de la région.

Certains Africains voyaient dans ces maladies autant
d'armes biologiques manipulées par les Européens.
D'autres en rendaient responsables les négriers arabes,
leurs propres péchés ou l'oubli des anciens dieux. La liste
des catastrophes n'était d'ailleurs pas close. Vers 1850, un
parasite venu du Brésil, qui se logeait dans la plante du
pied et provoquait d'horribles plaies, atteignit l'Angola et
traversa le continent pour parvenir au Mozambique en
1895. La troisième pandémie de peste apparut en Chine
en 1893 et affecta les villes côtières d'Afrique, de Mombasa à Dakar. Il y eut des épidémies de choléra, de fièvre
jaune, de méningite cérébro-spinale. Mais la pandémie de
grippe espagnole de 1918 fut la pire de toutes : dans
chaque colonie, elle tua entre 2 et 5 % de la population.
Qu'elle se soit propagée le long des nouvelles voies de
communication laisse penser qu'une mobilité et des

contacts plus fréquents, sans amélioration concomitante des moyens médicaux, sont à l'origine de la succession de catastrophes du début de la colonisation.

Les données démographiques fiables sont rares, mais la période qui suivit la conquête fut sans doute la plus destructrice en Afrique équatoriale, où violences, famines, variole, maladie du sommeil, maladies vénériennes et grippe survinrent en même temps. On peut raisonnablement estimer qu'entre 1880 et 1920 la population du Congo belge chuta d'un tiers ou de la moitié. En 1914, elle diminuait probablement de 0,25 % par an environ. En Afrique équatoriale française, les pertes furent sans doute aussi importantes, surtout en Oubangui-Chari (la République centrafricaine moderne) et dans les forêts du Gabon, où 20 % des femmes nées avant 1890 déclarèrent dans les années 1960 n'avoir jamais porté d'enfant ayant survécu, alors que dans le reste de la région ce pourcentage était de 13 à 14 % (chiffre au demeurant très élevé). La stérilité était due avant tout à la gonorrhée, propagée au Gabon par les migrations de main-d'œuvre vers l'industrie du bois, et favorisée par les réactions indulgentes que suscitaient les grossesses extra-maritales [23]. On est pratiquement certain que l'Ouganda, le Burundi, le nord de l'Angola et le sud du Soudan virent leur population diminuer. La plupart des historiens pensent que ce fut aussi le cas dans les savanes d'Afrique orientale, à un degré moindre. Violences, famines et épidémies s'abattirent également sur les populations d'Afrique occidentale, mais les données démographiques y sont particulièrement maigres.

La crise des débuts de la colonisation fut moins aiguë dans les forêts d'Afrique de l'Ouest, sauf peut-être dans le royaume ashanti, secoué par la défaite de 1874. Il se pourrait que ces peuples aient été mieux immunisés contre ces maladies européennes auxquelles ils avaient déjà été exposés. Ils échappèrent également à la famine et à la maladie du sommeil et la prospérité consécutive à la commercialisation des produits agricoles a peut-être permis d'améliorer l'hygiène et l'alimentation. Toutefois c'est dans le nord et le sud du continent qu'on assista à la croissance démographique la plus importante. Le nord de l'Afrique échappa à la crise des débuts de la colonisation, exception faite des violences au Maroc et en Libye, et de la pandémie de grippe espagnole. La population égyptienne continua d'augmenter de près de 1 % par an, et celle de l'Algérie à un rythme un peu plus lent, tandis que le Maroc et la Tunisie faisaient en ce domaine de modestes progrès [24]. L'Afrique australe, elle aussi, échappa à la plupart des catastrophes ; le recensement effectué en 1904 dans la colonie du Cap suggère que sa population africaine augmentait de 2 % par an [25]. Après 1900, la Rhodésie du Sud connut elle aussi une croissance démographique étonnamment rapide, peut-être parce qu'elle fut épargnée par les grandes famines ou des épidémies (à l'exception, là encore, de la grippe [26]).

On ne sait trop si, des années 1880 aux années 1920, la population totale de l'Afrique augmenta ou déclina : il ne fait aucun doute en tout cas que son évolution fut sans uniformité. Lui en donner une fut l'une des plus importantes conséquences de la domination coloniale.

CHAPITRE X

La colonisation : les changements, 1918-1950

Les principaux historiens de l'Afrique sont en profond désaccord sur la période coloniale. L'un d'eux y voit simplement « un épisode dans le flux continu de l'histoire africaine », alors que pour un autre elle a détruit une tradition politique ancienne, qui avait réussi à survivre à la traite [1]. Leur divergence vient en partie de ce que le premier pense à l'ouest du Nigeria et le second au Congo belge, car l'impact de la colonisation varia énormément d'un endroit à l'autre. Mais elle s'explique également par le caractère subtil et contradictoire des changements ainsi provoqués. Le nouveau ne se borna pas à remplacer l'ancien, il se fondit avec lui, parfois lui redonna vie, et mena à des synthèses neuves et clairement africaines. Le capitalisme, l'urbanisation, le christianisme, l'islam, l'organisation politique, l'ethnicité, les relations familiales – thèmes principaux de ce chapitre – prirent tous des formes particulières une fois remodelés par les Africains pour qu'ils s'accordent à leurs besoins et à leurs traditions. Considérer que le colonialisme a détruit celles-ci, c'est sous-estimer la résistance africaine. N'y voir qu'un simple épisode, c'est sous-estimer tout ce que la civilisation industrielle a apporté aux Africains du XXe siècle – bien plus que ce que le colonialisme avait apporté à l'Amérique latine du XVIᵉ siècle, ou à l'Inde du XVIIIᵉ. La période coloniale fut, en Afrique, aussi traumatisante que brève. Sa principale conséquence, et cela va à l'encontre de l'idée de continuité, fut une croissance démographique rapide qui, dès 1950, était devenue la dynamique nouvelle de l'histoire africaine.

Les changements économiques

Si les chemins de fer vivifièrent les économies locales au début de la colonisation, la principale innovation du milieu de la période coloniale fut le transport motorisé. Les premières « voitures de plaisir » (pour reprendre le terme pidgin) apparurent au début du siècle en Afrique occidentale française. En 1927, « la voiture de l'Alafin, une Daimler de luxe en aluminium, avec un ventilateur au plafond et neuf phares éblouissants, attira tous les regards [2] ». Le camion était plus fonctionnel ; il se répandit dans les années 1920, grande époque de construction de routes. Entre 1925 et 1935, il fit baisser de moitié les frais de transport des arachides sénégalaises jusqu'aux têtes de ligne, puis les réduisit encore de 80 % au cours des trente ans qui suivirent. Le camion libéra aussi la main-d'œuvre et donna aux Africains l'occasion de renoncer à l'agriculture et au commerce local pour se lancer dans des entreprises de plus grande ampleur.

C'est encore le camion qui fit pénétrer l'économie de traite dans les villages les plus éloignés, remplaçant les chameaux et les ânes – qui avaient jusque-là transporté les arachides des Maures – mais aussi de nombreux réseaux commerciaux. Les principaux bénéficiaires en furent les grandes sociétés européennes telles que l'United Africa

Company (UAC), créée au cours des années 1920 par fusion d'entreprises : en 1930 elle assurait près de la moitié du commerce extérieur de l'Afrique occidentale. Toutefois, la valeur réelle de celui-ci ayant été multipliée par quinze entre 1906-1910 et 1955-1959, il restait beaucoup d'opportunités de commerce aux négociants africains. Ils gardèrent le contrôle du commerce traditionnel (bétail, noix de kola, tissus indigènes), s'implantèrent dans de nouveaux secteurs (arachides du Nigeria, café du Tanganyika), fournirent à des villes en expansion des produits alimentaires, du carburant et des matériaux de construction, et peuplèrent les marchés locaux : « des milliers de personnes… achetant et vendant de minuscules quantités des mêmes choses ». La National Bank of Nigeria, première banque africaine à connaître le succès, ouvrit ses portes en 1933. La crise économique qui régnait à cette époque, puis la Seconde Guerre mondiale, furent des moments difficiles, mais après 1945 se produisit un boom économique, et dans plusieurs villes de nouvelles communautés de commerçants supplantèrent les anciennes – ainsi à Douala, où les Bamiléké s'assurèrent une position dominante, ou à Tunis, où des immigrants venus des campagnes relayèrent les vieilles familles marchandes. Même l'UAC et ses homologues se mirent à former des gestionnaires africains ; en 1951, près des 22 % des membres de la première assemblée parlementaire de l'ouest du Nigeria avaient suivi ce type de formation.

Le déclin de certains vieux secteurs d'activités, la survie de certains autres, et l'émergence de nouveaux, caractérisèrent également les artisanats. Les commerces de luxe furent les premiers à souffrir, surtout quand ils avaient eu pour clients des aristocraties dont le déclin ravagea les économies locales. Avant 1914, Kairouan comptait vingt-trois boutiques de tanneurs ; toutes avaient disparu en 1940. Les artisans visant le marché de masse furent eux aussi menacés. Le travail du fer disparut partout. En 1926, Kano avait 64 forgerons ; il n'en restait que 37 en 1971. L'industrie textile connut des fortunes variées. La plupart des Éthiopiens continuèrent à se vêtir d'étoffes tissées à la main, mais les célèbres fabricants de fez de Tunisie perdirent peu à peu leurs marchés suite à la concurrence industrielle, mais aussi à des changements de mode dans le monde musulman. Si l'industrie du tissu de Kano déclina globalement, le tissage domestique survécut dans les campagnes haoussa, comme dans de nombreuses régions prospères d'Afrique occidentale, où l'aisance procurée par la commercialisation des récoltes accroissait les marchés pour ceux qui fabriquaient des tissus de haute qualité, ou mettaient en œuvre des innovations telles que les teintures synthétiques et le fil industriel. Les tailleurs étaient les artisans les plus nombreux des cités coloniales : elles connurent une croissance dont ils tirèrent profit, sans hésiter à importer des machines à coudre. Les métiers du bâtiment connurent une expansion similaire, comme des activités nouvelles – ferblanterie, réparation de bicyclettes et d'automobiles, fabrication de produits domestiques bon marché à partir de déchets industriels. Les fabricants de cigarettes égyptiens furent les pionniers de la production de masse pour un marché global, mais en règle générale il y eut peu de continuité entre anciens et nouveaux commerçants. Les groupes stigmatisés d'Afrique occidentale (exception faite des griots) perdirent leurs monopoles, mais l'ostracisme dont ils étaient victimes les empêchait toujours de se marier hors de leur communauté et d'espérer toute ascension sociale. La plupart des guildes s'effondrèrent, sauf dans l'industrie chapelière tunisienne et, sans qu'on sache pourquoi, chez les

Yoruba, où les nouvelles professions en reprirent le principe. L'apprentissage resta toutefois très répandu en Afrique occidentale, et se diffusa même vers l'est. Au début des années 1960, le Nigeria comptait près de 2 millions d'apprentis, soit quatre fois la main-d'œuvre employée dans les grandes entreprises.

Le transport motorisé permit également aux cultivateurs africains de continuer à coloniser plus de terres pour la production agricole marchande, surtout dans les périodes où les prix mondiaux étaient élevés, c'est-à-dire au début des années 1920, à la fin des années 1940 et dans les années 1950. Des pionniers créèrent ainsi de nouvelles régions de culture : cacao au Cameroun et au Gabon, cacao et café en Côte-d'Ivoire ; café sur les hautes terres du Tanganyika, tabac au Nyasaland. Un projet de plus grande ampleur fut celui de l'irrigation du Gezira, sur le Nil, au sud de Khartoum, lancé en 1925 ; dans le milieu des années 1950, on y cultivait plus de 400 000 hectares, qui produisaient un tiers de la récolte mondiale de coton à longues fibres. Un projet semblable, lancé par les Français près du Ségou, et dirigé par l'Office du Niger, absorba à lui seul, pendant la période coloniale, 48 % de tous les investissements publics au Soudan français (le futur Mali), sans jamais rapporter de bénéfices, comme ce fut le cas d'autres initiatives analogues prises sur des décisions officielles. L'entreprise privée ne suivant que son bon vouloir avait aussi son coût. Dans les années 1940, la production des plus anciennes terres à arachides du Sénégal faiblissait, il restait peu de forêt dans les zones pionnières de la Côte-de-l'Or consacrées au cacao, où la maladie avait commencé à tuer les plants. Mais les régions d'agriculture commerciale connurent néanmoins une prospérité sans précédent : elles accueillirent écoles, églises, mosquées, dispensaires, maisons à étages, aux toits

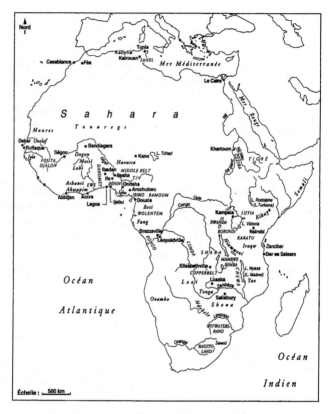

12. Les changements coloniaux et l'Afrique indépendante

de tôle ondulée, boutiques, camions, et connurent une baisse du taux de mortalité infantile.

Dans l'agriculture, le changement ne se limita pas aux exportations. L'Afrique se composait depuis longtemps de zones de peuplement entourées de frontières médiocrement peuplées. La pression sur ces zones s'accrut à mesure que la population croissait entre les deux guerres (régions tropicales exceptées), et nombre de peuples de la savane passèrent du pastoralisme à l'agriculture : les cultures s'intensifièrent souvent dans ces régions. Les Igbo raffinèrent encore leurs méthodes de récoltes multiples, les Mossi fumèrent leurs champs et exploitèrent le fond des vallées, de nombreux peuples renoncèrent à leurs houes – de bois ou de fer de fabrication locale –, voire à leurs bâtons à fouir, au profit d'outils importés. Sans doute presque tous les groupes diversifièrent-ils leurs cultures. Le maïs continua à progresser au dépens du sorgho et du millet, les semences importées remplaçaient souvent des variétés plus anciennes. Le manioc s'étendit encore plus vite, surtout dans les zones densément peuplées où sa productivité permettait de faire des économies de terres et de main-d'œuvre ; les revenus assurés par la commercialisation des récoltes permettaient de pallier la pauvreté du maïs en protéines. Au Rwanda et au Burundi, la pomme de terre se diffusa plus vite encore qu'en Europe autrefois. En règle générale, toutefois, ce n'est que grâce à des semences, des outils et des moyens de transport supérieurs que les innovations européennes purent rivaliser, soit avec des échanges de cultures entre Africains – les travailleurs migrants rapportaient souvent chez eux des plantes inconnues –, soit avec les expériences menées par des cultivateurs individuels sur des variétés locales. Pourtant la pression exercée sur les zones centrales croissait toujours. Dans leur grande majorité, les Africains disposaient encore de beaucoup de terres, malgré des pénuries locales (dans le nord de l'Éthiopie, chez les Igbo), une préférence marquée pour les hautes terres, des zones où les terres avaient été massivement confisquées, et quelques régions d'agriculture commerciale. Dans de nombreuses colonies les périodes de jachère furent réduites.

Les cultivateurs réagirent fréquemment par un moyen traditionnel – la colonisation de zones frontières. En ce domaine, la caractéristique commune fut l'expansion des habitants des collines, trop nombreux, vers les basses terres voisines, dont ils étaient jusque-là tenus à l'écart à cause de l'insécurité qui y régnait. En 1929, un chef religieux mena ainsi les Iraqw, peuple de langue kouchitique, du nord de la Tanzanie, où ils vivaient, vers les plaines du Karatsu, plus au nord. En 1937, plus de la moitié des Dogon avait quitté les falaises de Bandiagara pour les plaines, mieux arrosées, chaque clan créant « un chapelet de nouveaux villages, le plus éloigné étant le plus récent », et revenant vers les falaises à l'occasion des fêtes ou des enterrements. Les peuples de la savane, eux aussi, tirèrent profit de la paix qu'imposait le régime colonial. Les Tiv du Nigeria quittèrent leurs villages fortifiés, abattant le « mur » grâce auquel les Britanniques espéraient les contenir. Les Lobi, tout aussi individualistes, connurent une expansion irrésistible qui leur fit franchir les frontières de la Haute-Volta, de la Côte-d'Ivoire et de la Côte-de-l'Or, chaque famille se déplaçant en moyenne d'un kilomètre par an. Ces implantations pionnières étaient souvent culturellement stériles : « hospitalité médiocre, langage appauvri, angoisse et désarroi face à la maladie, ennui fréquemment ressenti par les femmes et qui rendait instables les ménages, négligence domestique [3] ». Ces nombreuses zones de peuplement étaient multi-ethniques. Le Bugerere, territoire conquis situé au nord du Buganda, comptait 10 302 habitants en 1931, et plus de 130 000 à la fin des années 1960 : 38 % d'entre eux seulement étaient ganda. L'endroit ne présentant pratiquement aucun obstacle à l'exploitation, il devint la principale source d'approvisionnement en bananes de Kampala. La production agricole marchande était souvent l'activité principale, mais pas unique, de ces implantations : en 1936, les fermiers tonga de Rhodésie du Nord possédaient près de 4 300 charrues, fournissaient du maïs au Shaba et au *Copperbelt*, ceux du Kenya approvisionnaient Nairobi. Le changement technologique demeura cependant limité. Les Africains, dans leur grande majorité, « entrèrent dans la colonisation avec une houe, et en sortirent avec une houe [4] » – même si la seconde était souvent de meilleure qualité que la première.

L'expansionnisme agricole entraînait une fermentation sociale. En 1907, un missionnaire installé chez les Akwapim se plaignait : « Le cacao gâte tout. Querelles intestines... mécontentement, discordes, vie irrégulière... parasitisme, corruption, exactions, parjures, mensonges, alcoolisme, paresse, orgueil et duplicité [5]. » Une société hybride se formait peu à peu : en partie paysanne – au sens où ses membres cultivaient majoritairement leurs propres terres avec la main-d'œuvre familiale, et produisaient à la fois pour leur propre consommation et pour l'extérieur –, en partie capitaliste, en ce sens qu'une minorité, employant des travailleurs salariés, produisait avant tout pour le marché et réinvestissait ses profits. Un sondage effectué en 1951-1952 chez les Yoruba suggère que les plus gros producteurs de cacao, soit 18 % de l'ensemble, assuraient 53 % de la production marchande. Ils en furent souvent les pionniers, mais ne pouvaient la monopoliser, ni prolétariser leurs voisins. En règle générale, les pauvres gardaient en effet leurs droits sur la terre, et par conséquent disposaient d'une grande indépendance et de possibilités de marchandage. Dans les années 1930, même les travailleurs migrants venus de la savane cultiver le cacao pour les entrepreneurs locaux de la Côte-de-l'Or, pouvaient se permettre d'exiger un tiers de la récolte en guise de paiement, tandis que leurs homologues du Buganda et du sud de la Côte-d'Ivoire étaient rétribués en terres, ce qui fit des migrations de main-d'œuvre une forme de colonisation. L'hostilité de l'administration coloniale était un autre obstacle auquel se heurtaient les capitalistes en herbe. Les Africains étaient avides de droits de propriété individuelle. Certains, dont les Kikuyu, les obtinrent, mais les gouvernements coloniaux, comme leurs prédécesseurs africains, considéraient les riches propriétaires non seulement comme politiquement dangereux, mais aussi comme responsables de l'apparition d'une classe de dépossédés tout aussi menaçante. Au départ, les Anglais reconnurent la propriété libre et perpétuelle des terres en Afrique occidentale, mais changèrent d'avis en 1907-1908 et veillèrent par la suite à ce que leur propriété commune soit la base d'une « paysannerie prospère ». Les autorités belges, elles aussi, avaient pour objectif « une classe paysanne… attachée par la tradition et l'intérêt à la paix sociale ». De même, les firmes commerciales préféraient traiter avec des paysans plutôt qu'avec des fermiers capitalistes, qui avaient plus de poids sur le marché ; à la fin des années 1930, en Côte-de-l'Or, celles qui achetaient le cacao s'allièrent à l'administration coloniale pour évincer les Africains, à la fois producteurs et courtiers, qui jusque-là servaient d'intermédiaires. À ces obstacles vint s'en ajouter un autre : la persistance d'obligations et d'attitudes pré-capitalistes. Les hommes continuèrent souvent à diviser leurs biens à égalité entre leurs héritiers, souvent nombreux chez les riches polygames. La richesse s'affichait et se distribuait pour acquérir clients et pouvoir : un des premiers producteurs de coton du Nyasaland fit même surveiller ses billets de banque, étendus au soleil, par ses ouvriers. La plupart, il est vrai, se contentaient d'un toit de tôle ondulée ou d'un camion. Beaucoup n'investissaient pas dans la production, mais dans l'éducation, persuadés à juste titre qu'un emploi de col blanc leur garantirait plus facilement aisance et statut social ; en Afrique la « trahison de la bourgeoisie » consista à diriger les investissements non plus vers la terre, mais vers le savoir. Les obligations sociales, en particulier les dots et les cérémonies, absorbaient beaucoup de capital, si bien que certains hommes prospères devinrent musulmans, entrèrent dans des sectes fermées telles que les Témoins de Jéhovah, ou plus généralement cherchèrent à limiter leurs obligations. Comme l'un d'eux le confia à un anthropologue : « Je suis chrétien ; je ne fais pas les choses pour rien. » Le clientélisme demeura cependant une contrainte très forte pour les relations de type capitaliste. Les propriétaires terriens ganda, par exemple, installaient leurs domaines dans les zones les plus peuplées, et se comportaient en grands seigneurs plus qu'en hommes d'affaires. Dans leur langue, *okusenga* signifia successivement « former une ligne de bataille », « servir un chef » et « louer une terre ».

La croissance du capitalisme fut plus spectaculaire, mais encore ambiguë, que chez les fermiers européens. En ce domaine, la principale nouveauté, entre les deux guerres, fut la création au Liberia, par la compagnie Firestone, de la plus grande plantation d'hévéas du monde. La Libye devint une importante colonie de peuplement, tandis que la confiscation des terres se poursuivait dans le

Maghreb, ainsi qu'à l'est et au centre du continent. En 1954, les 984 031 Européens d'Algérie dominaient politiquement le pays, mais ceux de Tunisie (250 000) et du Maroc (363 000) ne disposaient pas d'un tel pouvoir. Ceux de Rhodésie du Sud (136 017 en 1951) se gouvernaient eux-mêmes depuis 1923, mais les colons du Kenya (38 600 en 1951) se heurtaient à l'opposition des Asiatiques. Les colons des colonies portugaises (en 1951, 88 163 en Angola et 52 008 au Mozambique) n'avaient pas plus de liberté politique que les Portugais eux-mêmes. Le pouvoir ou l'influence permit aux Européens de remodeler à leur avantage les économies coloniales. Routes et chemins de fer traversaient les zones où ils s'étaient installés, les banques leur accordaient des crédits. En 1942, au Kenya, le commissaire principal aux Affaires indigènes décrivit le système de commercialisation du maïs comme « la tentative d'exploitation du peuple africain la plus éhontée et la plus excessive depuis que Joseph accapara tout le blé d'Égypte[6] ». Dans ces colonies, l'agriculture européenne monopolisait largement les exportations, passant de la petite exploitation individuelle aux plantations : vin en Algérie, fruits au Maroc, café et thé au Kenya, tabac en Rhodésie du Sud – tendance renforcée par la mécanisation, qui se développa entre les deux guerres en Afrique du Nord, et après 1945 en Afrique tropicale. Dès les années 1930, le vin représentait la moitié des exportations algériennes, et 5 % des viticulteurs assuraient la moitié de la production. Inversement, les Européens devinrent, dans leur grande majorité, des citadins : à la fin des années 1940, c'était le cas de 58 % d'entre eux au Kenya, et de 78 % en Algérie.

L'agriculture européenne ne se contenta pas de prolétariser les Africains et les Arabes : elle suscita en leur sein des différenciations sociales. En Afrique du Nord, la mécanisation évinça les métayers *khamanisa* : en Algérie, ils n'étaient plus que 60 300 en 1954, contre 350 715 en 1901. Dans les années 1950, un quart au moins des musulmans du Maghreb étaient privés de terres. Mais la Tunisie comptait encore des autochtones propriétaires d'oliveraies très prospères, et le Maroc des riches propriétaires terriens et des fermiers modernes dans les plaines atlantiques. En Rhodésie du Sud, l'agriculture blanche et la croissance démographique réduisirent à la pauvreté de nombreuses réserves africaines, devenues simples réservoirs de main-d'œuvre, mais la production marchande survécut dans les zones indigènes créées en 1930. Au Kenya, les Kikuyu conservèrent la plupart de leurs terres, proches de Nairobi, mais sans pouvoir les étendre, de sorte que leur vente engendra à la fois une « gentry » prospère et une importante classe de dépossédés, par ailleurs gonflée par l'éviction, consécutive à la mécanisation, des travailleurs dans les fermes blanches.

La plupart des travailleurs agricoles africains n'étaient pas des prolétaires mais, à l'instar de ceux qui travaillaient dans le cacao, des migrants qui possédaient, chez eux, des droits sur la terre. C'était également vrai – mais de moins en moins – dans l'industrie minière qui, en 1935, assurait encore 57 % des exportations du continent. C'est au Shaba et dans le *Copperbelt* de Rhodésie du Nord (qui se mit à produire à plein régime à partir de 1932) que son expansion et ses profits furent les plus importants. Les compagnies minières cherchaient à stabiliser leurs mineurs afin d'assurer l'offre, d'accroître les compétences et de faire taire les critiques, bien qu'elles aient encore encouragé les retours à la campagne. Entre 1921-1925 et 1931-1935 la proportion de travailleurs africains du Shaba recrutés à l'année tomba de 96 à 7 %. Des industries moins sophistiquées continuèrent toutefois de

recourir à des migrants à court terme, désormais disponibles en nombre suffisamment important – du fait de
la croissance démographique, de l'impôt et des besoins
d'argent liquide – pour rendre inutile ou presque la
contrainte directe. Ces migrations se poursuivaient car
elles représentaient l'unique moyen de se procurer de la
monnaie. En 1934, par exemple, plus de 60 % des
hommes des districts du nord du Nyasaland, très éloignés, devaient ainsi s'absenter, contre 10 % de ceux du
sud, où il existait des possibilités de gagner sa vie sur
place. La plupart des migrants étaient des pauvres,
comme les anciens esclaves de la savane d'Afrique occidentale ou les peuples assujettis par le royaume ndebele ;
dans les régions les plus misérables presque tous les
hommes pouvaient être contraints d'émigrer, parfois de
façon répétée, tout au long de leur vie. L'administration
coloniale les encourageait à retourner périodiquement
chez eux, ce que sans doute ils préféraient. Le va-et-vient
migratoire fut donc une autre conséquence du maintien
d'un certain contrôle sur la terre, qui distinguait les paysans pauvres africains de leurs homologues européens et
latino-américains.

Les migrants organisaient généralement leur départ de
manière à minimiser l'éclatement social. Ils voyageaient
souvent en groupe, sous la direction de chefs expérimen-
tés, partant à pied sur des routes très fréquentées – celle
qui menait de Rhodésie du Sud au Witwaterstrand était
parsemée d'endroits où l'on pouvait dormir dans les
arbres – ou acceptant à contrecœur un contrat avec un
recruteur, qui leur assurait un voyage en train ou en
camion, mais ne leur laissait aucune possibilité de choisir
leur emploi. Ceux qui, chez eux, avaient le moins de possibilités de gagner de l'argent liquide devaient accepter les
pires travaux. Tous s'exposaient au mépris, étant considé-

rés comme des *manamba* (« nombres »), comme les Européens les appelaient en Afrique du Sud, et même des esclaves – certains de leurs employeurs africains ne faisant manifestement pas la différence. Un flux migratoire important menait les peuples de la savane d'Afrique occidentale, comme les Mossi, vers le sud et ses régions forestières prospères – au début des années 1950, près de 200 000 d'entre eux travaillaient dans les plantations de cacao de la Côte-de-l'Or –, ou vers l'ouest, où ils étaient *navétanes* (travailleurs hivernaux) à l'occasion de la saison des arachides en Sénégambie. Le Gezira recourait à des Africains de l'Ouest qui travaillaient sur leur chemin vers La Mecque ou à leur retour. Ceux du centre du continent se dirigeaient vers les mines d'or et de cuivre. Les Algériens partirent travailler en France pendant la Première Guerre mondiale, suivis plus tard par les Africains de l'Ouest. Les études menées dans les années 1970 laissent penser que 60 à 80 % des migrants envoyaient régulièrement chez eux une part de leurs revenus (souvent entre 15 et 20 %), à quoi venaient s'ajouter leurs économies, et des achats qu'ils rapportaient eux-mêmes.

Pendant la crise économique des années 1930, les observateurs soulignèrent les effets destructeurs des migrations de main-d'œuvre sur la société rurale. Ils furent sans doute plus graves dans la savane, où la disparition des hommes permit à l'écosystème naturel – donc à la brousse, au gibier et à la mouche tsé-tsé – de reprendre le dessus sur les cultures. Toutefois, d'autres analyses, datant des prospères années 1950, suggéraient plutôt que pour de nombreux peuples, ces migrations permettaient de préserver l'ordre social : les Mambwe de Rhodésie du Nord « s'appuyaient sur l'économie pour acheter des marchandises », les Swazi consacraient leurs gains à reconstituer leurs troupeaux et à rebâtir leurs foyers suite à la peste bovine et à la perte de leurs terres. La Kabylie, principale source algérienne de travailleurs migrants, était connue pour la stabilité de son ordre social. Les immigrés pouvaient toutefois jouer le rôle d'innovateurs en rapportant avec des plantes, des religions ou des idées nouvelles. Dans certaines régions isolées comme le pays des Ovambo, en Afrique du Sud-Ouest, ils prirent la tête de la révolte contre l'oppression blanche. Pour autant, les sociétés exportatrices de main-d'œuvre passaient avidement à la production de marchandises chaque fois que l'amélioration des transports rendait la chose possible.

De tous les pôles de croissance qui attiraient les migrants, les plus spectaculaires étaient les villes. Certaines vieilles cités – Le Caire, Tunis, Kano – prospérèrent du temps des colonies, souvent au prix d'une grave surpopulation, tandis que d'autres déclinaient, faute de voies ferrées. Les administrations coloniales tentèrent rarement de les restructurer, préférant construire des banlieues nouvelles, pour les Blancs et les immigrés ruraux, comme dans la double capitale de l'ancien Ghana. En Afrique centrale, de nouvelles villes coloniales furent édifiées sur un modèle sud-africain, ségrégationniste, mais ailleurs elles grandirent généralement un peu au hasard, avec un centre entouré de quartiers européens et africains, plus tard submergés par des constructions ; les fonctionnaires s'efforçaient de faire respecter l'ordre en procédant à des « évacuations de taudis » très impopulaires. En 1945, la ségrégation était courante dans la plupart de ces villes ; mais elles furent par la suite entourées d'une ceinture de bidonvilles, liés à une croissance d'une rapidité parfois stupéfiante, surtout à partir des années 1930. Casablanca, principale ville industrielle et commerciale du Maroc, passa ainsi, de 1912 à 1951-1952, de 20 000 à 682 000 habitants.

Les jeunes paysans attendaient souvent beaucoup de la vie citadine. « Que j'arrive à Freetown, disaient-ils, et je serai libre. » Ils étaient souvent déçus :

> À mes yeux, la ville [*La Cité des Morts du Caire*] était pire qu'un désert. Elle était aussi hideuse et stérile, mais bondée de gens. Partout où l'on regardait, il y avait des foules de pauvres, sales, grossiers et mal vêtus. Tout le monde hurlait contre tout le monde, il n'y avait ni politesse ni le moindre signe de pudeur. On aurait dit que les gens de la ville étaient devenus des animaux [7] !

En 1910, le taux de mortalité des quartiers africains d'Elizabethville (Lumumbashi) atteignait 24 % pour an. Les premiers immigrants cherchaient logement, emploi et aide auprès de parents ou de gens de même origine, recréant des institutions rurales telles que la société nyau, qui prospéra chez les Chewa de Salisbury (Harare). Celles-ci cédèrent peu à peu la place à des associations spécifiquement urbaines comme les sociétés de danse béni, qui imitaient la musique et les exercices militaires popularisés par des soldats démobilisés après la Première Guerre mondiale, de la Somalie à l'estuaire du Congo – ou comme les clubs de football, d'abord créés par des écoliers des missions, et qui devinrent des succédanés de la violence des jeunes ruraux. Les « associations tribales » se chargeaient des enterrements, garantissaient une assistance mutuelle, et œuvraient pour le progrès des campagnes. En 1938, l'Ibibio Welfare Union du sud du Nigeria envoya ainsi, dans la même journée, huit étudiants en Angleterre et aux États-Unis.

Les premiers syndicats furent généralement de petites associations d'artisans, ainsi celle des mécaniciens, fondée en 1859 à Monrovia. Dans les économies coloniales, les secteurs les plus stratégiques en ce domaine étaient les transports et l'administration. En Égypte, le premier syndicat d'importance fut celui des employés des tramways, tandis que ceux des chemins de fer furent les pionniers de la lutte syndicale au Soudan et en Côte-de-l'Or. En Afrique orientale, les dockers furent aussi parmi les premiers à s'unir, bien que les fonctionnaires gouvernementaux aient déjà formé des associations. Les instituteurs du Nigeria furent longtemps les mieux organisés de tous. À cette période, les travailleurs agricoles n'étaient pas syndiqués, et les ouvriers de l'industrie assez peu, sauf en Égypte. Les mineurs furent lents à s'organiser – le premier grand syndicat africain du *Copperbelt* ne fut fondé qu'en 1949 – mais, concentrés dans des quartiers réservés, ils étaient prompts à se mettre en grève pour protester contre leurs conditions de travail souvent féroces. La « désertion » ou le sabotage constituèrent une bonne part des premières actions, mais des grèves très suivies marquèrent les lendemains des deux conflits mondiaux ; il y en eut également à la fin des années 1930.

Ces turbulences, à la veille de la Seconde Guerre mondiale, découlaient de la crise économique mondiale, qui révéla et aggrava la dépendance de l'Afrique envers les économies européennes. Entre la fin des années 1920 et le début de la décennie suivante, les prix à l'exportation chutèrent en moyenne de 60 %, et les prix à la production davantage encore. En 1932, l'Union minière elle-même subit des pertes, mais les zones éloignées qui fournissaient alimentation et main-d'œuvre aux anciens pôles de croissance furent celles qui souffrirent le plus : cela montre à quel point la dépendance était devenue forte. Entre 1929 et 1932, la part des impôts prélevés sur les Africains dans les revenus du Congo belge doubla. Il s'ensuivit des manifestations de protestation contre le fisc, des révoltes rurales et des mouvements millénaristes, tandis que les producteurs marchands s'insurgeaient violemment contre la baisse des prix et la complicité des compagnies européennes. Il y eut moins de protestations dans les villes, où les salaires avaient généralement moins chuté que les prix des denrées ; les chômeurs, désarmés malgré les émeutes, dans l'industrie du cuivre, des travailleurs africains et européens, furent les plus touchés. C'est vers la fin des années 1930, alors que les salaires remontaient plus lentement que les prix, que les troubles s'intensifièrent dans l'industrie. Les administrations coloniales réagirent diversement face à la crise. Les Belges tentèrent de préserver l'économie congolaise en réglementant les cultures, les objectifs de production, et les prix dans chaque région agricole. Les colonies portugaises d'Afrique supplantèrent le Brésil comme principal partenaire de la métropole. Les Britanniques subventionnèrent les colons et pressèrent les Africains de sacrifier leur production, mais pour le reste se contentèrent du *statu quo*. L'État français, en revanche, quadrupla ses investissements coloniaux (pour l'essentiel sous forme de prêts), de telle sorte que les exportations coloniales puissent conserver leur place dans les échanges avec l'étranger, et les marchés coloniaux absorber l'excédent de produits manufacturés français. Un rapport officiel déclarait en 1932 : « Le Dakar urbain et ses banlieues rurales sont devenus de vastes chantiers de construction [8]. » L'extension des villes, l'augmentation de la production destinée à l'exportation, et une dette publique croissante, firent entrer les colonies françaises dans une nouvelle phase du sous-développement, mais ailleurs il en alla autrement. Entre 1929 et 1933, la population africaine de Nairobi chuta de 28 %.

Les tensions économiques nées de la crise furent suivies, aussitôt après, par la guerre. Le caoutchouc du

Liberia et le tabac de Rhodésie du Sud en profitèrent ;
mais les colonies françaises subirent une forte exploitation
par les régimes vichyste et gaulliste, tandis que partout
ailleurs se resserraient les contrôles économiques mis en
place durant les années 1930. En juillet 1946, la Grande-
Bretagne devait à ses colonies africaines 209 millions de
livres en dettes de guerre non payées. En mai 1945,
375 000 Africains servaient dans les forces britanniques ;
d'autres avaient été enrôlés pour travailler chez des
employeurs privés, il y avait des rationnements dans de
nombreuses villes, les marchandises importées étaient
rares et l'inflation très élevée. À Douala, les salaires réels
baissèrent de moitié pendant la guerre, et tout mécontentement était fermement réprimé. L'Afrique du Nord subit
des pressions particulièrement lourdes, car la Tunisie et la
Libye furent des champs de bataille, tandis que l'Égypte
elle-même connaissait une inflation qui dans l'industrie
réduisit les salaires réels de 41 %.

Après 1945, les puissances européennes tirèrent parti
de leurs empires pour financer la reconstruction de la
métropole. Entre 1945 et 1951, l'Angleterre, la plus
grande débitrice de la planète, tira près de 140 millions
de livres de ses colonies, sans compter les sommes sous-
traites aux producteurs par les commissions coloniales à
des fins d'investissements locaux. Pendant la même
période, les fonds métropolitains investis aux termes du
Colonial Development and Welfare Act ne dépassèrent
pas 40 millions de livres. La France se montra plus géné-
reuse, investissant d'abondants fonds publics dans la production primaire et les infrastructures. Celles-ci furent
également, en 1948, le principal souci du premier plan
de développement du Congo belge, avec la stabilisation
de la paysannerie et des classes urbaines. Le Portugal fit
de même dans ses investissements, en se préoccupant

également de la colonisation blanche. L'agriculture paysanne agaçait les régimes coloniaux : cela mena à de coûteuses absurdités, ainsi au Tanganyika, où fut mis sur pied un projet de culture de l'arachide. En 1952, cependant, quand la crise d'après-guerre prit fin en Europe, l'Afrique connaissait sa première période de prospérité depuis vingt-cinq ans, grâce au boom sur les marchandises provoqué par la guerre de Corée. En 1949, le cacao assurait déjà la moitié du revenu national de la Côte-de-l'Or ; au cours des cinq années qui suivirent, son prix mondial crût de 162 %. Des prix réels du pétrole en chute libre encouragèrent, au début des années 1950, les transports motorisés, le développement d'initiatives privées africaines, et une croissance enivrante. Il y eut même des changements structurels : jusque-là, l'Égypte était le seul pays d'Afrique doté d'industries modernes – où une production locale visant à se substituer aux importations avait commencé dès les années 1930 et s'était accélérée pendant la guerre –, dans les territoires colonisés par les Européens d'Afrique du Nord, au Kenya et en Afrique du Sud, autour de l'industrie minière du Shaba – et, à petite échelle, à Dakar. Ailleurs, les administrations coloniales s'étaient souvent montrées réticentes au développement industriel. À partir de la fin des années 1940, toutefois, les firmes commerciales créèrent des « usines protectrices des marchés » (brasseries, traitement des produits agricoles, textiles, savonneries, cigarettes) dans les colonies les plus importantes, jouant des tarifs douaniers contre les importateurs rivaux. Quelques entrepreneurs africains et asiatiques suivirent leur exemple. En 1954, pour la première fois, la production d'objets manufacturés du Kenya dépassa la valeur de sa production agricole destinée à l'Europe. L'économie coloniale classique était en voie de transformation.

Éducation et religion

Avec le développement économique, l'éducation constitua le principal facteur de changements au temps de la colonisation, non seulement comme réservoir de compétences, mais aussi comme source de différenciation sociale et de conflits politiques. Plus facile à obtenir, et à transmettre à la génération suivante, que la richesse, elle devint en Afrique la principale source de mobilité, et de stratification, sociales. Elle encouragea également la libération individuelle, mais créa aussi les conflits, obligeant les hommes éduqués à faire, chacun, une synthèse entre ces valeurs héritées et les idées nouvelles, et c'est cela qui donna à la période coloniale une bonne part de sa vitalité. Au Gabon, les Fang avaient pour habitude de placer une lance dans l'eau du premier bain d'un nouveau-né ; au XXe siècle, on y substitua un crayon.

Les missionnaires chrétiens furent les pionniers de l'éducation à l'occidentale, mais ils éveillèrent peu d'intérêt avant 1877, date de leur arrivée au Buganda. Les rivalités qui régnaient à la cour provoquèrent une demande de masse une fois que des « Lecteurs » éduqués se furent emparés du pouvoir en 1889, et que les Britanniques eurent établi leur domination sur le pays. En 1900, parmi les Ganda, adultes comme enfants, au moins un quart avait été scolarisé. Ailleurs, la conquête coloniale poussa souvent les jeunes à « épouser l'alphabet » auprès des missionnaires : ils voyaient dans l'éducation un moyen d'échapper aux travaux agricoles et de décrocher un emploi gratifiant. En ce domaine, les demandes les plus intéressées venaient de peuples portés à la compétition, souvent sans État, comme les Igbo du Nigeria, les Béti du Cameroun et les Ewe du Togo. Les missionnaires faisaient passer la quantité avant la qualité : en 1905 l'Église réformée hollandaise se chargeait de l'instruction de 14 000 élèves chewa du Nyasaland, mais ne leur consacrait que 100 livres, et leur apprenait à écrire en traçant les lettres sur le sol. Dans les colonies britanniques, la transformation des « écoles de brousse » des missionnaires en écoles primaires attendit les subventions et des inspections d'État, soit généralement les années 1920. En Afrique occidentale française, en revanche, les autorités étant anticléricales, elles refusèrent une telle assistance, et l'éducation primaire prit du retard : en 1949-1950, 6 % seulement des enfants en âge d'aller à l'école étaient scolarisés, contre 16 % au Nigeria, 26 % au Kenya, et 33 % au Congo belge.

À la même époque, l'enseignement secondaire n'accueillait que 1 à 2 % des élèves, contre 7 % en Égypte. Jusqu'à la Seconde Guerre mondiale, les administrations coloniales, comme les missionnaires, mirent surtout l'accent sur l'éducation primaire, avant tout comme préparation à la vie du village ou connaissance pratique, alors que les Africains étaient de plus en plus demandeurs d'éducation secondaire, précisément pour échapper à un tel avenir. Or, comme les régimes coloniaux avaient besoin de subordonnés autochtones formés, il existait quelques écoles secondaires de haute qualité et de grand prestige : l'académie Sadiki de Tunis, fondée en 1875 par Khayr el-Din ; l'Overtoun Institution, dans le nord du Nyasaland, dont le programme comprenait aussi bien l'étude des classiques grecs que les principes de l'ingénieur, mais qui déclina malheureusement dans les années 1920 ; l'école William Ponty, fondée en 1903 près de Dakar, qui forma en AOF une élite africaine ; le Gordon Memorial College de Khartoum ; Achimota en Côte-de-l'Or ; l'Alliance High School au Kenya. Chacun de ces établissements devait former une génération entière de dirigeants nationalistes. Il n'en existait pas dans les deux Rhodésie ou au Congo belge, où l'on appliquait le vieux dicton « Pas d'élites, pas de problèmes ». La première université de style occidental du nord du continent ouvrit ses portes au Caire en 1909 ; au début des années 1950, la proportion d'étudiants en Égypte était deux fois supérieure à celle de la Grande-Bretagne. En Afrique tropicale, seule une infime minorité fit des études supérieures, avant tout en Europe et aux États-Unis, avant la Seconde Guerre mondiale, après laquelle s'ouvrirent des universités au Nigeria, en Côte-de-l'Or, en Ouganda, au Soudan et en Éthiopie (1949-1951), à Salisbury (1956) et à Dakar (1957).

À cette époque, l'éducation en Afrique, et contrairement à ce qui s'était passé en Inde, encouragea la mobilité sociale plus qu'elle ne renforça les anciennes classes privilégiées, avant tout parce que l'Afrique tropicale n'avait pas de vieilles élites lettrées, exception faite des clercs musulmans. L'Égypte constitue, de ce point de vue, un cas à part. Dans de nombreuses colonies, les administrations donnèrent aux fils de chefs une éducation privilégiée, tandis que certaines classes dominantes surent vite s'approprier le savoir, en particulier au Bulozi et au Swaziland. En règle générale, toutefois, l'éducation connut une expansion si rapide que même là où il y avait des privilèges, nombre d'élèves étaient d'origines sociales relativement humbles. En 1940-1941, 38 % de ceux du lycée William Ponty étaient fils de fermiers, d'éleveurs ou de pêcheurs, 23 % de membres des professions libérales ou de religieux. À Rufisque, dans son équivalent féminin, les proportions correspondantes étaient cependant de 7 et de 54 %, car il existait beaucoup moins d'écoles pour filles. Les différences régionales furent importantes et durables. Avant 1953, le Buganda fournit près de 40 % des

Africains de l'est de Makerere College de Kampala, alors qu'en 1951 le nord du Nigeria ne comptait qu'un seul diplômé (chrétien). Mécontents du système éducatif officiel, les Africains cherchèrent parfois à en créer un autre, en particulier chez les Kikuyu qui entre 1929 et 1952 fondèrent entre 300 et 400 écoles indépendantes.

Savoir lire et écrire fascinait les jeunes : « Aux pâturages l'un d'entre eux commença à apprendre à écrire à un autre, et je les regardais, désœuvré… et j'ai dit : "Moi aussi je vais essayer d'écrire quelque chose sur du papier." Peu à peu j'ai écrit de nombreuses lettres. Et à la fin mon professeur a dit : "Ce sont toutes les lettres. Tu as fini." Ce jour-là a commencé mon amour de l'étude [9]. »

L'écriture possédait toujours ce côté magique qu'elle avait du temps où les musulmans la monopolisaient, mais elle présentait aussi des avantages matériels – en 1927, l'Africain le mieux payé de Nairobi était un linotypiste – et donnait accès à un savoir et un pouvoir dont les illettrés se savaient exclus : ils étaient devenus des *abatasoma*, « ceux qui ne lisent pas », terme officiel méprisant utilisé au Buganda pour désigner les païens. Cela pouvait aussi être une arme de l'élite, comme dans l'Égypte ancienne. Sir Apolo Kaggwa acquit une presse à imprimer pour publier sa version de l'histoire et des coutumes du Buganda, tandis que Njoya, le remarquable souverain du Bamoum au début de la colonisation du Cameroun, inventa une langue et une écriture pour noter l'histoire de sa chefferie, la loi coutumière, compiler la pharmacopée locale, et codifier une religion nouvelle mêlant des éléments de l'islam, du christianisme et des pratiques autochtones. L'écriture européenne alphabétique, d'apprentissage relativement facile et que tous avaient le droit d'apprendre, pouvait toutefois aussi être une arme pour les mécontents. Les disciples de John Chilembwe se

révoltèrent après avoir lu les Écritures, comme le firent
d'ailleurs, moins violemment, nombre des premiers chrétiens, car la Bible fut presque partout le premier livre
imprimé en langues africaines. L'imprimerie rendit également plus faciles d'accès les textes islamiques, et stimula
en Égypte et en Tunisie une vigoureuse activité littéraire.
Ailleurs, elle vulgarisa surtout un savoir autochtone relatif
à l'histoire locale, aux coutumes et au folklore.

En Afrique subsaharienne, et exception faite du Liberia, les premiers journaux africains d'importance furent le
Imvo Abantsundu (« L'opinion indigène ») en Afrique du
Sud (1884), et le *Lagos Weekly Record* au Nigeria (1891).
En 1914, ce dernier ne tirait toutefois qu'à 700 exemplaires – contre 10 000 pour le plus important journal
nationaliste du Caire ; vers le milieu des années 1940,
néanmoins, le *West African Pilot*, édité à Lagos par
Nnamdi Azikiwe, un des pionniers du nationalisme,
atteignait 20 000 exemplaires. En 1953, 10 % seulement
des habitants du Nigeria maîtrisaient l'alphabet latin,
mais il existait quand même un lectorat populaire. Le
premier grand roman d'Afrique tropicale, *Forest of a
Thousand Daemons*, de D. O. Fagunwa, était paru en
1936 : il reprenait des contes populaires d'une éblouis-
sante vitalité. Inversement, les petits romans populaires
publiés à Onitsha après 1945 incarnaient les préoccupations des anciens élèves urbains des écoles primaires, mettant l'accent sur l'individualisme, le succès matériel, les
relations entre générations, et l'amour romanesque,
comme d'ailleurs la littérature populaire de langue amha-
rique. Les brochures d'Onitsha menèrent toutefois à
Cyprien Ekwensi, dont le roman *People of the City*, paru
en 1954, marqua l'apparition d'une génération de roman-
ciers réalistes, qui redécouvrirent leur continent au
moment même de l'indépendance, et firent l'anatomie de

ses dilemmes par la suite. Le plus grand écrivain du lot fut toutefois le dramaturge Wole Soyinka, dont la synthèse des formes culturelles yoruba, et des traditions théâtrales de l'Occident, devait lui valoir en 1986 le prix Nobel de littérature.

L'association du christianisme à l'écriture et à l'éducation lui donna, aux débuts de la période coloniale, un attrait beaucoup plus fort, et un caractère nouveau. Pour la première fois, l'Église africaine devint une Église de jeunes, et connut le succès rencontré, dans l'Afrique moderne, par tout mouvement associé à la jeunesse. Leur soif d'éducation avait souvent des motifs matériels très forts. Ils étaient attirés par le nouveau, sans être encombrés par la polygamie ou les devoirs religieux autochtones. L'adolescence est souvent l'âge optimal pour une conversion religieuse. Et les sociétés polygames d'Afrique avaient réprimé les jeunes, pour qui le christianisme représenta une sorte de révolte générationnelle, un peu comme le communisme le fut dans l'Asie du XXe siècle. En 1912, tous les membres du premier Conseil de l'Église anglicane de l'ouest du Kenya étaient encore scolarisés. En 1898, un évêque anglican écrivait d'Ijebu, chez les Yoruba : « Presque tous les pratiquants sont des jeunes. Ceux qui dépassent 40 ans sont très rares, la majorité est dans la toute première fleur de l'âge [10]. » Cette conversion de masse se reproduisit chez les Igbo, les Beti du Cameroun (dont en trente ans 90 % devinrent chrétiens [11]) et, de façon moins spectaculaire, ailleurs. Ces mouvements, centrés sur les écoles, furent non seulement rapides mais généralement durables, contrairement à certaines attaques plus millénaristes contre le mal ou la maladie. De nombreux missionnaires se rendirent compte très vite, comme l'expliqua un père catholique installé chez les Igbo, que « nous devons nous concentrer sur les écoles, faute de

quoi nos ennemis protestants captureront tous les
jeunes [12] ». Des moines bénédictins, des officiers de
l'Armée du Salut, et des quiétistes moraves abandonnèrent leurs traditions européennes pour organiser des
réseaux pratiquement identiques d'écoles et de catéchèse.
Leurs élèves venaient souvent de familles pauvres, notamment parce que les souverains africains se méfiaient souvent de l'action missionnaire. Le roi du Rwanda, par
exemple, ne permit d'abord aux Pères blancs de s'installer
que parmi ses sujets hutu, menaçant de mort tout Tutsi
qui les rejoindrait. De nombreux convertis trouvèrent
refuge dans les implantations missionnaires paternalistes
semblables aux « fermes-chapelles » des Jésuites du Congo
belge, dont les catéchistes fondèrent des villages chrétiens,
à côté de ceux qui existaient déjà, pour attirer les jeunes.
Les femmes pouvaient également chercher protection
dans les communautés chrétiennes. La principale motivation qui explique les progrès du christianisme pendant la
première moitié du XXᵉ siècle fut un fort souci d'auto-
émancipation de la part des jeunes, des pauvres et des
femmes, et non une réaction purement intellectuelle à
l'élargissement colonial du monde dans lequel vivaient les
Africains.

En 1910, l'Afrique comptait sans doute plus de 10 000
missionnaires européens. Leur rôle principal était d'édifier les églises locales, l'évangélisation étant assurée principalement par des Africains. Certains de ceux-ci n'avaient
ni mandat ni formation spécifiques, comme les travailleurs migrants qui, en Afrique du Sud et de l'est, prêchaient pour l'Armée du Salut ou les Témoins de
Jéhovah. D'autres étaient des instituteurs-catéchistes, qui
souvent savaient à peine lire et écrire, et qu'on envoyait,
comme l'un d'eux l'expliquait, dans « une école très
petite, dans un village lointain plein de sorcières, de

sorciers et de vers [13] ». En 1931 les Pères du Saint-Esprit employaient à eux seuls 8 399 catéchistes. Les missionnaires étaient généralement très désireux de former un clergé africain, sachant, comme l'exemple du Kongo l'avait montré, que c'était là un moyen essentiel d'obtenir des effets durables – mais ils se montraient également prudents, redoutant que ce clergé ne soit pas à la hauteur de sa tâche. Les catholiques exigeaient le célibat et la rigueur du séminaire ; ils ordonnèrent leurs premiers prêtres africains avant la Première Guerre mondiale, et consacrèrent en 1939 leurs deux premiers évêques, Joseph Kiwanuka du Buganda, et Joseph Faye, du Sénégal. En 1950, on comptait près de 800 prêtres catholiques d'origine africaine. Les missions protestantes n'exigeaient ni célibat ni longue formation : elles ordonnèrent donc leurs premiers pasteurs dès le milieu du XIXe siècle, et par la suite en formèrent davantage que les catholiques, mais mirent du temps à leur accorder un certain pouvoir de contrôle sur l'Église, sauf pendant la Première Guerre mondiale, lorsque plusieurs territoires occupés par des missions d'origine allemande devinrent des églises africaines autonomes. En 1910, l'Afrique comptait environ 7 millions de chrétiens, en 1930 16, et en 1950 34 [14].

Cette évangélisation rapide ne se fit pas sans affrontements. Les missionnaires du début du XXe siècle étaient peu enclins à christianiser progressivement les coutumes africaines. Ils pouvaient s'approprier des symboles locaux : les Pères blancs battaient ainsi l'appel pour la messe avec le tambour destiné à l'origine au dieu Mukasa. Le test le plus révélateur de la bonne foi des convertis était toutefois leur « rejet des idoles ». L'Afrique n'était pas pour autant une *tabula rasa ;* il y eut, dans la pratique, des adaptations, mais elles étaient généralement le fait des convertis eux-mêmes, dans le cadre d'un processus

d'acceptation de la nouvelle religion, et de sa réconciliation avec des croyances et des pratiques héritées. Étant au
mieux des alphabétisés de fraîche date, ils faisaient preuve
d'un éclectisme qui, comme autrefois dans l'histoire du
christianisme en Afrique, pouvait emprunter deux directions différentes. Certains chrétiens continuaient à croire
avec ferveur à l'existence de leurs dieux, mais les considéraient désormais comme des forces mauvaises. Au
Buganda, touché par la guerre civile, les chrétiens victorieux brûlèrent les autels indigènes partout où ils en trouvèrent. Leurs chefs répétaient : « Avancez, détestez les
dieux du passé et adorez le Dieu vivant [15]. » Dans la
région des Grands lacs, le vieux culte chwezi résista vigou-
reusement, selon les souvenirs d'un catéchiste : « Leurs
assemblées n'étaient que des clubs de mécontents et de
réactionnaires, tout comme ma maison était le lieu de
rencontre des jeunes, des espoirs avides et simples d'un
avenir meilleur [16]. » Il est vrai que même ces attaques
contre des pratiques religieuses autochtones avaient des
précédents locaux chez des mouvements populaires qui
avaient voulu abolir la sorcellerie. Aux débuts de la colonisation, la plus remarquable conversion de masse fut
l'œuvre de prophètes africains héritiers de cette tradition,
en particulier William Wade Harris en Côte-d'Ivoire de
1912 à 1914, Garrick Trade dans le delta du Niger en
1914-1916, et Simon Kimbangu au Congo en 1921. On
dit que Harris proclamait : « Les fétiches sont en ville,
dans la brousse, dans l'eau. Dieu m'a envoyé pour les
brûler. Si vous croyez en Dieu, tout ira bien. Tout sera
parfait pour vous [17]. » Ici un dualisme religieux forma la
base d'un dualisme chrétien, dans lequel la sorcellerie et
les esprits étaient identifiés à Satan sans perdre de leur
réalité. Certaines communautés organisèrent même des

cérémonies pour prévenir les esprits que désormais ils ne seraient plus vénérés.

Néanmoins, cet éclectisme qui permettait de croire à deux ensembles différents de forces spirituelles amena certains à vouloir tirer profit des deux, traitant ainsi le christianisme avec un pragmatisme autochtone auquel les missionnaires restaient étrangers. Comme l'a écrit un spécialiste du Nyasaland : « Les chrétiens choisirent simplement dans le christianisme qui leur était présenté les éléments significatifs et utiles pour eux, et ignorèrent le reste [18]. » Ils lui empruntèrent ainsi l'écriture, une conception plus claire d'un Dieu suprême, et certains éléments de l'eschatologie chrétienne, infiniment plus prenants que les croyances à la survie des esprits. « Voulez-vous brûler ? », demandaient à leurs voisins les villageois chrétiens du lac Malawi. En règle générale, les chrétiens, toutefois, ne tenaient aucun compte de l'enseignement des missionnaires sur le mariage, comme leurs prédécesseurs de Carthage, d'Éthiopie ou du Congo. Après deux générations d'évangélisation, un quart seulement des anglicans du Buganda, ou des catholiques de Rhodésie du Sud, se mariait à l'église. De nombreux chrétiens recouraient à tous les pouvoirs spirituels susceptibles de guérir leurs malheurs particuliers, ils consultaient des devins, sollicitaient des charmes et des remèdes protecteurs, interprétaient les pratiques chrétiennes en termes magiques. Avec le temps, un tel éclectisme alimenta des formes de spiritualité rurale à la fois chrétiennes et africaines, mais qui scandalisaient les zélotes.

À mesure que missionnaires et convertis se comprenaient mieux, ils partirent dans des directions opposées. Après 1918, les premiers acquirent plus de respect pour les religions locales, et plusieurs se risquèrent à des adaptations en introduisant ainsi des rites d'initiation chrétiens ou l'usage de la musique africaine dans les rites chrétiens. En règle générale, toutefois, ils se heurtèrent, ce faisant, à l'hostilité de leurs fidèles car nombre de ceux-ci identifiaient les pratiques autochtones avec le Diable et cherchaient leurs modèles plutôt dans la Bible, de plus en plus accessible dans des versions en langues africaines. Ces tendances étaient courantes dans les Églises indépendantes qui échappaient au contrôle des missionnaires ; elles devinrent une caractéristique du christianisme africain. Les plus anciennes furent généralement l'effet de querelles sur le pouvoir institutionnel, de l'ordination d'un clergé africain, et des tensions politiques sous-jacentes. C'est tout particulièrement vrai de celles fondées à Lagos à partir des années 1880, de la toute première fondée en 1884 en Afrique du Sud, l'Église thembu, ou de l'Église éthiopienne (1892) qui donna son nom à un type d'organisation conservant les doctrines de la mission mère, mais rejetant son autorité. Après 1918, les protestations de cette sorte prirent généralement une forme politique séculière, et les Églises indépendantes furent créées pour des raisons plus spirituelles. Celles dites « de Sion », fondées en Afrique du Sud par des Blancs dans les années 1890, étaient plus novatrices sur le plan rituel ou doctrinaire, attiraient des gens moins éduqués, et se préoccupaient tout particulièrement de l'expérience et de la guérison spirituelles. Les plus importantes, l'Église des Nazaréens d'Isaiah Shembe (fondée en 1911) et l'Église chrétienne de Sion d'Enginasi Lekhanyane (fondée en 1925), suivirent toutes deux cette formule, comme les Églises aladura fondées au Nigeria en réaction à la pandémie de grippe espagnole de 1918. Persuadés que la religion devait guérir le corps aussi bien que l'esprit, leurs fondateurs restaurèrent le holisme des traditions religieuses africaines, et cherchèrent à mettre en œuvre des ressources chrétiennes pour satisfaire toute la variété des besoins des Africains. Étudiant la Bible, s'efforçant de débarrasser le christianisme de ses apports européens, ils aspirèrent également à une Église plus spirituelle, comme de nombreux partisans des missionnaires mais, par exemple, rejoignirent le Mouvement du Renouveau qui après 1929 revitalisa les Églises protestantes d'Afrique orientale. D'autres ne lisaient pas que les Écritures, mais aussi les brochures de la Watchtower and Tract Society, prédécesseur des Témoins de Jéhovah, qui à partir de 1908 poussa des Africains du sud du continent (souvent des travailleurs migrants) à créer des communautés fermées attendant une fin du monde imminente, et dénonçant le caractère satanique de l'ordre traditionnel comme de l'ordre colonial. Les fidèles des Églises de Sion en créèrent d'assez semblables, où les femmes, les vieillards, les illettrés et les polygames se voyaient accorder un rôle, mais elles eurent rarement des activités politiques. L'indépendance ne se réduisait pas à une simple résistance au colonialisme, car elles n'étaient pas les plus répandues dans les régions les plus opprimées – elles ne manquaient pas chez les Yoruba, pays prospère et administré d'une main légère –, et continuèrent à prospérer après l'indépendance. C'étaient plutôt des efforts pour satisfaire les besoins des Africains dans des régions fortement christianisées, où les Églises fournissaient des modèles institutionnels à ceux qui avaient peu d'institutions religieuses autochtones adaptées. Certaines initiatives non chrétiennes, ainsi Déima en Côte-d'Ivoire, pouvaient bien ignorer la Bible : elles s'efforçaient d'imiter l'Église. En 1950, il existait sans doute en Afrique entre mille et deux mille Églises indépendantes, comptant près de deux millions de fidèles.

La domination européenne pouvait sembler constituer pour l'islam un environnement moins favorable. C'est en tout cas ce que pensaient les musulmans. Après la défaite, certains partirent parfois jusqu'à La Mecque, tandis que la majorité accueillait les nouveaux venus avec la soumission extérieure, et la réserve intérieure, que prescrivait la religion. De nombreux régimes musulmans perdirent le pouvoir, et leurs systèmes éducatifs furent marginalisés ou, comme en Algérie, pratiquement anéantis. Les Britanniques au Soudan, et les premiers fonctionnaires français un peu partout, voyaient l'islam d'un œil soupçonneux. Cela n'empêcha pas Lugard d'étendre la domination des Foulbé islamisés sur des peuples qui ne l'étaient pas, les Allemands de se fier à des agents côtiers en Afrique orientale, et les Français eux-mêmes, dans l'entre-deux-guerres, de chercher des alliés musulmans en Afrique occidentale : ils les trouvèrent dans les fraternités du Sénégal, de plus en plus puissantes. De surcroît, les changements provoqués par la colonisation encourageaient l'expansion de l'islam. Le besoin de reconstruction sociale, après la conquête, favorisa la fraternité mouride, et provoqua des conversions de masse chez les Yao d'Afrique centrale et les Yoruba. De nombreux esclaves libérés semblent être devenus musulmans afin de pouvoir jouir d'une identité nouvelle. Les migrations de main-d'œuvre exposèrent de nombreux ruraux à la culture islamique urbaine. Pour les Jola du Sénégal, l'islam vint avec les arachides et les camions, mais il leur fut apporté par des enseignants musulmans, car le prosélytisme actif fut le principal moteur de l'expansion, ainsi par l'intermédiaire de la fraternité qadiriyya, très active en Afrique orientale. L'islam étant une culture complète, son adoption prit, à l'origine, une forme généralement éclectique. L'Être suprême serait désormais considéré comme étant Allah, tandis que les esprits de moindre importance, démonisés, devenaient des *djinns*. Là où les chrétiens insistaient sur la guérison, les musulmans offraient divination et magie protectrice. C'est ainsi que la méthode de divination *ifa* des Yoruba se vit substituer le *hati* islamique, avec cette différence que le devin musulman consultait un livre au lieu de s'en remettre à des textes mémorisés, et conseillait la charité plutôt que des sacrifices. Le littéralisme de l'islam érodait pourtant l'éclectisme, et encouragea un approfondissement des croyances. Dans le nord du continent, son principal agent fut le mouvement moderniste salafiyya, basé au Caire, qui entre les deux guerres créa des écoles indépendantes dans tout le Maghreb, éduquant une génération entière de futurs nationalistes. Il atteignit l'Afrique occidentale après 1945, mais là des initiatives avaient déjà eu lieu, venues d'associations éducatives locales et de fraternités telles que la Tijaniyya réformée.

Avant 1950, la majorité des Africains se livrait sans doute à des pratiques religieuses autochtones. Comme elles étaient dépourvues d'institutions et de textes sacrés, il est souvent difficile de se faire une idée de leur résistance à l'impact de la colonisation, mais on en a des indices dans des événements comme l'inspiration de Kinjikitile dans la rébellion maji maji, la coordination, par la société poro, de la « guerre de l'impôt sur les huttes », ou le harcèlement des catéchistes de village et de leurs élèves par la société nyau. En 1931, les prêtres traditionnels du Dahomey conservaient leurs fonctions sans que grand-chose ait changé, et ce une génération après la destruction du royaume. Pour autant, les religions autochtones ne se contentaient pas de résister – elles constituaient depuis longtemps l'élément le plus malléable des cultures africaines. Nombre d'entre elles inventèrent des prophéties parlant d'hommes blancs, ce qui rendait la conquête plus facile à supporter, parce qu'annoncée à l'avance. Le culte territorial de Mwari incorpora les colons blancs de Rhodésie du Sud, devenus les enfants de la sœur du dieu. Mbona le martyr prit les traits de Jésus. Des cultes d'affliction domestiquèrent les forces du changement en les assimilant à des esprits dont on pouvait être possédé. Autels et remèdes protecteurs proliférèrent avec la mobilité plus grande et les préoccupations nouvelles, propres à l'époque. De nombreux cultes adoptèrent des éléments européens. Le Kongo, par exemple, recourait à la fois à la communion et à la chirurgie comme autant d'ordalies en cas d'accusations de sorcellerie, tandis que les Fang du Gabon, peu avant la Première Guerre mondiale, à une époque de dépopulation massive, créèrent le culte bwiti pour revitaliser leur société en synthétisant ses symboles et ses croyances au sein d'un cadre institutionnel inspiré d'une église chrétienne.

Toutefois, et en dépit de cette vitalité créatrice, les religions autochtones étaient généralement sur la défensive. En 1913, un chrétien planta des plants de cacao à Arochukwu, sur une terre autrefois sacrée. Ce déclin était dû en partie à l'hostilité des administrations – en 1933, tous les chefs qui, au Burundi, pratiquaient encore les rites indigènes furent renvoyés –, mais plus encore à la concurrence du christianisme et de l'islam, et antérieurement à la plus grande mobilité personnelle et aux changements apportés par le commerce, car les religions autochtones, de type communautaire, ne pouvaient prospérer qu'à l'échelle locale. Ce sont donc leurs rituels qui périclitèrent, tandis que la croyance à un Dieu suprême pouvait même devenir plus forte, comme celle à la magie et à la sorcellerie. Les Africains pensaient sans doute que cette dernière se renforçait, tout comme l'époque se dégradait, mais pendant la période coloniale cette inquiétude fut alimentée par le déclin des défenses religieuses indigènes, une mobilité croissante, des pressions sociales nouvelles et, plus spécifiquement, le refus des administrations européennes de prendre au sérieux la sorcellerie, et leur acharnement à punir, non seulement les prétendues sorcières, mais aussi ceux qui cherchaient à les identifier. Les Africains contournèrent donc les lois coloniales en multipliant les mouvements, assez rares jusque-là, d'éradication de la sorcellerie, administrant à des communautés entières des remèdes qui les y rendraient invulnérables et tueraient quiconque s'y livrerait par la suite. De tels mouvements, aux formes très diverses, souvent lourds de sous-entendus millénaristes et anticoloniaux, devinrent aussi caractéristiques de la période que le christianisme lui-même.

Les changements politiques

L'éducation à l'occidentale transforma la politique africaine. En 1918, le nord du continent était, en ce domaine, la principale zone active. Les nationalistes égyptiens, contraints à la clandestinité après 1882, refirent surface avant la Première Guerre mondiale, et demandèrent à faire partie d'une délégation qui réclamerait l'indépendance à la conférence sur la paix qui se tenait alors. Éconduits, des propriétaires terriens et des avocats menés par Saad Zaghlul fondèrent un parti, le Wafd (« Délégation ») et mobilisèrent le soutien populaire par l'intermédiaire des sheiks de village. Quand les Britanniques exilèrent Zaghlul, il s'ensuivit de nombreuses violences dans les campagnes ; comme les colonisateurs ne voulaient pas se lancer dans une répression qui durerait longtemps, ils cherchèrent donc à transférer leur responsabilité aux Égyptiens conservateurs en proclamant, en

1922, l'indépendance du pays, tout en se réservant des « droits » d'intervention pour défendre le canal de Suez et l'Égypte, protéger les intérêts étrangers, et maintenir l'intégrité du Soudan. Comme cela devait se reproduire lors de la décolonisation, ils ne parvinrent pas, cependant, à choisir leurs successeurs, car le Wafd gagna les premières élections, en 1924. Cependant, quand il tenta d'obtenir le retrait complet des Britanniques grâce à l'agitation populaire, ceux-ci contraignirent le roi à renvoyer le gouvernement – le Wafd gagna de nouveau les élections suivantes. Ce fait se produisit à trois reprises entre 1922 et 1952 – trente ans pendant lesquels le Wafd et la monarchie devinrent toujours plus conservateurs et corrompus. Des idées politiques plus radicales s'exprimèrent dans le parti communiste égyptien, et les Frères musulmans, premier mouvement fondamentaliste du nord de l'Afrique fondé en 1928 par Hassan al-Banna. La croissance démographique, l'accaparement des terres par les plus riches réduisirent les paysans au chômage urbain. En dépit d'un certain développement industriel, le revenu national *per capita* de l'Égypte chuta de près de 20 % entre le début du siècle et 1945.

L'Égypte constitua pourtant un modèle pour les premiers nationalistes du Maghreb. En Tunisie, une élite moderniste avait existé avant l'occupation française ; elle refit surface en 1907 sous le nom de Jeune Tunisie et revendiqua une place au sein du système politique colonial. S'étant vu refuser toute participation aux négociations sur la paix, certains de ses membres créèrent en 1920 le parti Destour (« Constitution ») qui réclamait la restriction du pouvoir autocratique du Bey, grâce auquel la France gouvernait. Le refus de ce parti d'exploiter l'agitation populaire exaspéra les plus jeunes, de formation européenne et d'orientation jacobine, venus des petites villes et de classes sociales plus humbles. En 1933, sous la direction de Habib Bourguiba, ils créèrent le Néo-Destour, premier parti d'Afrique authentiquement nationaliste, et se fixèrent comme objectif l'indépendance. En 1937, il comptait 400 sections, 28 000 activistes, et près de 400 000 « adhérents ». Frustré par la répression et l'opposition des colons, il s'achemina vers la violence terroriste au début des années 1950.

Le Maroc et l'Algérie étaient des territoires plus fragmentés, dépourvus d'élites précoloniales éduquées. Au Maroc des groupes d'anciens étudiants issus de la bourgeoisie urbaine créèrent en 1943 le parti Istiqlal (« Indépendance »), mais qui fut éclipsé politiquement par le roi Mohamed V, dont l'exil, ordonné en 1953 par les Français, fit un martyr – et aussi par des chefs berbères et des groupes de guérilla installés dans les montagnes. En Algérie, le nationalisme constitutionnel ne fut qu'une tendance politique parmi d'autres, et les colons, avant la Première Guerre mondiale, refusèrent d'assimiler ses partisans, les Jeunes-Algériens. L'élite occidentalisée joua un rôle mineur dans la mise en place d'élections. Les modernistes islamiques se préoccupèrent avant tout de créer un système scolaire indépendant. En 1926, Messali Hadj fonda en France une organisation populiste, l'Étoile nord-africaine, qui rassemblait les travailleurs algériens ; elle fut introduite en Algérie même en 1934. Quand les autorités faussèrent les élections pour faire avorter les réformes constitutionnelles de 1947, qui promettaient aux musulmans la moitié des sièges dans une Assemblée algérienne, de jeunes militants préparèrent une insurrection qui, lancée fin 1954, devait mener l'Algérie à l'indépendance.

Inversement, la Seconde Guerre mondiale apporta l'indépendance aux colonies italiennes. Incapable de décider qui contrôlerait la Libye, les Nations unies lui rendirent sa liberté en 1951, sous la direction du roi Idris, chef héréditaire de la fraternité Sanoussi, bien que par ailleurs l'influence occidentale fût restée forte. En 1949, la Somalie fut confiée à l'État italien pour une durée de dix ans, mais l'Érythrée fut fédérée, contre l'avis de beaucoup de ses habitants, avec l'Éthiopie. Le second conflit mondial avait marqué une étape importante pour celle-ci. Malgré les initiatives modernistes de Ménélik, sa mort en 1913 avait entraîné une guerre de succession qu'Haïlé Sélassié (1916-1974) finit par remporter. Il avait poursuivi la politique de modernisation et de centralisation de son prédécesseur, mais ses forces, trop faiblement armées, divisées par le factionnalisme aristocratique, ne purent s'opposer, en 1935, à la conquête italienne, menée par 500 000 hommes, qui d'ailleurs n'empêchèrent pas la guérilla de contrôler de vastes régions dans les campagnes. En 1941, quand les troupes britanniques permirent à Haïlé Sélassié de remonter sur le trône, il profita de leur présence pour chasser ceux de ses adversaires qui avaient collaboré avec les Italiens, dissoudre les armées provinciales, écraser les révoltes régionales, créer une bureaucratie salariée et établir la taxation individuelle directe. Ce fut une période cruciale dans la formation d'un État éthiopien moderne.

La plupart des colonies d'Afrique tropicale étant de pures créations européennes, elles étaient dépourvues d'élites précoloniales ambitieuses pour leur nation, comme dans le nord du continent. La politique moderne y commença à deux autres niveaux. Les Africains, dans leur grande majorité, se concentrèrent sur les questions locales : défendre leur lieu d'existence contre l'invasion européenne, accroître sa prospérité, et y renforcer leur position. Au début du XXe siècle, enseignants, employés, pasteurs, commerçants et fermiers formèrent ainsi d'innombrables associations locales « pour le développement de notre pays et pour la recherche d'un système assurant un passage simple à la civilisation dans notre intérêt mutuel [19] ». Elles encourageaient souvent les identités tribales. Les Africains d'avant la colonisation possédaient plusieurs identités sociales. Ils pouvaient appartenir à des lignages, des clans, des villages, des villes, des chefferies, des groupes linguistiques, des États, et à presque toutes les combinaisons possibles de ces éléments, l'identité pertinente dépendant de la situation. Toutes se fondaient l'une dans l'autre car des gens parlant la même langue pouvaient par exemple appartenir à des chefferies différentes, tandis que l'une de celles-ci pouvait compter des locuteurs de langues diverses. C'était là un ordre social d'une complexité immense. Les individus, ou les processus sociaux, le simplifiaient périodiquement en mettant l'accent sur une identité aux dépens des autres. Ewuare le Grand, du Bénin, décréta ainsi que ses sujets devraient porter des scarifications faciales spécifiques. En Afrique orientale, les hommes de la côte appelaient *Nyamwezi* (« Gens de la Lune ») les commerçants et les porteurs venus de l'Ouest. Pareillement, le cadre colonial accentua souvent une identité existante, que les Européens appelaient « tribale », et que parfois ils créaient de toutes pièces. Certaines administrations y recoururent pour diviser leurs sujets, en particulier les Britanniques au Soudan et les Français au Maroc. Le plus souvent, ils s'efforçaient de délimiter les tribus à des fins administratives, surtout là où s'appliquait l'administration indirecte. Les missionnaires exercèrent une influence similaire, en réduisant les innombrables dialectes d'Afrique à des langues écrites moins nombreuses, dont chacune était censée correspondre à une « tribu ». C'est ainsi que furent formés les Yoruba, les Igbo, les Ewe, les Shona et bien d'autres. Ce travail linguistique s'appuyait sur des intellectuels africains qui se chargeaient d'une grande part des traductions, peuplaient les églises et les écoles primaires diffusant les langues tribales, notaient les traditions relatives à l'histoire des tribus, et les coutumes constituant la loi traditionnelle. Certains d'entre eux inventèrent des tribus entièrement nouvelles, ainsi les Abaluia de l'ouest du Kenya. D'autres préconisaient l'élection de chefs tout-puissants pour encourager l'unité et le progrès parmi des groupes précédemment divisés, ou la réunification de peuples fragmentés par les frontières coloniales comme les Ewe, les Kongo, ou les Somali. Pour autant, la tribalisation ne fut pas l'œuvre des seuls intellectuels. « Les tribus modernes naquirent souvent sur le chemin du travail [20] », les travailleurs migrants ayant besoin de groupes de solidarité, et d'un moyen de caractériser les autres gens dans des villes où tous n'avaient pas le même accès aux changements induits par la colonisation. Selon les souvenirs d'un citadin : « Ils disaient que nous étions des cannibales, et que nous ne formions même pas une tribu. Par conséquent, quelques autres intellectuels et moi-même avons organisé à Abidjan une sorte de fédération pour accueillir tous les gens de nos villages, et des zones environnantes, qui parlaient la même langue [21]. » L'accent mis sur des identités plus larges (et non plus réduites), une compétition croissante pour les ressources, l'intégration des économies locales au sein de marchés nationaux, la pénétration de l'État dans les campagnes : autant d'éléments qui encouragèrent les rivalités ethniques.

C'est ainsi qu'au début du siècle la grande majorité des Africains considérait leur lieu d'existence comme la seule arène politique qui comptât. Nombre d'entre eux désiraient vivement collaborer avec les chefs héréditaires pour défendre et faire progresser leur pays natal. En 1898, Lewanika, du Bulozi, choisit un jeune chrétien comme Premier ministre, et conclut une alliance entre la monarchie et les gens éduqués. Mais les alliances de ce type perdirent toutefois de leur force entre les deux guerres car les administrations coloniales, inquiètes de la montée du nationalisme dans le reste du monde, montaient les chefs héréditaires contre les élites en formation. Au Nyasaland et en Rhodésie du Nord, par exemple, ils découragèrent les associations grâce auxquelles les gens éduqués s'efforçaient d'encourager le développement local, en exigeant que toutes les initiatives viennent des chefs ou passent par eux. Cela aigrit la vie politique dans les campagnes. Au Basutoland, le Conseil national, dominé par ces chefs, se heurta après 1919 à l'opposition d'un Conseil de citoyens, en partie inspiré par le parti communiste sud-africain :

> Les Chefs du Basutoland sont devenus des hommes aux dépens des Basuto pauvres. Ils sont des collecteurs d'impôts et sont considérés comme des « inspecteurs » par l'homme du commun. Ils se promènent dans de grosses voitures et n'ont aucun lien avec les paysans. En conséquence ils ont perdu la confiance du peuple, mais ils ne s'en rendent même pas compte [22].

Au cours des années 1920, les chefs chrétiens du Buganda se virent défier par des paysans producteurs de coton qui voyaient en eux des propriétaires exploiteurs, par des chefs de clan qu'ils avaient exclus du pouvoir, et par leurs propres fils, impatients de leur succéder. Les Britanniques remplacèrent Sir Apolo Kaggwa et ses contemporains par des hommes plus jeunes, sans pouvoir empêcher, en 1945 et 1949, de graves émeutes contre le gouvernement du

Buganda. Leurs efforts pour museler les critiques connurent rarement un succès durable. Au Kenya, par exemple, de nombreux chrétiens ayant appartenu en 1918 à des associations telles que les jeunes Kikuyu ou les jeunes Akavirondo étaient en 1939 des chefs ou des membres des Conseils indigènes locaux, mais d'autres exprimaient toujours leur mécontentement par le biais de l'Association centrale kikuyu, qui fut entre les deux guerres l'organisation politique la plus vigoureuse d'Afrique rurale, et comptait entre 600 et 700 membres actifs.

À cette époque, le niveau local constituait l'arène politique majeure sur tout le continent. L'autre était supraterritoriale. En 1914, les citoyens franco-africains des villes côtières du Sénégal élurent Blaise Diagne, leur premier représentant africain à l'Assemblée nationale. Entre les deux guerres, le Dahomey eut aussi une vie politique active, bien que réduite à l'élite, mais les Français, comme les autres puissances coloniales, s'efforçaient d'empêcher que les politiciens des villes ne se gagnent des soutiens à la campagne. Avant 1945, les gens instruits de leurs colonies ne purent s'exprimer politiquement qu'en France où, comme étudiants, ils furent séduits par l'idée de négritude défendue par des intellectuels antillais tels qu'Aimé Césaire. Ce fut tout aussi vrai des colonies portugaises, le régime de Salazar ayant, à partir de 1928, interdit les associations politiques des villes, largement peuplées de métis. Le Congo belge ne connut aucune activité politique de type moderne. Dans les colonies britanniques, la politique supra-tribale se limita aux élites commerciales et libérales de la côte ouest, qui en 1920 fondèrent le National Congress of British West Africa, avec des sections en Côte-de-l'Or, au Nigeria, en Sierra Leone, et en Gambie. Il demandait que les législatures nationales soient au moins en partie élues, ce qui lui fut concédé au cours des années 1920 dans les villes côtières et poussa Herbert Macaulay – personnage flamboyant surnommé « le Napoléon de la politique nigériane » – à créer le parti national-démocrate du Nigeria. Il fut très soutenu par les chefs, les associations musulmanes, les guildes artisanales, et les femmes qui à Lagos dominaient les marchés. Ce parti inspira également, en 1925, la West African Students Union, qui prêcha auprès de nombreux jeunes Africains de Londres une politique d'inspiration panafricaine. Mettre l'accent sur l'Afrique occidentale était fréquent chez les plus avancés, pour qui le peuple d'une colonie ne pourrait à lui seul vaincre l'Empire britannique. Nnamdi Azikiwe écrivait ainsi en 1938 : « Tant que nous penserons Nigeria, Côte-de-l'Or, Sierra Leone, Gambie, et non Afrique occidentale unie, il faudra nous résigner à une dictature coloniale [23]. »

Que les Africains mettent l'accent sur leur localité, leur région, leur continent ou leur race était chose logique, les frontières et les identités territoriales étant des créations coloniales ayant peu de chances d'être des critères pertinents dans de futurs États. Une action politique menée à ce niveau, comme en Afrique du Nord, fut donc chose rare en Afrique tropicale avant 1939. Elle exista là où un état colonial formait une colonie, comme au Basutoland, au Rwanda et au Burundi, et chez certains intellectuels du nord du Soudan qui fondèrent en 1938 le Graduates General Congress, bien que nombre d'entre eux aient été partisans d'une union avec l'Égypte. Elle exista à l'état embryonnaire au Tanganyika dont le statut d'ancienne colonie allemande encourageait la quête d'une identité spécifique, et où l'usage très répandu du swahili permit à une organisation de l'élite, l'African Association, de créer à partir de 1929 des sections dans tout le pays. Au Kenya, le problème de la terre contraignit la Kikuyu Central

Association à prendre l'offensive politique, à chercher à être représentée au Conseil législatif, tout en coordonnant les protestations avec d'autres organisations locales – ce qui lui valut d'être interdite en 1940. De jeunes Nigérians critiques de Macaulay créèrent en 1936 le Nigeria Youth Movement, qui avait pour objectif « une complète autonomie au sein de l'Empire britannique », et « le développement d'une nation unie à partir du conglomérat de peuples qui vivent au Nigeria [24] ». Ce fut le premier programme authentiquement nationaliste d'Afrique tropicale. En 1938, le mouvement affirmait posséder une vingtaine de sections, et compter 10 000 membres, mais trois ans plus tard il se divisait suite aux rivalités internes entre Yoruba et Igbo. À cette époque, les fonctionnaires ne percevaient encore aucun danger nationaliste en Afrique, comme en Inde ; leurs colonies africaines n'étant que « de simples unités géographiques ».

La guerre contribua à pousser la politique vers des revendications nationalistes territoriales. Comme l'avait compris le National Youth Movement nigérian, il ne s'agissait pas simplement de s'opposer au contrôle européen. C'était le désir et la volonté de créer des États-nations, comme ceux d'Europe et d'Amérique, qui dominaient la planète. Les nationalistes devraient non seulement s'assurer le contrôle du pouvoir, mais faire du peuple une nation – tâche exceptionnellement difficile en Afrique, car il était rare qu'y existe ce qui en est d'habitude la base, à savoir une langue commune. Dans ce domaine, ce n'est pas par le biais de la mobilisation des Africains que la guerre joua le rôle d'accélérateur du processus, car si certains d'entre eux y gagnèrent une conscience politique accrue, les autres, dans leur grande majorité, revinrent tranquillement à la vie civile. Les pénuries, l'inflation, la répression contre les civils eurent un impact autrement important, à un moment où se développait une conscience plus vive de ce qui se passait ailleurs, et en particulier des contrôles du temps de guerre qui polarisèrent le mécontentement contre les administrations coloniales. « Quand je dis "nous", je veux dire "la Côte-de-l'Or", écrivait en 1943 l'avocat J. B. Danquah. Je ne parle pas des Noirs, je ne parle pas des Nègres. Ce n'est aucunement une question de race [25]. » Il fut le principal bénéficiaire d'une modification constitutionnelle limitée survenue pendant la guerre, qui donna au Conseil législatif de la Côte-de-l'Or une majorité non officielle.

Les nations européennes avaient toutefois besoin de leurs colonies pour la reconstruction d'après-guerre. En 1944, lors de la conférence de Brazzaville, la France exclut de l'ordre du jour la question de l'autonomie des colonies. Chacune se vit en revanche accorder une représentation électorale à l'Assemblée nationale. Les Anglais avaient des préoccupations analogues, mais pensaient que cela exigeait des concessions aux élites modernes – colons blancs d'Afrique centrale et orientale, ou nationalistes d'Afrique occidentale. En mai 1947, un comité du Colonial Office, dans le chaos consécutif à la décolonisation en Inde, réclama la transformation des colonies africaines les plus importantes en États viables et amis qui feraient partie du Commonwealth. Le rapport était une mise en garde : les événements avaient

> mis en mouvement des aspirations d'une force virtuellement irrésistible... nous devons partir du principe que d'ici une génération peut-être nombre des principaux territoires de notre empire colonial auront atteint, ou en vue, l'objectif du contrôle total des responsabilités dans les affaires locales... À moins que ne puisse être conçu un mécanisme qui substituera des liens de consultations aux liens de

contrôle actuels, il existe un véritable danger de dissolution définitive de la partie coloniale du Commonwealth britannique[26].

Bien que les responsables ne l'aient pas pleinement compris, les « liens de consultation » cruciaux, en Afrique britannique, devaient être des Conseils législatifs élus.

En Afrique occidentale française et britannique, la représentation électorale fut la principale innovation d'après guerre, car c'est en vue de prendre part à des élections territoriales que les élites politiques réduisirent leur perspective : elles passèrent d'un point de vue racial à un point de vue nationaliste, et cherchèrent à convaincre les électeurs préoccupés par des problèmes locaux que leurs aspirations seraient satisfaites au mieux s'ils soutenaient des partis nationalistes. Le nationalisme (à distinguer de l'anticolonialisme) fut avant tout, en Afrique occidentale, une réaction aux élections. La Côte-d'Ivoire illustre fort bien ce processus. En 1944, ses planteurs de cacao et de café fondèrent le Syndicat agricole africain, soucieux avant tout de mettre fin au travail forcé, sous la direction d'un planteur et médecin nommé Félix Houphouët-Boigny. En 1945, quand eurent lieu les premières élections, le syndicat fit campagne pour l'élection d'Houphouët-Boigny : devenu député, il obtint l'abolition du travail forcé, et s'allia avec d'autres députés d'AOF au sein d'un parti nationaliste, le Rassemblement démocratique africain. Le nouveau système électoral transforma également la vie politique au Sénégal, où les citoyens français avaient longtemps été les seuls à posséder le droit de vote ; son extension permit aux élites rurales de faire élire des députés, en particulier Léopold Senghor, qui fonda un parti national visant à briser le monopole des villes sur la politique locale.

Les élections jouèrent également un rôle crucial en Afrique britannique. En Côte de l'Or, la constitution Burns de 1946 fit accéder au Conseil législatif une majorité officieuse partiellement élue. Danquah et ses amis, qui exerçaient des professions libérales, fondèrent le premier parti nationaliste de la colonie, le United Gold Coast Convention, pour prendre part aux élections ; pour l'organiser, ils eurent recours aux services d'un jeune panafricaniste nommé Kwame Nkrumah. Mais quand, en 1948, le mécontentement économique provoqua des émeutes, et que les Britanniques accélérèrent le processus constitutionnel, les nationalistes se divisèrent et Nkrumah forma le Convention People's Party, d'inspiration plus avancée. Inversement, la Sierra Leone suivit l'exemple de la « révolution verte » du Sénégal : des politiciens de l'intérieur, dirigés par un médecin nommé Milton Margai, chassèrent l'élite krio de Freetown. Au Nigeria, la constitution Richards de 1946 créa des majorités non officielles, mais non élues, au Conseil législatif, ainsi que dans trois nouvelles législatures régionales pour le nord, l'est et l'ouest du pays. En 1951, quand des élections furent organisées, des politiciens du nord et de l'ouest créèrent des partis régionaux, l'Action Group et le Northern People's Congress, par crainte du National Council of Nigeria and the Cameroon, dirigé par les Igbo.

En Afrique orientale, les élections ne faisaient pas partie de la stratégie appliquée par les Britanniques après la guerre, car ils jugeaient que les Africains n'étaient pas prêts à concurrencer les colons blancs, surtout au Kenya. Les hommes politiques de la région disposaient toutefois des modèles d'actions nationalistes menées ailleurs, et de formes d'organisation territoriale mise en œuvre par les Européens du cru et par les Asiatiques. En 1944, quand

le premier Africain fut nommé au Conseil législatif du
Kenya, des Noirs éduqués formèrent la Kenya African
Union pour le soutenir, mais des hommes plus radicaux
et moins diplômés, se voyant refuser tout progrès politique, et le règlement de l'épineux problème agraire des
Kikuyu, rompirent avec eux pour préparer une insurrection armée, que la répression britannique de 1952 transforma en guérilla maumau, installée dans les sanctuaires
de la forêt. Au Tanganyika, la crainte d'une domination
blanche, et l'exemple de la Convention People's Party,
conduisirent en 1954 à la transformation de l'African
Association en un parti nationaliste, le Tanganyika African National Union. En Ouganda, le mécontentement
provoqué par l'oligarchie des chefs du Buganda grandit
au point de donner naissance en 1948 à une organisation
de fermiers à l'échelle nationale, l'Uganda African Farmers Union, mais le processus avorta en 1953 quand les
Britanniques exilèrent le Kabaka du Buganda pour s'être
opposé à l'incorporation de son royaume au sein de
l'Ouganda ; les Ganda réagirent en s'unissant, témoignant
d'un patriotisme tribal qui rendit impossible tout nationalisme ougandais. À Zanzibar, les membres les plus
jeunes de la classe dominante arabe cherchèrent à prendre
de vitesse le nationalisme africain en créant en 1956 leur
propre parti nationaliste.

En Afrique centrale, le souci des Anglais de créer des
États viables mena en 1953 à une fédération regroupant
les deux Rhodésie et le Nyasaland, à la fois pour apaiser
les craintes et les ambitions des colons blancs, et surtout
pour les empêcher de nouer avec l'Afrique du Sud, dominée par les Afrikaners, une alliance qui pourrait provoquer, selon un rapport du cabinet britannique, « de
terribles guerres… entre une Afrique orientale dominée
par les Blancs et une Afrique occidentale dominée par les

Noirs [27] ». Pour cela, la Grande-Bretagne dut passer outre
l'opposition des Africains, qui répliquèrent en transfor-
mant le Nyasaland African Congress (fondé en 1943 pour
fédérer des associations indigènes locales) et le Northern
Rhodesian Congress (fondé pareillement en 1948) en
mouvements nationalistes. En Rhodésie du Sud, où la
fédération donnait de plus grandes opportunités d'action
aux hommes politiques africains, les premiers mouvements d'importance furent la Youth League (1955) et
l'African National Congress (1957), tous deux inspirés de
modèles sud-africains.

La famille

Les changements occasionnés par la colonisation pénétrèrent, au-delà de la politique, jusque dans la vie quotidienne. Au sein des familles, les jeunes gens jouirent
d'une plus grande liberté, mais de façon seulement partielle, et non sans conflits. Les débuts de la période coloniale furent marqués par une intense concurrence pour
contrôler la main-d'œuvre des jeunes : l'esclavage prenait
fin, les exigences des nouveaux maîtres augmentaient,
l'agriculture entrait dans une période marchande, la
population déclinait dans de nombreuses régions. Un
chef du Soudan français se demandait : « Que devons-
nous faire, nous, les "anciens maîtres" ? Travailler et faire
travailler nos fils. » Pouvoir leur léguer une terre libre, ou
une plantation de café, pouvoir payer des frais de scolarité
ou une dot, permettait à des pères prospères de maintenir
leurs fils au sein de maisonnées de structure complexe,
tandis que celles des plus pauvres se fragmentaient. Les
jeunes perdirent également le pouvoir de se livrer à la
violence. Mais l'éducation leur donna accès à un monde

plus vaste que celui de leurs parents, et leur permit parfois
d'échapper à la rude discipline des rites d'initiation.
L'auto-affirmation des jeunes, depuis longtemps force
dynamique des sociétés polygames africaines, trouva un
nouveau mode d'expression au sein des églises, des sociétés de danse, des clubs de football ou des associations
politiques telles que le Youth Movement du Nigeria. La
vieille concurrence entre générations pour les épouses sus-
citait toujours de nombreux conflits. Les migrations de
main-d'œuvre, les emplois salariés donnèrent aux jeunes
une liberté économique toute neuve et les moyens d'accéder plus rapidement aux responsabilités, surtout quand
elle leur permettait de payer eux-mêmes la dot, voire les
impôts de leurs pères. Les vieux répliquèrent en tirant
profit de leur pouvoir de contrôle sur le mariage de leurs
filles pour extorquer de l'argent aux migrants, ou pour
demander que la dot soit réglée en objets de prestige que
l'argent ne suffisait pas à payer, bien que la valeur réelle
de la dot ait souvent suivi le rythme de l'inflation. Chez
les Mossi, les aînés gardèrent une position dominante
pendant toute la période coloniale en interdisant précisément que la dot et la terre soient payées en argent liquide,
bien que leur pays, densément peuplé, fût très dépendant
des migrations de main-d'œuvre. Des témoignages
montrent qu'à certains endroits, l'âge moyen du premier
mariage s'éleva pour les hommes, à cause de l'éducation,
des migrations de main-d'œuvre et de l'augmentation de
la dot, mais il y a davantage de signes qui indiquent
qu'ailleurs il chuta, avant tout en raison de l'emploi
salarié.

Pour les femmes, des indications montrent que dans
certaines régions elles se marièrent plus tôt, d'autres, plus
nombreuses, suggèrent qu'elles se marièrent plus tard
essentiellement à cause de la scolarisation, mais il y eut,

somme toute, peu de changements, car pendant la période coloniale, dans leur grande majorité, les femmes se mariaient peu après la puberté. Quand on observe les relations conjugales et familiales, on ne peut qu'être frappé par leur malléabilité, leur capacité à intégrer de façon heureuse les changements et à garder leur diversité, ce qui apporte un démenti à toute idée de destruction par le colonialisme d'une ancienne tradition. Comme le dit un proverbe libérian : « L'arbre de la famille plie, mais ne rompt pas. » Les romans populaires pouvaient chanter l'amour romanesque, les tribunaux insister sur la nécessité du consentement ; le mariage resta un aspect des stratégies familiales plus qu'une question purement privée. Les chrétiens eux-mêmes défendaient la dot, comme d'ailleurs les mariés et leurs parents. Seule une minorité se mariait à l'église, en raison de l'intolérance chrétienne face à la polygamie et au divorce. Si les harems des chefs disparurent peu à peu, il semble qu'au début de la colonisation se soit développée une « polygamie de classe moyenne » en Afrique occidentale – où, à la fin de la période coloniale, plus de 40 % des femmes étaient liées à un homme par ce genre d'unions. Inversement, la polygamie déclina en Afrique du Nord – les chiffres de l'administration française indiquent qu'elle passa de 16 % en 1886 à 3 % en 1948 –, comme en Afrique centrale et orientale, où la proportion de femmes d'époux polygames était tombée, à l'indépendance, à 20 ou 30 %, ce qui peut s'expliquer par les migrations de main-d'œuvre, la rareté des terres, et l'importance de la dot, payée en bétail. Les sociétés matrilinéaires firent également preuve d'une grande résistance. Les parents pouvaient y souffrir de leur incapacité à transmettre une plantation de cacao, ou une société de commerce, à des fils qui y avaient travaillé, et certains partageaient leurs biens entre fils et neveux, mais l'héritage matrilinéaire demeura courant, parce que personne n'était disposé à renoncer à ses droits en ce domaine.

Les changements provoqués par la colonisation furent moins libérateurs pour les femmes que pour les jeunes gens. Bien entendu, elles connurent des expériences diverses, car elles ne constituaient nullement un ensemble homogène, mais beaucoup souffrirent des changements économiques. Les femmes esclaves eurent du mal à échapper à la dépendance, et le travail des anciens esclaves mâles leur échut souvent. Les hommes prenaient d'ordinaire la plus grosse part des revenus produits par la vente des récoltes, tandis que les femmes se chargeaient d'une part du travail supplémentaire. Nombre d'entre elles profitèrent de l'expansion des marchés de l'alimentation, mais rares furent celles qui parvinrent à posséder terres ou bétail. Leurs migrations assuraient aux hommes de l'argent liquide, et des expériences plus vastes, tandis qu'ils abandonnaient aux femmes le soin de se charger des cultures destinées à l'alimentation familiale, et de s'occuper des enfants, qui eux-mêmes représentèrent un fardeau plus lourd à mesure que la population croissait. Lorsque l'époux, travailleur migrant, était mal payé, son épouse pouvait être amenée sporadiquement à chercher un travail salarié. En Afrique occidentale, les femmes gardèrent leur place dans le commerce, mais presque toutes les occasions nouvelles offertes par l'économie allaient aux hommes, tandis qu'elles-mêmes étaient « tertiarisées », assurant des services quasi domestiques, ou réduites à la prostitution dans des villes dominées par des jeunes célibataires. L'ordre colonial leur laissait par ailleurs peu de rôle politique, tandis que les hommes, humiliés par la domination européenne, réagissaient parfois en exerçant sur elles une domination très cruelle, surtout en Afrique australe où, historiquement, la suprématie masculine avait été la plus forte, et l'oppression coloniale la plus grande. Les rites d'initiation masculins pouvaient périclter, mais les deux sexes considéraient la préservation de ceux des femmes comme une question d'honneur.

Les femmes pouvaient tirer parti des changements religieux et éducatifs. Leur statut s'améliora au cours des trois premiers quarts du XXe siècle dans le nord du continent, avant tout grâce à l'éducation. La première association féministe d'Égypte fut fondée en 1920 ; les Égyptiennes de la classe moyenne urbaine étaient, avec les Tunisiennes, les plus émancipées du monde islamique, bien que les femmes sans instruction n'aient eu que peu de possibilités d'emplois et rarement de droits sur des terres. En Afrique tropicale, l'islam exerça un impact ambivalent, car s'il leur assurait protection et statut légal, celui-ci était souvent plus limité qu'auparavant. Le nord du Nigeria représente un cas extrême : la réclusion des femmes, jusqu'alors limitée aux familles de notables, s'étendit à toutes celles qui pouvaient se le permettre : à la fatigue des travaux agricoles se substitua une domestication complète. Le christianisme, lui aussi, eut des effets ambigus, car s'il rendait le divorce plus difficile, et les risques d'un veuvage solitaire plus grand, ses écoles eurent un rôle émancipateur en élevant l'âge du mariage, en ouvrant les horizons, et en permettant d'accéder aux emplois. En résumé, c'est dans les relations familiales que se lisent le plus clairement les synthèses uniques entre le changement et la continuité propres à l'Afrique du XXe siècle.

Santé et démographie

Les désastres naturels des débuts de la colonisation s'apaisèrent dans les années 1920. Les pluies de la savane tropicale augmentèrent peu à peu, de manière erratique, atteignant leur niveau maximal aux alentours de 1960. C'est une des raisons, mais non la seule, pour lesquelles l'Afrique, après 1925, cessa de déplorer des hécatombes dues aux famines ; certains endroits, en particulier le Rwanda en 1928 et le Niger en 1931, et l'Éthiopie en connurent à plusieurs reprises ; elles reprirent pendant la Seconde Guerre mondiale. Toutes étaient provoquées par la sécheresse, mais la mortalité était due essentiellement à l'absence ou à l'effondrement des mesures prises pour y remédier, qui avaient été mises en place dans l'Afrique coloniale de l'entre-deux-guerres. La plus importante de ces mesures fut le transport motorisé, qui permettait non seulement l'extension du commerce du grain, mais aussi le transport de nourriture quand la sécheresse empêchait hommes et bêtes de se déplacer. C'est le manque de routes qui rendait l'Éthiopie particulièrement vulnérable, et la « pénurie de camions » qui exaspéra la crise survenue pendant la guerre. En 1931, le désastre survenu au Niger fut essentiellement imputable au gouverneur qui refusait d'admettre qu'il y ait une famine, donc de la soulager, car ailleurs cette mortalité put être réduite grâce à l'efficacité des administrations et à la paix qui régna après 1918. Le manioc se répandit comme une récolte antifamine. L'emploi salarié offrit une nouvelle technique de survie. La médecine coloniale sépara disette et mortalité en jugulant des maladies jusque-là associées à la famine telles que la variole. Ces mesures avaient pourtant un coût. Non seulement la confiscation des terres, les migrations de main-d'œuvre, exposèrent des peuples autrefois prospères, comme les Ndebele de Rhodésie du Sud, à une pénurie récurrente, mais de surcroît les camions alimentaient les régions déficitaires en prélevant de la nourriture sur les régions « à surplus », souvent aux dépens des pauvres, chez qui une sous-alimentation permanente remplaça parfois une disette occasionnelle. Les premières études nutritionnelles des années 1930 liaient ces phénomènes aux sols pauvres et aux migrations de main-d'œuvre de grande ampleur, comme le pays bemba en Rhodésie du Nord ou le Fouta-Djalon en Guinée. D'autres travaux, menés dans les années 1950, s'intéressèrent aux groupes mal nourris, notamment les mères et les nouveau-nés des familles rurales pauvres, dans lesquelles le père était absent. En règle générale, cependant, l'alimentation changea assez peu en Afrique pendant la période coloniale. Les Nigérians des années 1960 et 1970 faisaient en moyenne deux ou trois centimètres de plus que leurs ancêtres, cent cinquante ans auparavant, alors que le gain de taille atteignait jusqu'à dix centimètres chez les Noirs américains [28].

Les premiers Européens compétents en médecine furent généralement des missionnaires. Dans les colonies françaises et au Congo belge, ils furent vite supplantés par les administrations coloniales, mais en Afrique orientale il fallut pour cela attendre les années 1920. Ces administrations se préoccupèrent d'abord de leur propre personnel, puis des épidémies et tentèrent de secourir les souffrances les plus voyantes : elles ne se lancèrent dans la médecine préventive, l'hygiène publique et la construction de dispensaires ruraux que dans les années 1930. En 1921, 1937 et 1954, les services de santé publique du Nyasaland traitèrent respectivement 19 000, 729 000 et 3 600 000 malades. Avant 1945, c'est dans la lutte contre les épidémies que la médecine européenne connut ses plus grands succès. La variole cessa de tuer en masse pendant les années 1920, grâce aux vaccinations collectives. Des équipes mobiles qui procédaient à des examens de masse et administraient de nouveaux remèdes plus efficaces, permirent d'endiguer la maladie du sommeil pendant les

années 1930, tandis que des fermiers africains pratiquant
la production marchande commençaient à réinvestir les
terres perdues à cause de la mouche tsé-tsé. Le traitement
des maladies vénériennes n'eut pas un aussi grand succès :
les médicaments qui se révélaient d'une efficacité exceptionnelle contre le pian semblent avoir, en même temps,
ôté toute immunité contre la syphilis vénérienne, qui
continua à se répandre jusqu'après la Seconde Guerre
mondiale. La tuberculose, maladie de la pauvreté, devint
une nouvelle menace, présente dans toutes les villes du
continent. Les médecins coloniaux réussirent par ailleurs
moins bien à traiter les maladies endémiques. Ils consacrèrent beaucoup d'attention à la lèpre, rassemblèrent en
masse ceux qui en étaient atteints pour les traiter à l'aide
d'une substance qui se révéla n'avoir aucun effet. Ils améliorèrent également l'hygiène des villes et l'alimentation
en eau, réduisant de manière spectaculaire les maladies
qu'elle transmettait, ainsi que le paludisme urbain, mais
ils firent peu de choses contre celui-ci dans les campagnes, alors même qu'il se répandait à proportion des
défrichages agricoles. Ils furent particulièrement impuis-
sants contre les maladies des mères et des nouveau-nés.
Le Congo belge fut la seule colonie à les combattre victorieusement ; dans les années 1930, les hommes représentaient les deux tiers des admissions dans les hôpitaux du
Nigeria. Ce contraste entre le succès de la lutte contre les
épidémies et l'échec face aux maladies endémiques, du
moins avant la fin des années 1940, fut déterminant pour
l'histoire démographique de l'Afrique.

Dans les régions équatoriales, qui avaient tout particulièrement souffert avant 1918, la crise démographique se
poursuivit jusqu'au milieu de notre siècle. La population
de l'AEF déclina sans doute jusqu'aux années 1930, celle
du Gabon jusqu'aux années 1950. Près de 36 % des

Gabonaises dont le cycle de reproduction couvrait la période 1930-1954 n'eurent jamais d'enfants, alors que la moyenne habituelle est de 5 %[29]. La gonorrhée en était la cause principale, aux effets encore exacerbés par les réactions masculines – mariage à l'essai, polygamie, divorce fréquent. En dehors de l'AEF, la zone de faible fécondité couvrait une bonne part du sud de l'Ouganda et les régions voisines du Tanganyika, la côte d'Afrique orientale, ainsi que des régions de Haute-Volta, du centre du Nigeria, le Congo belge et les colonies portugaises. Le contraste s'accentuait en Afrique équatoriale entre zones où la population baissait et celles où elle augmentait. Au Congo belge, où le déclin global s'interrompit sans doute dans les années 1930, les taux de croissance annuels dans des districts voisins de la région du bas Congo, en 1932, variaient de 0,4 à 2,6 %. De telles variations s'expliquaient généralement par les maladies vénériennes, mais aussi par la malnutrition, elle-même souvent associée aux migrations de main-d'œuvre. Les femmes stériles étaient celles qui souffraient le plus dans l'Afrique coloniale, car les sociétés africaines, natalistes et dominées par les hommes, les jugeaient coupables, attribuant leur stérilité à l'adultère ou à l'avortement. Elles pouvaient exprimer leur angoisse dans le cadre du culte bwiti gabonais, ou dans la promesse faite par le mouvement Watchtower que dans le royaume à venir, toutes les femmes auraient des enfants.

Pourtant, les zones de basse fécondité devinrent de plus en plus exceptionnelles, car entre les deux guerres la population totale de l'Afrique crût à une vitesse toujours plus élevée. La croissance commença à des époques différentes suivant les régions. Certaines l'avaient inaugurée au XIXe siècle, en particulier au nord et au sud du continent. Dans les années 1930, son taux annuel approchait les 2 % en Égypte, en Algérie et en Afrique du Sud. Il se peut également que la forêt d'Afrique occidentale et les hautes terres privilégiées d'Afrique orientale aient connu la croissance. Après 1918, les régions à croissance rapide furent avant tout les zones peuplées où l'on trouvait une production agricole marchande, une activité mission- naire, et une scolarisation primaire répandue. Au Congo belge, elle fut spécialement rapide chez le peuple Kongo, qui survécut à la variole et à la maladie du sommeil, et prospéra grâce à l'agriculture commerciale, au travail dans les villes, à l'activité missionnaire, et à des mariages d'une stabilité inhabituelle. Pendant les années 1930 et 1940, au Congo-Brazzaville, les femmes kongo eurent en moyenne 5,35 enfants, contre 3,57 chez les autres. Les recensements de la Côte-de-l'Or montrent une croissance exceptionnelle dans les districts producteurs de cacao, bien qu'elle soit en partie due à l'immigration. Même au Gabon, le Woleu-Niem, lui aussi producteur de cacao, stabilisa sa population dix ans avant les autres régions. Et pourtant la croissance ne se limita pas aux seules zones favorisées. La population éthiopienne semble avoir aug- menté continûment depuis le début du siècle, ce qui a peut-être commencé par un *baby-boom* visant à remplacer les enfants morts pendant la famine de 1888-1892. Quand survint la Seconde Guerre mondiale, la popula- tion africaine augmentait sans doute de près de 1 % par an. La croissance était devenue la norme.

Les raisons en sont obscures et controversées. Certains spécialistes soulignent la chute du taux de mortalité, d'autres la montée du taux de natalité. L'opinion adoptée ici est que de nombreux changements entrèrent en jeu – presque tous ceux décrits dans ce chapitre –, mais qu'à ce moment-là le principal facteur en fut la baisse du taux de mortalité, comme dans d'autres pays du tiers-monde qui connurent une croissance démographique rapide.

En règle générale, les rares statistiques disponibles étayent ce point de vue. L'estimation du taux de natalité de l'Égypte demeura, en gros, stable pendant la première moitié du siècle, tandis que son taux de mortalité déclina de près d'un tiers [30]. Les estimations relatives au Congo belge, les meilleures dont nous disposions pour l'Afrique tropicale, laissent penser que de 1938 à 1948 il tomba de 33 à 28 pour mille par an, tandis que le taux de natalité demeurait stable à 43 pour mille [31]. Des études détaillées indiquent que ce fut surtout la mortalité infantile qui diminua, en particulier pendant les années de famine, ce qui vient renforcer l'opinion, certes subjective, que la principale réussite de la période résida dans la prévention de la mortalité de crise ; et ce fut peut-être la vaccination contre la variole qui y contribua le plus. Les documents relatifs au Congo belge permettent toutefois d'établir un lien entre la création de maternités et la baisse de la mortalité infantile, généralement plus élevée dans les régions à croissance démographique rapide. En 1931, en Côte-de-l'Or, le taux de mortalité infantile allait de 145 pour mille dans l'ancien royaume ashanti, et de 148 dans la province occidentale − deux régions productrices de cacao − à 245 pour mille dans les territoires du nord, plus arriérés [32]. Des recherches plus récentes ont montré que la scolarisation des filles à l'école primaire pouvait réduire ce taux de moitié. Avant 1950, cette scolarisation n'était pas suffisamment répandue pour avoir des effets aussi spectaculaires, mais elle y contribua sans doute dans les régions développées, en même temps que la réduction de la mortalité de crise.

Attribuer un rôle important à la hausse du taux de natalité dans la croissance démographique avant 1950, c'est se heurter à un problème : à trois exceptions près, il n'y a pas de témoignages en ce sens, et il y en a de nombreux contre. La première exception est l'Algérie, où l'augmentation de la population entre 1916-1920 et 1946-1950 semble résulter principalement du taux de natalité qui passa de 35 à 42 %. La deuxième est le Maroc. La troisième est le Burundi, où un léger accroissement du nombre d'enfants nés de chaque femme semble en partie dû à la diminution du nombre de femmes stériles[33]. Inversement, en Égypte et au Congo belge, le taux de natalité resta remarquablement stable entre 1920 et 1950, tandis que des entretiens en Côte-de-l'Or et en Rhodésie du Sud avec des femmes d'âge différent n'ont mis au jour aucune modification importante du taux de fécondité entre 1880 et 1945. On croyait généralement, à l'époque, que les enseignements chrétien et musulman, l'urbanisation et des pressions diverses poussaient à la réduction de l'intervalle entre deux naissances, si bien qu'en 1925 les femmes igbo organisèrent un « Mouvement des Danseuses » pour préserver les anciennes pratiques. Mais aucune preuve fiable ne montre que ce fut le cas avant 1950. En règle générale, les femmes ne se mariaient pas plus tôt. La polygamie (dont les effets démographiques sont incertains) ne connut pas de changements spectaculaires. Tant qu'on n'aura pas découvert de preuves d'un accroissement de la fécondité, il faut attribuer la croissance des populations avant 1950, pour l'essentiel, à une réduction du taux de mortalité.

Entre 1920 et la fin des années 1940, il se peut que la population de l'Afrique soit passée de 142 à 200 millions d'individus[34]. Ce fut la plus importante conséquence de l'occupation coloniale. Un taux de survie des nouveau-nés plus élevé conserva aux tensions intergénérationnelles leur fonction de dynamique du changement, faisant avancer l'histoire africaine sous la pression des jeunes. À l'époque, certains le sentirent. Pendant les années 1940, les Igbo cessèrent d'édifier les maisons mbari, très élaborées, où ils priaient pour avoir une descendance. Pendant les années 1930, les pieds-noirs algériens virent leur propre croissance démographique supplantée par « la revanche de la fécondité orientale ». En 1948, le secrétaire aux Colonies du cabinet britannique entrevoyait un avenir assez sombre :

> Notre politique de santé ne peut que nous confronter à un problème de population d'une ampleur accablante. Nous devons nourrir cette population accrue alors qu'elle a des méthodes agricoles, et des modes de vie, parfaitement inadéquats à de tels nombres… Il faut nous attendre à une période troublée. Nous ne pouvons mettre en œuvre assez rapidement des projets de développement capables d'absorber toute la génération montante dans des emplois salariés utiles. Nous ne pouvons assurer à tous une place dans les champs, et d'ailleurs nombre d'entre eux ne le souhaitent pas. Ces populations croissantes ne peuvent être soutenues ou nourries par les réserves existantes. Elles ne peuvent, vu l'état présent de leurs économies, bénéficier de tous les services qu'elles commencent à exiger. Elles réclament les bénéfices de la civilisation sans avoir la base économique qui les soutient… Nous ne pouvons, et pour longtemps, espérer satisfaire tous les appétits nouveaux des peuples coloniaux, et par conséquent il y aura forcément du mécontentement et de l'agitation [35].

CHAPITRE XI

L'Afrique indépendante

Dans la seconde moitié de notre siècle, trois forces étroitement liées dominèrent l'histoire africaine. La première fut une croissance démographique sans précédent – en gros de 200 millions de personnes en 1950 à 600 millions en 1990 – suite à des progrès médicaux renforcés par un accroissement de la fécondité. La deuxième, s'appuyant sur elle, fut une volonté de libération qui détruisit la domination européenne, résista à ses successeurs africains autoritaires, et encouragea la mobilité et l'initiative individuelles. La troisième fut une quête d'harmonie politique, de progrès économique, et de simple survie, au milieu du tumulte qui avait suivi. Au début des années 1990, alors que la croissance démographique avait dépassé son apogée, les Africains pouvaient se sentir réconfortés à l'idée que les Chinois, les Indiens et les Latino-Américains avaient tous surmonté des crises démographiques similaires, bien que moins aiguës, au cours de la génération précédente, et qu'ils en étaient sortis renforcés.

Une croissance démographique rapide

La croissance démographique connut vers 1950 une brutale accélération. Au Congo belge, par exemple, son taux annuel, entre le début des années 1940 et la fin des années 1950, passa de 1 % à près de 2,5 %. Dans les années 1960, il était un peu supérieur à 3 %[1], ce qui, dans les années 1980, devint la moyenne en Afrique subsaharienne. La principale raison de ce phénomène fut une nouvelle chute du taux de mortalité, qui tomba de 23 à 16 pour mille entre 1950 et 1990[2], alors que l'espérance de vie passait de 39 à 52 ans[3]. Le déclin de la mortalité était dû avant tout à une moindre mortalité postnatale et infantile. Dans les années 1950, près de 30 à 40 % des enfants mouraient avant l'âge de cinq ans dans de nombreux pays africains, et il était rare que ce chiffre soit inférieur à 22 %. Vers 1975, toutefois, nombre de ces pays étaient passés sous ce chiffre, tandis que le maximum dépassait rarement 27 %. Il est vrai que plus de la moitié des décès survenaient avant l'âge de cinq ans, et que les taux de mortalité étaient notablement plus élevés en Afrique occidentale qu'ailleurs.

Une des raisons de la baisse de ces taux après 1950 fut que la mortalité de crise, déjà réduite entre les deux guerres, déclina plus encore. Même les famines qui commencèrent en 1968 eurent apparemment peu d'impact durable sur le chiffre des populations, tandis que la vaccination de masse jugulait plusieurs maladies épidémiques et permettait, en 1977, l'éradication de la variole. Après 1945, la découverte, et l'emploi massif, de nouveaux médicaments synthétiques bon marché jouèrent un rôle encore plus important. Ils connurent leurs succès les plus spectaculaires contre des maladies aussi graves que la tuberculose, la syphilis et la lèpre, contre laquelle un remède fut enfin mis au point pendant les années 1980. Mais leur principal impact démographique se situa au niveau des maladies infantiles endémiques telles que la pneumonie et le paludisme, qui purent enfin être traitées – avec la rougeole, la poliomyélite, les diarrhées et la malnutrition – grâce à l'extension des services de santé destinés aux mères et aux enfants. En 1960, l'Afrique tropicale comptait un médecin qualifié pour 50 000 personnes ; en 1980, un pour 20 000. Il se peut qu'entre 1960 et la fin des années 1980, le rapport population/personnel soignant ait été divisé par deux. Le recours aux médicaments modernes dépendit, de façon cruciale, de l'éducation des mères. Le recensement effectué au Ghana en 1960 montrait, ce qui est typique de l'Afrique tropicale, que les mères sans éducation perdaient presque deux fois plus d'enfants que celles qui avaient suivi une scolarité élémentaire, et quatre fois plus, ou davantage encore, que celles ayant bénéficié d'une éducation secondaire [4].

Contrairement à ce qui s'était passé entre les deux guerres, toutefois, la croissance démographique de l'Afrique, après 1950, fut généralement aussi alimentée par des taux de fécondité en hausse, jusque-là confinés au nord du continent. En Afrique subsaharienne, leur montée la plus rapide semble dater des années 1950. Le taux de natalité du Congo belge, entre 1948 et 1956-1975, passa de 43 à 48 pour mille, tandis que son taux de mortalité chutait encore plus brutalement de 28 à 19 pour mille. Au Kenya, où la natalité atteignit son taux maximum à la fin des années 1970, chaque femme portait en moyenne huit enfants au cours de ses années de fécondité [5]. Une des raisons de l'élévation de ce taux fut le recours aux antibiotiques, qui réduisit la proportion de femmes stériles, si bien que dans les années 1960 même le Gabon vit sa population croître ; pour la première fois, peut-être, de son histoire, le continent tout entier suivit une courbe démographique ascendante. En dépit de nombreuses variations locales, les femmes ne devaient sans doute pas se marier plus tôt, mais l'intervalle entre deux naissances raccourcit, notamment en Afrique orientale, où il se peut qu'elles aient eu moins de contrôle sur leur fécondité que dans l'Ouest africain. L'allaitement au sein était le principal moyen d'espacer les naissances ; en Afrique tropicale, il durait souvent, comme autrefois, de dix-huit à vingt-quatre mois, mais il diminua dans les villes et les environnements intermédiaires, surtout là où les femmes avaient bénéficié de la scolarisation et exerçaient des emplois salariés. L'abstinence sexuelle après le sevrage se maintint dans certaines parties d'Afrique occidentale, mais se raréfia sans doute ailleurs ; à dire vrai, une nouvelle grossesse devint souvent le signal d'interruption de l'allaitement. L'intervalle entre deux naissances ayant pour fonction de maximiser la survie des mères et des enfants, le déclin de la mortalité infantile pourrait bien avoir poussé les parents à le raccourcir, mais on n'en a aucune preuve directe, et il se peut que les intéressés aient vu les choses différemment. Il ne fait aucun doute que le désir d'avoir une nombreuse famille persistait. Non seulement c'était un moyen de prouver sa virilité et sa prospérité, mais les enfants devinrent bientôt des atouts économiques, et donnaient aux parents une certaine garantie d'être soutenus une fois qu'ils seraient vieux. Comme le disaient les femmes pauvres de Nairobi en parlant des leurs : « Ce sont mes champs. » Les familles nombreuses avaient leur rationalité pour l'individu, sinon pour la société. Le planning familial de type moderne fut peu utilisé avant les années 1980. Jusque-là, les attitudes héritées d'un continent sous-peuplé, et la médecine moderne, s'unirent pour provoquer la croissance démographique la plus brutale et la plus rapide que le monde connaîtra jamais.

La libération

Les dirigeants nationalistes comme les hommes d'État des métropoles, de la génération d'après 1950 n'avaient qu'une perception très vague des forces sociales qui soustendaient le mouvement de libération de l'Afrique. Les premiers voulaient s'emparer du pouvoir dans chaque colonie, pour asseoir leur autorité et créer des États-nations modernes. Les colonialistes, au début des années 1950, avaient quant à eux des objectifs divers. Les Britanniques prévoyaient un transfert progressif des responsabilités à des États successeurs amis. Français et Portugais aspiraient à des liens toujours plus étroits entre eux et leurs colonies. Les Belges ne réfléchissaient guère à la question. Confrontés au défi nationaliste, tous durent toutefois prendre en compte les calculs propres à l'époque de la guerre froide. Comme le dit Kwame Nkrumah : « Sans la Russie, le mouvement de libération africain aurait connu la plus brutale des persécutions[6]. » Les puissances coloniales devaient également intégrer le coût de la répression du nationalisme, comme de la modernisation du colonialisme, coût qui grimpait en même temps que la croissance démographique. Une fois que l'Europe, au début des années 1950, eut recouvré sa santé économique, la nécessité de conserver les colonies devint douteuse. Les technocrates français se mirent à les considérer comme un simple fardeau que devaient porter les secteurs les plus avancés de l'industrie. En 1957, les responsables britanniques conclurent que leur perte ou leur préservation n'aurait que peu d'impact économique. De nombreux

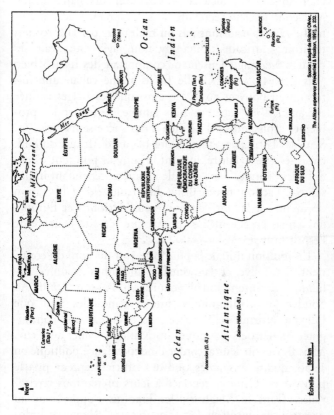

13. Les États africains indépendants

hommes d'affaires pensaient de même : leur priorité était
de garder de bonnes relations avec ceux qui étaient au
pouvoir, quels qu'ils fussent. À la fin des années 1950, il
était donc peu judicieux de s'opposer aux nationalistes.
Macleod, ancien secrétaire aux Colonies, déclara plus
tard : « Nous n'aurions pas pu maintenir par la force nos
territoires africains. Bien entendu, agir vite avait ses
risques. Mais agir lentement comportait des risques bien
plus graves [7]. » De Gaulle fit le même calcul une fois
revenu au pouvoir en 1958, ainsi que les Belges l'année
suivante. Tous jugèrent plus simple de léguer les problèmes croissants de l'Afrique à des successeurs africains.
Seuls les Portugais, et les colons blancs d'Afrique du Sud,
choisirent de se battre, jugeant le pouvoir politique essentiel à leur survie. Tous ces calculs furent cependant imposés par l'action nationaliste. Les fruits de la libération
déçurent par la suite de nombreux Africains et Européo-
ens ; mais en elle-même elle fut une réussite majeure de
l'esprit humain.

L'impulsion initiale la plus forte vint du nord du continent. La Libye et la Somalie, anciennes colonies italiennes, devinrent indépendantes en 1951 et 1960. Au
Soudan, les Britanniques furent tranquilles tant que
l'Égypte affirma ses droits sur le pays, car cela contrai-
gnait les héritiers politiques du Mahdi à s'allier avec eux.
Mais ils durent leur accorder l'indépendance politique en
1956, quatre ans après que des officiers eurent pris le
pouvoir au Caire et renoncé à leurs prétentions territoriales. Dans le Maghreb, les Français s'opposèrent au
nationalisme jusqu'en 1954, quand leur défaite en Indo-
chine les contraignit à diminuer leur engagement en
confiant au Néo-Destour de Bourguiba la gestion de la
Tunisie, et en restaurant sur le trône du Maroc le roi
Mohamed V, jusque-là exilé. Les deux pays devinrent

indépendants en 1956. En Algérie, par contre, de jeunes militants, souvent anciens soldats, tirèrent profit de la faiblesse française pour lancer, fin 1954, un mouvement de libération recourant au terrorisme urbain et à la guérilla dans les montagnes. Cette fois, l'opinion française refusa un nouveau recul : « L'Algérie, c'est la France », déclara le Premier ministre de l'époque. Au cours des huit années qui suivirent, près de 500 000 soldats français tinrent en échec le FLN en Algérie même, mais ses troupes subsistaient au-delà des frontières, en Tunisie et au Maroc, et maintenir une occupation continue devint insupportablement coûteux pour la France. En 1962, le FLN contraignit de Gaulle à accepter l'indépendance complète du pays. Près de 80 % des colons pieds-noirs partirent aussitôt, détruisant souvent ce qu'ils ne pouvaient emporter.

L'Afrique occidentale ne fut pas le théâtre de violences d'une ampleur comparable. L'événement décisif fut, en 1951, l'éclatante victoire du Convention People's Party (CPP) lors des premières élections organisées au Ghana. Les Britanniques se retrouvèrent ainsi face à un type de nationalisme auquel jamais ils ne se seraient attendus à donner le pouvoir. Le gouverneur déclara : « Nous n'avons qu'un chien dans le chenil. Tout ce que nous pouvons faire, c'est l'aider à grandir en lui donnant des vitamines et de l'huile de foie de morue[8]. » Kwame Nkrumah, le chef du CPP, quitta la prison pour diriger le gouvernement. Au cours des six ans qui suivirent, il sut habilement jouer de la menace de désordres pour évincer les Anglais, mais ce délai fut suffisant pour que son mouvement, aux ambitions centralisatrices et soucieux de taxer les planteurs de cacao au nom du développement, ait le temps de s'aliéner l'ancien royaume ashanti et le nord musulman. Il s'ensuivit qu'en 1956 le CPP ne

remporta que 71 des 104 sièges en jeu ; un an plus tard,
le Ghana obtenait l'indépendance, mais c'était déjà un
pays divisé. Au Nigeria, la compétition que suscita la succession des Britanniques entraîna aussi des divisions. Les
élections de 1951 avaient installé un parti dominant dans
chacune des trois régions. Redoutant les ambitions des
sudistes éduqués, les dirigeants du nord retardèrent
l'indépendance jusqu'à ce que leur région se voie assurer
la majorité des sièges dans la législature fédérale, arrangement dont on pouvait être sûr qu'il provoquerait des
conflits ; tel fut le cas en 1960 à l'indépendance. En
Sierra Leone et en Gambie des partis représentant les
populations de l'intérieur gagnèrent la majorité sur les
élites côtières ; cela leur permit de devenir indépendantes
en 1961 et 1965.

Le nationalisme suivit un cours différent dans les deux
fédérations françaises, l'AOF et l'AEF. À l'ouest, le Rassemblement démocratique africain (RDA), mouvement
fédéraliste, devint le parti dominant dans la plupart des
colonies, mais non au Sénégal, où le Bloc démocratique
sénégalais de Léopold Senghor représentait les peuples,
majoritaires, de l'intérieur. À mesure que l'électorat gran-
dissait, toutefois, des forces locales se renforcèrent partout, en particulier dans la riche Côte-d'Ivoire, qui
craignait de devoir financer des régions plus pauvres, et
chez son homologue équatorial, le Gabon. Leurs intérêts
coïncidaient avec ceux de de Gaulle, car il voulait exclure
les députés africains de l'Assemblée nationale, tout en
soumettant les colonies à une étroite dépendance envers
la France. Il fallut choisir fin 1958 : seule la section guinéenne du RDA, plus radicale, préféra l'autonomie complète à la poursuite d'une association avec la métropole,
mais cet arrangement se révéla éphémère, et toutes les
colonies devinrent indépendantes en 1960. Il n'y eut de

graves violences qu'au Cameroun, où la section locale du RDA était liée aux syndicats communistes et à des paysans affamés de terres ; une telle conjonction poussa d'autres élites politiques à former, avec l'appui des Français, une coalition modérée dont la victoire électorale en 1956 provoqua une rébellion dont on ne vint vraiment à bout qu'après l'indépendance. Trois ans plus tard commença en Guinée portugaise une guerre de libération qui devait connaître plus de succès, et contribua largement au coup d'État qui, en 1974, détruisit l'empire portugais. La décolonisation prit en revanche un tour franchement désastreux au Congo belge, dont le régime paternaliste ne prévoyait ni institutions représentatives, ni formation à la gestion de l'État. En janvier 1959, il y eut de violentes émeutes à Elizabethville. Voyant les empires coloniaux s'effondrer autour d'eux, et conscients que jamais leur opinion publique n'accepterait une répression armée, les Belges se hâtèrent d'organiser des élections en 1960, décidés à transmettre l'autorité politique aux Africains tout en conservant un contrôle administratif et militaire. Ce pays immense, maigrement peuplé, n'avait jamais connu aucune organisation politique ; plus de cent partis prirent part à la consultation, certains promettant d'abolir tous les impôts, voire de ressusciter les morts. Celui qui l'emporta, dirigé par Patrice Lumumba et ses alliés, n'obtint que 41 sièges sur 137. Sa volonté centralisatrice lui aliéna des groupes ethniques importants dans les provinces frontalières.

Que des élections aient été prévues très tôt permit néanmoins au nationalisme d'Afrique occidentale de prendre majoritairement une forme constitutionnelle. En Afrique orientale, en revanche, la violence joua un rôle décisif. Les Britanniques vinrent à bout de la révolte mau mau en 1956, mais elle permit à l'administration

coloniale de contraindre les colons européens du Kenya
à accepter les revendications politiques des Africains, ce
qui mena en 1963 à un transfert du pouvoir aux nationalistes dirigés par Jomo Kenyatta : ils étaient prêts à protéger les droits de propriété, à contenir leurs militants, et à
réduire l'agitation en distribuant des terres achetées aux
colons qui partaient. La menace de la violence, non pas
sa réalité, fut également essentielle au Tanganyika, où en
1954 le Tanganyika African National Union (TANU)
bénéficia d'un soutien populaire exceptionnellement large
grâce à ses racines dans l'ancienne African Association, à
son recours au swahili, et à l'absence de politiques tribales
fortes – conditions largement héritées de l'expérience du
pays au XIXe siècle. En 1958-1959, le TANU connut une
victoire complète à l'issue des premières élections organisées dans le pays, ce qui mena à l'indépendance en 1961.
Trois ans plus tard, le Tanganyika et Zanzibar s'unirent
au sein de la Tanzanie, après que le parti nationaliste de
l'île, à direction arabe, eut été renversé par une insurrection africaine. En Ouganda, la vie politique demeura en
revanche très divisée, car il n'y avait pas d'ennemi blanc
suffisamment important pour unifier les puissants
royaumes autochtones, surtout après qu'en 1953 les Britanniques eurent redonné vie au patriotisme ganda en
exilant le Kabaka. Deux coalitions de notables non ganda
luttèrent pour le pouvoir, et l'une d'elles, l'Uganda
People's Congress (UPC), se l'assura en 1962 après une
alliance opportuniste avec les dirigeants ganda.

La libération de l'Afrique centrale fut encore plus violente, sans rien devoir à l'électoralisme constitutionnel
d'Afrique occidentale. Dans les territoires britanniques,
deux partis nationalistes, le Malawi Congress Party, MCP
(au Nyasaland) et l'United National Independence Party,
UNIP (en Rhodésie du Nord) mobilisèrent une

opposition presque complète des Africains à la Fédération d'Afrique centrale dirigée par les colons blancs. Leur campagne de désobéissance civique, menée en 1959 au Nyasaland, et en 1961 en Rhodésie du Nord, convainquit les Britanniques que toute répression serait d'un coût prohibitif. La fédération se désintégra en 1963 ; des gouvernements africains se mirent en place au Nyasaland (devenu le Malawi) et en Rhodésie du Nord (devenue la Zambie), mais cela poussa les colons blancs de Rhodésie du Sud à proclamer en 1965 « l'indépendance » de leur pays. Les nationalistes africains y lancèrent alors une guerre de guérilla qui ne connut pas grand succès avant 1975, quand l'indépendance du Mozambique permit aux jeunes guérilleros d'infiltrer les réserves africaines de Rhodésie. L'escalade des violences, et l'incapacité des deux adversaires à l'emporter sur l'autre, les conduisirent à accepter en 1980 des élections que chacun comptait bien remporter. Le vainqueur fut le mouvement de libération, essentiellement shona, dirigé par Robert Mugabe, qui devint Premier ministre d'un Zimbabwe réellement indépendant. Des événements survenus dans les colonies portugaises, qui ont permis cette victoire, avaient commencé par des révoltes africaines en 1961 en Angola et en 1964 au Mozambique, provoquées par la colonisation blanche, l'absence de droits politiques, et l'exemple des autres mouvements d'indépendance. Le mouvement de libération de l'Angola était divisé en trois factions dont chacune était installée dans les trois grandes zones peuplées – au nord, au centre et au sud – sans vraiment dépasser le stade de la simple survie. Inversement, au Mozambique, le Frelimo, en grande partie unifié, libéra le nord du pays et était en pleine conquête du centre quand l'armée portugaise, lasse de la guerre, s'empara du pouvoir à Lisbonne en mai 1974. Les Blancs fuirent les deux colonies. Le Frelimo prit le contrôle du Mozambique, mais en Angola les trois factions luttèrent pour s'assurer la suprématie. L'indépendance du pays fournissait toutefois une base arrière qui permit en 1990 aux guérilleros de la Namibie voisine d'obtenir la leur de l'Afrique du Sud.

Les échecs ultérieurs ne doivent pas obscurcir les espoirs et l'idéalisme sincères que le nationalisme fit naître. Comme le disait Julius Nyerere, du Tanganyika : « La liberté nationale… était un principe simple, et il n'y avait pas besoin de la justifier devant les publics des premiers orateurs du TANU. Il fallait simplement expliquer quel rapport elle avait avec leurs vies, et leur assurer raisonnablement qu'elle pouvait être obtenue grâce aux méthodes prônées par le mouvement [9]. » Les Africains, cependant, étant dans leur grande majorité des gens pauvres, animés de préoccupations surtout locales, de telles explications ne les convainquaient pas facilement. Le TANU, parti exceptionnellement efficace, affirmait, de manière plausible, compter près de 300 000 membres avant sa victoire électorale de 1958, et 1 000 000 ensuite, sur une population de 10 millions d'habitants, dont la moitié d'enfants : un soutien assez fort pour intimider une administration coloniale faible, mais potentiellement éphémère, et très supérieur à celui que s'assurèrent la plupart des mouvements. En Côte-de-l'Or, avant l'indépendance, le CPP lui-même n'obtenait la voix que d'un adulte sur six ou sept. Le nationalisme ne provoqua qu'un éveil partiel des nombreuses forces politiques les plus profondes de l'Afrique. Il provoqua des réactions liées aux circonstances locales. C'est là que les forces sociales modelées par la croissance démographique contribuèrent à la libération.

Presque tous les partis nationalistes trouvèrent dans les années 1950 leurs premiers et leurs plus forts soutiens dans les villes par l'arrivée de jeunes migrants ruraux, qui étaient souvent allés à l'école primaire, attirés par les hauts salaires artificiellement imposés par les syndicats comme par des administrations coloniales réformatrices. Lors des élections de 1951, le CPP obtint près de 95 % des voix urbaines, tandis que le TANU comptait plus de la moitié de ses 40 000 premiers membres à Dar es-Salaam. Jeunes immigrés, femmes des marchés, petits fonctionnaires étaient nombreux dans la mouvance nationaliste, dont le caractère explosif était un atout politique majeur, comme les démontrèrent les émeutes d'Accra en 1948 ou celles de Léopoldville en 1959. Seules les sections de Guinée et du Cameroun étaient ancrées essentiellement dans le mouvement syndical, mais de nombreux partis y trouvèrent d'importants soutiens, bien qu'il ait perdu le goût des grèves politiques à mesure que l'indépendance approchait, les travailleurs voyant le danger d'une sujétion à des partis autoritaires. Nombre de dirigeants nationalistes étaient eux-mêmes des cols blancs issus des villes. Tous les membres du premier cabinet ministériel du Zaïre, à quatre exceptions près, étaient d'anciens employés. Parti des villes, le nationalisme pénétra les campagnes surtout par le biais des réseaux commerciaux. La bourgeoisie de Fès finançait l'Istiqlal, un quart des dirigeants nationalistes nigérians étaient des hommes d'affaires, et dans toute l'Afrique le commerçant-politicien était une figure clé au niveau des sections. Les fermiers spécialisés dans la production agricole marchande, ayant des contacts en ville, des organisations locales, et le souci des politiques de commercialisation, jouèrent souvent un rôle essentiel. En Côte-d'Ivoire et en Ouganda, leurs associations donnèrent le jour aux partis nationalistes, bien qu'il leur arrivât aussi de mener l'opposition à des mouvements qui menaçaient leurs intérêts, comme ce fut le cas avec la résistance au CPP des planteurs de cacao de l'ancien royaume ashanti. Le soutien pouvait toutefois venir également de zones rurales moins prospères. Dans de nombreuses colonies de peuplement blanches, la croissance démographique, sur des terres rares, créa un mécontentement dont se nourrit le nationalisme. La population africaine de Rhodésie du Nord septupla entre 1900 et 1970. La rébellion mau mau fut une réaction à une situation de ce genre, ainsi qu'aux pesants projets de gestion des terres grâce auxquels toutes les administrations d'Afrique orientale et australe cherchaient à apaiser la pression démographique, ne faisant souvent qu'alimenter le soutien aux nationalistes. Un de leurs dirigeants décrivit le Land Husbandry Act voté en Rhodésie du Sud en 1951, et particulièrement détesté, comme étant « le meilleur recruteur que nous ayons jamais eu ».

Presque tous les Africains, étant des peuples « locaux », virent en partie dans le nationalisme une sorte d'idiome nouveau pour les vieilles querelles politiques, tout comme ils avaient précédemment utilisé les cadres coloniaux. Le pays yoruba en est un exemple classique. L'Action Group, qui affirmait les représenter face au NCNC dirigé par les Igbo, était dominé par des chrétiens, hommes d'affaires et membres des professions libérales, à commencer par leur chef, Obafemi Awolowo, originaire d'Ijebu. Or les gens d'Ijebu, étant des concurrents commerciaux, étaient mal vus à Ibadan, dont l'élite dominante chrétienne n'était guère populaire. Si celle-ci choisit de rejoindre l'Action Group, la population locale, dans sa majorité, préféra soutenir un parti populiste affilié au NCNC. Dans l'est du pays yoruba, toutefois, l'impérialisme d'Ibadan au XIXe siècle n'était pas sorti des mémoires, en particulier à Ifé, qui soutint l'Action Group. À Ilesha, rivale locale d'Ifé, la majorité soutenait le NCNC, tandis que les minoritaires rejoignaient l'Action Group. Ce n'était nullement du « tribalisme », mais le conflit factionnel d'une société où les questions locales paraissaient infiniment plus importantes que les affiliations à des partis nationaux. À dire vrai, c'est souvent parce que le nationalisme fut absorbé dans des rivalités politiques locales de ce genre qu'il s'assura les soutiens nécessaires à la destruction de la domination coloniale. Ces soutiens venaient parfois, mais plus rarement, des conflits sociaux, surtout parmi de gens simples mécontents, ou d'anciens peuples sans État, hostiles à ce que Nkrumah appela « le cancer profondément enraciné du féodalisme ». Comme le rapportait le gouverneur de la Côte-de-l'Or, « le CPP est le parti des jeunes, qui autrefois ont été réprimés et se sont vus refuser toute participation dans la gestion des affaires de l'État » [*i.e. de la chefferie* [10]]. En AOF, comme les administrations coloniales avaient recouru aux chefs pour lutter contre le RDA, les nationalistes victorieux les privèrent souvent de leurs pouvoirs. Les conflits furent plus intenses au Rwanda, où la majorité agricole hutu, qui avait souvent bénéficié de l'éducation des missionnaires, forma son propre parti, puis gagna les élections de 1966, renversant la monarchie et l'aristocratie tutsi, dont les tentatives pour reprendre le pouvoir devaient provoquer de terribles représailles en 1994. Dans le Burundi voisin, les Tutsi, mis en garde par cet exemple, conservèrent la direction du mouvement nationaliste en 1962, lors de l'indépendance, et réprimèrent violemment la majorité hutu, qui ne remporta les élections qu'en 1993. Parmi les aristocraties qui firent usage du nationalisme pour conserver le pouvoir, on citera les Maures de Mauritanie, les émirats du nord du Nigeria, les familles de chefs du Botswana et du Lesotho et, brièvement, les Arabes de

Zanzibar. Dans trois cas de figure, cependant, les nationalistes dépendirent étroitement de forces sociales conservatrices. Le premier fut la « révolution verte », dans laquelle un parti rural représentant l'intérieur des terres arracha le leadership politique aux forces urbaines, ainsi au Sénégal, en Gambie et tout particulièrement en Sierra Leone, où en 1957 près de 84 % des parlementaires étaient apparentés à des chefs, et où le parti dominant adopta le symbole de la société Poro. Dans le second, un mouvement nationaliste dominant s'étendit dans des régions extérieures en attirant les élites régionales, le meilleur exemple en étant la Rhodésie du Nord, où les dirigeants du royaume bulozi se rallièrent temporairement à l'UNIP en 1962. Dans le troisième cas, les uns et les autres unirent leurs forces pour renverser un régime colonial particulièrement répressif. En Afrique centrale, une hostilité commune à la Fédération centrafricaine valut au Malawi Congress Party (MCP) le vif soutien des chefs et des paysans très conservateurs du centre du pays, région la moins développée, si bien que le jour de l'indépendance les vieilles sociétés nyau sortirent de la brousse pour aller danser sur les marches des églises. En Rhodésie du Sud, dans les années 1970, les guérilleros s'allièrent pareillement avec les chamans invocateurs d'esprits du vieil État du Monomotapa qui partageaient leurs objectifs : la terre et la liberté.

Nombreux furent cependant les mouvements nationalistes qui cherchèrent à dominer les forces du changement que les innovations coloniales et la croissance démographique avaient libérées pendant les années 1950. Le nationalisme offrit souvent aux femmes plus d'occasions politiques de jouer un rôle, que ce soit comme membres des partis et des mouvements de libération, participantes aux manifestations, voire parfois combattantes des guérillas. En Guinée, elles furent les plus solides soutiens du

RDA qui après l'indépendance les remercia en élevant l'âge minimum du mariage, en limitant le montant des dots et en interdisant la polygamie et la répudiation. Les jeunes gens furent des bénéficiaires encore plus directs. En Afrique, ils avaient toujours constitué une grande force de changement, et la croissance démographique renforça encore ce rôle : au Kenya, la proportion des 15 à 24 ans passa, entre 1948 et 1962, de 20 à 32 %. Au Ghana, le parti qui incarnait le mieux la jeunesse et le changement gagna toutes les élections tenues entre 1945 et 1995. Organisés en groupes, tels que les « Verandah boys » d'Accra, les jeunes donnaient au nationalisme son indispensable pouvoir de menace. Certains s'élevèrent dans l'échelle sociale en devenant responsables du parti, ou en se réclamant de lui pour s'implanter dans les communautés locales. En Guinée, soutenus par des dirigeants progressistes et islamiques, ils lancèrent, en 1959-1961, une « campagne de démystification » pour détruire les objets rituels et mettre un terme aux rites d'initiation féroces grâce auxquels les aînés les avaient si longtemps dominés. Par-dessus tout, les jeunes fournirent des troupes aux mouvements de guérilla qui chassèrent les régimes récalcitrants. Ils devinrent les *vakomana* (« les garçons »), comme on appelait les guérilleros de Rhodésie du Sud : souvent des travailleurs migrants, ou leurs fils, parfois recrutés en dehors du pays, plus tard des lycéens traversant les frontières pour suivre un entraînement militaire, et toujours des jeunes des villages, qui répondirent avec enthousiasme à la propagande de la guérilla. En 1980, quand la guerre prit fin, les deux tiers des combattants qui rejoignirent les points de rassemblement pour y être démobilisés avaient moins de vingt-quatre ans.

Le développement économique

Vers 1960, quand la grande majorité des pays africains accéda à l'indépendance, tout contribuait à exalter les espérances. Le nationalisme entendait imiter les États-nations les plus modernes, sans se contenter de gérer de manière minimale des sociétés agricoles ; il s'agissait de reprendre les plans de développement et les contrôles bureaucratiques du monde industriel – et tout particulièrement socialiste. Les nationalistes étaient persuadés que le colonialisme avait retardé leurs pays. Leur stupéfiant succès politique leur donnait confiance : n'ayant connu la gestion étatique et la loi que comme simples sujets, ils en surestimaient les pouvoirs. Ils savaient par ailleurs que leurs régimes, plutôt fragiles, dépendaient de progrès économiques rapides. Certains, comme Nkrumah, sentaient que se présentait à eux l'opportunité exceptionnelle de rattraper les pays avancés, et de gagner le respect que leur race s'était vue si longtemps refuser. Tous avaient connu la rapide croissance économique des années 1950, quand les prix élevés des produits marchands avaient permis aux administrations coloniales de mettre en œuvre des plans de développement centrés sur les infrastructures. En 1951, quand Nkrumah accéda au pouvoir, il reprit celui de la Côte-de-l'Or, mais ordonna qu'il soit exécuté en moitié moins de temps, grâce aux revenus procurés par le cacao, accumulés à Londres. En plus des atouts économiques de ce genre, les nouveaux États avaient des dettes publiques assez faibles, de nombreuses terres, et des paysans libres. Ils étaient pauvres – mais il y avait dans le monde plus misérables qu'eux. En 1960, le revenu annuel *per capita* du Ghana était de 70 livres, celui de l'Égypte 56, et celui du Nigeria 29, alors que celui de l'Inde ne dépassait pas 25 livres. Il était sans doute naïf de s'attendre à de rapides transformations économiques, mais raisonnable d'espérer une croissance significative. Elle eut lieu, d'ailleurs, et dans la plupart des pays concernés. Entre 1965 et 1980, le PIB *per capita* de l'Afrique subsaharienne (exprimé en prix constants) crût en moyenne de 1,5 % par an, contre 1,3 % en Inde. La tendance s'inversa dans les années 1980 : le taux de croissance annuel de l'Inde crût de 3,1 %, tandis que celui de l'Afrique déclinait de 1 % [11]. La fin des années 1970 constitua en effet, pour le continent, un tournant.

Jusque-là, la croissance économique avait suivi trois directions principales. L'une fut la poursuite du boom d'après-guerre de la production agricole marchande. Elle s'étendit tout particulièrement dans les forêts de Côte-d'Ivoire et au Kenya où, entre 1959 et 1980, la levée des interdictions coloniales permit à de petits propriétaires de cultiver le meilleur thé du monde sur des terres dont la superficie était passée de 1 000 à 50 000 ha, tandis que la production de café connaissait un accroissement similaire. Dans les années 1960, des productions plus anciennes, comme les arachides du Sénégal ou le cacao du Ghana, progressaient toujours ; une mécanisation accrue et le recours aux engrais chimiques stimulaient des plantations nouvelles, en particulier la canne à sucre au Swaziland. L'industrie minière fut le second secteur de croissance : c'est là que l'Afrique disposait du potentiel le plus important. Le cuivre prospéra jusqu'au milieu des années 1970, de nouvelles ressources étaient exploitées dans le Sahara (uranium au Niger, fer en Mauritanie, pétrole et gaz dans le désert algérien), en Afrique occidentale (bauxite en Guinée, fer au Liberia, phosphates au Togo, manganèse et uranium au Gabon, pétrole au Congo, au Gabon, en Angola, au Cameroun, au Nigeria), ainsi qu'au Botswana, où dans les années 1960 on découvrit des terrains

diamantifères qui firent du pays le premier exportateur
mondial. Les prospections minières contribuèrent par
ailleurs à faire du secteur industriel de l'Afrique subsaharienne un troisième secteur de croissance, qui entre 1965
et 1980 connut une expansion de 7,2 % par an – période
pendant laquelle le secteur manufacturier du Nigeria
enregistra une croissance annuelle de 14,6 %.

Ces succès économiques encore modestes cédèrent la
place à la crise à la fin des années 1970. Il y eut à cela
de nombreuses raisons, dont certaines étaient étrangères
à tout contrôle politique. La plus fondamentale fut une
croissance démographique exceptionnellement soudaine
et rapide. Le prix de la colonisation de terres jusque-là
marginales, de l'extension des services permettant d'assurer nourriture, logement, dispensaires et écoles primaires
à des millions d'enfants absorba les surplus disponibles
pour les investissements avant même qu'on ait pu songer
au développement. En de telles circonstances, la moindre
croissance en valait la peine. Le bouleversement des
cadres mondiaux fut la seconde raison de la crise. Dans
les années 1970, quand les cours du pétrole furent multipliés par six, la dépendance de l'Afrique envers les transports motorisés la rendit particulièrement vulnérable. En
moins de dix ans, les importations pétrolières absorbèrent
près de 60 % des revenus que la Tanzanie tirait de ses
exportations, et son système de transports commença à se
désintégrer, phénomène qui se reproduisit dans plusieurs
autres pays. À partir de 1975, le commerce africain se
détériora gravement. Les prix du cuivre chutèrent des
trois quarts au cours de la décennie suivante, dévastant
les économies du Zaïre et de la Zambie, tandis que de
nombreuses entreprises minières récemment créées
s'effondraient. Les prix agricoles à l'exportation tombèrent également dès la fin des années 1970 ; au début

des années 1990, ils étaient toujours au plus bas. Avec la concurrence d'autres continents producteurs de marchandises et comme le principal secteur de croissance du commerce international était désormais l'échange de produits manufacturés entre pays industrialisés, la part de l'Afrique tropicale dans le marché mondial chuta vraisemblablement à son point le plus bas depuis près d'un millénaire. L'endettement en fut l'une des conséquences. Quelques pays empruntaient déjà frénétiquement pendant les années 1960, mais la crise commença vraiment à se généraliser avec la flambée des prix pétroliers : la dette de l'Afrique quadrupla entre 1970 et 1976. En 1991, celle de l'Afrique noire avait dépassé son PNB annuel, proportion plus de deux fois supérieure à ce qu'elle pouvait être ailleurs. La moitié seulement des remboursements prévus était effectuée, mais les sorties dépassaient encore les entrées d'assistance et d'investissements étrangers.

La dette fut aussi le domaine où l'environnement économique global céda la place aux décisions politiques en tant que principale raison de la crise. Les États africains indépendants avaient connu des expériences économiques extrêmement différentes, en partie parce que leurs conditions étaient diverses. Contrairement au Ghana, la Côte-d'Ivoire disposait ainsi de terres vierges pour cultiver le cacao, tandis que le Botswana, grâce à ses diamants, avait le taux de croissance le plus élevé du monde. Mais ces différences tenaient aussi au fait que leurs dirigeants firent des choix économiques divergents.

Au moment de l'indépendance, vers 1960, la plupart des économistes pensaient que les pays pauvres prendraient le plus court chemin vers le développement si leurs gouvernements tiraient des surplus de l'agriculture paysanne pour les investir dans des secteurs plus modernes. Cette idée séduisait les dirigeants nationalistes, surtout s'ils étaient aussi socialistes. Comme le disait Nkrumah : « Le cercle vicieux de la pauvreté… ne peut être brisé que par un effort industriel massivement planifié [12]. » Au Ghana comme ailleurs, cette stratégie se révéla pourtant désastreuse. Elle n'était viable que si les entreprises nouvelles supportaient des coûts récurrents, alors que nombre d'entre elles étaient des projets d'infrastructures profitables à long terme seulement, tandis que les usines étaient généralement trop vastes et peu efficaces – en 1982 celles du Ghana tournaient à 20 % de leurs capacités. Alors que, de 1957 à 1979, le recrutement des fonctionnaires ghanéens augmentait de 150 %, la taxation et la corruption, entre 1957 et 1983, firent baisser de près de 93 % le prix payé aux producteurs de cacao, ce qui se traduisit par une baisse de la production, qui passa de 572 000 tonnes (un record) en 1964-1965 à 153 000 tonnes en 1983-1984. L'État préféra emprunter à l'étranger, et activer la planche à billets – la masse monétaire fut multipliée par 100 entre 1965 et 1984. Ce n'est qu'au cours des années 1980 que le déclin économique du Ghana put être enrayé.

En 1966, quand Nkrumah fut renversé par un coup d'État militaire, certains dirigeants se rendirent compte que sa stratégie était inapplicable. En Tanzanie, Julius Nyerere en conçut une autre, qu'il exprima en 1967 dans la déclaration d'Arusha. Faisant valoir que l'aide étrangère était incapable de développer l'économie, que la production agricole marchande encourageait une différenciation capitaliste, et que les services ne pouvaient atteindre des habitations dispersées, il défendit une stratégie de développement rural centrée sur des villages *ujamaa* (« socialistes ») comportant une part d'agriculture communautaire. Les paysans tardant à s'exécuter, le parti au pouvoir, entre 1969 et 1976, « villagisa » autoritaire-

ment près de la moitié de la population rurale, parfois
baïonnette dans le dos – ce qui facilita l'implantation
d'écoles, de dispensaires et l'adduction de l'eau courante,
mais économiquement fut un désastre : dans 20 villages
étudiés en 1980, les champs communautaires occupaient
8 % des terres, 20 % de la main-d'œuvre (essentiellement
les pauvres), n'assuraient même pas 2 % de la production
agricole. Celle-ci chuta donc, en même temps que les
prix payés aux producteurs ; les transports se dégradèrent,
l'inflation grimpa, le corps des fonctionnaires quadrupla
entre 1967 et 1980 ; les investissements consacrés à la
production d'objets manufacturés triplèrent à la même
époque, et la stratégie rurale de la Tanzanie eut pour effet
de provoquer l'un des taux d'urbanisation les plus élevés
du monde (plus de 10 % par an). La villagisation forcée
eut des résultats tout aussi catastrophiques en Éthiopie et
au Mozambique.

Plusieurs pays ayant choisi de favoriser la liberté des
marchés s'en sortirent mieux que leurs homologues socialistes, mais eux aussi souffrirent de la crise dans les années
1980. Le Kenya en est un bon exemple. Après l'indépendance, les Africains prirent le contrôle de toutes les entreprises agricoles et commerciales, les plus grandes
exceptées. Cela eut pour effet de renforcer la pression en
vue de définir des prix agricoles équitables – en 1967, le
prix à la production du café était le double du prix tanzanien –, et encouragea sur les hautes terres l'adoption de
la production agricole marchande ; les revenus des petits
exploitants grimpèrent, aux dépens d'une classe toujours
plus nombreuse de paysans sans terres. Entre 1965
et 1980, le GDP *per capita* crût ainsi de 3 % par an
– avant de tomber à 0,4 % dans les années 1980, tandis
que la dette absorbait le tiers des gains dégagés par
l'exportation : le pays entra dans une crise économique et

politique aiguë. La Côte-d'Ivoire connut une expérience
similaire. Entre 1950 et 1990, la mise en exploitation de
terres vierges permit à la production de cacao de passer
de 61 190 tonnes à 815 000, celle du café de 54 190
tonnes à plus de 250 000. Une loi très libérale sur les
investissements attira les capitaux étrangers, si bien
qu'entre 1960 et 1975 le volume de la production industrielle crût d'environ 15 % par an. Les entrepreneurs ivoi-
riens se diversifièrent, passant de l'agriculture aux services
urbains et à la production de biens, mais vers la fin des
années 1970 la baisse des prix à l'exportation précipita
l'économie dans la crise. Les recettes de l'État s'effondrèrent, tandis que les entreprises étrangères rapatriaient
leurs profits. Le gouvernement emprunta, jusqu'à ce qu'il
soit contraint de suspendre le paiement de sa dette. Avant
1980, le PIB *per capita* connaissait une croissance
annuelle de 2,6 % ; au cours de la décennie suivante, il
subit un déclin de 3,2 % par an. Le miracle ivoirien était
devenu un mirage.

C'est au Nigeria que le dilemme économique fut le
plus violent. À l'indépendance, c'était un pays très
pauvre, mais l'exploitation du pétrole avait commencé en
1958, chaque région bénéficiait d'une production agricole marchande de valeur, les classes commerçantes
étaient solides, et le gouvernement encourageait le capitalisme local. La croissance fut donc rapide jusqu'en 1973,
quand la crise pétrolière permit d'assurer une richesse
inattendue : entre 1968 et 1977, les revenus de l'État
furent multipliés par trente-quatre [13]. Et pourtant, amère
ironie, au cours des années 1970 la croissance annuelle
du PIB *per capita* tomba à 1,7 %, avant de décliner de
1,1 % pendant la décennie suivante [14]. Le pétrole n'était
en effet qu'une enclave n'ayant avec le reste de l'économie
que des liens financiers. Les revenus qu'il procurait

provoquèrent la surévaluation de la monnaie nigériane, si bien que les exportations agricoles s'effondrèrent, tandis que les produits manufacturés bon marché importés supplantaient ceux produits par l'industrie locale. Puis la crise internationale de 1979-1983, suivie cette année-là par une baisse des prix du pétrole, réduisit de moitié les revenus de l'État, provoqua une crise des échanges avec l'étranger, fit monter en flèche les emprunts publics et l'inflation, tomber la capacité d'utilisation de l'industrie à moins de 40 %, et jeta l'économie dans un chaos qui, une décennie plus tard, durait encore.

Le nord du continent connut des difficultés assez semblables, mais la croissance économique y fut plus rapide et plus cohérente. Même l'Égypte surpeuplée connut un développement économique important qui contrastait avec la pauvreté grandissante d'avant 1950. En 1952, un coup d'État militaire eut pour conséquence une réforme agraire qui limitait à vingt hectares les lopins individuels, redistribuait les terres aux tenanciers, et augmentait les salaires des ouvriers agricoles. Entre 1952 et 1970, le régime nassérien libéra partiellement le pays des structures économiques coloniales. La production agricole et la part de l'industrie dans le PIB augmentèrent de près de 50 %, tandis que celle du coton dans les revenus assurés par les exportations baissait presque de moitié. L'Égypte se mit à produire des produits manufacturés, et à fournir de la main-d'œuvre aux États pétroliers de la péninsule Arabique, où près de 3 millions d'Égyptiens travaillaient en 1985. La croissance eut son prix : dette croissante, inflation des effectifs du secteur public, contrôles étouffants, surpeuplement urbain, nécessité d'importer des céréales. Pourtant, entre 1965 et 1990, le taux de croissance annuel du PNB *per capita* de l'Égypte fut très supérieur aux moyennes mondiales[15]. De son côté, la croissance démographique qui avait dominé l'histoire du pays depuis Méhémet Ali ralentissait enfin.

C'est en Algérie que fut menée la plus ambitieuse politique de développement du nord du continent. Le nouveau régime avait à la fois les ressources (pétrole et gaz naturel) et la volonté politique nécessaires pour procéder à des investissements massifs dans une industrie lourde d'État – voie de l'industrialisation selon certains économistes de gauche. Dans les années 1970, le taux d'investissement du pays dépassait 35 % du revenu national, et la production de produits manufacturés croissait de 7,6 % par an [16]. À la fin de la décennie, cependant, l'économie était accablée par le poids de projets inachevés. Une réaction libérale devint une véritable débandade alors que les prix du pétrole baissaient et que la charge de la dette croissait. Au cours des années 1980, la croissance économique suivit à peine l'accroissement de la population. La rareté des terres avait par ailleurs provoqué une stagnation agricole, une dépendance envers les importations, et une urbanisation rapide.

La politique d'ajustement structurel imposée aux pays endettés par le Fonds monétaire international pendant la crise des années 1980 visait à réduire le contrôle de l'État, comme ses effectifs, à maximiser les exportations, et à assurer la liberté des prix et des taux de change : « Moins d'État, mais meilleur », comme le dit le président Diouf du Sénégal. À cette époque, un régime militaire radical dirigé par le capitaine d'aviation Rawlings imposa cette politique au Ghana, permettant un retour à des taux de croissance positifs, réduisant l'inflation, et doublant la production de cacao comme les capacités d'utilisation de l'industrie. Quand Rawlings, redevenu civil, fut réélu président en 1992, rien ne prouvait toutefois qu'il pût la poursuivre. D'autres gouvernements la jugèrent politiquement destructrice : « C'est comme de dire aux gens de se soulever contre nous ! », s'écria le président Stevens de Sierra Leone. Les stratégies de développement poursuivies depuis l'indépendance avaient été, en effet, d'inspiration plus politique qu'économique. Visant à asseoir des États et des régimes fragiles, elles avaient renforcé les contrôles gouvernementaux, multiplié le clientélisme, encouragé l'accumulation de l'élite dominante, extorqué les surplus par des moyens indirects, favorisé des citadins remuants aux dépens de paysans moins menaçants et fourni aux électeurs les services – routes, écoles, dispensaires – qu'ils considéraient comme la seule fonction vraiment utile de l'État. Les bureaucrates internationaux pouvaient bien promettre que le « moins d'État » assurerait une prospérité économique plus grande : pour les dirigeants africains, il garantissait surtout une sécurité politique bien moindre. Ils savaient, comme l'avaient montré les exemples du Zaïre et de l'Ouganda, que la guerre civile était le plus grand danger qui puisse menacer les économies africaines. De ce point de vue, leurs stratégies n'étaient ni irrationnelles ni même simplement cupides.

La politique

En Afrique, les réalités politiques sous-jacentes étaient en premier lieu les préoccupations essentiellement locales de ses peuples, ce qui les amenait à voir les questions nationales par rapport à leurs intérêts locaux, et à juger leurs représentants et l'État en fonction des services rendus à cette échelle. En second lieu, les régimes issus de l'indépendance durent affronter les vieux obstacles à la création d'États : immenses zones sous-peuplées, communications médiocres, alphabétisation limitée, résistance des pauvres jaloux de leur liberté à l'extorsion de surplus, codes d'honneur encourageant le déploiement ostentatoire du pouvoir. Venaient s'y ajouter, en troisième lieu, de nouveaux obstacles nés de la colonisation : caractère artificiel des frontières, rivalités régionales et sociales entre riches et pauvres, croissance des populations, donc pression sur les ressources, caractère remuant des capitales, puissance écrasante des armes modernes, sans compter la nouveauté même de l'ordre social de l'Afrique tropicale. Enfin, ces problèmes furent aggravés par la hâte, parfois par la violence, et paradoxalement par l'idéalisme de la décolonisation : coalitions opportunistes, rivalités régionales mobilisées dans la compétition politique, constitutions taillées sur mesure en fonction de besoins à court terme, espoirs surestimés par des victoires faciles, électorats animés de préoccupations locales.

Ces tensions fusionnèrent en juin 1960, le matin même de l'indépendance, quand s'effondra la nouvelle République du Congo (le futur Zaïre), qui montra quelle anarchie pouvait menacer un régime à qui manquaient compétences et pouvoir réel. Quand la Belgique chercha à transférer les responsabilités politiques à des nationalistes, tout en conservant le pouvoir administratif et militaire, les soldats se mutinèrent, l'administration s'effondra, et quatre armées régionales se formèrent. Les hommes politiques étaient divisés entre partisans de l'unité, issus de petits groupes ethniques, et fédéralistes venus des grands groupes kongo et lunda. Le pouvoir central s'étant désintégré, des chefs lunda et leurs alliés déclarèrent l'indépendance du Katanga (le Shaba), soutenus par des intérêts miniers belges. Les troupes des Nations unies mirent un terme à cette sécession en janvier 1963, mais se retirèrent ensuite, laissant les rebelles régionalistes, les mouvements millénaristes et les guerriers tribaux pourvus d'armes modernes dominer près de la moitié du pays en 1964-1965, jusqu'à ce que le régime militaire de Joseph Mobutu reprenne peu à peu, et, avec brutalité, le contrôle du pays entier.

Les autres guerres civiles prolongées (en laissant de côté l'Érythrée) se divisent en trois catégories. Le Soudan et le Tchad chevauchaient de vieilles frontières entre musulmans du nord et peuples noirs contre lesquels les premiers avaient lancé des razzias pour se procurer des esclaves. Au Soudan, les Britanniques isolèrent d'abord les sudistes, qui représentaient 30 % de la population, puis les réintégrèrent hâtivement avant l'indépendance, provoquant en 1955 une mutinerie dans le sud, suivie d'une rébellion qui durait encore au début des années 1990, avec des accalmies. Au Tchad, en revanche, les sudistes représentaient près de la moitié de la population, et ils étaient soutenus par les Français ; mais leurs dirigeants traitèrent les gens du nord avec un mépris qui provoqua en 1965 une révolte suivie par plus de vingt ans de guerres à l'occasion desquelles les nordistes s'emparèrent de ce qui restait du pouvoir central, avant de se le disputer. Deuxième type de guerre civile, celle qui survint en Angola et au Mozambique, où en 1974 l'effondrement portugais laissa face à face des mouvements de guérilla qui s'affrontèrent pour imposer leur contrôle à des sociétés où le pouvoir d'État n'existait plus. En Angola, le MPLA marxiste prit le pouvoir dans la capitale, mais non dans les provinces du nord et du sud, où les Américains vinrent en aide aux oppositions régionales, qui purent ainsi survivre pendant près de vingt ans. Au Mozambique, inversement, le Frelimo n'avait pas de rivaux : mais son socialisme dogmatique, et son favoritisme ethnique, poussèrent de nombreux paysans à faire bon accueil au

Renamo (Mouvement de résistance du Mozambique), force déstabilisatrice créée par la Rhodésie et l'Afrique du Sud, qui parvint à un partage effectif des campagnes avec le Frelimo, chaque camp tourmentant les populations civiles comme autrefois les *chikunda*. Ces souffrances furent communes au Liberia et à la Somalie, où se déroula un troisième type de guerre civile. La crise libérienne suivit une intégration partielle des peuples de l'intérieur des terres au sein d'un système politico-afro-américain, notamment sous la présidence de William Tubman (1944-1971), en réaction au nationalisme à l'extérieur des frontières. En 1980, des émeutes déstabilisèrent le régime, et permirent à des troupes de l'intérieur de s'emparer du pouvoir, mais leur brutalité provoqua une guerre civile où des adolescents déracinés jouèrent le même rôle décisif qu'au Mozambique et au Zaïre. Ils firent encore pire en 1991-1993 en Somalie, où le renversement du régime militaire de Syiad Barre entraîna une guerre de clans qui, coïncidant avec une grave sécheresse, provoqua l'une des plus grandes tragédies de l'Afrique indépendante.

De telles catastrophes, et les lourdes responsabilités pesant sur les dirigeants des nouveaux États, aident à comprendre la méfiance et la férocité avec laquelle ils exerçaient le pouvoir – comme d'ailleurs la difficulté même de la démocratie politique en Afrique, ainsi que le montre l'exemple nigérian. L'indépendance, obtenue en 1960, avait eu son prix : le nord contrôlait le parlement fédéral, tandis que les trois régions conservaient une grande autonomie. Cela encouragea dans chacune d'elle le groupe majoritaire (Haoussa au nord, Yoruba à l'ouest, Igbo à l'est) à dominer les minorités locales, qui réunies représentaient un tiers de la population. Comme les électeurs étaient animés de préoccupations surtout locales et les traditions culturelles assez matérialistes, la vie politique privilégia les ethnies, le clientélisme et la corruption. En 1966, quand de jeunes officiers igbo renversèrent le gouvernement, on y vit aussitôt, de manière trop simpliste, un coup d'État de nature tribale. Les nordistes lancèrent des représailles contre les Igbo de chez eux, les négociations échouèrent, les putschistes firent sécession et proclamèrent l'indépendance du Biafra. Le reste de la fédération se dressa contre eux, en partie par patriotisme, en partie parce que les champs de pétrole nigérians étaient situés en territoire biafrais, mais avant tout parce que les peuples minoritaires de chacune des trois régions, qui auraient eu le plus à perdre en cas de désintégration du Nigeria, fournirent la majorité des troupes, et même leur chef, le général Gowon. La redivision du pays en douze États, à la veille de la guerre, satisfaisait les intérêts des minorités, et devint une des conditions de la paix quand le Biafra se rendit en janvier 1970 après trente mois de courageuse résistance [17]. Le système politique du Nigeria, soumis jusqu'en 1979 à la domination des militaires, fut transformé par la multiplication de ces États et par l'opulence qu'assurait au gouvernement fédéral l'augmentation des prix du pétrole. Au lieu de trois puissantes régions luttant pour leur autonomie depuis le centre, trente petits États y concouraient pour s'y gagner de l'influence, faisant du pays « un État unitaire comportant un fort élément décentralisateur [18] ». Les conséquences s'en firent sentir lors de la Seconde République (1979-1983) : les partis perdirent leurs monopoles régionaux, le National Party of Nigeria (NPN) évolua vers une prédominance assez semblable à celle du Parti du Congrès en Inde, la *Middle Belt* (gonflée par des immigrants venus de partout) devint une force politique de premier plan ; mais au niveau des États la vie politique devint encore plus locale, clientéliste et corrompue qu'autrefois. En 1983, l'armée reprit le pouvoir « pour sauver ce pays d'un effondrement imminent ». Dix ans plus tard, elle entreprit de le rendre aux civils, mais s'opposa à l'entrée en fonction du candidat, originaire du sud, qui avait été élu président ; de la sorte, elle ravivait les antipathies régionales, donnant aux Nigérians des raisons de douter que la démocratie soit possible dans leur pays.

Face à de telles pressions, presque tous les dirigeants des nouveaux États s'appuyèrent d'abord sur les bureaucraties héritées de l'ère coloniale, donnant la priorité à leur africanisation. Hypertrophiées, extrêmement coûteuses, et aussi autoritaires que les fonctionnaires de l'Égypte ancienne, elles fournirent néanmoins des cadres d'action sans lesquels de nombreux États se seraient désintégrés, ce que démontre la stabilité des anciennes colonies de peuplement blanc, où les dirigeants nationalistes héritèrent des administrations, et des forces de police, créées pour les combattre. Pour autant, il s'agissait rarement des bureaucraties rationnelles de la théorie wéberienne. Comme dans l'Égypte du XIXe siècle, ou le royaume ashanti, elles étaient plutôt, à des degrés divers, patrimoniales, en ce sens qu'une fonction était conférée en échange de la fidélité, et des services rendus, aux dirigeants, dans des situations où la mobilité sociale interdisait la solidarité organique d'une classe dominante héréditaire. De tels régimes étaient maintenus par des relations personnelles unissant de minces élites : à la fin des années 1970, on estimait que celle du Cameroun comptait moins de mille personnes. Contrairement au Califat de Sokoto, c'était le gouvernement des hommes et non des lois. « Le système ? Quel système ? Le système, c'est moi ! », déclarait Bourguiba, tandis que les déclarations publiques du président Mobutu avaient force de loi [19]. Chaque membre de l'élite était à la tête d'une clientèle personnelle, généralement régionale ou tribale, qui lui imposait de fastidieuses obligations mais le liait à un lieu précis et soutenait ses prétentions d'en être le porte-parole et le protecteur, tant que ses résultats satisfaisaient ses obligés. Ces détenteurs du pouvoir pouvaient être des aristocrates, des technocrates instruits, ou des dirigeants de partis. Leur consolidation en groupe dominant unique était essentielle à la stabilité d'un régime, comme le démontrèrent les turbulences du Bénin (l'ancien Dahomey) ou du Soudan. La solidarité pouvait venir d'une participation commune à la lutte pour la libération, ou d'une conception partagée du développement du pays – mais aussi du patronage du chef de l'État, d'intérêts affairistes communs, de liens matrimoniaux, d'un style de vie particulier – « la vie de platine », comme on disait à Abidjan. Elle pouvait aussi être encouragée par la corruption, vieux travers de la vie politique africaine, qui, comme la manipulation des prix agricoles, était pour des dirigeants faibles un moyen d'exploiter leurs sujets sans risquer d'assaut direct contre leur autonomie économique. Le Premier ministre centrafricain expliquait : « Chaque jour je dis à notre élite de ne pas craindre de se transformer en bourgeoisie, de ne pas avoir peur de s'enrichir. » Vers 1980, la part des revenus domestiques détenue par les plus riches (10 %) était de 45 % au Kenya, contre 23 % en Grande-Bretagne.

Les élites dominantes, dans leur « projet hégémonique » de domination de la société, s'appuyaient généralement sur trois institutions complémentaires. La première était le parti unique, hérité d'un mouvement nationaliste unifié (comme en Tanzanie), consolidé après l'indépendance par l'arrivée des dirigeants de l'opposition qui se hâtaient de rejoindre les vainqueurs (ainsi au Kenya), ou créé artificiellement en vue de soutenir un quelconque usurpateur (comme au Zaïre). Certains étaient de simples mécanismes visant à empêcher toute vie politique réelle, à fournir aux ambitions des terrains d'action inoffensifs, à populariser la propagande d'État, à organiser les cérémonies politiques, à canaliser le clientélisme, et à mettre en œuvre un contrôle social, surtout dans des villes par ailleurs peu ou pas gouvernées. D'autres évoluèrent dans cette voie avec le temps et le pouvoir, ainsi le CPP au Nigeria et le FLN algérien. Quelques-uns furent des tentatives sérieuses d'institutionnaliser le peu de démocratie que les dirigeants croyaient possible dans des sociétés fragmentées. Nyerere, en Tanzanie, fut le grand défenseur de ce point de vue, qui semblait souvent primitif à ceux nés après l'indépendance.

L'armée était la deuxième de ces institutions. Il s'agissait toutefois d'une arme à double tranchant. Les dirigeants africains avaient longtemps lutté pour contrôler le pouvoir disproportionné dont jouissaient ceux qui avaient des fusils. Les émirats du Califat de Sokoto, par exemple, avaient connu plusieurs coups d'État. La domination coloniale avait estompé le problème, si bien qu'à l'indépendance seul Houphouët-Boigny semble avoir prévu l'importance politique d'armées généralement recrutées dans des régions arriérées. Vers le milieu des années 1970, cependant, de nombreux régimes en apparence civils s'appuyaient fortement sur les militaires, comme au Maroc ou en Sierra Leone, tandis que les gouvernements du continent étaient pour moitié issus de coups d'État. En règle générale, les militaires s'emparaient du pouvoir pour des raisons complexes : souci d'éradiquer les « VIP du gâchis », pour reprendre l'expression des militaires nigérians désignant les politiciens civils ;

conflits politiques, qui s'exprimèrent lors du coup d'État libyen du colonel Kadhafi par le mot de passe « la Palestine est nôtre » ; griefs professionnels, comme le refus d'intégrer les anciennes troupes coloniales, qui mena en 1963, au Togo, au premier coup d'État important d'Afrique ; crainte de la répression, qui en Ouganda provoqua l'arrivée au pouvoir du colonel Idi Amin Dada, simples rivalités ethniques ou ambitions purement personnelles. Certains régimes militaires furent de brutales tyrannies, mais la plupart fonctionnèrent de la même manière que leurs prédécesseurs civils.

L'ordre international fut un troisième soutien, beaucoup plus fiable, pour ces régimes. Jusqu'à ce que la guerre froide se termine, à la fin des années 1980, l'aide étrangère assura aux dirigeants africains un appui très large aux moindres frais. Les Nations unies, et l'Organisation des États africains, fondée en 1963, jouaient le rôle de « syndicat des chefs d'État », pour reprendre une formule de Julius Nyerere, et garantissaient l'intangibilité des frontières héritées de la colonisation. C'est avant tout pour cette raison que les États indépendants d'Afrique connurent une stabilité bien plus grande que leurs homologues d'Amérique latine ou d'Asie. Elle avait un prix, que peut-être il valait la peine de payer : régimes irresponsables, xénophobie envers les Africains citoyens d'autres pays, effondrement des rêves panafricanistes.

Afin de dominer la société, les nouveaux régimes cherchèrent à détruire, ou à intégrer, toute concentration potentielle de pouvoir indépendant. Il pouvait s'agir de compagnies étrangères comme l'Union minière, nationalisée en 1967. Il pouvait s'agir d'unités ethniques ou régionales, car – hormis les guerres civiles prolongées décrites plus haut – de nombreux États comptaient au moins une région réclamant l'autonomie, mais incapable de la défendre face aux armes modernes. Les royaumes précoloniaux ne purent survivre que lorsqu'ils coïncidaient avec des États modernes, comme au Maroc ou au Swaziland ; ailleurs, ils furent les premières victimes de régimes centralisateurs, ainsi en 1967 en Ouganda. Les États pluralistes tels que le Nigeria laissèrent aux « souverains traditionnels » – en pratique, souvent membres de l'élite moderne – beaucoup de prestige, mais peu de pouvoir institutionnel. Les régimes plus totalitaires estimaient, comme le Frelimo, que « pour le bien de la nation, la tribu doit mourir ». Sans doute peu de leurs citoyens étaient de cet avis ; ils ne considéraient pas, en effet, que l'identité ethnique et l'identité nationale soient nécessairement en conflit [20]. D'autres groupes sociaux avaient la même attitude : « Nous sommes tous membres de l'UNIP, mais nous ne mêlons pas la politique aux questions syndicales », déclara en 1968 un dirigeant des mineurs zambiens. Et pourtant, son syndicat était l'un des rares à être suffisamment fort pour préserver sa liberté d'action. Les associations et les coopératives paysannes connurent encore moins de succès en ce domaine. Les régimes les plus paranoïaques s'en prirent aux institutions religieuses, mais en règle générale ces attaques échouèrent, car il leur était impossible de les remplacer efficacement.

Si les nouveaux régimes, dans leur grande majorité, abandonnèrent la démocratie, quelques-uns préservèrent une plus grande liberté politique. Le Botswana, dont l'économie était prospère, et qui jouissait d'une grande homogénéité ethnique, maintint des élections régulières. La Gambie, bien que moins florissante économiquement, fit de même jusqu'en 1994. L'islam, la culture et la langue ouolof donnaient au Sénégal une grande unité ; après une période de démocratie limitée, au début des années 1980, on retourna à une vie politique relativement libre. À la fin de cette décennie, l'exigence de libéralisation se répandit largement à mesure que des groupes en majorité urbains, souvent nés après l'indépendance et déçus de ses suites, s'en prenaient à des régimes affaiblis par la crise économique et la réticence de leurs protecteurs occidentaux à soutenir leur autoritarisme, alors que la guerre froide était terminée. En 1989, quand tomba le mur de Berlin, sept seulement des quarante-cinq États de l'Afrique subsaharienne connaissaient le pluralisme politique ; quatre ans plus tard, une poignée seulement s'y opposait encore ouvertement. Le Bénin, le Congo, la Zambie et le Mali furent les premiers à changer de gouvernement suite à des élections, tandis que plusieurs régimes en place les gagnèrent à l'issue d'une compétition entre plusieurs partis. La résistance la plus opiniâtre fut celle du Togo, où le régime du général Eyadema, s'appuyant sur le nord du pays, se heurta violemment aux Ewe de la côte, et au Zaïre, où la survie de Mobutu reposait sur le pouvoir militaire, son talent à diviser l'opposition, et sa conviction d'être irremplaçable. Pour autant, de nombreux dirigeants élus étaient des « politiciens rebaptisés », des membres reconnus de l'élite politique, qu'on pouvait à peine distinguer de leurs prédécesseurs. Plusieurs ne tardèrent pas à se retrouver en difficulté. La génération postérieure à l'indépendance s'est sans doute montrée plus attachée que ses parents aux nouveaux États africains, mais pour le reste la démocratie n'est pas plus facile – et pas moins nécessaire – en Afrique dans les années 1990 que dans les années 1960.

Dans le nord du continent, l'effondrement des régimes apparus après l'indépendance prit un cours différent, en raison de la montée de l'intégrisme islamique. Ce courant apparut en Égypte en 1928, avec les Frères musulmans, et gagna de l'influence en Afrique du Nord pendant les années 1970. Certains fondamentalistes étaient des réformateurs moraux de type traditionnel, d'autres envisageaient une révolution mondiale anti-impérialiste. Les plus influents, comme Abbassi Madani en Algérie et Hassan al-Turbai au Soudan, étaient des intellectuels sophistiqués visant à « islamiser la modernité », en acceptant la technologie et les compétences administratives de l'Occident, tout en réformant sa corruption morale conformément à la loi coranique et en remplaçant ses institutions libérales par d'autres, élues et égalitaires, mais spécifiquement islamiques. Au début des années 1990, les intégristes, en Afrique, n'occupaient de positions de pouvoir que par leur alliance avec le régime militaire soudanais. Ailleurs, ils avaient des soutiens dans les universités et chez les immigrés des bidonvilles entourant les villes du Maghreb, où ils organisaient services sociaux et religieux. Ils étaient persécutés au Maroc et en Libye, dont les régimes affirmaient détenir leur propre légitimité islamique. En Tunisie, ils gagnèrent en 1989 un soutien électoral très important, avant d'être réprimés. C'est en Algérie, en 1991, qu'ils connurent leur principal succès : des émeutes provoquées par la crise économique, elle-même effet d'une industrialisation forcée, contraignirent le FLN, profondément corrompu, à prendre le risque d'élections multipartites. Le Front islamique du salut les remporta, mais l'armée intervint pour chasser ceux qui cherchaient « à recourir à la démocratie pour détruire la démocratie ». Cela permit à des intégristes beaucoup plus extrémistes et violents de prendre le contrôle du mouvement. Dans le nord du continent, le fondamentalisme fut, potentiellement, aussi important pour l'Afrique que le mouvement de libération dans le sud. L'un comme l'autre étaient à vrai dire les produits de forces similaires : mécontentement des jeunes nourri par l'urbanisation et une croissance démographique rapide, une éducation de masse et une stagnation de l'économie :

> Nous sommes à un moment historique fugace, où le poids relatif des jeunes adultes dans la pyramide des âges, et le gouffre du savoir entre eux et leurs parents culminent simultanément... Dans le tissu patriarcal des sociétés arabes, ce conflit de générations extrêmement aigu a trouvé à s'exprimer dans l'islam [21].

Un seul bouleversement eut autant d'importance historique : la Révolution éthiopienne. Elle commença en 1974 et suivit un cours propre à l'Afrique de cette fin de siècle. Comme les deux autres authentiques révolutions du continent, celle du Rwanda et celle de Zanzibar, elle renversa la structure d'État (mais en hérita aussi) d'un ancien régime séparé de ses sujets par l'ethnie – en Éthiopie, des peuples non amhariques conquis par Ménélik pendant sa marche vers le sud. En janvier 1974, quand l'armée d'Haïlé Sélassié se mutina, au départ pour des raisons corporatistes, la vieille aristocratie, trop affaiblie par l'autocratie du souverain, fut incapable de résister efficacement, tandis que les efforts visant à promulguer une constitution libérale échouèrent, le capitalisme sous-développé de l'Éthiopie ne possédant pas de bourgeoisie. L'initiative passa d'abord aux étudiants et aux syndicalistes d'Addis Abeba puis, l'intégrité territoriale du pays paraissant menacée, à une faction militaire unitariste, dirigée par le colonel Mengistu Haile Mariam. Celui-ci adopta un langage marxiste et bénéficia de l'aide des pays communistes. Son régime échoua cependant à vaincre, ou à se concilier, ceux qui réclamaient l'indépendance de l'Érythrée ou une plus grande autonomie pour le Tigré et autres régions frontières. En 1975, une loi agraire abolit les grands domaines et donna aux associations paysannes le pouvoir de redistribuer les terres, mais cela se fit de manière très inégale, et par la suite le nouveau régime perdit le soutien de la paysannerie en s'efforçant d'extorquer des surplus agricoles par des méthodes qui dans toute l'Afrique avaient révolté les paysans : fermes d'État, commercialisation officielle, coopératives de producteurs, villagisation obligatoire, installation forcée dans des régions excentrées, le tout sur fond de famines récurrentes. Affaibli par l'effondrement de l'Union soviétique, Mengistu fut renversé en 1991 par une coalition de guérillas régionales, dirigées par d'anciens étudiants révolutionnaires, qui promirent des élections multipartites. En 1993, l'Érythrée fit sécession. L'avenir de l'Éthiopie reste incertain ; mais sa révolution a détruit les obstacles au capitalisme qui avaient modelé son propre caractère.

Le retrait de l'État

La contraction des États fut l'une des raisons du « pouvoir du peuple » des années 1980. Le déclin économique les contraignit à renoncer à leurs rêves d'imiter les États les plus modernes du monde, et à consacrer des ressources limitées à des objectifs précis : se maintenir au pouvoir, défendre leurs frontières, préserver l'ordre et empêcher l'effondrement économique. Tout cela ne les affaiblissait pas forcément, car l'appareil coercitif pouvait survivre. Mais certaines forces de sécurité se désagrégèrent, ce qui permit à des guérillas (d'autant qu'il devenait plus facile d'acquérir des armes comme les AK-47) de vaincre des armées de profession en Ouganda, en Éthiopie, et au Liberia. De surcroît, cette contraction affaiblissait indirectement les États en réduisant leur efficacité – ainsi là où le système de transports se désintégrait –, comme leur

capacité de clientélisme, en les dépouillant de leur légitimité et en renforçant des groupes civils assumant des
fonctions précédemment dévolues à l'État. Celui-ci décli-
nant, la société, qui a toujours été la véritable force de la
civilisation africaine, s'adapta à des conditions nouvelles,
comme, autrefois, à la traite négrière ou à la domination
coloniale.

Le domaine de l'éducation illustre au mieux ce processus. C'est à elle que la plupart des dirigeants nationalistes
devaient leur position ; ils y investirent massivement.
Entre 1960 et 1983, le nombre d'enfants scolarisés dans
les écoles primaires d'Afrique noire fut en gros multiplié
par quatre, par six pour les écoles secondaires, et par vingt
pour les étudiants des universités[22]. Ce fut l'un des
grands succès de l'indépendance, et il eut d'importantes
conséquences politiques. Par la suite, toutefois, les efforts
des États dans ce domaine fléchirent, des enfants toujours
plus nombreux finissant par épuiser les ressources disponibles. Dans les années 1980, la scolarisation, au niveau
primaire, tomba de 77 à 70 % du groupe d'âge[23]. Assurer
une bonne éducation à ses enfants devint souvent un privilège de l'élite, qui pouvait en assurer les frais, mais les
gens ordinaires continuaient à croire aux écoles et fournissaient les leurs. Dans les zones chrétiennes, elles étaient
souvent dirigées par les Églises. Le gouvernement zaïrois,
par exemple, se révéla incapable de gérer celles qu'il avait
confisquées à l'Église catholique, à qui il les rendit en
1976. Certaines régions islamisées organisèrent des systèmes privés du même genre, y compris en Égypte. Les
villages ougandais employaient les enseignants, l'État se
chargeant des examens. Le Kenya – ce qui est typique du
pays – connut une prolifération d'établissements privés à
but lucratif. Mais pour les professeurs, ce fut souvent une
époque de pauvreté et de dévouement silencieux.

Le système de santé connut une évolution analogue.
Entre les années 1960 et le milieu des années 1980,
l'accroissement du personnel médical, l'existence de
remèdes bon marché, les procédures d'immunisation, et
la croissance économique, réduisirent la mortalité infantile de près d'un tiers, et épargnèrent à l'Afrique toute
épidémie de grande ampleur. Ces interventions médicales
avaient été si puissantes que pendant les années 1980 leur
impact continua à se faire sentir à l'échelle de tout le
continent, certes de manière moins spectaculaire ; mais la
tendance s'inversa dans les régions ravagées par la violence, la famine et l'extrême dégradation économique.
Les dépenses de santé *per capita* du Ghana, exprimées en
termes réels, baissèrent de près de 60 % entre 1974
et 1984 ; huit ans plus tard, on comptait dans le pays
près de 50 000 cas de pian, maladie de la pauvreté qu'on
croyait éradiquée dès avant l'indépendance, et le taux de
mortalité avait augmenté [24]. Tuberculose, choléra et fièvre
jaune se répandirent en Afrique subsaharienne, tandis
qu'on estimait que la maladie du sommeil faisait annuellement de 20 000 à 25 000 victimes. En gros, un Africain
sur six souffrait chaque année d'un accès de paludisme.
La réaction des patients était d'acheter des médicaments
modernes dans les très nombreuses boutiques de vente au
détail, de consulter des guérisseurs traditionnels, et de
mêler remèdes occidentaux et pharmacopée locale, avec
un éclectisme typiquement africain. Accéder à des soins
médicaux efficaces devint de plus en plus une question
d'argent, au point que les taux de mortalité infantile
variaient plus selon le revenu dans des villes comme
Abidjan, que dans l'Europe du XIXᵉ siècle.

Cela ne supprima pas l'exode vers les villes ; mais
celui-ci s'est ralenti depuis les années 1960, et touche
désormais les centres provinciaux plus que les capitales.

Pendant les années 1980, dans toute l'Afrique sub-saharienne, le nombre des citadins crût deux fois plus vite que celui de la population totale, dont en 1991 ils représentaient 29 %. Les migrations les plus rapides étaient celles de gens fuyant la dislocation rurale, en particulier en Tanzanie et au Mozambique. Les logements sociaux disponibles ne correspondaient plus du tout aux besoins réels, si bien que les pauvres se rassemblaient dans une pièce unique louée à des tarifs exorbitants, ou dans des cabanes construites par les familles elles-mêmes en bordure des villes, et qu'à Nouakchott on appelait les « dépôts d'ordures ». Si pendant les années 1960 les salaires urbains avaient dépassé de loin les salaires ruraux, ils chutèrent de plus de 30 % en moyenne pendant les années 1980. En 1983, en Tanzanie, le salaire minimum réel était en gros égal à celui que l'administration coloniale avait fixé pour les travailleurs non qualifiés en 1939 [25]. Avoir un emploi était toutefois un privilège ; car la pauvreté, cantonnée jusque-là aux infirmes, incluait désormais les chômeurs. Les statistiques du début des années 1980 montraient généralement qu'ils formaient de 8 à 15 % de la main-d'œuvre potentielle des villes, mais cette part s'accrut pendant la décennie – en 1989, elle dépassait 22 % en Algérie –, et de surcroît ces chiffres étaient trompeurs, car les pauvres pouvaient rarement se permettre d'être entièrement au chômage, aussi se livraient-ils à des « occupations » diverses procurant des revenus dérisoires. Les chômeurs complets étaient essentiellement des jeunes toujours à la charge de leur famille. Vers la fin des années 1980, c'était le cas de plus de la moitié des Algériens d'une vingtaine d'années, la croissance démographique et l'éducation dépassant les emplois disponibles. Les gangs de jeunes, comme les « Ninjas » de Lusaka, fleurirent ; en

1988, dans les prisons nigérianes, un détenu sur cinq était un adolescent.

Survivre dans des cités en pleine dégradation dépendait fortement du « travail au noir », qui en 1978 employait près de 72 % de la main-d'œuvre urbaine du Nigeria, y compris les innombrables femmes commerçantes et les jeunes apprentis. Les revenus de ceux qui étaient leur propre maître pouvaient être relativement élevés, mais les employés étaient sévèrement exploités ; nombre de jeunes gens commencèrent à travailler dans des emplois non payés. De telles occupations se fondaient avec « l'économie-bis », celle du marché noir, de la contrebande, de la corruption et du crime, qui s'étendirent à mesure que le pouvoir de l'État se racornissait. En Ouganda, cas extrême, on estimait en 1981 qu'elle assurait les deux tiers du PIB [26]. C'était souvent un domaine important pour l'initiative individuelle. Comme d'autres réactions au déclin économique et au retrait de l'État, ces activités économiques impliquaient des groupes sociaux solidaires. La nécessité d'organiser des écoles ou de lancer des entreprises « au noir » pouvait renforcer les liens familiaux. Dans le cadre familial, les femmes de l'élite, après l'indépendance, améliorèrent généralement leur statut, sauf en Afrique du Nord où l'intégrisme annula les progrès antérieurs. Toutes les femmes adultes reçurent le droit de vote, mais pour le reste celles issues de la paysannerie et de la classe ouvrière ne gagnèrent que peu de choses. Les relations maritales changèrent à peine, exception faite d'une légère tendance à des mariages plus tardifs. La polygamie prospéra là où la croissance démographique rendait disponibles les jeunes épouses. Les femmes souffrirent de la pauvreté avec le déclin économique, et eurent à leur charge l'entretien de familles plus nombreuses, bien qu'elles aient souvent pris une part active à l'« économie

bis », et aient connu une égalité économique et alimentaire avec les hommes plus grande que sur d'autres continents pauvres. En dépit de l'hostilité officielle, les
loyautés ethniques se renforcèrent également. Écoles privées, travail au noir, diasporas spécialisées dans le commerce illicite, milices remplaçant des forces de police
absentes, associations urbaines assumant le rôle de syndicats inefficaces : tous ces phénomènes mobilisaient des
solidarités ethniques, comme, à un autre niveau, la passion du football, partagée par tout le continent.

La religion fut un autre nœud de solidarité sociale. Le
christianisme et l'islam connurent une extension rapide
dans l'Afrique indépendante, ceux et celles qu'on avait
jusque-là négligés – ainsi les femmes, ou les populations
des régions éloignées – réclamant une place dans le
monde moderne. Une femme expliquait : « Tout le
monde y était, et je restais derrière comme une sotte. »
Selon une estimation, le nombre de chrétiens africains,
entre 1950 et 1990, passa de 34 à 200 millions [27].
L'expansion la plus rapide se produisit au Kenya, au Zimbabwe et dans la région allant du Sénégal à l'Éthiopie.
De nombreux Soudanais se convertirent pendant la résistance à la domination des nordistes musulmans, tandis
que des conflits entre chrétiens et intégristes islamiques
provoquèrent de graves affrontements dans le centre du
Nigeria. Les hiérarchies des Églises s'africanisèrent rapidement – en 1993, on comptait seize cardinaux catholiques
africains –, et l'argent, comme les missionnaires, continuaient à déferler sur le continent, mais le nombre des
fidèles excédait toujours les capacités d'intervention pastorale, encourageant l'apparition d'un christianisme paysan à l'éthiopienne, avec de fortes congrégations
villageoises, des évangélistes médiocrement formés, peu
de superstructures, peu d'influence sur la vie familiale, et

des rituels souvent partiellement africanisés. Les Églises indépendantes, en pleine croissance – entre 1960 et le début des années 1980, plus de 1 300 d'entre elles furent fondées rien qu'au Zaïre – avaient des structures du même genre. Elles fonctionnèrent efficacement face au retrait de l'État, car elles formaient des communautés de soutien, présentaient des projets de développement, des systèmes d'éducation et promettaient une guérison médicale ou spirituelle. Certains hommes d'Église, en particulier l'archevêque Milingo, de Lusaka, cherchèrent à contrecarrer les craintes de sorcellerie, trop littéralement interprétées, qui proliféraient grâce à l'insécurité et inspirèrent un renouveau des cultes de protection, de découverte et de persécution des sorcières. Le christianisme et l'islam inspirèrent des sectes millénaristes qui rejetaient l'ordre postcolonial. Tandis que les communautés de Témoins de Jéhovah enduraient courageusement les persécutions politiques, un enseignant musulman nommé Muhammadu Marwa créa à Kano une « république privée » rassemblant de jeunes migrants ruraux, « prêchant que quiconque portait une montre, roulait à bicyclette ou en voiture, ou envoyait ses enfants dans une école d'État, était un infidèle [28] ». Les militaires la dispersèrent en 1981, faisant près de 4 000 morts.

Ce fut là la manifestation la plus violente d'une cité postcoloniale. En règle générale, les pauvres des villes, tout en s'indignant de la corruption et du gouffre entre « eux » et « nous », étaient trop vulnérables, trop divisés, trop dépendants du clientélisme, trop respectueux des valeurs rurales, trop conscients de la récente mobilité sociale, pour défier ouvertement leurs dirigeants. Ils pouvaient bien reprendre les refrains politisés qui supplantaient les mots d'amour dans la musique populaire, mais l'action politique impliquait généralement un leadership des travailleurs des entreprises modernes, des zélotes religieux ou des politiciens d'opposition. L'augmentation des produits alimentaires de base était la seule chose qui puisse les faire descendre dans la rue. Dans les années 1980, de telles émeutes firent tomber les régimes au Liberia, au Soudan et en Zambie, et en menacèrent beaucoup d'autres. Et pourtant les bandes de jeunes armés qui terrorisaient le Liberia, le Mozambique et la Somalie étaient un exemple extrême d'aliénation. Leurs prédécesseurs avaient idolâtré Nkrumah, libéré le Zimbabwe et l'Ouganda, lutté pour transformer l'Algérie ou l'Afrique du Sud. Produits de la croissance démographique, de l'urbanisation de masse, de la crise économique et de la longue histoire africaine des conflits de génération, ils étaient toujours prêts pour les changements, qu'ils soient créateurs ou destructeurs.

Les changements agraires

L'aspect le plus grave de la crise subie par l'Afrique en cette fin de siècle concernait la production alimentaire. En ce domaine, les estimations étaient particulièrement peu fiables, mais presque toutes suggéraient que la production alimentaire, *per capita*, de l'Afrique subsaharienne, encore adéquate en 1960, avait ensuite décliné d'environ 1 % par an pendant les vingt-cinq années suivantes, avant que cette baisse ne ralentisse ou ne s'interrompe au milieu des années 1980. Ces chiffres dissimulent par ailleurs de fortes variations locales. Il se pourrait que le déclin agricole de l'Éthiopie ait commencé dans les années 1940, et que le Malawi, le Rwanda et le Zimbabwe aient maintenu leur niveau de production dans les années 1990. Globalement, la disponibilité ali-

mentaire, surtout dans le nord du continent, fut mainte-
nue par les importations de nourriture, qui, vers le milieu
des années 1980, représentaient près de 20 % des gains
à l'exportation de l'Afrique.

L'intervention de l'État, qui décourageait l'agriculture
paysanne, fut l'une des raisons de la baisse de la production. Une étude menée en Afrique occidentale pendant
les années 1960 montrait que la prospérité agricole était,
en règle générale, inversement proportionnelle à l'intervention de l'État [29]. La commercialisation étatique fit
baisser les prix à la production. Les systèmes de transport
se dégradèrent. Les produits manufacturés devinrent plus
rares et plus coûteux. Entre 1965 et 1980, en Zambie,
les prix des produits urbains triplèrent par rapport aux
produits agricoles. Même quand ceux-ci montaient, la
croissance des villes arrachait de la main-d'œuvre à l'agriculture. Les femmes, responsables d'une bonne part de
la production alimentaire, eurent à porter des fardeaux
toujours plus lourds alors qu'elles donnaient naissance à
de plus en plus d'enfants dont l'espérance de vie croissait.

Des problèmes structurels plus profonds étaient occul-
tés par ces facteurs à relativement court terme. En 1990,
l'Afrique, considérée dans son ensemble, n'était ni sous-
peuplée ni surpeuplée, mais sa population était répartie
de manière extrêmement inégale. Seul un tiers des pays la
composant disposait de terres abondantes, parmi lesquels
deux des plus grands, le Soudan et le Zaïre. On estime
que la population africaine connut une croissance
annuelle de 3 % pendant les années 1970 et 80, et ses
terres cultivées de 0,7 % seulement, bien que les superfi-
cies consacrées aux céréales aient cru plus vite, au dépens
de la production agricole marchande. C'est dans le nord
de l'Éthiopie que le manque de terres était le plus grave ;
certains récits évoquent des hommes attachés à des cordes

pour pouvoir cultiver des flancs de collines très raides. Les terres arables étaient aussi rares dans tout le nord du continent, dans certaines concentrations de population d'Afrique occidentale telles que le pays igbo, le Burkina Faso et une partie du pays haoussa, ainsi que dans les zones à fortes pluies de l'Afrique orientale et australe. Dans toutes ces régions, une agriculture plus intensive réussit souvent à nourrir des populations plus nombreuses, bien que parfois avec des nourritures moins riches, mais souvent au prix d'une forte fragmentation, et d'un nombre croissant de cultivateurs très pauvres, dont beaucoup de femmes, qui travaillaient pour des voisins mieux lotis, et qui étaient tout particulièrement vulnérables pendant les disettes. Là où les terres étaient encore disponibles, fonctionnaires et hommes d'affaires tiraient souvent profit des ambiguïtés de la loi pour en accumuler, et la pénurie de terres dépassa bientôt celle de la main-d'œuvre. En 1981, grâce à une politique qui encourageait l'appropriation privée des pâtures communautaires, le Botswana comptait dix-neuf exploitations possédant chacune plus de 10 000 têtes de bétail, tandis qu'entre 1974 et 1991 la proportion des foyers n'en possédant aucune passa de 50 à 74 %. L'élite acquit également nombre d'anciens domaines européens. En règle générale, toutefois, de l'Égypte à la Zambie, les villages d'Afrique étaient dominés par les équivalents modernes d'Hekanakht de Thèbes : des paysans riches, aux terres relativement importantes, possédant la plus grosse part du bétail, des charrues et du capital agricole, dont les parents ne travaillaient pas la terre, qui jouissaient d'un accès privilégié aux moyens d'exploitation, qui contrôlaient parfois les coopératives ou les systèmes d'irrigation, occupaient presque toutes les fonctions de direction au niveau du village ou de la section locale du parti, et assuraient crédit et emploi à leurs voisins plus pauvres.

Dans les régions où les terres étaient rares, beaucoup de jeunes émigraient vers les villes, mais certains continuaient à coloniser des régions excentrées. Entre 1958 et 1980, ce sont eux qui, dit-on, défrichèrent deux tiers des 12 millions d'hectares de la forêt tropicale ivoirienne. On récupéra aussi des terres abandonnées au début de la période coloniale à la mouche tsé-tsé, si bien que celle-ci avait, dans les années 1970, pratiquement disparu du Malawi, et que des colons venus de partout pénétrèrent la *Middle Belt* nigériane. Une bonne part de cette colonisation fut cependant conduite, par nécessité, vers des terres marginales. Au Mali et au Niger, d'anciens esclaves et serfs des Touareg s'avancèrent dans le Sahel aux dépens de leurs anciens maîtres, si bien qu'en 1977 les terres cultivées avaient progressé de 100 kilomètres vers le nord par rapport à la limite fixée deux décennies auparavant. En Éthiopie et au Kenya, les gens des hautes terres s'avancèrent dans le *lowveld* environnant, bravant la malaria, envahissant les pâtures, et produisant de médiocres récoltes, même les bonnes années, ce qui multipliait, en période de sécheresse, le nombre de victimes potentielles de la famine. On estime qu'entre 1973 et 1988 l'Afrique perdit près de six millions d'hectares de pâturages.

Pendant les deux premières décennies qui suivirent l'indépendance, les États négligèrent ou exploitèrent l'agriculture paysanne, préférant favoriser des entreprises à grande échelle – villages socialistes, fermes d'État, projets d'irrigation ou domaines privés. Les deux premières connurent des résultats uniformément désastreux. L'irrigation pouvait se révéler bénéfique, comme dans le Gezira ou le *lowveld* Swazi, mais les sommes énormes investies pour exploiter les cours d'eau peu fiables d'Afrique occidentale ne permettront sans doute jamais de dégager de bénéfices. Les projets dans lesquels les paysans producteurs recouraient à des usines de traitement centralisées, connurent plus de succès, ainsi au Kenya avec le thé, tout comme les cultures sèches mécanisées par des exploitants individuels, très répandues dans les régions de savanes. Des innovations plus modestes – emploi des charrues tirées par des bœufs, transport animal, irrigation à petite échelle – se diffusèrent dans plusieurs régions, encourageant pendant les années 1980 une remontée de l'agriculture paysanne. Mais sa faible productivité, dans un environnement aussi hostile que celui de l'Afrique, demeurait une faiblesse cruciale. La production de grain y était généralement inférieure de moitié à celle de l'Asie ou de l'Amérique latine. Elle n'était d'ailleurs pas susceptible de transformation par les techniques de la « révolution verte » si efficace ailleurs, car celles-ci étaient conçues pour des systèmes agricoles standardisés maîtrisant des environnements tels que les plaines inondables indiennes, alors que l'agriculture paysanne africaine est une compétence spécialisée centrée sur une polyculture adaptée à de faibles variations de sol et de climat. Même le maïs hybride, largement cultivé dans le centre et l'est de l'Afrique, présentait des inconvénients pour les paysans. Les cultivateurs du Rwanda ou du pays haoussa avaient, depuis longtemps, intensifié des pratiques leur permettant de nourrir des populations très denses, mais ce perfectionnement des techniques, étalé sur des siècles, prenait place dans des environnements fertiles. Le gros problème, à la fin du XXe siècle, était le caractère brutal et très rapide de la croissance démographique, qui exigeait de cultivateurs accoutumés à des techniques extensives le passage à une intensification plus rapide, sur des sols plus médiocres.

De surcroît, cette exigence survenait au mauvais moment. Dans la savane tropicale, les pluies, de nouveau abondantes depuis les années 1920, connurent leur apogée aux environs de l'indépendance : en 1961, le lac Tchad et le lac Victoria atteignirent leur niveau le plus élevé du siècle. Par la suite, elles devaient diminuer considérablement vers la fin des années 1960, cédant la place à des sécheresses très répandues, qui au début des années 1990 revenaient encore périodiquement. On n'a pas de preuves, pour autant, d'un changement climatique durable, pas plus que d'une avancée autre que temporaire du désert, bien qu'on ait assisté à une déforestation massive, et que la dégradation de l'environnement ait été très forte dans des régions surpeuplées comme le nord de l'Éthiopie ou le Lesotho. Ces sécheresses sporadiques provoquèrent par contre dans la savane des mauvaises récoltes aux effets terribles, en Éthiopie et au Sahel en 1973, dans le nord de l'Ouganda en 1980, au Soudan, en Éthiopie et en Somalie en 1984-1985, au Mozambique, en Angola et dans le sud du Soudan à plusieurs reprises pendant la décennie, et en Somalie en 1992. D'autres, tout aussi graves, eurent cependant les mêmes effets au Botswana, au Zimbabwe et au Kenya sans pour autant provoquer de famines, parce que leurs systèmes de protection l'empêchèrent. C'est l'effondrement de ces mécanismes, mis en place vers la fin de la période coloniale, qui provoquait des disettes de masse – exception faite de l'Éthiopie, où ils n'avaient jamais existé. Toutes les grandes famines – sauf celle de 1973, et la crise soudanaise de 1984-1985 – furent dues en partie aux guerres. L'incapacité des gouvernements y contribua, en particulier en Éthiopie, où le système de transport fut de plus incapable d'approvisionner les régions éloignées. Leurs peuples souffrirent particulièrement dans les zones pastorales, ou nouvellement colonisées, comme d'ailleurs les travailleurs sans terres, de plus en plus nombreux, car la croissance démographique commençait à donner aux famines africaines un caractère assez semblable à celles de l'Asie. Toutefois, bien que près d'un million de personnes aient pu mourir de faim en Éthiopie en 1984-1985, et plus encore au Soudan en 1992, nulle part la famine ne s'accompagna d'épidémies catastrophiques. Seuls les recensements ultérieurs pourront montrer son impact réel, mais les premiers indices montrent qu'elle affecta peu la démographie africaine.

Le déclin de la fécondité

Au début des années 1990, le taux de croissance démographique venait sans doute d'atteindre tout juste son niveau maximal. En Égypte et en Tunisie, il avait commencé à décroître dès les années 1960, en Algérie, en Afrique du Sud et peut-être au Botswana, pendant les années 1980 [30]. Le taux de natalité avait baissé un peu plus tôt, mais le taux de mortalité diminuait toujours. La fécondité des jeunes Égyptiennes déclina dès les années 1940, celle des Sud-Africaines peut-être dès les années 1960, celle des Algériennes et des Zimbabwéennes dans les années 1980. Le taux de fécondité global de l'Afrique subsaharienne commença à descendre aux alentours de 1983. En 1990, le taux de natalité était tombé de 15 à 25 %, par rapport à son maximum, au Botswana, au Zimbabwe et au Kenya, et de 10 % ou plus dans certaines régions du sud du Nigeria [31]. Dans le nord du continent, ce déclin était dû essentiellement à des mariages plus tardifs – entre 1966 et 1986, l'âge moyen des Algériennes à leur premier mariage passa de 18 à 23 ans –, et à l'usage de la contraception (avant tout la pilule) pour empêcher toute grossesse après la naissance d'un troisième enfant [32]. En Afrique tropicale, il semble avoir été provoqué d'abord par la contraception, dont presque tous les gouvernements africains reconnurent l'importance dans les années 1980, avant de l'affirmer formellement dans la Déclaration de Dakar de 1992. Entre 1981-1982 et 1987-1988, au Kenya, les centres de planning familial passèrent de 100 à 465, tandis que de 1987 à 1991 le nombre de préservatifs vendus passait au Zaïre de 20 000 à 18,3 millions. Selon les chiffres, peut-être excessifs, de la Banque mondiale, le pourcentage de femmes mariées en âge de procréer, ou de leurs maris, qui recouraient à des moyens contraceptifs était, à la fin des années 1980, de 50 % en Tunisie, de 43 % au Zimbabwe, de 38 % en Égypte, de 36 % en Algérie, de 33 % au Botswana et de 27 % au Kenya, mais il est vrai que dans de nombreux pays tropicaux il était de 10 %, voire moins [33]. L'adoption des méthodes modernes de contraception était étroitement corrélée à l'éducation des femmes – qui leur donnait à la fois des raisons supplémentaires de planifier leurs familles, et le statut nécessaire pour que leurs vœux soient respectés – et à des taux relativement bas de mortalité infantile, qui ont peut-être neutralisé les craintes d'extinction familiale [34]. En 1989, une étude menée au Kenya montra que les hommes comme les femmes souhaitaient limiter les familles, pour deux motifs principaux : le coût élevé des frais de scolarité et le désir de ne pas diviser des terres trop rares entre de trop nombreux fils. Inversement, dans le sud du Nigeria, ce sont les femmes qui désiraient surtout la contraception, soit en vue de retarder, pour des raisons de carrière, la grossesse et le mariage, ou comme alternative à l'allaitement au sein et à l'abstinence sexuelle comme moyen d'espacer les naissances. Ces femmes citaient les encouragements officiels au planning familial, et se procuraient les contraceptifs dans les très nombreuses pharmacies [35]. On ne sait trop si ce second stade de transition démographique se répandra en Afrique tropicale, et à quel rythme, ni à quelle taille se stabiliseront les familles. En tout cas, l'Afrique a survécu à sa croissance démographique maximale.

Elle dut en revanche affronter une autre menace en ce domaine. Sans doute le virus du sida y fut-il présent dès 1959 [36] ; mais il devait être encore rare, et n'attira pas l'attention avant 1986. Au début des années 1990, il infectait peut-être 2 % de tous les adultes d'Afrique subsaharienne, qui comptait près de deux tiers des cas mondiaux connus, bien que les tests sur lesquels reposent ces statistiques soient discutables. L'Afrique du Nord était peu touchée. L'Ouganda, avec près de 1,3 million de malades, soit 8 % de sa population, était le pays le plus affecté, comme les pays voisins à l'ouest et au sud [37]. C'est dans les villes que l'épidémie était la plus grave – 25 à 30 %, peut-être, de la population de Kampala – et le long des grandes voies de communication, car le sida est une maladie de la modernité, apparemment peu affectée par les milieux naturels mais très sensible aux environnements artificiels de ce siècle. Il se transmet en effet par voie sexuelle, souvent en même temps que les maladies vénériennes, donc surtout dans les villes avec les transports, et les réseaux de migration de main-d'œuvre, où les partenaires sexuels changent fréquemment. Les femmes étaient particulièrement vulnérables : en Ouganda, elles représentaient près de 60 % des cas, bien que le pourcentage ait été plus faible ailleurs. On estimait entre 30 et 40 % les chances d'infection des nouveau-nés par des mères sidéennes. En règle générale, ils mouraient d'ailleurs avant leur troisième anniversaire. Comme il détruit le système immunitaire, le sida fît également revivre des maladies qu'on croyait jugulées : au début des années 1990, on estimait qu'en Afrique subsaharienne près de 2,4 millions de personnes étaient atteintes à la fois de sida et de turberculose [38]. Comme aucun remède n'est susceptible d'apparaître dans un avenir proche et que les palliatifs coûtent très cher, les premières projections des effets démographiques du sida laissaient penser que dans les régions les plus touchées, un taux de croissance démographique annuel de 3 % pourrait céder la place à un déclin absolu des populations, « sur une étendue de plusieurs, ou de nombreuses, décennies », mais les estimations ultérieures se sont montrées moins pessimistes, avant tout parce que en Afrique les taux de natalité et de mortalité étaient si élevés que l'épidémie aurait, proportionnellement, des effets démographiques moins graves qu'en Asie [39]. Un système social conçu pour peupler et maîtriser l'environnement africain était devenu, au moment même de son plus grand triomphe, un moyen de transmettre la maladie et, simultanément, d'en limiter les effets. La caractéristique la plus frappante de l'épidémie fut toutefois la compassion que les gens ordinaires témoignaient aux malades [40].

CHAPITRE XII

Industrialisation et question raciale
en Afrique du Sud

L'Afrique du Sud moderne mérite d'être traitée à part, à la fois en raison de l'intérêt du grand public, et parce que la découverte d'or dans le Witwaterstrand en 1886 lui a fait emprunter une autre trajectoire que celle du reste du continent. Elle s'est en effet orientée vers une économie industrielle, elle a renforcé le pouvoir des colons blancs, et mis en place un système de répression raciale sans équivalent, qui culmina en 1948 avec le programme d'apartheid : une ségrégation imposée par l'État. Pourtant, si l'Afrique du Sud fut à certains égards aussi différente du reste de l'Afrique que l'Égypte pharaonique, elle a aussi suivi certains processus historiques communs. Le plus fondamental ne fut autre que la croissance démographique, la population passant de 3 à 4 millions de personnes en 1886 à 39 millions en 1991. Comme ailleurs, cela provoqua une compétition pour l'usage des ressources rurales, une urbanisation de masse, un conflit de générations, et l'hypertrophie de l'État. Au début des années 1990, toutes ces conditions, à quoi vinrent s'ajouter le développement industriel et le contexte international, permirent aux Noirs de contraindre leurs maîtres à conclure avec eux, et pour leur propre sécurité, un arrangement à long terme. Même si, dans le domaine racial, on est parvenu à un accord, l'Afrique du Sud doit toutefois faire face aux problèmes socio-économiques qui accablent tout le continent. Mais son taux de croissance démographique a décru, et elle possède les ressources et les compétences nécessaires pour rendre ces problèmes plus faciles à surmonter.

Mines et industrialisation

Les terrains aurifères de 1886 différaient fortement de ceux, diamantifères, précédemment découverts à Kimberley. On n'y vit pas de prospecteurs noirs, car l'endroit ne se trouvait pas dans la colonie du Cap, officiellement multiraciale, mais en République sud-africaine (le Transvaal), dont le gouvernement réserva aussitôt les concessions aux Blancs. Les petits prospecteurs ne se maintinrent d'ailleurs pas longtemps, car au Witwatersrand l'or était dispersé, sous forme de parcelles minuscules, dans une veine rocheuse étroite – une once d'or pour quatre tonnes de rocher –, ce qui exigeait des forages profonds, un appareillage très lourd, et le recours aux techniques d'extraction chimique les plus modernes. À la fin des années 1890, les puits atteignaient déjà 1 100 mètres de profondeur, et le Rand assurait plus d'un quart de la production mondiale. Dès le début, le Witwatersrand fut donc dominé par d'énormes entreprises minières, dont le capital venait en partie de Kimberley, mais surtout d'Europe. Les nations industrielles achetaient le précieux métal à des prix fixés, mais en quantités pratiquement illimitées. Les compagnies n'avaient donc pas de raisons de restreindre la production, ou de se faire mutuellement concurrence. Dès 1889, elles formèrent une Chambre des mines, avant tout pour réduire les salaires du personnel africain : ils représentaient en effet près de la moitié des coûts de production, et c'est de leur contrôle – le prix de l'or étant fixé – que dépendaient les bénéfices. Les mineurs blancs, dont les compétences étaient nécessaires, importèrent de Kimberley la pratique consistant à se réserver les travaux qualifiés, conformément aux valeurs du système racial en vigueur dans la République sud-africaine. En 1898, leur militantisme leur permettait de gagner dix fois le salaire moyen d'un Noir, et le double de ce qu'ils touchaient à Kimberley dix ans plus tôt. Pour tenir compte de cette différence sans renoncer à ses profits, la Chambre des mines imposa en 1896 une baisse sur les salaires des Africains, lesquels tombèrent à un niveau qui resta pratiquement inchangé jusqu'en 1971.

Cette réduction fut rendue possible par une évolution dans l'offre de main-d'œuvre. La plupart des mineurs noirs étaient des migrants, non parce que les propriétaires des mines le voulaient – ils les jugeaient au contraire inefficaces et coûteux –, mais parce que les Africains refusaient de renoncer à une vie rurale, où ils disposaient de certains droits sur la terre, pour passer leur vie au fond de la mine, exposés au danger, à la maladie, dans des conditions de travail très brutales : « l'enfer mécanisé », pour reprendre l'expression d'un missionnaire. Par conséquent, les compagnies minières durent, au début, payer aux Noirs des salaires suffisamment attractifs pour qu'ils consentent à quitter leurs foyers ; cela changea toutefois quand ceux-ci eurent perdu leur indépendance. En 1895-1897, en particulier, les Portugais s'emparèrent du royaume gaza, au sud du Mozambique, et y imposèrent la taxation et le travail forcé, à quoi vinrent s'ajouter la peste bovine et la famine. Dès 1896-1898, c'est de cette région que les mines d'or faisaient venir les trois cin-quièmes de leurs 54 000 mineurs noirs : jusque dans les années 1970, elle devait en fournir le plus gros contingent. D'autres venaient, nombreux, du Transkei ou du Lesotho : 20 % des hommes valides travaillaient en Afrique du Sud en 1911, et 47 % en 1936. Au lieu de partir au loin durant leur jeunesse, les hommes en vinrent à faire, toute leur vie durant, la navette entre chez eux et les mines. Les économies rurales dépendirent de plus en plus de leurs revenus ; les familles rurales s'adaptèrent pour survivre, malgré l'absence du père, le foyer patriarcal et polygame cédant souvent la place à une maisonnée trigénérationnelle, dans laquelle une épouse vivait avec ses parents et ses enfants jusqu'à ce que son mari revienne définitivement, parfois atteint de tuberculose qui, en 1930, frappait une large majorité des adultes du Transkei.

Pour les cultivateurs africains, l'industrie minière per-mit d'étendre le très lucratif marché urbain déjà ouvert à Kimberley. La production de maïs augmenta chez les Zoulous, les Sotho, et surtout les peuples de l'État libre d'Orange, de la République sud-africaine et du Natal, où des paysans noirs possesseurs de charrues tirées par des bœufs connurent une prospérité dont leurs enfants se souvenaient comme d'un âge d'or, qu'ils aient cultivé les terres très minoritaires qui leur restaient, ou aient travaillé comme métayers dans des fermes blanches. À partir des années 1890, cependant, les Blancs se mirent à leur faire concurrence, et les réduisirent d'abord à l'état de cultiva-teurs à bail, puis de travailleurs agricoles sans terres. C'était l'objectif du Natives Land Act de 1913 : il interdi-sait en effet les transferts de terres entre races, fixait à 7 % (plus tard 14) la part de celles détenues par les Noirs, et limitait le nombre de métayers et de fermiers pouvant résider sur une ferme blanche en dehors de la province du Cap. À elle seule, la législation ne pouvait toutefois transformer les campagnes. Entre les deux guerres, il y eut de violents conflits agricoles, les Blancs imposant des conditions de plus en plus sévères aux Africains travaillant sur leurs terres, qui répliquèrent en brûlant les récoltes, en abattant le bétail, et en prêtant l'oreille aux promesses millénaristes de prophètes politiques et religieux. En 1954 encore, près de 20 % des fermes « blanches » ne comptaient en fait aucun Européen, mais à cette époque la mécanisation agricole parvenait enfin à chasser métayers et fermiers de la terre, comme dans tout le reste de l'Afrique. Entre-temps, la population noire de plus en plus nombreuse des réserves africaines, souvent limitées et surexploitées, s'était appauvrie. Dans les années 1920, elles ne produisaient que la moitié de leurs besoins alimentaires, et ce chiffre ne cessa de chuter par la suite. Seule une infime élite privilégiée parvint à conserver la propriété personnelle, condition nécessaire pour financer l'éducation et l'accès aux carrières des professions libérales.

La commercialisation de l'agriculture, en réaction à l'industrie minière et à l'urbanisation, eut aussi pour effet de transformer la population agricole blanche. Ses fermes se réduisirent et devinrent plus nombreuses, mais les *bjiwoners* (les squatters) qui faisaient paître leurs maigres bêtes sur les bordures des grands domaines furent chassés et durent se joindre aux 300 000 Blancs (soit un sixième de toute la population blanche) dont on estimait en 1930 qu'ils vivaient « dans une grande pauvreté », souvent dans les taudis des cités industrielles. Étant donné la médiocrité des sols et la fréquence des sécheresses en Afrique du Sud, l'État, entre 1911 et 1936, versa 112 millions de livres de subventions à l'agriculture des Blancs, afin qu'ils

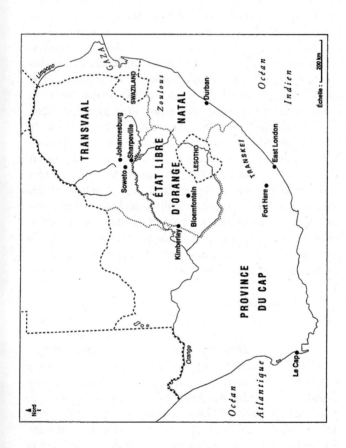

14. Industrialisation et question raciale en Afrique du Sud

continuent à occuper les terres, et à voter pour lui – la plus grosse part de ces subventions finançant un système de commercialisation contrôlé par l'État, des services annexes très élaborés, et des transports conçus en vue de satisfaire les intérêts des fermiers. Contrairement à leurs pareils du reste de l'Afrique, ceux d'Afrique du Sud, dans leur grande majorité, ne produisaient pas de récoltes destinées à l'exportation, comme le café ou le vin ; en dépit de rendements assez faibles, le maïs représentait 39 % de la valeur de leur production en 1919, et 32 % en 1976. Ce monopole blanc sur le marché de l'alimentation privait les Africains d'un pouvoir de marchandage qui leur aurait permis de faire monter leurs salaires au-dessus du minimum vital. Le nombre de travailleurs agricoles africains et métis crût peu à peu, pour atteindre un maximum de près de 1,5 million de personnes dans les années 1960. La plupart étaient plus pauvres que les Noirs des villes ou les populations des réserves : ils gagnaient, à la fin des années 1930, un salaire annuel moyen de 20 livres, tous revenus confondus.

Si l'extraction de l'or joua un rôle essentiel dans l'industrialisation de l'Afrique du Sud, elle n'en fut pas le déclencheur ; après tout, quatre-vingts ans d'exploitation du cuivre n'ont pas suffi à industrialiser le Zaïre. De surcroît, ce ne fut pas un processus soudain. En 1891, la production industrielle de la colonie du Cap dépassait déjà en valeur celle de diamants. En République sud-africaine, toutefois, l'exploitation de l'or stimula la construction de voies ferrées, l'urbanisation, l'exploitation du charbon puis, grâce à ce dernier, la production d'électricité, qui devint la principale source de puissance industrielle. En 1914, le Witwaterstrand possédait ainsi la plus grosse centrale électrique du monde, qui utilisait une technologie allemande dernier cri. La production

industrielle doubla ensuite pendant la Première Guerre
mondiale, et de nouveau pendant les années 1920. Une
des raisons de cette croissance est que, contrairement à
l'Afrique tropicale, l'indépendance politique permettait
aux Sud-Africains blancs d'affirmer leur nationalisme économique. Le général Smuts, qui fut Premier ministre de
1919 à 1924, fit ainsi de l'industrialisation un des objectifs de l'État. Le gouvernement afrikaner nationaliste qui
lui succéda éleva les droits de douane et investit les revenus dégagés par l'extraction minière dans l'industrie, en
particulier l'Iron and Steel Corporation, entreprise d'État
qui ouvrit ses portes en 1934 et fut la première à entreprendre la transition vers l'industrie lourde, que les pays
situés plus au nord trouveraient plus tard si difficile. En
1933, l'Afrique du Sud abandonna l'étalon-or ; la forte
augmentation du prix du métal stimula une croissance
encore plus rapide, et permit à l'économie d'échapper au
piège de la dette extérieure, qui dans les années 1980
devait bloquer l'industrialisation en Algérie et ailleurs.
Entre 1911 et 1945, cette dette passa de 91 à 3 % de la
dette totale de l'État [1]. Une autre hausse brutale des prix
eut lieu pendant la Seconde Guerre mondiale, l'emploi
manufacturier croissant de 60 %, et l'industrie de l'équipement passant de la production spécialisée à la production de masse, d'abord de matériel de guerre, par la suite
de biens de consommation durables. Entre 1936 et 1951,
la part de la métallurgie et de la machinerie dans la production industrielle grimpa de 4 à 19 %, ce qui fit de
l'Afrique du Sud un pays nettement industrialisé, avec de
nombreux traits caractéristiques d'une économie où ce
phénomène a été tardif : grosses entreprises, important
secteur d'État, forte dépendance envers les exportations
primaires (l'or), sévère répression de la main-d'œuvre.
Main-d'œuvre et énergie bon marché, or, intervention

étatique, gradualisme, furent donc les caractéristiques propres de l'industrialisation sud-africaine.

Une urbanisation rapide fut sa conséquence la plus dramatique. En 1981, le Cap, avec ses 51 000 habitants était la plus grande ville du pays, mais dès 1896, Johannesburg, fondée dix ans auparavant, en rassemblait 100 000 – 50 % de Blancs, 50 % de Noirs – dans une anarchie urbaine qu'on a décrite comme « un mélange de Monte-Carlo et de Sodome et Gomorrhe [2] ». La population urbaine du pays comptait 1 225 000 personnes en 1904 ; ce chiffre était passé à 3 218 000 en 1936, dont 68 % de la population blanche, et 19 % de la population africaine. Les autorités municipales s'efforcèrent de contrôler l'urbanisation en contraignant les Noirs à occuper certains quartiers ; cette politique de ségrégation fut reprise au niveau national par le Natives Urban Areas Act de 1923. Imposer cette mesure à une ville minière en pleine expansion telle que Johannesburg outrepassait toutefois les capacités de la mairie. C'est ainsi que lors de la destruction, au cours des années 1930, des taudis mal famés et multiraciaux du centre, les Africains allèrent s'installer, non à Orlando (le noyau du Soweto moderne), lointain, cher et strictement contrôlé, mais sur les terres libres de Sophiatown et d'Alexandra, en bordure de la cité blanche. Au Cap, pareillement, près de 37 % de la zone résidentielle était encore racialement mélangée en 1936, en particulier, près du centre, le District Six, essentiellement peuplé d'ouvriers métis.

Pour les compagnies minières et l'État, le danger, jusqu'aux années 1920, venait non des Noirs, mais des travailleurs européens. À l'origine, les mineurs blancs étaient presque tous des immigrés célibataires cherchant à faire des gains rapides avant de mourir de la tuberculose. Ils défendirent farouchement leurs emplois et leurs

écarts de salaires contre des employeurs soucieux de les
remplacer par des Noirs aussi compétents, mais moins
coûteux. Leur tactique reposait sur le militantisme syndical et le racisme. En 1893, le premier syndicat des
mineurs blancs imposa un monopole du travail aux
explosifs malgré la résistance des compagnies. Vingt ans
plus tard, une grève contraignit les employeurs et l'État à
reconnaître à ce syndicat une existence légale. De 1911 à
1925, le parti travailliste contrôla largement le conseil
municipal de Johannesburg, dont les employés, en 1918,
formèrent brièvement un soviet à la mairie. Le parti communiste fut fondé en 1921. Un an plus tard, comme les
propriétaires des mines s'efforçaient de briser le syndicat
et d'imposer une réduction du nombre des mineurs
blancs, des « commandos de grève » transformèrent un
arrêt du travail en ce qu'on appela la « révolte du Rand » ;
ils s'emparèrent brièvement du pouvoir dans plusieurs
villes minières, avant que l'armée ne les écrase au cours
d'une répression qui fit entre 150 et 220 morts. L'État
profita toutefois de sa victoire pour domestiquer à la fois
le capital et la main-d'œuvre : le Mines and Works
Amendment Act de 1926 fixait le rapport entre travailleurs blancs et noirs, permettant aux compagnies de
mécaniser l'industrie, et aux mineurs de devenir les mieux
payés des travailleurs blancs.

Pour les Noirs, en revanche, le militantisme des débuts
n'eut que peu de résultats. On peut, dès le milieu du
XIXe siècle, retracer l'histoire de grèves sporadiques des
dockers noirs de Port Elizabeth et du Cap, mais la première grande grève noire du Witwaterstrand, en 1913,
fut brisée par l'armée, baïonnette au canon. La rapidité
de l'industrialisation, la croissance urbaine, l'inflation
provoquée par la Première Guerre mondiale radicalisèrent
les cols blancs comme les travailleurs manuels, provo-

quant plusieurs grèves infructueuses en 1917-1920, et l'apparition du premier grand syndicat noir, l'Industrial and Commercial Workers Union (ICU). Né sur les docks du Cap en 1918, ce syndicat était dirigé par un employé nommé Clements Kadalie, originaire du Nyasaland ; il grandit et devint un syndicat urbain défendant tous les corps de métier, puis exprima un mécontentement rural aux accents millénaristes, et les griefs des métayers et des fermiers menacés du *highveld*. En 1927, l'ICU était à son apogée, et affirmait compter 100 000 membres ; mais ensuite, il se désintégra, suite à des luttes de factions et aux désillusions. En 1933, il n'existait plus en Afrique du Sud que trois syndicats noirs, que l'État refusait de reconnaître. Au cours de la décennie suivante, des militants communistes et trotskistes devaient peu à peu construire un mouvement syndical plus solide, en partant de la base. Le militantisme de la guerre culmina en 1946 dans une importante grève minière, mais sa violente répression – au moins 9 morts et 1 200 blessés – montrait bien que les employeurs et l'État entendaient continuer à mener le jeu.

La politique, 1886-1948

La politique sud-africaine fut profondément transformée par l'industrie minière et l'industrialisation. En 1899, les Britanniques déclenchèrent une guerre coûteuse contre les Boers, afin de protéger leur suprématie régionale de la richesse nouvelle de la République sud-africaine, mais les guérilleros afrikaners n'acceptèrent de se rendre qu'en mai 1902 : selon la paix de Vereeniging « la question d'accorder le droit de vote aux indigènes ne [*serait*] pas décidée avant la mise en place d'un gouverne-

ment autonome [3] ». Le contrôle britannique de l'Afrique
du Sud dépendait de l'installation au Transvaal d'immigrants anglophones assez nombreux pour l'emporter
numériquement sur les Afrikaners. Cela impliquait de
restaurer et d'étendre la production aurifère, donc de
recruter une main-d'œuvre non blanche suffisamment
abondante. Les Africains n'étant pas assez nombreux à
accepter les salaires proposés, on fit venir près de 60 000
Chinois sous contrat. Mais cela mécontenta les travailleurs blancs anglophones, qui en 1907 torpillèrent les
plans des Britanniques en s'alliant avec les Afrikaners.

Ces événements jouèrent un rôle essentiel dans le
nationalisme de ces derniers. Au XIXᵉ siècle, ils avaient eu
un sentiment très vif de leur différence face aux Anglais
et aux Africains, mais au cours des trois dernières décennies du siècle, un gouvernement autonome au Cap, ainsi
que la croissance d'États plus modernes dans les républiques du nord avaient encouragé un patriotisme sec-
taire. Le président Kruger avait renvoyé Hofmeyer, le
dirigeant afrikaner du Cap en l'accusant d'être « un traître
à la cause ». La guerre anglo-boer permit en partie d'apaiser ces divisions, car de nombreux Afrikaners du Cap
avaient de bonnes relations avec les républiques, qu'ils
aidèrent parfois. Mais elle provoqua également de nouveaux conflits entre partisans de la reddition et partisans
de la résistance. C'est l'unification de l'Afrique du Sud
et la mise en œuvre d'un système électoral, qui unit les
Afrikaners dans le nationalisme politique, comme cela se
reproduirait plus tard en Afrique occidentale. Cette unification fut défendue par les Britanniques, comme par les
politiciens blancs locaux, en particulier Botha et Smuts,
anciens généraux des Boers, dont le parti, Het Volk, remporta en 1907 les premières élections du Transvaal, et qui
par la suite assura la mainmise afrikaner sur l'Afrique du

Sud. Les négociations menèrent en 1910 à l'indépendance, aux termes de l'Act of Union, qui créait un État central fort, assurait l'égalité devant la loi de l'anglais et du hollandais (de l'afrikaans, à partir de 1925) et maintenait en place, dans chaque province, les conditions de vote antérieures à la guerre, si bien qu'Africains et métis ne pouvaient plus voter qu'au Cap.

Le South Africa Party, dirigé par Smuts et Botha, forma le premier gouvernement de l'Union. Il se voua à la réconciliation entre Afrikaners et Anglais, politique compromise par la Première Guerre mondiale, à laquelle l'Afrique du Sud prit part du côté allié, ce qui provoqua une révolte infructueuse des extrémistes afrikaners, et des querelles sur les relations avec la Grande-Bretagne. En 1924, le National Party du général Hertzog parvint au pouvoir grâce aux voix de la majorité des Afrikaners ruraux. Sa politique extérieure se solda par l'obtention en 1926 du statut de dominion. À l'intérieur, il s'efforça de venir en aide aux Blancs pauvres et d'accentuer la ségrégation, déjà mise en œuvre par le Natives Land Act de 1913 et le Natives Urban Areas Act de 1923. Presque tous les Blancs d'Afrique du Sud y étaient favorables, même les missionnaires et les libéraux soucieux de préserver les Noirs du déracinement. Pour Hertzog, un moyen radical, en ce domaine, consista à rayer les électeurs noirs du Cap – 10 628 en 1935 – des registres électoraux, et à les doter d'une représentation et d'institutions séparées. Pour entériner cet amendement constitutionnel, il avait besoin d'une majorité des deux tiers ; il lui fallait par ailleurs affronter les problèmes économiques provoqués par la crise internationale. En 1934, il fit donc fusionner son parti avec l'opposition de Smuts. Deux ans plus tard, l'United Party excluait les Noirs des listes électorales. La nouvelle formation se heurta toutefois à certains extré-

mistes, qui voyaient en elle une coalition capitaliste vouée
à diviser la nation afrikaner en fonction de critères de
classe. Ils rompirent en 1934 pour former, sous la direction de D. F. Malan, le Purified National Party, qui vers
la fin des années 1930 devint le principal avocat d'un
séparatisme ethnique de plus en plus populaire auprès
des Afrikaners : l'emploi systématique de l'afrikaans, la
conception *völkisch*, très répandue alors en Europe, de la
communauté nationale, le désir de parvenir à une égalité
économique avec les anglophones, le symbolisme historique popularisé en 1930 par la célébration du centenaire
du *Voortrek*. Quand l'entrée de l'Afrique du Sud dans la
Seconde Guerre mondiale provoqua l'effondrement du
gouvernement Hertzog, et l'arrivée au pouvoir de Smuts,
il s'ensuivit une lutte féroce pour le leadership afrikaner.
Malan l'emporta : en 1945, il fut en mesure de réunifier
le Volk.

Pour les Africains et les métis, la guerre anglo-boer et
ses conséquences furent des moments décisifs de l'organisation politique. On comptait en 1904 près de 445 000
métis, représentant 9 % de la population, principalement
au Cap. Leur première association d'importance, portant
le nom un peu trompeur d'African Political Organisation
(APO), fut formée en 1902, à la fin de la guerre, par
leur petite élite, composée de membres des professions
libérales, sous la direction du Dr. Abdullah Abdurahman.
Elle entendait défendre l'identité de la communauté et
étendre ses droits, surtout celui de voter, aux provinces
du nord récemment conquises. Cet objectif était toutefois
en contradiction avec la paix de Vereeniging. L'APO survécut comme porte-parole de l'élite métisse du Cap, que
son désir d'être acceptée au sein des institutions blanches
coupait de la masse des travailleurs de couleur.

Dès les années 1980, l'élite noire de la colonie du Cap, formée dans les missions – pasteurs, enseignants, employés, fermiers lancés dans la production marchande – constitua les premières associations politiques modernes d'Afrique. La plus remarquée était le South African Native Congress, fondé en 1898 dans la partie orientale de la colonie. Après la victoire britannique de 1902, elles encouragèrent la création d'organisations similaires au Transvaal et dans l'État libre d'Orange, tout en réclamant l'extension à ces provinces de la loi électorale en vigueur au Cap. Devant le refus opposé par l'Act of Union et la remise à l'ordre du jour, au Parlement blanc, du débat sur la ségrégation territoriale, les dirigeants de l'élite noire, en 1912, se réunirent à Bloemfontein et y fondèrent le South African Native National Congress (plus tard devenu l'African National Congress, l'ANC), « dans le but de créer une unité nationale et de défendre nos droits et nos privilèges ». Au départ, l'ANC fit campagne contre la loi agraire de 1913 par des pétitions et des députations. Vu l'échec complet de cette politique, ses dirigeants modérés furent remplacés par des hommes plus radicaux venus du Witwaterstrand, qui apportèrent leur soutien aux grèves d'après guerre et aux protestations contre les laissez-passer imposés aux Noirs. Inquiets, les modérés en reprirent la direction en 1920, la perdirent de nouveau en 1927 face au militant communiste Josiah Gumede, qu'ils réussirent cependant à exclure en 1930. La décennie qui suivit fut la moins active de toute l'histoire de l'ANC : en 1936, elle fut incapable de défendre efficacement le droit de vote des Noirs du Cap. Quatre ans plus tard, ses réserves financières s'élevaient à quinze shillings [4].

La vie politique noire témoigna entre les deux guerres d'une vitalité qui s'exprimait ailleurs. D'abord dans les campagnes, où le mécontentement prenait des formes quasi millénaristes (ainsi dans les Églises de Sion ou dans le soutien des fermiers et des travailleurs agricoles à l'ICU), ou s'opposait au traitement anti-parasite du bétail, à la conservation des sols et autres projets gouvernementaux de sauvetage de réserves surpeuplées. L'activité politique fut aussi vigoureuse dans les villes, où un style de vie prolétarien, souvent appelé « culture *marabi* », prit forme autour de la musique, de la danse, du sexe, des gangs de jeunes et de l'alcool de contrebande des bars clandestins des taudis, et des *townships* tels que Sophiatown. Cette activité se limitait souvent à repousser les raids policiers, mais elle pouvait s'étendre à des manifestations contre les laissez-passer – surtout contre les tentatives visant à les imposer aux femmes – et le boycott des *beer halls*, le plus célèbre étant celui de Durban, en 1929-1930, qui dura dix-huit mois. Des protestations de cette ampleur étaient organisées à la base par des militants politiques – employés, artisans menacés par le chômage, chauffeurs de taxi, propriétaires de bicoques, herboristes, prêcheurs des Églises de Sion – qui empruntaient idées et slogans à des organisations telles que l'ICU, l'ANC ou le parti communiste, tout en mobilisant également des symboles et des croyances indigènes. En 1930, par exemple, alors que Clements Kadalie venait de prendre la parole au cours d'un meeting à East London, il fut suivi par « une fille de cuisine, travaillant au Strand Hotel… et prophétesse », qui

> dit qu'elle avait reçu de Dieu le message que tous les indigènes écoutent ce que Kadalie leur disait. Dieu lui avait révélé que Kadalie est le seul dirigeant qui va élever l'Afrique. Elle a aussi reçu un message du Dieu tout-puissant pour que Kadalie aille à Gcalekaland, dans le Transkei, organiser les AmaXhosas là où vit le chef suprême [5].

Cette politique populaire, souvent ouvertement raciale et tribale, était à des années-lumière des résolutions multiraciales posées des congrès de l'ANC.

La Seconde Guerre mondiale joua un certain rôle dans la fusion de ces deux niveaux politiques. Au niveau de l'élite, en 1944, des jeunes gens de l'université noire de Fort Hare, exaspérés par les « gentlemen aux mains propres » qui dirigeaient l'ANC, créèrent en son sein la Youth League, « brain-trust et centrale électrique » qui voulait réclamer à l'État une égalité politique complète. Ils souhaitaient associer l'ANC au mécontentement populaire grandissant qui s'était manifesté pendant la guerre (la croissance industrielle avait provoqué une urbanisation de masse dont avait résulté une crise du logement). Les résidents d'Alexandra boycottèrent ainsi les autobus, faisant chaque jour quinze kilomètres à pied plutôt que d'accepter une augmentation d'un penny du ticket. Près de 100 000 personnes sans foyer créèrent des camps de squatters illégaux dans des terrains vagues de Johannesburg ou des environs. L'urbanisation faisait éclater la ségrégation. « C'est comme de vouloir repousser l'océan avec un balai », avait soupiré Smuts en 1942. Les résidents blancs de Durban eurent l'impression que les Indiens « pénétraient » leurs faubourgs, et réclamèrent à grand cris des restrictions d'accès, voire des rapatriements. Quand la guerre prit fin, tous les partis politiques étaient d'accord : l'Afrique du Sud avait besoin d'un ordre social nouveau, et seul l'État pouvait le mettre en place.

La montée de l'apartheid

En 1948, l'électorat, très majoritairement blanc, se vit proposer un choix clair entre deux politiques raciales. Le

National Party de Malan proposa l'apartheid, terme de création récente, qui désignait un système de ségrégation plus rigide, qui serait instauré par l'État. Il consisterait à assigner fermes ou villes aux travailleurs africains, à confiner chaque race dans des zones spécifiées, tout en garantissant à chacune la liberté de pratiquer sa propre culture et de gérer ses propres affaires. Inversement, l'United Party de Smuts affirmait vouloir défendre l'ordre racial traditionnel, où l'État aidait les communautés à organiser elles-mêmes la ségrégation, tout en considérant l'urbanisation des Noirs comme irréversible, et leur assimilation graduelle dans la culture occidentale comme souhaitable. Les nationalistes remportèrent une victoire inattendue, avec 40 % des voix seulement. Leurs premières mesures visèrent à élargir leur popularité parmi les électeurs blancs ; ils interdirent les mariages mixtes, établirent des procédures de classification raciale universelles, mirent en place un appareil chargé d'imposer la ségrégation, aux termes du Group Areas Act de 1950. Par la suite, ils s'enhardirent, et proposèrent « un apartheid positif » comprenant un système d'éducation bantou séparé et des *homelands* (les « bantoustans ») ruraux « autonomes », mais dépendants, pour les diverses « tribus » africaines. Les gouvernements de l'entre-deux-guerres avaient voté une législation ségrégatrice ; le régime nationaliste l'appliqua. Ce n'était pas l'idée de l'apartheid qui était nouvelle, mais le pouvoir de l'imposer. Ce pouvoir reposait sur la richesse et la capacité administrative croissantes de l'État industriel, sur la croyance, très répandue après guerre, en l'intervention de l'État et au réformisme social, et sur le racisme qui permettait aux nationalistes de justifier leur traitement impitoyable des Noirs.

Jusqu'au milieu des années 1970, l'apartheid connut un succès remarquable. Sa principale réussite fut d'instaurer la ségrégation dans les villes en déplaçant leurs habitants noirs vers des *townships* de banlieue isolés par des « ceintures de mitrailleuses », stratégie rendue possible par le système de communications – trains électrifiés et transports motorisés. À Johannesburg, Sophiatown fut détruite entre 1955 et 1963, les Africains étant relogés dans 113 000 maisons de béton à Soweto, divisées en sections tribales. Les 120 000 Noirs qui, estime-t-on, vivaient à Cato Manor, la principale implantation libre de Durban, se retrouvèrent dans deux *townships* du *homeland* Kwazulu voisin. Au Cap, le District Six fut rasé dans les années 1970, et les Noirs qui l'habitaient conduits dans un désert de béton excentré, où une étude d'ailleurs incomplète relevait en 1982 l'existence de 280 gangs de jeunes. La législation édictait que seuls les Africains nés dans une ville particulière, ou y travaillant en permanence depuis quinze ans (dix pour un employeur), disposaient d'un droit de résidence permanent. Le taux d'urbanisation des Africains se ralentit dès le début des années 1950, même si les statistiques l'ont sans doute sous-estimé. En mars 1976, le Group Areas Act permit également le relogement de 305 759 Noirs, 153 230 Asiatiques, et 5 898 Blancs.

La résistance des Noirs à ces agressions permit le rapprochement de l'action populaire urbaine et de la politique élitiste de l'ANC dont, en 1949, les membres de la Youth League prirent la direction. Trois ans plus tard, dans le cadre d'une alliance avec des politiciens indiens progressistes, ils lancèrent une campagne de désobéissance civique non violente à des lois injustes. Ce fut le mouvement de protestation le plus vaste qu'on ait jamais vu dans le pays : il permit aux effectifs de l'ANC d'atteindre 100 000 personnes, les principaux soutiens de l'organisation venant des villes industrielles du Witwaterstrand et

de la partie orientale du Cap. L'État en vint néanmoins
à bout par une loi punissant du fouet toute violation
délibérée de la loi. Vers la fin des années 1950, il devint
clair que le nationalisme de masse non violent, qui avait
connu tant de succès en Inde et en Afrique tropicale,
s'il pouvait renforcer la conscience politique – noblement
exprimée dans la Charte de la liberté de 1955 – était
impuissant contre un régime prêt à tirer sur les manifes-
tants. L'action politique devenant plus dangereuse, et le
mécontentement des Africains allant croissant, de jeunes
radicaux quittèrent l'ANC en 1958 pour former le Pan-
African Congress, qui rejetait toute idée d'alliance avec
des organisations non noires. En mars 1960, sa campagne
contre les laissez-passer amena la police à ouvrir le feu sur
un meeting à Sharpeville, tuant soixante-neuf personnes
désarmées. Puis l'État interdit l'ANC et le PAC. Pour une
bonne décennie, toute action politique céda la place à des
conflits de faction dans les *homelands* : une fois de plus
l'apartheid triomphait.

L'économie, de son côté, était en pleine prospérité.
Entre 1946 et 1973, le PIB réel crût résolument de 4 à
6 % par an ; taux de croissance guère élevé pour un pays
en développement, mais néanmoins substantiel et soutenu. Entre 1950 et 1980, la production industrielle fut,
en volume, multipliée par six. L'équipement et la métallurgie constituaient le secteur le plus important, soutenu
par des industries technologiques nouvelles telles que la
chimie et le plastique. De nouveaux terrains aurifères très
riches, découverts dans l'État libre d'Orange, donnèrent
une vie nouvelle à l'extraction de l'or, tandis que la libération des prix de ce métal, au début des années 1970,
permit de les multiplier par dix au cours de la décennie
suivante. La mécanisation transforma l'agriculture
blanche, qui n'avait plus besoin désormais de la main-

d'œuvre que l'apartheid avait pour fonction de lui fournir : bien au contraire, entre 1960 et 1983, 1 129 000 Africains, estime-t-on, furent contraints de quitter les fermes des Blancs. La plupart furent relogés dans les *homelands*, en même temps que près de deux millions de gens chassés des villes et d'autres zones « inappropriées ». Nombre d'entre eux furent lâchés en plein veld dans des « zones de peuplement rapprochées », qui atteignaient les densités des villes, sans offrir leurs services ni avoir leurs industries – des régions comme Qwaqwa, sur la frontière avec le Lesotho, dont la population, dans les années 1970, passa de 24 000 à 300 000 personnes[6]. Celle des *homelands* représentait en 1960 39 % de la population noire, et 59 % en 1985, alors même que cette dernière avait doublé, donnant ainsi à l'Afrique du Sud une forme extrême de cette inégalité du peuplement rural qui caractérisait le continent tout entier. L'agriculture s'effondra dans les *homelands*, qui furent de plus en plus dépendants des salaires des travailleurs migrants et des subventions de Pretoria.

La brutalité de la politique de réinstallation fut l'un des aspects de la politique de répression généralisée du régime, surtout de 1968 à 1978, du temps où Vorster fut Premier ministre ; la crainte d'une invasion motiva la fabrication d'armes nucléaires et le développement d'un appareil répressif qui recourait aussi fréquemment à la torture que les pires tyrannies d'Afrique tropicale. L'électorat blanc approuvait cette politique : alors qu'en 1948 le National Party n'avait obtenu que 40 % des voix, il en rallia 65 % en 1978, son record ; 85 % de ces électeurs étaient des Afrikaners, et sans doute, 33 % des anglophones. La race blanche consolidait sa position sous une direction afrikaner. Pour les nationalistes, ce fut le plus grand triomphe de l'apartheid.

La destruction de l'apartheid

Un peu plus de dix ans après ce triomphe électoral, l'apartheid était en ruines. Parmi les nombreuses forces qui provoquèrent sa chute, les plus fondamentales furent cependant celles-là mêmes qui plus au nord avaient déstabilisé les régimes coloniaux et postcoloniaux. Elles trouvaient leur origine dans la croissance démographique. Pendant l'apartheid, la population d'Afrique du Sud tripla, passant de 12 671 000 personnes en 1951 à 38 900 000 (estimation) en 1991. En 1951, les Blancs représentaient 21 % de cette population, les métis et les Asiatiques 12 %, les Africains 68 %. Les Blancs étaient depuis longtemps entrés dans la deuxième phase d'une transition démographique ; le déclin de leur taux de natalité, qui suivit la chute antérieure du taux de mortalité, avait peut-être débuté dès les années 1890. Vers le milieu des années 1980, c'est à peine si l'accroissement naturel leur permettait de maintenir leur nombre. La fécondité asiatique avait commencé à décliner dans les années 1940, celle des métis au cours des années 1960. On en sait moins sur la fécondité africaine ; elle baissa pendant les années 1980, et peut-être dès les années 1960, tout en demeurant supérieure à celles des autres races [7]. Les Noirs représentèrent donc une part toujours croissante de la population – qui, en 1986, selon certaines estimations, comptait 14 % de Blancs, 10 % de métis ou d'Asiatiques, et 76 % d'Africains. Tout cela en dépit d'une immigration blanche, et de tentatives frénétiques, de la part des autorités, d'encourager les familles nombreuses chez les Blancs et la contraception chez les Noirs – en 1991, l'Afrique du Sud comptait deux fois plus de centres de planning familial que de cliniques [8]. Pire encore, la tendance avait toutes les chances de se poursuivre. Selon une projection démographique, en 2005, 10 % seulement de la population serait blanche[9]. Cela affecterait non seulement l'équilibre du pouvoir racial, mais de surcroît rendrait impossible le fonctionnement d'une économie moderne – à moins que les Noirs n'y prennent une place plus importante, aussi bien comme producteurs que comme consommateurs – : voilà qui sapait tous les plans des partisans de l'apartheid (ils avaient cru qu'à la fin du siècle les Africains seraient moitié moins nombreux).

Étant donné l'inégalité de la distribution des terres et des richesses, une croissance démographique rapide provoqua une urbanisation de masse que l'apartheid lui-même ne put empêcher. Les chiffres officiels laissent penser qu'en 1970 près de 33 % des Noirs étaient des citadins ; des estimations datant de 1985 suggèrent un chiffre de 58 %, qui avait des chances de passer à 70 % en l'an 2000[10]. À Johannesburg, étroitement contrôlé, les immigrants inondèrent Soweto qui, construit pour accueillir 600 000 personnes, en abritait près de 1,6 million en 1980. À Durban, les Noirs squattaient les bordures de la ville : on estime qu'en 1984, leur nombre y atteignait 1,4 million de personnes. D'autres s'entassaient dans les énormes « zones de peuplement rapprochées » et, avec un peu de chance, faisaient chaque jour jusqu'à 120 kilomètres en autobus pour aller travailler. En 1990, un Sud-Africain sur cinq vivait dans un « logement informel ». Le contrôle des mouvements de populations et les mesures apparentées se révélaient inefficaces, alors qu'à leur apogée, ils représentaient près de 14 % du budget total du pays[11]. Comme en Union soviétique, un appareil d'État conçu pour contrôler les effets d'une révolution industrielle ne pouvait réguler une économie et une société plus avancées qu'à condition d'accroître une bureaucratie non seulement inefficace, mais qui empê-

chait en plus tout développement ultérieur. L'industrialisation avait donné à l'État le pouvoir d'imposer
l'apartheid ; une nouvelle industrialisation lui ôta celui de
la maintenir.

De surcroît, l'économie industrielle elle-même était en
crise. Alors que, jusque vers le milieu des années 1970, le
taux de croissance annuel du PIB dépassait 4 %, il tomba
à 1,3 % à peine pendant la décennie suivante, taux bien
inférieur à celui de la croissance démographique. La principale raison de ce déclin fut, comme dans tout le reste
de l'Afrique, la crise économique de 1979-1983, qui en
Afrique du Sud fut exacerbée par les sanctions économiques, la difficulté, pour un secteur industriel de petite
taille, aux coûts de fabrication élevée, d'exporter des produits manufacturés, ainsi que par des changements économiques structurels entamés dès le début des années
1970. Jusqu'alors, l'Afrique du Sud avait reposé sur un
système de faibles salaires noirs. En 1973, toutefois, des
grèves spontanées commencèrent sur les docks de Durban, avant de s'étendre à l'industrie et aux mines d'or.
Elles défiaient le système au moment même où les prix du
métal précieux grimpaient en flèche, et où les compagnies
minières redoutaient que l'indépendance des pays
d'Afrique centrale ne les prive de travailleurs migrants.
Entre 1972 et 1980, le salaire réel moyen des Noirs travaillant dans les mines fut triplé, et l'effet s'en fit sentir
dans toute l'économie, les revenus réels des ouvriers agricoles à plein temps étant par exemple multipliés par deux.
L'Afrique du Sud devint d'un seul coup, en comparaison
d'autres pays en voie de développement, une économie à
salaires relativement élevés pour les Noirs. Ce qui poussa
les employeurs à remplacer la main-d'œuvre par la mécanisation – donc provoqua l'apparition d'une force de travail plus permanente et qualifiée. En 1990, près de 90 %

des mineurs africains étaient sous contrat annuel, et moins de la moitié d'entre eux des travailleurs non qualifiés. Tout cela avait cependant une contrepartie : le chômage structurel. Entre 1976 et 1985, la main-d'œuvre potentielle crût de près de 3 millions de personnes, mais il n'y eut que 600 000 créations d'emplois. À la fin des années 1980, sur huit personnes entrant sur le marché du travail, une seule était embauchée « officiellement ».

Le chômage structurel exerçait ses effets les plus destructeurs sur les jeunes des villes, qui constituaient une part exceptionnellement importante de la population, et dominaient les *townships*. Il coïncidait par ailleurs avec de profonds changements éducatifs, car si le système d'éducation bantou était de médiocre qualité, il assurait une scolarisation beaucoup plus large que par le passé, dans la perspective d'une croissance économique soutenue. De 1957 à 1985, les élèves des écoles secondaires noires passèrent de 35 000 à 1 474 300 [12]. Les sondages d'opinion montraient que la scolarisation donnait aux Noirs des opinions politiques plus avancées, leur inspirant souvent des idées d'indépendance raciale (la *Black Consciousness*) propagées par des intellectuels comme Steve Biko ; elles les libéraient des nombreuses inhibitions de leurs parents, éduqués dans les missions ; en outre, le fait d'avoir passé son enfance dans d'énormes conurbations entièrement noires telles que Soweto rendait les jeunes de la rue sensibles à l'espace politique que l'apartheid leur ouvrait. « Nous ne sommes pas les copies conformes de nos pères. Là où ils ont échoué, nous réussirons », proclama un groupe pendant le soulèvement de Soweto en 1976, quand des étudiants qui protestaient contre la politique éducative de l'État portèrent à l'apartheid le plus puissant des coups [13]. Réprimée début 1977, l'insurrection reprit en 1984, quand étudiants et chômeurs s'en vinrent prendre le contrôle de nombreux *townships* noirs. Se considérant comme des combattants de la liberté, ils attaquèrent leurs adversaires avec une brutalité qui exprimait la fureur d'hommes issus de sociétés patriarcales et déshonorés, et proclamèrent leur allégeance à l'African National Congress. Alors, pour la première fois, ce parti fut investi de la puissance qui, en Afrique, n'appartient qu'aux mouvements qui attirent les jeunes.

La révolte des *townships* de 1984 était une protestation contre la nouvelle stratégie du National Party en vue de renforcer la suprématie blanche – P. W. Botha, alors Premier ministre, ayant en 1979 qualifié l'apartheid de « recette assurée du conflit permanent ». Admettant l'impossibilité de contrôler une société industrielle avancée par des méthodes uniquement policières, sa stratégie réformiste chercha plutôt à recourir à la discipline imposée par les marchés. Elle tenait également compte des changements provoqués par l'apartheid au sein de la population blanche, car entre 1946 et 1977, la proportion de cols blancs chez les Afrikaners était passée de 29 à 65 %, et l'éducation rendait les Blancs (contrairement aux Africains) plus modérés politiquement. Sous la direction de Botha, le National Party devint donc un parti bourgeois essentiellement préoccupé de la sécurité des Blancs, et attirant autant les anglophones que les Afrikaners, ce qui poussa nombre de ces derniers vers des partis d'extrême droite qui, en 1989, obtinrent 30 % des voix blanches. Botha chercha à assurer la suprématie blanche en y associant les métis et les Asiatiques ; en 1983, ceux-ci obtinrent une représentation au sein d'un parlement tricaméral, et beaucoup d'entre eux se rapprochèrent du National Party quand se profila la perspective d'une possible victoire noire. La stratégie de réforme visait également à diviser les Noirs entre une minorité urbaine bien payée, pourvue de droits syndicaux et de possibilités d'entrer dans le commerce, et une majorité appauvrie de résidents des *homelands*. L'Afrique du Sud, « nation de minorités », pourrait alors devenir une association assez lâche au sein de laquelle les Blancs et leurs alliés pourraient contrôler le cœur industriel du pays et dominer un ensemble indistinct d'unités noires.

Les Africains rejetèrent cette stratégie, qu'ils détruisirent en 1984 lors de la révolte des *townships*. Sa violence, comme la brutalité de la répression, alertèrent l'opinion internationale et provoquèrent la mise en œuvre de sanctions économiques, notamment des restrictions de crédits, qui entravèrent la capacité de l'Afrique du Sud à restaurer la croissance. L'événement international le plus important fut toutefois l'effondrement du bloc communiste à la fin des années 1980. Il permit non seulement aux puissances occidentales de faire pression sur le gouvernement sud-africain pour qu'il entame des réformes, mais de surcroît il offrit aux dirigeants du National Party une occasion unique de négocier un arrangement avantageux et durable avant que les Blancs soient balayés démographiquement, à une période où ils détenaient encore un pouvoir véritable, et où les nationalistes noirs paraissaient affaiblis et isolés. Comme l'expliqua en 1990 le président F. W. De Klerk, pilier conservateur du National Party :

> Avec le déclin et l'effondrement du communisme en Europe de l'Est et en Russie les événements ont pris un nouveau cours. L'ANC était précédemment en Afrique australe un instrument de l'expansionnisme russe ; mais quand cette menace a disparu, l'ANC s'est vu couper l'herbe sous le pied ; sa source de financement, de conseils et de soutien moral s'était écroulée.

C'est comme si Dieu avait joué un rôle – un tournant dans l'histoire du monde. Il nous fallait saisir cette occasion [14].

Il légalisa donc l'ANC, avant de libérer son leader, Nelson Mandela, afin d'avoir un partenaire avec qui négocier. De Klerk avait toutefois sous-estimé l'ANC. Ce parti se révéla plus populaire auprès des Africains, plus uni qu'on ne l'aurait pensé, et les dirigeants du National Party, qui croyaient pouvoir le marginaliser facilement en soutenant des organisations noires rivales revinrent de leurs illusions. Ils avaient pensé pouvoir le dominer ; ils devinrent de plus en plus dépendants de lui pour parvenir à un accord acceptable pour les Africains. Cependant, Mandela et ses collègues étaient tout aussi peu rassurés. Dépourvus de puissance militaire, confrontés à l'opposition de partis installés dans les *homelands* tels que l'Inkatha du Kwazulu, ils redoutaient vivement, peut-être à tort, les forces qui les avaient poussés au pouvoir. En 1992, Mandela lança une mise en garde :

Les jeunes des *townships* ont eu, au fil des décennies, un ennemi visible, l'État. Maintenant, cet ennemi a cessé d'être visible, en raison des transformations en cours. Leur ennemi, désormais, c'est vous et moi, les gens qui conduisent une voiture et possèdent une maison. C'est l'ordre, c'est tout ce qui est lié à l'ordre, et c'est là une situation grave [15].

En avril 1994, les élections portèrent Mandela à la présidence, et donnèrent à l'ANC une majorité au sein d'un parlement multiracial et d'un gouvernement au pouvoir partagé. Il devint clair que la confrontation entre les races, pour importante qu'elle soit, ne représentait que l'aspect superficiel des luttes politiques. La réalité profonde était que deux élites cherchaient un accord qui leur permettrait de contenir, et peut-être en partie d'apaiser, les énormes pressions venues d'en bas, nourries par la croissance démographique, la pauvreté de masse, l'urbanisation, l'éducation et les exigences de la jeunesse – les tensions nées de l'impact du changement sur une vieille société colonisatrice. L'Afrique du Sud réintégrait enfin le courant dominant de l'histoire africaine.

CHAPITRE XIII

Au temps du sida

Au début du XXIᵉ siècle, le continent africain connaissait à la fois une crise et un renouveau. Le déclin économique des années 1970 avait contraint les gouvernements à accepter des programmes d'ajustement structurel qui imposèrent à leurs peuples deux décennies de graves difficultés avant que n'apparaissent les premiers signes de guérison. Les États appauvris ayant réduit leurs services, individus et groupes avaient dû s'en remettre à leur ingéniosité pour survivre. Dans toute l'Afrique, les régimes à parti unique s'étaient effondrés, laissant derrière eux une plus grande liberté, mais aussi une plus grande violence, tandis qu'au nord du continent, l'intégrisme islamiste menaçait ce qui restait de libertés, tout en donnant un but à beaucoup de jeunes. La rapide croissance démographique de la fin du XXᵉ siècle ralentissait, favorisant la stabilisation et le rétablissement économiques. Lui avait succédé l'épidémie de sida, qui avait provoqué bien des souffrances et de nouvelles formes de bouleversements sociaux, mais même cette catastrophe, l'une des plus terribles de toutes, laissait entrevoir des signes d'espoir.

Ajustement structurel

À la fin des années 1970, la croissance d'après-guerre ayant cédé la place à une récession mondiale, les gouvernements africains, très endettés, et cherchant à obtenir des prêts du FMI, demandèrent à la Banque mondiale d'examiner leur situation économique. Le rapport de cette dernière, intitulé *Développement accéléré en Afrique subsaharienne* (1981), inversa la stratégie économique de toute une génération. Rédigé dans le style, depuis peu à la mode, de l'économie monétaire, il condamnait la politique de développement impulsée par l'État qui, exploitant les agriculteurs et détruisant les exportations agricoles, n'avait profité qu'à des entreprises étatiques inefficaces, corrompues, et toujours installées dans les villes. L'État, proclamait le rapport, loin d'être l'agent du progrès, y faisait obstacle ; il fallait réduire son rôle dans l'économie en privatisant les entreprises publiques, en supprimant les contrôles gouvernementaux, et en permettant aux monnaies de « flotter » librement, ce qui donnerait aux marchés l'occasion de « fixer des prix justes », pour que les économies puissent fonctionner avec une efficacité maximale. Adoptant cette stratégie, le FMI conditionna ses prêts à l'adoption de programmes d'ajustement structurel, qui à l'époque étaient conçus comme devant être des chocs brutaux, mais de brève durée, qui remettraient les économies sur la bonne voie. Au cours des années 1980, trente-six des quarante-sept pays d'Afrique subsaharienne, et presque tous ceux du nord du continent, adoptèrent explicitement de tels programmes, dont les effets furent extrêmement diversifiés.

Le Ghana et l'Ouganda représentent deux des expériences les plus positives. Le premier, sous la direction de Nkrumah et de ses successeurs, avait incarné une stratégie de développement centrée sur l'État, et sa croissance économique était tombée loin derrière sa croissance démographique. En 1981, son secteur industriel tournait au quart de sa capacité, sa production de cacao n'était plus que d'un tiers de ce qu'elle avait été autrefois, et un Ghanéen sur cinq vivait hors du pays, ayant « voté avec ses pieds ». Cette année-là, de jeunes radicaux dirigés par le capitaine de l'armée de l'air Jerry Rawlings s'emparèrent du pouvoir à l'occasion d'un coup d'État militaire. Leurs objectifs étaient alors de type socialiste mais, en moins de deux ans, ils passèrent à un programme d'ajustement structurel impliquant austérité et libéralisation du marché, qui fit du Ghana un véritable phare du FMI. Ce changement de stratégie avait bien des raisons : le caractère désespéré de la situation du pays, la fermeté des institutions financières internationales, l'absence de politiques alternatives praticables, la faillite des intérêts particuliers qui auraient pu s'opposer aux réformes – et aussi l'absence de démocratie électorale pendant les onze premières années du nouveau régime. Sa première mesure avait été de dévaluer la monnaie nationale de 98 %. À la fin des années 1980, la libéralisation du marché du cacao avait permis de doubler la production, tout comme le prix payé aux producteurs. Le nombre de fonctionnaires avait été divisé par deux, le revenu fiscal avait doublé. Le PIB passa de 1,4 % en 1965-1980 à 3 % en 1980-1990, puis à 4,2 % en 1990-2001, et à 4,8 % en 2000-2004 [1]. C'étaient là des chiffres encore modestes, et la réussite ne fut pas toujours au rendez-vous. En 1998, le PIB *per capita* était encore inférieur à celui de 1970. Les cacaoyers du Ghana, âgés et peu productifs, devaient affronter la concurrence de plantations situées hors d'Afrique. Entre 1987 et 1993, l'emploi dans le secteur industriel chuta des deux tiers, suite à la suppression des taxes sur les marchandises importées. Le retour des élections en 1992 provoqua une « inflation des exigences démocratiques », le gouvernement faisant croître la masse monétaire pour acheter les votes ; l'argent se déprécia, et en 1998, la dette avait triplé par rapport à 1981. Le « choc », initialement prévu comme devant être brusque mais bref, devint une condition apparemment permanente, mais au moins le déclin économique avait-il été surmonté.

L'expérience ougandaise fut assez semblable. Le régime d'Idi Amin Dada, et la guerre civile qui l'avait suivi, avaient réduit le PIB *per capita* de 42 % entre 1971 et 1986, date à laquelle le MRN (Mouvement de Résistance Nationale) du président Museveni prit le pouvoir. Après qu'une expérience de politique radicale eut mené l'économie au bord de l'effondrement, le MRN adopta un programme d'ajustement structurel, auquel les intérêts particuliers étaient trop affaiblis pour résister. La monnaie fut dévaluée de 76 %, on abolit la lourde taxation sur les exportations de café, qui avait financé les précédents régimes. Au cours des années 1990, le volume des exportations crût de 15 % par an, les prix payés aux producteurs furent multipliés par trois ou quatre, le nombre de fonctionnaires divisé par deux. La part du revenu fiscal dans le PIB doubla, tandis qu'entre 1986 et 1999 celui-ci croissait en moyenne de 6,3 % par an. En 1998, le FMI proclama que l'économie ougandaise était la plus ouverte d'Afrique. Comme au Ghana, il fallut en payer le prix : la dépendance. Au cours des années 1990, l'Ouganda reçut près de 5 milliards de dollars d'aide étrangère, ce qui permit de financer entre un tiers et deux tiers des dépenses publiques. La privatisation nourrit une corruption rampante. Pour autant, le rétablissement était réel, et ces dernières années, le PIB à continué à croître de 5,8 % par an en moyenne[2].

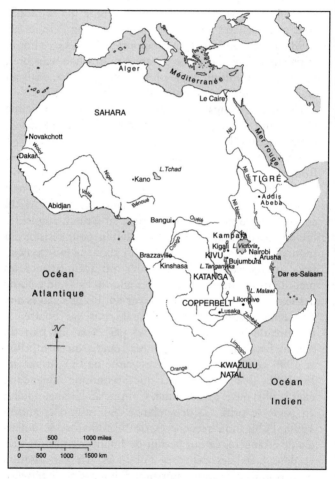

15. Au temps du sida

En Afrique du Sud, le nouveau gouvernement de l'ANC fut le plus surprenant des convertis au libéralisme. En 1994, quand il parvint au pouvoir, le PIB *per capita* avait, en moyenne, décliné de 0,6 % par an depuis une vingtaine d'années[3]. Pour inverser ce mouvement, et commencer à réduire les énormes inégalités économiques, le nouveau régime adopta un Programme de Reconstruction et de Développement (PRD), visant à parvenir à la croissance économique par le biais de la redistribution, et prévoyant de nationaliser les grands secteurs de l'économie, de redistribuer 30 % des terres agricoles et de bâtir un million de logements neufs. En 1996, pourtant, il y avait encore peu de signes de rétablissement, et il devenait clair que ce premier effort de restructuration d'une économie industrielle, sans révolution sociale préalable, et au sein d'un système capitaliste mondial dominant, prendrait beaucoup plus de temps que les nationalistes radicaux ne l'avaient rêvé. Bien au contraire, le PIB croissait tout juste au même rythme que la population, l'emploi chutait rapidement à mesure que l'État réduisait le nombre de fonctionnaires ; l'agriculture commerciale perdait de sa main-d'œuvre, l'extraction de l'or se repliait, les grands firmes déplaçaient leurs sièges sociaux en Europe. La libéralisation des taux de change, en 1996, mena à une chute rapide de la valeur du rand, la monnaie nationale. L'Afrique du Sud n'était pas pour autant à la merci du FMI, mais ses dirigeants, de toute évidence, pensaient que la stabilisation devait, provisoirement, avoir la priorité sur la transformation. En 1996, sans consultation, ils remplacèrent le PRD par une nouvelle stratégie, le CEER (Croissance, Emploi Et Redistribution) qui, abandonnant les nationalisations, accéléra les privatisations, restreignit les dépenses publiques, réduisit les droits de douane pour stimuler la compétitivité, encouragea les investissements étrangers et la flexibilité du marché du travail, soutint les exportations et fit passer la croissance avant la redistribution. En 1999, quand Thabo Mbeki, partisan enthousiaste de la modernisation, devint président, il affirma : « Nous abandonnons notre réticence à l'idée que puissent émerger des propriétaires noirs prospères, possesseurs de biens productifs[4]. » La principale bénéficiaire de ce nouveau cours économique fut effectivement la classe moyenne noire, dont on estime que les effectifs, entre 1993 et 2003, ont crû de 21 % par an. Les principaux perdants furent les travailleurs non qualifiés : alors que le CEER avait promis de créer 600 000 emplois en cinq ans, 500 000 furent détruits pendant cette période, avant tout dans l'appareil d'État, l'agriculture et l'extraction de l'or. Entre 2000 et 2002, la confédération des syndicats sud-africains lança trois grèves générales contre le CEER. Ce n'est que ces dernières années que le chômage a montré des signes de déclin. De plus, la croissance du PIB, d'environ 4 %, dépassait celle d'une population à peu près stable, en partie grâce à une montée des prix de l'or. Les dirigeants de l'ANC abandonnèrent tacitement le CEER, mirent en sommeil la privatisation, entreprirent d'accroître les investissements publics, et renouèrent avec leurs ambitions de redistribution, consacrant de fortes sommes aux retraites et à l'aide aux enfants pauvres, tout en exigeant qu'un quart des actifs industriels et miniers, et 30 % des terres agricoles, passent à des propriétaires noirs dans un délai de dix ans. Si certains observateurs radicaux se plaignirent que l'ANC avait « laissé passer une occasion de proportions historiques mondiales », ses dirigeants répliquèrent que « des actions mesurées avec soin, et une modération étudiée » avaient « contribué à rassurer des investisseurs capricieux et les marchés internationaux », assurant « une décennie de paix sociale sous-tendue par une stabilité politique » [5].

Sur le reste du continent, les programmes d'ajustement structurel suscitèrent des réactions et des effets variés. En Afrique du Nord, une libéralisation économique imposée d'en haut tendit à renforcer l'autoritarisme politique, notamment en Tunisie, pays qui mit en œuvre un programme d'ajustement réussi, et connut une croissance forte, sans être pour autant très spectaculaire. En Égypte, en revanche, la politique suivie fluctua entre la hâtive libéralisation de Sadate dans les années 1970 – qui provoqua une croissance rapide, mais aussi une dette extérieure massive – et la réaction réticente de Moubarak aux pressions financières internationales. Les deux régimes se montrèrent également peu disposés à privatiser les entreprises d'État soutenant leur pouvoir économique et politique – réticence encore plus forte en Algérie, dont le gouvernement tenait à conserver la propriété des industries du pétrole et du gaz qui, au milieu des années 1990, représentaient 97 % des revenus extérieurs. L'importance stratégique de l'Afrique du Nord entrava le zèle réformiste du FMI, mais ce dernier se heurtait à moins de contraintes au centre de l'Afrique, où l'impact des programmes d'ajustement structurel fut sans doute le plus destructeur. La grave crise économique de la Zambie, avant tout provoquée par l'effondrement des prix du cuivre dans les années 1970, la contraignit à négocier en 1982 un programme de ce genre ; mais, contrairement au Ghana et à l'Ouganda, son gouvernement, très impopulaire, était au pouvoir depuis vingt ans. Le programme ne put assurer les taux de change pour soutenir la libéralisation, la monnaie perdit 90 % de sa valeur en deux ans, tandis que le FMI tenait à ce que soient supprimées les subventions alimentaires destinées aux 45 % de Zambiens vivant dans les villes. Il s'ensuivit des grèves et des émeutes de la faim, la chute du gouvernement, et un nouveau déclin économique jusqu'à la fin du siècle. Plus destructeur encore fut le programme d'ajustement conçu en 1991 pour l'économie relativement prospère du Zimbabwe. En exposant ses industries à la concurrence sud-africaine, il réduisit la production industrielle de 21 % en quatre ans ; les exportations déclinèrent, le chômage augmenta, comme la dette, qui crût fortement ; et quand, à la fin de la décennie, les prix mondiaux du tabac chutèrent également, le régime trouva refuge dans une expropriation des fermiers européens encore sur place, ce qui ruina la production agricole. Entre 2000 et 2004, le PIB déclina d'environ 30 %, la monnaie perdit 99 % de sa valeur, et près des trois quarts de la population furent réduits à la pauvreté[6].

On aurait tort d'exagérer le pouvoir que les institutions financières internationales pouvaient exercer sur les gouvernements africains. Les dirigeants en place, dans leur grande majorité, voyaient que les programmes d'ajustement structurel menaçaient leurs revenus, leur pouvoir et leur liberté d'action. Comme le dit le président Stevens, de Sierra Leone : « C'est comme de dire aux gens de se soulever contre nous ! » Certains, comme Senghor au Sénégal ou Nyerere en Tanzanie, refusèrent tout simplement de tels programmes ; d'autres y firent obstruction, comme au Kenya ou au Cameroun, où ils furent réduits à des mesures purement cosmétiques. Partout, certaines décisions, comme le flottement des monnaies, furent plus faciles à mettre en œuvre que d'autres – comme les privatisations, qui non seulement menaçaient certains intérêts particuliers, mais qui entraînaient souvent le transfert d'avoirs nationaux à des favoris politiques, à des prix cassés, ou leur vente à des investisseurs étrangers, notamment les conglomérats sud-africains, qui saisirent l'occasion d'acquérir la plus grosse part des entreprises minières de l'Afrique subsaharienne, ainsi que nombre d'entreprises des secteurs de la banque, de l'électricité, du commerce de détail, de l'aviation ou de la brasserie. Une étude des programmes du FMI établit que seulement près de la moitié d'entre eux avaient été menés à bien pendant la période de prêt [7] ; mais une fois que les institutions internationales avaient engagé des fonds, elles ne pouvaient guère que continuer à prêter dans l'espoir d'un succès final, car leur réputation était liée à la politique qu'elles prônaient. Toutefois les controverses qui entouraient cette politique les contraignirent peu à peu à changer de terrain. Alors que le rapport sur le « développement accéléré » de 1981 soulignait la nécessité de réduire le rôle de l'État, en 1997, la Banque mondiale, confrontée à l'effondrement de pays comme la Somalie et la Sierra Leone, diagnostiqua une « crise de l'État » en Afrique et souligna la nécessité d'étendre ses pouvoirs [8], reconnaissant qu'une réponse efficace aux *stimuli* de libéralisation nécessitait souvent un soutien, voire un esprit d'entreprise, étatiques. Deux ans plus tard, les institutions internationales remplacèrent les programmes d'ajustement structurel par une stratégie de réduction de la pauvreté, selon laquelle des plans de trois ans seraient conçus par les gouvernements qui en bénéficieraient, en consultation avec le secteur des affaires, les syndicats et les ONG, avant d'être soumis à l'approbation des donateurs. L'objectif, selon la direction du FMI, serait « d'enseigner à une société, et non seulement à un gouvernement, comment vivre selon ses moyens [9] ».

Au début du nouveau millénaire, aucun État africain n'était encore sorti du processus d'ajustement structurel, tandis que le FMI, parangon de la prudence financière,

avait beaucoup trop prêté aux gouvernements africains. Il
y avait pourtant des signes de rétablissement. Si le taux
de croissance annuel du PIB de l'Afrique subsaharienne
était tombé de 4,8 % pendant la période 1965-1980 à
1,7 % en 1980-1990, et à 2,6 % entre 1990 et 2001, il
remonta à 3,9 % entre 2000 et 2004, bien au-dessus du
taux de croissance démographique (2,2 %) [10]. On ne
peut encore dire si c'est le signe d'une amélioration
durable, ni si ce progrès est véritablement dû aux programmes d'ajustement structurel.

Désengagement de l'État et changement culturel

Tandis que le déclin économique et l'ajustement structurel réduisaient les revenus publics, les services assurés
par l'État diminuèrent, et la société, qui a toujours représenté la véritable force de la civilisation africaine, s'adapta
à de nouvelles conditions, tout comme autrefois elle
s'était adaptée à la traite négrière ou à la domination coloniale. L'éducation illustre au mieux ce processus. La plupart des dirigeants nationalistes devaient leur position à
la scolarisation, et avaient massivement investi dans ce
secteur. En Afrique noire, de 1960 à 1985, le nombre
d'élèves du primaire avait en gros quadruplé, celui des
élèves du secondaire sextuplé, le nombre d'étudiants dans
l'enseignement supérieur avait été multiplié par vingt [11].
C'était là l'un des plus grands succès de l'indépendance,
qui avait d'importantes implications politiques. Par la
suite, toutefois, les systèmes éducatifs chancelèrent à
mesure que la population infantile, en augmentation
constante, pesait sur des ressources qui se réduisaient. Les
études universitaires, bien que souvent coûteuses et de
qualité décroissante, étaient toujours recherchées parce

qu'elles assuraient la qualification nécessaire à qui cherchait un emploi. De 1994 à 2000, l'université Makerere,
en Ouganda, passa ainsi de 7 000 à 22 000 étudiants.
Le nombre d'élèves du secondaire continuait également
à croître. Mais le primaire, en revanche, n'offrait guère
d'avantages, s'agissant de l'emploi, à moins qu'il ne mène
à des études secondaires. Quand il devint gratuit, comme
en Ouganda en 1997 ou au Kenya en 2003, le nombre
d'élèves connut une augmentation massive ; mais en
Tanzanie, où seuls 5 % des élèves entraient dans le secondaire, ce nombre, de 1981 à 1997, chuta de 94 à 67 %
de la classe d'âge [12]. De nombreux parents, cependant,
convaincus que l'éducation était le seul moyen de progresser socialement qui leur soit encore ouvert, créèrent
leurs propres écoles, surtout au niveau secondaire. En
1995, en Tanzanie, elles étaient plus nombreuses que
celles de l'État. Nombre d'entre elles étaient d'obédience
religieuse, mais certaines régions islamisées créèrent des
systèmes analogues, comme par exemple en Égypte. Le
Kenya fut l'un des nombreux pays où les écoles privées
payantes proliférèrent.

Le système de santé connut une évolution similaire.
Entre les années 1960 et le milieu des années 1980, une
forte augmentation du personnel médical et des médicaments bon marché, la pratique des vaccinations, et un
progrès général, avaient réduit la mortalité infantile de
près d'un tiers, et épargné à l'Afrique toute épidémie de
grande ampleur. Toutes ces interventions médicales
furent si puissantes que leur impact se poursuivit, bien
que de façon moins spectaculaire, tout au long des années
1980, sur l'ensemble du continent africain ; mais il disparut dans les zones où régnaient la violence, la famine, ou
un extrême déclin économique. Au Ghana, entre 1974
et 1984, les dépenses de santé publique *per capita*

baissèrent de 60 % ; huit ans plus tard, le pays comptait près de 50 000 cas de pian, maladie de la pauvreté qu'on avait crue éradiquée avant même l'indépendance, et le taux de mortalité infantile avait augmenté. La tuberculose, le choléra, la fièvre jaune progressèrent, tandis qu'à la fin du siècle, près de 500 000 Africains contractaient chaque année la maladie du sommeil, et qu'un sur six souffrait de malaria. À cela vint s'ajouter l'épidémie de sida. L'espérance de vie en Afrique subsaharienne était passée de 42 ans en 1965 à 53 en 1996 ; en 2003, elle était retombée à 43 ans [13]. Les systèmes médicaux étatiques étant surchargés, beaucoup de médecins formés en Occident se rabattirent sur une pratique privée. Les populations réagirent en achetant des médicaments dans des commerces de détail toujours plus nombreux, en consultant des praticiens traditionnels, ou en ajoutant des médicaments modernes à la pharmacopée locale, avec un éclectisme typiquement africain. L'accès à des soins médicaux efficaces devint de plus en plus dépendant de la richesse, si bien que les taux de mortalité infantile variaient plus largement, selon les revenus, dans des villes comme Abidjan que dans l'Europe du XIXe siècle.

Cela ne mit pas un terme à l'exode vers les villes – bien qu'il ait ralenti depuis les années 1960 –, et se dirige désormais vers les centres provinciaux, plutôt que vers les capitales. Au cours des années 1980 et 1990, dans l'Afrique subsaharienne, le nombre de citadins augmenta deux fois plus vite que l'ensemble de la population : ils en représentaient 4 % en 1999, et près du double en Afrique du Sud. L'un des exodes ruraux les plus rapides fut celui de gens fuyant les bouleversements loin des villes, en particulier en Tanzanie et au Mozambique. En Afrique du Sud, le gouvernement de l'ANC, pendant ses douze premières années au pouvoir, construisit, ou subventionna, près de deux millions de logements neufs, mais ailleurs la politique publique du logement perdit tout contact avec les besoins réels, si bien que les pauvres s'entassèrent, soit dans des pièces uniques aux loyers exorbitants soit, en bordure des villes, dans des taudis édifiés par les familles, qu'on appelait à Nouakchott « tas d'ordures ». Si, dans les années 1960, les salaires urbains avaient de loin dépassé les revenus ruraux, dans les années 1980, ils chutèrent de plus de 30 %. Avoir un emploi demeurait pourtant un privilège : le chômage, qui auparavant se limitait aux invalides, touchait désormais les gens bien portants. Au début des années 1980, les statistiques estimaient que les chômeurs représentaient entre 8 et 15 % de la main-d'œuvre, mais leur nombre augmenta ensuite, atteignant 25 % dans les villes kenyanes et, en 1996, 40 % en Afrique du Sud – phénomène encore accru par l'absence d'agriculture paysanne viable. Ces chiffres étaient toutefois trompeurs : beaucoup de pauvres ne pouvaient se permettre d'être sans emploi, et s'adonnaient à des « occupations » diverses qui ne leur valaient que d'infimes revenus. Les chômeurs proprement dits étaient pour l'essentiel des jeunes, qui dépendaient du soutien de leurs familles. À la fin des années 1980, plus de la moitié des Algériens d'une vingtaine d'années était au chômage, la croissance démographique et l'éducation devançant l'emploi. Les gangs de rue prospéraient, comme les « Ninjas » de Lusaka et les « Talibans » de Nairobi. En 1988, au Nigeria, un prisonnier sur cinq était un adolescent. Un anthropologue étudiant la *Copperbelt* zambienne à cette époque releva « un sentiment écrasant de déclin et de désespoir », toute perspective de pouvoir travailler dans un environnement moderne étant exclu [14].

Survivre dans des grandes villes en déclin dépendait fortement d'occupations informelles qui, en 1978, employaient près de 72 % de la main-d'œuvre urbaine, dont d'innombrables petits commerçants et de jeunes apprentis. Même en Afrique du Sud, où les autorités réprimaient depuis longtemps ce secteur d'activité, il avait crû au point de représenter en 2000 une part du PIB estimée à 28 %. Les revenus des travailleurs indépendants pouvaient être relativement élevés, mais les employés du secteur étaient férocement exploités, et beaucoup de jeunes gens commençant à travailler n'étaient même pas payés. Ces occupations informelles se fondaient avec la « seconde économie » – marché noir, contrebande, corruption, crime – qui ne fit que croître à mesure que l'État se désengageait. De telles activités s'appuyaient généralement sur des liens ethniques et familiaux. Les écoles privées, les diasporas spécialisées dans le commerce illicite, les vigiles remplaçant une police inexistante, les associations d'entraide urbaine se substituant à des syndicats inefficaces, mobilisaient toutes des solidarités ethniques, au même titre que la grande passion du continent, le football. Au sein de la famille, les femmes de l'élite avaient généralement, depuis l'indépendance, vu croître leur statut social, sauf en Afrique du Nord où l'intégrisme avait anéanti des progrès antérieurs. En règle générale, les femmes avaient obtenu le droit de vote et, dans des pays comme l'Ouganda et l'Afrique du Sud, exerçaient une influence politique significative : en 2006, pour la première fois, l'une d'elles fut élue présidente au Liberia. Dans les villes, les travailleuses s'assurèrent également une plus grande égalité au sein de leurs familles à mesure que croissaient l'économie informelle et l'emploi féminin, tandis que se contractaient les revenus que les hommes tiraient d'un emploi « officiel ». Les paysannes, en revanche, souffrirent grandement, suite au déclin économique et à de plus fortes pressions démographiques sur les terres. Et toutes les femmes, surtout les jeunes, étaient particulièrement vulnérables face au sida.

La religion constitue un autre nœud de solidarité sociale : c'est sans doute la perspective à travers laquelle la majorité des Africains envisage un monde souvent menaçant. Le christianisme et l'islam se diffusèrent largement à mesure que des gens auparavant exclus – surtout les femmes et les communautés éloignées – réclamaient une place dans le monde moderne. Une femme expliquait ainsi : « Tout le monde en faisait partie, et moi j'étais restée derrière, comme une sotte. » Selon une estimation, les chrétiens africains, de 1950 à 1990, passèrent de 34 à 200 millions [15]. Cette expansion fut la plus forte au Kenya et au Zimbabwe, dans les grandes villes à la croissance rapide, et dans la partie du Soudan qui s'étend entre le Sénégal et l'Éthiopie. Beaucoup de Tchadiens et de Soudanais vivant dans la moitié sud de ces deux pays adoptèrent le christianisme lors de la résistance à la domination nordiste, tandis que dans le centre du Nigeria, de graves conflits opposaient un christianisme en expansion à un islam intégriste. Les hiérarchies ecclésiastiques s'africanisaient rapidement. En 1993, l'Église catholique comptait 16 cardinaux africains et, cinq ans plus tard, à la conférence de Lambeth de l'Église anglicane, les évêques du continent étaient plus nombreux que leurs homologues britanniques. Argent et missionnaires continuaient à inonder le continent, essentiellement en provenance d'Amérique du Nord, tandis qu'à la fin du siècle, le nombre de vocations ne cessait de croître à vive allure, en partie peut-être parce que la concurrence pour les emplois séculiers s'intensifiait. Et pourtant le nombre de chrétiens dépassait toujours la capacité d'accueil des

églises, alimentant un christianisme paysan à l'éthiopienne, avec de fortes congrégations de villages, des
évangélistes à peine formés, peu de superstructures ou
d'influence sur la vie familiale, un rituel souvent africanisé, et une importante survie éclectique de pratiques
indigènes.

Les Églises indépendantes – qu'on estimait à près de
10 000 à la fin des années 1980 – avaient souvent des
structures similaires. Quelques-unes avaient des institutions hiérarchiques, en particulier l'Église kimbanguiste
en République Démocratique du Congo ou l'Église chrétienne de Sion en Afrique du Sud, mais la plupart étaient
de petite taille, et assuraient aux communautés une protection et un apaisement spirituels face à l'austérité économique et au désengagement de l'État. Certaines des
plus récentes affichaient également des croyances fortement millénaristes. « Il a prononcé cette condamnation…
le monde l'appelle sida… mais pour le Seigneur c'est un
châtiment », déclarèrent ainsi les dirigeants du Mouvement pour la Restauration des Dix Commandements à
leurs disciples, avant de tuer plus d'un millier d'entre eux,
en mars 2000, alors qu'ils attendaient la « nouvelle génération » qui leur avait été promise [16].

Le besoin de certitudes, face au malaise et à la confusion
intellectuelle entourant les Africains à la fin du XXe siècle,
pourrait expliquer le phénomène le plus remarquable de
cette période : la croissance explosive des Églises pentecôtistes, qui s'étaient d'abord établies en Afrique du Sud vers
le début du siècle mais qui, à partir des années 1970, se
répandirent dans toute l'Afrique subsaharienne. En 2000,
près d'un quart des Ghanéens se déclarait pentecôtiste. Ces
Églises prêchaient le salut personnel par le biais de la repen-
tance, et du baptême salvateur par l'intermédiaire du Saint-
Esprit. Contrairement à d'autres Églises plus anciennes,

elles rejetaient le passé africain en faveur d'une modernité mondialisée. L'impulsion, surtout en Afrique de l'Ouest, vint de missionnaires américains bien financés qui prêchèrent un « évangile de la prospérité », selon lequel Dieu récompenserait en ce monde ceux qui donnaient généreusement pour Son œuvre, ce qui répondait aux attentes des Africains, pour qui la religion devait procurer des bénéfices sur cette terre. Même les Églises pentecôtistes rejetant de tels enseignements séduisaient souvent les *yuppies* des grandes villes en affichant leur modernité et leur internationalisme, en mettant en valeur l'individualisme et la famille nucléaire, en condamnant la corruption et en proposant de séduisantes perspectives de succès. Le pentecôtisme rural pouvait pareillement se faire le champion d'une moralité austère qui dénonçait la polygamie, l'alcool, la domination patriarcale, la sorcellerie ou les pratiques religieuses indigènes, comme autant d'instruments du Démon.

Ce dualisme radical, qui évoque le christianisme primitif d'Afrique du Nord, était caractéristique du pentecôtisme. Ce dernier dépeignait le monde comme un champ de bataille où s'opposaient Dieu et Ses fidèles d'un côté, et de l'autre Satan, les sorcières, les dieux d'autrefois, et tous ceux qui avaient vendu leur âme pour obtenir richesse et pouvoir politique. À un certain niveau, cela alimentait une démonologie luxuriante qu'illustraient des vidéos, et qu'exprimait un rapport officiel kenyan sur l'adoration du diable, qui faisait état de cultes sataniques aux rites d'initiation cannibales. Ce rapport les rendait responsables d'accidents ferroviaires ou routiers, et recommandait la surveillance des organisations religieuses, l'interdiction de la musique dans les minibus (lieux bien connus de contestation), ainsi que l'interdiction des matches de catch à la télévision [17]. À un autre niveau, le pentecôtisme proposait une critique de l'État et de l'ordre social, accusés d'être radicalement corrompus, ce qui psychologiquement ne pouvait que satisfaire ceux qui envisageaient la politique en termes moraux.

Le dualisme ne divisait pas forcément les communautés de manière irrémédiable. Comme le notait un anthropologue : « Les gens opèrent selon des contrastes noir/blanc, mais ne cessent de créer des classements nouveaux plus complexes [18]. » Et pourtant, ce dualisme imprégnait bel et bien d'autres tentatives, de la part des Africains, de comprendre les forces qui s'exerçaient sur eux. L'une des particularités de la fin du XXe siècle fut l'extrême inquiétude que la sorcellerie inspirait aux puissants comme aux dépossédés. Dans bien des régions, des autorités inquiètes persécutèrent de supposées sorcières, en se fiant à des devins qui fournissaient des témoignages « d'experts ». Les villageois étaient plus portés à lyncher ces femmes. L'islam, qui connaissait la même croissance numérique que le christianisme, témoignait d'un dualisme analogue, particulièrement manifeste à travers l'intégrisme – comme on le verra plus loin –, mais aussi dans les protestations millénaristes comme celle lancée par un enseignant hétérodoxe, Muhammadu Marwa, qui créa à Kano une « république privée » de jeunes migrants ruraux, « prêchant que quiconque portait une montre, roulait en bicyclette ou en voiture, ou envoyait ses enfants dans les écoles publiques, était un infidèle [19] ». En 1981, sa dispersion par les militaires provoqua la mort de près de 4 000 personnes.

Ce fut la plus violente protestation dans une grande ville postcoloniale. En temps normal, les pauvres des villes, tout en ressentant vivement la corruption et le gouffre entre « eux » et « nous », étaient trop vulnérables, divisés, dépendants, fidèles aux valeurs rurales, et conscients de la récente mobilité sociale, pour défier ouvertement leurs maîtres. Les zélotes religieux pouvaient les faire descendre dans la rue. Comme, à l'occasion, les syndicalistes, ainsi lors des Trois Glorieuses qui, en 1963, vinrent à bout du gouvernement à Brazzaville. Ou encore à l'occasion d'un coup d'État, où l'ordre s'effondrait, comme lors des orgies de pillage à Nairobi en 1982. En milieu urbain, l'agitation la plus fréquente était celle des « émeutes du FMI » contre l'augmentation du prix des produits alimentaires, souvent due à la disparition des subventions, imposée par un programme d'ajustement structurel. De telles émeutes firent tomber les gouvernements du Liberia, du Soudan et de la Zambie, et en menacèrent plusieurs autres. Plus rarement, mais avec une plus grande brutalité, les foules pouvaient se tourner contre « l'ennemi de l'intérieur », comme à Kinshasa en 1998, quand les habitants de la ville réagirent à l'invasion rwandaise en massacrant les Tutsi qui leur tombaient sous la main, ou à Abidjan en 2004, quand la foule se vengea sur les Français et sur leurs biens après que les « défenseurs de la paix » eurent détruit l'aviation ivoirienne. Les désordres d'Abidjan furent le fait de « jeunes patriotes » militants, dont les homologues avaient idolâtré Nkrumah, libéré le Zimbabwe ou l'Ouganda, et mis fin à l'apartheid. Dans des circonstances moins brutales, la plupart des grandes villes africaines ont vu se développer vers la fin du siècle des cultures de jeunes mêlant des traditions indigènes à la modernité, si avidement recherchée, des modes mondiales. Les « boys Dakar » des années 1990, par exemple, cultivaient un éthos *bul faale* (« joue-la cool ») valorisant à la fois le travail et la sophistication urbaine, prêchaient le *sopi* (changement social), parlaient un argot franco-ouolof parsemé d'américanismes, écoutaient avidement un rap iconoclaste, et avaient pour idole un champion de lutte issu de leur milieu, qu'on surnommait « Tyson ». Produits d'une forte croissance démographique, voués au chômage, incapables d'accéder par les moyens traditionnels à l'âge adulte et au mariage, se voyant refuser la rapide ascension sociale qu'avaient connue leurs pères, ils étaient ouverts au changement, qu'il soit créatif ou destructeur.

Ces jeunes prônant une nouvelle culture n'étaient pas les seuls groupes à défier l'ordre social établi lors de l'indépendance. Les philosophes-présidents du Sénégal et de la Tanzanie avaient longtemps été contraints de partager l'OUA (Organisation de l'Union Africaine) avec des sergents et des politiciens de quartier. Désormais, à mesure que les revenus de l'État se réduisaient, les salaires des officiels faisaient de même et l'économie informelle s'étendait : la prééminence sociale, autrefois réservée à *l'homme cultivé* passait souvent à l'*Américain*, qui avait réussi en Occident comme businessman, voire au *moodu moodu*, commerçant enrichi mais sans éducation. Même les médecins formés en Europe, élite de l'élite éduquée, n'hésitaient pas à faire grève, en contradiction avec leur éthique professionnelle. En 2000, à l'université Makerere, les inscriptions à des études de médecine étaient de 15 % inférieures à celles des études de pharmacie, beaucoup plus lucratives. Des prêtres titulaires de doctorats en théologie s'abaissaient devant les entrepreneurs de « l'évangile de la prospérité ». Certains membres de l'élite se réfugiaient dans la sphère privée, mais beaucoup refusaient d'accepter leur perte de statut social. Ils avaient souvent pour armes des ONG, qui proliférèrent à mesure que les États à parti unique perdaient leur capacité à accaparer la vie publique : en 1980, le Nigeria en comptait 1 350, et

4 028 vingt ans plus tard. Un nouveau style de politique voyait le jour en Afrique.

Changements politiques

En 1989, quand tomba le mur de Berlin, quarante-deux États d'Afrique subsaharienne sur quarante-sept étaient gouvernés par des régimes autoritaires, sans véritables élections. Cinq ans plus tard, plus aucun n'était, officiellement, un État à parti unique, trente-huit avaient organisé des élections, seize pays autoritaires avaient mis en place de nouveaux régimes après d'authentiques scrutins [20]. Bien que le mouvement de démocratisation de cette époque n'ait pas tenu toutes ses promesses, ce fut, pour bien des pays, un nouveau départ politique.

Ce mouvement partit du Bénin (l'ancien Dahomey) en janvier 1989 : étudiants, fonctionnaires non payés et foules des grandes villes exprimèrent leurs griefs économiques, face au régime du président Kérékou, par des manifestations inspirées de l'*oma*, cette démonstration de colère collective répandue chez les prêtres vaudous. L'armée refusa de soutenir le président, la France lui suspendit son aide jusqu'à ce qu'il ait réuni une conférence nationale. Celle-ci fut conçue pour éradiquer l'opposition ; mais ses membres se déclarèrent souverains et exigèrent des élections, qui se déroulèrent en mars 1991, et à l'issue desquelles un dirigeant africain fut, pour la première fois, remplacé dans l'isoloir. Cet exemple eut ensuite des répercussions dans toute l'Afrique francophone. Au Niger et au Congo-Brazzaville, des conférences et des élections permirent le remplacement relativement pacifique des dirigeants. Ailleurs, il y eut des variations. En Côte-d'Ivoire, Houphouët-Boigny eut l'habileté d'organiser des élections si rapidement que ses opposants n'eurent pas le temps de s'organiser pour empêcher sa victoire. Au Cameroun, le président Biya refusa une conférence nationale, organisa une réunion peuplée de ses propres partisans, puis remporta les élections, suite aux divisions parmi ses rivaux. Au Togo, le président Eyadema, s'appuyant sur l'armée, dominée par les membres de son ethnie, permit à ses ennemis politiques de tenir une conférence qu'il dispersa quand elle se proclama souveraine, et gagna des élections boycottées par l'opposition. Pareillement, Mobutu retarda quatre fois la tenue d'une conférence nationale, dont les 2 842 délégués, constitués en grande majorité de ses partisans, la laissèrent patauger pendant dix-huit mois, au cours desquels plus de deux cents partis furent créés, s'en servit comme d'un prétexte pour éviter des élections présidentielles, et finit par la congédier.

La démocratisation suivit le même chemin en dents de scie en Afrique anglophone, mais sans échos de 1789. La Zambie joua en ce domaine un rôle pionnier : les émeutes contre le FMI mobilisèrent les mineurs de cuivre et des dissidents du parti au pouvoir, qui exigèrent des élections libres. En 1991, elles chassèrent le président Kaunda d'un pouvoir qu'il exerçait depuis 27 ans. Cet exemple fut imité partout, en particulier au Malawi voisin. Pourtant, là encore, il y eut des variations. Au Kenya, le président Moi s'opposa à des élections multipartites, déclarant qu'elles déchireraient le pays. En 1992, quand les bailleurs de fonds internationaux le contraignirent à en tenir, il dépensa 200 millions de dollars lors de la campagne électorale, divisa l'opposition, et obtint la victoire avec 38 % des voix. Il reprit la même astuce en 1992, et ne se retira qu'en 2002, après la défaite de son parti. Son voisin ougandais, le président Museveni, fit valoir que la concurrence entre partis avait failli détruire le pays dans les années 1960, pour résister jusqu'en 2006 aux élections, qu'il remporta. En Tanzanie, le puissant parti au pouvoir nomma une commission pour sonder l'opinion publique : celle-ci découvrit que 77 % des personnes interrogées préféraient un parti unique ; malgré tout, il y eut en 1995 des élections remportées haut la main par le gouvernement.

Bien des facteurs sous-tendaient ces remarquables changements politiques. Le plus fondamental était tout simplement le passage du temps, qui privait les partis nationalistes d'une légitimité, soit de libérateurs, soit d'agents du développement. Les États à parti unique avaient perdu toute prétention d'être modernes, considération essentielle pour beaucoup d'Africains. Les programmes d'ajustement structurel avaient privé les régimes en place de leur pouvoir de patronage, tout en radicalisant les foules des villes, comme beaucoup de gens éduqués. De plus, le désengagement de l'État avait suscité la création d'associations civiques et d'ONG dont les délégués venaient aux conférences nationales. Dans les pays francophones, chacune était présidée par un prélat catholique, car c'était là, en partie, une lutte des élites éduquées pour retrouver un statut social perdu, et réaffirmer la vie associative très active étouffée par les États à parti unique. La force relative des divers groupes sociaux était un facteur déterminant du succès des mouvements de démocratisation, comme le montrait le rôle joué en Zambie par les mineurs de cuivre, mais ces groupes ne firent guère de progrès face à Eyadema ou Mobutu tant que leurs armées leur restèrent fidèles, tandis qu'au Bénin, au Niger, au Mali et au Malawi, les militaires refusèrent de réprimer les exigences démocratiques. Une analyse de ce phénomène concluait : « De l'attitude des militaires dépend la transition [21]. » Des facteurs extérieurs jouaient aussi un rôle important. Au Bénin, le mouvement précéda la chute du communisme en Europe de l'Est, mais celle-ci eut en Afrique un impact des plus réduits, bien qu'une visite dans l'ex-Allemagne de l'Est ait apparemment convaincu Nyerere que le système de parti unique tanzanien était condamné. Indirectement, toutefois, la fin de la guerre froide permit aux bailleurs de fonds occidentaux de convaincre Moi au Kenya, et Banda au Malawi, d'accepter la libéralisation. Mais il n'y eut pas de pressions de ce genre au Cameroun, au Togo ni en Afrique du Nord – où les considérations stratégiques demeuraient essentielles.

Les changements provoqués par la démocratisation furent limités, mais importants. En 1994, seize régimes autoritaires seulement avaient été remplacés grâce à des élections. Dans quinze autres pays, les partis uniques au pouvoir en 1989 l'étaient toujours en 2002, après avoir remporté des élections multipartites. Et même là où les régimes avaient changé, les politiciens en place restaient souvent les mêmes. On les appelait « ressuscités » au Malawi : ces dirigeants du temps du parti unique, chassés du pouvoir, l'avaient repris grâce à la démocratisation, et considéraient toujours l'État comme un moyen de faire carrière. Au cours des sept premières années de la démocratisation, le nombre de parlementaires en Afrique subsaharienne augmenta de 22 % [22]. Le processus concernait les personnes plus que les politiques suivies, ou, pour l'essentiel, les structures politiques. Aucun parti de gauche n'émergea. De plus, la démocratisation était, très largement, un mouvement urbain : les délégués aux conférences nationales venaient presque exclusivement des villes, tout particulièrement des capitales. Dans les campagnes, on s'offusquait souvent de la vulgarité et de la rivalité entre partis, si bien que des autocrates à l'ancienne, comme Mugabe au Zimbabwe, purent triompher du pluralisme urbain en mobilisant leurs partisans ruraux. Les votes étaient principalement commandés par des considérations régionales, ce qui exacerba souvent les tensions ethniques et religieuses, et l'argent changeait de mains encore plus librement qu'avant. En plus d'un demi-siècle, les structures économiques et sociales de l'Afrique n'avaient pas suffisamment changé pour que la démocratie politique soit plus facile à assurer qu'aux débuts de l'indépendance.

En 1997, trois analystes politiques déclarèrent franchement que la démocratisation avait échoué [23]. Ils songeaient non seulement aux limites qui viennent d'être décrites, mais aussi aux retours à l'autoritarisme auxquels on avait pu assister. Ce fut au Burundi que s'effondra la première démocratie multipartite : en 1993, les élections amenèrent à la tête de l'État un pouvoir largement hutu, renversé au bout de quatre mois par l'armée tutsi. Un an plus tard, l'expérience rwandaise de libéralisation prit fin par un génocide. Le président détrôné par une conférence nationale au Congo-Brazzaville reprit le pouvoir en 1997 par le biais d'une guerre civile. Au Niger, douze ans après qu'en 1991, les partis eurent été légalisés, le pays avait connu trois républiques, onze élections ou référendums, et deux coups d'État. Même la Côte-d'Ivoire, qui avait longtemps été le plus stable des États d'Afrique occidentale, fut victime en 2002 d'une partition qui faillit bien déboucher sur la guerre civile. L'expérience d'autres continents montrait que si la pauvreté d'un pays n'empêchait pas la mise en place de la démocratie, elle lui rendait très difficile de se maintenir.

C'est là, pourtant, un jugement un peu trop négatif. Bien qu'aucun régime démocratique africain ne soit vrai-

ment rodé, fin 2000 près de 35 pays avaient tenu des
élections pour la deuxième fois consécutive, et 10 y
avaient procédé trois fois [24]. Si nombre de politiciens à
l'ancienne avaient survécu, des militants plus jeunes
avaient également été élus, ainsi que des membres de
groupes sociaux privés de toute influence lors de l'indépendance. Les candidats aux élections devaient prêter
beaucoup plus d'attention qu'autrefois à leurs électeurs.
En 2000, les chaînes de télévision, la dizaine de radios et
les quarante journaux de Tanzanie donnèrent l'exemple
d'une extraordinaire liberté d'expression, tout comme le
recours à des urnes transparentes illustrait une volonté
nouvelle de respecter les procédures démocratiques. À la
possible exception du Botswana, cette démocratie africaine était davantage présidentielle que parlementaire,
mais les mandats présidentiels avaient désormais des
limites, qui ne pouvaient être transgressées qu'au prix
d'une perte de légitimité. Pour autant, la démocratie
n'avait pas supplanté la pratique du parti unique : elle
s'était fondue avec elles. Le résultat le plus fréquent était
un État dominé par un parti – souvent le parti unique
d'autrefois –, qui remportait les élections, exerçait un
pouvoir de patronage, et incarnait l'unité nationale, tandis que des régions, ou des groupes de mécontents,
étaient libres de créer des organisations sans grande
influence. Le Congrès national indien avait démontré que
c'était là une forme de gouvernement transitoire valable
pour les grands pays hétérogènes. En Afrique, au début
du nouveau millénaire, c'est ce qui se passait au
Botswana, en Tanzanie, en Éthiopie, en Égypte, en Tunisie, en Sierra Leone, au Mali, au Cameroun, au Gabon,
en Namibie et en Afrique du Sud.

La présence de celle-ci dans cette liste montrait une
fois de plus la continuité caractérisant la transition vers

le pouvoir de la majorité, bien que dans ce cas précis, cette transition ait assuré le passage d'un parti dominant blanc à un parti dominant noir. Les élections de 1994 furent dans les faits un plébiscite ethnique : 3 % seulement des Blancs votèrent pour l'ANC, et 3 % des Noirs pour le Parti national. L'ANC obtint 63 % des voix, améliorant faiblement ce score en 1999 et en 2004, même si ses représentants au Parlement étaient multiraciaux, et répartis de manière relativement égalitaire entre hommes et femmes. Le Parti national cessa d'exister, au niveau national, en 2005, tandis que lui succédaient 14 petits partis qui se partagèrent 107 des 400 sièges disponibles, les plus importants représentant les Africains du Kwazulu-Natal, et les métis du Ouest-Cap. L'Afrique du Sud avait connu pendant le XXe siècle une centralisation que la nouvelle Constitution poussa encore plus loin, les provinces dépendant désormais du gouvernement central pour plus du 95 % de leurs revenus ; et leurs chefs, à partir de 1998, ne furent plus élus, mais nommés par le président. Trois ans plus tard, le gouvernement central exerça son pouvoir constitutionnel de prendre temporairement le contrôle de l'Est-Cap, les autorités provinciales n'ayant plus de quoi assurer les prêts sociaux. Dans l'intervalle, les dirigeants de l'ANC revenus d'exil, obéissant aux tendances autoritaires des mouvements de libération, avaient établi leur domination sur les innombrables organisations civiques qui, au cours des années 1980, avaient dirigé la lutte contre l'apartheid. Le gouvernement s'était par ailleurs dispensé de conversations officielles avec les organisations syndicales, et avait agi seul pour déterminer la politique à suivre. Tout en préservant un certain degré de démocratie interne, l'ANC était devenu avant tout un parti électoral. Une Cour constitutionnelle permettait de contrôler le pouvoir exécutif, et le

Parlement demeurait plus efficace que ceux de presque tous les États africains mais, sous la direction du président Mbeki, l'Afrique du Sud s'orienta fortement vers une démocratie présidentielle.

Le Nigeria, au contraire, s'acheminait difficilement vers un État à parti dominant. Une telle possibilité avait paru se profiler après 1979, quand le gouvernement militaire, sorti victorieux de la guerre civile, avait restauré une structure politique civile, au sein de laquelle dix-neuf états luttaient pour le pouvoir et les revenus contrôlés par le gouvernement fédéral, riche des bénéfices du pétrole. En 1979, le PNN (Parti National du Nigeria), basé dans le Nord, remporta une étroite victoire lors de l'élection présidentielle, n'obtenant que 34 % des voix. Au cours des quatre ans qui suivirent, son contrôle du patronage attira des groupes minoritaires de toutes les régions, mais pas les peuples Yoruba et Igbo. Lors des élections de 1983, le PNN obtint 264 des 450 sièges de l'Assemblée nationale, et 47 % des voix à l'élection présidentielle. Peut-être était-il prêt à devenir un parti dominant, mais les consultations électorales étaient à ce point marquées par la corruption, et la situation économique était si précaire, que les militaires reprirent le pouvoir. Au cours des seize ans qui suivirent, ils bloquèrent tout progrès politique, notamment en annulant l'élection présidentielle de 1993, conçue pour restaurer la démocratie, dès qu'il fut clair qu'un candidat du sud (un Yoruba) l'avait emporté. Cela fit ressurgir les divisions régionales qui avaient provoqué la guerre civile de 1967-1970. Après six années supplémentaires de dictature militaire, des élections démocratiques, tenues en 1999, virent la victoire du Parti Démocratique du Peuple (PDP) – inspiré de l'ANC sud-africaine – et du président Olusegun Obasanjo, qui l'emporta dans toutes les régions, sauf chez les Yorubas, dont il faisait pourtant partie. Le PDP obtint leur soutien au cours des années suivantes, mais sa volonté de domination politique se vit menacée par la montée de l'intégrisme religieux, par de violents conflits pour le contrôle des villes situées au milieu du pays, entre le Nord et le Sud, et par la volonté des zélotes du nord de mettre en œuvre la *charia* dans les régions musulmanes. En 2003, Obasanjo fut réélu avec 62 % des voix, tandis que le PDP remportait 28 des 36 sièges de gouverneur, mais cette fois-ci, les États musulmans du nord se retrouvèrent dans l'opposition. Obasanjo ne pouvant se représenter en 2007, et aucun autre candidat de premier plan ne s'étant révélé, beaucoup de Nigérians redoutaient l'avenir politique.

La montée de l'intégrisme musulman fut un phénomène d'une importance comparable à la démocratisation. Apparu en Égypte en 1928 avec les Frères musulmans, l'islamisme, comme l'appellent ses fidèles, mettait l'accent sur des convictions fondamentales : Dieu, et non le peuple, était souverain ; le Coran était le seul à révéler entièrement Sa vérité ; Sa loi n'était pas soumise aux variations humaines ; un État laïc était par définition scandaleux ; pareillement, l'État-nation devait céder la place à la communauté musulmane ; les innovations (y compris les fraternités religieuses) étaient interdites. Dans les années 1960, l'un des intégristes égyptiens les plus connus, Sayyid Qutb, ajouta à ces interdictions l'idée que tous les États existants, même ceux qui professaient l'islam, étaient en réalité païens, comparables à la *jahiliyya* précédant l'arrivée de l'islam, et devaient par conséquent être la cible du *djihad* – diabolisation semblable à celle des pentecôtistes chrétiens. Une telle radicalisation était une réaction à la persécution menée par le régime nassérien – qui fit exécuter Sayyid Qutb –, et fut intensifiée par la victoire militaire d'Israël sur l'Égypte en 1967, lors de la guerre des Six Jours, par la révolution iranienne de 1978-1979, ainsi que par le refus constant des autorités égyptiennes de permettre aux Frères musulmans de fonctionner comme parti politique. Des militants plus jeunes, généralement des laissés-pour-compte de souche paysanne, issus du sud de l'Égypte, mirent sur pied des organisations terroristes dans les années 1970. Réprimés par la police, ils trouvèrent refuge soit dans les quartiers populaires du Caire, soit dans l'exil, où l'un de leurs dirigeants, Ayman al-Zawahiri, devint l'adjoint d'Oussama ben Laden. Entre-temps, toutefois, l'intégrisme plus modéré des Frères musulmans gagna de plus en plus d'influence sur la culture et la loi égyptiennes. En 2005, l'élection de 88 de leurs membres à l'Assemblée nationale fit d'eux la principale opposition au régime en difficulté de Moubarak.

Dans le reste de l'Afrique du Nord, les intégristes connurent les mêmes difficultés pour gagner du pouvoir politique face à l'opposition de groupes musulmans rivaux, ou à celle des gouvernements nationaux. C'est au Soudan qu'ils connurent leurs plus grands succès : les Frères musulmans, venus d'Égypte dans les années 1940, se rendirent compte qu'ils ne pouvaient remporter les élections face à des partis politiques bien en place et, à partir de 1979, s'allièrent avec les régimes militaires successifs, auprès desquels Hassan al-Turabi, un de leurs dirigeants très doué, exerça une grande influence jusqu'à ce que les militaires décident de le chasser, en 2000. Inversement, en Tunisie, le Mouvement de la voie islamique, fondé en 1981, et plus tard rebaptisé En-Nahda, dut faire face à un parti dominant laïque étonnamment discipliné, qui permit en 1989 aux intégristes de se présenter aux élections en tant qu'indépendants, mais qui, trois ans plus tard, réprima le mouvement quand son aile radicale adopta des méthodes terroristes. Le gouvernement libyen, qui mettait en avant un caractère islamique qui lui était propre, interdit la version locale des Frères musulmans. La monarchie marocaine affirmait également son autorité religieuse, puisque, descendante du Prophète, elle exerçait une autorité souvent sans merci sur une société où fraternités et autres traditions islamiques demeuraient fortes. Plusieurs groupes islamistes y menaient des activités, avec une liberté restreinte. Le plus important, dirigé à partir de 1981 par Abd al-Salam Yasin, mettait l'accent sur le renouveau spirituel plus que sur le pouvoir d'État ; après 1999, toutefois, il mena l'opposition populaire au programme de libéralisation du jeune roi Mohammed VI, tandis qu'en 2002, un parti intégriste modéré remportait 42 sièges aux élections du Parlement.

C'est en Algérie qu'eut lieu le plus grave affrontement entre les islamistes et l'État. Au début des années 1980, l'effondrement temporaire des prix du pétrole perturba gravement le programme d'industrialisation du pays, provoquant la montée du chômage et la détresse des jeunes migrants. Ces derniers s'entassaient dans les bidonvilles d'Alger et des grandes villes de la côte, après avoir quitté des campagnes où la population croissait rapidement, alors que 3 % seulement des terres étaient cultivables. Le FLN (Front de Libération Nationale) était de plus en plus corrompu et discrédité, le souvenir de la guerre de libération se perdait dans le passé. En 1988, suite à d'importantes émeutes urbaines, le président Chadli, voulant rétablir son autorité, prit le risque, contrairement à l'Égypte et à la Tunisie, de convoquer des élections multipartites, espérant peut-être, ce faisant, se préserver de l'impopularité du FLN, et transmettre aux hommes politiques le pouvoir que les chefs militaires avaient efficacement détenu depuis l'indépendance. Le Front islamique du salut (FIS) fut, en février 1989, l'un des premiers partis à se former ; il était organisé par des intégristes, apparus en Algérie dans les années 1960, et qui, vingt ans plus tard, gagnaient de plus en plus d'influence. L'un de leurs dirigeants, Abbasi Madani, avait pris part en 1954 aux premières actions contre le pouvoir colonial, avant d'obtenir un doctorat à la Sorbonne, puis d'enseigner à la faculté d'Alger. Il incarnait les intellectuels dirigeant la plupart des mouvements islamistes, dont l'objectif (pour reprendre la formulation de Yasin) était « d'islamiser la modernité » et qui séduisaient tout particulièrement les étudiants en quête d'un fondement idéologique aux comportements traditionnels. L'autre *leader* principal, Ali Belhadj – venu de la bordure désertique, là où donatisme et kharedjisme avaient autrefois prospéré –, était un homme plus jeune, moins cultivé, mais sa position d'imam d'une mosquée située dans les quartiers populaires d'Alger lui assurait de l'influence sur les jeunes chômeurs des bidonvilles – influence qui valait aux intégristes une grande part de leur soutien populaire.

En juin 1990, le FIS fit la preuve de sa popularité lors des élections locales. Chadli croyait sans doute que le parti intégriste ne pourrait remporter les élections au Parlement, les autres partis risquant de s'unir contre lui à l'occasion du deuxième tour. Mais en décembre 1991, lors du premier tour, le FIS obtint de si bons résultats – 40 % des voix – que les militaires intervinrent, au motif que les intégristes cherchaient à « se servir de la démocratie pour détruire la démocratie ». Ils déclarèrent nuls les résultats électoraux, et interdirent le FIS. Ses militants, reprenant une longue tradition algérienne, prirent le maquis, et l'on vit apparaître deux mouvements armés farouchement hostiles au gouvernement : l'Armée islamique du salut (AIS), qui menait une guerre limitée pour obtenir un retour aux processus constitutionnels, et le Groupe islamique armé (GIA), beaucoup plus brutal, pour qui le *djihad* était le seul moyen d'établir un État islamique. Des militaires jusqu'au-boutistes tenaient à remporter sur eux une victoire complète, tandis que plusieurs présidents civils cherchaient à négocier un retour à la normale. En 1999, l'AIS renonça à la violence, et plusieurs partis intégristes modérés prirent part à des élections multipartites, bien que le FIS lui-même n'ait pas retrouvé son caractère légal. Ces dernières années, le GIA, bien que fort diminué, demeurait actif. La guerre civile avait fait près de 150 000 morts.

Autre bouleversement d'importance historique, aussi important que la démocratisation et l'intégrisme : la Révolution éthiopienne qui, entamée en 1974, suivit jusqu'à la fin du siècle un cours particulier. Comme les deux autres authentiques révolutions du continent, celle du Rwanda et celle de Zanzibar, celle d'Éthiopie renversa la structure étatique et hérita d'un ancien régime ethniquement séparé de la grande majorité de ses sujets – les peuples non-amhariques vaincus pendant l'expansion de Ménélik vers le Sud à la fin du XIXe siècle. En janvier 1974, quand l'armée d'Hailé Sélassié se mutina, animée par des revendications d'ordre militaire, la vieille aristocratie avait été trop affaiblie par son autocratisme pour résister efficacement. Les efforts en vue d'instituer une constitution libérale échouèrent : le capitalisme éthiopien, sous-développé, n'avait fait naître aucune bourgeoisie. L'initiative passa d'abord aux étudiants et aux syndicalistes d'Addis-Abeba puis, quand l'intégrité territoriale du pays parut menacée, à une faction militaire dirigée par le colonel Mengistu Hailé Mariam, qui adopta une phraséologie marxiste et sollicita l'aide des pays communistes. Son régime échoua cependant à vaincre ou à se concilier ceux qui voulaient l'indépendance de l'Érythrée, une plus grande autonomie pour le Tigré ou d'autres régions extérieures. Une législation votée en 1975 détruisit la grande propriété et donna aux associations paysannes le droit de redistribuer les terres. Mais cela se fit de manière très inégale, et par la suite, le régime perdit le soutien des populations rurales en tentant d'extorquer un surplus agricole par des méthodes qui avaient partout aliéné les paysans africains : fermes d'État, installation forcée dans des régions éloignées, le tout accompagné de famines récurrentes.

Affaibli par l'effondrement de l'URSS, Mengistu fut renversé en mai 1991 par une coalition de guérillas régionales, le Front Démocratique Révolutionnaire du Peuple Éthiopien (FDRPE), dirigé par d'anciens étudiants révolutionnaires. L'Érythrée fit sécession en 1995, d'où des querelles de frontière qui menèrent à une guerre aussi futile que coûteuse en 1998-2000. En Éthiopie, une nouvelle constitution admit la force du sentiment ethnique en faisant du pays une fédération, au sein de laquelle les provinces disposaient de beaucoup d'autonomie. La constitution reconnaissait également « le droit inconditionnel à l'autodétermination, y compris le droit à la sécession ». Mais en pratique, le régionalisme fut utilisé comme moyen d'intégration, et le FDRPE réprima brutalement tous les mouvements sécessionnistes. La survie à long terme de la fédération devint une question primordiale ; il en alla de même pour le contrôle de la terre, car le cours de la révolution avait détruit à la fois l'ancienne classe des propriétaires terriens, et les expériences qui avaient suivi, ouvrant ainsi la voie à une propriété foncière libre, et au capitalisme que certains Éthiopiens jugeaient indispensable au développement économique.

Le FDRPE en jugeait autrement, et favorisa une présence relativement égalitaire des paysans, louant à bail à l'État. De maigres preuves suggèrent que, dans leur majorité, ces derniers y furent favorables, mais on ne sait s'ils pourront la défendre en pratique.

Le FDRPE se distinguait d'autres mouvements de guérilla africains de la fin du XXe siècle, en ceci qu'il avait non pas détruit, mais conquis l'État. En Ouganda et au Rwanda, il existait au moins de fortes traditions étatiques qui aidèrent les mouvements de guérilla à rétablir l'ordre. Mais dans trois pays, de longues guerres civiles se révélèrent particulièrement destructrices durant cette période : en Somalie à la fin des années 1980, au Liberia à partir de 1989, et en Sierra Leone à partir de 1991. Dans les trois cas, il s'agissait au départ de rébellions contre des régimes représentant des castes, oppressifs, et pourtant gravement affaiblis par le déclin économique. De plus, ces guérillas, au départ pourvues d'objectifs politiques, tombèrent entre les mains de seigneurs de la guerre, qui recrutèrent des jeunes gens exclus du système éducatif et sans emploi, leur fournirent des armes achetées à bas prix en Europe de l'Est après la chute du communisme, tout en finançant leurs campagnes, non plus par des revenus extérieurs comme du temps de la guerre froide, mais en exploitant les ressources naturelles des régions qu'ils contrôlaient – comme les diamants en Sierra Leone. Dans ce pays, comme au Liberia, les troupes étrangères chargées du maintien de la paix finirent par restaurer l'ordre, mais dès 1991, la Somalie en revint à une situation assez semblable à la période précoloniale, où aucun État n'existait.

Par rapport à ce type de conflit, les événements qui se déroulèrent au Rwanda et au Burundi restent exceptionnels : dans chacun de ces deux pays, deux groupes ethniques très conscients d'eux-mêmes, les Hutu et les Tutsi, occupaient et réclamaient un territoire unique alors qu'ailleurs en Afrique, chaque groupe ethnique dominait une région précise. Au Rwanda, la révolution hutu de 1959-1962, au moment de l'indépendance, avait détruit la monarchie et conduit des milliers de Tutsi en exil, souvent en Ouganda. Cela rendait beaucoup de terres disponibles pour une population hutu en rapide expansion. En 1973, une faction hutu dirigée par Juvénal Habyarimana s'empara du pouvoir ; elle était basée dans les provinces du Nord-Ouest, qui n'avait été intégrées à l'État qu'à la période coloniale, et se montrait tout particulièrement hostile aux anciens dirigeants tutsi. À la fin des années 1980 et au début de la décennie suivante, quatre événements déstabilisèrent la situation. En premier lieu, la pression démographique accrut le manque de terres, tandis que l'économie souffrait de la dépression générale, caractéristique de cette période. En second lieu, les exilés tutsi du Front Patriotique Rwandais, dont beaucoup avaient acquis une expérience militaire lors de la guerre civile ougandaise des années 1980, envahirent le Rwanda en 1990 et, en dépit d'insuccès initiaux, pénétrèrent peu à peu dans la partie nord du pays. En troisième lieu, les bailleurs de fonds occidentaux, et des groupes hutu rivaux, pressèrent Habyarimana de démocratiser son régime. Les accords d'Arusha, en 1993, prévoyaient d'y incorporer de nouveaux représentants hutu et tutsi, et d'accorder au FPR une représentation de 40 % dans l'armée, ce qui impliquait de licencier plus de 20 000 militaires hutu, et de mécontenter les partisans les plus jusqu'au-boutistes du régime.

Le Burundi fut le quatrième élément déstabilisateur du Rwanda. Il avait obtenu son indépendance en même temps que lui, mais sous un régime dirigé par des Tutsi modérés. En 1965, inspirés par l'exemple rwandais, des extrémistes hutu tentèrent un coup d'État, mais furent défaits par les troupes tutsi. Sept ans plus tard, une nouvelle rébellion conduisit l'armée à massacrer près de 200 000 Hutu, en cherchant délibérément à faire disparaître leurs *leaders* potentiels. À partir des années 1980, toutefois, le Burundi, lui aussi, se vit soumis à des pressions visant à démocratiser le régime. Son chef militaire, Pierre Buyoya, mit sur pied un gouvernement de partage du pouvoir et organisa en 1993 des élections multipartites, à l'issue desquelles il fut battu par un parti hutu qui obtint 65 % des voix. Quatre mois plus tard, l'armée tutsi assassina le nouveau Premier ministre hutu, tandis que de nombreux Hutu s'enfuyaient au Rwanda.

Ces réfugiés développèrent une paranoïa et une instabilité croissantes. Menacés par l'invasion du FPR et par la perspective d'avoir à partager le pouvoir, des extrémistes hutu du parti de Habyarimana avaient commencé dès 1991 à transformer l'organisation de jeunesse du parti en une milice, l'Interahamwe. Fin 1993, certains d'entre eux songeaient à un massacre général des Tutsi, mais le génocide fut précipité quand, en avril 1994, un avion transportant Habyarimana fut abattu, sans doute par le FPR. En quelques heures, la garde présidentielle entreprit le massacre systématique des *leaders* tutsi, et hutu modérés, de la capitale. Quand la nouvelle de la mort du président se diffusa dans le pays, des responsables militaires et des dirigeants locaux organisèrent des massacres similaires, mobilisant l'Interahamwe et poussant, ou parfois contraignant, les paysans à assassiner leurs voisins Tutsi, ainsi que les Hutu soupçonnés de faire partie de leurs sympathisants. Durant les trois mois qui suivirent, on estime que près de 800 000 personnes furent tuées, souvent avec une cruauté voulue, au cours d'un génocide délibéré s'appuyant sur des générations d'injustices et d'exploitation : animosité ethnique cristallisée par des théories raciales d'origine européenne et par la propagande extrémiste, vive crainte populaire d'un retour de la domination tutsi, et besoin désespéré des pauvres de s'emparer de leurs terres et de leurs biens. Une fois que l'armée du FPR eut compris la situation, elle s'avança rapidement vers le sud, chassant le régime hutu, et près de deux millions de réfugiés, au-delà des frontières, permettant le retour de plus de 60 000 exilés tutsi, et mettant en place un régime bien décidé à empêcher qu'ils soient jamais menacés d'extermination.

Le génocide rwandais eut inévitablement des conséquences au Burundi, mais l'impact en fut étonnant et, une décennie plus tard, encore difficile à mesurer. En 1993, suite à un coup d'État des Tutsi, les forces hutu lancèrent une guérilla. Puis Buyoya reprit le pouvoir, et des médiateurs internationaux pressèrent les deux camps de parvenir à un accord. Ce fut fait en 2005, quand près de 90 % des votants approuvèrent une constitution créant une assemblée nationale, prévoyant un gouvernement composé de 60 % de Hutu et de 40 % de Tutsi, et une armée où les deux ethnies seraient représentées à égalité. Six mois plus tard, le chef de la principale guérilla hutu fut élu président. La relation entre le régime burundais, et celui du Rwanda, totalement différent, laisse présager un avenir incertain pour l'un comme pour l'autre.

Dans l'intervalle, le génocide rwandais avait également provoqué la première guerre impliquant plusieurs États africains. En 1994, des troupes hutu battant en retraite, ainsi que des forces de l'Interhamwe rwandais, s'installèrent des deux côtés de la frontière avec la République démocratique du Congo, dont le gouvernement, installé dans la lointaine Kinshasa, n'avait pas les moyens, ni peut-être le désir, de les contrôler. Deux ans plus tard, des forces du FPR pénétrèrent au Congo pour les disperser et les détruire brutalement, suivies par des troupes ougandaises soucieuses de protéger leurs propres frontières. Cette invasion aboutit à une tentative de remplacer Mobutu par un gouvernement plus accommodant. Laurent Kabila, un survivant des forces pro-Lumumba du début des années 1960, fut choisi pour cela et installé à la tête du pays en mai 1997. Le nationalisme congolais le contraignit alors à réclamer le départ des forces étrangères – mais, comme Mobutu, il fut incapable de contrôler la violence à la frontière rwandaise. En 1998, le Rwanda et l'Ouganda envahirent de nouveau la RDC ; et cette fois-ci d'autres pays africains, notamment l'Angola et le Zimbabwe, envoyèrent des troupes pour défendre le régime Kabila. Elles y parvinrent, mais Rwandais et Ougandais s'allièrent à des politiciens et à des chefs de guerre de l'est et du nord de la RDC qui voulaient renverser Kabila. En 1999 et 2000, le Congo fut ainsi coupé en deux, selon une ligne allant du nord-ouest au sud-est. Comme lors des guerres civiles du Liberia et de la Sierra Leone, tous les partis finançaient leurs opérations en pillant les ressources naturelles – notamment les minerais – des régions qu'ils contrôlaient. Une enquête de l'ONU estimait ainsi que, rien qu'en 1999, le Rwanda avait tiré 500 millions de dollars de ses activités en RDC. En août de la même année, des médiateurs internationaux parvinrent à obtenir un cessez-le-feu, qui ne fut mis en œuvre qu'à partir de janvier 2001, quand Kabila fut assassiné et remplacé par son fils Joseph. En décembre 2002, les partis congolais s'accordèrent pour créer un gouvernement de transition qu'il dirigerait, jusqu'à des élections – tenues en 2006 et qu'il remporta. Le Rwanda et l'Ouganda, s'ils avaient officiellement retiré leurs troupes, maintenaient leurs intérêts dans la partie est du pays par l'intermédiaire de leurs clients congolais. Le Rwanda établit même une sorte de protectorat sur une bonne part de la province du Kivu, qui depuis longtemps représentait une zone d'installation pour son excès de population. Les violences se poursuivirent dans cette région au niveau local, en raison d'une féroce concurrence pour les terres. Le Rwanda avait intérêt à y entretenir l'instabilité, ce qui était particulièrement dangereux.

S'agissant des pertes civiles, la guerre congolaise fut sans doute la plus dévastatrice que l'Afrique ait jamais connue. Avec des crises plus localisées au Liberia, en Sierra Leone, en Somalie, au Congo-Brazzaville, en Côte-d'Ivoire, en Algérie et à la frontière entre l'Érythrée et l'Éthiopie, le passage au nouveau millénaire apparaissait comme une période dominée par l'insécurité. Au même moment, toutefois, la paix survenait enfin en Angola et dans le sud du Soudan, le pouvoir passait des Blancs aux Noirs en Afrique du Sud sans grandes manifestations de violences, et beaucoup de peuples bénéficiaient d'une plus grande liberté politique. La démocratie multipartite avait régné depuis l'indépendance au Botswana, pays prospère et ethniquement homogène. Il se pourrait même que, depuis vingt ans, elle ait pris la forme d'un système bipartite au Ghana, au Sénégal et au Bénin. En 2002, les hommes d'État modernisèrent l'Organisation de l'Unité Africaine, qui devint l'Union Africaine, et parlèrent avec optimisme d'une renaissance du continent et d'un grand projet de développement économique. De façon plus concrète, les taux de croissance remontèrent durablement, pour la période la plus longue depuis les années 1970. Sur le plan, enfin, de la démographie et des maladies, il y avait certes des raisons d'espérer, mais aussi de s'alarmer.

Déclin du taux de fécondité

Le taux de croissance de la population africaine atteignit sans doute un sommet aux environs de 1990 : près de 3 % par an. En 2000-2004, il était tombé à 2,2 % en Afrique subsaharienne[25]. En Égypte et en Tunisie, il avait commencé à décliner dès les années 1960, et pendant les années 1980 en Algérie, au Zimbabwe, en Afrique du Sud et peut-être au Botswana. Les naissances avaient diminué un peu auparavant, mais à une époque où les décès déclinaient également. Les jeunes Égyptiennes avaient vu baisser leur taux de fécondité dès les années 1940, les Sud-Africaines peut-être dès les années 1960, tout comme les citadines du Kenya, du Soudan et du Ghana, ainsi que les femmes des zones rurales de certaines parties de l'Afrique orientale et australe pendant la décennie suivante[26]. Celui de l'Afrique subsaharienne commença à baisser aux alentours de 1983 ; en 1990, les naissances au Botswana, au Zimbabwe et au Kenya étaient tombées de 15 à 25 % par rapport à leur niveau maximal, et de 10 %, voire davantage, dans certaines parties du sud du Nigeria[27].

En Afrique du Nord, la réduction du taux de fécondité fut due à une conjonction de plusieurs facteurs, tous particulièrement liés à l'urbanisation[28] : l'éducation des femmes, des mariages plus tardifs – entre 1966 et 1986, l'âge moyen des mariées algériennes passa de 18 à 23 ans –, ou encore l'emploi de contraceptifs, en particulier la pilule, pour prévenir toute nouvelle grossesse après le troisième enfant. En règle générale, le déclin de la fécondité en Afrique tropicale commença dix ans plus tôt dans les villes que dans les campagnes. Il semble dû en grande partie au développement de la contraception, propagée dans bien des pays par des agences de volontaires lors des années entourant l'indépendance, mais acceptée par les gouvernements seulement à partir des années 1980 [29]. De 1981-1982 à 1987-88, au Kenya, le nombre de centres de planning familial passa de moins de 100 à 465. Selon les chiffres, peut-être un peu gonflés, de la Banque mondiale, à la fin des années 1980, 50 % des couples recouraient à la contraception en Tunisie, 43 % au Zimbabwe, 38 % en Égypte, 36 % au Botswana et 27 % au Kenya. Mais dans bien des pays tropicaux, ce chiffre tombait à 10 % ou moins, et l'on notait une forte corrélation entre pauvreté, faible usage des contraceptifs et taux de fécondité élevé [30].

L'adoption de moyens de contraception modernes était, quant à elle, fortement liée à l'éducation des femmes (elles pouvaient légitimement gérer le développement de leurs familles, puisqu'elles travaillaient), à une élévation de statut social leur permettant de faire respecter leurs choix, mais aussi à des taux de mortalité infantile relativement faibles, ce qui peut avoir apaisé les craintes de voir s'éteindre la lignée familiale. En 1989, une étude menée au Kenya montra que les hommes comme les femmes souhaitaient limiter la taille des familles pour deux raisons principales : les frais occasionnés par une scolarisation payante, et une certaine angoisse à l'idée de devoir partager entre fils des terres insuffisantes. Les Kenyans en étaient venus à placer la richesse mobilière avant la richesse humaine. Inversement, dans le sud du Nigeria, c'étaient les femmes qui se montraient favorables à la contraception, soit pour retarder mariage et grossesse pour des raisons de carrière, soit comme alternative à l'allaitement au sein et à l'abstinence sexuelle comme moyen d'espacer les naissances. Ces femmes citaient les encouragements officiels du planning familial et obtenaient généralement les contraceptifs auprès des pharmacies et des boutiques médicales, qui proliféraient [31]. On ne savait trop si cette seconde phase de la transition démographique se diffuserait dans toute l'Afrique tropicale, ni quelle serait la taille moyenne de la famille quand on parviendrait à la stabilisation. Et pourtant, entre 1990 et 2005, en Afrique subsaharienne, la proportion de gens en âge de travailler était passée de 50 % à près de 55 % [32]. L'Afrique avait survécu à son pic de croissance démographique.

Il est donc doublement tragique que le continent ait dû affronter une autre crise démographique. En 2005, les Nations unies firent savoir que le Zimbabwe, le Botswana, le Lesotho et le Swaziland étaient devenus les premiers pays africains dont la population *déclinait*. L'Afrique du Sud échappa de peu à cette situation, avec, en 2004-2005, un accroissement démographique annuel de 6 % seulement [33]. Ces cinq pays avaient deux choses en commun : tous avaient connu un déclin rapide du taux de fertilité, et un taux très élevé de cas de sida.

L'épidémie de sida

La première preuve convaincante de l'existence du virus VIH qui provoque le sida fut sa présence – détectée par des analyses ultérieures – dans le sang d'un Africain inconnu à Kinshasa, en 1959. En soi, cela n'implique pas nécessairement que la maladie soit originaire d'Afrique équatoriale, mais il y a trois raisons de penser que c'est bien le cas. D'abord, sa forme principale (VHI-1) est manifestement le résultat d'une transmission aux humains d'un virus (SIV) présent chez des chimpanzés qui ne vivent que dans cette région, peut-être à l'occasion de chasses. Ensuite, les dix variétés du VIH-1 n'ont toutes été découvertes, très tôt, lors de l'épidémie, que dans la partie ouest de l'Afrique équatoriale, ce qui laisse penser que le virus y apparut, et y évolua, avant que des variétés particulières n'aient été transportées ailleurs. En troisième lieu, le virus, en lui-même, ne tue pas, mais affaiblit peu à peu le système immunitaire, sur une période moyenne d'environ dix ans, si bien que l'organisme est vulnérable à d'autres maladies mortelles : et un fort accroissement de ces maladies, suggérant la présence du VIH, a été observé dans le principal hôpital de Kinshasa dès les années 1970.

Le virus a ainsi existé en Afrique équatoriale, sous forme de maladies rares, pendant au moins vingt ans (et sans doute beaucoup plus longtemps) avant de provoquer une épidémie, peut-être en se transmettant rapidement entre partenaires sexuels dans l'environnement urbain de Kinshasa. Quand la maladie y fut identifiée pour la première fois, en 1983, elle s'était déjà répandue si largement dans la population hétérosexuelle qu'il était presque impossible de la juguler. Les premiers examens minutieux réalisés à Kinshasa, dans le milieu des années 1980, montrèrent qu'entre 6 et 7 % des femmes enceintes subissant des opérations cliniques prénatales étaient déjà infectées[34]. Des épidémies urbaines similaires se produisaient à cette époque au nord et à l'est, à Bangui, Kigali et Bujumbura, tandis que la maladie s'était également diffusée dans les zones fortement peuplées d'Ouganda et de Tanzanie, sur le rivage occidental du lac Victoria, où se produisit la première épidémie rurale de grande ampleur. Dans la région de Rakai, une analyse ultérieure laissa penser qu'à son apogée, en 1987, plus de 8 % des jeunes de 15 à 24 ans étaient infectés chaque année[35]. De cette région proche du lac, le VIH passa à Kampala, Nairobi et Dar es-Salaam, qui toutes trois connurent dans les années 1980 d'importantes épidémies, lesquelles se répandirent ensuite dans toute l'Afrique orientale, transmises par les prostituées, les routiers, et sans doute d'autres personnes qui empruntaient les grandes routes commerciales. Le VIH atteignit également Addis-Abeba en 1984, y devint épidémique et se diffusa ensuite dans d'autres villes éthiopiennes.

Au cours des années 1980, c'est en Afrique orientale que l'épidémie fut la plus grave, mais lors de la décennie suivante, son centre se déplaça vers le sud. Il se pourrait que la maladie ait d'abord été transmise du Katanga, en RDC, à la *Copperbelt* zambienne voisine. Elle y infecta d'autres villes d'Afrique centrale avant de se diffuser dans les campagnes. Le sida semble avoir atteint le Botswana vers 1985, et la population noire d'Afrique du Sud un an après environ. À cette époque, ce pays, théâtre d'importantes migrations, avec ses vastes populations urbaines très pauvres, son niveau élevé de maladies, sexuelles et autres, sa forte agitation sociale, était un environnement presque idéal pour le virus. De fait, l'épidémie s'y répandit très vite, surtout vers le milieu des années 1980, quand les autorités, blanches ou noires, étaient surtout soucieuses du passage à un régime démocratique. En 2003, plus de 5 millions d'Africains du Sud étaient infectés – chiffre le plus élevé de la planète –, avec des taux particulièrement élevés chez les jeunes (et notamment les femmes) des bidonvilles entourant les grandes villes.

Le virus se propagea moins rapidement en Afrique occidentale, peut-être parce que les routes menant vers le nord depuis l'épicentre congolais étaient moins développées. De plus, de nombreuses citadines de la région, commerçantes, connaissaient une plus grande indépendance économique ; presque tous les hommes y étaient circoncis (ce qui assure une certaine protection contre l'infection) ;

la maladie sexuellement transmissible la plus dangereuse (herpès simplex V-2) y était moins répandue qu'ailleurs ; et les changements de partenaires demeuraient peu répandus dans les sociétés musulmanes. Le principal centre de l'infection par le VIH-1 fut la ville d'Abidjan, d'où les prostituées et leurs clients diffusèrent la maladie dans d'autres villes côtières, tandis que les travailleurs itinérants la répandaient dans le nord et les régions de savane. Plus à l'ouest, en Guinée-Bissau, une forme moins virulente (VIH-2), apparemment contractée auprès des singes de la région, devint brièvement épidémique pendant la guerre de libération de 1960-1974, mais déclina par la suite. En Afrique du Nord, la maladie demeura peu répandue, avant tout en raison des contraintes que la religion musulmane impose aux comportements sexuels. Pour les intégristes, le sida fut même considéré comme une conséquence de la *jahiliyya*.

En 2005, près de vingt-cinq millions d'Africains vivaient avec le sida, et treize millions en étaient morts – soit davantage que toutes les victimes de la traite négrière atlantique, quatre siècles durant. Douze millions d'enfants avaient perdu au moins un parent suite à la maladie [36]. Si l'Afrique avait à ce point souffert de cette épidémie, c'est que cette dernière s'était répandue dans l'ensemble de la population hétérosexuelle avant même qu'on sache que la maladie existait, tandis que sur les autres continents elle avait généralement été importée dans des groupes spécifiques – comme les homosexuels ou les drogués – qui pouvaient plus facilement être isolés et ciblés. En comparaison, les modes de comportement sexuel restaient secondaires : les Africains ne sont pas plus dépravés que beaucoup d'autres peuples, même si les réseaux d'échanges de partenaires étaient plus vastes et plus dangereux que ceux des sociétés musulmanes et de la plupart des cultures asiatiques, où l'activité sexuelle hors mariage est davantage limitée à la prostitution. Le médiocre statut social des femmes, surtout dans une bonne part de l'Afrique orientale et australe, joua un rôle important : en 2005, elles représentaient 57 % des cas d'infection, pourcentage le plus élevé du monde [37]. Les maladies sexuellement transmissibles étaient aussi plus répandues en Afrique, notamment le HSV-2, provoquant des ulcères génitaux, qui se développent en symbiose avec le sida. L'urbanisation rapide, et souvent chaotique, du continent lia l'épidémie à la croissance démographique massive de la période ; il en fut de même pour la proportion exceptionnellement élevée de jeunes, tout particulièrement exposés aux risques. La pauvreté, comme l'activité sexuelle, ne contribua sans doute que secondairement à l'épidémie : il y avait en effet beaucoup plus de pauvres en Asie qu'en Afrique, où l'épidémie ne se concentra pas de manière significative chez les plus pauvres des pays pauvres, comme le montra l'exemple du Botswana, où elle fut très virulente. Pourtant, l'insuffisance des systèmes médicaux africains, surtout là où ils avaient été érodés par les programmes d'ajustement structurel, retarda l'identification de la maladie, et de surcroît contribua grandement aux souffrances des malades du sida, tout en retardant l'usage de médicaments antirétroviraux. En 2005, il manquait près d'un million de travailleurs de la santé en Afrique subsaharienne.

En règle générale, les États réagirent avec lenteur, et sans trop d'intérêt, à l'épidémie. Leurs dirigeants, dans leur grande majorité, y voyaient une atteinte honteuse à une dignité nationale fraîchement acquise et, de toute façon, un phénomène qui dépassait leurs capacités d'intervention. Sous les pressions de l'Organisation mondiale de la santé, ils mirent en place des programmes minimaux de lutte contre le sida, mais seuls Abdou Diouf au Sénégal et Yoweri Museveni en Ouganda pesèrent de tout leurs poids pour les soutenir. Les premières réactions des peuples, pareillement, furent souvent marquées par la dénégation. La prise de conscience fut rapide quand l'ampleur de l'épidémie devint apparente, mais le caractère insidieux de la maladie et l'absence de tout traitement efficace favorisa des explications moralisantes, et la stigmatisation des personnes atteintes, ce qui encouragea des formes de dissimulation qui contribuèrent à l'extension de l'épidémie. Dans le même temps, toutefois, les fortes structures familiales africaines venaient généreusement en aide aux malades et aux enfants orphelins, tandis que les ONG proliféraient : en 2005, rien qu'en Ouganda, près de deux mille d'entre elles luttaient contre le sida. La longue durée de la maladie, la recherche fiévreuse d'un remède, le fardeau de l'assistance, le besoin de préserver la dignité familiale par des funérailles décentes, faisaient du sida une maladie coûteuse, souvent ruineuse pour les familles pauvres. Son coût social, beaucoup plus vaste, apparut de façon particulièrement frappante en 2001-2003, quand le Malawi et les régions voisines connurent une famine d'un genre nouveau, particulièrement sévère parmi les familles « appauvries par le sida », au sein desquelles les vieillards ou les veuves luttaient pour venir en aide aux enfants orphelins, sans plus avoir de biens à vendre, et sans espoir d'améliorer leur situation.

Le milieu des années 1990 fut marqué par un profond pessimisme : l'épidémie se propageait à vive allure (surtout en Afrique australe), les programmes gouvernementaux étaient à court d'argent et d'énergie, l'espoir de trouver un remède ou un vaccin n'avait débouché sur rien. C'est pourtant à ce moment que deux faits inattendus suscitèrent de nouveaux espoirs. L'un était la preuve, à l'origine en Ouganda, que le chiffre des personnes infectées par le VIH commençait à tomber à une vitesse surprenante : de 13 % chez les adultes au début des années 1990 à 6,7 % en 2006 [38]. Les raisons en sont toujours discutées. Certains affirmaient par exemple qu'il y avait moins de gens infectés parce que les comportements sexuels devenaient plus responsables, suite aux campagnes d'éducation et à une expérience directe des souffrances des malades – et les Ougandais avaient été tout particulièrement exposés aux unes comme aux autres. Certains niaient le déclin de l'infection ou l'existence d'un changement significatif dans les comportements sexuels, et déclaraient plus de 80 % de la réduction du nombre d'infections étaient dus au fait que les malades infectés mouraient plus fréquemment. L'analyse du phénomène, menée entre 1998 et 2003 dans la partie orientale du Zimbabwe, laisse penser que le changement des comportements est l'explication principale dans cette région [39]. Ailleurs, les preuves d'une réduction des cas d'infection n'émergèrent que lentement au Kenya (rural et urbain), dans les zones rurales très touchées de Tanzanie, dans les villes de Burkina-Faso et de Zambie, ainsi qu'à Abidjan, Kigali et Lilongwe. Les raisons n'en étaient nulle part certaines, mais cela nourrit l'espoir que l'épidémie pourrait au moins être contrôlée. Ce sentiment fut renforcé par des indications montrant un usage accru des préservatifs, et l'abandon par les jeunes d'un comportement sexuel irresponsable – et ce, même en Afrique du Sud, où les aînés avaient longtemps désespéré d'une « génération perdue » aliénée pendant la lutte contre l'apartheid.

La seconde source d'espoir fut la découverte en 1994 que le premier médicament antirétroviral, l'azidothymidine, pouvait réduire spectaculairement la transmission du virus des mères à leurs enfants. Au début, il était trop coûteux pour être utilisé en Afrique, mais dès 1998, des génériques meilleur marché en étaient au stade des essais. En Afrique du Sud, cela provoqua des conflits entre les médecins, les militants et les malades d'un côté, et de l'autre le gouvernement dirigé par l'ANC, qui craignait que se concentrer sur le sida ne porte tort à son programme d'assistance médicale aux pauvres. Tandis que les militants s'inspiraient des traditions du mouvement anti-apartheid pour mettre sur pied une organisation intitulée CAT (Campagne d'Action pour un Traitement), le gouvernement se réfugiait dans ce que ses adversaires dénoncèrent comme des manœuvres d'obstruction et de dénégation. Après quatre ans de querelles, il décida enfin de fournir des antirétroviraux aux femmes enceintes infectées par le VIH. En 2003, il annonça la mise en place d'un plan visant à procurer des médicaments à ceux qui en étaient à un stade avancé de la maladie, afin de la contenir (mais pas de la guérir). Entre-temps, leur prix avait baissé, et les financements internationaux avaient considérablement augmenté. En décembre 2005, plus de 200 000 Sud-Africains recevaient un traitement antirétroviral, bien que ce chiffre ne représente que 21 % des requêtes. Dans toute l'Afrique subsaharienne, 800 000 personnes en suivaient un (soit 17 % de ceux qui en avaient besoin), les programmes ayant connu le plus de succès étant ceux du Botswana (85 % des malades), de la Namibie (75 %), de l'Ouganda (51 %) et du Sénégal (47 %) [40].

L'usage des antirétroviraux – et à plus forte raison la perspective de découvrir un vaccin – modifiait le regard porté sur la maladie : l'épidémie de sida, si souvent considérée comme une métaphore de l'échec de l'Afrique à entrer dans la modernité, pourrait au contraire être le moyen par lequel la médecine moderne s'assurerait enfin la prééminence sur le continent. Par d'autres côtés, les racines de l'épidémie plongeaient profondément dans le passé de l'Afrique, celui du désengagement de l'État comme de la lutte anti-apartheid des années 1980, de la rapide croissance démographique des années 1990, des villes et des réseaux commerciaux de la période coloniale, des grandes épidémies ayant marqué les débuts de la domination européenne ; des notions d'honneur et de devoir familial grâce auxquelles les Africains avaient si souvent affronté l'adversité ; et de la colonisation de l'espace naturel qui avait été au cœur de leur histoire et qui désormais, une fois de plus, leur imprimait sa marque.

NOTES

ABRÉVIATIONS

CHA Cambridge History of Africa, R. Oliver et J. D. Page éds. (8 vol., Cambridge, 1975-1986).
CMS Archives de la Church Missionary Society, Université de Birmingham.
IJAHS International Journal of African Historical Studies.
JAH Journal of African Historical Studies.
UNESCO UNESCO general history of Africa, J. Ki-Zerbo *et al.* éds. (8 vol., Londres, 1981-1993).
WDR World Development Report (Banque mondiale, Washington).

II. L'ÉMERGENCE DE COMMUNAUTÉS PRODUCTRICES DE NOURRITURE

1. Voir P. Forster, « Ice ages and the mitochondrial DNA chronology of human dispersals : a review », *Philosophical Transactions of the Royal Society of London B,* 359 (2004), p. 255-264 ; E. Trinkaus, « Early modern humans », *Annual Review of Anthropology,* 34 (2005), p. 207-230.

2. P. M. Vermeersch, E. Paulissen et P. van Peer, « Paleolithic chert exploitation in the limestone stretch of the Egyptian Nile Valley », *African Archeological Review,* 8 (1990), p. 100.

3. Voir P. A. Underhill *et al.*, « The phylogeography of Y chromosome binary haplotypes and the origins of modern human populations », *Annals of Human genetics,* 65 (2001), p. 43-62.

4. L. L. Cavalli-Sforza, « Genes, peoples and languages », *Scientific American,* 265, 5 (nov. 1991), p. 72-78.

5. D. J. Stanley and A. G. Warne, « Sea level and initiation of predynastic culture in the Nile Delta », *Nature*, 363 (1993), p. 435-438.

6. L. Kryzaniak, « Early farming in the Middle Nile Basin : recent discoveries at Kadero », *Antiquity*, 65 (1991), p. 518.

7. Cavalli-Sforza, « Genes », p. 77.

8. D. L. Schoenbrun, « We are what we eat : ancient agriculture between the Great Lakes », *JAH*, 34 (1993), p. 1-31.

III. L'IMPACT DE LA MÉTALLURGIE

1. On trouvera des estimations dans K. W. Butzer, *Early hydraulic civilization in Egypt* (Chicago, 1976), p. 76-77, 83, 91-92 ; D. O'Connor, « A regional population in Egypt to circa 600 B.C. », dans B. Spooner (éd.), *Population growth* (Cambridge, Mass., 1972), chap. 4 ; F. A. Hassan, « Town and village in Ancient Egypt », dans T. Shaw *et al.* (éds.), *The archeology of Africa* (Londres, 1993), p. 560.

2. Cité dans T. G. H. James, *Pharaoh's people : scenes from life in imperial Egypt* (Londres, 1984), p. 57.

3. K. Baer, « An Eleventh Dynasty farmer's letters to his family », *Journal of the American Oriental Society*, 83 (1963), p. 2-3.

4. *La prophétie du potier*, cité dans N. Lewis, *Life in Egypt under Roman rule* (Oxford, 1985), p. 206-207.

5. C. A. Diop dans *UNESCO history*, vol. II, p. 49.

6. C. Bonnet, « Excavations at the Nubian royal town of Kerma : 1975-1991 », *Antiquity*, 66 (1992), p. 622.

7. R. Pattovitch, K. Sadr, et S. Vitagliano, « Società e territorio nel Delta del Gash », *Africa* (Rome), 43 (1988), p. 394-433.

8. R. Pattovitch, « Remarks on the pre-Aksumite period in northern Ethiopia », *Journal of Ethiopian Studies*, 23 (1990), p. 1-33.

9. M. Rouvillois-Brigol, « La steppisation en Tunisie depuis l'époque punique », *Bulletin archéologique du Comité des travaux historiques et scientifiques*, nouvelle série, 19B (1985), p. 221.

10. M. C. van Grunderbeek, « Essai de délimitation chronologique de l'Âge du fer ancien au Burundi, au Rwanda et dans la région des Grands Lacs », *Azania*, 27 (1992), p. 56-62.

11. J. M. Feely, *The early farmers of Transkei* (Oxford, 1987), p. 94.

IV. Le christianisme et l'islam

1. H. Musurillo (éd.), *The acts of the Christian martyrs* (Oxford, 1972), p. 113-115.

2. K. Payne Smith (trad.), *The third part of the ecclesiastical history of John Bishop of Ephesias* (Oxford, 1860), p. 254.

3. *Ibid.*, p. 320.

4. Al-Maqrizi, cité dans A. J. Butler, *The Arab conquest of Egypt* (2ᵉ éd., Oxford, 1978), p. 256.

5. S. D. Goldstein, *A mediterranean society* (5 vol., Berkeley, 1967-1988), vol. I, p. 92.

6. M. Rouvillois-Brigol, « La steppisation », p. 221.

7. Cité dans J. L. Abu-Lughod, *Cairo* (Princeton, 1971), p. 338, note 7.

8. Estimation dans M. W. Dols, *The Black Death in the Middle East* (Princeton, 1977), p. 218.

9. Ibn Khaldoun, *The Muqaddimah : an introduction to history* (trad. F. Rosenthal, éd. N. J. Dawood, Londres, 1967), p. 30.

10. S. K. McIntosh et R. J. McIntosh, « Archeological reconnaissance in the region of Timbuktu, Mali », *National Geographic Research*, 2 (1986), p. 302-319.

11. N. Levitzion et J. F. P. Hopkins (éds.), *Corpus of early Arabic sources for West African history* (Cambridge, 1981), p. 80.

12. *Ibid.*, p. 296-297.

13. M. Horton, « Early Muslim trading settlements on the East African coast : new evidence from Shanga », *Antiquarian Journal*, 67 (1987), p. 290-323.

14. G. S. P. Freeman-Greenville (éd.), *The East African coast ; selected documents* (Oxford, 1962), p. 16.

15. *Ibid.*, p. 31.

16. Ibn Hawqal (mort en 988), dans G. Vantini (éd.), *Oriental sources concerning Nubia* (Heidelberg, 1975), p. 162.

17. *Ibid.*, p. 563.

18. E. A. Wallis Budge (éd.), *The life of Takla Haymanot* (2 vol., Londres, 1906), vol. I, p. 219-220.

19. C. F. Beckingham et G. W. B. Huntingford (éds.), *The Prester John of the Indies* (2 vol., Cambridge, 1961), vol. I, p. 135-137.

20. E. A. W. Budge, *Takla Haymanot*, vol. II, p. 302.

21. C. F. Beckingham et G. W. B. Huntingford (éd), *Prester John*, vol. I, p. 189.

22. Cité dans G. W. B. Huntingford (éd.), *The glorious victories of Amda Seyon* (Oxford, 1965), p. 129.

23. J. Ludolphus, *A new history of Ethiopia* (2ᵉ éd., Londres, 1684), p. 380.

24. G. W. B. Huntingford, *Glorious victories*, p. 89-90.

25. E. A. W. Budge, *Takla Haymanot*, vol. I, p. 91.

V. Des sociétés colonisatrices :
L'Afrique occidentale

1. *The song of Bagauda*, dans M. Hiskett, *A history of Hausa islamic verse* (Londres, 1975), p. 139.

2. J. Vansina, *Paths in the rainforests* (Londres, 1990).

3. C. J. Hackett, « On the origin of human treponematoses », *Bulletin of the World Health Organisation*, 29 (1936), p. 16.

4. K. R. Dumbell et F. Huq, « Epidemiologic implications of the typing of variola isolates », *Transactions of the Royal Society of Tropical Medicine and Hygiene*, 69 (1975), p. 303-306.

5. Akhbar Molouk es-Soudan, *Tedzkiret en-Nisian* (trad. par O. Houdas, Paris, 1966), p. 117-118.

6. Voir J. C. Caldwell dans *UNESCO*, vol. VII, p. 463.

7. F. Moore, *Travels into the inland parts of Africa* (Londres, 1738), p. 132-133. Voir aussi S. A. Wisnes (éd.), *Letters on West Africa and the slave trade* (Oxford, 1992), p. 141 ; G. Nachtigal, *Sahara and Sudan* (trad. A. G. B. et H. J. Fisher, 4 vol., Londres, 1974-1987), vol. III, p. 200-201.

8. P. L. Monteil, *De Saint-Louis à Tripoli par le lac Tchad* (Paris, 1895), p. 43.

9. D. T. Niana, *Sundiata : an epic of old Mali* (trad. par G. D. Pickett, Londres, 1965), p. 62.

10. D. Lange et S. Berthoud, « L'intérieur de l'Afrique occidentale, d'après Giovanni Lorenzo Anania », *Cahiers d'histoire mondiale*, 14 (1972), p. 341.

11. Ahmed ibn Fartua, « The Kanem wars », dans H. R. Palmer, *Sudanese memoirs* (rééd. 3 parties, Londres, 1967), Iʳᵉ partie, p. 24.

12. Cité dans H. J. Fisher dans *CHA*, vol. III, p. 273.

13. D. Lange (éd.), *A Sudanic chronicle : the Borno expeditions of Idris Alauma* (Stuttgart, 1987), p. 63, 80.

14. G. R. Crone (éd.), *The voyages of Cadamosto* (Londres, 1937), p. 48.

15. T. Tamari, « The development of caste systems in West Africa », *JAH*, 32 (1991), p. 221-250.

16. R. Bolland, *Tellem textiles* (Amsterdam, 1991).

17. A. J. Glaze, *Art and death in a Senufo village* (Bloomington, 1981), p. 197.

18. J. Goody, *The myth of the Bagre* (Oxford, 1972), p. 288.

19. *Ibid.*, p. 204.

20. U. Beier (éd.), *Yoruba poetry* (Cambridge, 1970), p. 52.

21. S. Reichmut, « Songhay-Lehnwörter im Yoruba und ihr historischer Kontext », *Sprache und Geschichte in Afrika*, 9 (1988), p. 269-299.

22. Muhammad al-Hajj, « A seventeenth century chronicle on the origins and missionary activities of the Wangarawa », *Kano Studies*, I, 4 (1968), p. 12.

23. J. Barbot, « A description of the coasts of North and South-Guinea », dans A. et J. Churchill (éd.), *A collection of voyages and travels*, vol. 5 (Londres, 1732), p. 368.

24. J. C. Caldwell, I. O. Orubuloye, et P. Caldwell, « The destabilisation of the traditional Yoruba sexual system », *Population and Development Review*, 17 (1991), p. 239-262.

25. J. K. Thornton, *The Kingdom of Kongo* (Madison, 1983), p. 29.

26. P. de Marees, *Description and historical account of the gold kingdom of Guinea* (trad. par A. van Dantzig et A. Jones, Oxford, 1987), p. 180.

27. P. Tonwshend, « Mankala in eastern and southern Africa », *Azania*, 14 (1979), p. 109-138 ; J. W. Fernandez, *Bwiti* (Princeton, 1982), p. 110.

VI. DES SOCIÉTÉS COLONISATRICES :
L'AFRIQUE ORIENTALE ET AUSTRALE

1. J. O. Vogel, « An early Iron Age settlement system in southern Zambia », *Azania*, 19 (1984), p. 63.

2. C. Ehret et M. Kinsman, « Shona dialect classification and its implications for Iron Age history in southern Africa », *IJAHS*, 14 (1981), p. 401-443.

3. Ce récit suit l'article de T. N. Huffman et J. C. Vogel, « The chronology of Great Zimbabwe », *South African Archeological Bulletin*, 46 (1991), p. 61-70.

4. J. J. Hoover, « The seduction of Ruwej : reconstructing Ruund history », thèse de doctorat, Université de Yale, 1978, p. 177, 205-206, 238.

5. H. Waller (éd.), *The last journals of David Livingstone* (2 vol., Londres, 1874), vol. I, p. 265.

6. J. Simoons, « Lactose malabsorption in Africa », *African Economic History*, 5 (1997-1998), p. 25-28.

7. A. Reid, « Ntusi and its hinterland », *Nyame akuma*, 33 (juin 1990), p. 26-28.

8. S. Feierman, *The Shambaa kingdom : a history* (Madison, 1974), p. 19.

9. D. W. Cohen, *Womunafu's Bunafu : a study of authority in a nineteenth-century African community* (Princeton, 1977), p. 67.

10. La tradition bungu est citée dans A. Shorter, *Chiefship in western Tanzania* (Oxford, 1972), p. 40.

11. B. A. Ogot, *History of the southern Luo*, vol. I (Nairobi, 1967), p. 153-154.

12. D. W. Cohen, *Womunafu's Bunafu*, p. 44.

13. J. dos Santos, « Eastern Ethiopia », dans G. M. Theal (éd.), *Records of south-eastern Africa* (9 vol., Le Cap, 1898-1903), vol. VII, p. 319.

14. G. S. P. Freeman-Grenville, *The French at Kilwa Island* (Oxford, 1965), p. 121.

15. C. Thilson, « Fécondité "naturelle" et fécondité contrôlée : un aperçu de l'évolution de la fécondité au Burundi », *Annales de démographie historique* (1988), p. 182.

16. J. H. Speke, *Journal of the discovery of the source of the Nile* (réimpression, Londres, 1969), p. 437.

17. H. B. Thom (éd.), *Journal of Jan van Riebeeck* (3 vol., Le Cap, 1952-1958), vol. II, p. 172.

18. A. Kriel, *Roots of African Tought*, vol. I (Le Cap, 1984), p. 26.

19. D. W. Cohen, *Womunafu's Bunafu*, p. 130.

20. Chant padhola, dans Ogot, *History*, p. 99.

21. J. T. Vanderkemp, dans *Transactions of the London Missionary Society*, I (1795-1802), p. 439.

22. M. Wilson, *For men and elders* (Londres, 1977), p. 94, 114.

23. J. dos Santos, dans Theal (éd.), *Records*, vol. VII, p. 319.

24. Cité dans E. W. Herbert, *Red gold of Africa* (Madison, 1984), p. 25.

25. J. H. Speke, *Journal*, p. 213.

26. A. C. Hodra et G. Fortune (éds.), *Shona praise poetry* (Oxford, 1979), p. 384.

27. D. Lewis-Williams et T. Dowson, *Images of power : understanding Bushman rock art* (Johannesburg, 1989), p. 36.

28. J. dos Santos, dans Theal (éd.), *Records*, p. 197.

29. J. Hemiaux, *The people of Africa* (Londres, 1974), p. 108 ; J. Hogdson, *The God of the Xhosa* (Le Cap, 1982), p. 8.

30. Van Riebeeck au Gouverneur général, 29 juillet 1659, dans D. Moodie (éd.), *The record* (5 parties, Le Cap, 1828-1851), Ire partie, p. 186.

31. R. Elphick et H. Giliomee (éds.), *The shaping of South African society* (2e éd., Le Cap, 1989), p. 103, note 9.

VII. LA TRAITE NÉGRIÈRE ATLANTIQUE

1. G. R. Crone (éd.), *The voyages of Cadamostro* (Londres, 1937), p. 30.

2. Afonso Ier à Joao III, 18 octobre 1526 et 6 juillet 1526, dans L. Jadin et M. Dicorato (éds.), *Correspondance de Dom Afonso, roi du Congo, 1506-1543* (Bruxelles, 1924), p. 156-167.

3. R. Law, *The slave coast of West Africa, 1550-1750* (Oxford, 1991), p. 183.

4. D. Eltis, « The volume, age/sex ratios, and African impact on the slave trade », *JAH*, 31 (1990), p. 489.

5. S. W. Koelle, *Polyglotta Africana* (Londres, 1854) ; P. E. H. Hair, « The enslavement of Koelle's informants », *JAH*, 6 (1965), p. 193-203.

6. F. Moore, *Travels into the inland parts of Africa* (Londres, 1738), p. 42.

7. M. Park, *Travels of Mungo Park* (éd. R. Miller, Londres, 1954), p. 251.

8. Témoignage de W. James, 1789, dans E. Donnan (éd.), *Documents illustrative of the history of the slave trade to America* (4 vol., Washington, 1930-1935), vol. II, p. 598.

9. J. Miller, *Way of Death* (Londres, 1988), p. 440.

10. T. Phillips (1693-1694), dans E. Donnan (éd.), *Documents*, vol. I, p. 406.

11. Cité dans W. McGowan, « African resistance to the Atlantic slave trade in West Africa », *Slavery and Abolition*, 11 (1990), 20.

12. P. D. Curtin (éd.), *Africa remembered* (Madison, 1967), p. 95.

13. P. Manning, *Slavery and Africain life* (Cambridge, 1990), p. 180-181, 182, 185.

14. D. Ellis et I. C. Jennings, « Trade between western Africa and the Atlantic world in the pre-colonial era », *American Historical Review*, 93 (1988), p. 956.

15. Ali Eisami Gazimabe, dans P. D. Curtin (éd.), *Africa remembered*, p. 214.

16. T. B. Freeman, *Journal of various visits to the kingdoms of Ashantee, Aku and Dahomi* (2ᵉ éd., Londres, 1844), p. 164.

17. F. A. Ramseyer et J. Kühne, *Four years in Ashantee* (Londres, 1875), p. 134.

18. E. Isichei, *A History of the Igbo people* (Londres, 1976), p. 162.

19. D. Coker, journal, 24 janvier 1876, CMS CA2/028/6.

20. G. A. Vincent, journal, 13 août 1884, CMS G3/A2/0/1885/B.

21. D. Boilat, *Esquisses sénégalaises* (réimpression, Paris, 1984), p. 238.

22. F. M. Dennis, journal, 17 novembre 1908, CMS Unofficial Papers 4/F2.

VIII. LA DIVERSITÉ RÉGIONALE AU XIXᵉ SIÈCLE

1. A. Raymond, *Artisans et commerçants au Caire au XVIIIᵉ siècle* (2 vol., Damas, 1973-1974), vol. I, p. 197.

2. J. A. McCarthy, « Nineteenth-century Egyptian population », *Middle Eastern Studies*, 12, 3 (octobre 1976), p. 1-6 ; L. Valensi, *Le Maghreb avant la prise d'Alger* (Paris, 1969), p. 20 ; D. Sari, *Le Désastre démographique* (Alger, 1982), p. 238.

3. Cité dans B. Rosenberger et H. Triki, « Famines et épidémies au Maroc aux XVIᵉ et XVIIᵉ siècles », *Hesperia Tamuda*, 15 (1974), p. 101.

4. D. Johnson, « The Maghreb », dans *CHA*, vol. V, p. 101.

5. J. Balou, « L'Égypte du Muhammad-Ali : pouvoir politique et développement économique », *Annales ESC*, 46 (1991), p. 403.

6. McCarthy, « Egyptian population », p. 6.

7. Hifni Bey Nacif, cité dans J. Halstead, *Rebirth of a nation* (Cambridge, Mass., 1967), p. 126.

8. Cité dans W. Y. Adams, *Nubia corridor to Africa* (Londres, 1977), p. 623.

9. H. F. Palmer, « An early Fulani conception of Islam », *Journal of the African Society*, 14 (1914-1915), p. 54 ; M. Hiskett, « *Kitab al-*

farq ; a work on the Habe kingdom attributed to Uthman dan Fodio »
Bulletin of the School of Oriental and African Studies, 23 (1960), p. 567.

10. Muhammadu Na Birin Gwari (vers 1850), dans M. Hiskett, *A history of Hausa Islamic verse* (Londres, 1975), p. 100.

11. J. Richardson, *Narrative of a mission to Central Africa* (2 vol., Londres, 1853), vol. II, p. 169.

12. Cité dans B. G. Martin, *Muslim brotherhoods in nineteenth-century Africa* (Cambridge, 1976), p. 90.

13. P. Sanders, *Moshoeshoe, Chief of the Sotho* (Londres, 1975), p. 70 ; A. Eldredge, *A South African kingdom* (Cambridge, 1993), p. 63.

14. Anna Steenkamp (1843), citée dans A. du Toit et H. Giliomee, *Afrikaner political thought*, vol. I (Berkeley, 1983), p. 85.

15. A. Roma, *John Philip* (Aberdeen, 1986), p. 217.

16. O. J. M. Kalinga, « The Balowoka and the establishment of states west of Lake Malawi », dans A. I. Salim (éd.), *State formation in eastern African* (Nairobi, 1984), chap. 2 ; R. Ross (éd.), « The Dutch on the Swahili coast, 1776-1778 », *IJAS*, 19 (1986), p. 305-360, 479-506.

17. G. Campbell, « Madagascar and Mozambique in the slave trade of the western Indian Ocean 1800-1861 », *Slavery and Abolition*, 9, 3 (décembre 1988), p. 185.

18. H. Waller (éd.), *The last journals of David Livingstone* (2 vol., Londres, 1874), vol. II, p. 135.

19. A. Roberts, « Nyamwezi trade », dans R. Gray et D. Birmingham (éd.), *Pre-colonial african trade* (Londres, 1970), p. 73.

20. C. Thibon, « Croissance et régimes démographiques anciens », dans Département d'histoire de l'Université du Burundi, *Histoire sociale de l'Afrique de l'Est* (Paris, 1991), p. 224-228.

21. P. Manning, *Slavery and African Life* (Cambridge, 1990), p. 81.

22. *Ibid.*, p. 171.

IX. L'INVASION COLONIALE

1. Cité dans D. Rooney, *Sir Charles Arden-Clarke* (Londres, 1982), p. 30.

2. F. Coillard, *On the threshold of Central Africa* (3ᵉ éd., Londres, 1971), p. 352.

3. Johnston à Salisbury, 17 mars 1900 ; Foreign Office Confidential Print 7405/75.

4. W. Edwards cité dans J. J. Taylor, *The Emergence and Development of the Native Department in Southern Rhodesia, 1894-1914*, thèse de doctorat, Université de Londres, 1974, p. 18.

5. Cité dans S. Amin et C. Coquery-Vidrovitch, *Histoire économique du Congo 1880-1968* (Paris, 1969), p. 23.

6. Nwaokoye Odenigbo, dans E. Isicher (éd.), *Igbo worlds* (Londres, 1977), p. 27-28.

7. Cité dans W. B. Cohen, *Rulers of empire : the French colonial service in Africa* (Stanford, 1971), p. 127.

8. G. S. Mwase, *Strike a blow and die* (Cambridge, Mass., 1967), p. 32.

9. M. Crowder et O. Ikime (éds.), *West African chiefs* (New York, 1970), p. 15.

10. Van Vollenhoven, circulaire de 1917, citée dans G. Congah et S. P. Ekanza (éds.), *La Côte-d'Ivoire par les textes* (Abidjan, 1978), p. 127-129.

11. Cité dans A. Audibert, « Le service social en Afrique francophone », thèse de doctorat, Paris, s. d., vol. I, p. 248.

12. C. Issawi, *An economic history of the Middle East and North Africa* (Londres, 1982), p. 105.

13. Sir W. MacGregor, cité dans *Church Missionary Intelligencer*, nouvelle série, 27 (1902), p. 276.

14. Cité dans R. Anstey, *King Leopold's legacy* (Londres, 1966), p. 6.

15. Kofi Sraba et autres au Commissaire principal du royaume ashanti, 11 octobre 1930, dans K. Arhin, « Some Asante views of colonial rule », *Transactions of the Historical Society of Ghana*, 15, 1 (juin 1974), p. 78.

16. F. Coillard, *Threshold*, p. 627.

17. J. Davis, *Libyan politics* (Londres, 1987), p. 2.

18. H. Stoecker (éd.), *German imperialism in Africa* (trad. B. Zöllner, Londres, 1986), p. 62.

19. A. T. et G. M. Culwick, « A study of population in Ulanga, Tanganyika Territory », *Sociological Review*, 30 (1938), p. 375.

20. J. M. Schoffeleers, *River of blood* (Madison, 1992), p. 98.

21. D. F. Clyde, lettre au *East African Medical Journal*, 38 (1961), p. 90 ; A. Kinghorn, « Human trypanosomiasis in the Luangwa Valley, Northern Rhodesia », *Annals of Tropical Medicine and Parasitology*, 19 (1925), p. 283.

22. R. W. Hamrs, *Rivers of wealth, river of sorrow* (New Haven, 1981), p. 231-232.

23. Voir B. Fetter (éd.), *Demography from scanty evidence* (Boulder, 1990), chap. 19 et 20.

24. P. Fargues, « Un siècle de transition démographique en Afrique méditerranéenne 1885-1985 », *Population*, 41 (1986), p. 211 ; D. Noin, *La Population rurale du Maroc* (2 vol. Paris, 1970), vol. II, p. 96.

25. C. Simkins et E. van Heyningen, « Fertility, mortality, and migration in the Cape colony, 1891-1904 », *IJAHS*, 22 (1989), p. 110.

26. B. Fetter, *Demography*, chap. 5.

X. LA COLONISATION : LES CHANGEMENTS, 1918-1950

1. J. F. A. Ajayi, « The continuity of African institutions under colonialism », dans T. O. Ranger (éd.), *Emerging thems of African history* (Nairobi, 1968), p. 194 ; J. Vansina, *Paths in the rainforests* (Londres, 1990), chap. 8 et 9.

2. *Nigerian Pioneer*, 4 février 1927.

3. J. Gallais, *Pasteurs et paysans du Gourma* (Paris, 1975), p. 180.

4. W. Rodney, *How Europe underdeveloped Africa* (Londres, 1972), p. 239.

5. Cité dans D. Brokensha, *Social change at Larteh, Ghana* (Oxford, 1966), p. 16-17.

6. Cité dans P. Mosley, *The settler economies* (Cambridge, 1983), p. 100.

7. Cité dans H. Watson, *Women in the City of the Dead* (Londres, 1992), p. 109.

8. « Circonscription de Dakar : rapport d'ensemble annuel », 1932 ; Archives nationales, section Outre-Mer, ministère des Colonies (Paris), Affaires politiques 579/1.

9. E. Kootz-Kretschmer (éd.), *Ways I have trodden : the Experiences of a Teacher* [Msaturwa Mwachitete] *in Tanganyika* (trad. M. Bryan, Londres, 1932), p. 30.

10. Tugwell à Baylis, 20 août 1898, CMS C3/A2/0/1898/146.

11. P. Laburthe-Tolra, *Les Seigneurs de la forêt* (Paris, 1981), p. 7.

12. Cité dans A. S. O. Okwu, *The mission of the Irish Holy Ghost Fathers among the Igbo*, thèse de doctorat, Université de Columbia, 1977, p. 148.

13. B. Adebiyi, *The beloved bishop : the life of Bishop A. B. Akinyele* (Ibadan, 1989), p. 76.

14. D. B. Barrett, « A. D. 2000 : 350 millions Christians in Africa », *International Review of Mission*, 59 (1970), p. 47.

15. Traduction manuscrite par J. A. Rowe de Ham Mukusa, *Simuda nyuma ebiro bya Mutesa* (Londres, 1938), p. 7-8.

16. Nicolas Mugongo, « Les mémoires d'un catéchiste noir », manuscrit sans date, Centre pastoral de Kipalapala, Tanzanie.

17. Cité dans G. M. Haliburton, *The prophet Harris* (Londres, 1971), p. 54.

18. I. Linden, *Catholics, peasants, and Chewa resistance in Nyasaland 1889-1939* (Londres, 1974), p. 205.

19. Pétition de la Bukoba Bahaya Union, 13 juillet 1924, dans R. A. Austen, *Northwest Tanzania under German and British rule* (New Haven), 1968, p. 165.

20. J. M. Lonsdale dans *CHA*, vol. VI, p. 758.

21. Séry Koré (1959), cité dans A. R. Zolberg, *One-party government in the Ivory Coast* (Princeton, 1964), p. 64.

22. Keable'Mote, dans *Ikwezi le Afrika*, 18 avril 1931, reproduit dans R. Edgar (éd.), *Prophets with honour : a documentary history of Lekkhotla la Bafo* (Johannesburg, s.d.), p. 169-170.

23. *West African Pilot*, 21 juillet 1938, cité dans J. S. Coleman, *Nigeria : background to nationalism* (Berkeley, 1963), p. 222.

24. Cité dans K. A. B. Jones-Quartey, *A life of Azikiwe* (Harmondsworth, 1965), p. 160.

25. Cité dans A. G. Hopkins, « Economic aspects of political movements in Nigeria and in the Gold Coast, 1918-1939 », *IJAH*, 7 (1966), p. 151, note 99.

26. Rapport du Colonial Office Agenda Committe, 22 mai 1947, dans R. Hyam (éd.), *The Labour Government and the end of empire, 1945-1951* (4 vol., Londres, 1992), vol. I, p. 199-201.

27. Gordon Walker, mémorandum au Cabinet, 16 avril 1951, dans *ibid.*, vol. IV, p. 311.

28. D. Eltis, « Nutritional trends in Africa and the Americas », *Journal of Inter-disciplinary History*, 12 (1981-1982), p. 460-468.

29. R. Headrick, « Studying the population of French Equatorial Africa », dans B. Fetter (éd.), *Demography from scanty evidence* (Boulder, 1990), p. 282.

30. P. Fargues, « Un siècle de transition démographique en Afrique méditerranéenne 1885-1985 », *Population*, 41 (1986), p. 210.

31. L. de St Moulin, « What is known of the demographic history of Zaire since 1885 ? », dans B. Fetter (éd.), *Demography*, p. 318.

32. A. W. Cardinall, *The Gold Coast, 1931* (2 vol., Accra, 1931), vol. I, p. 219.

33. P. Fargues, « Un siècle », p. 211 ; D. Noin, *La Population rurale du Maroc* (2 vol., Paris, 1970), vol. II, p. 114-115 ; C. Thibon, « Fécondité "naturelle" et fécondité contrôlée », *Annales de démographie historique* (1988), p. 185.

34. J. C. Caldwell dans *UNESCO*, vol. VII, p. 483, 486.

35. Creech Jones, allocution d'ouverture à la conférence de Cambridge, 19 août 1948, dans R. Hyam (éd.), *Labour Government*, vol. I, p. 167.

XI. L'AFRIQUE INDÉPENDANTE

1. L. de St Moulin, « What is known of the demographic history of Zaire since 1885 ? » dans B. Fetter (éd.), *Demography from scanty evidence* (Boulder, 1990), p. 307, 315, 318.

2. *WDR* (1992), p. 271.

3. *WDR* (1993), p. 23.

4. J. C. Caldwell, « Education as a factor in mortality decline », *Population Studies*, 33 (1979), p. 396.

5. *WDR* (1993), p. 82 ; de St Moulin, dans B. Fetter (éd.), *Demography*, p. 318 ; W. C. Robinson, « Kenya enters the fertility transition », *Population Studies*, 46 (1992), p. 447.

6. Cité dans D. Rooney, *Kwame Nkrumah* (Londres, 1988), p. 215.

7. I. Macleod, « Trouble in Africa », *The Spectator*, 31 janvier 1964.

8. Arden-Clarke à Cohen, 12 mai 1951, dans Rathbone, *Ghana*, vol. I, p. 323.

9. J. K. Nyerere, *Freedom and Unity* (Dar es-Salaam, 1966), p. I.

10. Arden-Clarke à Cohen, 12 mai 1951, dans Rathbone, *Ghana*, vol. I, p. 323.

11. *WDR* (1992), p. 240, 288.

12. Cité dans T. Killick, *Development economics in action* (Londres, 1978), p. 44.

13. P. Collier, « Oil and inequality in rural Nigeria », dans D. Ghai et S. Radwan (éds.), *Agrarian policies and rural poverty in Africa* (Genève, 1983), p. 207.

14. *WDR* (1993), p. 240, 288.

15. *WDR* (1992), p. 218.

16. R. Lawless et A. Findlay (éds.), *North Africa* (Londres, 1984), p. 163 ; *WDR* (1993), p. 241.

17. O. Obasanjo, *My command* (Londres, 1981), p. 126.

18. D. C. Bach, « Managing a plural society : the boomerang effect of Nigerian federalism », *Journal of Commonwealth and Comparative Politics*, 27 (1989), p. 220.

19. M. G. Schatzberg, *The dialectics of oppression in Zaïre* (Bloomington, 1988), p. 108.

20. *Ibid.*, p. 25.

21. P. Fargues, « Démographie et politique dans le monde arabe », *Population*, 47 (1992), p. 325.

22. Banque mondiale, *Education in sub-Saharian Africa* (Washington, 1988), p. 1.

23. « The United Nations on the social situation in Africa », *Population and Development Review*, 17 (1991), p. 749.

24. *West Africa*, 20 janvier 1986, p. 127 et 8 février 1993, p. 208 ; R. G. Feachem et D. T. Jamison (éds.), *Disease and mortality in subsaharian Africa* (Washington, 1991), p. 14.

25. « The United Nations on the social situation », p. 751 ; D. F. Bryceson, *Food insecurity and the social division of labor in Tanzania, 1919-1985* (New York, 1990), p. 136.

26. R. Lemarchand, « The state, the parallel economy, and the changing structure of patronage systems », dans D. Rothschild et N. Chazan (éds.), *The precarious balance* (Boulder, 1988), p. 162.

27. R. Oliver, *The African experience* (Londres, 1991), p. 257.

28. Nigeria, *Report of Tribunal of Enquiry on Kano Disturbance* (Lagos, 1981), p. 41.

29. W. I. Jones, *Planning and economic policy* (Washington, 1986), p. 403.

30. P. Fargues, « Un siècle de transition démographique en Afrique méditerranéenne, 1885-1985 », *Population*, 41 (1986), p. 210 ; *WDR* (1992), p. 268-269 ; Banque mondiale, *Population growth and policies in sub-Saharan Africa* (Washington, 1986), p. 3.

31. *WDR* (1993), p. 82 ; J. C. Caldwell, I. O. Orubuloye et P. Caldwell, « Fertility decline in Africa », *Population and Development Review*, 18 (1992), p. 211.

32. Ali Kouaouci, « Tendances et facteurs de la natalité algérienne entre 1970 et 1986 », *Population*, 47 (1992), p. 335, 344-345 ; P. Fargues, « The decline of Arab fertility », *Population : English selection*, I (1989), p. 162.

33. WDR (1993), p. 102, 290-291.

34. J. C. Caldwell *et al.*, « Fertility decline », p. 212-213.

35. W. C. Robinson, « Kenya », p. 446-447, 456-457 ; J. C. Caldwell *et al.*, « Fertility decline », p. 217, 229, 235.

36. A. J. Nahmias *et al.*, « Evidence for human infection with an HTLV III/LAV-like virus in central Africa, 1959 », *The Lancet*, 1986/I, p. 1279-1280 ; M. Elgen et K. Nieselt-Struwe, « How old is the immunodeficiency virus ? », *AIDS*, 4 (1990), supplément, p. 85-93.

37. La plupart des données sur le sida, en particulier en Ouganda, sont empruntées à T. Barnett et P. Blaikie, *AIDS in Africa* (Londres, 1992).

38. J. L. Stanford, J. M. Grange, et A. Pozniak, « Is Africa Lost ? », *The Lancet*, 338 (1991), p. 557.

39. R. M. Anderson, R. M. May, M. C. Boily, G. P. Gamett et J. T. Rowley, « The spread of HIV-I in Africa », *Nature*, 352 (1991), p. 584 ; *WDR* (1993), p. 33.

40. J. K. Konde-Lule, M. Musagara et S. Musgrave, « Focus groups interviews about AIDS in Rakai district of Uganda », *Social Science and Medicine*, 37 (1993), p. 679-684.

XII. INDUSTRIALISATION ET QUESTION RACIALE EN AFRIQUE DU SUD

1. D. Yudelman, *The emergence of modem South Africa* (Westport, Conn., 1983), p. 258.

2. W. F. Butler, cité dans D. Cammack, « The Johannesburg Republic », *South African Historical Journal*, 18 (1986), p. 48.

3. W. K. Hancock, *Smuts* (2 vol., Cambridge, 1962-1968), vol. I, p. 159.

4. P. Walshe, *The rise of African nationalism in South Africa* (Londres, 1970), p. 390.

5. W. Beinart et C. Bundy, *Hidden struggles in rural South Africa* (Londres, 1987), p. 314.

6. Surplus People Project, *Forced removals in South Africa* (Le Cap : vol. I, rééd., 1985 ; vol. II-IV, 1983), vol. I, p. XXIV-XXV, et vol. III, p. 161.

7. J. C. et P. Caldwell, « The South African fertility decline », *Population and Development Review*, 19 (1993), p. 230-231, 244.

8. *Ibid.*, p. 227.

9. H. Giliomee et L. Schlemmer, *From Apartheid to nation-building* (Le Cap, 1989), p. 115.

10. Commonwealth Secretariat, *Beyond Apartheid* (Londres, 1991), p. 11.

11. S. B. Greenberg, *Legitimate the illegitimate* (Berkeley, 1987), p. 88.

12. Afrique du Sud, *Report of the Commission of Inquiry into Legislation affecting the Utilisation of Manpower* (Pretoria, 1979), p. 81 ; Commowealth Secretariat, *Beyond Apartheid*, p. 26.

13. B. Hirson, *Year of fire, year of ash* (Londres, 1979), p. 250.

14. Cité dans W. de Klerk, F. *W. de Klerk* (Johannesburg, 1991), p. 27.

15. Cité dans H. Adam et K. Moodley, *The opening of the Apartheid mind* (Berkeley, 1993), p. 180.

XIII. AU TEMPS DU SIDA

1. *WDR* (1990), p. 180 ; (2003), p. 238 ; (2006), p. 296.

2. P. Collier et R. Reinika, « Reconstruction and liberalization : an overview », in R. Reinika et P. Collier (éd.), *Uganda's recovery* (Washington, 2001), pp. 20, 38-39, 43 ; *WDR* (2006), p. 297.

3. C. H. Feinstein, *An economic history of South Africa* (Cambridge, 2005), p. 7.

4. *New Vision,* Kampala, 22 novembre 1999.

5. J. S. Saul, « Cry for the beloved country : the post-apartheid denouement », *Review of African Political Economy* 89 (2001), p. 448 ; P. Jordan, « The African National Congress : from illegality to the corridors of power », *Review of African Political Economy* 100 (2004), p. 206.

6. C. Stoneman, « Zimbabwe : a good example defused », *Indicator SA*, 15, 2 (1998), p. 80 ; *WDR* (2006), p. 297.

7. N. van de Walle, *African economies and the politics of permanent crisis, 1979-1999* (Cambridge, 2001), p. 67.

8. *WDR* (1997), p. 14.

9. Cité dans A. Fraser, « Poverty reduction strategy papers, now who calls the shots ? », *Review of African Political Economy* 104 (2005), p. 327.

10. *WDR* (1990), p. 181 ; (2003), p. 239 ; (2006), pp. 293, 297.

11. Banque mondiale, *Education in sub-Saharan Africa* (Washington, 1988), p. 1.

12. N. Bonini, « Un siècle d'éducation scolaire en Tanzanie », *Cahiers d'Études Africaines* 43 (2003), p. 54.

13. *WDR* (1998-1999), p. 181 ; (2006), p. 293.

14. J. Ferguson, *Expectations of modernity : myths and meanings of urban life on the Zambian Copperbelt* (Berkeley, 1999), p. 12.

15. R. Oliver, *The African experience* (Londres, 1991), p. 257.

16. B. B. Atuhaire, *The Uganda cult tragedy : a private investigation* (Londres, 2003), p. 30.

17. *EastAfrican*, Nairobi, 9 août 1999.

18. P. W. Geisser, « Are we still together here ? » Negotiations about relatedness and time in the everyday life of a modern Kenyan village, thèse de doctorat, Université de Cambridge (2003), p. 249.

19. Nigeria, Report of Tribunal of Enquiry on Kano Disturbances (Lagos, 1981), p. 41.

20. M. Bratton et N. van de Walle, *Democratic experiments in Africa : regime transitions in comparative perspective* (Cambridge, 1997), pp. 7-8, 204.

21. *Ibidem*, p. 217.

22. *WDR* (1997), p. 150.

23. J. F. Bayartn, S. Ellis et B. Hibou, *The Criminalisation of the State in Africa*, trad. S. Ellis (Oxford, 1999), p. 4.

24. N. van de Walle, « Presidentialism and clientelism in Africa's emerging party systems », *Journal of Modern African Studies* 41 (2003), p. 299.

25. *WDR* (2006), p. 293.

26. P. Fargues, « Un siècle de transition démographique en Afrique méditerranéenne 1885-1985 », *Population* 41 (1986), p. 210 ; Banque mondiale, *Population growth and politics in sub-Saharan Africa*, Washington (1986), p. 3 ; M. Garenne et V. Joseph, « The timing of the fertility transition in sub-Sarahan Africa », *World Development* 30 (2002), 1840.

27. *WDR* (1993), p. 82 ; J. C. Caldwell, I. O. Oruvuloye et P. Cadwell, « Fertiliy decline in Africa », *Population and Development Review* 18 (1992), p. 211.

28. A. Kouaouci, « Tendances et facteurs de la natalité algérienne entre 1970 et 1986 », *Population* 47 (1992), p. 335, 344-45 ; P. Fargues, « The decline of Arab fertility », *Population : English Selection* I (1989), p. 162 ; A. Richards et J. Waterbury, *A political economy of the Middle East*, 2ᵉ éd., Boulder (1996), pp. 78-89.

29. Garenne et Joseph, « Timing », pp. 1835, 1841 ; R. Cassen *et al.*, *Population and development : old debates, new conclusions* (New Brunswick, 1994), pp. IX, 3.

30. *WDR* (1993), pp. 102, 290-291.

31. Caldwell *et al.*, « Fertility decline », pp. 212-213, 217, 219 ; W. C. Robinson, « Kenya enters the fertility transition », *Population Studies* 46 (1992), pp. 446-447, 456-457.

32. *Cape Times*, Le Cap, 22 septembre 2005.

33. Inter Press Service, Johannesburg, 24 février 2005, *http ://alla-frica.com/stories* (consulté le 25 février 2005) ; *Fast Facts* (Braamfon-tein, février 2006), p. 13.

34. B. N'Galy et R. W. Ryder, « Epidemiology of HIV infection in Africa », *Journal of AIDS* 1 (1988), p. 554.

35. R. Stoneburner, M. Carnallo *et al.*, « Simulation of HIV inci-dence dynamics in the Rakai population-based cohort, Uganda », *AIDS* 12 (1998), p. 227.

36. UNAIDS, « AIDS in Africa : three scenarios to 2925 » (2005), p. 28 ; http://www.unaids.org/unaids-resources/HomePage/images (consulté le 7 mars 2005).

37. UNAIDS, « AIDS epidemic update, december 2005 », p. 4, http://www.unaids.org.epi2005/doc/EPIupdate2005_pdf_en/epi-update 2005 (consulté le 21 novembre 2005).

38. UNAIDS, « AIDS epidemic updaten december 2006 », p. 17, http://www.unaids.org/pub/EpiReport/2006/2006_EpiUpdate_en.pdf (consulté le 1er décembre 2006).

39. S. Gregson, G. P. Garnett *et al.*, « HIV decline associated with behavior change in eastern Zimbabwe », *Science* 311 (2006), pp. 664-666.

40. Organisation Mondiale de la Santé, « Progress on global access to HIV antiretroviral therapy : a report on "3 by 5" and beyond » (mars 2006), pp. 71-76, http :/www.who.int/hiv/fullreport_en_high-res.pdf (consulté le 5 avril 2006).

BIBLIOGRAPHIE

Il existe deux histoires générales de l'Afrique, en plusieurs volumes, qui font autorité ; chacune comporte une excellente biographie : *The Cambridge history of Africa*, R. Oliver et J.-D. Fage éd. (8 vol., Cambridge, 1975-1986), et *UNESCO general history of Africa*, J. Ki-Zerbo éd. *et al.* (8 vol., Londres, 1981-1993 ; version française, *Histoire générale de l'Afrique*, Paris, à partir de 1980). Parmi les histoires générales en un volume, on citera R. Oliver, *The African experience* (Londres, 1991), P. D. Curtin, S. Feierman, L. Thompson et J. Vansina, *African history* (Londres, 1978), R. A. Austen, *African economic history* (Londres, 1987). J. F. A. Alayi et M. Crowder (éd.), *Historical atlas of Africa* (Cambridge, 1985 ; édition française : *Atlas historique de l'Afrique*, Éditions du Jaguar, 1988) est un ouvrage magnifique, même si J. D. Fage, *An atlas of African history* (2e éd., Londres, 1978) est plus maniable.

Parmi les bonnes histoires régionales, on citera J. Abun-Nasr, *A history of the Maghrib* (Cambridge, 1971), J. F. A. Ajayi et M. Crowder (éds.), *History of West Africa* (Harlow, vol. I, 3e éd., 1985 ; vol. II, 2e éd., 1987), D. Birmingham et P. M. Martin (éd.), *History of Central Africa* (2 vol., Londres, 1983), et R. Oliver *et al.* (éd.), *History of East Africa* (3 vol., 1963-1976).

CHAPITRES II ET III

D. W. Philipson, *African archeology* (2ᵉ éd., Cambridge, 1993) est une magnifique introduction. Les vues actuelles sur l'évolution humaine sont résumées dans S. Jones, R. Martin et D. Pilbeam (éd.), *The Cambridge encyclopaedia of human évolution* (Cambridge, 1992), et R. G. Klein, *The human career* (Chicago, 1989). J. Reader, *Missing links : the hunt for earliest man* (2ᵉ éd., Harmondsworth, 1988), est un compte rendu très vivant. Pour la controverse relative à l'ADN mitochondrial, voir M. H. et D. V. Nitecki (éd.), *The pre-history of anatomically modem humans* (New York, 1944). D. W. Philipson, *The prehistory of eastern Zambia* (Nairobi) est important pour la période microlithique.

W. H. MacNeill, *Plagues and peoples* (Harmondworth, 1976), constitue une éclairante introduction à l'histoire de la maladie. Voir également K. F. Kiple (éd.), *The Cambridge world history of human disease* (Cambridge, 1993). La notion de race est abordée dans J. Hiernaux, *The people of Africa* (Londres, 1974). J. H. Greenberg, *The languages of Africa* (3ᵉ éd., Bloomington, 1970), fournit la classification fondamentale. C. Ehret et M. Posnansky (éd.), *The archeological and linguistic reconstruction of African history* (Berkeley, 1982), illustre les techniques de la linguistique historique. L'œuvre fondamentale sur les sources orales est J. Vansina, *Oral traditions as history* (Londres, 1985).

Les recherches récentes sur les origines de la production alimentaire, et bien d'autres questions, sont résumées dans T. Shaw, P. Sinclair, B. Andah et A. Okpoko (éd.), *The archeology of Africa : food, metals and towns* (Londres, 1993). Voir également D. R. Harris et G. C. Hillman (éd.), *Foraging and farming* (Londres, 1989), et A. B. Smith, *Pastoralism in Africa* (Londres, 1992). Les peintures rupestres du Sahara sont présentées dans F. Mon, *Tadrart Acacus* (Turin, 1965) et discutées dans A. Muzzolini, *L'Art rupestre préhistorique des massifs centraux sahariens* (Oxford, 1966). La meilleure introduction aux origines des Bantous est l'ouvrage de J. Vansina, *Paths in the rainforests* (Londres, 1990).

Le premier volume de *The Cambridge history of Africa* constitue la meilleure initiation à l'Égypte ancienne. Il est réédité, avec un chapitre supplémentaire sur la période 664-323 avant J.-C., dans B. G. Trigger, B. J. Kemp, D. O'Connor et A. B. Lloyd, *Ancient Egypt : a social history* (Cambridge, 1983). B. J. Kemp, *Ancient Egypt : anatomy of a civilization* (Londres, 1989), passe en revue la plupart des recherches récentes. J. Cerny décrit Deir el-Medina dans *A community of workmen in Thebes in the Ramesside period* (Le Caire, 1973). Pour les structures familiales, voir le texte de A. Forgeau dans A. Burguières *et al.* (éd.), *Histoire de la famille*, t. I (Paris, 1986). J. Baines parle de l'apprentissage de l'écriture dans J. G. L. Medhill, B. Bender, et M. T. Larsen (éd.), *State and society* (Londres, 1988). Voir aussi E. Hornung, *Conceptions of God in Ancient Egypt* (Londres, 1983) et W. S. Smith. *The art and architecture of Ancient Egypt* (Harmondsworth, 1981). La meilleure étude sur l'Égypte ptolémaïque et romaine est due à A. K. Bowman, *Egypt after the Pharaohs, 33 B.C. – A.D. 642* (Londres, 1986), et N. Lewis, *Life in Egypt under Roman rule* (Oxford, 1983).

Les ouvrages de référence sur la Nubie, Kerma et Méroë sont W. Y. Adams, *Nubia : corridor to Africa* (Londres, 1977), C. Bonnet *et al., Kerma, royaume de Nubie* (Genève, 1990) et P. L. Shinnie, *Meroe* (Londres, 1967). Pour l'Afrique du Nord à l'époque carthaginoise, romaine et vandale, voir P. D. A Garnsey et C. R. Whittaker (éd.), *Imperialism in the Ancient World* (Cambridge, 1978), D. Harden, *The phoenicians* (éd. rév., Londres, 1963), B. H. Warmington, *The North African provinces from Diocletian to the Vandal conquest* (Cambridge, 1954), M. Benabou, *La Résistance africaine à la romanisation* (Paris, 1976), et C. Courtois, *Les Vandales et l'Afrique* (Paris, 1955).

E. W. Herbert, *Red gold of Africa : Copper in precolonial history and culture* (Madison, 1984), et *Iron, gender and power* (Bloomington, 1993), et T. A. Wertime et J. D. Muhly (éd.),

The coming of age of iron (New Haven, 1980), constituent de bonnes introductions à l'histoire du fer et du cuivre. T. Shaw, *Nigeria : its archeology and early history* (Londres, 1978), évoque la culture Nok. P. R. Schmidt, *Historical archeology* (Westport, 1978), décrit les fouilles de Katukura. Pour la diffusion ultérieure du travail du fer, voir W. Philipson, *The later prehistory of eastern and southern Africa* (Londres, 1977).

CHAPITRE IV

R. L. Fox, *Pagans and Christians* (Harmondsworth, 1986), fournit une vue d'ensemble. Les ouvrages fondamentaux, s'agissant de l'Afrique du Nord, sont W. H. C. Frend, *The Donatist Church* (2ᵉ éd., Oxford, 1971), et *The rise of the Monophysite movement* (Cambridge, 1972), et P. Brown, *Augstine of Hippo* (Londres, 1967), et *Religion and society in the age of Saint Augustine* (Londres, 1972). S. Munro-Hay, *Aksum* (Londres, 1991), résume les recherches récentes. D. A. Welsby et C. M. Daniels, *Soba* (Londres, 1991), fait de même pour Alwa, tandis que les superbes fresques de Faras sont reproduites dans K. Michalowski, *Faras : die Kathedrale aus dem Wüstensand* (Einsiedeln, 1967). La conquête musulmane est décrite dans Y. F. Hasan, *The Arabs and the Sudan* (Edimbourg, 1967).

Le meilleur récit demeure A. J. Butler, *The Arab conquest of Egypt* (2ᵉ éd., Oxford, 1978). A. Laroui, *L'Histoire du Maghreb* (Paris, 1970), replace l'islam dans son contexte. M. Talbi décrit l'Ifriqiya à son apogée dans A. L. Udovitch (éd.), *The Islamic Middle East, 700-1900* (Princeton, 1981). S. D. Goitein, *A Mediterranean society* (5 vol., Berkeley, 1967-1988), analyse l'Égypte fatimide à partir des archives de Geniza. D. Ayalon, *Studies on the Mamluks of Egypt* (Londres, 1977), évoque ceux qui lui succédèrent. M. W. Dols, *The Black Death in the Middle East* (Princeton, 1977), décrit l'épidémie et ses conséquences démographiques, tandis que J. L. Abu-Lughod, *Before European hegemony ; the world system A.D. 1250-1350* (New York, 1980), analyse le contexte global du déclin de l'Islam. Pour le com-

merce européen et les interventions de l'Europe, voir le chapitre
dû à D. Abulafia dans *The Cambridge economic history of
Europe*, vol. II (2e éd., M. M. Postan et E. Miller éds., Cambridge, 1978). D'Ibn Khaldoun, la *Muqadimma* (trad. fr. de
V. Monteil, Beyrouth, 1968, rééditée aux éditions Sindbad en
1997), n'a rien perdu de son pouvoir de fascination.

La compréhension de l'Afrique occidentale pré-islamique a
été renouvelée par S. K. et R. J. McIntosh, *Prehistoric investiga-
tions in the region of Jenne, Mali* (2 vol., Oxford, 1980). Voir
également G. Connah, *Three thousand years in Africa : man and
his environment in the Lake Chad region of Nigeria* (Cambridge,
1981), qui résume la question (et évoque d'autres cultures
anciennes) dans son *African civilization* (Cambridge, 1987).
T. Shaw, *Unearthing Igbo-Ukwu* (Ibadan, 1977), fait le compte
rendu de fouilles devenues classiques.

S'agissant du commerce transsaharien, le meilleur point de
départ est N. Levtzion et J. F. P. Hopkins (éds.), *Corpus of early
arabic sources for West African history* (Cambridge, 1981). P. D.
Curtin décrit le commerce de l'or dans J. F. Richards (éd.),
Precious metals in the later medieval and early modern worlds
(Durham, N. C., 1983). N. Levtzion, *Ancient Ghana and Mali*
(Londres, 1973), demeure la meilleure présentation générale,
bien qu'un peu dépassée par les recherches récentes.

G. S. P. Freeman-Grenville (éd.), *The East African coast :
selected documents* (Oxford, 1962), rassemble les sources écrites.
Les comptes rendus de fouilles les plus importants sont N. H.
Chittick, *Kilwa* (2 vol., Nairobi, 1974) et *Manda* (Nairobi,
1984), et M. Horton, *Shanga* (à paraître). D. Nurse et T. Spear,
The Swahili (Philadelphie, 1985), est une étude importante des
sources linguistiques, et F. Chami, *The tanzanian coast in the
first millenium A.D.* (Uppsala, 1994), est très important du
point de vue de l'archéologie.

L'ouvrage de Taddesse Tamrat, *Church and state in Ethiopia
1270-1527* (Oxford, 1972), est exceptionnel, de même que son
chapitre du volume III de *The Cambridge history of Africa*.
S. Kaplan, *The monastic holy man and the Christianization of
early Solomonic Ethiopia* (Wiesbaden, 1984) est également

excellent. Ces travaux citent les abondantes sources originales éthiopiennes, telles que E. A. Wallis Budge (éd.), *The life of Takla Haymanot* (2 vol., Londres, 1906), G. W. B. Huntingford (éd.), *The glorious victories of Amda Seyon* (Oxford, 1965), R. P. K. Pankhurst (éd.), *The Ethiopian royal chronicles* (Addis-Abeba, 1967), et C. F. Beckingham et G. W. B. Huntingford (éds.), *The Prester John of the Indies* (2 vol., Cambridge, 1961). R. Pankhurst, *The history of famine and epidemics in Ethiopia* (Addis-Abeba, s.d.) est un récit bref, très utile. La culture éthiopienne est analysée dans D. N. Levin, *Wax and gold* (Chicago, 1965), et par A. Hoben dans A. Tuden et L. Plotnicov (éds.), *Social stratification in Africa* (New York, 1970).

CHAPITRE V

L'ouvrage de A. G. Hopkins, *An economic history of West Africa* (Londres, 1973), constitue une introduction particulièrement réussie. L'étude fondamentale sur le sous-peuplement est G. Sautter, *De l'Atlantique au fleuve Congo* (2 vol., Paris, 1966). Voir également I. Kopytoff (éd.), *The African frontier* (Bloomington, 1987). Pour l'agriculture dans la savane, voir P. Pélissier, *Les Paysans du Sénégal* (Saint-Yiriex, 1966). Pour la forêt, voir l'étude que P. J. Darling fait du Bénin dans J. Gledhill, B. Bender et M. T. Larsen (éds.), *State and society* (Londres, 1988), R. Harms, *Games against Nature : an eco-cultural history of the Nunu* (Cambridge, 1987), et la superbe histoire de l'Afrique équatoriale due à J. Vansina, *Paths in the rainforests* (Londres, 1990). C. Fyfe et D. McMaster (éds.), *African demographical history* (Édimbourg, 2 vol., 1977-1981), comportent des essais très utiles.

Les œuvres de référence sur les structures politiques de la savane sont M. Levtzion, *Ancient Ghana and Mali* (Londres, 1987), J. Boulègue, *Le Grand Jolof* (Blois, 1987), et Y. B. Usman, *The Transformation of Katsina* (Zaria, 1981). On citera parmi les sources primaires D. T. Niane, *Sundiata : an epic of old Mali* (Londres, 1965), D. Lange (éd.), *A Sudanic chronicle ; the Borno expeditions of Idris Alauma* (Stuttgart, 1987), et la *Chronique de Kano* dans H. R. Palmer, *Sudanese memoirs* (réimpression, Londres, 1967). Pour les innovations militaires, voir R. Law, *The horse in West African history* (Oxford, 1980), et J. R. Goody, *Technology, tradition, and the state in Africa* (Londres, 1968). Parmi la vaste littérature sur l'esclavage, on citera S. Miers et I. Kopytoff (éd.), *Slavery in Africa* (Madison, 1977), C. Meillassoux (éd.), *L'Esclavage en Afrique précoloniale* (Paris, 1975), C. Meillassoux, *Anthropologie de l'esclavage* (Paris, 1979), et C. C. Robertson et M. A. Klein (éd.), *Women and Slavery in Africa* (Madison, 1983).

Le mieux connu des premiers États de la forêt est décrit dans G. Connah, *The Archeology of Benin* (Oxford, 1975), et dans J. Egharevba, *A Short History of Benin* (3e éd., Ibadan, 1960). Pour la sculpture, voir F. Willett, *African Art* (rééd., Londres, 1977), et *Ife in the History of West African sculpture* (Londres, 1967), et P. Ben-Amos, *The Art of Benin* (Londres, 1980). Les ouvrages les plus importants sur les régions équatoriales sont J. Vansina, *The Children of Woot : a History of the Kuba peoples* (Madison, 1978), J. C. Miller, *Kings and Kinsmen : early Mbundu States in Angola* (Oxford, 1976), J. K. Thornton, *The Kingdom of Kongo* (Madison, 1983), et A. Hilton, *The Kingdom of Kongo* (Oxford, 1985).

P. D. Curtin, *Cross-cultural trade in world history* (Cambridge, 1984), replace les structures de l'Afrique occidentale dans un contexte global. P. E. Lovejoy les évoque dans *Caravans of kola* (Zaria, 1980), et *Salt of the desert sun* (Cambridge, 1986). Voir aussi M. Adamu, *The Hausa factor in West African history* (Zaria, 1978), et (pour la monnaie de cauris), J. Hogendorn et M. Johnson, *The Shell Money of the slave trade* (Cambridge, 1986). Pour l'artisanat, voir R. Bolland, *Tellem textiles* (Amsterdam, 1991). L. Prusin, *Hatumere : Islamic design in West Africa* (Berkeley, 1986), est précieux pour ses renseignements sur l'architecture.

On trouvera des matériaux pour l'histoire intellectuelle et religieuse dans J. Goody, *The Myth of the Bagre* (Oxford, 1972), J. Rouch, *La Religion et la Magie songhay* (Paris, 1960), et

W. Bascorn, *Ifa divination* (Bloomington, 1969). Pour l'islam, voir M. Hiskett, *The Development of Islam in West Africa* (Londres, 1984), et N. Levtzion (éd.), *Conversion to Islam* (New York, 1979). L'ouvrage de J. R. Goody sur l'alphabétisation, *The Domestication of the savage Mind* (Cambridge, 1977) est fondamental tout en étant sujet à controverse, comme son étude sur les structures et l'économie familiales, *Production and Reproduction* (Cambridge, 1976).

CHAPITRE VI

M. Hall, *The changing past : farmers, kings and traders in southern Africa, 200-1860* (Le Cap, 1987) est une introduction fort utile à l'archéologie de l'âge du fer. P. S. Garlake, *Great Zimbabwe* (Londres, 1973), constitue le meilleur compte rendu disponible. Voir aussi D. N. Beach, *The Shona and Zimbabwe 900-1850* (Londres, 1980), et S. I.G. Mudenge, A *political history of Munhumutapa c. 1400-1902* (Londres, 1988). A. D. Roberts, *A history of Zambia* (Londres, 1976), est d'une exceptionnelle lucidité. Pour le Mozambique, voir M. D. Newitt, *Portuguese settlements on the Zambezi* (Londres, 1973).

P. de Maret, *Fouilles archéologiques dans la vallée du Haut-Lualaba* (Tervuren, 1985), constitue le compte rendu le plus récent des fouilles menées à Sanga. T. Q. Reefe, *The rainbow and the kings : a history of the Luba empire to 1891* (Berkeley, 1981), décrit l'histoire ultérieure de la région. Voir également A. D. Roberts, *A history of the Bemba* (Londres, 1973), et M. Mainga, *Bulozi under the Luyana kings* (Londres, 1973).

C'est dans les études locales que l'âge du fer en Afrique orientale est le mieux traité : J. W. Nyakatura, *Anatomy of an African kingdom : a history of Bunyoro-Kitara* (Garden City, N.Y., 1973), S. R. Karugire, A *history of the kingdom of Nkore* (Oxford, 1973), M. S. M. Kiwanuka, *A history of Buganda* (Londres, 1971), D. W. Cohen, *The historical tradition of Busoga* (Oxford, 1972), J. Vansina, *L'Évolution du royaume rwanda des origines à 1900* (Bruxelles, 1962), J. Vansina, *La*

Légende du passé : traditions orales du Burundi (Tervuren, 1972), B. A. Ogot, *History of the southern Luo*, vol. 1 (Nairobi, 1967), G. Muriuki, *A history of the Kikuyu 1500-1900* (Nairobi, 1974), S. Feierman, *The Shambaa kingdom* (Madison, 1974), I. N. Kimambo, *A political history of the Pare* (Nairobi, 1969), A. Shorter, *Chiefship in western Tanzania : a political history of the Kimbu* (Oxford, 1972), et O. J. M. Kalinga, *A history of the Ngonde kingdom* (Berlin, 1985). Sir Apolo Kaggwa, *The kings of Buganda* (trad. anglaise, Nairobi, 1971), est un classique historique. Voir aussi les essais contenus dans P. Robertshaw (éd.), *Early pastoralists in south-western Kenya* (Nairobi, 1990) et A. I. Salin (éd.), *State formation in eastern Africa* (Nairobi, 1984).

A. Kuper, *Wives for cattle* (Londres, 1982), est très important sur les structures familiales. La peinture rupestre des San est analysée de façon subtile dans D. Lewis-Williams et T. Dowson, *Images of power* (Johannesburg, 1989), et P. Winnicombe, *People of the eland* (Pietersmaritzburg, 1976). Pour l'histoire religieuse, voir T. O. Ranger et I. Kimambo (éd.), *The historical study of African religion* (Londres, 1972), J. M. Schoeffeleers (éd.), *Guardians of the land* (Salisbury [Harare], 1979), J. M. Schoeffeleers, *River of blood* (Madison, 1992), qui traite du culte Mbona, et I. Berger, *Religion and resistance* (Tervuren, 1981), qui traite du culte Chwezi.

R. Elphick et H. Giliomee (éd.), *The shaping of South-African society 1652-1840* (2ᵉ éd., Le Cap, 1989), est un ouvrage exceptionnel sur la colonie du Cap. Voir également R. Elphick, *Kraal and cattle : Khoikhoi and the founding of white South Africa* (nouvelle éd., New Haven, 1985), P. van Duin et R. Ross, *The economy of the Cape colony in the eighteenth century* (Leyde, 1987), N. Worden, *Slavery in Dutch South Africa* (Cambridge, 1985), et W. Dooling, *Law and community in a slave society* (Le Cap, 1992). J. B. Peires, *The house of Phalo* (Berkeley, 1981), est une histoire des Xhosa. H. B. Thom (éd.), *Journal of Jan van Riebeeck* (3 vol., Le Cap, 1952-1958), est souvent très instructif.

CHAPITRE VII

Le meilleur compte rendu d'ensemble de la traite négrière est celui de P. D. Curtin, *The Rise and fall of the plantation complex* (Cambridge, 1990). E. Donnan (éd.), *Documents illustrative of the history of the slave trade to America* (4 vol., Washington, 1930-1935), reste fondamental. P. D. Curtin, *The Atlantic Slave trade : a census* (Madison, 1969), est à l'origine des recherches récentes. Parmi les contributions ultérieures les plus importantes, on citera J. E. Inikori (éd.), *Forced migration* (Londres, 1982), P. E. Lovejoy, *Transformations in slavery* (Cambridge, 1983), P. Manning, *Slavery and African life* (Cambridge, 1983), R. L. Stein, *The French slave trade in the eighteenth century* (Madison, 1979), et J. Postma, *The Dutch role in the Atlantic slave trade* (Cambridge, 1990). On trouvera dans P. Edwards (éd.), *Equiano's travels* (Londres, 1967), un récit exceptionnel de l'expérience de l'esclavage. Voir aussi P. D. Curtin (éd.), *Africa remembered : narratives by West Africans from the era of the slave trade* (Madison, 1967). Pour l'abolition, voir D. Eltis, *Economic growth and the ending of the transatlantic slave trade* (New York, 1987).

Parmi les études régionales portant sur l'impact de la traite et de son abolition, P. D. Curtin, *Economic change in precolonial Africa : Senegambia in the era of the slave trade* (2 vol., Madison, 1975), B. Barry, *La Sénégambie du XVe au XIXe siècle* (Paris, 1988), R. L. Roberts, *Warriors, merchants, and slaves : the state and the economy in the middle Niger valley, 1700-1914* (Stanford, 1987), W. Rodney, *A History of the Upper Guinea coast 1545-1800* (Oxford, 1970), R. Law, *The Slave Coast of West Africa 1550-1750* (Oxford, 1961), P. Manning, *Slavery, colonialism and economic growth in Dahomey, 1640-1960* (Cambridge, 1982), W. Peukert, *Der Atlantische Sklavenhandel von Dahomey* (Wiesbaden, 1978), K. Y. Daaku, *Trade and politics on the Gold Coast 1600-1720* (Oxford, 1970), A. Ryder, *Benin and the Europeans* (Londres, 1979), D. Northrup, *Trade without rulers : precolonial economic development in south-eastern Nigeria* (Oxford, 1978), P. M. Martin, *The External Trade of the Loango* *coast* (Oxford, 1972), R. W. Harma, *River of wealth, river of sorrow* (New Haven, 1981), consacré aux négociants Bobangi, D. Birmingham, *Trade and conflict in Angola* (Oxford, 1966), et le magnifique *Way of death : merchant capitalism and the Angolan slave trade 1730-1830* (Londres, 1988), de J. C. Miller.

I. Wilks, *Asante in the nineteenth century* (2ᵉ éd., Cambridge, 1989) est une remarquable présentation d'un État africain. M. D. McLeod, *The Asante* (Londres, 1981), est plus bref, mais splendidement illustré, comme l'ouvrage de C. H. Perrot, *Les Anyi-Ndenye et le pouvoir aux XVIIIᵉ et XIXᵉ siècles* (Paris, 1982). R. A. Kea, *Settlements, trade, and politics in the seventeenth-century Gold Coast* (Baltimore, 1982), traite de la période antérieure au royaume Ashanti. R. Law, *The Oyo Empire c. 1600-1836* (Oxford, 1977) est, lui aussi, un ouvrage exceptionnel, qui tire profit d'une collecte ancienne des traditions yoruba due à S. Johnson, *The History of the Yorubas* (réimp., Londres, 1973). Voir également P. C. Loyd, *The Political Development of Yoruba kingdoms* (Londres, 1971). J. F. A. Ajayi et R. Smith, *Yoruba warfare in the nineteenth century* (Cambridge, 1964), S. A. Akintoye, *Revolution and power politics in Yorubaland* (Londres, 1971), et T. Falola, *The Political Economy of a pre-colonial African state : Ibadan 1830-1900* (Ife-Ife, 1984), sont importants pour les guerres civiles. Pour la partie est du Nigeria, voir K. O. Dike, *Trade and politics in the Niger Delta* (Oxford, 1956), A. J. H. Latham, *Old Calabar 1600-1891* (Oxford, 1973), et E. Isichei, *A History of the Igbo people* (Londres, 1976). C. Tardits, *Le Royaume bamoum* (1980), est une étude d'une grande qualité. Pour l'Afrique équatoriale, voir la liste donnée au chapitre 5. J. M. Janzen, *Lemba, 1650-1930* (New York, 1982), est un ouvrage pionnier.

R. Gray, *Black Christians and white missionaries* (New Haven, 1990), constitue une introduction utile. Pour le Kongo, voir A. Hilton, *The kingdom of Kongo* (Oxford, 1985), et le très vivant *Diaire congolais* de Luca da Caltanisetta (Louvain, 1970). J. F. A. Ajayi, *Christian missions in Nigeria 1841-1891* (Londres, 1966), est un classique. Voir aussi E. A. Ayandele, *The missionary impact on modern Nigeria 1842-1914* (Londres,

1966), et E. Isichei (éd.), *Varieties of Christian experience in Nigeria* (Londres, 1982).

Sur l'élite côtière du XIX⁰ siècle, voir J. Peterson, *Province of freedom ; a history of Sierra Leone, 1787-1870* (Londres, 1969), T. W. Shick, *Behold the promised land : a history of Afro-american settler society in nineteenth-century Liberia* (Baltimore, 1977), J. H. Kopytoff, *A preface to modern Nigeria* (Madison, 1965), et R. W. July, *The Origins of modern African thought* (Londres, 1968). Les ouvrages les plus intéressants des membres de cette élite sont sans doute D. Boilat, *Esquisses séné-galaises* (réimpr., Paris, 1984), J. A. Horton, *West African coun-tries and people* (réimp., Edimbourg, 1969), et E. W. Blyden, *Christianity, Islam and the Negro race* (Londres, 1887). Pour le commerce, voir E. Reynolds, *Trade and economic change on the Gold Coast 1807-1874* (Harlow, 1974). K. Mann, *Marrying well* (Cambridge, 1985), décrit la vie sociale de l'élite, tandis que J. B. Webster, *The African churches among the Yoruba* (Oxford, 1964), et E. A. Ayandele, *Holy Johnson* (Londres, 1970), évoquent les conflits religieux.

CHAPITRE VIII

Trois ouvrages fondamentaux : A. Raymond, *Artisans et com-merçants au Caire au XVIIIᵉ siècle* (2 vol., Damas, 1973-1974), et L. Valensi, *L'Afrique du Nord à la veille de la conquête fran-çaise* (Paris, 1971), et *Fellahs tunisiens : l'économie rurale et la vie des campagnes aux XVIIIᵉ et XIXᵉ siècles* (Paris, 1977). L. Kuhnke, *Lives at risk : public health in nineteenth-century Egypt* (Berkeley, 1990), N. E. Gallagher, *Medicine and power in Tunisia, 1780-1900* (Cambridge, 1983), et D. Noin, *La Population rurale du Maroc* (2 vol., Paris, 1970) traitent de la maladie et de la démographie. A. L. al-Sayyid Marsot, *Egypt in the reign of Muhammad Ali* (Cambridge, 1984) est un ouvrage de référence. E. Lane, *Manners and customs of the modern Egyp-tians* (réimp. Londres, 1966), est très intéressant. P. J. Vatikio-tis, *The modern history of Egypt* (2ᵉ éd., Londres, 1980),

G. Baer, *Studies in the social history of modern Egypt* (Chicago, 1969), et A. Schölch, *Egypt for Egyptians* (Londres, 1981), traitent des événements ultérieurs. C. C. Adams, *Islam and modernism in Egypt* (Londres, 1933), parle de la Salafiyya, et E. E. Evans-Pritchard, *The Sanusi of Cyrenaica* (Oxford, 1949), évoque la principale fraternité musulmane libyenne. Pour la Tunisie, voir L. C. Brown, *The Tunisia of Ahmed Bey* (Princeton, 1974), B. Slama, *L'Insurrection de 1864 en Tunisie* (Tunis, 1967), et G. S. van Krieken, *Khayr al-din et la Tunisie* (Leyde, 1976). J. Ruedy, *Modern Algeria* (Bloomington, 1992), et C. R. Ageron, *Histoire de l'Algérie contemporaine* (Paris, 1979), constituent d'excellentes introductions. R. Danziger, *Abd al-Qadir and the Algerians* (New York, 1977) est plus détaillé. E. Burke, *Prelude to protectorate in Morocco* (Chicago, 1976), est d'une valeur inestimable. P. M. Holt et M. W. Daly, *A history of the Sudan* (4ᵉ éd., Londres, 1988), est un très bon résumé. A. Bjökelo, *Prelude to the Mahdiyya* (Cambridge, 1988), décrit l'invasion égyptienne, dont les ramifications apparaissent dans R. Gray, *A History of the Southern Sudan 1839-1889* (Londres, 1961), et dans R. S. O'Fahey et J. L. Spaulding, *Kingdoms of the Sudan* (Londres, 1974). P. M. M. Holt, *The Mahdist state in the Sudan* (2ᵉ éd., Oxford, 1977) est fondamental ; pour des souvenirs personnels très vivants de la Mahdiyya, voir *The Memoirs of Babikr Bedri*, vol. I (Londres, 1969). M. Abir, *Ethiopia : the era of the princes* (New York, 1968), peut être suivi par Bahru Zewde, *A History of modern Ethiopia 1855-1974* (Londres, 1991), S. Rubenson, *King of Kings : Tewodros of Ethiopia* (Addis Abeba, 1966), Zewde Gabre-Sellassie, *Yohannes IV of Ethiopia* (Oxford, 1975), R. H. K. Darkwah, *Shewa, Menilek and the Ethiopian empire* (Londres, 1975), et H. G. Marcus, *The life and times of Menelik II* (Oxford, 1975).

M. Hiskett, *The sword of truth : the life and times of the Shehu Usuman dan Fodio* (New York, 1973), est une excellente introduction au *djihad* du Sokoto. Nombre de travaux inédits ou peu accessibles sont résumés par M. Last dans le volume II de Ajayi et Crowder, *History of West Africa*. Parmi les études locales les plus importantes, il faut citer Y. B. Usman, *The transformation of Katsina* (Zaria, 1981), et M. G. Smith, *Government in Zazzau* (Londres, 1960), et *The Affairs of Daura* (Berkeley, 1978). M. Last, *The Sokoto Caliphate* (Londres, 1967), et J. P. Smaldone, *Warfare in the Sokoto Caliphate* (Londres, 1977), sont deux ouvrages fondamentaux. P. E. Lovejoy, *Transformations in slavery* (Cambridge, 1983), chap. 9, décrit l'économie rurale. Pour la vie intellectuelle, voir T. Hodgkin (éd.), *Nigerian perspectives* (2ᵉ éd., Londres, 1975), et M. Hiskett, *A History of haussa islamic verse* (Londres, 1975). A. H. Bâ et J. Daget, *L'Empire peul du Macina* (rééd., Abidjan, 1984), fait un usage très vivant des traditions. Pour les Toucouleur, voir D. Robinson, *The Holy War of Umar Tal* (Oxford, 1985). Deux magnifiques récits de voyages sont à signaler : H. Barth, *Travels and discoveries in North and Central Africa* (rééd., 3 vol., Londres, 1965), et G. Nachtigal, *Sahara and Sudan* (trad. anglaise, 4 vol., Londres, 1971-1987).

T. R. H. Davenport, *South Africa : a modern history* (4ᵉ éd., Londres, 1991) est un excellent manuel. N. Worden, *The Making of modern South Africa* (Oxford, 1994) est une présentation plus brève. J. D. Omer-Cooper, *The Zulu aftermath* (Londres, 1966), est l'ouvrage de référence sur les conflits au sein des Nguni au début du XIXᵉ siècle ; il convient de le comparer à J. B. Peires (éd.), *Before and after Shaka* (Grahamstown, 1983), et avec les articles parus dans *South African Historical Journal*, 25 (1991), *Journal of African History* 33 (1992), et *Journal of Southern African Studies*, 19 (1993). Pour les autres États, voir P. Bonner, *Kings, commoners and concessionnaires* (Cambridge, 1983), sur les Swazi, P. Delius, *The Land belongs to us* (Londres, 1984), sur les Pedi, E. A. Eldredge, *A South African kingdom* (Cambridge, 1993), sur les Sotho, et S. Marks et A. Atmore (éd.), *Economy and society in pre-industrial South Africa* (Londres, 1980). C. C. Crais, *White supremacy and black resistance in pre-industrial South Africa* (Londres, 1992), traite avant tout de la partie orientale de la colonie du Cap. E. Walker, *The Great Trek* (Londres, 1938), peut être complété par A. du Toit et H. Giliomee (éd.), *Afrikaner political thought*, vol. I (Berkeley, 1983), et par J. A. I. Agar-Hamilton, *The Native*

Policy of the Voortrekkers (Le Cap, 1928). Pour l'activité missionnaire, voir A. J. Dachs (éd.), *Christianity south of the Zambezi* (Gwelo, 1973), J. et J. Comaroff, *Of revelation and revolution* (Chicago, 1991), et K. J. McCraken, *Politics and Christianity in Malawi 1875-1940* (Cambridge, 1977). J. B. Peires, *The dead will arise* (Johannesburg, 1989), est un récit très vivant des abattages de bétail de 1857. Pour la crise de l'environnement du milieu du siècle (et bien d'autres sujets), voir E. C. Mandala, *Work and control in a peasant economy : a history of the Lower Tchiri Valley in Malawi 1875-1940* (Madison, 1990). C. Bundy, *The rise and fall of the South African peasantry* (Londres, 1979), et N. Etherington, *Preachers, peasants and politics in southeast Africa* (Londres, 1978), décrivent l'agriculture marchande africaine. R. V. Turrell, *Capital and labour on the Kimberley diamond fields* (Cambridge, 1987), est très complet. Pour les conséquences politiques, voir F. A. van Jaarsveld, *The awakening of Afrikaner nationalism 1868-1881* (Le Cap, 1961), T. H. R. Davenport, *The Afrikaner Bond* (Le Cap, 1966), et J. J. Guy, *The Destruction of the Zulu kingdom* (Londres, 1979).

A. Moorhead, *The White Nile* (éd. revue, Londres, 1973), est une introduction très vivante à l'Afrique orientale au siècle dernier. Pour la croissance du commerce, voir E. A. Alpers, *Ivory and slaves in East Central Africa* (Londres, 1975), A. Sheriff, *Slaves, spices and ivory in Zanzibar* (Londres, 1987), et R. Gray et D. Birmingham (éd.), *Pre-colonial African trade* (Londres, 1970). La société côtière est analysée dans R. L. Pouwels, *Horn and Crescent* (Cambridge, 1987), et F. Cooper, *Plantation slavery on the east coast of Africa* (New Haven, 1977). Pour l'impact du commerce, voir les monographies locales citées au chapitre 6, ainsi que C. H. Ambler, *Kenyan communities in the age of imperialism* (New Haven, 1988), J. L. Gibblin, *The politics of environmental control in northeastern Tanzania* (Philadelphie, 1992), J. Koponen, *People and production in late precolonial Tanzania* (Jyväskylä, 1988), et N. R. Bennett, *Mirambo of Tanzania* (New York, 1971). Pour les expériences personnelles, voir M. Wright (éd.), *Strategies of slaves and women* (New York, 1993), et les mémoires de Tippu Tip, traduites par W. H. Whiteley, mais intitulées *Maisha ya Hamed bin Muhammed* (Dar es-Salaam, 1958-1959). Sur le Buganda, voir A. Oded, *Islam in Uganda* (New York, 1974), D. A. Low, *Religion and Society in Buganda 1875-1900* (Kampala, s.d.), D. Kavulu, *The Uganda martyrs* (Kampala, 1969), et M. Wright, *Buganda in the heroic age* (Nairobi, 1971). Pour le Rwanda et le Burundi, voir E. Mworoha, *Peuples et rois de l'Afrique des lacs* (Dakar, 1977).

CHAPITRE IX

Le meilleur récit du partage de l'Afrique est encore R. Robinson et J. Gallagher, *Africa and the Victorians* (2ᵉ éd., Londres, 1981). Pour des révisions, voir A. S. Kanya-Forstner, *The conquest of the Western Sudan* (Cambridge, 1969). W. R. Louis (éd.), *Imperialism : the Robinson and Gallagher controversy* (New York, 1976), P. J. Cain et A. G. Hopkins, *British imperialism : innovation and expansion* (Londres, 1993), et S. Förster, W. J. Mommsen et R. Robinson (éd.), *Bismarck, Europe, and Africa* (Oxford, 1988). Pour l'Afrique du Sud, voir A. N. Porter, *The origins of the South African War* (Manchester, 1980). D. Headrick, *The tools of empire* (New York, 1981), est important pour ce qui touche à la technologie. T. Pakensham, *The scramble for Africa* (Londres, 1991) et *The Boer War* (Londres, 1979), est extrêmement agréable à lire.

Pour une présentation générale de la réaction et de la résistance des Africains, voir les chapitres de Hargreaves et Ranger dans le volume I de I. H. Gann et P. Duignan (éd.), *Colonialism in Africa* (5 vol., Cambridge, 1969-1975), qui contient de nombreux autres matériaux de valeur. Pour des études particulières, voir R. I. Rotbger et A. Mazrui (éd.), *Protest and power in Black Africa* (New York, 1970), M. Crowder (éd.), *West African resistance* (Londres, 1971), O. Ikime, *The fall of Nigeria* (Londres, 1977), L. Garcia, *Le Royaume du Dahomey face à la pénétration coloniale* (Paris, 1988), T. S. Weiskel, *French colonial rule and the Baule people* (Oxford, 1980), I. H. Zulfo, *Karari : the Sudanese account of the Battle of Omdurman* (trad. P. Clark, Londres, 1980), G. L. Caplan, *The elites of Barotseland* (Londres, 1970), J. A. Rowe, *Lugard at Kampala* (Kampala, 1969) et, de Y. Person, l'énorme mais fascinant *Samori, une révolution dyula* (3 vol., Dakar 1968-1975). Sur la révolte, l'étude classique est T. O. Ranger, *Revolt in Southern Rhodesia* (2ᵉ éd., Londres, 1979). Voir aussi G. C. K. Gwassa et J. Iliffe (éds.), *Records of the Maji Maji rising*, Iʳᵉ partie (Nairobi, 1968), D. C. Ohadike, *The Ekumeku movement* (Athens, Ohio, 1991), A. Salifou, *Kaoussan ou la révolte senoussiste* (Niamey, 1973), et G. Shepperson et T. Price, *Independent African : John Chilembwe and the Nyasaland Native Rising* (Edimbourg, 1958).

La meilleure étude de la domination coloniale est peut-être W. B. Cohen, *Rules of empire : the French Colonial Service in Africa* (Stanford, 1971). La contribution de R. Robinson à R. Owen et B. Sutcliffe (éds.), *Studies in the theory of imperialism* (Londres, 1978), est une importante analyse générale, comme le chapitre 4 de B. Berman et J. Lonsdale, *Unhappy Valley* (Londres, 1992). Pour Lugard et « l'administration indirecte », voir son ouvrage *The dual mandate in British tropical Africa* (3ᵉ éd., Edimbourg, 1926), M. Perham, *Lugard* (2 vol., Londres, 1959-1960), et le très critique I. F. Nicholson, *The administration of Nigeria* (Oxford, 1969). Parmi les études les plus utiles, on citera D. A. Low et R. C. Pratt, *Bunganda and British overrule* (rééd., Nairobi, 1970), W. R. Ochieng (éd.), *A modern history of Kenya 1895-1980* (Londres, 1989), B. Berman, *Control and crisis in colonial Kenya* (Londres, 1990), W. Tordoff, *Ashanti under the Prempehs* (Londres, 1965), J. A. Atanda, *The New Oyo Empire* (Londres, 1973), P. A. Igbafe, *Benin under British administration* (Londres, 1979), A. E. Afigbo, *The warrant chiefs* (Londres, 1972), M. Crowder et O. Ikime (éds.), *West African chiefs* (New York, 1970), et R. Anstey, *King Leopold's Congo* (Londres, 1962) et *King Leopold's legacy* (Londres, 1966). Pour la loi coutumière, voir M. Chanock, *Law, custom and social order* (Cambridge, 1985).

Pour l'abolition de l'esclavage, voir S. Miers et R. Roberts (éds.), *The end of slavery in Africa* (Madison, 1988), et P. E. Lovejoy et J. S. Hogendorn, *Slow death for slavery* (Cambridge, 1993), sur le nord du Nigeria.

La création des économies coloniales est analysée dans R. L. Tignor, *Modernisation and British colonial rule in Egypt* (Princeton, 1966), J. Marseille, *Empire colonial et capitalisme français* (Paris, 1984), J. Ruedy, *Modern Algeria* (Bloomington, 1992), W. D. Swearingen, *Moroccan mirages ; agrarian dreams and deceptions, 1912-1986* (Londres, 1988), P. Manning, *Francophone subsaharan Africa* (Cambridge, 1988), A. Phillips, *The enigma of colonialism : British policy in West Africa* (Londres, 1989), P. Hill, *Migrant cocoa-farmers of southern Ghana* (Cambridge, 1963), S. S. Berry, *Cocoa, custom, and socio-economic change in rural Western Nigeria* (Oxford, 1975), R. Shenton, *The development of capitalism in Northern Nigeria* (Londres, 1986), S. M. Martin, *Palm oil and protest* (Cambridge, 1988), C. Coquery-Vidrovitch, *Le Congo au temps des grandes compagnies concessionnaires* (Paris, 1972), C. Clarence-Smith, *The third Portuguese empire* (Manchester, 1985), H. Bley, *South-West Africa under German rule* (Londres, 1971), R. Palmer et N. Parsons (éds.), *The roots of rural poverty in Central and Southern Africa* (Londres, 1977). C. van Onselen, *Chibaro : African mine labour in Southern Rhodesia* (Londres, 1976), P. Mosley, *The settler economies* (Cambridge, 1983), G. Kitching, *Class and economic change in Kenya* (New Haven, 1980), S. Stitcher, *Migrant laborers* (Cambridge, 1985), et B. Freund, *African workers* (Cambridge, 1988). L. White, *Magomero : portrait of an African village* (Cambridge, 1987), est un ouvrage exceptionnel. Pour les chemins de fer, voir tout particulièrement A. Vanhaeverbeke, *Rémunération du travail et commerce extérieur* (Louvain, 1970).

J. Iliffe, *The African poor* (Cambridge, 1987), contient des références aux famines des débuts de la colonisation. La maladie fait l'objet de G. W. Hartwig et K. D. Patterson (éds.), *Disease in African history* (Durham, N.C., 1978), D. Arnold (éd.), *Imperial medicine and indigenous societies* (New Delhi,

1989), et M. Vaughan, *Curing their ills* (Cambridge, 1971). L'ouvrage essentiel, assez difficile, sur la maladie du sommeil est J. Ford, *The role of the trypanosomiases in African ecology* (Oxford, 1971). Voir également M. Lyons, *The colonial disease* (Cambridge, 1992). H. Kjekshua, *Ecology control and economic development in East African history* (Londres, 1977), est une étude sujette à controverse. Sur la démographie, l'ouvrage essentiel est B. Fetter (éd.), *Demography from scanty evidence* (Boulder, 1990). R. R Kuczynski, *Demographic survey of the British Colonial Empire* (3 vol., Londres, 1948-1955), est une mine d'informations.

CHAPITRE X

D. Brokensha, *Social change at Larteh, Ghana* (Oxford, 1966), et J. D. Y. Peel, *Ijeshas and Nigerians* (Cambridge, 1983), sont des modèles d'étude des changements provoqués par la colonisation, comme J. Berque, *Le Maghreb entre deux guerres* (Paris, 1962), pour une société de colons. J. Kenyatta, *Au pied du mont Kenya* (Paris, 1967), est un classique de la réaction des Africains.

Pour les questions économiques, voir la section précédente et aussi P. Richards, *Indigenous agricultural revolution* (Londres, 1985), T. Kanogo, *Squatters and the roots of Mau Mau* (Londres, 1987), P. Hill, *Population, prosperity and poverty : rural Kano, 1900 and 1970* (Cambridge, 1977), et J. Beinin et Z. Lockman, *Workers on the Nile* (Princeton, 1987). A. O'Connor, *The African city* (Londres, 1983), est un ouvrage inestimable. Des articles très importants sur la crise sont parus dans *African economic history*, 4 (Madison, 1977). Pour la reconstruction d'après-guerre, voir l'ouvrage de Marseille, D. K. Fieldhouse, *Black Africa 1945-1980* (1986), et P. Kilby, *Industrialisation in an open economy : Nigeria 1945-1966* (Cambridge, 1969).

P. Foster, *Education and social change in Ghana* (Londres, 1965), constitue la meilleure introduction, à quoi on ajoutera

K. J. King, *Pan-africanism and education* (Oxford, 1971), et le volume VII de *The Cambridge History of Africa*. Pour la littérature d'Onitsha, voir E. Obiechina, *An African popular literature* (Cambridge, 1973).

Les ouvrages sur l'activité missionnaire sont cités aux chapitres 7 et 8. Voir aussi R. Oliver, *The missionary factor in East Africa* (2ᵉ éd., Londres, 1965), J. V. Taylor, *The growth of the church in Buganda* (Londres, 1958), R. J. Strayer, *The making of mission communities in East Africa* (Londres, 1978), I. Linden, *Catholic, peasants, and Chewa resistance in Nyasaland* (Londres, 1974), L. Sanneh, *West African Christianity* (Londres, 1983), G. M. Haliburton, *The prophet Harris* (Londres, 1971), et M. L. Martin, *Kimbangu* (Oxford, 1975). Dans la vaste littérature sur les Églises indépendantes, on citera D. B. Barrett, *Schisms and renewal in Africa* (Nairobi, 1968), B.G.M. Sundkler, *Bantu prophets in South Africa* (2ᵉ éd., Londres, 1961) et *Zulu Zion* (Londres, 1976), M. Daneel, *Old and new in southern Shona independent churches* (2 vol., La Haye, 1971-1974), K. E. Fields, *Revival and rebellion in colonial Central Africa* (Princeton, 1985), sur le mouvement « Watchtower », F. B. Welbourn, *East African rebels* (Londres, 1961), H. W. Turner, *African independent churches* (2 vol., Oxford, 1967), J. D. Y. Peel, *Aladura* (Londres, 1968), et J. Girard, *Déima* (2 vol., Grenoble, 1973-1974). Pour l'Islam, voir A. Merad, *Le Réformisme musulman en Algérie* (Paris, 1967), T. G. O. Gbadamosi, *The growth of Islam among the Yoruba* (Londres, 1978), J. N. Paden, *Religion and political culture in Kano* (Berkeley, 1973), D. B. Crusie O'Brien, *The Mourides of Senegal* (Oxford, 1971), L. Kaba, *The Wahhabiyya* (Evanston, 1974), et A. H. Nimtz, *Islam and politics in East Africa* (Minneapolis, 1980). J. W. Fernandez, *Bwiti* (1980), est un chef-d'œuvre.

J. J. Terry, *The Wafd* (Londres, 1982), et R. P. Mitchell, *The Society of the Muslim Brothers* (Londres, 1969), traitent de la politique égyptienne. R. Le Tourneau, *Évolution politique de l'Afrique du Nord musulmane, 1920-1961* (Paris, 1962), est un résumé qui a gardé toute sa valeur, comme aujourd'hui Bahru Zwede, *A history of modern Ethiopia* (Londres, 1991). Pour les problèmes relatifs à l'ethnicité, voir I. Vail (éd.), *The creation of tribalism in southern Africa* (Londres, 1989), et J. P. Chrétien et G. Prunier (éds.), *Les ethnies ont une histoire* (Paris, 1989). Parmi les nombreux ouvrages consacrés aux débuts de l'activité politique moderne, on citera G. W. Johnson, *The emergence of black politics in Senegal* (Stanford, 1971), D. Kimble, *A political history of Ghana 1850-1928* (Oxford, 1963), P. Cole, *Modern and traditional elites in the politics of Lagos* (Cambridge, 1975), J. S. Coleman, *Nigeria : background to nationalism* (Berkeley, 1958), T. O. Ranger (éd.), *The African voice in Southern Rhodesia* (Londres, 1970), R. I. Rotberg, *The rise of nationalism in Central Africa* (Cambridge, Mass., 1965), J. Spencer, *The Kenya African Union* (Londres, 1985), J. Iliffe, *A modern history of Tanganyika* (Cambridge, 1979), D. A. Low (éd.), *The mind of Buganda* (Londres, 1971), D. E. Apter, *The political kingdom in Uganda* (2ᵉ éd., Princeton, 1967), et M. Abd al-Rahim, *Imperialism and nationalism in the Sudan* (Oxford, 1969). J. D. Hargreaves, *Decolonization in Africa* (Londres, 1988), fournit un schéma d'ensemble, mais on trouvera le meilleur traitement du sujet dans le premier recueil d'une série prévoyant de reproduire les documents du Colonial Office britannique, R. Hyam (éd.), *The Labour government and the end of the empire 1945-1951* (4 vol., Londres, 1992), et dans R. Rathbone (éd.), *Ghana* (2 vol., Londres, 1992).

Outre les ouvrages de Brokensha et de Peel, les relations entre sexes et générations sont traitées dans M. Wilson, *For men and elders* (Londres, 1977), C. Meillassoux, *Anthropologie économique des Gouro de Côte-d'Ivoire* (3ᵉ éd., Paris, 1974), G. Kitching, *Class and economic change in Kenya* (New Haven, 1980), H. de Montety, *Femmes de Tunisie* (Paris, 1958), C. C. Robertson, *Sharing the same bowl : women and class in Accra* (Bloomington, 1984), C. Obbo, *African women* (Londres, 1980), L. White, *The comfort of home : prostitution in colonial Nairobi* (Chicago, 1990), et H. L. Moore et M. Vaughan, *Cutting down trees : gender, nutrition, and agricultural change in the northern province of Zambia 1890-1990* (Londres, 1994).

Les travaux sur la famine, la maladie et la démographie sont cités aux chapitres 9 et 11. Voir aussi J. C. McCann, *From poverty to famine in northeast Ethiopia 1900-1935* (Philadelphie, 1987).

CHAPITRE XI

Le rapport de la Banque mondiale, *Population growth and policies in subsaharan Africa* (Washington, 1986), est un excellent résumé des changements démographiques survenus à l'époque moderne. Parmi les études les plus importantes, il faut citer R. J. Lesthaeghe (éd.), *Reproduction and social organization in sub-Saharan Africa* (Berkeley, 1989), E. van de Walle, G. Pison et M. Sala-Diakanda (éds.), *Mortality and society in sub-Saharan Africa* (Oxford, 1992), et H. J. Page et R. Lesthaeghe (éds.), *Childspacing in tropical Africa* (Londres, 1981). Pour la santé, voir R. G. Feachem et D. T. Jamison (éds.), *Disease and mortality in sub-Saharan Africa* (Washington, 1991).

T. Hodgkin, *African political parties* (Harmondworth, 1961) et A. Zolberg, *Creating political order* (Chicago, 1966), sont les meilleures présentations d'ensemble du nationalisme. Parmi les études régionales, on citera C. H. Moore, *Tunisia since independence* (Berkeley, 1965), B. Droz et E. Lever, *Histoire de la guerre d'Algérie* (Paris, 1981), R. S. Morgenthau, *Political parties in French-speaking French Africa* (Oxford, 1964), A. Zolberg, *One-party government in the Ivory Coast* (Princeton, 1964), M. Kilson, *Political change in a West African state* (Cambridge, Mass., 1966), qui traite de la Sierra Leone, D. Austin, *Politics in Ghana* (Londres, 1964), D. Rooney, *Sir Charles Arden-Clarke* (Londres, 1982), R. L. Sklar, *Nigerian political parties* (Princeton, 1963), R. A. Joseph, *Radical nationalism in Cameroon* (Oxford, 1977), C. Young, *Politics in the Congo* (Princeton, 1965), D. Birmingham, *Frontline nationalism in Angola and Mozambique* (Londres, 1992), J. Marcum, *The Angolan revolution* (2 vol., Cambridge, Mass., 1969-1978), P. H. Katjavivi, *A history of resistance in Namibia* (Londres, 1988), J. Iliffe, *A modern history of Tanganyika* (Cambridge, 1979), M. F. Lofchie, *Zanzibar : background to revolution* (Princeton, 1965), D. A. Low, *Political parties in Uganda* (Londres, 1962, réédité dans son *Buganda in modern history*, Londres, 1971), et I. M. Lewis, *A modern history of Somaliland* (Londres, 1965). Pour la guerre au Zimbabwe, voir T. O. Ranger, *Peasant consciousness and guerilla war in Zimbabwe* (Londres, 1985), D. Lan, *Guns and rain* (Londres, 1985), et N. J. Kriger, *Zimbabwe's guerilla war* (Cambridge, 1992). B. Berman et J. Lonsdale, *Unhappy valley* (Londres, 1922), chap. 11 et 12, comporte une remarquable analyse du phénomène Mau Mau. Voir aussi G. Wasserman, *Politics of decolonisation* (Cambridge, 1976), sur le Kenya. Pour des récits personnels, voir N. Krumah, *Ghana* (Edimbourg, 1957), O. Odinga, *Not yet uhuru* (Londres, 1967), A. Cabral, *Unité et lutte* (Paris, 1975), pour la Guinée-Bissau, et la biographie de A. Adelabu par K. W. J. Post et G. D. Jenkins, *The price of liberty* (Cambridge, 1973).

On trouvera les meilleures analyses des politiques économiques suivies après l'indépendance dans D. K. Fieldhouse, *Black Africa 1945-1982* (Londres, 1986), et T. Killick, *Development economics in action* (Londres, 1978), qui est tout particulièrement excellent sur le Ghana. Pour la Tanzanie, voir A. Coulson, *Tanzania : a political economy* (Oxford, 1982) et les écrits de J. K. Nyerere, en particulier *Freedom and unity* (Dar es-Salaam, 1966) et *Freedom and socialism* (Dar es-Salaam, 1968). D. K. Leonard, *African successes : four public managers of Kenyan rural development* (Berkeley, 1991), adopte une perspective féconde, comme J. Rapley, *Ivoirian capitalism* (Boulder, 1993). R. C. Riddell *et al.*, *Manufacturing Africa* (Londres, 1990), analyse plusieurs économies africaines, notamment celle du Nigeria. R. Mabro, *The Egyptian economy 1952-1971* (Oxford, 1974), et M. Bennoune, *The making of contemporary Algeria* (1988), sont des études de cas très utiles. Le premier peut être complété par G. A. Nasser, *Egypt's Liberation* (Washington, 1955), D. Hopwood, *Egypt : politics and society* (Londres, 1982), et J. Waterbury, *The Egypt of Nasser and Sadat*

(Princeton, 1983). R. H. Bates, *Markets and states in tropical Africa* (Berkeley, 1981), met l'accent sur les considérations politiques.

L'analyse la plus incisive de la politique africaine récente se trouve dans J. F. Bayart, *The state in Africa* (Londres, 1993), et *L'État au Cameroun* (Paris, 1979). Voir aussi R. Sandbrook, *The politics of Africa's economic recovery* (Cambridge, 1993). T. M. Callaghy, *The state-society struggle : Zaïre in comparative perspective* (New York, 1984) analyse la lutte pour le pouvoir. Parmi les récits de l'effondrement, on citera P. Woodward, *Sudan 1898-1989* (Boulder, 1990), K. Buijtenhuis, *Le Frolinat et les révoltes populaires du Tchad* (La Haye, 1978), C. Geffray, *La Cause des armes au Mozambique* (Paris, 1990), et N. Chazan, *An anatomy of Ghanaian politics* (Boulder, 1983). R. Lemarchand, *African kingships in perspective* (Londres, 1977), est excellent sur le Rwanda et le Burundi. Personne n'a vraiment réussi à traiter du Nigeria ; voir pourtant W. D. Graf, *The Nigerian state* (Londres, 1988) et W. Miles, *Elections in Nigeria* (Boulder, 1988). Pour les militaires, voir S. Decalo, *Coups and army rule in Africa* (New Haven, 1976), et J. De St. Jorre, *The Nigerian Civil War* (Londres, 1972), D. B. Cruise O'Brien, J. Dunn et R. Rathbone (éds.), *Contemporary West African states* (Cambridge, 1989), est un recueil utile. Pour l'intégrisme musulman, voir A. Lamchichi, *L'Algérie en crise* (Paris, 1991). J. Davis, *Libyan politics* (Londres, 1987), est l'analyse subtile d'un cas exceptionnel. La révolution éthiopienne est bien décrite dans F. Halliday et M. Molyneux, *The Ethiopian Revolution* (Londres, 1981), C. Clapham, *Transformation and continuity in revolutionary Ethiopia* (Cambridge, 1988), et Dawit Wolde Giorgis, *Red Tears* (Trenton, N. J., 1989).

L'ouvrage de D. Rothschild et N. Chazan (éds.), *The precarious balance* (Boulder, 1988), analyse le retrait de l'État. Le rapport de la Banque mondiale, *Education in sub-Saharan Africa* (Washington, 1988), contient des données essentielles. A. O'Connor, *Poverty in Africa* (Londres, 1991), et J. MacCaffey, *Entrepreneurs and parasites : the struggle for indigenous capitalism in Zaire* (Cambridge, 1987), traite des conséquences économiques. A. Hastings, *A history of African christianity 1950-1975* (Cambridge, 1979), est toujours pénétrant. Pour la religion populaire, voir C. Piault (éd.), *Prophétisme et thérapeutique* (Paris, 1975), E. Milingo, *The world in between* (Gweru, 1985), R. Werbner, *Tears of the dead* (Edimbourg, 1991), et une publication officielle nigériane, *Report of Tribunal of Inquiry on Kano disturbances* (Lagos, 1981). L'opinion publique urbaine est analysée dans M. Peil, *Nigerian politics : the people's view* (Londres, 1976).

D. Siddle et K. Swindell, *Rural change in tropical Africa* (Oxford, 1990), est une introduction lucide. J. Drèze et A. Sen, *Hunger and public action* (Oxford, 1989), et *The political economy of hunger* (3 vol., Oxford, 1990-1991), constituent les plus importantes analyses de la production alimentaire et de la famine. A. de Waal, *Famine that kills : Darfur, Sudan, 1984-1985* (Oxford, 1989), M. J. Watts, *Silent violence : food, famine, and peasantry in Northern Nigeria* (Berkeley, 1983), et M. J. Mortimore, *Adapting to drought* (Cambridge, 1989), sont tous trois d'une importance fondamentale. M. Tiffen *et al., More people, less erosion : environmental recovery in Kenya* (Chichester, 1994), est une étude de valeur. Sur le sida, on pourra commencer par lire T. Barnett et P. Blaikie, *AIDS in Africa* (Londres, 1992).

Africa south of the Sahara et *The Middle East and North Africa* sont tous deux publiés annuellement à Londres par Europa publications : ils sont aussi proches du présent que des livres peuvent l'être. Le rapport mondial de la Banque mondiale, *World development report* (Washington), contient des statistiques à jour.

CHAPITRE XII

T. R. H. Davenport, *South Africa : a modern history* (4ᵉ éd., Londres, 1991), est un bon résumé d'ensemble. Les aspects économiques de l'extraction de l'or sont expliqués dans F. A. Johnstone, *Class, race and gold* (Londres, 1976), qui donne par ailleurs le meilleur récit de la « révolte du Rand ». D. Yudelman, *The emergence of modern South Africa* (Westport, 1983), étudie le contrôle de l'État. C. van Onselen, *Studies in the social and économie history of the Witwaterstrand* (2 vol., Harlow, 1982), analyse les conséquences sociales. Pour les migrations de main-d'œuvre et leur impact, voir F. Wilson, *Labour in the South African gold mines 1911-1969* (Cambridge, 1972), S. Marks et R. Rathboone (éds.), *Industrialisation and social change in South Africa* (Londres, 1982), C. Murray, *Families divided* (Cambridge, 1981), W. Beinart, *The political economy of Pondoland* (Cambridge, 1981), et R. M. Packard, *White plague, black labor : tuberculosis... in South Africa* (Pietermaritzburg, 1989). Pour l'agriculture, voir T. J. Keegan, *Rural transformations in industrialising South Africa* (Basingstoke, 1987), B. Bozzoli, *Women of Phokeng* (Portsmouth, N.H., 1991), et H. Bradford, *A taste of freedom : the ICU in rural South Africa 1924-1930* (New Haven, 1987) ; S. T. Plaatje, *Native life in South Africa* (réimp., Harlow, 1987) est une critique puissante. R. Christie, *Electricity, industry and class in South Africa* (Albany, 1984), est précieux pour l'économie industrielle.

La superbe biographie de W. K. Hancock, *Smuts* (2 vol., Cambridge, 1962-1966), est aussi le meilleur exposé de l'Union et de la politique blanche. Voir aussi L. M. Thompson, *The unification of South Africa* (Oxford, 1960). La ségrégation est analysée en détail dans J. W. Cell, *The highest stage of white supremacy* (Cambridge, 1982), et S. Dubow, *Racial segregation and the origins of Apartheid* (Basingstoke, 1989). Pour le nationalisme entre les deux guerres, voir (en anglais), D. O'Meara, *Volkskapitalisme* (Cambridge, 1989). La politique métisse est décrite dans I. Goldin, *Making race* (Londres, 1987), la politique indienne dans M. Swan, *Gandhi : the South African experience* (Johannesburg, 1985), et les origines de la politique africaine moderne dans A. Odendaal, *Vukani Bantu !* (Le Cap, 1984). P. Walshe, *The rise of African nationalism in South Africa* (Londres, 1970), B. Willan, *Sol Plaatje* (Londres, 1984), et l'ouvrage très novateur de W. Beinart et C. Bundy, *Hidden struggles in rural South Africa* (Londres, 1987). On trouvera les sources dans T. Karis, G. M. Carter et G. M. Gerhart (éds.), *From protest to challenge : a documentary history of African politics in South Africa 1882-1964* (4 vol., Stanford, 1972-1977). Pour les *townships* entre les deux guerres, voir E. Hellmann, *Rooiyard* (Le Cap, 1948), E. Mphahlele, *Down Second Avenue* (Berlin, 1959), et D. Coplan, *In township tonight : South Africa's black city music and theatre* (Londres, 1985). G. M. Gerhart, *Black power in South Africa* (Berkeley, 1978), est une étude de la Youth League.

G. M. Carter, *The politics of inequality* (3ᵉ éd., Londres, 1962), analyse les élections de 1948 et les débuts de la politique d'apartheid. Voir aussi D. Posel, *The making of Apartheid* (Oxford, 1991). La destruction de Sophiatown provoqua la rédaction du puissant ouvrage de T. Huddleston, *Naught for your comfort* (Londres, 1956). Pour celle du District Six, voir J. Western, *Outcast Cape Town* (Londres, 1981), et D. Pinnock, *The Brotherhoods* (Le Cap, 1984). T. Lodge, *Black Politics in South Africa since 1945* (Londres, 1983), est excellent. A. Luthuli, *Liberté pour mon peuple* (Paris, 1963), est l'autobiographie d'un président de l'ANC. Pour le PAC, voir B. Pogrund, *Sobukwe and Apartheid* (Londres, 1990).

T. Moll analyse la croissance économique après 1945 dans N. Nattram et E. Ardington (éds.), *The political economy of South Africa* (Le Cap, 1990). M. Lipton, *Capitalism and Apartheid* (Aldershot, 1985), évoque les dysfonctionnements économiques. Pour la politique de déplacement forcé, voir L. Platzky et C. Walker, *The surplus people* (Johannesburg, 1985). F. Wilson et M. Ramphele, *Uprooting poverty : the South African challenge* (New York, 1989), résument un projet de recherche de grande ampleur. *Beyond Apartheid* (Londres, 1991), rapport du Commonwealth Secretariat, contient des statistiques précieuses sur l'éducation et la main-d'œuvre. S. B. Greenberg, *Legitimating the illegitimate* (Berkeley, 1987), analyse la désintégration de l'Apartheid, que J. L. Lelyveld décrit brillamment dans *Move your shadow* (Londres, 1986). S. Biko, *I write what I like* (Oxford, 1978), expose les idées de la « Conscience noire ». A. Brooks et J. Brickhill (éds.), *Whirlwind before the storm*

(Londres, 1980), décrivent le soulèvement de Soweto. C. Hermer (éd.), *The diary of Maria Tholo* (Johannesburg, 1980), est un récit de première main extrêmement vivant. La révolte des *townships* de 1984 nous a valu deux études très éclairantes de la violence : G. Straker, *Faces in the revolution* (Johannesburg, 1992), et N.C. Manganyi et A. du Toit (éd.), *Political violence and the struggle in South Africa* (Basingstoke, 1990). Le meilleur récit d'ensemble est peut-être R. H. Price, *The Apartheid state in crisis* (New York, 1991).

CHAPITRE XIII

De nombreux ouvrages pertinents ont été cités dans les notes du chapitre 11.

L'ajustement structurel a commencé avec le rapport de la Banque mondiale, *Accelerated development in sub-Saharan Africa : an agenda for action* (Washington, 1981). On trouvera des comptes rendus généraux de sa mise en œuvre et des réactions qu'il a suscitées dans T. M. Callaghy et J. Ravenhill (éds.), *Hemmed in : responses to Africa's economic decline* (New York, 1993) et N. van de Walle, *African economies and the politics of permanent crisis, 1979-1999* (Cambridge, 2001). Pour des études de cas, voir E. Hutchful, *Ghana's adjustment experience : the paradox of reform* (Genève, 2002) ; R. Reinikka et P. Collier (éds.), *Uganda's recovery* (Washington, 2001), et E. C. Murphy, *Economic and political change in Tunisia : from Bourguiba to Ben Ali* (Basingstoke, 1999). Pour l'Afrique du Sud, voir W. M. Gumede, *Thabo Mbeki and the battle for the soul of the ANC* (Le Cap, 2005). Les statistiques récentes et la réflexion internationale apparaissent dans le rapport annuel de la Banque mondiale, *World development report* (New York).

The precarious balance (Boulder, 1988), de D. Rothchild et N. Chazan (éds.), analyse le retrait de l'État. Les publications de la Banque mondiale : *Education in sub-Saharan Africa* (Washington, 1988), *World development report 1993 : investing in health* (New York, 1993) et *World development report 2000/*

2001 : attacking poverty (New York, 2001) contiennent des données essentielles. J. Ferguson, *Expectations of modernity : myths and meanings of urban life in the Zambian Copperbelt* (Berkeley, 1999), analyse le malaise urbain. On citera deux comptes rendus pénétrants de A. M. Tripp, *Changing the rules : the politics of liberalization and the urban informal economy in Tanzania* (Berkeley, 1997) et *Women and politics in Uganda* (Oxford, 2000). Pour l'aspect ethnique, voir B. Berman, D. Eyoh et W. Kymlicka (éds.), *Ethnicity and democracy in Africa* (Oxford, 2004). K. R. Hope, Sr. et B. C. Chikulo (éds.), *Corruption and development in Africa : lessons from country case-studies* (Basingstoke, 2000) constitue une bonne introduction sur la question.

À la fin du XXe siècle, les études sur le christianisme se sont principalement préoccupées du pentecôtisme. B. Meyer, *Translating the Devil : religion and modernity among the Ewe in Ghana* (Edimbourg, 1999), est un ouvrage remarquable. Voir aussi R. I. J. Hackett (éd.), *New religious movements in Nigeria* (Lewiston, N.Y., 1987) et P. Gifford, *Christianity and politics in Doe's Liberia* (Cambridge, 1993) et *Ghana's new Christianity : pentecotalism in a globalising African economy* (Londres, 2004). S. Ellis et G. ter Haar, *Worlds of power : religious thought and political practice in Africa* (Londres, 2004), souligne le caractère central de la religion dans les cultures africaines, comme J. Tonda, *La Guérison divine en Afrique centrale (Congo, Gabon)* (Paris, 2002). Sur la sorcellerie, voir P. Geschiere, *The modernity of witchcraft : politics and the occult in postcolonial Africa* (trad. P Geschiere et J. Roitman, Charlottesville, 1997), et A. Asforth, *Witchcraft, violence, and democracy in South Africa* (Chicago, 2005). M.-C. Diop (éd.), *Le Sénégal contemporain* (Paris, 2002), contient des chapitres fascinants sur la culture populaire.

M. Bratton et N. van de Walle, *Democratic experiments in Africa : regime transitions in comparative perspectives* (Cambridge, 1997), fournit une vue d'ensemble de la démocratisation, mais la plus remarquable analyse est celle de R. Banégas, *La Démocratie à pas de caméléon : transition et imaginaires poli-*

tiques au Bénin (Paris, 2003). Parmi d'autres études de cas,
F. Grignon et G. Prunier (éds.), *Le Kenya contemporain* (Paris,
1998) ; D. W. Throup et C. Hornsby, *Multi-party politics in
Kenya : the Kenyatta and Moi states and the triumph of the system
in the 1992 election* (Oxford, 1998) ; et R. Bazenguissa-Ganga,
Les Voies du politique au Congo (Paris, 1997). Y. K. Museveni,
*Sowing the mustard seed : the struggle for freedom and democracy
in Uganda* (Londres, 1997), est l'autobiographie d'une personnalité de premier plan.

R. P. Mitchell, *The Society of the Muslim Brothers* (Londres,
1969) retrace les origines de l'intégrisme islamique. L'œuvre la
plus influente de Sayyid Qutb est *Milestones* (trad. anglaise,
Indianapolis, 1990). Les entretiens de F. Burgat et W. Dowell,
The Islamic movement in North Africa (2ᵉ édition, Austin, Texas,
1997) constituent peut-être la meilleure introduction à la question de l'intégrisme au Maghreb. Pour sa sociologie, voir
S. Ismail, *Rethinking Islamist politics : culture, the State and Islamism* (Londres, 2003). Sur la Tunisie et le Maroc, voir Murphy,
Economic and political change in Tunisia, et J. Ruedy (éd.), *Isla-
mism and secularism in North Africa* (Basingstoke, 1994).
A. de Waal, dans *Islamism and its enemies in the Horn of Africa*
(Londres, 2004), traite principalement du Soudan. La bibliographie sur l'Algérie est particulièrement riche : H. Roberts, *The
battlefield Algeria, 1988-2002 : studies in a broken polity*
(Londres, 2003) ; M. Willis, *The Islamist challenge in Algeria :
a political history* (Reading, 1996) ; et L. Martinez, *The Algerian
Civil War* (Londres, 2000). Pour Izala, voir O. Kane, *Muslim
modernity in postcolonial Nigeria* (Leyde, 2003).

La révolution éthiopienne est bien décrite dans F. Halliday
et M. Molyneux, *The Ethopian revolution* (Londres, 1981) ;
C. Clapham, *Transformation and continuity in revolutionary
Ethiopia* (Cambridge, 1988) ; J. Young, *Peasant revolution in
Ethiopia : the Tigray People's Liberation Front, 1975-1991* (Cambridge, 1997) ; D. Donham, *Marxist modern : an ethnographic
history of the Ethiopian Revolution* (Berkeley, 1999) ; et Dawit
Wolde Giorgis, *Red tears* (Trenton, N. J., 1989). Pour les conséquences, voir W. James *et al.* (eds.), *Remapping Ethiopia : socia-*

lism and after (Oxford, 2002). Des mouvements plus destructeurs sont décrits dans C. Clapham (éd.), *African guerillas* (Oxford, 1998) ; S. E. Hutchinson, *Nuer dilemmas : coping with money, war, and the state* (Berkeley, 1996). Sur le Soudan, voir S. Ellis, *The mask of anarchy : the destruction of Liberia and the religious dimension of an African civil war* (Londres, 1999) ; P. Richards, *Fighting for the rain forest : war, youth, and resources in Sierra Leone* (Oxford, 1996) ; et I. W. Zartlan (éd.), *Collapsed state : the disintegration and restoration of legitimate authority* (Boudler, 1995).

La meilleure analyse du génocide rwandais se trouve dans M. Mann, *The dark side of democracy : explaining ethnic cleansing* (Cambridge, 2005), qui signale également les sites web consacrés à ce sujet. Pour une description de l'arrière-plan, J. Vansina, *Antecedents to modern Rwanda* (Oxford, 2004), est essentiel. Parmi les nombreux comptes rendus sur le sujet, voir G. Prunier, *The Rwanda crisis 1959-1994* (Londres, 1995) ; M. Mamdani, *When victims become killers : colonialism, nativism, and the genocide in Rwanda* (Kampala, 2001) et les témoignages rassemblés dans *African Rights, Rwanda : death, despair and defiance* (Londres, 1994, et éditions ultérieures). R. Dallaire, *Shake hands with the devil : the failure of humanity in Rwanda* (Londres, 2004), est le récit personnel du responsable des Nations-unies. Pour le Burundi, voir R. Lemarchand, *Burundi : ethnocide as discourse and practice* (Cambridge, 1994). M. Nest, F. Grignon et E. F. Kisangani, *The Democratic Republic of Congo : economic dimensions of war and peace* (Colorado, 2006), comporte un récit remarquablement lucide des guerres congolaises. *Africa south of the Sahara* et *The Middle East and North Africa*, tous deux publiés chaque année à Londres par Europa Publications, sont aussi proches de l'actualité que des livres peuvent l'être.

Sur le déclin de la fertilité, voir les articles cités dans les notes. Le récit de l'épidémie de sida est basé sur J. Iliffe, *The African AIDS epidemic : a history* (Oxford, 2006), qui comprend des indications bibliographiques pour des lectures plus approfondies. Deux bons textes pour commencer : le rapport biennal « Report on the global AIDS epidemic », et le rapport annuel « AIDS epidemic update », tous deux accessibles sur le site web de l'UNAIDS (http://www.unaids.org).

SUPPLÉMENT BIBLIOGRAPHIQUE

Chantal Chanson-Jabeur et Catherine Coquery-Vidovitch (édit.), *L'Histoire africaine en Afrique*, L'Harmattan, 1995.

Collectif, *Histoire générale de l'Afrique*, 7 vol., Présence Africaine/UNESCO, 1986.

Catherine Coquery-Vidovitch (édit.), *Histoire africaine du XXe siècle : société, villes, cultures*, L'Harmattan, 1993.

Bernard Cubertafond, *L'Algérie contemporaine*, coll. « Que sais-je ? », PUF, 1995.

Jean Ganiage, *Histoire contemporaine du Maghreb, de 1830 à nos jours*, Fayard, 1994.

Charles-André Julien, *Histoire de l'Afrique du Nord*, 2 vol., Payot, 1994. Maurice Lengellé, *L'Esclavage*, coll. « Que sais-je ? », PUF, 1992. Annette Stamm, *Histoire de l'Afrique précoloniale*, coll. « Que sais-je ? », PUF, 1997.

– *Les Civilisations africaines*, coll. « Que sais-je ? » PUF, 1993.

Pierre Vennetier, *L'Afrique équatoriale*, coll. « Que sais-je ? » PUF, 1992.

INDEX DES NOMS

INDEX DES NOMS DE LIEUX
ET DE PAYS

TABLE DES CARTES

TABLE DES MATIÈRES

Composition et mise en page

NORD COMPO
m u l t i m é d i a

L. O1EHQN000294.A002
Dépôt légal : février 2009
Imprimé en Espagne par Novoprint (Barcelone)